ANÁLISE ACÚSTICA DA FALA

EDITORA AFILIADA

Dados Internacionais de Catalogação na Publicação (CIP)
(Câmara Brasileira do Livro, SP, Brasil)

Kent, Ray D.
Análise acústica da fala / Ray D. Kent, Charles Read ; tradução Alexsandro Rodrigues Meireles. — 1. ed. — São Paulo : Cortez, 2015.

Título original: The acoustic analysis of speech.
ISBN 978-85-249-2331-9

1. Análise linguística (Linguística) 2. Fala 3. Fonética 4. Linguagem e línguas I. Read, Charles. II. Título.

15-01103 CDD-414

Índices para catálogo sistemático:

1. Análise acústica da fala : Linguística 414

RAY D. KENT
CHARLES READ

ANÁLISE ACÚSTICA DA FALA

TRADUÇÃO DE
Alexsandro Meireles

Título original: *The Acoustic Analysis of Speech*
Publicado por Singular/Thomson Learning, 2007
2nd Edition
Ray D. Kent & Charles Read

Capa: Cia. de Desenho
Preparação de originais: Elisabeth Matar
Revisão: Amália Ursi
Composição: Linea Editora Ltda.
Assistente editorial: Cristina Brito
Coordenação editorial: Danilo A. Q. Morales

Direitos para esta edição
CORTEZ EDITORA
Rua Monte Alegre, 1074 – Perdizes
05014-001 – São Paulo – SP
Tel.: (11) 3864-0111 Fax: (11) 3864-4290
E-mail: cortez@cortezeditora.com.br
www.cortezeditora.com.br

Impresso no Brasil — fevereiro de 2015

Sumário

Biografia dos Autores

Ray D. Kent é professor de Desordens Comunicativas na Universidade de Wisconsin-Madison. Seu interesse básico de pesquisa atual são desordens da fala neurogênicas em crianças e adultos, especialmente as desordens associadas com esclerose lateral amiotrófica, doença de Parkinson, doença cerebelar, derrame e paralisia cerebral. Outros interesses de pesquisa incluem o desenvolvimento da fala em bebês e crianças jovens, medição da inteligibilidade e qualidade da fala, análises acústicas da fala e teorias de produção da fala. Além de mais de 150 artigos em periódicos, capítulos de livros e revisões, ele escreveu/editou os seguintes livros: *Clinical phonetics* (com L. D. Shriberg), *Decision making in speech-language pathology* (com D. D. Yoder), *Papers in speech communication (v. 1-3)* (com J. L. Miller e B. S. Atal), *Intelligibility in speech disorders: theory, measurement, and management, the acoustic analysis of speech* (com C. Read), *Reference manual for communicative sciences and disorders: speech-language pathology, the speech sciences, the new phonologies* (com M. J. Ball), *Dictionary of speech-language pathology* (com S. Singh) e *Handbook of voice quality measurement* (com M. J. Ball). Sua experiência como editor de periódicos inclui: editor do *Journal of speech and Hearing Research*, editor associado de *Clinical Linguistics and Phonetics* e editor associado para desordens motoras da fala para *Folia Phoniatrica et Logopaedica*. Kent foi homenageado pela American Speech-Language-Hearing Association em 1994 e recebeu o título *Docteur Honoris Causa* (doutor *honoris causa*) da Faculté de Médecine, Université de Montreal, em 1995. Ele é membro da American Speech-Language-Hearing Association, da Acoustical Society of America, e da International Phonetics Association.

Charles Read é professor de Linguística e reitor associado da Graduate School na Universidade de Wisconsin-Madison. Ele dirige o Laboratório de Fonética em Linguística e conduz pesquisa sobre as bases fonéticas da leitura e escrita. Talvez mais conhecido por sua pesquisa sobre o aprendizado da escrita em crianças, o professor Read também estudou como as crianças e adultos usam a prosódia no reconhecimento da estrutura sintática de sentenças, bem como as habilidades linguísticas e cognitivas de adultos semianalfabetos.

Prefácio à Segunda Edição

Este livro é destinado a leitores que necessitam de uma introdução à acústica da fala. Não é necessário conhecimento de matemática ou física, embora algumas fórmulas ocasionais sejam usadas. Nesse respeito, o livro é escrito especialmente para os leitores que não possuem uma extensiva base quantitativa. Conceitos acústicos elementares são assumidos. Por exemplo, os leitores devem ser familiarizados com os conceitos de formas de onda e espectros, ressonância e decibéis.

A filosofia por trás deste livro é o fato de a acústica da fala dever ser compreendida de três perspectivas complementares: teoria, métodos de análises e fontes de dados. A teoria acústica de produção da fala não apenas explica como os sons da fala são formados, mas também é a fonte para a compreensão de alguns dos mais importantes métodos de análise da fala e de interpretação de dados acústicos. Os métodos modernos de análise da fala baseiam-se no computador digital e uma discussão é incluída de como o sinal acústico da fala é analisado pelo processamento digital de sinais. Uma variedade de métodos é descrita e referências abundantes guiam o leitor interessado a outras fontes de informação. Teoria e análise levam à geração de dados na acústica da fala. É difícil coletar e interpretar dados acústicos sem uma compreensão básica da teoria acústica e das forças e limitações dos métodos de análise. Embora este livro não seja de forma alguma um arquivo enciclopédico de dados acústicos, incluem-se sumários de dados de muitas variáveis acústicas pertinentes à produção e percepção da fala. O foco principal é no inglês americano, mas informações selecionadas para outras línguas são também mencionadas. Um esforço especial foi feito para se incluir dados de falantes de ambos os sexos e de várias idades. Pelo fato de a fala ser usada por quase todos, os métodos para sua análise devem ser universais.

Esta segunda edição representa um avanço substancial em relação à primeira. O texto é expandido em virtualmente todas as áreas principais, e informações novas são incluídas na teoria acústica, métodos de análise acústica, propriedades acústicas de vogais e consoantes, correlatos acústicos de variáveis do falante e de suprassegmentos, e síntese de fala. O texto também foi reorganizado para atingir um agrupamento mais efetivo dos tópicos. O avanço é refletido especialmente pela adição de muitas novas referências e pelo acréscimo de várias novas tabelas de dados acústicos.

Acima de tudo, este livro é testemunha de um alcance tecnológico memorável – a habilidade de se analisar a fala como um sinal acústico, de interpretar o sinal em termos de suas origens psicológicas e biológicas e de se desenvolver máquinas que compartilham a comunicação falada com os humanos.

Os Autores (RK e CR)

Madison, Wisconsin, Janeiro de 2001

Capítulo 1

INTRODUÇÃO AO ESTUDO DA ACÚSTICA DA FALA

O QUE É A FALA?

Raymond H. Stetson, um pioneiro no estudo da fala, escreveu que "speech is movement made audible" (STETSON, 1928) [fala é movimento tornado audível]. Os movimentos dos órgãos da fala — estruturas como a língua, os lábios, a mandíbula, o véu palatino e as pregas vocais — resultam em padrões sonoros que são percebidos pelo ouvinte. Entretanto, a fala é mais do que sons audíveis; senão não nos importaríamos em distinguir os sons da fala de outros processos corporais, como bater palmas ou respirar. A fala ganha sua importância única como o meio principal pelo qual a língua é expressa em todas as culturas humanas, exceto para as pessoas surdas. A fala é uma modalidade da linguagem. A comunicação da fala é comum a quase todos os humanos em qualquer cultura, em qualquer parte da terra — exceto os surdos. O produto final da fala é um sinal acústico. Esse sinal representa a mensagem comunicativa do falante. Sob circunstâncias comuns, o sinal acaba rapidamente à medida que as vibrações sonoras são amortecidas pelo mundo físico, mas as técnicas modernas de gravação nos permitem preservar os sinais da fala, e essa capacidade abre novos horizontes para o estudo da fala.

O famoso linguista Charles Hockett definiu o que ele considerou serem características de desenvolvimento da comunicação. Estas são resumidas na Tabela 1.1 e, tomadas juntas, elas caracterizam a especificidade única da linguagem humana. Até onde sabemos, nenhuma outra espécie tem um sistema de comunicação com todos esses atributos. Considerando essas características individualmente, nós ganhamos uma apreciação da fala como uma faculdade humana e um meio de comunicação. Várias das características desenvolvidas pertencem direta e unicamente à fala como uma modalidade da linguagem, por exemplo, os itens 1, 2, 3, 6 e 9 na Tabela 1.1. Combinando essas características, podemos definir a fala como um canal auditório-vocal que tem uma transmissão que desaparece rapidamente; é especializada para gerar significado com símbolos sonoros arbitrários; e é composta de unidades discretas ou elementos que podem ser formados em um número infinito de mensagens. Essa definição se refere a ambos os limites e a força da fala. O fato de que a fala desaparece rapidamente apresenta desafios para sua análise. Felizmente, equipamentos modernos tornam possível armazenar e analisar o sinal sequencial da fala. Com essa capacidade, é possível conduzir estudos da forma na qual os sons da fala se relacionam com a linguagem.

No laboratório científico, a fala tem três grandes áreas de estudo: a área fisiológica (ou *fonética fisiológica*), a área acústica (ou *fonética acústica*) e a área perceptual (tipicamente chamada *fonética perceptiva*). Uma compreensão unificada da fala requer o estudo de cada uma dessas áreas na relação com as outras. A discussão neste livro se preocupará principalmente com a área acústica, mas referências necessariamente serão feitas às outras duas áreas. De importância específica é a necessidade de entender como a análise acústica da fala pode ajudar o estudo dos fenômenos fisiológicos, por um lado, e os fenômenos perceptuais, por outro. Devido ao fato de o sinal acústico servir de intermediário entre a produção e a percepção da fala, a análise acústica ajuda na compreensão tanto da produção quanto da percepção da fala. De diversas maneiras importantes, o sinal acústico ajuda a dar uma compreensão unificada da fala.

TABELA 1.1 As características de desenvolvimento da comunicação (as quais caracterizam todas as línguas humanas, mas não se aplicam em seu todo aos sistemas de comunicação de outras espécies).

Característica	Definição
1. Canal auditório-vocal	O som é transmitido da boca ao ouvido.
2. Transmissão ampla e recepção direcional	Um sinal auditório pode ser detectado por qualquer receptor dentro da faixa de audição, e os ouvidos do receptor são usados para localizar o sinal.
3. Apagamento rápido	Em oposição a alguns sinais visuais e olfativos, os sinais auditórios são transitórios.
4. Intermutabilidade	Usuários competentes de uma língua podem produzir um sinal que eles possam compreender.
5. Retorno total	Todos os sinais produzidos podem ser refletidos de volta.
6. Especialização	A única função das formas de onda acústicas da fala é produzir significado.
7. Semanticidade	Um sinal produz significado através de sua associação com objetos e eventos do meio.
8. Arbitrariedade	O sinal da fala em si não tem relação alguma com o objeto ou evento ao qual se associa.
9. Distinção	A fala é composta de um pequeno conjunto de unidades (ou elementos) acusticamente distintas.
10. Deslocamento	Os sinais da fala podem ser usados para se referir a objetos ou eventos que são removidos do presente tanto no espaço quanto no tempo.
11. Produtividade	A fala permite a expressão de uma variedade infinita de enunciados significativos como resultado da combinação de elementos discretos em novas sentenças.
12. Tradicionalidade	A estrutura e o uso da língua é transmissão passada de uma geração a outra através de pedagogia ou aprendizado.
13. Dualidade de formação de padrões	Os elementos sonoros específicos da linguagem não têm significado intrínseco, mas se combinam a partir de estruturas (ex.: palavras, sintagmas) que possuem significado.

A ÁREA FISIOLÓGICA DA FALA

A área fisiológica é identificada fisicamente com o aparato da fala, constituído de três subsistemas anatômicos maiores: o respiratório (incluindo os pulmões, a parede torácica e o diafragma), o laríngeo (laringe ou caixa de voz) e o articulatório (língua, lábios, mandíbula e véu palatino). A Figura 1.1 é um diagrama simplificado desses subsistemas. Essa divisão tripartida é justificada tanto no campo anatômico quanto no fisiológico, mas deve-se enfatizar que os três subsistemas funcionam, juntos na fala, bem e são frequentemente altamente interativos. A articulação da fala é um fenômeno complexo do movimento, cuja compreensão foi retardada por muitos obstáculos, sendo um desses a dificuldade de se observar as estruturas de interesse, escondidas como são nas cavidades da boca, pescoço e tórax. Os próximos três parágrafos apresentam um sumário altamente simplificado desses subsistemas. O leitor que não conhece a produção da fala pode achar útil ler esse material antes de prosseguir para o resto do livro.

O Subsistema Respiratório

O subsistema respiratório consiste da traqueia, dos pulmões, da caixa torácica e de vários músculos (Figuras 1.1 e 1.2). Além de fornecer ventilação para suprir a vida, esse sistema produz a maioria da energia aerodinâmica da fala. Os *parâmetros aerodinâmicos* básicos são a *resistência*, a *pressão*, o *fluxo* e o *volume do ar*. O volume é uma medida da quantidade de ar e é medida com unidades como litros (l) ou mililitros (ml). O fluxo é a taxa de mudança do volume e é expresso em unidades como litros/minuto ou mililitros/milissegundos (ml/ms), que expressam uma mudança em volume por unidade de tempo. A pressão é força por unidade de área e é normalmente expressa em pascals, uma unidade que substituiu unidades anteriores como dinas por centímetro quadrado (dyn/cm^2). Nos estudos da fala, a pressão é frequentemente gravada com uma unidade diferente, como centímetros de água (cmH_2O) ou milímetros de mercúrio (mmHg). A razão para isso é o fato de manômetros serem uma forma conveniente de medir pressão como o

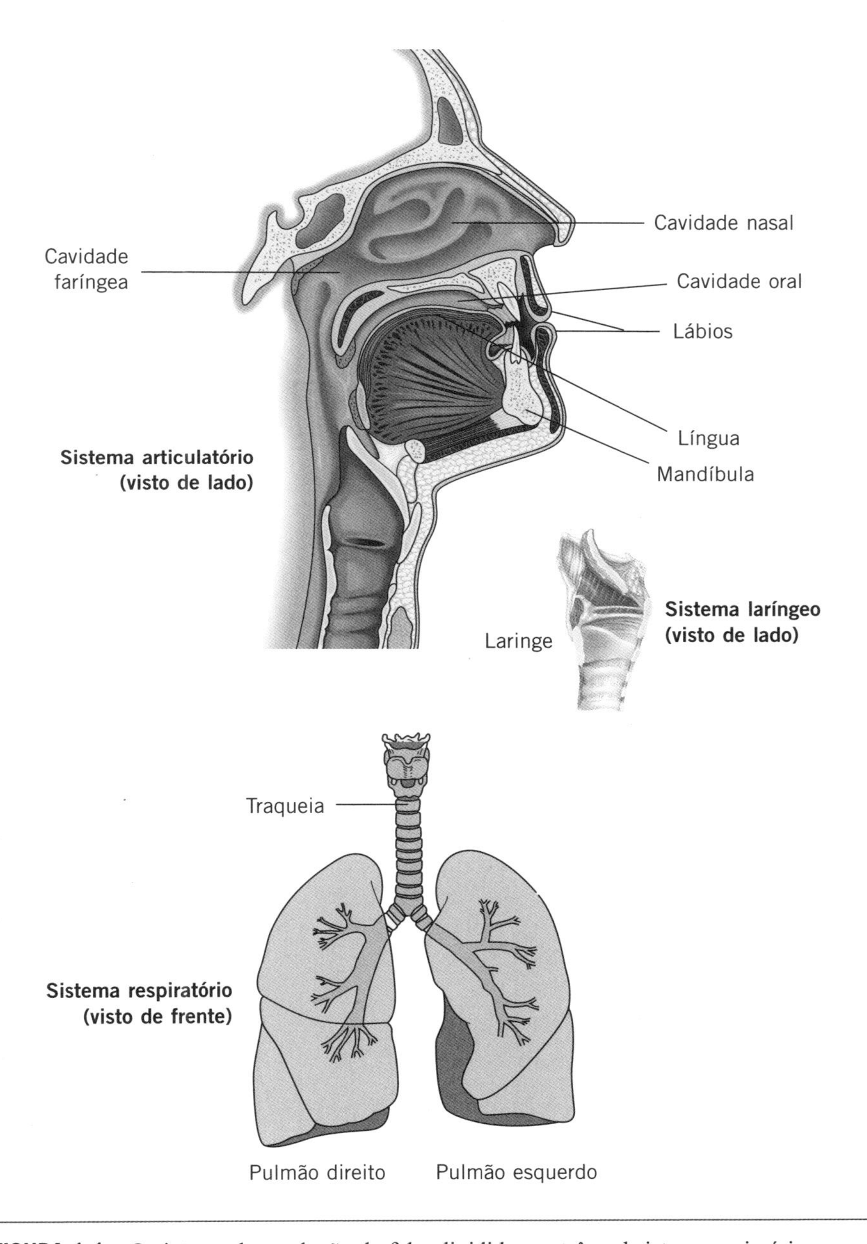

FIGURA 1.1 O sistema de produção da fala, dividido em três subsistemas primários: respiratório, laríngeo e articulatório. Os diferentes sistemas são desenhados em escalas diferentes e com orientações distintas (ex.: o sistema articulatório é aumentado em relação aos outros dois e é mostrado em uma vista lateral em vez de frontal). De Kent, *The speech sciences. A volume in the speech sciences* (1. ed.), 1998.

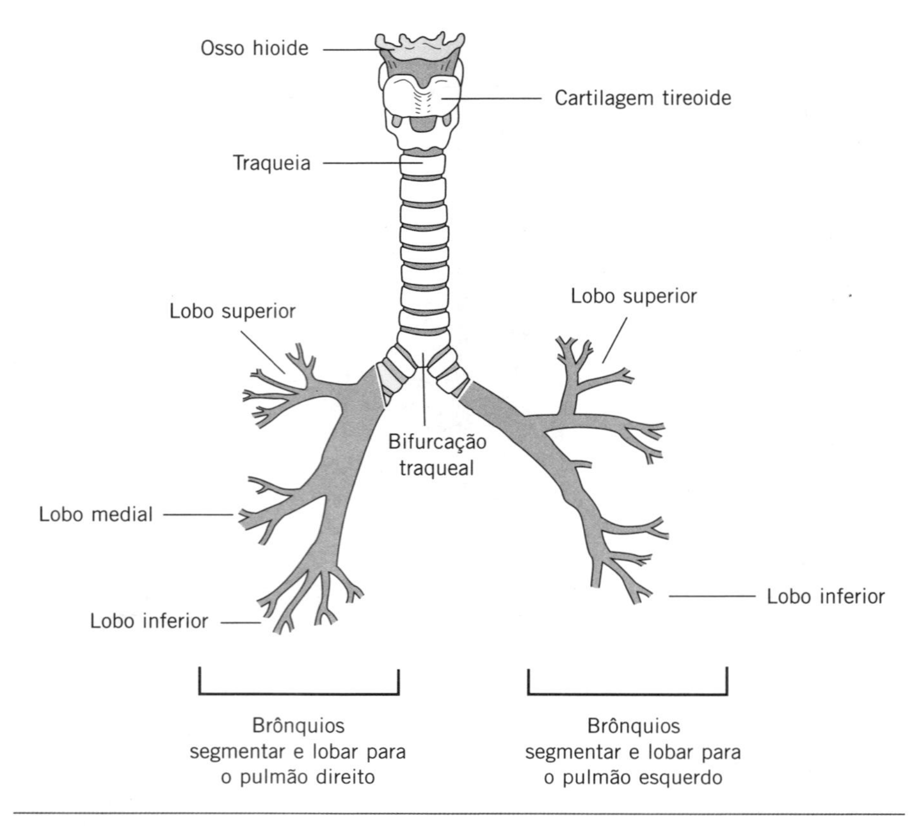

FIGURA 1.2 Os subsistemas respiratório e laríngeo da produção da fala. Esses dois subsistemas combinados são chamados de trato respiratório inferior. A laringe está situada logo acima da traqueia e abaixo da faringe. A traqueia se bifurca em brônquios que chegam aos pulmões. De Kent, *The speech sciences. A volume in the speech sciences* (1. ed.), 1998.

deslocamento de uma coluna de líquido. A resistência é uma variável que relaciona fluxo com pressão, de acordo com uma lei importante chamada *lei de Ohm*. Essa lei pode ser expressa nas seguintes formas alternativas:

Pressão = Fluxo × Resistência

Fluxo = Pressão/Resistência

Resistência = Pressão/Fluxo

Note, por exemplo, que o fluxo é diretamente proporcional à pressão, mas inversamente proporcional à resistência. Se a resistência for mantida constante, um aumento na pressão do ar resultará em um aumento no fluxo de ar. Se a pressão do ar é mantida constante, um aumento na resistência causará um decréscimo no fluxo de ar.

A fala é produzida com uma pressão pulmonar relativamente constante de cerca de 6-10 cm de água ou cerca de 1 kPa (kPa = quilopascal ou 1000 pascals). Para se ter ideia de quanta pressão isso seja, afunde um canudo a uma profundidade de 6 cm em um copo de água filtrada (Figura 1.3). Depois, sopre o canudo até que bolhas comecem a se formar no fim do canudo imerso na água. Essa condição corresponde a uma pressão de 6 cm de água. Há apenas uma pequena perda de pressão do ar nos minúsculos sacos de ar dos pulmões até a laringe no topo da traqueia, de forma que a pressão de ar subglotal (a pressão logo abaixo das pregas vocais) seja aproximadamente igual à pressão nos pulmões. Obviamente, se não houvesse obstruções na laringe ou no caminho superior do ar no sistema articulatório, a pressão do ar originada pelo sistema respiratório seria imediatamente liberada para a atmosfera através do trato vocal. A fala é produzida pela valvulação ou regulagem das pressões e fluxos do ar gerados pelo subsistema respiratório. *Grosso modo*, o subsistema respiratório é uma bomba de ar, fornecendo energia aerodinâmica para os subsistemas articulatório e laríngeo. O padrão básico de suporte respiratório para a fala é o fato de o falante inspirar ar pelos ajustes musculares que aumentam o volume do sistema respiratório. O ar é então liberado dos pulmões através de combinações de dilatações passivas e atividade muscular, dependendo do volume de ar atual nos pulmões e das necessidades aerodinâmicas.

O ponto essencial é que a função respiratória para a fala é entendida em termos de eventos aerodinâmicos — volumes de ar, pressão e fluxos. Os eventos mecânicos da fala, pois, começam assim que o falante usa o sistema respiratório para gerar a energia aerodinâmica. Na maioria das línguas, a fala é produzida no ar expirado, significando que a produção da fala deve ser interrompida sempre que um falante toma a respiração. O padrão típico da fala é uma inspiração rápida seguida por uma expiração muito mais lenta na qual a fala é produzida. Durante a respiração de des-

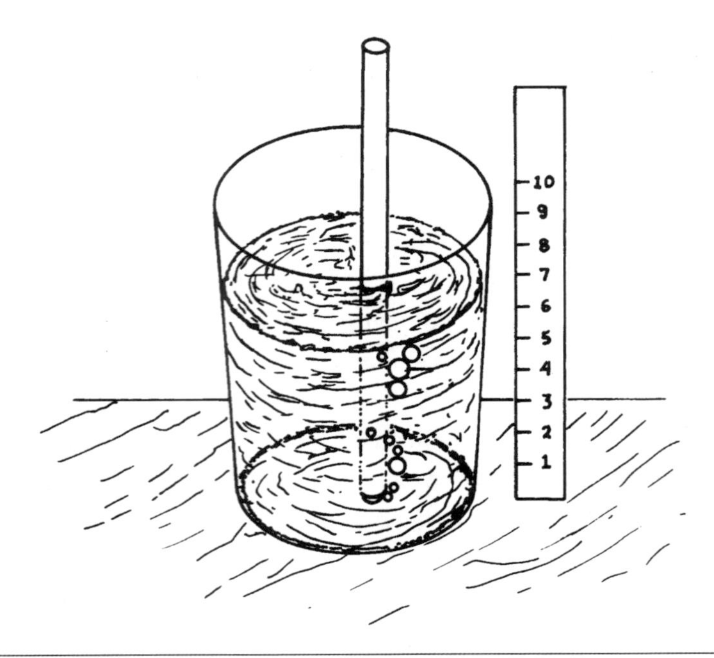

FIGURA 1.3 Simples demostração da pressão do ar necessária para a produção da fala. Coloque um canudo em um copo d'água a uma profundidade de 6 cm. Depois, sopre-o até que bolhas comecem a subir através da água. Essa condição corresponde a uma pressão de água de 6 cm, que é adequada para os propósitos da fala em uma conversação.

canso, as fases inspiratória e expiratória de um ciclo de respiração são quase iguais em duração, mas, para a fala, a fase expiratória é prolongada relativa à fase inspiratória. Essas diferenças no padrão inspiratório e expiratório podem ser representadas como mostrado abaixo, onde insp = inspiração, exp = expiração, e respiração de descanso é mostrada à esquerda da linha vertical dupla. As linhas com travessão representam a fase expiratória prolongada da respiração da fala.

insp | exp | insp | exp | insp | exp | |
insp | exp _______ | insp | exp __
_______ |

A necessidade de interromper a fala para o propósito de inspiração significa que a fala é produzida em *grupos de respiração*, que são grupos de palavras ou sílabas produzidos em uma só respiração. Em geral, as unidades produzidas em um grupo respiratório têm uma coerência total, como o encaixamento em um padrão entonacional (um padrão de tom sobe e desce).

O Subsistema Laríngeo

Como mostra a Figura 1.2, a laringe está situada no topo da traqueia e abre-se na faringe acima. A laringe consiste de um número de cartilagens e músculos. De importância fundamental são as pregas vocais, pequenos órgãos musculares que se fecham (se aproximam) para fechar a corrente de ar laríngea ou se abrem (se separam) para abrir essa corrente de ar. Um desenho de uma seção coronal da laringe é mostrado na Figura 1.4. As pregas vocais verdadeiras são as estruturas vibrantes de interesse aqui. Elas têm uma estrutura complexa em camadas mostrada na ampliação da Figura 1.4. A abertura entre as pregas vocais é chamada de *glote* (Figura 1.5), e o termo *glotal* tem sido usado como um termo geral para a função laríngea, especialmente a função das pregas vocais. Se as pregas vocais estão firmemente fechadas, o ar é impedido de escapar dos pulmões inflados. As pregas vocais estão tipicamente fortemente fechadas durante tarefas intensas como levantamento de pesos, evacuação e nascimento de bebês, a fim de tornar o subsistema respiratório rígido como fonte para se empurrar.

O fato de pessoas geralmente gemerem durante o levantamento de um objeto pesado é evidência de que as pregas vocais estão fechadas. A ocorrência de gemidos também nos indica que o som vozeado é produzido com as pregas vocais fechadas. O som é resultado da vibração das pregas, que estalam alternadamente juntas e separadas, colidindo uma com a outra de forma basicamente periódica. A taxa de vibração das pregas vocais determina essencialmente a percepção do tom vocal (*vocal pitch*) de um falante. Um falante com uma voz bastante aguda tem uma frequência relativamente alta de vibração das pregas vocais e um falante com uma voz bastante grave tem uma frequência relativamente baixa de vibração das pregas vocais.

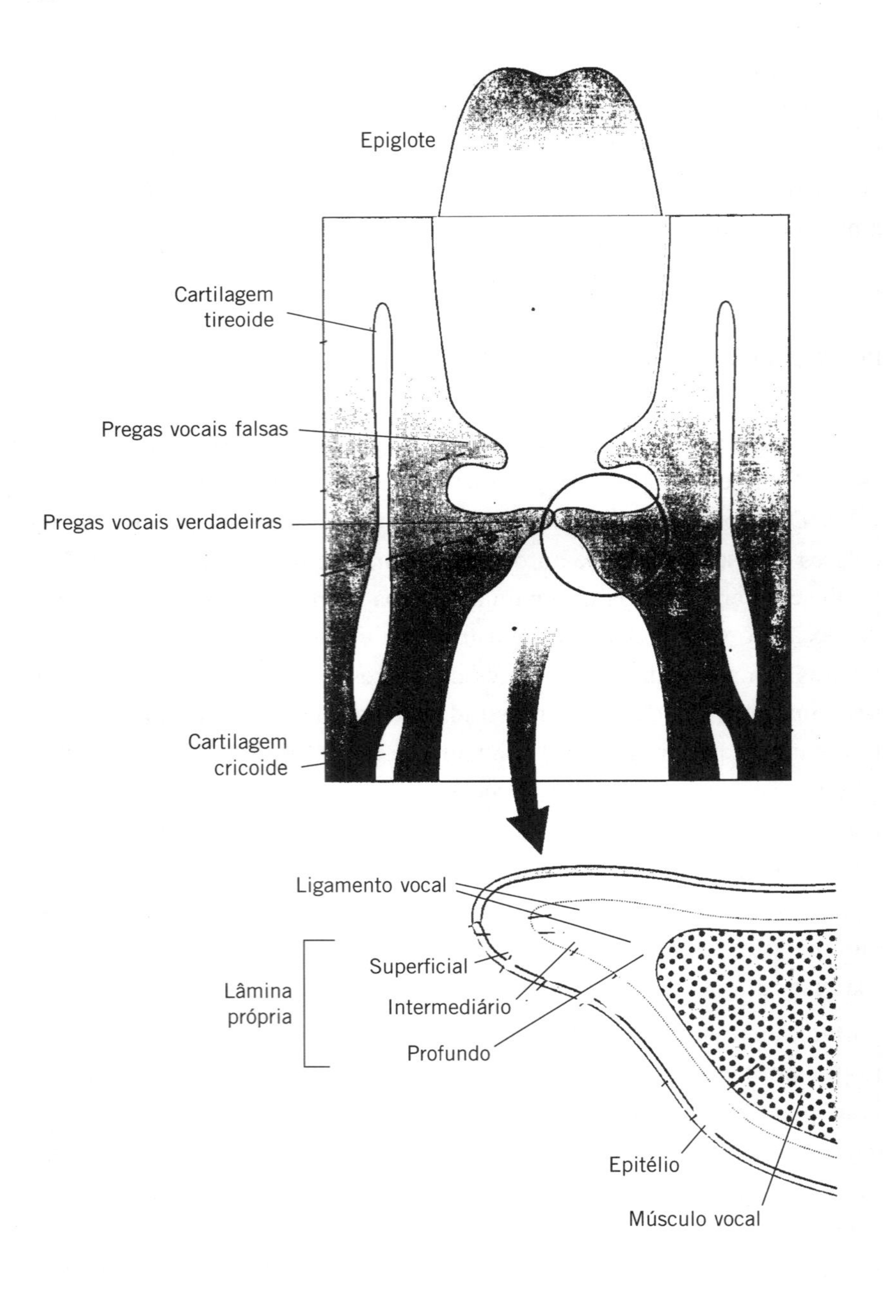

FIGURA 1.4 Seção coronal da laringe, mostrando as pregas falsas e as verdadeiras. O alargamento mostra a estrutura em camadas da última, que são a fonte de energia vibratória para a voz. De Kent, *The speech sciences. A volume in the speech sciences* (1. ed.), 1998.

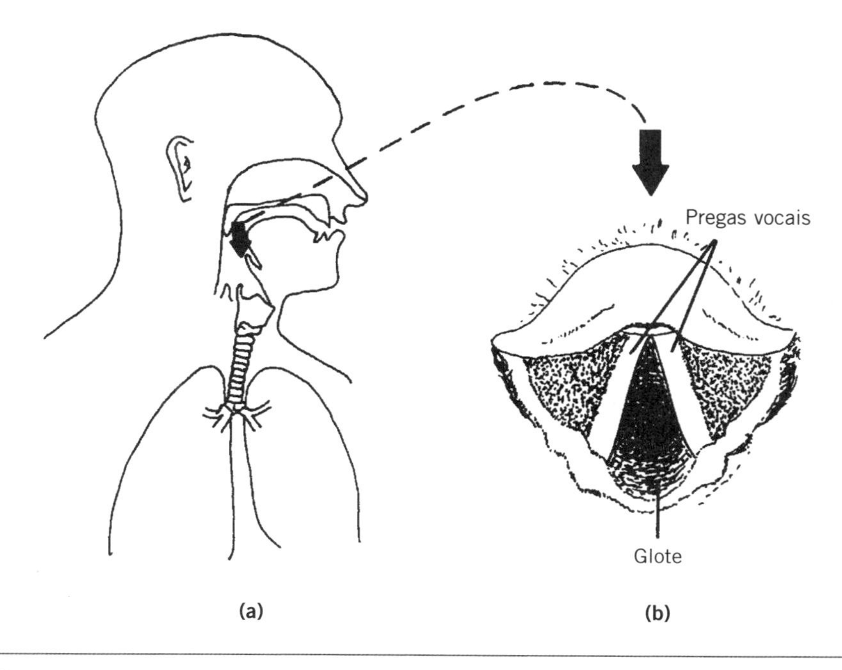

FIGURA 1.5 Vista superior da laringe para mostrar as pregas vocais e a glote. As pregas são observadas da perspectiva mostrada em (a), e a vista alargada das pregas está em (b). De Kent, *The speech sciences. A volume in the speech sciences* (1· ed.), 1998.

A laringe é importante para a fala não só porque é uma fonte de energia de vozeamento, mas também por valvular o ar que se move para dentro ou fora dos pulmões. As funções de valvulação são descritas em termos de adução e abdução. Quando as cordas vocais estão fortemente fechadas, nenhum movimento de ar ocorre. Esse fechamento firme é importante para certas tarefas físicas enérgicas, como descrito anteriormente, mas é também usado para interromper o fluxo de ar para alguns sons da fala. Adução com menos resistência para o ar permite que as pregas vocais vibrem. Um alto grau de abdução permite que o ar se mova facilmente dos pulmões ao caminho aéreo superior. Sons desvozeados, como o [s] em *see*, requerem que a pressão do ar seja armazenada dentro da boca como uma fonte para a energia do ruído. A abdução das pregas vocais satisfaz essa condição por permitir que a pressão na boca se aproxime da pressão nos pulmões. Por fim, uma abdução parcial das pregas vocais é usada para gerar energia de ruído desvozeado, como no sussurro.

Apesar da extrema importância da laringe, ela contribui relativamente pouco para a diferenciação fonética dos sons da fala. Certamente, a atividade laríngea diferencia sons vozeados de desvozeados, como os sons iniciais no par mínimo *"bill-pill"*. Mas a função laríngea é bastante similar em agrupamentos maiores de sons. Por exemplo, a vibração das pregas vocais difere pouco entre vogais, as quais ganham sua distintividade através do formato do sistema articulatório acima da laringe. Por essa razão, a descrição fonética da fala é baseada amplamente nas características articulatórias supraglotais.

O Subsistema Articulatório

Este sistema se estende da laringe até os lábios ou nariz, ou seja, as duas aberturas através das quais o ar e a energia podem passar (Figura 1.6). A transmissão de energia através dos lábios envolve a cavidade oral como um conduto, e a transmissão de energia através do nariz envolve a cavidade nasal como outro conduto. Os *articuladores* são estruturas móveis e incluem a língua, os lábios, a mandíbula, o véu palatino (ou palato mole), como ilustrado na Figura 1.6. Os movimentos dessas estruturas dão formato ao trato vocal. O formato do trato determina suas propriedades de ressonância. Quando o falante produz o som vocálico da palavra *"he"*, o processo físico pode ser entendido como uma modelagem do trato vocal para produzir um padrão específico de frequências de ressonância. Nesse processo, a energia das pregas vocais vibrando ativa o sistema de ressonância do trato vocal. Mudar a configuração do trato vocal muda suas frequências de ressonância. O sistema articulatório também pode ser usado para obstruir o fluxo do ar (como no caso das consoantes da palavra *"pop"*) e para gerar ruído (como no caso das consoantes da palavra *"seethe"*).

A articulação da fala é tipicamente descrita em termos de posições e contatos articulatórios. Por exemplo, um foneticista pode descrever a con-

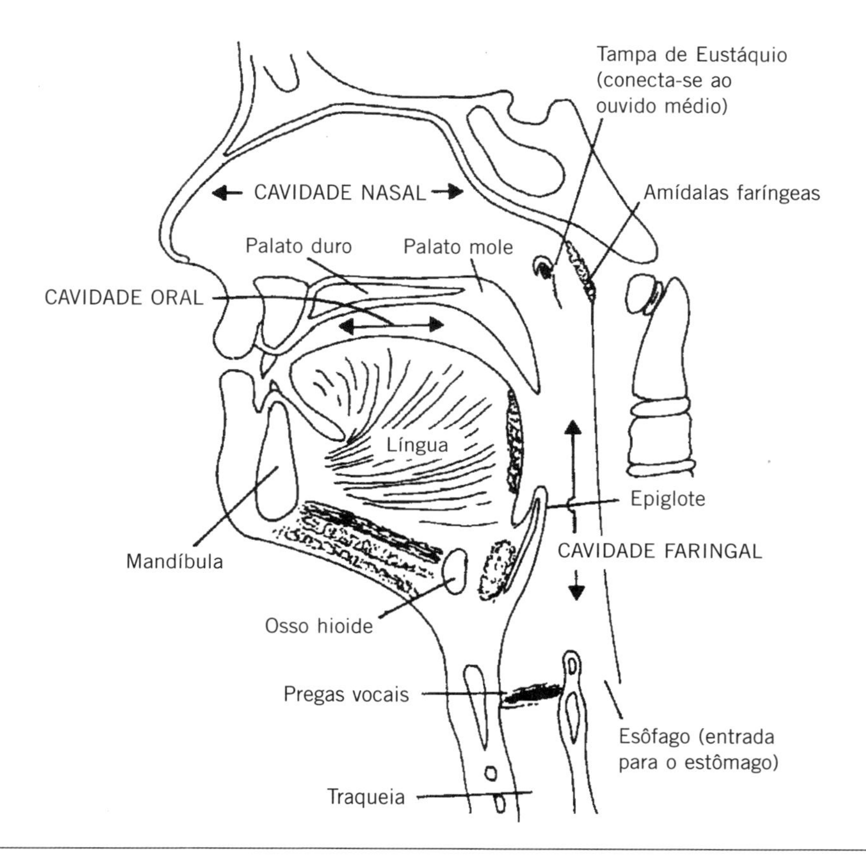

FIGURA 1.6 Desenho de uma seção sagital média do trato vocal. Notem as cavidades principais, articuladores e estruturas relacionadas. De Kent, *The speech sciences. A volume in the speech sciences* (1. ed.), 1998.

soante [s] em "*see*" como uma fricativa linguoalveolar. Linguoalveolar denota o lugar da constrição articulatória. *Linguo* significa língua e *alveolar* indica ranhuras na parte óssea do céu da boca. *Fricativa* indica uma consoante produzida com uma energia significativa de ruído. O foneticista usualmente descreve as vogais em relação à posição da língua e à configuração dos lábios. A vogal em "*see*" é chamada de alta anterior não arredondada, pois a língua está relativamente alta na parte frontal da boca e os lábios não estão arredondados. Essas descrições articulatórias são uma forma conveniente de caracterizar as diferenças entre os sons da fala. Leitores que não estejam familiarizados com descrições fonéticas devem ler o Apêndice A antes de ir para os outros capítulos deste livro. Este apêndice também lista os símbolos fonéticos que serão usados na discussão dos sons da fala.

A ÁREA ACÚSTICA DA FALA

A área acústica da fala é o foco principal deste livro, mas é difícil entender a acústica da fala independentemente da fisiologia e da percepção da fala. O sinal acústico da fala é o evento físico que é transmitido nas telecomunicações ou é gravado em fitas magnéticas, CDs e outras mídias. Assim, quando transmitimos ou armazenamos a fala, quase sempre o fazemos com base no sinal acústico. Este sinal contém a mensagem linguística da fala. O ouvinte pode desvendar essa mensagem através da audição. Isso pode parecer uma afirmação óbvia. Há outra forma de entendermos a fala? Para responder a essa questão, imagine uma pessoa que nasceu surda e cega. Esta pessoa não pode nem ouvir a fala nem ver sua articulação. Mesmo assim pessoas com essas desabilidades juntas podem aprender a produzir e a perceber a fala. Uma técnica usada pelos surdos e cegos é chamada de *Tadoma*. Os usuários deste método colocam a mão no rosto do falante de forma a sentir as ações da produção da fala — a vibração das pregas vocais, fluxos de ar escapando do nariz ou boca, movimentos da mandíbula ou lábios e assim por diante. Usuários experientes de *Tadoma* podem manter conversações. Em outras palavras, a comunicação da fala pode ser feita *sem* a percepção de um sinal acústico. Para esses raros indivíduos, a fala é apenas movimento, não movimentos que se tornam audíveis.

Entretanto, para a grande maioria, a fala é audível e necessariamente assim. Poucos conseguem entender um falante na televisão quando o som é desligado. Podemos adivinhar algumas palavras observando a informação visual (*leitura de lábios* ou *leitura da fala*), mas o entendimento é, na melhor das hipóteses, difícil e incerto. Por outro lado, se o vídeo é gradualmente tornado preto enquanto o sinal de áudio é mantido, continuamos a entender a mensagem falada, usualmente com pouca dificuldade.

O objetivo principal deste livro é descrever como os sons da fala trafegam no sinal acústico. Este objetivo envolverá (a) um relato de como os eventos fisiológicos da produção da fala resultam em vários tipos de som, (b) a descrição dos sons da fala em termos de variáveis acústicas, (c) a descrição de técnicas para o estudo da acústica da fala e (d) uma consideração de como as pistas acústicas são usadas na percepção da fala. Um entendimento completo da acústica da fala requer que os parâmetros acústicos sejam relacionados aos padrões fisiológicos de produção da fala e às decisões perceptuais baseadas no sinal acústico.

Leitores que não tenham pelo menos uma bagagem introdutória em acústica devem ler o Apêndice B antes de prosseguir neste livro.

A ÁREA PERCEPTUAL DA FALA

O estudo da percepção da fala é em grande parte uma tentativa de identificar as pistas acústicas que são usadas por um falante para chegar a decisões fonéticas. Por exemplo, quais são as pistas acústicas que permitem a um falante decidir que uma consoante [b] foi produzida na palavra "*bye*"? A compreensão da percepção da fala avançou muito com os aperfeiçoamentos na análise acústica da fala e na síntese de fala por máquinas. A habilidade de analisar o sinal acústico da fala e a habilidade de produzir réplicas sintetizadas da fala têm sido complementares na compreensão moderna de como os humanos percebem a fala. Embora existam ainda muitas questões a serem respondidas sobre percepção da fala, as pistas acústicas básicas são suficientemente entendidas, a ponto de sintetizadores de fala estarem se tornando altamente inteligíveis e, às vezes, bastante naturais. Um grande progresso também tem sido alcançado no reconhecimento automático da fala. Ao aprendermos como os humanos percebem a fala, somos mais capazes de desenvolver máquinas com capacidade para derivar decisões linguísticas do sinal acústico.

AS TRÊS FORMAS DO SINAL ACÚSTICO DA FALA

Progressos no estudo da fala e o desenvolvimento de tecnologias de fala como síntese e reconhecimento automático de fala têm por base as capacidades de gravar o sinal de fala e poder tocar o sinal armazenado para análise. As análises acústicas modernas são altamente dependentes do computador digital, tanto que o processamento digital da fala está no cerne da análise acústica contemporânea da fala. Portanto, é essencial entender como o sinal acústico é adquirido no computador. Essa questão será tomada em detalhes no Capítulo 3, mas alguma bagagem informacional é necessária.

A ONDA ACÚSTICA

É conveniente considerar o sinal de fala como tendo três formas intercambiáveis. A primeira delas é a *onda acústica* com origem no deslocamento de ar, ou o sinal que pode ser por nós ouvido ou pelo microfone sentido. Uma onda acústica é uma onda longitudinal, significando que as partículas se movem na mesma direção da propagação da onda. Nossos ouvidos e a maioria dos microfones respondem ao som como variações de pressão na atmosfera. Essas variações tomam a forma de condensações e rarefações. A Figura 1.7 mostra um padrão de condensações e rarefações para uma senoide simples. O ouvido converte as variações da pressão do ar em impulsos neurais que são enviados ao cérebro para interpretação. Microfones convertem as variações da pressão do ar em sinais elétricos. Eles são um tipo de *transdutor*. Um transdutor é um elemento que converte uma forma de energia em outra. Um microfone transforma a energia acústica em elétrica.

Tecnicamente, o sinal acústico com origem no deslocamento de ar é chamado de sinal acústico *propagado* ou *radiado*. Esse sinal se propaga ou se erradia no espaço depois que emerge do trato vocal de um falante. Por se enfraquecer rapidamente, esse sinal não é uma forma conveniente de fala para análise. A análise acústica da fala requer formas armazenadas da fala ou réplicas do padrão sonoro original que possam ser examinadas detalhadamente.

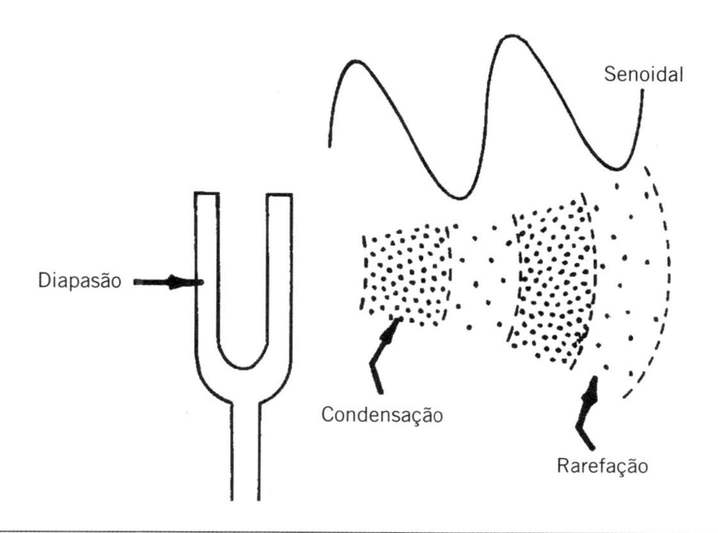

FIGURA 1.7 Onda de condensações e rarefações produzidas por um diapasão vibrando, o qual produz uma senoide ou tom puro. De Kent, *The speech sciences. A volume in the speech sciences* (1. ed.), 1998.

O SINAL ANÁLOGO ARMAZENADO

A segunda forma de fala é o *sinal análogo* armazenado. Um exemplo comum é um gravador de fitas cassete. Um sinal análogo varia continuamente suas propriedades básicas. O sinal análogo da fala varia continuamente sua pressão e suas propriedades temporais. Essa variação contínua é evidente na representação típica da forma de onda da fala (Figura 1.8), que mostra variações de amplitude sobre o tempo. Ambas as dimensões, temporal e de pressão, podem ser divididas em muitos pontos infinitos por causa de sua variação contínua. Fitas magnéticas armazenam o sinal de fala como um campo magnético que, como o sinal acústico com origem no deslocamento de ar, varia continuamente suas propriedades. A vantagem do sinal análogo armazenado em um gravador de fitas magnéticas é poder tocá-lo para ouvir ou analisar. O *playback* é realizado através da conversão da energia magnética em elétrica, a qual, em contrapartida, é convertida para energia acústica por um alto-falante ou um fone de ouvido. Cada uma dessas formas de energia preserva a natureza contínua ou análoga do sinal.

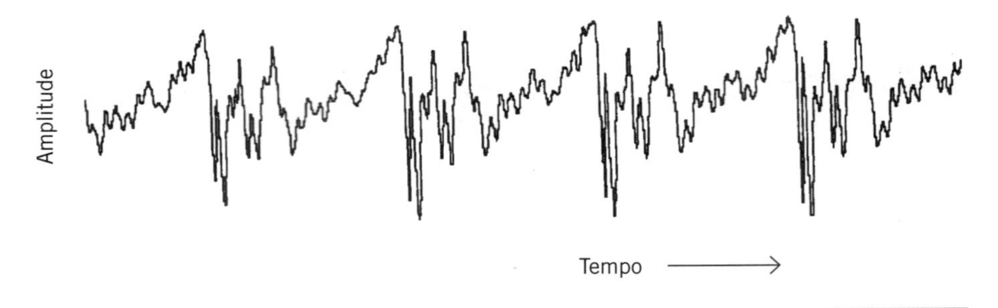

FIGURA 1.8 A forma de onda da fala. O eixo vertical representa a amplitude de vibração e o eixo horizontal, o tempo. A forma de onda apresentada é de um som vocálico.

O SINAL DIGITAL ARMAZENADO

A terceira forma de fala é outra forma armazenada, o *sinal digital* (ou *digitalizado*). Esta forma pode ser armazenada em um computador digital ou em fitas (ou discos) magnéticas digitais. Digital significa numérico. Os computadores digitais armazenam informação como números. Para armazenar um sinal de fala em um computador digital, é necessário converter o sinal análogo (contínuo) para uma série de números. Isso é feito pelo processo chamado *digitalização*. Um *conversor analógico-digital* (*A/D*) é um processo ou aparato que transforma o sinal análogo em digital. Inversamente, um *conversor digital-analógico* (*D/A*) transforma o sinal digital em analógico. Por exemplo, uma conversão D/A é necessária para tocar o sinal armazenado digitalmente através de fones de ouvido ou em alto-falantes. As siglas ADC e DAC às vezes são usadas para esses dois tipos de conversão. A representação digital da fala é muito importante porque permite a análise da fala empregando a força computacional dos computadores digitais modernos. Até mesmo os computadores pessoais são capazes de algumas análises sofisticadas da fala.

As três formas de fala — o sinal acústico com origem no deslocamento de ar, o sinal análogo armazenado e o sinal digital armazenado — são intercambiáveis no sentido de que uma forma pode ser convertida na outra e vice-versa. Por exemplo, o sinal acústico com origem no deslocamento de ar pode ser gravado por um microfone e, então, armazenado em forma digital para ser salvo em um computador, e, por fim, convertido de volta para ativar um alto-falante e ser ouvido de novo como um sinal acústico com origem no deslocamento de ar. Tanto a armazenagem digital quanto a análoga são virtualmente permanentes, de forma que um sinal de fala possa ser mantido indefinidamente.

Com as técnicas modernas de processamento digital, não é necessário mais usar aparatos de armazenamento analógicos como gravadores de fitas de áudio. O computador digital pode armazenar e analisar o sinal e, através de conversão D/A, tocá-lo do jeito que quisermos. Entretanto, uma vez que o sinal de fala é armazenado, é importante reconhecer algumas propriedades básicas da fala para termos certeza de que o sinal armazenado realmente contém as características do sinal acústico com origem no deslocamento de ar. Informações valiosas podem ser perdidas nas operações de transdução e armazenamento. Infelizmente, muitas pessoas já descobriram que sinais supostamente gravados com segurança estavam distorcidos no *playback*. Tanto para a armazenagem quanto para a análise da fala, é importante conhecer algumas características básicas do sinal em questão. Esta questão é explicada a seguir.

CONSIDERAÇÕES DAS PROPRIEDADES ACÚSTICAS DA FALA

A energia da fala se estende sobre uma largura de banda de mais de 10 kHz. A Figura 1.9 mostra o espectro de longo termo da fala, ou seja, a distribuição da energia acústica ao longo das frequências para uma amostra longa da fala, como vários segundos ou até minutos. Embora a maioria da energia de longo termo esteja nas frequências mais baixas, a energia se espalha bastante sobre a faixa de frequências. De fato, a energia na fala pode se estender além de 10 kHz, mas para a maioria dos propósitos é suficiente considerar uma faixa de frequências bem mais baixa. A largura de banda para a transmissão telefônica é apenas cerca de 500-3500 Hz, e um sinal de fala facilmente inteligível pode ser transmitido com uma largura de banda total de menos de 5 kHz. No entanto, sempre que a fala é gravada ou analisada, é importante saber como as limitações de frequência na gravação ou na análise podem afetar os resultados. A resposta de frequência do equipamento de gravação ou de análise deve ser conhecida antes de análises quantitativas serem realizadas. Nunca se deve simplesmente assumir que uma gravação em fita seja fiel na reprodução de um som. Os gravadores intitulados como de "alta fidelidade" não o são necessariamente. Para os propósitos deste tutorial, será assumido que uma faixa de frequências de pelo menos 5 kHz é necessária até mesmo para objetivos modestos na análise de fala. Entretanto, uma faixa de 10 kHz é muito mais apropriada para o estudo de vários sons produzidos por diferentes falantes, incluindo homens, mulheres e crianças.

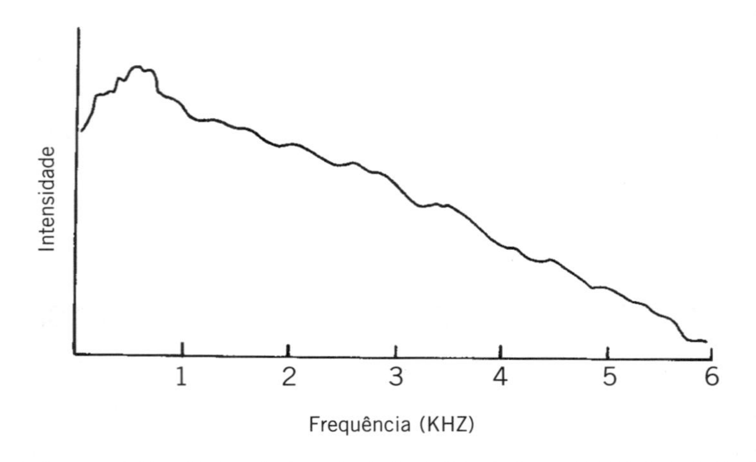

FIGURA 1.9 O espectro médio de longo termo da fala. A energia se espalha sobre uma faixa de frequências, mas a região de maior energia está nas frequências mais baixas.

A *extensão dinâmica da fala* — sua extensão de energia — é cerca de 60 dB (decibéis). Isso significa que os sons mais fracos são cerca de 60 dB menos intensos do que os sons mais fortes. As vogais são os sons mais intensos e as fricativas que começam as palavras do inglês "*fin*" e "*thin*" são tipicamente as mais fracas. Quando um medidor VU (*unidades de volume*, na sigla em inglês) em um gravador de fitas ou outro instrumento é usado para monitorar a intensidade de pico de uma amostra de fala, ele responde principalmente à energia das vogais. Se os instrumentos para analisar e gravar não estiverem ajustados adequadamente, a extensão dinâmica de gravação ou análise pode não combinar com a extensão dinâmica dos sons de interesse. Como regra geral, a extensão dinâmica para um dado falante pode ser estimada dos sons da palavra "*thaw*", que consiste de uma fricativa fraca e uma vogal intensa. Se ambos os sons estiverem satisfatoriamente representados na gravação ou análise, os procedimentos estão aproximadamente adequados. Será assumido neste tutorial que uma extensão dinâmica de cerca de 60 dB é apropriada para o armazenamento e a análise da fala. Dentro desta extensão, é usualmente desejável que as gravações sejam sensíveis a variações de 1 dB. O ouvido humano responde a variações em torno desta magnitude e, por essa razão, uma sensitividade de 1 dB é requerida.

O tempo é também uma importante dimensão a se considerar na gravação e na análise da fala. A resolução temporal mínima para propósitos gerais de análise é cerca de 10 ms. Esta é a duração mais curta de importantes eventos da fala, como uma explosão transiente associada com a soltura de consoantes oclusivas (ex.: os sons iniciais nas palavras "*pat*", "*tap*" e "*cat*"). As análises que não puderem alcançar essa resolução podem perder informação significativa sobre a estrutura temporal da fala.

Finalmente, deve-se lembrar que tanto a frequência quanto a energia dos sons da fala podem mudar rapidamente. Instantes de mudança rápida podem ser especialmente essenciais na informação transportada pelo sinal de fala e, portanto, as operações de armazenagem e análise devem ser capazes de acompanhar essas mudanças rápidas com pouca ou nenhuma distorção.

Com esses pensamentos em mente, podemos ver que o estudo da acústica da fala envolve a análise de um sinal cuja energia (a) é distribuída sobre uma faixa de cerca de 10 kHz para a maioria dos propósitos, (b) possui uma extensão dinâmica de cerca de 60 dB e (c) possui variações significativas no tempo de 10 ms ou menos. Lembremos também que o sinal de fala é perdido rapidamente assim que sua energia acústica se dissipa na atmosfera. Podemos repetir o que foi dito, mas nunca recuperar a produção original.

ACÚSTICA DA FALA COMO INTERMEDIÁRIA ENTRE A EXPRESSÃO E A COMPREENSÃO DA LINGUAGEM FALADA

O sinal acústico da fala é primeiramente o produto das operações da expressão da linguagem e a entrada para o processo da compreensão da linguagem. Assim, a representação acústica da fala é um referente básico para se entender como os humanos usam a linguagem. De certa forma, os processos de produção e compreensão da linguagem podem ser relacionados a padrões acústicos, e o estudo dessas relações é uma razão principal para a aplicação da acústica a campos como linguística, psicolinguística, patologia de fala-linguagem e engenharia da comunicação. A Figura 1.10 é um diagrama simplificado das operações da expressão e da compreensão da linguagem. Em vários lugares deste livro, examinaremos a possibilidade de que várias estruturas da linguagem são refletidas no sinal acústico. A codificação dos vários tipos de informação — linguística, emocional e pessoal — no sinal acústico da fala convida para uma análise desse sinal como um meio básico para entender a comunicação humana.

TEORIA, INSTRUMENTOS E MEDIDAS

Este livro se dedica a questões relacionadas à teoria acústica da produção da fala, aos instrumentos laboratoriais ligados a análises acústicas e a medições do sinal acústico da fala. Estes três — teoria, instrumentos e medidas — estão inter-relacionados. O uso de ferramentas e medidas é influenciado pela teoria acústica da fala. O teste da teoria depende da disponibilidade de instrumentos e medidas laboratoriais. A aplicação de medidas requer que o sinal seja armazenado e apropriadamente visualizado por esses instrumentos. O uso adequado da análise acústica requer um entendimento de como a fala é produzida (a teoria acústica da produção da fala), um conhecimento dos instrumentos laboratoriais disponíveis para análises acústicas de sinais como a fala e uma familiaridade com várias medidas que podem ser feitas no sinal acústico da fala.

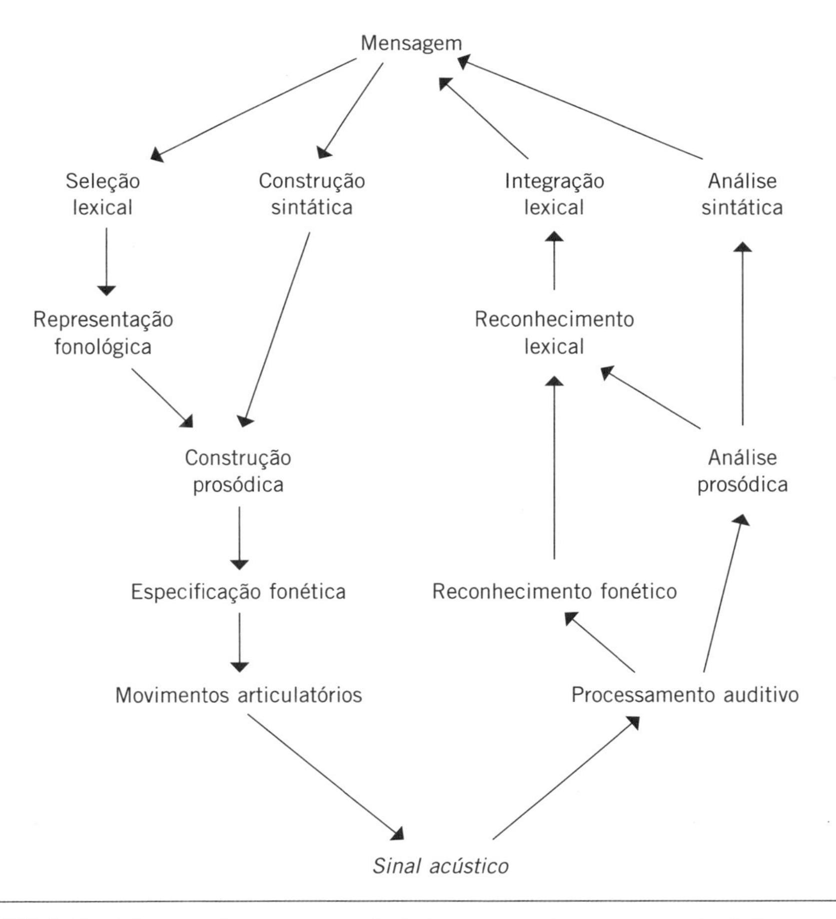

FIGURA 1.10 Diagrama das operações principais na expressão e compreensão da linguagem. O sinal acústico da fala é intermediário entre essas duas facetas da linguagem falada.

O Capítulo 2 apresenta os conceitos básicos da teoria acústica da produção da fala. Saber o que a fala é — como é gerada como um sinal acústico — ajuda no desenvolvimento e no uso de instrumentos de análise e na seleção de medidas para caracterizar o sinal. A teoria acústica da produção da fala sumarizada no Capítulo 2 é um primeiro passo no entendimento da análise acústica da fala. O Capítulo 3 considera os instrumentos usados para as análises do sinal acústico da fala. As análises contemporâneas da fala dependem fortemente do computador digital. Portanto, para entender a análise da fala, necessita-se um conhecimento do processamento digital de sinais. O Capítulo 3 descreve os procedimentos pelos quais o sinal acústico, como o obtido por um microfone, é convertido para uma forma que pode ser armazenada em um computador digital. O Capítulo 3 também descreve as análises acústicas modernas usadas no estudo da fala. Essas análises são tipicamente disponíveis em sistemas que rodam em computadores digitais ou que são fornecidos por sistemas especializados baseados em microprocessadores. Em ambos os casos, o processamento digital de sinais está envolvido. Os Capítulos 4 e 5 lidam com as características acústicas de vogais e consoantes, respectivamente. Esses dois capítulos definem as medidas acústicas que são tipicamente usadas na fonética acústica e também apresentam dados em algumas das medidas mais comumente usadas. Embora a ênfase seja no inglês americano, uma tentativa é feita para mostrar como essas medidas se aplicam a outras línguas também. Entretanto, deve-se notar que os dados acústicos não são abundantes para as línguas do mundo, e muitas dessas foram raramente estudadas por este método. O Capítulo 6 considera os correlatos acústicos das características do falante como idade e gênero. Devido ao fato de os padrões acústicos da fala variarem consideravelmente entre falantes, é importante entender as fontes dessas variações. O Capítulo 7 discute as características suprassegmentais da fala, incluindo entonação, padrões acentuais e atributos emocionais. A fala é mais do que os constituintes fonéticos (segmentais) discutidos nos Capítulos 4 e 5, e o Capítulo 7 apresenta informações sobre as propriedades suprassegmentais pelas quais a fala ganha sua plena riqueza e força comunicativa. O Capítulo 8 discute a síntese de fala, ou a geração de fala por máquinas. Os apêndices e o glossário podem ser úteis para uma referência ocasional, de modo que o leitor possa querer dar uma olhada nesses materiais para se tornar familiar com os conteúdos antes de seguir para o próximo capítulo.

RESUMO

A fala é o canal vocal/auricular da comunicação humana. Os sons da fala são produzidos pelas ações dos três subsistemas principais (respiratório, laríngeo e articulatório). O sinal acústico da fala é de interesse específico porque ele intervém entre a produção e a percepção da fala. Ou seja, o sinal acústico é primeiramente a saída do sistema de produção e a entrada para o processo de percepção. Devido ao fato de o sinal acústico da fala codificar informações linguísticas, emocionais e pessoais no ato da comunicação humana, um objetivo importante é desenvolver meios efetivos para sua análise.

Capítulo 2

TEORIA ACÚSTICA DA PRODUÇÃO DA FALA

A TEORIA LINEAR FONTE-FILTRO DA PRODUÇÃO DA FALA

O objetivo principal deste capítulo é resumir uma teoria conhecida na literatura fonética como *teoria linear fonte-filtro da produção da fala*. O livro clássico de Gunnar Fant, *Acoustic theory of speech production* (FANT, 1970; publicado primeiramente em 1960), é uma referência básica, bem como o artigo de Stevens e House (1961). Essa teoria é importante para se entender as relações acústico-articulatórias, bem como para fornecer fundamentos para muitos procedimentos necessários a uma análise acústica da fala e para métodos populares de síntese da fala. Somente linhas gerais da teoria serão apresentadas aqui. O leitor que precisar de uma descrição mais detalhada deve ler o livro de Fant ou o livro mais recente de Stevens (2000). Os livros de Fant e Stevens são fontes essenciais para as bases teóricas da produção da fala, mas podem ser desafiadores para leitores que não tenham conhecimento de matemática e física (também recomendado é STEVENS, 1989, e PICKETT, 1999).

Neste capítulo, a teoria acústica da fala é discutida em termos das seguintes, principais, classes de sons: vogais, fricativas, nasais, oclusivas, africadas, líquidas, ditongos e semivogais. As três primeiras — as vogais, fricativas e nasais — serão discutidas mais detalhadamente, pois ilustram princípios que podem ser aplicados a outras classes de sons. Por exemplo, a semivogal [w], como em "*way*", pode ser entendida como uma modificação da teoria da produção de vogais, e africadas como os sons finais e iniciais da palavra "*judge*" podem ser entendidas como uma combinação de uma oclusiva (silêncio) e uma fricativa. Portanto, vogais, fricativas e nasais formam a base essencial da teoria acústica da fala neste capítulo.

Alguns diagramas simples ajudarão a identificar as principais características de interesse. Usualmente, as vogais são sons produzidos com vibração laríngea (de modo que o vozeamento é a fonte de energia) e com o trato vocal relativamente aberto, modificado para produzir padrões específicos de ressonâncias (de modo que o trato vocal inteiro funciona como um filtro, ou um sistema de transmissão selecionador de frequências). Um diagrama geral para as vogais é dado na Figura 2.1a, que é um tubo bastante simples, com um dos lados fechado na laringe e o outro aberto na atmosfera. Modificações desse diagrama serão usadas para modelar as líquidas e as semivogais, que são similares às vogais em suas propriedades acústicas. As fricativas são produzidas com uma constrição estreita em algum ponto do trato vocal, como retratado na Figura 2.1b. O ar que passa por essa constrição gera um ruído turbulento, de modo que o ruído é a fonte de energia para a produção do som. A fonte de ruído é filtrada (modificada) pelo trato vocal, especialmente pela parte anterior à constrição. O modelo da Figura 2.1b será modificado para as consoantes oclusivas e africadas. Ambas envolvem um breve fechamento do trato vocal e a geração de ruído é similar à das fricativas. Como podemos ver na Figura 2.1c, os sons nasais são produzidos com a velofaringe aberta, de modo que o som é radiado através da cavidade nasal. Se a boca estiver fechada, o som resultante é uma consoante nasal, como *m* e *n* na palavra "*man*". Se a boca estiver aberta, o som resultante é uma vogal nasalizada. As nasais, como as vogais, têm, tipicamente, o vozeamento como fonte de energia. No entanto, as nasais diferem das vogais orais, pois a filtragem da fonte de energia é determinada tanto pela passagem oral quanto pela nasal.

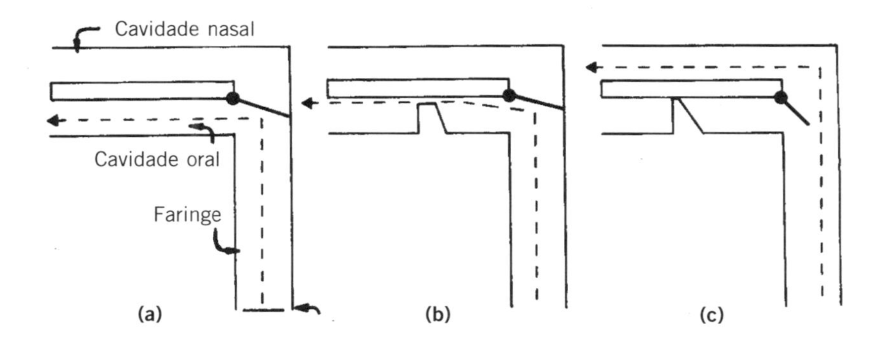

FIGURA 2.1 Modelos do trato vocal para três classes de sons: (a) vogais, (b) fricativas e (c) nasais. Note a constrição parcial em (b) e a total em (c).

TEORIA ACÚSTICA PARA VOGAIS

Ressonância de Tubos como um Modelo de Produção da Fala

Para introduzir a teoria acústica da produção da fala, começaremos com um aparato que não se parece muito com o trato vocal humano. Como mostrado na Figura 2.2, este aparato consiste simplesmente de um vibrador (uma membrana elástica com um corte estreito no meio) acoplado a um tubo reto. O vibrador é esticado para se encaixar em um lado do tubo e o outro lado é deixado aberto. O vibrador é uma fonte de energia acústica que se propaga através do tubo. O tubo é um ressoador. Na realidade, é um exemplo de uma classe muito importante de ressoadores — tubos fechados em um lado e abertos no outro. Tal tubo possui um número infinito de ressonâncias, localizadas em frequências dadas por uma relação que se pode denominar *múltiplo ímpar do quarto de comprimento de onda*:

$Fn = (2n - 1)c/4l$,

onde n é um inteiro,

c é a velocidade do som (cerca de 35000 cm/s) e

l é a extensão do tubo.

A fórmula mostrada anteriormente nos dá as frequências de ressonância do tubo. Parafraseando a fórmula, diz-se que um tubo ressoará com amplitude máxima um som cujo comprimento de onda for quatro vezes maior que o comprimento do tubo. De fato, tais ressonâncias ocorrem em múltiplos e é por isso que a expressão (2n – 1) é usada para gerar o conjunto de números ímpares. As ressonâncias ocorrem em c/4l, 3c/4l, 5c/4l, 7c/4l e assim por diante. Vamos assumir que o tubo tenha um comprimento (l) de 17,5 cm. Então a primeira ressonância terá uma frequência dada por:

$$
\begin{aligned}
F1 &= c/4l \\
&= 35000 \text{ cm/s} / (4 \times 17{,}5 \text{ cm}) \\
&= 500 \text{ 1/s, ou } 500 \text{ Hz}
\end{aligned}
$$

A segunda ressonância terá uma frequência calculada como:

$$
\begin{aligned}
F2 &= 3c/4l \\
&= 105000 \text{ cm/s} / (4 \times 17{,}5 \text{ cm}) \\
&= 1500 \text{ 1/s, ou } 1500 \text{ Hz}
\end{aligned}
$$

Ressonâncias mais altas podem ser obtidas pela continuação dos cálculos para diferentes soluções de (2n – 1). Dessa forma obteremos os resultados nas seguintes frequências de ressonância: 500, 1500, 2500, 3500, 4500 Hz (e assim por diante, mas isso é o bastante para os nossos propósitos). Note-se que as frequências de ressonância apresentam entre si intervalos de 1000 Hz.

Para tornar este exemplo relevante à produção da fala humana, precisamos notar duas coisas: (1) o trato vocal médio masculino[1] tem um comprimento de cerca de 17,5 cm da glote até os lábios, e (2) o trato vocal tem aproximadamente as mesmas frequências de ressonância de um tubo reto de mesmo comprimento e seção transversal. Em outras palavras, o tubo simples mostrado na Figura 2.2 é um modelo satisfatório de produção de um tipo

1. O trato vocal feminino é cerca de 10 a 15 por cento menor do que o masculino.

específico de vogal da fala humana. A vogal em questão é produzida com a língua e outros articuladores posicionados de forma a criar uma seção transversal uniforme ao longo do comprimento do trato vocal. Esta vogal é representada na Figura 2.3. Como podemos inferir, a membrana vibradora do nosso modelo do tubo é análoga às pregas vocais em vibração. E, é claro, o tubo é análogo ao trato vocal, ao menos para a vogal específica mostrada na Figura 2.3. De uma certa forma, o aparato composto de membrana elástica e tubo é um gerador de som de uma vogal específica ([ɘ]). Ele tem uma fonte de energia (a membrana vibradora) e um ressoador (o tubo).

Se mudarmos a extensão do tubo ressoador, consequentemente mudamos as frequências de ressonância, como indicado na fórmula do *múltiplo ímpar do quarto de comprimento de onda*. Se o comprimento do tubo for dobrado de 17,5 cm para 35 cm, as frequências de ressonância assumirão valores mais baixos, isto é, 250, 750, 1250 e 1750 para as primeiras (ou mais baixas) ressonâncias. Se o comprimento do tubo for reduzido pela metade, a fim de fazer um novo tubo de apenas 8,75 cm, então as quatro ressonâncias mais baixas serão 1000, 3000, 5000 e 7000 Hz. Esses resultados explicam por que os tubos mais longos em um órgão têm os tons mais baixos, enquanto os mais curtos têm os tons mais altos. De modo similar, temos uma explicação para as mudanças nas frequências de ressonância do trato vocal na mudança de criança para adulto. Uma criança tem aproximadamente metade

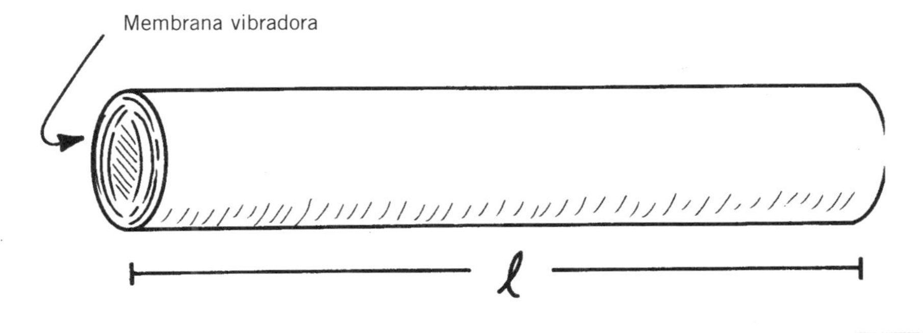

FIGURA 2.2 Um modelo simples de produção de vogais: tubo reto de seção transversal uniforme fechado em um lado (por uma membrana vibradora que simula as pregas vocais) e aberto no outro (correspondendo à abertura bucal).

do comprimento do trato vocal de um adulto e tem frequências de ressonância muito mais altas. Na realidade, as frequências de ressonância para as vogais de uma criança, correspondentes ao formato do aparelho fonador da Figura 2.3, são 1000, 3000, 5000 e 7000 Hz, ou seja, os valores calculados para um tubo que tem 8,75 cm de comprimento. Obviamente, então, o comprimento do trato vocal de um falante determinará a localização relativa das frequências de ressonância. Quanto maior o trato vocal, mais baixas as frequências de ressonância e menor a sua separação em frequência. Por outro lado, quanto menor o trato vocal, mais altas as frequências de ressonância e maior a sua separação em frequência.

Vimos que o comprimento do trato vocal determina o espaçamento médio das frequências de ressonância. Isso significa que as frequências de ressonância variam com as características do falante que determinam o comprimento do trato vocal. Os dois principais fatores são idade e sexo. Na maior parte deste capítulo, os exemplos pertencem à fala de adultos masculinos, e deve-se lembrar que ajustes são necessários para se lidar com padrões de fala de mulheres e crianças. Amostras de dados acústicos de falantes de ambos os sexos e várias idades estão incluídas em vários capítulos deste livro.

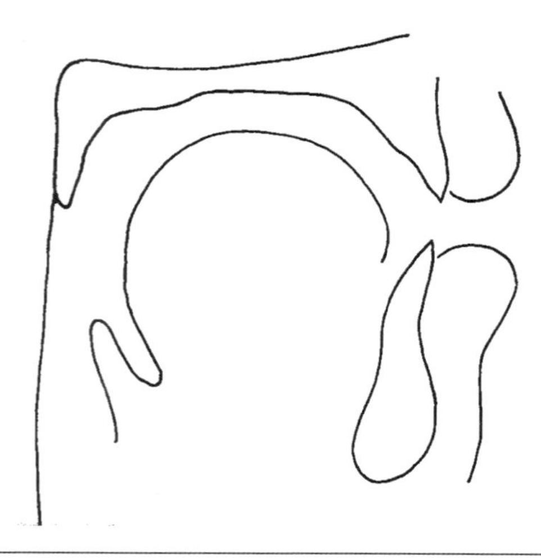

FIGURA 2.3 Configuração do trato vocal para uma vogal que corresponde, *grosso modo*, ao tubo idealizado na Figura 2.2. A seção transversal é essencialmente a mesma da glote aos lábios.

Estendendo o Modelo de Ressonância de Tubos

Nossos resultados até agora pertencem a somente uma vogal — a média central — em que a seção transversal é a mesma ao longo do comprimento do trato vocal. Quais são as frequências de ressonância para outras vogais? A resposta pode ser determinada experimentalmente pela descoberta das frequências de ressonância para vários formatos de tubos que tenham o mesmo comprimento. Como notamos anteriormente, as frequências de ressonância não são afetadas substancialmente se o tubo for reto ou curvado (as diferenças que ocorrem foram descritas por SONDHI, 1986). Mas é mais fácil desenhar um tubo reto. Sendo assim, tubos retos de diferentes formatos servirão como modelos para esta discussão. Alguns exemplos de formatos diferentes de tubos são mostrados na Figura 2.4. Cada um dos formatos corresponde grosseiramente ao formato do trato vocal de uma vogal em inglês. A Figura 2.4a corresponde à vogal /i/ (como em "*he*"), a Figura 2.4b à vogal /u/ (como em "*who*") e a Figura 2.4c à vogal /a/ (como em "*ha*"). Também são mostrados na Figura 2.4 espectros para cada um dos modelos simples de vogais. Os picos espectrais são as frequências de ressonância dos tubos. Lembremos que, em média, as frequências de ressonância são separadas por cerca de 1000 Hz, mas que as frequências de ressonância individuais variam em torno das regiões de frequência da vogal média central. Por exemplo, comparada à primeira ressonância da vogal média central, a primeira ressonância para /i/ tem uma frequência mais baixa, mas a primeira ressonância de /a/ tem uma frequência mais alta.

Sumário da Ressonância de Tubos

Está na hora de revermos alguns dos principais pontos abordados até aqui:

1. Um tubo uniforme que é fechado em um lado e aberto no outro tem frequências de ressonância determinadas pelo comprimento do tubo (assumindo condições atmosféricas constantes). As frequências de ressonância são relativamente mais baixas para tubos longos e relativamente mais altas para tubos curtos.

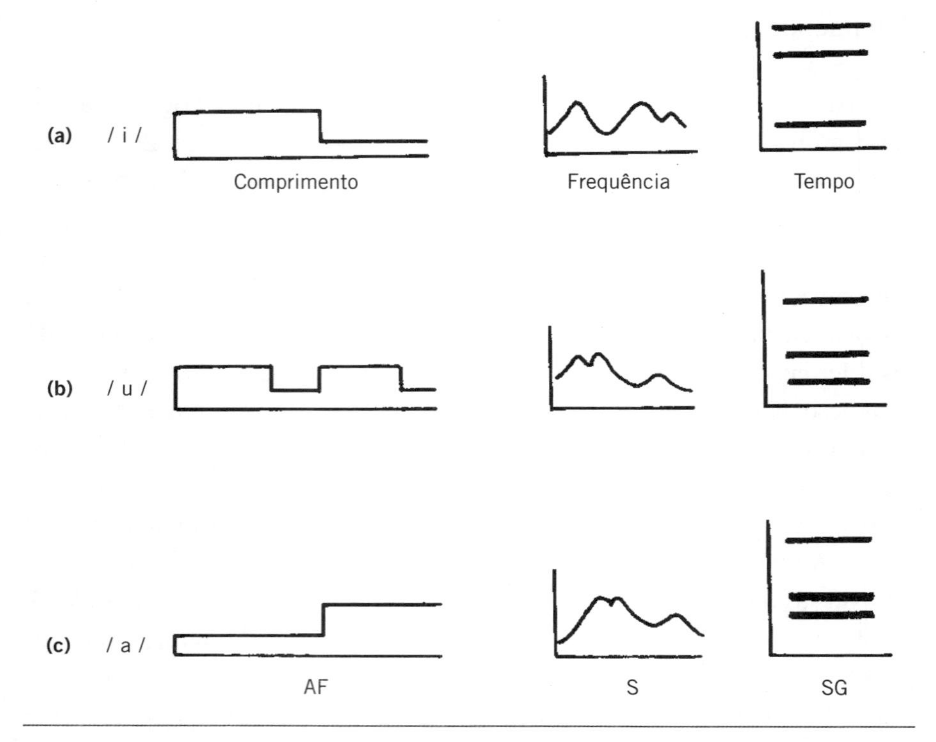

FIGURA 2.4 Representação para três vogais de uma função de área idealizada (AF), espectro (S) e espectrograma (SG). O lado fechado da função de área representa a glote, e o lado aberto, os lábios. Os formantes são representados nos espectros por picos e nos espectrogramas por faixas horizontais.

2. Para tubos não uniformes (isto é, tubos em que a seção transversal não é constante ao longo do tubo), as frequências individuais de ressonância variam em torno dos valores determinados para um tubo uniforme.
3. O tubo uniforme fechado em um lado e aberto no outro é um modelo acústico para uma vogal chamada de média central.
4. Para que o modelo de tubos possa representar outras vogais, a seção transversal deve ser variada em função do comprimento do tubo, de forma a se aproximar do formato do trato vocal para uma vogal específica.

Neste momento podemos questionar se tubos simples como os exibidos na Figura 2.4 realmente soam como vogais produzidas por humanos. Na realidade, eles soam de fato como vogais humanas, desde que seja aplicada uma fonte apropriada de energia vibratória (lembremos que os ressoadores não geram energia sonora, e sim respondem à energia que é recebida por eles). Além disso, todas as outras vogais em inglês podem ser modeladas, ao menos grosseiramente, por modificações apropriadas do formato de um tubo reto.

Qual é a relação entre o ressoador (p. ex. um tubo) e a fonte de energia (p. ex. uma membrana elástica vibradora)? De maneira geral, a fonte de energia e o ressoador são independentes, exceto em condições especiais. Isto é um fato importante, e explica por que um falante pode produzir uma vogal [i] de tom baixo ou de tom alto sem perder a sua distintividade fonética. O *tom vocal* (*vocal pitch*) é determinado quase exclusivamente pelas frequências vibratórias das pregas vocais. Quanto mais baixa a taxa de vibração, mais baixo o *tom*. Portanto, uma voz de *baixo* tem uma frequência de vibração mais baixa do que uma voz de *soprano*. Mas a frequência de vibração das pregas vocais não afeta as propriedades do ressoador. As frequências de ressonância de um ressoador de tubos são determinadas quase que exclusivamente por apenas dois fatores: o comprimento do tubo e sua seção transversal em função de seu comprimento. Mudar a frequência da fonte de energia não muda as frequências de ressonância do tubo que recebe a energia.

Teoria Fonte-Filtro da Produção de Vogais

Os conceitos introduzidos até agora podem ser resumidos na chamada *teoria fonte-filtro* (Figura 2.5). Esta teoria, como aplicada na produção de vogais, afirma que a energia de saída (que foi chamada em uma seção anterior de sinal da fala radiado) é um produto da fonte de energia e do ressoador (ou filtro). Essa teoria poderia ser chamada de uma maneira mais precisa de *teoria linear fonte-filtro*, por ser baseada em um modelo matemático linear. A questão da linearidade abre as portas para poderosas, apesar de relativamente simples, operações matemáticas. No caso mais simples, a linearidade é obtida quando a função entrada-saída de um sistema é descrita por uma linha reta. Mais um adjetivo poderia ser incluído para descrever a teoria como *teoria linear fonte-filtro invariante temporal*. *Invariância temporal* significa que se a entrada do sistema é avançada (ou atrasada) no tempo, a saída é similarmente avançada (ou atrasada). As questões de linearidade e invariância temporal são comumente feitas em muitas aplicações da física e da engenharia, especialmente porque elas tornam o sistema em consideração matematicamente tratável.

É conveniente pensarmos na fonte de energia na forma de um espectro. As pregas vocais em vibração produzem um espectro sonoro como o da Figura 2.6. A energia se distribui em frequências discretas determinadas pela taxa de vibração. O resultado é chamado de *espectro de linha*, ou um espectro em que a distribuição de energia toma a forma de linhas. O espectro de energia de vozeamento pode ser idealizado como uma linha espectral em que as linhas individuais recaem em múltiplos inteiros da frequência vibratória fundamental (que é sempre mais baixa). Por exemplo, a frequência fundamental média da voz masculina é cerca de 120 Hz e a energia deste espectro da fonte recairá em frequências de 120, 240, 360, 480 Hz e assim por diante. Mas um homem pode produzir frequências muito mais baixas ou mais altas que este valor médio. Se a frequência fundamental masculina aumenta para 300 Hz, a energia no espectro da fonte recairá em frequências de 300, 600, 900, 1200 Hz e assim por diante. Os mesmos princípios se aplicam para as vozes de mulheres e crianças. A frequência fundamental média feminina é em torno de 230 Hz, de modo que a energia do espectro idealizado recairá em frequências de 230, 460, 690 Hz e assim por diante. Essas mudanças na frequência de vibração para um dado falante são apenas mudanças na fonte e não têm necessariamente efeito algum no ressoador ou filtro. Analogamente, a amplitude da vibração das pregas vocais pode ser mudada. Um falante pode produzir uma voz suave ou alta. Tais mudanças só afetam o ressoador no sentido em que determinam o nível de energia que o ressoador receberá. A relativa independência da fonte e filtro torna possível a produção de fala inteligível com uma variedade de fontes de energia, incluindo vozes baixas e altas, sussurradas, soprosas, e outros tipos de variações fonatórias.

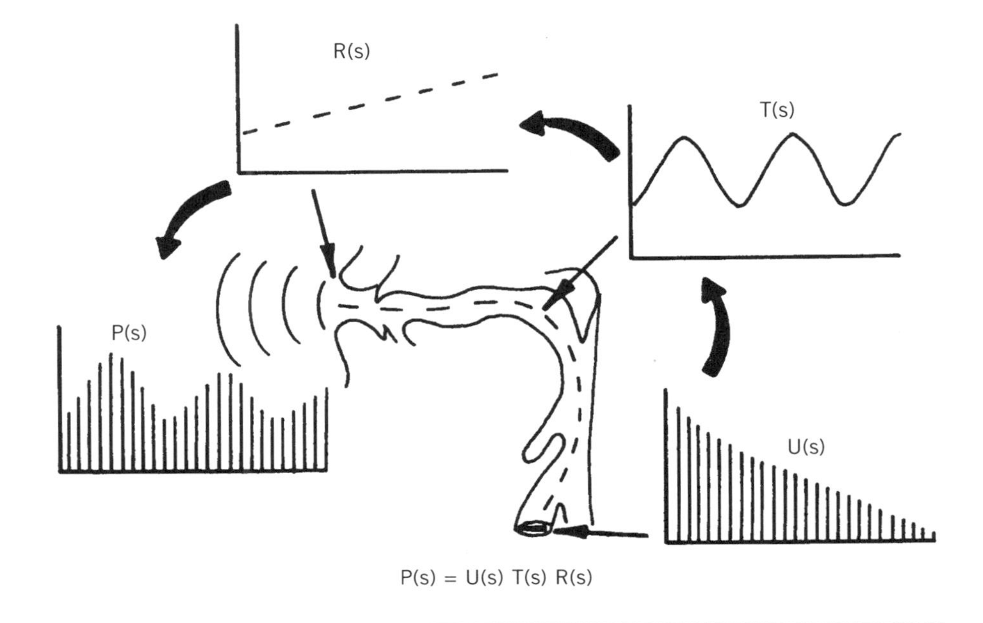

FIGURA 2.5 Diagrama da teoria fonte-filtro para vogais. O espectro da fonte laríngea, U(s), é filtrado pela função de transferência do trato vocal, T(s), e a característica de radiação, R(s), para resultar no espectro de saída, P(s). Matematicamente, P(s) é um coproduto de U(s), T(s) e R(s), onde s = frequência.

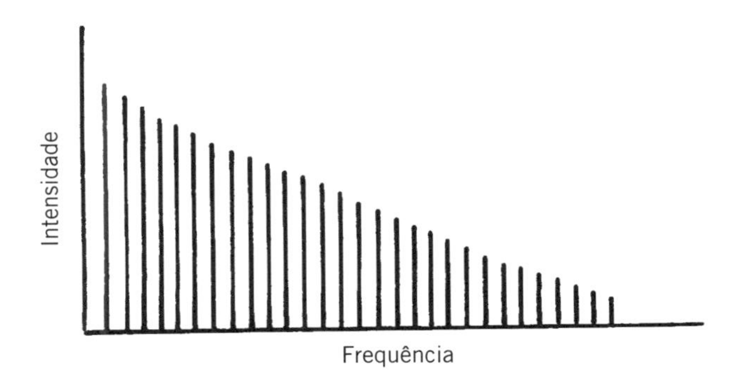

FIGURA 2.6 Espectro laríngeo idealizado em que a energia é localizada em frequências discretas, as quais são múltiplos inteiros da frequência fundamental. As amplitudes dos harmônicos sucessivos decrescem com o aumento da frequência.

Para estendermos o modelo fonte-filtro para a produção de todas as vogais (e eventualmente para outros sons da fala também), é necessário fazermos algumas mudanças na terminologia. Primeiramente, tipos diferentes de fontes estão envolvidos na produção da fala, mas neste momento estamos preocupados apenas com um tipo de fonte — a vibração das pregas vocais. Chamaremos esta fonte de *espectro* laríngeo (domínio das frequências) ou *forma de onda laríngea* (domínio temporal). O espectro laríngeo, como discutido anteriormente, pode ser idealizado como um espectro de linha. É característico do espectro laríngeo que a energia em seus componentes harmônicos (cada linha é um harmônico da frequência fundamental) decaia com o aumento da frequência. Este decaimento na energia dos harmônicos mais altos é mostrado na Figura 2.6 e significa que a maioria da energia na fala vozeada está nas frequências mais baixas. A taxa de decaimento de energia é de 12 dB por oitava, ou uma queda de energia de 12 dB a cada duplicação da frequência. Podemos dizer, então, que o espectro laríngeo pode ser visto como um espectro de linha no qual a energia dos harmônicos decai com a frequência em uma taxa de 12 dB/oitava (este valor não deve ser tomado como uma constante absoluta para todos os falantes, pois ele pode diferir entre homens e mulheres e entre falantes com qualidades diferentes de voz).

A próxima mudança terminológica se aplica ao filtro. Em vez de nos referirmos a ressonâncias, vamos nos referir a *formantes*. Um formante é um modo natural de vibração (ressonância) do trato vocal. Teoreticamente há um número infinito de formantes, mas para propósitos práticos só utilizaremos os três ou quatro primeiros formantes mais baixos. Os formantes são identificados pelos seus números, por exemplo, F1, F2, F3 e F4, numerados em sucessão a partir das frequências mais baixas dos formantes. Cada formante pode ser descrito por duas características: frequência central (chamada comumente de a *frequência do formante*) e largura de banda (*largura de banda do formante*, que é uma medida da largura da energia no domínio da frequência, ou uma medida da taxa de amortecimento no domínio temporal).

O termo formante é usado diferentemente por autores distintos. Alguns se referem a formante como um pico no espectro acústico. Neste uso, um formante é uma característica acústica que pode ou não ser evidência de uma ressonância do trato vocal. Outros usam o termo formante para designar uma ressonância, mesmo que não sejam encontradas evidências empíricas para ela. Neste livro, formante será usado como sinônimo de ressonância do trato vocal. Um formante frequentemente é associado com um pico no espectro acústico, mas não o é necessariamente. Um dos objetivos da análise acústica é estimar a estrutura formântica de um segmento sonoro.

Em conjunto, os formantes constituem a *função de transferência* do trato vocal. Uma função de transferência é a relação entrada-saída e uma forma de descrever a operação de um processo como a filtragem. Por estar cada formante associado a um pico na função de transferência, cada formante é *potencialmente* associado a um pico no espectro de saída (ou espectro radiado). Segue-se, pois, que não haverá picos no espectro radiado, em uma dada região formântica, se a fonte laríngea não fornecer energia na região de frequência correspondente à posição do formante. Os formantes não fornecem energia; eles apenas modificam a energia fornecida por uma fonte. Os formantes são determinados pelo formato e comprimento do trato vocal, mas eles se tornam fisicamente evidentes apenas quando são ativados por uma fonte de som como o vozeamento ou o sussurro.

O termo final a ser introduzido é *característica de radiação*. Este termo se refere a um efeito de filtragem que surge quando sons escapam pela boca para se radiar no espaço. Um engenheiro acústico dirá que o acoplamento acústico da boca com a atmosfera é como um defletor[2] infinito. Ou seja, o som radiado se espalha por todas as direções quando ele sai da boca. Este tipo de característica de radiação age como um filtro passa-alta (reduzindo mais as energias em frequências baixas do que em altas). Uma aproximação razoável a esse efeito é assumir que o som de saída aumenta em frequência em uma taxa de 6 dB/oitava. Por ser uma característica constante, ela se combina às vezes com a queda de 12 dB/oitava no espectro laríngeo para dar uma resultante de –6 dB/oitava (a característica de –12 dB/oitava do espectro laríngeo e a característica de +6 dB/oitava da radiação frequentemente são tomadas como constantes na teoria acústica da produção da fala).

---

2. Defletor, de acordo com *Novo Dicionário Aurélio*, significa "que, ou aquilo que faz defletir". Defletir, por sua vez é: "[Do lat. *deflectere*] V.t.i. 1. Mudar a direção de movimento para um dos lados. 2. Mudar a posição ou o movimento natural; desviar".

A teoria fonte-filtro de produção de vogais é resumida na Figura 2.5 e na seguinte equação:

$$P(f) = U(f)\ T(f)\ R(f),$$

onde P(f) é o espectro da pressão sonora radiada. P representa a pressão e (f) indica simplesmente uma função de frequência. Lembremos, como vimos anteriormente, que a maioria dos microfones e também o ouvido humano respondem a variações de pressão. Portanto, é necessário descrever o sinal de saída da fala como uma forma de onda da pressão sonora (no domínio temporal) ou um espectro da pressão sonora (domínio das frequências). Os três termos no lado direito da equação se referem, respectivamente, ao espectro da fonte laríngea, à função de transferência do trato vocal e à característica de radiação. O termo U se refere à velocidade volumétrica e é usado porque as pregas vocais agem como uma fonte de pulsos de ar. A velocidade volumétrica é análoga à corrente de um circuito elétrico. T representa a função de transferência e R denota a característica de radiação. Colocando a equação em palavras, podemos dizer que a forma de onda da pressão sonora radiada é o produto do espectro laríngeo, a função de transferência do trato vocal e a característica de radiação.

Para o presente momento, consideraremos os termos U(f) e R(f) como constantes quando vogais distintas são produzidas. Ou seja, as vogais diferentes serão descritas como variações na função de transferência, T(f), e no espectro radiado, P(f). Pelo fato de T(f) consistir dos formantes das vogais, a discussão se reduz aos padrões formânticos das diferentes vogais.

É necessária aqui uma breve nota histórica. Já demos crédito ao trabalho altamente influente de Gunnar Fant, especialmente seu livro *Acoustic theory of speech production* (1970). Outra importante contribuição ao entendimento da acústica das vogais foi um livro de 1946. Este livro, *The vowel: its nature and strutucture*, de Chiba e Kajiyama (1958), infelizmente não foi distribuído largamente, devido a complicações associadas com a guerra. Embora seja difícil de achar exemplares do livro, sua influência deve ser lembrada no atual entendimento da acústica da fala.

Relações Acústico-Articulatórias para Vogais

Na Figura 2.7 é apresentado raio X do trato vocal. É, na realidade, o trato vocal de um proeminente foneticista chamado Peter Ladefoged. Este tipo de imagem é chamado de raio X lateral, porque representa uma projeção de raio X do objeto a ser estudado de um lado ao outro. Este raio X do trato vocal corresponde anatomicamente à *seção sagital média*, ou um plano que vai da parte anterior da cabeça até a parte posterior, cortando-a nas metades direita e esquerda. O trato vocal inteiro, estendendo-se da laringe até os lábios, é a cavidade de ressonância da produção de vogais. Esta cavidade pode ser descrita em termos de sua seção transversal em função do comprimento. É evidente que o raio X da Figura 2.7 fornece apenas informação parcial, porque o trato vocal é visto em apenas duas dimensões. Uma determinação precisa da área ao longo do trato vocal requer informação sobre a terceira dimensão, a largura da cavidade ao longo de seu comprimento. Entretanto, por motivos de simplificação, como a afirmação de o trato vocal ser essencialmente circular ao longo de sua extensão, podemos estimar a área do trato vocal para qualquer distância ao longo de seu comprimento. O resultado dessa estimativa é esquematizado na Figura 2.8a. O que fizemos foi determinar o formato tridimensional do trato vocal. Isto é equivalente a criar um molde para preencher o trato vocal com um material semilíquido que gradualmente se endurece, a fim de reter o formato do trato. Como notado previamente neste capítulo, o fato de o trato vocal ser curvado não é de grande significância para sua função como um ressoador acústico. Portanto, podemos tornar reto o modelo curvado do trato vocal da Figura 2.8a para produzir a versão da Figura 2.8b.

Os trabalhos descritos no parágrafo precedente são necessários para se obter um modelo acústico acurado da cavidade ressoadora do trato vocal humano. Mas, a título de discussão, é suficiente representar o formato do trato vocal como um gráfico de sua seção transversal em função de seu comprimento. Tal gráfico é exibido para quatro vogais na Figura 2.9. Na confecção desses gráficos negligenciamos a terceira dimensão. Claramente, as configurações do trato vocal para essas vogais têm algumas regiões relativamente constritas e outras regiões que são bem expandidas. Por exemplo,

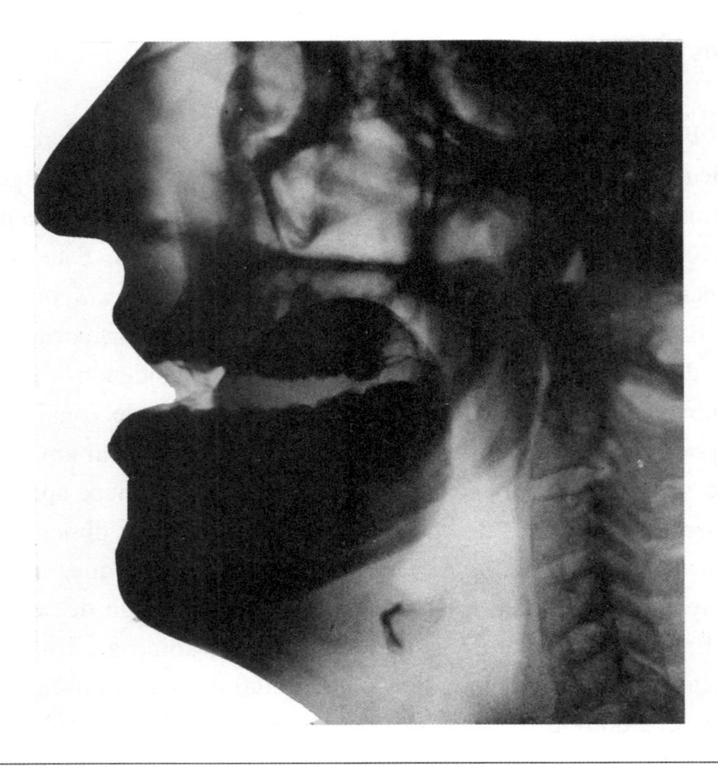

FIGURA 2.7 Raio X lateral (vista lateral) do trato vocal (cortesia de Peter Ladefoged do Laboratório de Fonética da Universidade da Califórnia em Los Angeles).

a vogal /i/ (como em "*beam*") tem uma região constrita perto da abertura labial, mas uma região expandida perto da laringe e da faringe. Em contraste, a vogal /ɑ/ (como em "*bomb*") tem uma região constrita na porção faríngea do modelo, mas uma região expandida perto da abertura labial. É possível calcular as frequências de ressonância de tais configurações usando fórmulas da teoria acústica. Quando tais cálculos são realizados, os resultados geralmente se comparam aos formantes medidos das vogais humanas, sobre os quais esses modelos são baseados. A semelhança entre as frequências dos formantes dos modelos das vogais com as frequências das vogais humanas sendo modeladas é evidência da validade dessa abordagem.

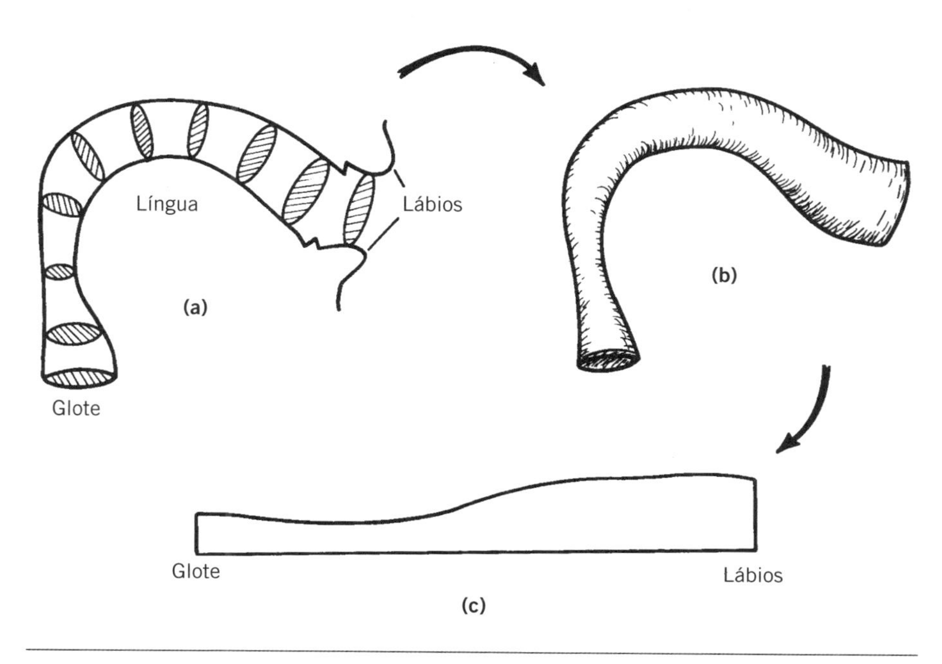

FIGURA 2.8 Derivação da função de área do trato vocal. (a) Determina-se o diâmetro da seção transversal a fim de estimar a variação da largura ao longo do trato vocal. O tubo curvado (b) pode ser tornado reto para formar o tubo em (c).

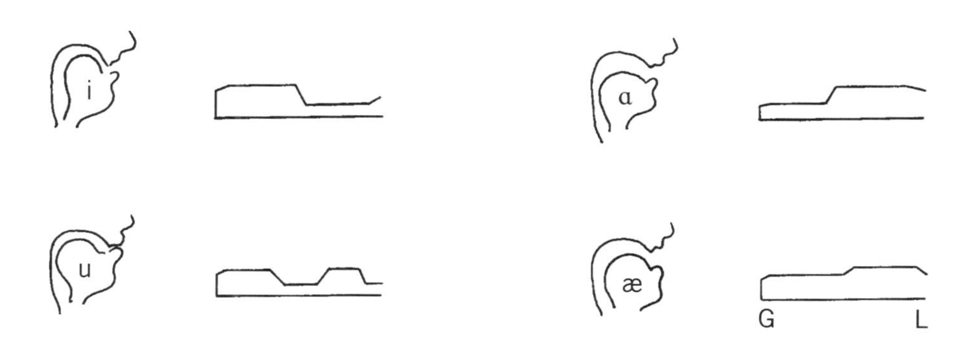

FIGURA 2.9 Configurações do trato vocal e funções de área (idealizadas) correspondentes para as quatro vogais /i/ de *"beam"*, /u/ de *"boom"*, /ɑ/ de *"bomb"*, e /æ/ de *"bam"*. G = glote e L = lábios.

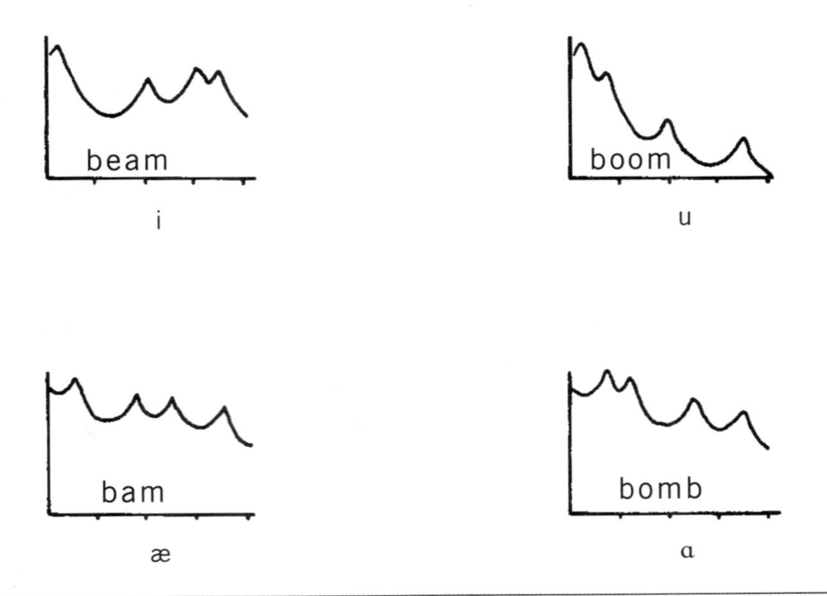

FIGURA 2.10 Espectros para as quatro vogais da Figura 2.9. Os quatro picos em cada espectro refletem os formantes. Portanto, a localização da frequência em cada pico é uma estimativa das frequências dos formantes. O eixo da frequência representa uma faixa de 0-4 kHz.

As mesmas quatro vogais são mostradas novamente na Figura 2.10, mas desta vez com espectros acústicos. Os picos espectrais representam os formantes vocálicos. Notemos que as vogais altas /i/ e /u/ têm em comum uma frequência relativamente baixa do primeiro formante (F1), enquanto que as vogais baixas /a/ e /æ/ têm em comum uma frequência relativamente alta deste formante. Ou seja, a frequência do primeiro formante varia inversamente com a *altura da língua* na produção da vogal. Em seguida, notemos que as vogais posteriores /u/ e /a/ compartilham uma frequência relativamente baixa do segundo formante (F2), enquanto que as vogais anteriores /i/ e /æ/ têm uma frequência relativamente alta para este formante. Ou seja, a frequência do segundo formante varia com a dimensão anteroposterior da articulação das vogais. Este resultado aponta para uma correspondência acústico-articulatória: as frequências dos dois primeiros formantes, F1 e F2, podem ser relacionadas a dimensões da articulação das vogais. A frequência de F1 é inversamente relacionada à altura da língua (ex., as vogais altas têm uma frequência de F1 baixa), e a frequência de F2 é relacionada ao avanço da língua (ex., a frequência de F2 aumenta quando a posição da língua se move para frente).

Todas as vogais do inglês americano podem ser plotadas, como mostrado na Figura 2.11, em função dos valores de F1 e F2. Notemos que, neste gráfico de F1-F2, os eixos podem ser considerados como tendo dois rótulos. O eixo F1 tem um rótulo articulatório de altura da língua, e o eixo F2 tem um rótulo articulatório de *avanço da língua* (ou posição anteroposterior). Esses rótulos acústico-articulatórios pareados são consistentes com a discussão do parágrafo precedente. Em geral, a frequência de F1 varia com a altura da língua e a frequência de F2 varia com o avanço da língua. Essa correspondência acústico-articulatória torna possível fazer inferências articulatórias de dados acústicos a partir das frequências dos formantes das vogais. Quando a frequência de F1 diminui, é usualmente seguro concluir que a língua se moveu para uma posição mais alta. Quando a frequência de F2 aumenta, é usualmente seguro concluir que a língua se moveu para uma posição mais anterior. Deve-se notar que essa relação acústico-articulatória é apenas aproximada, e outras relações serão descritas posteriormente.

Os lábios também estão envolvidos na produção das vogais. A participação dos lábios é bastante simples para as vogais inglesas. O arredondamento dos lábios ocorre para algumas vogais posteriores e centrais, como as vogais nas palavras "*who*", "*hoe*" e "*her*". As vogais anteriores não são arredondadas em inglês. O efeito do arredondamento dos lábios é abaixar todas as frequências dos formantes. A razão para isso segue do fato de as frequências dos formantes dependerem do comprimento do trato vocal. Quanto maior o comprimento, mais baixas serão as frequências de formantes. Pelo fato de o arredondamento dos lábios alongar o comprimento do trato vocal, as vogais arredondadas tendem a ter frequências de formantes abaixadas em comparação com as vogais não arredondadas.

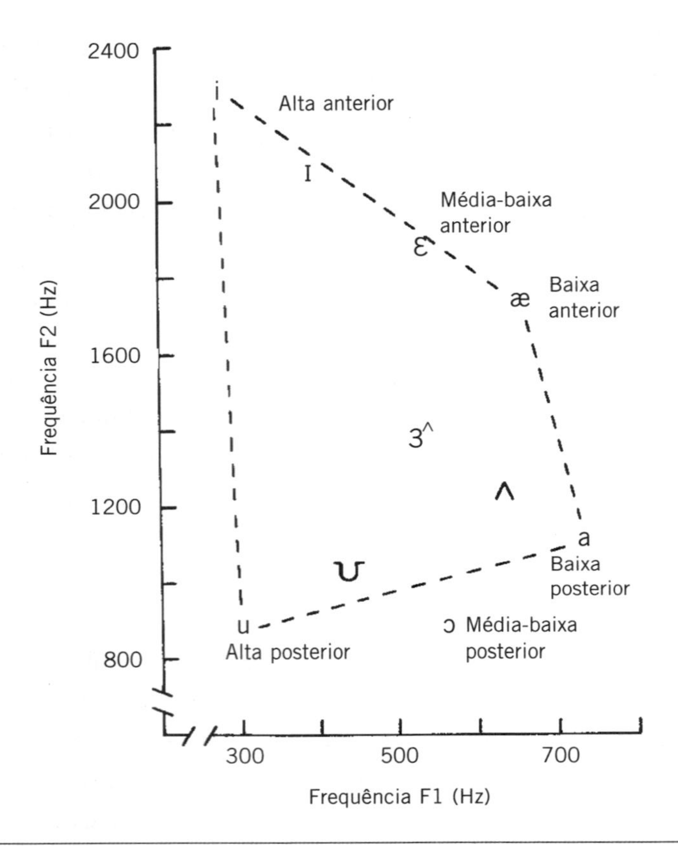

FIGURA 2.11 O clássico gráfico de F1-F2 em que uma vogal é representada acusticamente pelas suas frequências de F1 e F2. Os valores apresentados são de um sujeito masculino adulto médio. Os símbolos fonéticos são posicionados de forma a mostrar os valores de F1 e F2 para cada vogal. As legendas na figura sugerem uma relação acústico-articulatória. As vogais baixas têm uma frequência de F1 alta; as vogais altas têm uma frequência de F1 baixa; as vogais anteriores têm uma frequência de F2 alta; e as vogais posteriores têm uma frequência de F2 baixa.

Teoria da Perturbação

A *teoria da perturbação* permite a predição das mudanças das frequências dos formantes resultantes de perturbações (constrições locais) do ressoador de tubos. É uma teoria poderosa na acústica e é particularmente importante para a acústica da produção da fala, pois pode explicar as frequências dos formantes dos sons vocálicos. A teoria da perturbação é discutida aqui como uma forma de determinar como variações no formato do trato vocal afetam os formantes vocálicos. A discussão começa com as frequências dos formantes e, então, prossegue com a determinação das amplitudes dos formantes.

Para observarmos como esta teoria se aplica à produção de vogais, usaremos uma representação do trato vocal através de um tubo, como vemos na Figura 2.12. Este modelo de tubo já deve ser bastante familiar neste momento. Tal tubo terá em cada uma de suas frequências de ressonância uma distribuição de ondas estacionárias da velocidade volumétrica ou o inverso da velocidade volumétrica — pressão. Basicamente, as variações na velocidade volumétrica durante a ressonância no tubo refletem o modo como as partículas individuais vibram em várias posições no tubo. Em certas posições, a vibração das partículas é máxima (e a pressão atinge o seu mínimo). Em outras posições, a vibração das partículas é mínima (e a pressão atinge o seu máximo). As regiões onde as partículas vibram com amplitude mínima são regiões de mínimo de velocidade volumétrica, ou *nós*. As regiões onde as partículas vibram com amplitude máxima são regiões de máximos de velocidade volumétrica, ou *antinós*. É característico da ressonância de tubos que a velocidade volumétrica ou o seu inverso, a pressão, tenham uma distribuição estacionária ao longo da extensão do tubo. Por ter o tubo um número infinito de ressonâncias, a velocidade volumétrica ou a distribuição de pressão podem ser descritas para cada ressonância. Restringiremos nossa discussão aos três primeiros formantes das vogais. Aliás, é possível verificar experimentalmente essas distribuições de ondas estacionárias. O ganhador do prêmio Nobel Georg von Békésy (1960) demonstrou as variações de pressão dentro do trato vocal movendo vagarosamente um minimicrofone dentro do trato enquanto um falante produzia uma vogal. A saída do microfone tinha máximos e mínimos correspondentes às variações de pressão das ondas estacionárias.

Como podemos ver na Figura 2.13, a primeira ressonância tem uma distribuição de ondas estacionárias com máximos de velocidade volumétri-

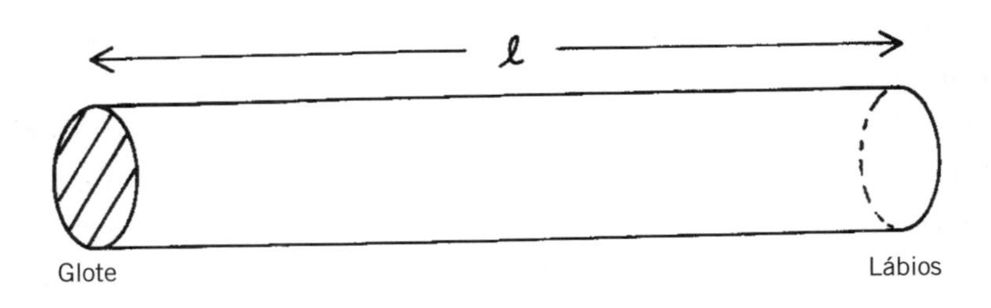

FIGURA 2.12 Modelo de tubo reto do trato vocal para a produção de vogais.

ca, ou antinós, no lado aberto (a abertura dos lábios no trato vocal) e mínimos de velocidade volumétrica, ou nós, no lado fechado (a abertura glotal do trato vocal). Para a segunda ressonância, há dois máximos da velocidade volumétrica (antinós) e dois mínimos da velocidade volumétrica (nós). Para a terceira ressonância, há três máximos de velocidade volumétrica e três mínimos. Em outras palavras, cada formante, Fn, do trato vocal tem n nós e n antinós (onde n é um número inteiro).

Suponhamos que o ressoador de um tubo da Figura 2.12 seja flexível para que possa ser comprimido em vários pontos ao longo de sua extensão. Cada constrição local do tubo produzida pela compressão é uma perturbação, e o efeito da perturbação na frequência do formante Fn depende de a constrição ser próxima a um nó ou a um antinó. A relação geral é a seguinte:

1. uma constrição local do tubo perto de um máximo da velocidade volumétrica abaixa a frequência do formante;
2. uma constrição local do tubo perto de um mínimo da velocidade volumétrica aumenta a frequência do formante.

Agora a Figura 2.12 pode ser redesenhada, como mostrado na Figura 2.14, para se parecer com o trato vocal humano com nós e antinós, localizados, respectivamente, pelos símbolos N e A. Os subscritos em N e A indicam o número do formante afetado pelos nós ou antinós. Por exemplo, $N_{1,2}$ é um nó, ou mínimo da velocidade volumétrica, para os dois primeiros formantes F1 e F2. O efeito da constrição do trato vocal é o de mudar as frequências dos formantes daqueles estipulados para a vogal neutra, de acordo com as relações que acabamos de descrever. Uma constrição no antinó A tende a abaixar ambos F1 e F2 (de fato, todas as frequências dos formantes são abaixadas pela constrição labial). Uma constrição no nó (b) aumenta F2. Uma constrição no antinó (c) abaixa F2. Consideremos como essas relações se aplicam a vogais individuais. A vogal [i] ("*he*") tem uma constrição na região palatal [perto do nó (b)] e, como consequência, uma frequência de F2 alta. A vogal [ɑ] ("*ha*") tem uma constrição na região faríngea [perto do antinó (c)] e, como consequência, uma frequência de F2 baixa. A vogal [u] tem uma constrição labial [perto do antinó (a)] e, como consequência, ambas as frequências de F1 e F2 abaixadas. Dessa forma, a teoria da perturbação permite uma predição dos efeitos da constrição do trato vocal nas frequências do formante para a configuração resultante.

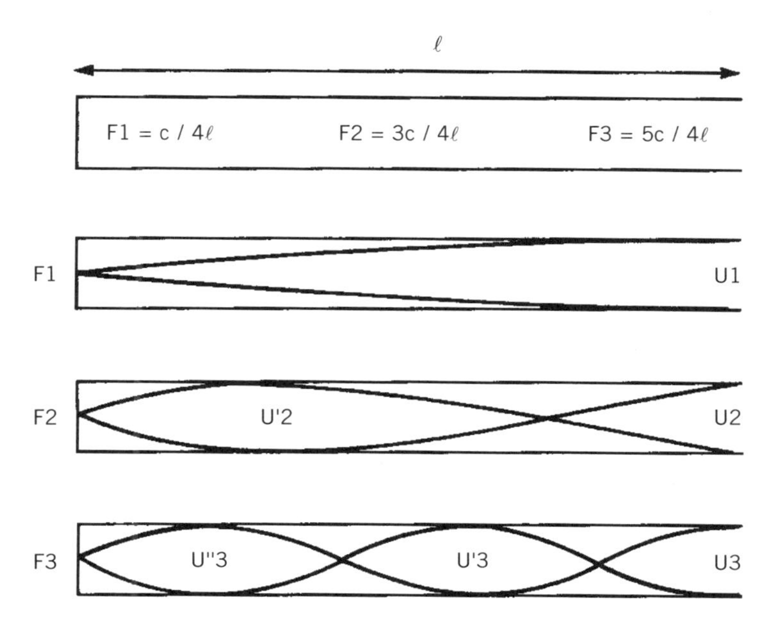

FIGURA 2.13 Modelo de tubo reto do trato vocal mostrando a distribuição espacial da velocidade volumétrica para cada um dos três primeiros formantes. U indica uma velocidade volumétrica máxima.

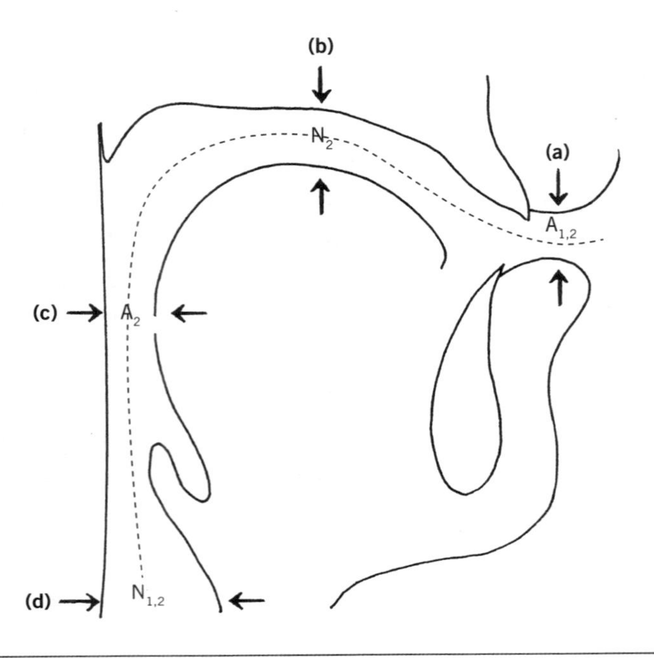

FIGURA 2.14 Modelo do trato vocal mostrando os nós (N) e antinós (A) para a distribuição da velocidade volumétrica (ou o seu inverso, a distribuição de pressão). Os subscritos indicam os números dos formantes.

Como um modo final de mostrar as predições da teoria da perturbação, a Figura 2.15 ilustra como a localização da constrição ao longo da extensão de um ressoador em um tubo afeta as frequências de F1, F2 e F3. Um sinal positivo indica que a constrição naquele ponto aumenta a frequência do formante e um sinal negativo indica que a constrição naquele ponto abaixa a frequência do formante. Notemos especificamente os seguintes efeitos:

1. todas as três frequências dos formantes são abaixadas pela constrição labial;
2. todas as três frequências dos formantes são aumentadas por uma constrição perto da laringe;
3. a curva de F2 tem uma região negativa correspondente à constrição da língua para [ɑ] e uma região positiva correspondente à constrição da língua para [i];

4. a curva para F3 tem regiões negativas correspondentes a constrições nos lábios, no palato e na faringe. (Este resultado é útil para se entender as diferentes articulações do [r] do inglês americano (como em "*ray*"), que pode ser arredondado, às vezes produzido com uma constrição palatal, e às vezes com uma constrição faríngea — todas essas três constrições são associadas com um abaixamento de F3.)

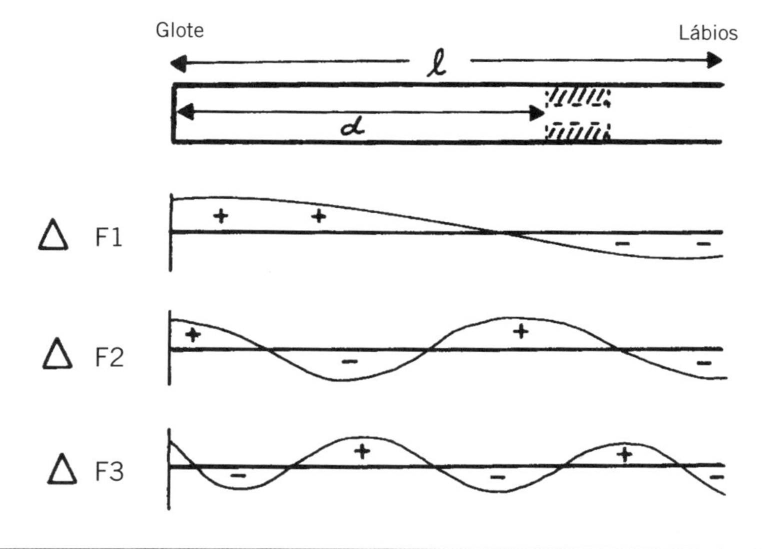

FIGURA 2.15 Efeitos de perturbações locais nas frequências dos três primeiros formantes, F1, F2 e F3. À medida que a perturbação se move ao longo do trato vocal, os formantes aumentam (+) ou diminuem (–) em frequência, como mostrado para cada formante.

A primeira conclusão merece um comentário adicional. Foi mencionado anteriormente que o arredondamento dos lábios tende a abaixar todas as frequências dos formantes, porque o arredondamento usualmente aumenta o trato vocal. Mas alguns falantes conseguem um abaixamento das frequências dos formantes simplesmente fazendo constrição sem protrusão nos lábios. Como isso é possível? Um exame das Figuras 2.13, 2.14 e 2.15 dá a resposta.

os lábios são máximos da velocidade volumétrica para cada formante; portanto, uma constrição nesta região abaixará todas as frequências dos formantes. De fato, há três modos gerais em que um falante pode realizar um abaixamento de todas as frequências: (1) fazer uma protrusão dos lábios para alongar o trato vocal, (2) constringir os lábios e (3) abaixar a laringe, uma ação que também aumenta o trato vocal.

Amplitudes dos formantes

Lembremos que o trato vocal, como todos os ressoadores em tubo, tem um número infinito de frequências de ressonância. Mas, porque a maioria da energia laríngea que ativa as ressonâncias está em frequências abaixo de 5 kHz, a discussão usual dos formantes vocálicos é limitada aos quatro ou cinco formantes mais baixos, F1, F2, F3, F4 e F5. Entretanto, os formantes mais altos não podem ser negligenciados sem introduzir erros na análise acústica do trato vocal. De acordo com Fant, podemos considerar os formantes da produção de vogais em termos do gráfico mostrado na Figura 2.16. Cada um dos quatro primeiros formantes é apresentado como uma curva de ressonância. Uma curva ascendente simples pode representar as contribuições da fonte laríngea, da radiação do trato vocal, e uma *correção dos formantes mais altos* (que lida com formantes de frequências mais altas que não são representados individualmente). A saída acústica do trato vocal para a configuração dos formantes, mostrada na Figura 2.16, pode ser determinada pela adição algébrica das curvas em separado. Ou seja, o espectro de saída em uma frequência, por exemplo, 1 kHz, é a soma das magnitudes das curvas em separado naquela frequência. Um exemplo do resultado é mostrado na Figura 2.16.

O primeiro formante é tipicamente o mais intenso, principalmente pela interação com as amplitudes dos outros formantes. Uma forma de pensar sobre isso é dizer que F1 caminha nas caudas das frequências baixas das outras curvas de formantes, de modo que F1 é reforçado em amplitude em comparação com outros formantes. Julgamentos de altura da fala tendem a ser altamente correlacionados com a amplitude de F1, o que não é surpreendente dado que este formante tende a ser o mais forte.

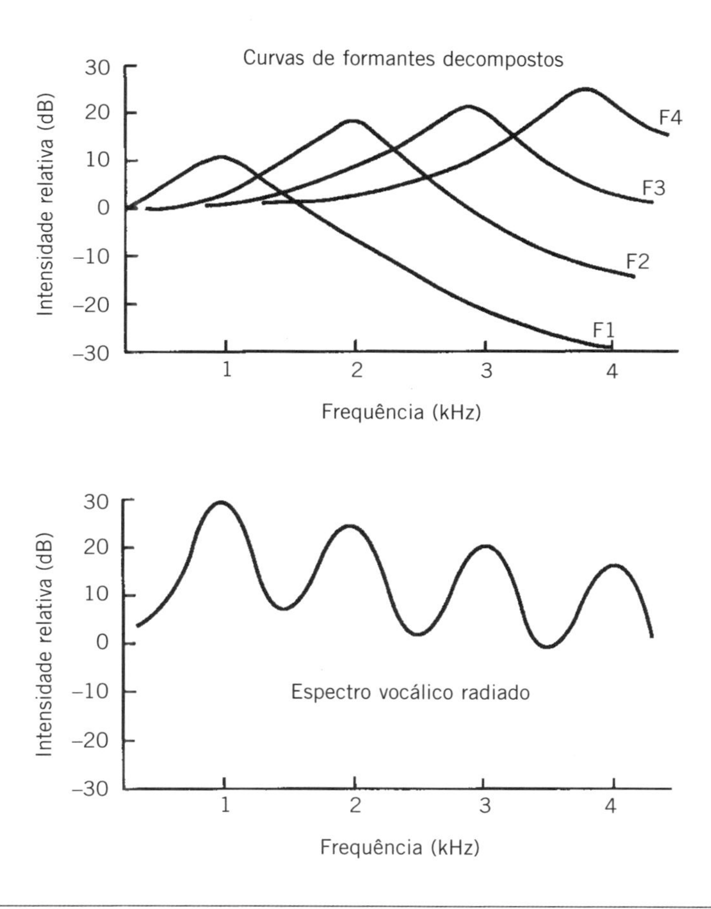

FIGURA 2.16 Formantes decompostos (esquerda) e sua combinação em um espectro vocálico radiado (direita).

Note-se que o espectro vocálico representado nas Figuras 2.15 e 2.16 corresponde à vogal neutra, que tem um espaçamento igual de suas frequências de formantes. De acordo com a teoria da perturbação descrita anteriormente, esta vogal neutra pode ser tomada como a configuração inicial na qual as perturbações locais (constrições) são introduzidas. A teoria da perturbação prevê a mudança nas frequências dos formantes que resulta de uma constrição local. A mudança das frequências dos formantes, em contrapartida, pode ser usada para prever mudanças nas amplitudes dos formantes. Em outras palavras, as relações de amplitude entre os formantes dependem de suas relações de frequência.

Os princípios gerais podem ser descritos de maneira bem simples:

1. se a frequência de F1 abaixa (aumenta), então os formantes mais altos decrescem (aumentam) em amplitude;
2. se a frequência F1 abaixa (aumenta), então a amplitude de F1 abaixa (aumenta);
3. se dois formantes são próximos em frequência, então ambos os picos aumentam em amplitude.

Esses princípios surgem diretamente das adições algébricas produzidas nas curvas de ressonância, como as da Figura 2.17. Por exemplo, quando a frequência de F1 é abaixada, as amplitudes dos formantes mais altos são reduzidas porque elas então se ancoram em uma magnitude menor da curva de F1. Da mesma maneira, o próprio F1 perderá amplitude, porque ele então se ancora em magnitudes mais baixas de outras caudas de formantes. Tente imaginar as curvas de formantes separadas movendo-se em relação umas com as outras no domínio das frequências e, então, estime os efeitos desses movimentos na amplitude do formante.

Vários exemplos de relações de amplitude para as vogais inglesas são mostrados na Figura 2.17. A principal conclusão é que as relações de amplitude dos formantes são determinadas pelas frequências dos formantes. A dependência que as amplitudes de ressonância tem das frequências de ressonância é característica de ressoadores que estão conectados em série (um após o outro). A saída de um ressoador é a entrada para o próximo, de modo que eles interagem para determinar as amplitudes relativas dos picos de ressonância no espectro de saída.

Teoria dos Tubos Componentes

Abordagens de tubos componentes ou desacoplamentos assumem que o trato vocal é composto de vários tubos diferentes, e que diferentes for-

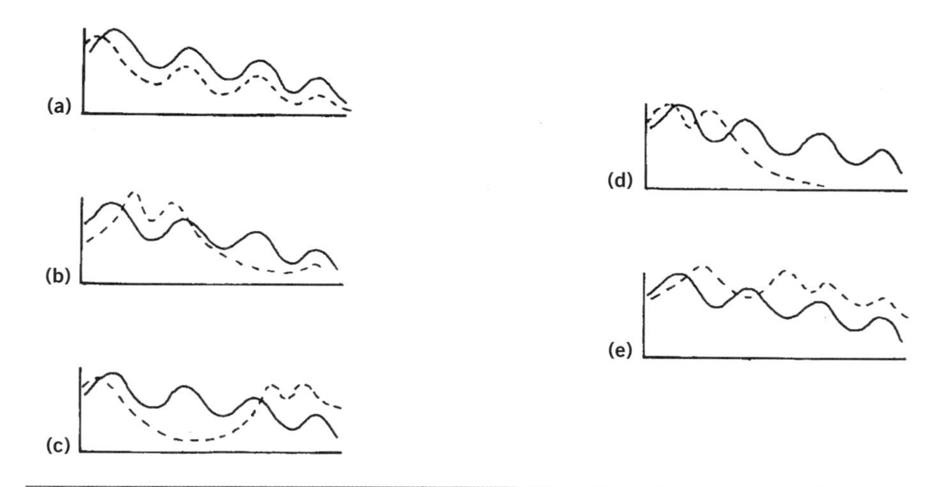

FIGURA 2.17 Efeitos de mudanças selecionadas nas frequências dos formantes nas relações de amplitude dos formantes. A linha sólida em cada desenho representa a vogal neutra. (a) À medida que a frequência de F1 decresce, todas as amplitudes se reduzem. (b) À medida que as frequências de F1 e F2 se aproximam, suas amplitudes aumentam. (c) À medida que a frequência de F1 diminui e as frequências de F2 e F3 se aproximam, há uma redução global no espectro, mas um reforço mútuo de F2 e F3. (d) À medida que as frequências de F1 e F2 diminuem, todos os formantes tendem a perder amplitude, mas há um reforço mútuo de F1 e F2. (e) À medida que a frequência de F1 aumenta, todas as amplitudes aumentam.

mantes podem ser identificados à medida que surgem de um desses tubos componentes. Por exemplo, a maioria das vogais pode ser modelada como tendo cavidades anteriores e posteriores, e formantes específicos podem ser associados com uma cavidade ou outra, dependendo do formato das cavidades. Essa ideia tem sido discutida por Fant (1960) e Stevens (2000). Para determinar qual tubo componente é afiliado com um formante específico, é necessário determinar as condições de fronteira para formatos, comprimentos e proporções específicos de tubos no trato vocal. Algumas regras gerais são:

1. se um lado do tubo é bastante estreito, a cavidade é modelada como um tubo com um lado fechado, que o desacopla do tubo adjacente,

ou seja, constrições radicais podem desacoplar um tubo dos tubos em ambos os lados;

2. se um lado do tubo é bastante largo, a cavidade é considerada acoplada aos tubos ao redor;
3. se ambos os lados de um tubo tiverem constrições estreitas, e se o quociente cavidade-para-constrição for alto, então o tubo pode ser modelado como um ressoador Helmholtz;
4. se um tubo tem uma constrição posterior estreita e uma constrição anterior larga, a cavidade e a constrição anterior podem ser modeladas como um tubo do quarto de comprimento de onda.

Combinações diferentes de tubos são associadas com diferentes cálculos de frequências de formantes. Para procedimentos matemáticos, vejam Fant (1960) e Stevens (2000). Para os nossos objetivos, é suficiente fazer algumas observações para as vogais, como segue.

Sob condições de fronteira apropriadas, um ressoador Helmholtz pode ser usado para modelar tanto a cavidade anterior (o comprimento do tubo anterior à constrição da língua mais o orifício da seção dos lábios) quanto a posterior (o comprimento do tubo atrás da constrição da língua). Por exemplo, no caso da vogal [ɑ], a frequência de F1 é, às vezes, considerada como uma ressonância Helmholtz da cavidade anterior.

Formantes podem ser associados com ressonâncias de ondas estacionárias em qualquer tubo terminado diferentemente em seus dois lados. Eles podem ser calculados como ressonâncias do quarto de comprimento de onda (nc/4l, onde l é o comprimento da seção e n = 1, 3, 5 etc.). Formantes também podem ser associados com qualquer tubo que tenha as mesmas condições de terminação em seus dois lados. Eles podem ser calculados como ressonâncias da metade do comprimento de onda (nc/2l, onde l é o comprimento da seção e n = 1, 2, 3 etc.).

Usando essas ideias, Fant (1960) gerou nomogramas baseados em variações nos três parâmetros-controle de um modelo de quatro cavidades do trato vocal. Badin, Perrier, Boe e Abry (1990) estenderam essa ideia para identificar o que eles chamaram de *pontos focais*, ou regiões em que as convergências de formantes ocorrem e onde as afiliações das cavidades dos formantes são trocadas. Badin e colegas notaram que as vogais cardinais extremas [i a u] são pontos focais.

Essa teoria também é usada em algumas das seguintes abordagens da acústica de vogais.

Descrições Paramétricas da Articulação das Vogais

Muitos esforços têm sido feitos para simplificar a descrição das configurações do trato vocal para as vogais em relação à sua saída acústica. Stevens e House (1955) e Fant (1960) descreveram três modelos do trato vocal para vogais com três parâmetros, baseados em: (a) local da constrição, (b) tamanho da constrição e (c) quociente entre abertura da boca e extensão.

Na Figura 2.18 estão ilustrados nomogramas que relacionam as três primeiras frequências de formantes com os três parâmetros do modelo de Stevens e House. Essa simples descrição baseada em três parâmetros capta informações importantes sobre a articulação de vogais e prevê muito bem o sinal acústico gerado por um dado formato do trato vocal.

Abordagens estatísticas também foram levadas ao problema de se obter descrições simplificadas da articulação de vogais (Harshman, Ladefoged & Goldstein, 1977; Liljencrants, 1971; Maeda, 1990). Uma das mais poderosas dessas abordagens é o uso de análise fatorial para derivar um conjunto pequeno de variáveis mais importantes para se descrever a articulação das vogais. Geralmente, estudos analíticos fatoriais indicam que a articulação de vogais pode ser descrita com dois fatores da língua, um fator labial e, talvez, um fator mandibular.

Outro modo de modelar a articulação de vogais é representar os órgãos articulatórios como blocos funcionais controlados independentemente (Coker, 1976; Lindblom & Sundberg, 1971; Mermelstein, 1973; Rubin, Baer & Mermelstein, 1981). O modelo desenvolvido por Mermelstein é mostrado na Figura 2.19. Um dos objetivos principais deste trabalho é reduzir o número de graus de liberdade na modelagem da articulação de vogais, comparado àquele requerido para um modelo de tubo acústico do trato vocal, que é quantizado em seções de 0,5 ou 1,0 cm de extensão. Além disso, tal modelo tem o potencial de refletir as propriedades biomecânicas dos articuladores, simulando, portanto, o processo natural da fala.

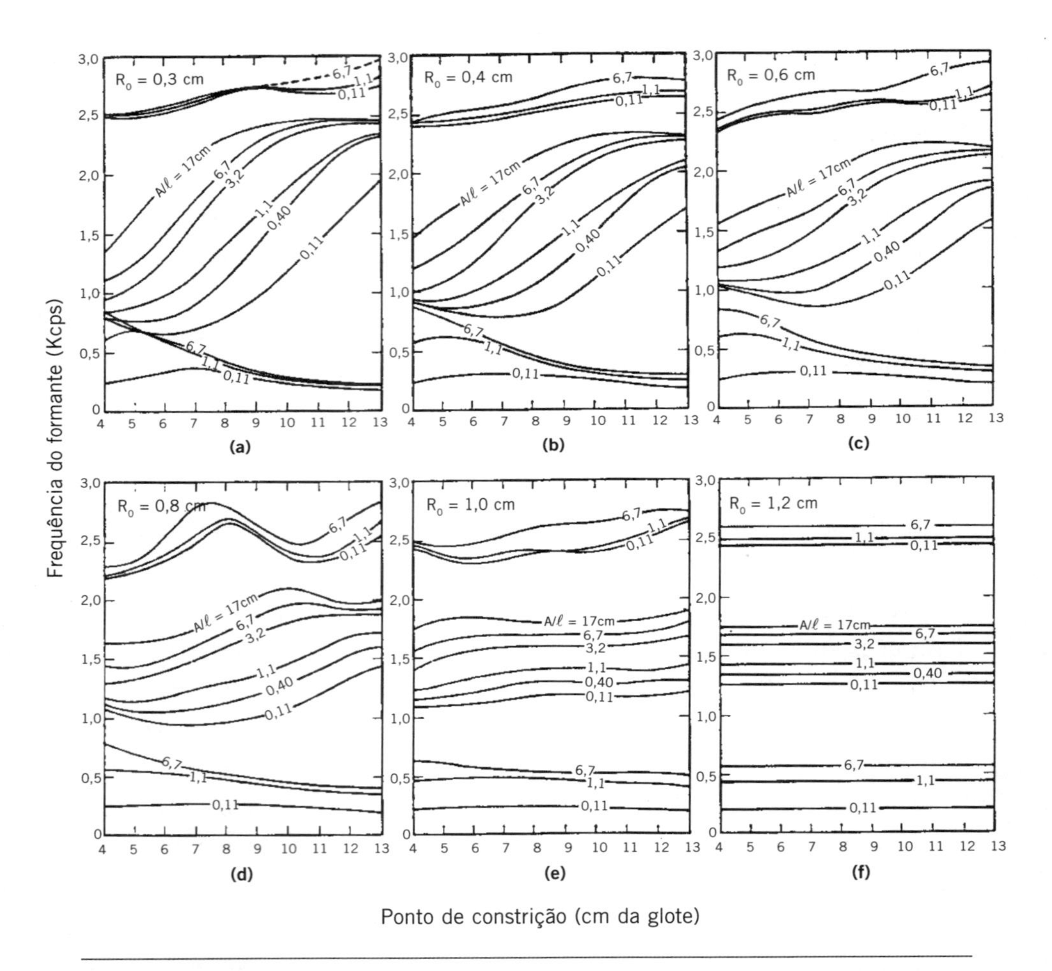

FIGURA 2.18 Nomogramas relacionando os parâmetros do modelo de articulação vocálica de Stevens e House às frequências de saída dos formantes. As curvas mostram as frequências dos três primeiros formantes em função de r_o, d_o, e A/1. Em cada seção, os dados são apresentados para um dado grau de constrição (r_o) como indicado, com a abertura bucal (A/1) como parâmetro. Três famílias de curvas correspondentes a F1, F2 e F3 estão plotadas em cada seção. A abscissa é d_o a distância da glote até o ponto de constrição. Reimpresso de K. N. Stevens e A. S. House, Development of a quantitative description of vowel articulation, *Journal of the Acoustical Society of America*, n. 27, p. 484-493, 1955.

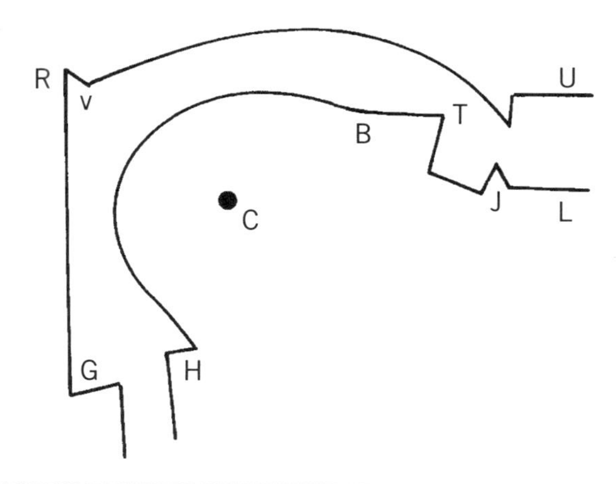

FIGURA 2.19 Componentes de um modelo articulatório para a produção da fala. J = mandíbula, H = osso hioide, C = centro do corpo da língua, B = ponto onde a lâmina ataca o corpo da língua, T = ponta da língua, U = lábio superior, L = lábio inferior, V = véu palatino, R = região faríngea e G = região glotal (área periaritenoide). De acordo com Mermelstein (1973).

Interação Fonte-Trato para Vogais

Até este ponto foi assumido que a vibração das pregas vocais (a fonte de energia para vogais vozeadas) é independente do formato do trato vocal (o filtro). Essa afirmativa é feita tipicamente para simplificar a descrição da teoria fonte-filtro da produção da fala, e é certamente uma primeira aproximação útil na compreensão de como as vogais são produzidas. Em termos técnicos, as pregas vocais são desenvolvidas para se comportar como uma fonte de alta impedância (fluxo constante ou corrente constante). Quando uma fonte tem alta impedância, ela é relativamente não afetada pela carga (neste caso, o filtro do trato vocal) colocada nela.

Entretanto, uma vez que essa afirmação simplificada tenha servido seu propósito em uma discussão introdutória, ela precisa ser descartada — ou, pelo menos, modificada — em favor de uma compreensão mais realística. Na verdade, as pregas vocais não são independentes do trato no qual a energia de vozeamento é propagada. Pelo contrário, a carga do trato vocal pode afetar o modo como as pregas vocais vibram. Por exemplo, Titze e Story (1997) apontaram que a epilaringe (a porção estreita da faringe localizada diretamente superior às pregas vocais) é moldada de um jeito que ela aumenta as interações entre fonte e trato. Em outras palavras (mais técnicas), a impedância de entrada do trato vocal é bastante diferente da impedância glotal. Por que isso importa? Em primeiro lugar, significa que a vibração vocal pode ser sensível a certas mudanças de forma no trato vocal. Em segundo lugar, parece que cantores podem explorar essa interação fonte-trato para alcançar várias qualidades vocais (SUNDBERG, 1974, 1977, 1987, 1991; TITZE & STORY, 1997).

Limitações e Suposições

Modelos de processos naturais inevitavelmente introduzem simplificações. Processos naturais, mesmo comuns, estão repletos de complicações e interações, mas muitos desses podem ser negligenciados para o propósito central da modelagem e também para a teoria acústica da produção da fala. Agora que as bases da teoria já foram discutidas para as vogais, é apropriado tirar um momento para notarmos algumas das complexidades intrínsecas à produção real de vogais pelo trato vocal humano.

1. Os tecidos do trato vocal tanto absorvem quanto refletem a energia do som, mas o modelo desenvolvido até aqui assume que o trato vocal é um tubo de parede rígida. Uma consequência dessa suposição é que se subestima as perdas atribuídas aos tecidos moles do trato vocal real. Essas perdas levam a um aumento das larguras de banda dos formantes.
2. O trato vocal humano está quase sempre em constante mudança em suas propriedades (características biomecânicas e de forma), mas a discussão até aqui assumia uma invariância temporal. O modelo de tubo simples negligencia as complexidades de variação temporais.
3. No trato vocal natural, algumas ondas sonoras se propagam longitudinalmente (da glote aos lábios), mas outras ondas sonoras se

propagam em modos transversais (de parede a parede em seção transversa). A propagação longitudinal pertence a frequências menores do que cerca de 5 kHz; a propagação transversa ocorre para frequências mais altas. Os modelos desenvolvidos até aqui não se aplicam com precisão a essas frequências mais altas.

4. Na produção vocálica de humanos, o trato vocal é excitado pelas pregas vocais vibrando, que produzem um acoplamento intermitente do trato vocal aos pulmões. O modelo acústico simplifica a situação por assumir que a glote é como um lado continuamente fechado de um tubo. Essa suposição negligencia interações entre o sistema respiratório e o trato vocal. O sistema respiratório tem suas próprias ressonâncias (Harper, Kraman, Pasterkamp & Wodicka, 2001), as quais são ativadas pela vibração das pregas vocais. Quando analisada em detalhes, a fala não possui apenas ressonâncias do trato vocal, mas também ressonâncias associadas com a árvore traqueobronquial e os pulmões.
5. Vogais naturais não são produzidas com uma fonte de voz verdadeiramente periódica e podem envolver fluxos aéreos não laminares que resultam na geração de ruído. O modelo assume uma vibração periódica das pregas vocais e negligencia a possibilidade de componentes de ruído.
6. O trato vocal humano é uma passagem complexa que tem tanto curvatura quanto geometria seccional transversal. O modelo assume uma aproximação de tubo reto, em que a área seccional transversal é uma função da distância ao longo de seu comprimento.
7. O trato vocal de um falante radia a energia sonora para um ambiente acústico variável. O modelo assume uma placa defletora constante, que é aproximada por uma característica de radiação de +6 dB.

Resumo da Teoria Fonte-Filtro para Vogais

A vibração quase periódica das pregas vocais produz a fonte de energia conhecida como vozeamento. Esta fonte tem um espectro harmônico em que a energia dos componentes harmônicos cai, grosso modo, na taxa de 12 dB/oitava. Esta energia ativa as ressonâncias (formantes ou polos) do trato vocal. As ressonâncias agem como um filtro, de modo que a energia nos vários harmônicos da fonte não é transmitida igualmente. Embora haja teoricamente um número infinito de formantes, lidaremos principalmente com os três primeiros, F1, F2 e F3. Uma razão é que a energia da fonte (o espectro laríngeo) é maior nas frequências baixas que incluem esses três primeiros formantes. Além disso, esses três formantes são suficientes para lidar com a maioria das variações fonéticas para as vogais das línguas do mundo. Os formantes mais altos não podem ser negligenciados inteiramente, e seus efeitos são tipicamente lidados em um termo geral chamado de correção dos formantes mais altos. Os formantes, juntamente com a característica de radiação, constituem a função de transferência do trato vocal. A característica de radiação é um termo que lida com a forma como o trato vocal termina na atmosfera. Ela pode ser aproximada como um aumento de 6 dB na energia espectral. A teoria fonte-filtro usualmente é introduzida com a suposição de que a vibração das pregas vocais é completamente independente da forma do trato vocal; entretanto, essa suposição não se adequa completamente à realidade.

FRICATIVAS

Turbulência e o Número de Reynolds

O modelo simplificado que utilizamos para vogais foi um tubo reto. O modelo para fricativas correspondente é um tubo com uma constrição severa (Figura 2.20). A constrição funciona como um esguicho. O ar que sai de uma constrição em um conduto forma um jato. Assim que o jato se mistura com ar ao redor, é gerada *turbulência*. A turbulência é produzida com a geração de vórtices que se formam no fluxo da vizinhança da contração e expansão do conduto. Os vórtices são elementos volumétricos do ar que produzem rotações, ou flutuações de alta frequência, irregulares, em velocidade e pressão, em um certo ponto no espaço. Para uma constrição ou obstrução de dimensões dadas, há uma velocidade de fluxo crítica acima da qual um ruído turbulento é gerado. A velocidade de fluxo crítica na qual a turbulência ocorre é dada pelo *número de Reynolds*:

$$Re = vh/\upsilon$$

onde v = velocidade de fluxo,

υ = coeficiente cinemático de viscosidade (cerca de 0,15 cm^2/s para o ar),

h = dimensão característica (para fluxo através de um orifício, h está na ordem do diâmetro do orifício).

Quando Re aumenta, uma região inicial do fluxo laminar passará através de uma região instável e, finalmente, através de uma condição de turbulência plena.

Por ser o fluxo volumétrico, U (cm^3/s), é dado por

$$U = vA \text{ (A é seção transversal).}$$

O número de Reynolds pode ser calculado como

$$Re = Uh/A\sqrt{\ }.$$

O fluxo volumétrico U depende do tamanho da constrição e da pressão de excitação (pressão subglotal), Ps:

$$U = kA\ Ps \text{ (onde k = constante)}$$

Então

$$\begin{aligned} Re &= Uh/A\sqrt{\ } \\ &= kA\sqrt{Ps}\ h/A\sqrt{\ } \\ &= kh\sqrt{Ps}/\sqrt{\ } \end{aligned}$$

A turbulência é a fonte de energia acústica para vários sons da fala, incluindo fricativas, a parte fricativa das africadas e a explosão das oclusivas. As flutuações aleatórias de pressão do campo turbulento geram som. As velocidades volumétricas para as consoantes fricativas ficam na faixa entre 100 e 1000 cm/s. O número de Reynolds crítico para o ruído da fala é Re > 1800.

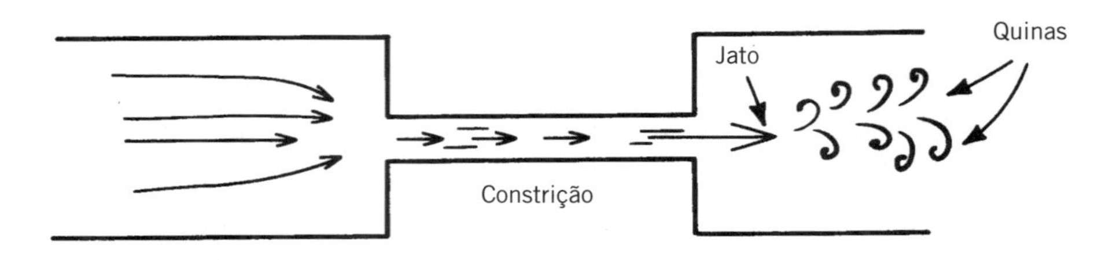

FIGURA 2.20 Modelo de produção de ruído turbulento para fricativas. O trato vocal tem uma constrição estreita em algum ponto ao longo de sua extensão.

Shadle (1990) conclui, a partir de estudos de modelagem, que há no mínimo dois principais modos pelos quais o som é gerado para as consoantes fricativas. O primeiro foi chamado de *fonte de obstáculo*. Neste caso, o som é gerado primariamente em um corpo rígido aproximadamente perpendicular ao fluxo. Para a fricativa palatal /ʃ/, os dentes inferiores parecem formar o obstáculo. No caso da fricativa alveolar /s/, o obstáculo pode ser os dentes superiores. A fonte de obstáculo pode ser parecida com um *spoiler* em um conduto. Um *spoiler* é uma obstrução, como uma batida na direção do fluxo de ar. De acordo com Shadle, uma fonte de obstáculo é associada com uma amplitude máxima da fonte para uma dada velocidade de fluxo, por um espectro relativamente plano que cai com a frequência aumentada, e por uma taxa máxima de mudança da pressão do som com a velocidade volumétrica.

A segunda fonte de ruído é uma *fonte de parede*, que se aplica a situações em que o som é gerado ao longo de uma parede relativamente rígida que corre paralela ao fluxo. Exemplos deste tipo de geração de som são as fricativas não encontradas no inglês /x ɣ/. A fonte de parede é associada com uma amplitude alta da fonte (mas menos que o máximo) para uma dada velocidade de fluxo, por um espectro que possui um pico amplo, e por uma alta taxa de mudança (mas não máxima) da pressão de som com a velocidade volumétrica. Shadle sugere que a fonte de parede é realmente uma fonte distribuída, diferente da fonte de obstáculo, que pode ser modelada como uma fonte de pressão em série localizada no obstáculo.

Ladefoged e Maddieson (1986) propuseram que as fricativas podem ser com obstáculo ou sem obstáculo. As fricativas com obstáculo foram consideradas como estridentes (fricativas de alta intensidade como [s]), e fricativas sem obstáculo, como não estridentes (fricativas de baixa intensidade como [θ]). Shadle (1990) previne contra a simplicidade aparente desta classificação, notando que muitos fatores têm de ser considerados para se caracterizar as fontes sonoras. Ela aponta que pode haver um contínuo da fonte de obstáculo para a de parede, dado que o fator crítico é o ângulo da configuração relativo ao fluxo de ar.

Modelagem da Produção de Fricativas

Os passos principais para se produzir um som fricativo são: (1) fazer uma constrição em algum ponto do trato vocal e (2) forçar o ar em alta velocidade através da constrição. Note que essas condições se relacionam com a fórmula dada para o número de Reynolds. Quando as condições físicas são satisfeitas, o fluxo turbulento é gerado na vizinhança da constrição, e também nos dentes em alguns casos (especificamente nos casos que Shadle, 1990, chamou de fontes de obstáculo). O fluxo turbulento é caracterizado por vórtices de movimentação de partículas (Figura 2.20) e é a fonte do ruído turbulento. Este ruído excita o tubo acústico que forma a constrição e também as cavidades anteriores à constrição. Sob certas condições, pode haver um acoplamento acústico das cavidades posteriores à constrição, de modo que essas cavidades também são excitadas. A Figura 2.21 mostra uma configuração do trato vocal para o som fricativo [s] e um modelo de duas cavidades para este som. O ponto perto da constrição na configuração do trato vocal e no modelo de duas cavidades representa a localização da fonte de ruído.

Na seguinte discussão, uma terminologia diferente será introduzida, mas os conceitos são basicamente os mesmos daqueles apresentados para as vogais. Os novos termos, *polo* e *zero*, serão usados na discussão da função de transferência. O termo polo é usado comumente na engenharia e na física para denotar uma frequência natural de um sistema. Neste livro, polo, formante e ressonância são essencialmente os mesmos conceitos, com a maior diferença sendo o fato de o termo formante se referir especificamente aos polos ou ressonâncias do trato vocal (isto é, formante é um termo da fala). Um zero é um fenômeno que é o inverso de um polo. Um polo ou ressonância produz um reforço da energia aplicada. Um zero causa uma perda da energia aplicada. Neste livro, os termos zero, antirressonância e *antiformante* são essencialmente equivalentes em significado, exceto pelo fato de o termo antiformante ser restrito ao trato vocal, enquanto os outros termos têm uma aplicação mais geral em acústica e outros campos.

Como as vogais, as fricativas podem ser descritas matematicamente em termos de uma função de transferência. Para as fricativas, a função é

$$T(f) = [P(f)\ R(f)\ Z(f)],$$

onde T(f) é a função de transferência,

f é a frequência,

P(f) é uma função que contém as frequências naturais do trato vocal (polos ou formantes),

R(f) é a característica de radiação,

Z(f) é uma função contendo os zeros (antiformantes), que ocorrem em frequências nas quais a fonte é desacoplada das cavidades anteriores.

As funções P(f) e R(f) são as mesmas de um som vocálico similar. Os polos são simplesmente as frequências de ressonância (o que chamamos de formantes na discussão anterior sobre vogais). A função de polos P(f) para a fricativa é aproximadamente a mesma de uma vogal produzida com um trato vocal similar. Por serem os polos frequências naturais do trato vocal, eles não dependem da localização da fonte de energia. A função de radiação R(f) é semelhante à das vogais. Até aqui, os conceitos não foram muito diferentes dos apresentados para as vogais. Mas a função Z(f) é nova. Ela representa zeros. Zeros são opostos efetivos dos polos; eles resultam em uma perda da

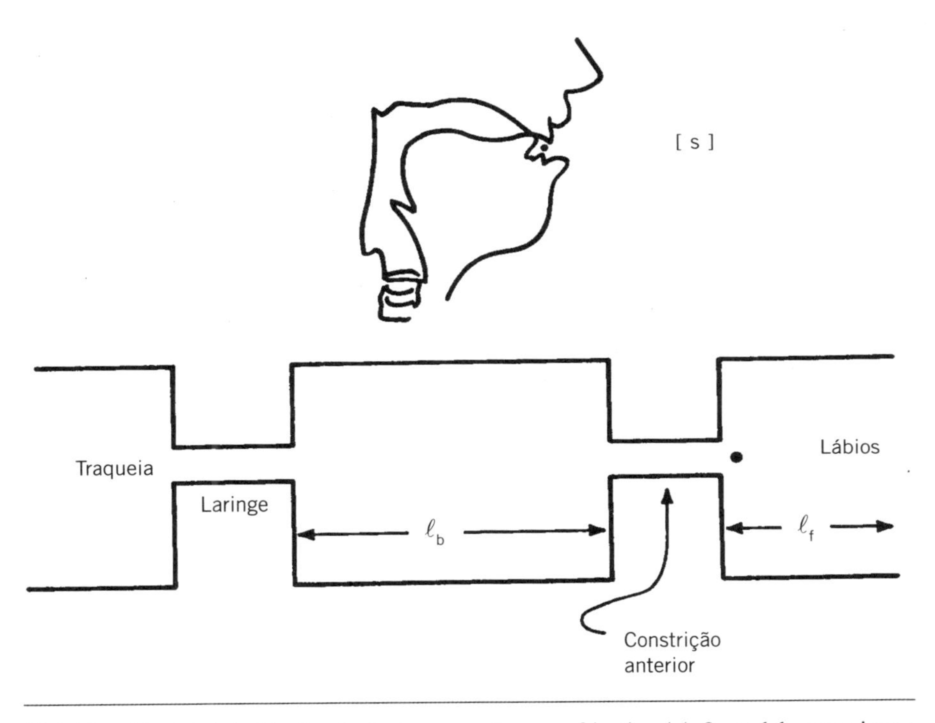

FIGURA 2.21 Modelo idealizado do trato vocal para a fricativa /s/. O modelo possui uma traqueia, uma constrição laríngea, uma cavidade posterior, uma constrição articulatória e uma cavidade anterior.

transmissão de energia. Como polos ou formantes, zeros têm uma frequência central e uma largura de banda. Quando um polo e um zero têm exatamente a mesma frequência e largura de banda, eles se cancelam. Zeros são mais facilmente entendidos em termos de *impedância*, ou oposição à transmissão sonora. Um engenheiro pode dizer que zeros ocorrem em frequências para as quais a impedância do ponto de excitação do trato vocal, atrás da fonte de ruído, é infinita. Em outras palavras, a oposição de transmissão de energia através da cavidade frontal é tão grande comparada à da cavidade posterior que a energia é curto-circuitada na cavidade posterior. Outra forma de colocar isto é que a cavidade posterior rouba toda a energia na região de frequência do zero. Como resultado, o som não é radiado na atmosfera.

O que causa os zeros na produção da fala? Basicamente, eles surgem por duas razões: (1) o trato vocal é bifurcado, ou se divide em duas passagens (como uma passagem oral e uma nasal), ou (2) o trato vocal é radicalmente constrito em algum ponto. É pela segunda razão que as fricativas envolvem zeros em sua função de transferência.

Para o trato vocal médio masculino, os polos ocorrem em uma média de separação de 1 kHz, determinado pela extensão do trato vocal da glote até os lábios. Mas devido ao fato de a fonte de ruído (constrição articulatória) estar usualmente atrás da abertura da boca, o espaçamento médio dos zeros é maior do que 1 kHz. Se uma longa constrição estreita é formada perto da abertura da boca, alguns dos polos e zeros tendem a se mover juntos, de modo que seus efeitos se cancelam. Lembremos que um polo e um zero de mesma frequência e largura de banda se cancelam.

Entretanto, o espaçamento médio dos zeros é maior do que o dos polos, e, portanto, o cancelamento não é completo sobre a extensão de frequência. Os polos e zeros tendem a se cancelar em frequências menores do que a frequência para a qual a extensão da constrição é um quarto de comprimento de onda. Acima dessa frequência está uma região contendo mais polos do que zeros e na qual os polos e zeros estão separados. Normalmente, o primeiro polo é altamente amortecido e portanto não afeta o espectro de saída em um grau demasiado forte. Outra forma de dizer as coisas é que o cancelamento ocorre porque o acoplamento entre a fonte e as cavidades posteriores é pequeno. Portanto, a influência das cavidades posteriores pode ser negligenciada, e os zeros são determinados apenas pela constrição. Essa regra se desfaz em certas condições, como quando a cavidade posterior tem um formato afilado que vai na direção daquela constrição. Nesta condição, a cavidade posterior não é desacoplada da fonte.

O efeito da cavidade anterior é altamente determinado por sua extensão (l_f), como mostrado na Figura 2.21. Quando a cavidade anterior é muito curta, como no caso das fricativas labiodentais [f v], sua frequência de ressonância mais baixa é alta demais para oferecer um formato apreciável da energia do ruído. Consequentemente, o espectro para essas fricativas é plano ou difuso, perdendo picos proeminentes ou vales. Mas quando o ponto de articulação se move para trás na cavidade oral, a extensão da cavidade frontal aumenta, e sua frequência de ressonância mais baixa diminui. No caso da fricativa [s], a frequência de ressonância mais baixa é cerca de 4 kHz para um homem. Este valor pode ser calculado da afirmação de que a cavidade anterior para [s] tem cerca de 2 cm de extensão. Então, usando a relação dos múltiplos ímpares do quarto de comprimento de onda, discutida no começo deste capítulo, a primeira (mais baixa) ressonância da cavidade anterior deve ser c/4l ou 35000 cm/s dividido por 4 × 2 cm, ou cerca de 4 kHz. O formato espectral para [s] é tal que as regiões proeminentes da energia de ruído contrastam com regiões de energia muito mais fracas. As relações entre a articulação da fricativa e os espectros da fricativa são mostradas, na Figura 2.22, para fricativas labiodentais (ou bilabiais), linguodentais, linguoalveolares, e linguopalatais. A legenda para cada ilustração descreve as relações entre a configuração do trato vocal e o padrão espectral de cada som. Características espectrais adicionais serão descritas mais amplamente em um capítulo posterior.

Como notado anteriormente, há condições em que a cavidade posterior é acoplada com a cavidade anterior. Nesse caso as ressonâncias da cavidade posterior não podem ser negligenciadas. A cavidade posterior pode ser comparada a um tubo fechado em ambos os lados. Para este tipo de tubo as ressonâncias são dadas por:

$$Fn = (n)\ (c/2l)$$
$$(\text{ex.: } c/2l,\ c/l,\ 3c/2l,\ ...)$$

Se a cavidade posterior tem uma extensão de 10 cm, então ela terá ressonâncias de cerca de 1750 Hz, 3500 Hz e assim por diante.

Nós vimos que fricativas podem ser modeladas como uma fonte de pressão do tipo obstáculo ou de parede, que ativa as ressonâncias e antirressonâncias de um modelo simples de duas cavidades. Quando as duas cavidades estão desacopladas, então os efeitos maiores de filtragem são exercidos pela cavidade anterior, que tem frequências de ressonância que podem ser aproximadas com as de um tubo fechado em um lado e aberto no outro (isto é, a relação dos múltiplos ímpares do quarto de comprimento de onda, $Fn = [(2n - 1)c/4l]$. Quando as duas cavidades estão acopladas, como é provável acontecer se a constrição é gradualmente afilada, então a cavidade pos-

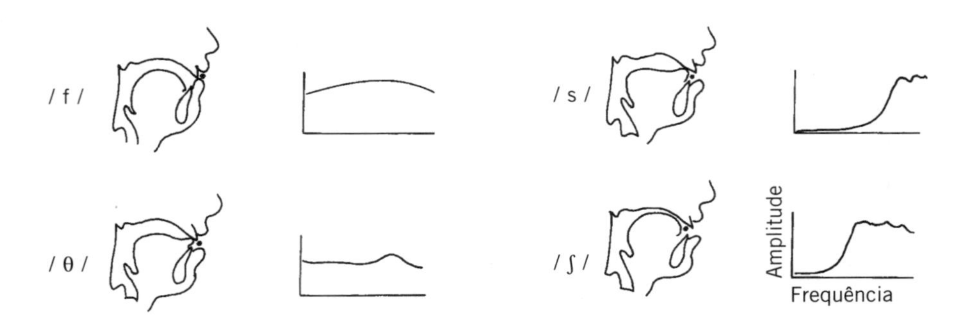

FIGURA 2.22 Relações acústico-articulatórias para as quatro fricativas /f/ (*fin*), /θ/ (*thin*), /s/ (*sin*) e /ʃ/ (*shin*). O ponto indica o lugar aproximado da fonte de ruído. A extensão da cavidade anterior é um componente importante do formato ressoante do ruído fricativo.

terior também contribui com os efeitos de filtragem. Esta cavidade pode ser modelada com um tubo fechado em ambos os lados, tendo, portanto, frequências de ressonância em múltiplos inteiros de c/2l.

Embora as fricativas sejam sons relativamente complexos, parece que um modelo de filtro de fonte linear é bastante efetivo para lidar com as principais propriedades espectrais de fricativas estridentes vozeadas e não vozeadas, sustentadas, abaixo de 10 kHz. Narayanan e Alwan (2000) chegaram a essa conclusão no desenvolvimento e no teste de um modelo de fonte híbrida para as consoantes fricativas. Eles também notaram que o modelo baseado em princípios aerodinâmicos poderia ser usado para a síntese de fricativas.

NASAIS

Os sons nasais incluem as vogais nasalizadas e as consoantes nasais (/m/, /n/ e /ŋ/ no inglês). A propriedade articulatória essencial de um som nasal é que a porta velofaríngea se abre de forma que a energia sonora pode passar tanto através da passagem nasal quanto da oral (para as vogais nasais), ou através apenas da passagem nasal (para as consoantes nasais). Essas duas configurações do trato vocal podem ser modeladas de maneira bastante simples, como podemos ver na Figura 2.23. Ambos os modelos envolvem um ressoador com duas saídas acústicas (oral e nasal), significando um acoplamento entre eles na porta velofaríngea. No caso da vogal nasal, ambos os ressoadores se abrem para a atmosfera. No caso da consoante nasal, o ressoador nasal está aberto para a atmosfera, enquanto o ressoador oral está fechado.

Tanto para as vogais nasais quanto para as consoantes nasais, a função de transferência consiste de polos e zeros. Como notado anteriormente, uma bifurcação ou divisão do sistema de ressonância introduz zeros na função de transferência. Os zeros interagem com polos de várias formas dependendo de suas frequências e larguras de banda. Quando polos ou zeros têm exatamente as mesmas frequências e larguras de banda, eles se cancelam. Quando polos e zeros têm frequências diferentes, eles podem contribuir para um espectro que reflete sua mútua influência. Geralmente, um pico espectral reflete um polo e um vale profundo reflete um zero. Entretanto, esta generalização tem exceções e deve ser usada somente como uma regra grosseira na interpretação de espectros para sons tendo polos e zeros nas suas funções de transferência.

Assim como as fricativas, as nasais podem ser entendidas em parte através da consideração do espaçamento médio dos formantes e antiformantes.

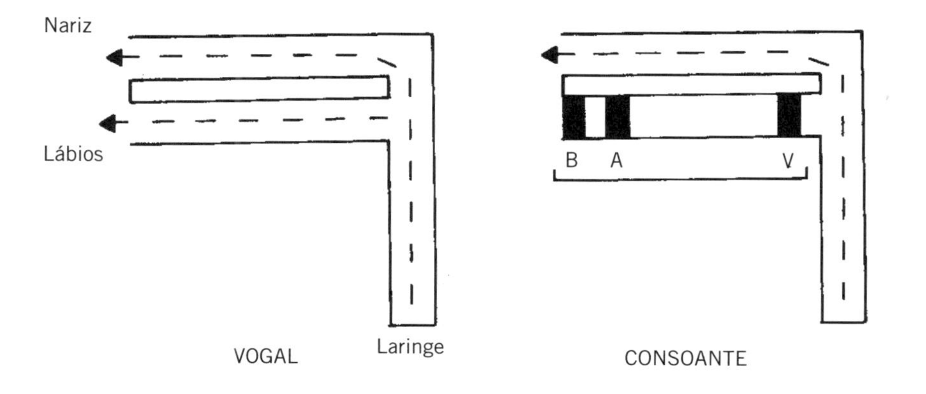

FIGURA 2.23 Modelos simplificados do trato vocal para vogais nasalizadas e consoantes nasalizadas. Vogais nasalizadas têm abertas as cavidades oral e nasal. Consoantes nasalizadas têm um fechamento oral — B(ilabial); A(lveolar) e V(elar) — e uma cavidade nasal aberta.

Foi discutido anteriormente que os formantes para os sons orais, como as vogais, dependem da extensão do trato vocal da glote até os lábios, ou (l_p + l_o), que tem um valor de cerca de 17,5 cm para os adultos masculinos. Para esta extensão do trato vocal, os formantes têm um espaçamento médio de cerca de 1 kHz. Os formantes da cavidade nasal dependem da extensão da cavidade que vai da úvula até as narinas (l_n na Figura 2.24), que é cerca de 12,5 cm nos adultos masculinos. Esses formantes têm um espaçamento médio de $c/2l_n$ = 1400 Hz. Os antiformantes da cavidade nasal também dependem da extensão da cavidade nasal e têm um espaçamento médio de $c/2l_n$ = 1400 Hz. Levando em conta em conjunto esses fenômenos de ressonância, vemos que o sistema combinado oral-nasal tem um conjunto de formantes orais, um conjunto de formantes nasais e um conjunto de antiformantes nasais. Fant descreveu as vogais nasalizadas como sendo vogais orais com efeitos de nasalização adicionados, agindo como uma distorção. Ou seja, os formantes nasais e antiformantes são adicionados aos formantes orais da vogal não nasal original para resultar em um complexo espectro de saída. Detalhes adicionais sobre as diferenças entre vogais nasais e não nasais serão fornecidos mais tarde; é suficiente aqui apontar simplesmente o modelo geral no qual a nasalização pode ser entendida.

Uma explicação de certa forma mais técnica é necessária para entendermos as frequências dos formantes e antiformantes dos sons nasais. Como vemos na Figura 2.24, podemos considerar uma configuração de três cavidades para a consoante nasal: uma cavidade faríngea, uma cavidade nasal e uma cavidade bucal. Cada cavidade pode ser associada com uma *susceptância*, isto é, sua capacidade de gerar energia. Susceptância é o recíproco de *reatância*, ou seja, oposição à energia. Uma susceptância interna Bi é definida como a soma da susceptância faríngea, Bp, e a susceptância nasal, Bn. Os formantes ocorrem quando Bi = –Bm (onde m = boca ["*mouth*"]). Nessas frequências, a energia é passada efetivamente através do sistema e radiada para o lado de fora. Os antiformantes ocorrem quando Bm = ∞ (infinito). Nessas frequências, a cavidade bucal age como um curto-circuito, efetivamente capturando a energia e evitando sua radiação através da cavidade nasal.

Ou seja, quando a cavidade oral é fechada em algum ponto para uma consoante nasal, as frequências dos antiformantes são as frequências em que a cavidade bucal curto-circuita a transmissão através do nariz. A energia nessas frequências não passa através da cavidade nasal. As nasais /m/, /n/ e /ŋ/ são caracterizadas, respectivamente, por posições de antiformantes baixa (750-1250 Hz), média (1450-2200 Hz) e alta (acima de 3000 Hz). A regra geral é que quando o ponto de articulação oral se move posteriormente, a frequência dos antiformantes aumenta. Um formante de baixa frequência, o chamado *formante nasal*, ocorre em cerca de 250-300 Hz. Os formantes mais altos são densamente agrupados, têm larguras de banda amplas e variam com o ponto de articulação. Para uma primeira aproximação, os formantes ocorrem em cerca de 250, 1000, 2000, 3000 e 4000 Hz. Detalhes específicos sobre as consoantes nasais serão apresentados no Capítulo 5.

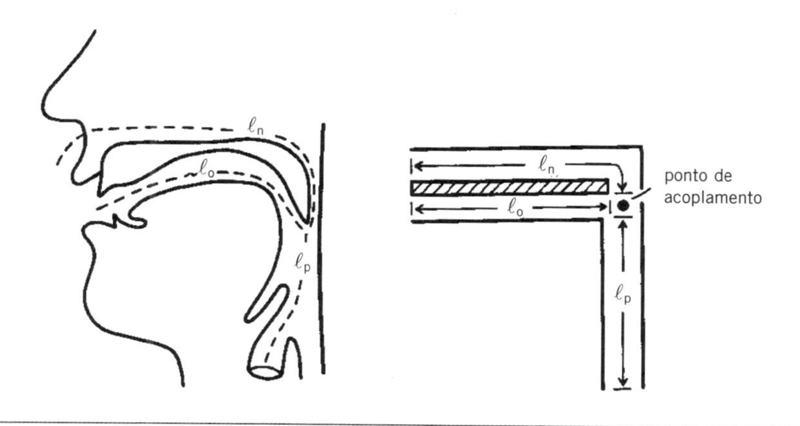

FIGURA 2.24 Ilustração das principais dimensões que determinam a função de transferência para uma vogal nasalizada: l_n é a extensão da cavidade nasal; l_o é a extensão da cavidade oral; e l_p é a extensão da cavidade faríngea.

OCLUSIVAS

Na produção de uma *oclusiva* há um fechamento total do trato vocal e, dependendo de seu contexto fonético, uma soltura do fechamento e um movimento em direção de outra configuração do trato vocal. O fechamento é associado com um silêncio acústico (embora uma energia de vozeamento fraca possa ser detectada se a oclusiva for vozeada). Durante o intervalo de fechamento, a pressão do ar é acumulada na boca. Na soltura da constrição, a pressão é abruptamente solta. A evidência acústica desta soltura é uma explosão ou transição. A *explosão* é um segmento ruidoso similar ao segmento para uma fricativa, mas muito mais breve. Por exemplo, a explosão para a oclusiva alveolar [t], como em *"tea"*, é similar à versão breve do segmento fricativo para o [s] alveolar de "*sea*". Particularmente, se a oclusiva for seguida por um som vocálico, a explosão é seguida por outro intervalo acústico, a transição. Durante este intervalo, o trato vocal é ajustado do fechamento completo para outra configuração. A maioria das mudanças na configuração do trato vocal é feita em um intervalo de aproximadamente 50 ms. No caso de uma oclusiva vozeada, este intervalo de transição é caracterizado por um padrão formântico de mudança rápida. A natureza exata desta mudança será discutida amplamente no Capítulo 5.

Esses eventos na produção das oclusivas podem ser modelados, como mostrado na Figura 2.25, como um fechamento do trato vocal, uma explosão e uma transição rápida à configuração do som seguinte. Algumas características acústicas dessas três fases são:

1. Fechamento do trato vocal: o correlato acústico primário é o silêncio, exceto para as oclusivas vozeadas, para as quais a energia de vozeamento pode se estender para parte ou para todo o intervalo de fechamento. Quando o vozeamento está presente, ele é associado com uma energia de baixa frequência nos harmônicos mais baixos da fonte de vozeamento, especialmente o primeiro harmônico ou frequência fundamental. Teoricamente, para um tubo de parede rígida, a frequência de F1 é zero durante um período do fechamento do trato vocal. Mas, por não ser o trato vocal realmente de parede rígida, a frequência de F1 não atinge de fato zero, e sim um valor próximo a zero. Consequentemente, a frequência de F1 associada com qualquer constrição severa do trato vocal é de muito baixa frequência. Quando a constrição é liberada, a frequência de F1 aumenta a um valor apropriado para o som seguinte.

2. Explosão: o ruído de transição é moldado espectralmente de acordo com as propriedades ressonânticas do trato vocal. Em uma

primeira aproximação, o ruído se parece com o de uma fricativa homorgânica. Portanto, a explosão para [t] é parecida com o ruído de [s]. Como será discutido no Capítulo 6, o espectro da explosão reflete o ponto de articulação para a oclusiva.

3. Transição: por ser o movimento articulatório de uma oclusiva para outro som (como uma vogal) usualmente completado em torno de 50 ms, a transição é associada a um intervalo breve do padrão formântico, caracterizado pela mudança. A interpretação das mudanças de frequência dos formantes é um tópico importante na fonética acústica e será revisado no Capítulo 5.

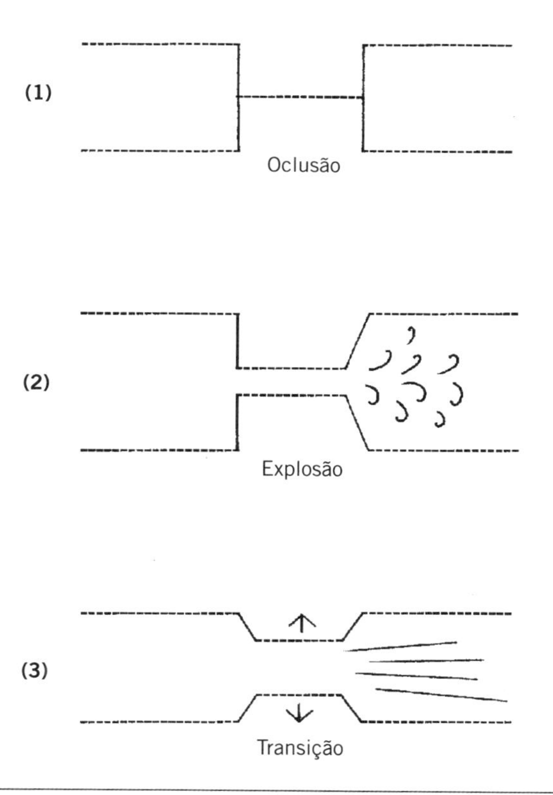

FIGURA 2.25 Eventos principais na produção das consoantes oclusivas: (1) intervalo de obstrução do trato vocal; (2) soltura da obstrução do trato vocal; (3) transição articulatória para o som seguinte.

AFRICADAS

As africadas são similares às oclusivas, pois têm uma produção de duas fases: (1) fechamento do trato vocal seguido por (2) uma soltura ruidosa. Entretanto, as africadas têm um segmento fricativo que é intermediário na duração entre a explosão para as oclusivas e o intervalo fricativo para as fricativas. O diagrama na Figura 2.25 se aplica, pois, tanto à produção de africadas quanto à de oclusivas. A teoria básica da produção de africadas é uma modificação da apresentada para as oclusivas e fricativas. Ou seja, uma africada pode ser modelada em duas fases, primeiro como uma oclusiva e depois como uma fricativa.

LÍQUIDAS

As líquidas em inglês são a lateral /l/ e o rótico /r/. Elas combinam características de outros sons discutidos até aqui. Ambos os sons são similares a vogais, pois possuem padrões formânticos bem definidos e uma energia de vozeamento. Elas são propriamente chamadas de soantes, porque a sua produção tipicamente não é associada com uma significante energia de ruído.

As consoantes róticas, como o /r/ inglês, são produzidas com um característico abaixamento da frequência de F3. O /r/ em inglês é, às vezes, descrito como tendo ou uma articulação "com a língua em concha" ou "retroflexa", mas, na verdade, a articulação para este som pode ser bastante complexa (Westbury, Hashi & Lindstrom, 1999). Pelo menos três configurações principais do fonema /r/ precisam ser reconhecidas: (1) [r] com a ponta da língua retroflexa, (2) [r] com a ponta da língua em concha para cima e (3) [r] com a ponta da língua em concha para baixo (Espy-Wilson et al., 2000). A acústica do /r/ foi modelada primariamente através da teoria da perturbação (Johnson, 1997) e de abordagens de desacoplamento (Stevens, 1998; Alwan, Narayanan & Haker, 1997). Ao escolher entre essas duas abordagens teóricas, Espy-Wilson et al. (2000) concluíram que a abordagem de desacoplamento é a preferida. Eles não encontraram evidências convincentes de que os falantes exploram pontos de velocidade volumétrica máxima ao longo do trato vocal para realizar um abaixamento marcado da frequência de F3. Em vez disso, eles interpretaram os dados para mostrar que F3 é uma ressonância da cavidade anterior. As evidências que corroboram essa conclusão são (1) a eliminação da constrição faríngea tem efeito mínimo em F3 e (2) o espaço sublingual é um fator crucial na determinação de F3.

As consoantes laterais, como o /l/ inglês, têm formantes e antiformantes. São, portanto, similares às consoantes nasais. As laterais usualmente envolvem uma divisão do trato vocal em duas partes laterais. O /l/ é produzido com uma constrição apical que permite o som se radiar através das aberturas dos dois lados separados pela constrição. A bifurcação do trato vocal provoca a formação de antiformantes. O /l/ é acusticamente similar a nasais, pois tem uma energia acústica relativamente baixa com uma concentração predominantemente de baixa frequência.

A lateral /l/ pode ser modelada bastante bem como uma articulação de duas cavidades (anterior e posterior). O primeiro formante usualmente tem uma frequência entre 250 e 500 Hz e pode ser modelado como um ressoador Helmholtz. Perdas na constrição oral são consideráveis e resultam em uma largura de banda ampla do primeiro formante e uma redução associada da amplitude espectral total. O segundo formante pode ser associado a uma ressonância da metade do comprimento de onda da cavidade posterior. Para uma análise detalhada, vide Narayanan, Alwan e Haker (1997).

DITONGOS E *GLIDES*

Ditongos e *glides* (semivogais) são similares a vogais, diferindo principalmente na presença de uma característica dinâmica, uma mudança na configuração do trato vocal. Quando a configuração articulatória muda, muda o padrão acústico. Os ditongos e *glides* são associados com uma estrutura formântica em mudança gradual. A teoria acústica desenvolvida anteriormente para as vogais se aplica de forma geral no complexo dinâmico. Por exemplo, o ditongo /aɪ/ envolve uma série de configurações do trato vocal, partindo do *glide* inicial [a] para o *glide* final [ɪ].

TEORIAS NÃO LINEARES: TEORIA DO CAOS E FRACTAIS

A teoria linear fonte-filtro dominou o entendimento da acústica da produção da fala pela metade do último século. Devemos entender que a teoria linear é uma aproximação, mas que foi notavelmente bem-sucedida. Uma grande parte do progresso na análise acústica e síntese de fala foi baseada na teoria linear fonte-filtro. Mas não queremos dizer que a teoria linear fonte-filtro descrita neste capítulo seja suficiente para modelar todos os eventos acústicos da fala. Limitações dessa teoria devem ser avaliadas em várias aplicações. Uma limitação importante é a afirmação da independência entre fonte e filtro. Na realidade, fonte e filtro interagem, e a natureza dessas interações é uma área importante da pesquisa atual. A linearidade também pode ser questionada para alguns fenômenos. Músculos e outros tecidos são inerentemente não lineares, de modo que, na modelagem de suas propriedades biomecânicas, soluções não lineares podem ser a regra. Também deve ser reconhecido que uma propagação unidimensional (longitudinal) das ondas sonoras no trato vocal é esperada para frequências abaixo de 5 kHz. Em frequências mais altas, vibrações em modo transversal podem ocorrer quando o comprimento de onda se aproxima da dimensão transversal do trato vocal. Em um nível mais fundamental, as teorias não lineares da produção do som são uma importante alternativa para o modelo teórico padrão que foi a mola mestra da acústica da fala por várias décadas. Este livro apenas dá uma breve pincelada nas *teorias não lineares de produção da fala*, que provavelmente aumentarão de importância não apenas pela compreensão teórica da fala, mas também pelo desenvolvimento de várias ferramentas para análise e síntese da fala.

Teager e Teager (1992) dizem que a produção sonora no trato vocal não é linear nem passiva. De fato, eles afirmam que ela não é nem mesmo acústica. Em sua visão, as fontes não lineares de produção do som foram negligenciadas na teoria linear padrão. Os detalhes deste argumento fogem da abordagem proposta para este livro. Basta dizer que os processos não lineares de geração de som são pensados como o resultado da interação de fluxo laminar e fluxo turbilhonante no trato vocal. A não linearidade também caracteriza as teorias mais novas do caos e fractais, que estão agora sendo aplicadas a espectros de longo termo (Voss & Clark, 1975), irregularidades na vibração das pregas vocais (BAKEN, 1990) e turbulência (FRISCH e ORSZAG, 1990; NARAYANAN & ALWAN, 1995) e caracterização total da fala (BANBROOK, MCLAUGHLIN e MANN, 1999; SABANAL & NAKAGAWA, 1996).

A *teoria do caos* difere da física clássica, pois a última se concentra em sistemas ordenados, previsíveis, mas a primeira lida com sistemas que tendem para a desorganização. Um exemplo comum de um sistema desordenado é uma coluna de fumaça subindo em uma chaminé. À medida que a fumaça sobe no ar, ela eventualmente se quebra em padrões aparentemente irregulares, complexos. A teoria do caos é bem adequada para a análise de sistemas dinâmicos compostos de muitos elementos em movimento (ex.: um fluxo de moléculas de água, um conjunto de partículas de fumaça subindo na atmosfera, um grupo de planetas em órbita em torno do sol, e, talvez, a movimentação de partículas na produção da fala). Esses sistemas dinâmicos são tidos como *determinísticos* (com o significado de que eles seguem leis como a da mecânica newtoniana), mas imprevisíveis (e, portanto, caóticos). Esses sistemas frequentemente exibem elementos de ordem que podem ser observados em um *gráfico fase-espaço* (também conhecido como *plotagem de fase* ou *espaço de estado do sistema*), que é um diagrama que mostra a relação de dois ou mais traços físicos, como a posição e a velocidade de um objeto em movimento. A ordem pode ser identificada pelo aparecimento de uma estrutura de baixas dimensões, como um ponto, uma órbita ou outro padrão regular. Embora a presença dessas estruturas no gráfico fase-espaço não seja evidência suficiente para um processo caótico, é um primeiro passo para determinar se o caos está presente. Análises adicionais são levadas a cabo usando-se a *dimensão de correlação* (simbolizada como D_2), que representa uma propriedade escalar geométrica. Uma baixa dimensão de correlação significa que a distribuição dos pontos no gráfico fase-espaço pode ser descrita por um pequeno número de *dimensões de atratores*, ou seja, um padrão ostensivamente complexo pode, de fato, ser caracterizado bem simplesmente. Para entender o conceito de um atrator, consideramos um fenômeno físico comum, o aquecimento da água.

Imaginemos uma panela de água colocada sobre um queimador de gás. Se a chama do gás for ajustada para fornecer apenas uma pequena quantidade de aquecimento, a propagação do calor na água estará em uma estado chamado de *regime de condução*. Neste estado, o calor é conduzido através da água, que por si mesma permanece sem movimento. Podemos dizer que a água está sendo aquecida simplesmente tocando um dedo nela. Suponhamos que ajustemos a chama para fornecer um nível mais alto de aquecimento, o bastante para fazer com que a água se movimente. A água agora entrou em um *regime de convecção*, caracterizado por uma ação de fervura. A transição da condução para a convecção é um exemplo de *bifurcação*, ou mudança de estado. A quantidade de aquecimento é um exemplo de um *parâmetro de bifurcação*. Frequentemente, uma pequena mudança no parâmetro de bifurcação causa uma mudança no regime do sistema sob observação. Essas mudanças no sistema são tipicamente descritas como *atratores*; vejam a Figura 2.26 para exemplos de atratores. Os atratores representam estados estáveis de um sistema como vistos em um diagrama fase-espaço. O sistema pode passar de um estado para o outro assim que várias condições mudam. Turbulência é um exemplo. Lembremos que o número de Reynolds pode ser usado para determinar a transição do fluxo laminar para turbulento. Quando quaisquer das variáveis que determinam o número de Reynolds mudam, um fluido pode sofrer essa transição. Tem-se mostrado que a transição caminha na direção de um estado do atrator.

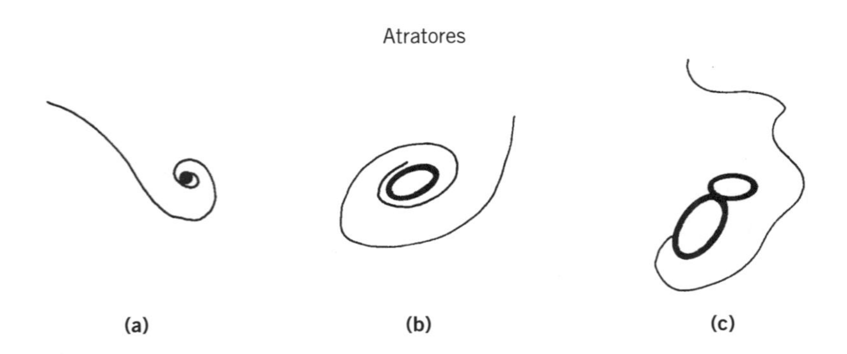

FIGURA 2.26 Exemplos de atratores, como podem aparecer em um gráfico fase-espaço. A linha espessa representa o atrator (um ponto em [a], uma órbita elíptica em [b] e uma figura mais complexa em formato de 8 em [c]). O sistema é representado pela linha no gráfico fase-espaço, que eventualmente converge para o atrator. Nesse sentido, o atrator é um estado estável do sistema. De Kent, *The speech sciences. A volume in the speech sciences* (1. ed.), 1998.

Já vimos que as dimensões dos atratores são úteis para caracterizar a distribuição de pontos no gráfico fase-espaço. Uma análise adicional, *expoentes de Lyapunov*, é realizada para determinar a evolução temporal das trajetórias no gráfico fase-espaço. Esses componentes expressam a divergência ou convergência exponencial das trajetórias na direção de um atrator. Os exponentes de Lyapunov de valor positivo são característicos do comportamento caótico em um sistema dinâmico.

Alguns aspectos da teoria do caos estão intimamente relacionados a *fractais*, e estes podem tornar visível a organização que se oculta no caos. Muitas formas geométricas complexas ocorrem naturalmente. Consideremos os exemplos de árvores, flocos de neve, nuvens cúmulo, linhas costeiras e formações de corais. Mandelbrot (1982) desenvolveu o conceito de fractais para se referir a formas geométricas complexas que podem parecer, em uma primeira observação, altamente complexas e não homogêneas. Quando uma estrutura fractal é examinada com níveis aumentados de magnitude (ampliando-se pedaços cada vez menores da estrutura), detalhes adicionais podem ser vistos. Entretanto, a estrutura observada em escalas pequenas é semelhante à da escala maior. Em outras palavras, a estrutura fractal tem um padrão autossemelhante em vários níveis de magnitude, quase como se a estrutura inteira fosse gerada de um padrão básico que é repetido em vários níveis do tamanho. Reconhecer o padrão invariante é a chave da análise de fractais. Um exemplo de geometria fractal é a turbulência no movimento de fluidos, como discutido anteriormente neste capítulo. Lembremos que turbulência é uma condição em que o movimento do fluido se torna complexo, à medida que numerosos vórtices (elementos volumétricos do fluido, em rotação) se formam no padrão de fluxo. O padrão pode parecer desordenado e sem estrutura. Entretanto, sob certas condições, esses padrões contêm uma certa ordem em que os fluxos turbulentos são padrões hierárquicos de vórtices de vários tamanhos (Figura 2.27). No topo da hierarquia estão os maiores vórtices gerados pelas forças que guiam o fluxo. Esses grandes vórtices são instáveis por si só e produzem vórtices adicionais, um tanto menores. Esses, em contrapartida, tornam-se instáveis e produzem ainda menores vórtices. Esse processo de ramificações continua até ser freado pela viscosidade molecular, que impõe um limite para a geração de vórtices. O efeito de ramificação múltipla da formação de vórtices é chamado de *efeito cascata*.

Um fractal que é especificamente interessante para a análise de eventos acústicos como a fala é a *transformada de ondaleta* (*wavelet*). Uma ondaleta é um pequeno pedaço de uma forma de onda que pode ser expandida ou comprimida. A ideia da transformada de ondaleta é que os padrões acústicos complexos podem ser analisados em ondaletas com vários graus de expansão ou compressão. As transformadas de ondaleta oferecem certas vantagens na análise acústica, e é provável que elas sejam cada vez mais aplicadas em vários problemas na acústica da fala. Um pouco mais será dito sobre essas abordagens no Capítulo 3.

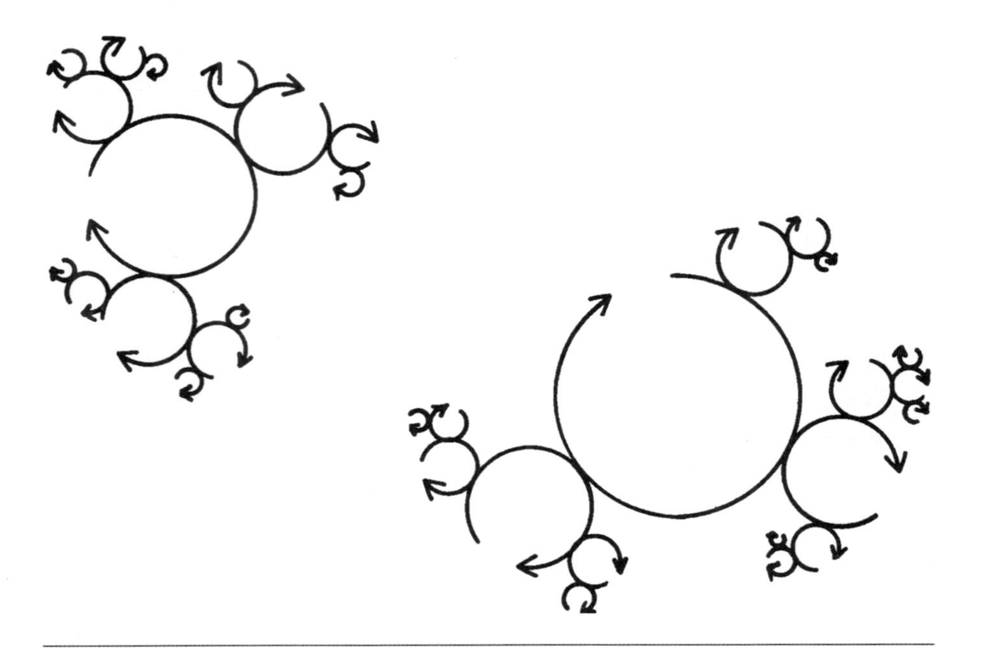

FIGURA 2.27 Uma ilustração esquemática da formação de vórtices no fluxo turbulento. Os elementos rotacionais parecem como padrões autossemelhantes de tamanho progressivamente menor. Isso é um exemplo da geometria fractal, em que um padrão autossemelhante é repetido em diferentes escalas. De Kent, *The speech sciences. A volume in the speech sciences* (1. ed.), 1998.

A teoria fonte-filtro linear tem sido uma teoria altamente produtiva, mas suas limitações e suposições devem ser cuidadosamente avaliadas para certas aplicações. As teorias não lineares podem ser mais apropriadas a certos fenômenos e o desenvolvimento dessas teorias deve ser observado de perto.

RESUMO

O objetivo central deste capítulo foi resumir uma importante teoria conhecida como teoria linear fonte-filtro e invariante temporal. O ponto crucial desta teoria é que os sons da fala podem ser entendidos em termos de uma fonte de energia que é filtrada pelo trato vocal. Esta ideia é representada na Figura 2.28, que mostra o espectro da fonte laríngea (com sua queda típica de –12 dB/oitava em energia), os formantes (função de transferência do trato vocal), a característica de radiação (+6 dB/oitava) e o espectro de saída com picos conspícuos correspondendo aos formantes F1, F2 e F3. Um entendimento da teoria acústica da produção da fala prepara o terreno para uma discussão da análise acústica. Saber os modos pelos quais os sons da fala são formados ajuda a determinar uma metodologia apropriada de análise. Por exemplo, se um segmento vocálico é adequadamente caracterizado em termos de seus padrões formânticos, então a tarefa de análise é determinar as frequências e larguras de banda dos principais formantes para aquele segmento. Entretanto, se o padrão formântico não for uma caracterização suficiente, então alguns outros meios de análise espectral são requeridos para lidar com a acústica de vogais. A teoria acústica também ajuda a relacionar medidas acústicas para um segmento sonoro à articulação subjacente daquele segmento. Um simples exemplo é a separação entre a energia da fonte e a ressonância. O objetivo é relacionar uma propriedade acústica específica com um correlato articulatório. Nesse sentido, a teoria acústica da produção da fala é primordial à análise da fala. Certamente, podem-se fazer medidas acústicas da fala sem saber teoria, mas a interpretação dessas medidas será, no mínimo, limitada. Idealmente, medições e teoria estão intimamente relacionadas.

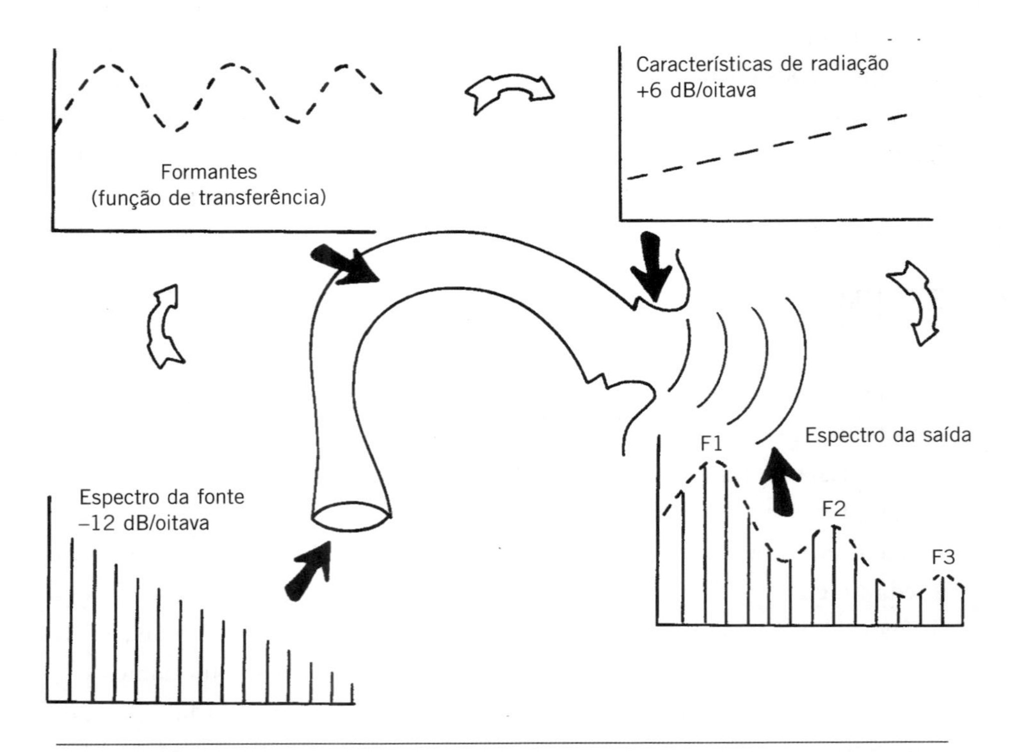

FIGURA 2.28 Resumo diagramático da teoria fonte-filtro da produção da fala. De Kent, *The speech sciences. A volume in the speech sciences* (1. ed.), 1998.

Capítulo 3

INTRODUÇÃO À ANÁLISE ACÚSTICA DA FALA

Este capítulo introduz as técnicas básicas para gravação e análise acústica da fala, começando com métodos analógicos antigos (não digitais) e terminando com uma discussão de técnicas de processamento digital de sinais (DSP, na sigla em inglês). O objetivo principal é apresentar o progresso que tem sido feito na área.

UMA BREVE HISTÓRIA DA ANÁLISE ACÚSTICA DA FALA

A força dos métodos computacionais modernos na análise da fala pode ser apreciada através de uma breve descrição histórica das análises acústicas. Esta revisão histórica pode começar bem antes do século XX, mas, para os nossos propósitos, é suficiente começar nas décadas de 1930 e 1940. A Figura 3.1 resume o desenvolvimento dessa época até os dias atuais.

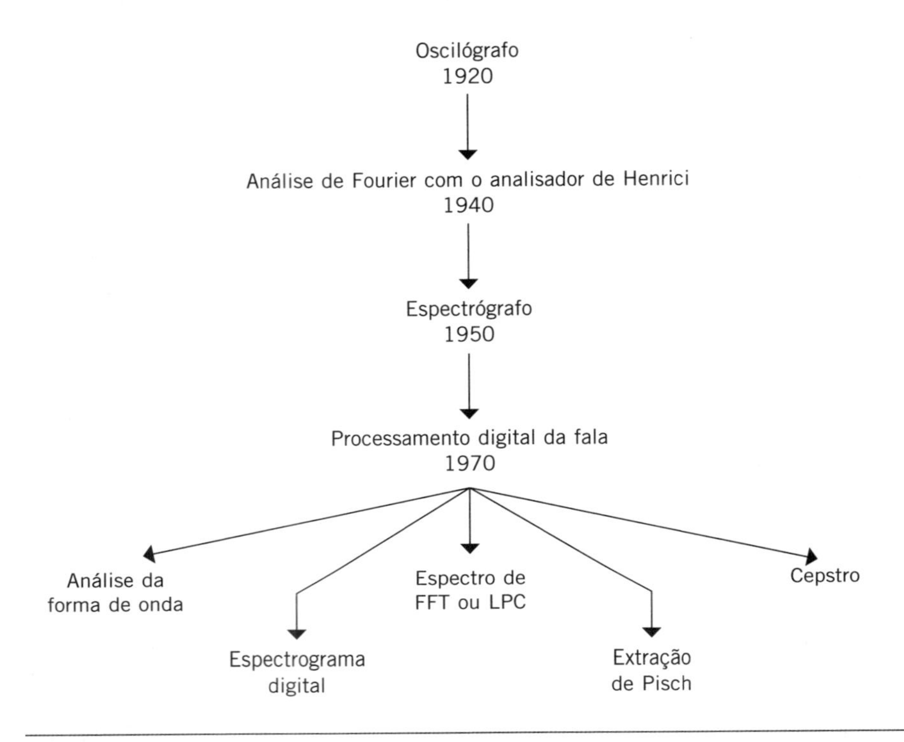

FIGURA 3.1 Alguns desenvolvimentos históricos da análise acústica da fala. A data aproximada de cada desenvolvimento é anotada.

O Oscilograma

O primeiro maior avanço na análise acústica da fala começou com *oscilogramas* (formas de onda ou gráficos de amplitude em função do tempo) das ondas sonoras. Os sons selecionados para análise eram frequentemente vogais, pois eram relativamente mais fáceis de analisar do que a maioria das consoantes. Os sons a serem analisados eram representados oscilograficamente como variações de pressão em função do tempo. Esse primeiro passo foi um avanço importante. Devido ao fato de os sons da fala serem eventos acústicos dissipáveis, de duração relativamente curta, representá-los de maneira permanente é um desafio técnico. Com o desenvolvimento de oscilógrafos baseados em galvanômetros de corda, tornou-se possível derivar formas de onda bastante precisas de vogais sustentadas. As formas de onda indicavam certas regularidades nesses sons, mas não eram suficientes em si para descrever algumas das diferenças importantes entre vogais diferentes. A observação dessas diferenças solicitou a geração de representações espectrais, isto é, plotagens da energia do sinal em função da frequência.

O Analisador de Henrici

A vantagem da análise espectral para estudar a fala é semelhante à vantagem da análise espectral para se estudar a luz. Na análise ótica, a luz é decomposta em componentes de diferentes comprimentos de onda. Na análise acústica da fala, o som é decomposto em componentes de diferentes frequências. A análise é uma questão de decomposição ou quebra de um padrão sonoro complexo em constituintes mais simples.

Uma das primeiras ferramentas para análise espectral foi o *analisador de Henrici*, um dispositivo mecânico composto de cinco unidades integradas rolantes (esferas de vidro). O procedimento da análise era o seguinte:

1. obter o oscilograma da forma de onda;
2. selecionar uma parte representativa, tipicamente no meio da onda, e ampliá-la com um projetor;
3. traçar a ampliação em uma superfície lisa branca;
4. traçar a forma de onda ampliada com o analisador de Henrici;
5. calcular os valores das relações de fase e amplitude das leituras do disco associadas com as esferas de vidro;
6. plotar a pressão (em dB) em função da frequência para obter análises espectrais (harmônicas).

Como o operador traçava a forma de onda com o analisador, cada esfera integrava um diferente componente ou parcial da onda. Com cada traçado, cinco componentes harmônicos podiam ser determinados. Esse procedimento desempenha uma análise harmônica, isto é, procura componentes da frequência no sinal de fala complexo em múltiplos inteiros da frequência fundamental (a mais baixa). Esse método assume que a fala é verdadeiramente periódica, como o som de uma corda de violão vibrando. Entretanto, a fala é apenas quase periódica. As frequências que a compõem não são necessariamente múltiplas da fundamental. Como resultado, o analisador de Henrici resultou em um quadro impreciso da distribuição de energia dos sons da fala. Em acréscimo, o procedimento de análise era tedioso, pois o usuário tinha que traçar à mão as formas de onda e ler os valores representativos dos componentes da frequência. No entanto, o analisador de Henrici teve um papel significante no desenvolvimento da compreensão moderna da acústica da fala. Ele prenunciou a abordagem geral da análise espectral da fala. Além disso, os dados obtidos através dessa técnica contribuíram para ideias sobre concentrações de energias distintivas em sons vocálicos. Através de trabalho cuidadoso e diligente, os usuários deste dispositivo foram capazes de obter princípios fundamentais da forma de onda da fala.

Análise de Banco de Filtros

Outra abordagem na análise da fala foi a *filtragem*. Um filtro é um sistema de transmissão selecionador de frequências, isto é, um filtro passará energia em certas frequências, mas não em outras. Um filtro é como uma janela acústica que permite que alguma energia passe enquanto bloqueia outras. A Figura 3.2 mostra a aplicação de um banco de filtros na análise da fala. A energia do sinal é efetivamente dividida em bandas de frequência pelo banco de filtros. Cada filtro passa apenas a energia em sua banda de frequência. Dispositivos indicadores na saída de cada filtro podem ser usados na visualização de energia em regiões específicas de frequência. Analogamente, uma série de telas de tamanhos diferentes de malha pode ser usada para separar tamanhos de partícula em uma pilha de cascalho. Apenas os menores pedaços passarão através de uma peneira com a malha mais fina, então pedaços levemente maiores passarão em uma malha levemente mais grossa, e, assim, continuamente, até que a pilha tenha sido dividida em várias pilhas menores de acordo com o tamanho das partículas. Detalhes sobre esses filtros serão discutidos mais adiante neste capítulo. Agora, é suficiente dizer que um filtro permite uma observação seletiva da energia em várias regiões de frequência. De forma semelhante a um prisma que divide a luz em diferentes comprimentos de onda, os filtros podem dividir os sons em diferentes componentes de frequência.

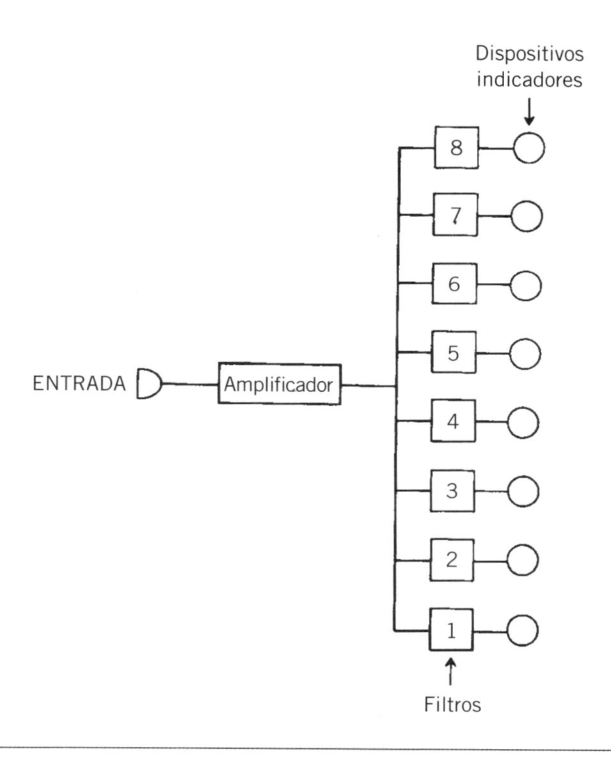

FIGURA 3.2 Diagrama esquemático de um banco de filtros para análise acústica. Os filtros numerados de 1 a 8 passam, sucessivamente, bandas de frequência mais altas. Dispositivos indicativos na saída de cada filtro mostram a energia presente em cada banda.

Devido ao fato de um filtro determinar a quantidade de energia em regiões específicas de frequência, obtém-se um tipo de análise espectral. O detalhe da análise depende do número de filtros usados e das respectivas larguras de banda. A largura de banda de um filtro é a região de frequências em que passa energia. Por exemplo, um filtro centrado em 100 Hz com uma largura de banda de 10 Hz somente passará energia entre 95 Hz e 105 Hz (105 – 95 = 10 Hz). Usualmente, larguras de banda muito maiores serão usadas, de modo que a inteira extensão de frequência desejada (digamos, 0-5 kHz) possa ser analisada com menos de 25 filtros. Usando uma largura de banda de filtro de 500 Hz para todos os filtros, uma extensão de 5 kHz pode ser analisada com 10 filtros. A Figura 3.3 mostra como este arranjo de filtros poderia analisar diferentes vogais produzidas por falantes adultos masculinos. Na Figura 3.3, começamos a notar as diferenças reais entre os sons da fala: a frequência dos componentes mais fortes que constituem o complexo som da fala. Diferentemente do analisador de Henrici, um banco de filtros não toma como pressuposto que esses componentes são múltiplos da fundamental. Assim, ganha-se uma aplicação mais ampla para os sons da fala, incluindo ruídos.

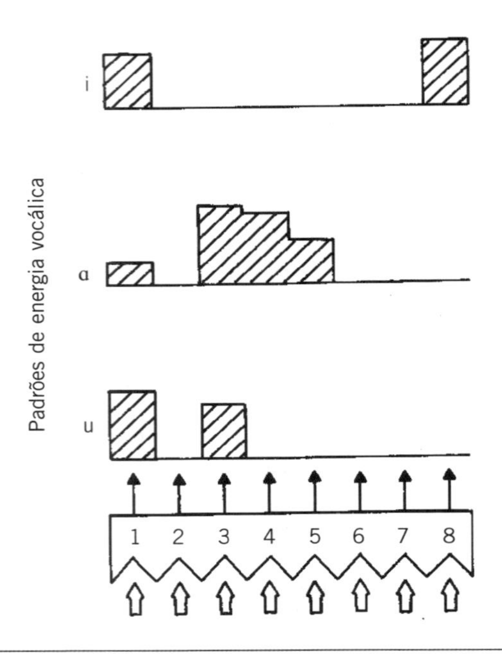

FIGURA 3.3 Saída hipotética de um banco de filtros simples quando as três vogais /i/ ("*he*"), /ɑ/ ("*ha*") e /u/ ("*who*") são apresentadas como entrada. Cada vogal tem bandas distintivas de energia.

Um melhoramento prático para o banco de filtros é um filtro passa-bandas variável (Figura 3.4). A ideia é usar um filtro ajustável que pode agir como qualquer dos filtros mostrados na Figura 3.3. O sinal a ser analisado é alimentado repetitivamente através de um filtro passa-bandas variável assim que suas configurações são ajustadas para diferentes regiões de frequências. Na prática, é mais fácil modular uma frequência veículo variável com o sinal a ser analisado e usar um filtro fixo para análise (processo chamado de *heterodinagem*). Nesse caso, o filtro não é ajustado, e o sinal é efetivamente varrido para ele.

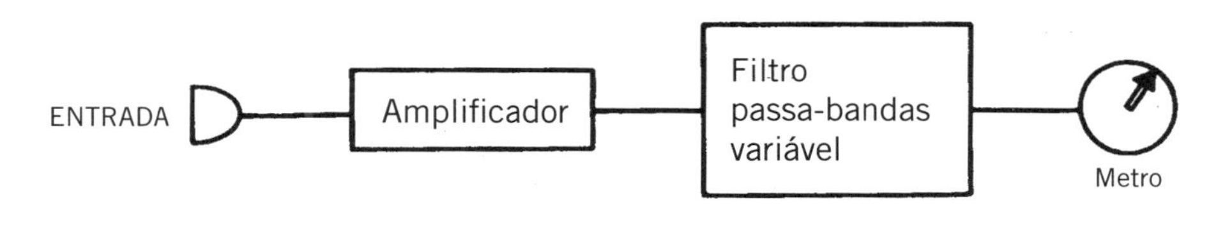

FIGURA 3.4 Análise acústica usando um filtro passa-bandas variável. O filtro é arrastado para o sinal de entrada para indicar a energia em várias frequências.

O Espectrógrafo

O filtro passa-bandas variável foi incorporado no *espectrógrafo* do som, uma máquina desenvolvida na década de 1940. O espectrógrafo forneceu grandes vantagens para o estudo da fala. Devido ao fato de ter proporcionado uma análise relativamente rápida, o espectrógrafo tornou possível para os cientistas colher uma quantidade maior de dados. Como resultado, a amostragem de dados entre sujeitos tornou-se mais comum. Nas técnicas de análise anteriores, os dados eram usualmente obtidos com um número bem pequeno de falantes, frequentemente um. O espectrógrafo também forneceu uma delineação maior das concentrações de energia da fala. Finalmente, o espectrógrafo produziu um espectro contínuo de curto termo, possibilitando aos cientistas visualizar como concentrações de energia mudavam ao longo do tempo. A visualização do espectro contínuo de curto termo é chamada de *espectrograma*. Por causa do forte impacto que o espectrógrafo teve na pesquisa da fala, é importante que conheçamos suas características essenciais. Estas serão brevemente revistas a seguir. A análise espectrográfica de vários tipos de sons da fala será discutida em detalhe nos próximos capítulos.

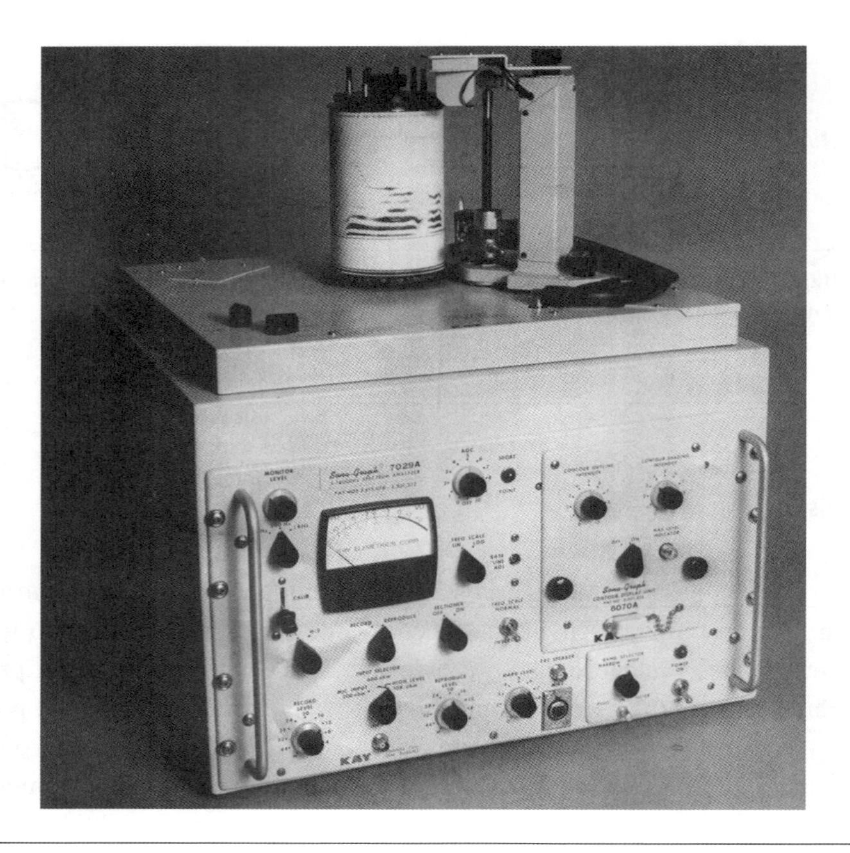

FIGURA 3.5 Fotografia de um espectrógrafo do som produzido na década de 1980. Cortesia de Kay Elemetrics Corporation.

Uma fotografia de um espectrógrafo é mostrada na Figura 3.5. Já sua operação básica é ilustrada na Figura 3.6. O sinal para análise é gravado em um tambor magnético que permite ouvir o sinal continuamente repetidas vezes. O tambor magnético pode ser comparado a um *loop* de fita. O sinal então modula (multiplica) uma frequência-veículo variável em um processo chamado *heterodinagem* (como mencionado anteriormente na referência à análise de filtro). É mais prático varrer o sinal para análise através de um filtro fixo do que analisá-lo com um filtro variável. É por essa razão que heterodinagem é usada. O resultado final é o mesmo como se o sinal fosse tocado continuamente através de um filtro ajustado continuamente para agir como um banco de filtros. Na espectrografia convencional, duas larguras de banda de filtro foram usadas. O filtro de banda larga tem uma largura de banda para análise de 300 Hz. Já o filtro de banda estreita tem uma largura de banda para análise de 45 Hz. Alguns espectrógrafos têm outras seleções de largura de banda, como 90 Hz e 600 Hz. A seleção da largura de banda para análise será discutida em outra seção.

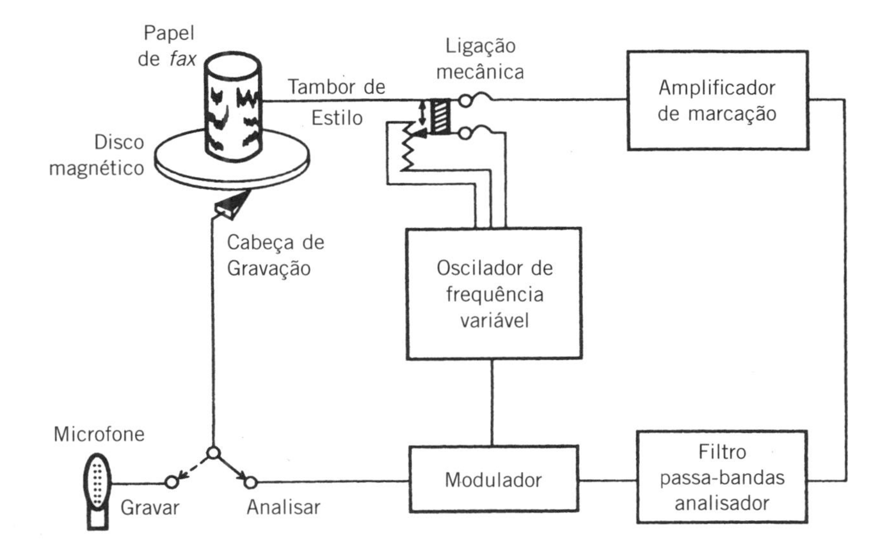

FIGURA 3.6 Desenho esquemático dos componentes de um espectrógrafo do som convencional.

A saída do filtro para análise é alimentada por um amplificador marcador que fornece um aumento na corrente. Em qualquer região de frequência na análise, a corrente do amplificador marcador é proporcional à energia acústica do sinal. A corrente flui através de uma agulha que se apoia, em contato próximo, a um pedaço de papel especial que é enrolado em torno do tambor do espectrógrafo. À medida que o tambor e o papel anexo rodam, a agulha gradualmente se move para cima no tambor, coordenando-se com a frequência de análise. A coordenação é alcançada por uma ligação mecânica entre a agulha em movimento e um oscilador variável. Dessa forma, a posição vertical da agulha é associada com uma frequência particular de análise. O fundo da viagem da agulha é a frequência mais baixa (em torno de 80 Hz) e o topo da viagem da agulha é a frequência mais alta (em torno de 8 kHz).

A corrente que flui através da agulha queima o papel especial, à medida que vira no tambor para produzir uma região enegrecida. O papel é tratado para que a queima seja limitada em extensão. Assim, o papel é tostado localmente, à medida que a corrente passa através dele. Portanto, a negritude do papel corresponde à energia naquele ponto da análise. Embora a queima controlada para produção de um padrão possa soar rude comparada às visualizações modernas de alta tecnologia, a ideia foi bastante engenhosa. A queima realiza duas operações essenciais: (1) retificação do sinal elétrico, de modo que ambas as partes negativas e positivas da forma de onda sejam representadas na análise, e (2) uma filtragem passa-baixas (suavização). O processo de queima produz um odor raramente descrito como fragrante e uma acumulação de uma fuligem negra fina na área de trabalho. Entretanto, espectrogramas de alta qualidade eram gerados.

O processo completo, da gravação à análise, envolve estes passos:

1. a amostra de fala é transduzida por um microfone, de modo que as variações da pressão do ar do sinal acústico são colocadas na forma de variações de voltagem;
2. o sinal elétrico é então convertido para um sinal eletromagnético para armazenamento no tambor magnético do espectrógrafo;

3. o padrão magnético armazenado é convertido de volta em sinal elétrico para análise como um espectrograma;
4. o sinal é filtrado, de modo que a energia em várias regiões de frequência possa ser determinada;
5. a corrente do sinal elétrico é amplificada e alimentada para uma agulha marcadora;
6. à medida que a corrente flui da agulha através de um papel especialmente tratado, ocorre uma queima localizada do papel. A queima produz um enegrecimento do papel proporcionalmente à corrente que flui através da agulha.

Uma amostra do produto final, o espectrograma, aparece na Figura 3.7. O espectrograma convencional é uma visualização tridimensional de tempo, frequência e intensidade. O tempo aparece no eixo horizontal, da esquerda para a direita. A frequência é plotada no eixo vertical, aumentando do fundo ao topo. A intensidade é representada pela negritude do padrão (a chamada "escala cinza"). A Figura 3.8 mostra espectrogramas de três sinais acústicos simples. Na parte (a) está representado o espectrograma de uma senoide ("tom puro"). Devido ao fato de a senoide conter energia em uma frequência única, o espectrograma mostra uma única banda estreita correndo horizontalmente. O local dessa banda no eixo de frequência (vertical) indica a frequência da senoide. Na parte (b) está ilustrado o espectrograma de um ruído de assovio. Devido ao fato de o ruído conter componentes de frequência em muitas frequências diferentes, a maior parte do espectrograma é escurecida de alguma forma. Próximo do ponto médio do eixo temporal (horizontal), o escurecimento total aumenta, correspondendo a um aumento na intensidade total da energia do ruído. Na parte (c) é mostrado um espectrograma para um ruído feito por batidas em cima de uma mesa. Cada batida é um evento acústico breve (transiente) possuindo energia em uma extensão bastante ampla de frequências. Note que cada batida é representada distintamente no espectrograma. Os três espectrogramas da Figura 3.8 mostram a utilidade dessa forma de análise para determinar como os sinais acústicos variam em tempo, composição de frequência e intensidade.

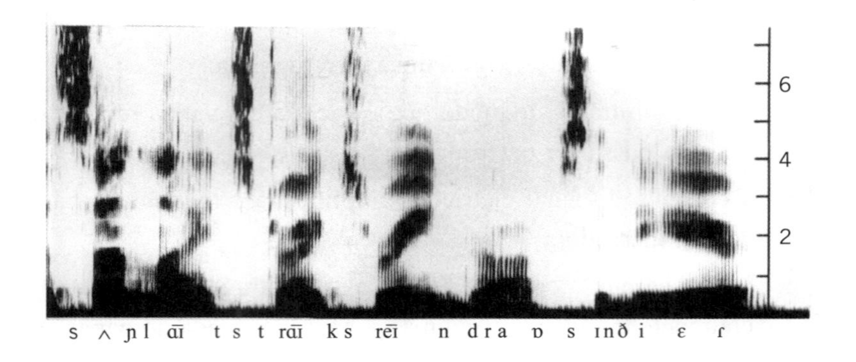

FIGURA 3.7 Espectrograma-amostra do enunciado, *The sunlight strikes raindrops in the air*. Uma transcrição fonética do enunciado aparece na parte inferior do espectrograma.

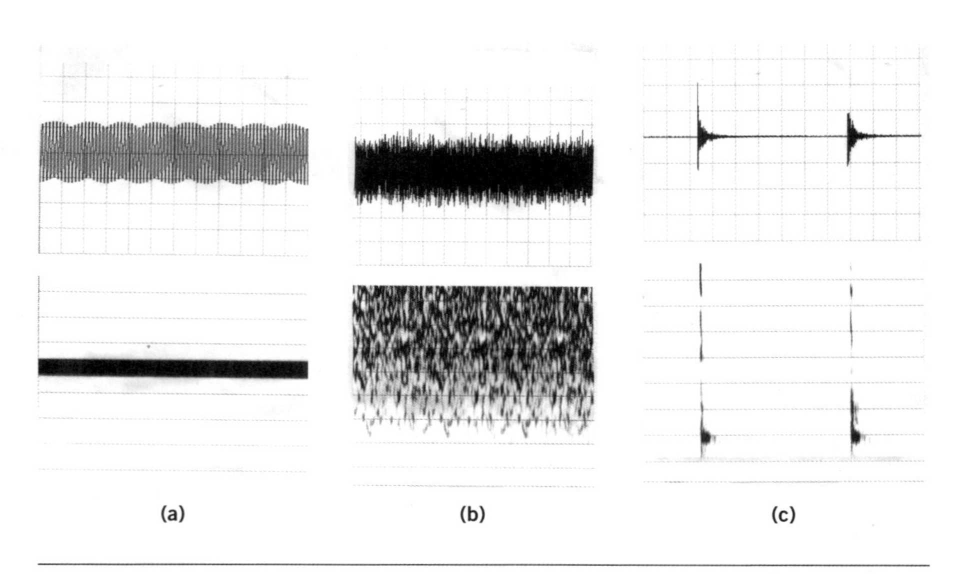

FIGURA 3.8 Espectrogramas-amostra e formas de onda correspondentes para três tipos de sons: (a) uma senoide ou tom puro com uma frequência de 4 kHz, (b) um ruído gerado por computador, e (c) toques de dedo no topo de uma mesa.

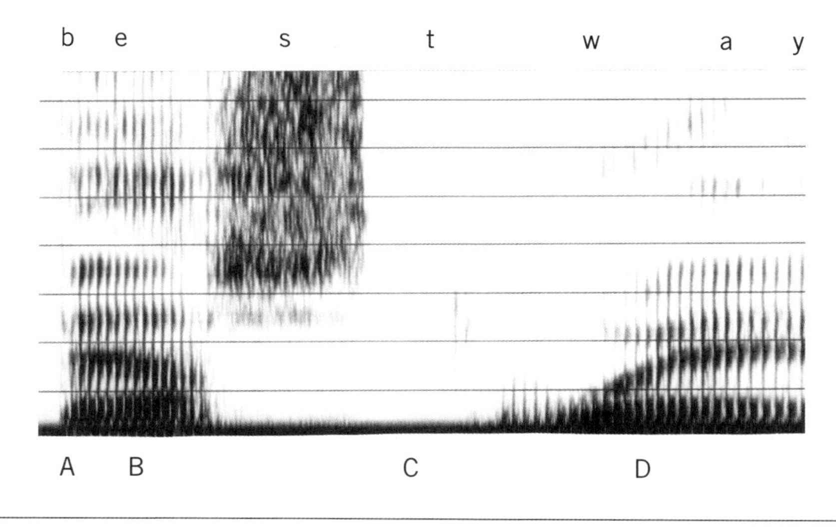

FIGURA 3.9 Um espectrograma do sintagma "*best way*", com pontos etiquetados correspondentes à discussão no texto.

A fala consiste de uma variedade de sons. As variações nas propriedades acústicas podem ocorrer bem rapidamente e é por essa razão que um espectro contínuo é uma forma desejável de visualização e análise. O espectrograma mostra como a energia espectral muda sobre intervalos relativamente breves de tempo. Os detalhes dessa análise serão considerados nos Capítulos 4 e 5, mas é apropriado fazermos uma breve análise da forma como um espectrograma revela as características acústicas de alguns sons da fala. Amostras de espectrogramas são mostradas na Figura 3.9. O espectrograma pode retratar a energia bem breve associada com a soltura explosiva de ar em uma consoante oclusiva (o ponto A na Figura 3.9), mas o espectrograma também mostra as bandas de energia proeminentes e frequentemente extensas que tipificam as produções vocálicas (ponto B). Quando não se produz som, como no fechamento oral de uma consoante oclusiva, o espectrograma mostra o silêncio (ponto C). Quando o trato vocal muda sua configuração durante um ditongo, o espectrograma representa a correspondente mudança acústica (ponto D). O espectrograma continha uma grande quantidade de informação acústica e, assim, tornou-se rapidamente o padrão para análise acústica, apesar de certas limitações que serão consideradas em uma outra seção. Espectrogramas continuam a ser úteis como uma forma fundamental de análise da fala, embora espectrogramas contemporâneos sejam gerados por computadores em vez do dispositivo mostrado esquematicamente na Figura 3.6.

Processamento Digital do Sinal da Fala

A dominância da espectrografia antiga somente foi seriamente ameaçada com a introdução dos computadores digitais. A ameaça foi intensificada com o refinamento contínuo dos computadores (*hardware*) e programas de análise (*software*). Alguns dos desenvolvimentos no uso de computadores digitais são mostrados na Figura 3.10. Esses desenvolvimentos serão apresentados mais adiante neste capítulo e em capítulos subsequentes. Uma vez que o sinal da fala foi posto em uma forma adequada para armazenamento e análise em um computador, várias operações diferentes puderam ser realizadas (Read, Buder & Kent, 1990, 1992). A forma de onda pode ser mostrada, medida e até editada (por exemplo, deletar uma parte e conectar pedaços remanescentes para formar um som inteiramente novo). Espectros podem ser computados usando métodos como Transformada Rápida de Fourier (FFT, na sigla em inglês), Cepstro, Codificação Preditiva Linear (LPC, na sigla em inglês) e filtragem. É mister dizer que algoritmos para essas análises revolucionaram a análise acústica da fala. Além disso, essas análises são importantes para muitas aplicações em física, engenharia e biologia. Devido a seus usos diversos e poderosos, o FFT foi chamado o mais importante algoritmo numérico de nossa vida inteira (Strang, 1994). O objetivo de detectar a composição espectral de um sinal é comum a muitas aplicações da engenharia e da ciência.

O sinal digitalizado pode ser usado para gerar espectrogramas que são de muitas maneiras superiores àqueles feitos por espectrógrafos que ocuparam os laboratórios de análise da fala do início da década de 1950. Os computadores digitais podem fazer o que os velhos espectrógrafos fizeram, mas de forma mais rápida, mais precisa e muito mais limpa. Em acréscimo, os computadores podem realizar operações que vão além das capacidades de análise do

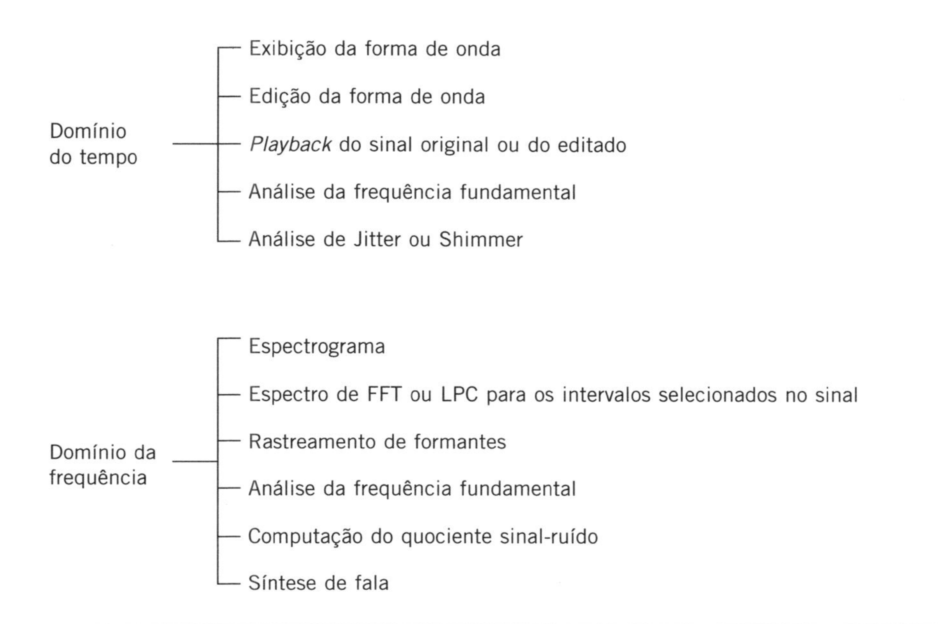

FIGURA 3.10 Alguns desenvolvimentos no uso dos métodos digitais para a análise da fala. Esses tópicos serão cobertos nos capítulos seguintes.

espectrógrafo. Muitas dessas capacidades estão disponíveis até em microcomputadores (computadores pessoais). Os rápidos desenvolvimentos na análise da fala com os microcomputadores são a razão principal para a preparação deste tutorial. Embora os sistemas de análise de fala estejam prontamente disponíveis para microcomputadores, muitos usuários não têm conhecimento suficiente em processamento digital para entender as capacidades e limitações desses sistemas. Ambas – capacidades e limitações – são significantes.

Filtragem, amostragem e quantização são operações básicas na digitalização de um sinal de fala. Cada operação tem consequências importantes para a natureza do sinal que é eventualmente armazenado no computador. Consequentemente, o usuário de um sistema de processamento digital deve ter um bom conhecimento dessas operações. Muitos sistemas de análise da fala permitem ao usuário especificar variáveis como configurações de filtro e taxa de amostragem. Considerações cuidadosas devem ser tomadas com essas variáveis sempre que um sinal de fala é digitalizado. Além disso, o usuário desses sistemas pode encontrar uma variedade de questões relacionadas a amplificação, cabeamento e interface. Um entendimento básico dessas questões pode ajudar a evitar problemas e garantir que um sinal de qualidade adequada seja obtido.

O processo básico na digitalização é converter um sinal contínuo (analógico) em uma representação digital (discreta). A representação digital é uma série de números. Quando um sinal analógico como uma forma de onda acústica é digitalizado, duas operações são realizadas simultaneamente. A primeira é uma discretização do tempo, significando que a forma de onda *analógica* é amostrada em certos pontos do tempo, usualmente espaçados periodicamente. O espaçamento periódico é refletido na *taxa de amostragem*, que especifica a regularidade do processo de amostragem. Uma taxa de amostragem de 10 kHz significa que o sinal analógico original é amostrado 10000 vezes por segundo. A segunda operação é a discretização da amplitude do sinal. Essa operação, chamada quantização, representa a variação contínua da amplitude do sinal original como uma série de níveis ou passos. Cada nível é um *quantum*, e o processo de discretização da amplitude é, portanto, de quantização. Amostragem e quantização são a essência da digitalização.

Os principais passos do processamento digital da fala são mostrados na Figura 3.11. O sinal acústico original da fala é representado pela função x(t), que é simplesmente a forma de onda da fala como se fosse obtida diretamente de um microfone ou tocada em um gravador de fita. A notação x(t) indica uma variável temporal, especificamente, a amplitude em função da variação do tempo do sinal acústico. Como notado anteriormente, essa forma de onda é um sinal analógico e sua amplitude varia continuamente com o tempo. Para armazenar esse sinal em um computador digital moderno, o sinal analógico deve ser convertido para uma série de números. Os números são então armazenados como uma representação sinal analógico. Este capítulo considera os passos necessários para a conversão do sinal analógico em representação digital. O processo é chamado de *conversão analógico-digital* e é tipicamente realizada por um *conversor analógico-digital*, ou conversor A/D. A operação reversa da *conversão analógico-digital* é o processo pelo qual uma série de números armazenados em um computador são convertidos em um sinal analógico. Essa operação é realizada por um conversor D/A. Tipicamente, sistemas para análise acústica da fala usam tanto conversores A/D quanto D/A. O conversor A/D é usado para converter um sinal analógico original em uma forma digital. O conversor D/A é, pois, usado para derivar sinais analógicos de arquivos digitais armazenados, como é requerido se quisermos ouvir um sinal armazenado digitalmente.

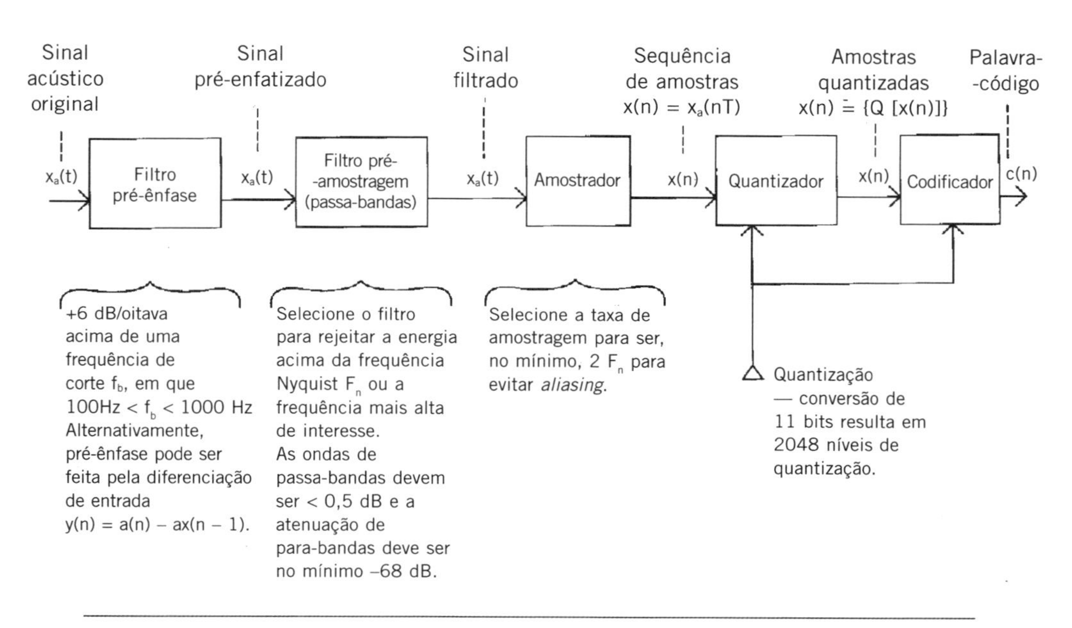

FIGURA 3.11 Estágios principais no processamento digital de sinais da fala. Vide texto para discussão.

OPERAÇÕES DE FILTRAGEM

O primeiro passo no processamento digital é uma filtragem pré-ênfase, em que os componentes de alta frequência do sinal são aumentados em amplitude relativo aos componentes de baixa frequência. A pré-ênfase é desejável e frequentemente necessária, porque a maior parte da energia da fala está na região das frequências mais baixas, e essa energia dominará a análise a menos que alguma equalização de energia ao longo das frequências seja realizada. Há duas formas usuais pelas quais a pré-ênfase é feita. Uma é o uso de um filtro (usualmente um filtro *físico*) que fornece um aumento de 6 dB/oitava ao sinal de fala acima de alguma frequência limítrofe, f_b, em que f_b usualmente é escolhida acima de 100 Hz, mas abaixo de 1000 Hz. A especificação de 6 dB/oitava significa que, para cada duplicação da frequência (oitava) acima da frequência limítrofe, a energia aumenta em 6 dB. Por exemplo, um acréscimo de 6 dB seria dado à energia em 2000 Hz comparado à energia em 1000 Hz. A segunda forma de realizar pré-ênfase é através da *diferenciação* da entrada. Essa operação pode ser realizada pelo computador e é expressa pela seguinte fórmula:

$$y(n) = x(n) - ax(n-1),$$

onde x(n) é uma amostra do sinal no tempo n,
y(n) é o primeiro sinal diferenciado,
a é uma constante de multiplicação.

A diferenciação depende de operações digitais, que serão explicadas mais adiante. Neste momento, é suficiente perceber que a pré-ênfase pode ser realizada tanto por operações no sinal analógico (x) ou por operações no sinal digitalizado x(n). Os dois métodos resultam em resultados semelhantes. Há uma precaução a ser tomada no uso de sistemas de análise da fala. Um sistema que realiza pré-ênfase através de uma computação de diferenciação não deve ser acoplado a um filtro físico com pré-ênfase, senão o sinal será pré-enfatizado duas vezes — uma vez pelo filtro físico e outra pela operação de diferenciação.

O sinal pré-enfatizado é então enviado a um *filtro de pré-amostragem*. Este é um filtro passa-baixas desenvolvido para rejeitar energia acima da mais alta frequência de interesse. Esse procedimento de filtragem é baseado no teorema de amostragem de Nyquist (Nyquist, 1928), que afirma que o número de amostras necessárias para representar um sinal é duas vezes a frequência mais alta de interesse no sinal. Por exemplo, assumamos que estejamos interessados em analisar um sinal de fala apenas em 10 kHz. Essa frequência será o limite superior da análise e o filtro passa-baixas será selecionado para rejeitar energia acima desse máximo. Os filtros possuem várias características que definem sua operação; duas dessas características notadas aqui são a *ondulação passa-bandas* e a *atenuação para-bandas*. Como mostrado na Figura 3.12, o passa-bandas é a banda de frequências em que a energia é passada com perda mínima. Muitos filtros possuem uma ondulação detectável, ou variação na transmissão com frequência, dentro do passa-bandas. Se a atenuação é grande demais, pode-se distorcer a análise do sinal. Uma regra básica é que a atenuação deva ser menor do que 0,5 dB. A atenuação para-bandas é uma medida da energia que sobra na região do filtro onde a transmissão de energia é mínima. Essa é a banda de frequência em que a transmissão de energia é mais reduzida ou filtrada. Usualmente, os filtros não têm sucesso em rejeitar toda a energia indesejável, entretanto. Filtros podem ser comparados com sua habilidade em minimizar a energia no para-bandas. Para aplicações gerais na análise da fala, é desejável ter uma atenuação para-bandas de, no mínimo, –68 dB, significando que a energia que sobra no para-banda depois da filtragem será, no mínimo, 68 dB abaixo do pico de energia no passa-bandas. Para o exemplo em consideração, isso significa que os picos de energia dentro do passa-bandas de 0-10 kHz serão, no mínimo, 68 dB mais intensos do que qualquer energia encontrada no para-bandas.

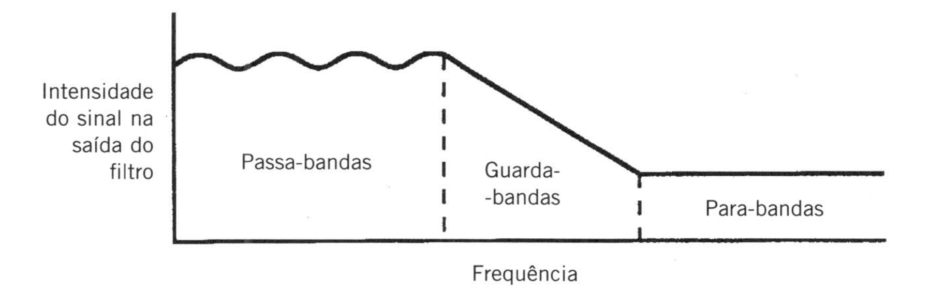

FIGURA 3.12 Resposta de frequência de um filtro passa-baixas. O passa-bandas é a região de frequência na qual a energia é passada mais efetivamente. O para-bandas é a região de máxima oposição (bloqueamento) à transmissão do sinal, e o guarda-bandas é uma região interveniente às vezes chamada de saia do filtro.

AMOSTRAGEM

O sinal, que está agora pré-enfatizado e filtrado com passa-baixas, está pronto para digitalização. A digitalização consiste de fato em dois processos: amostragem e quantização. A amostragem é a operação pela qual o sinal analógico é convertido para uma série de amostras. Essa conversão pode ser expressa com a seguinte notação:

$$x(n) = x(NT),$$

em que x(n) é uma sequência de amostras e T é o intervalo de amostragem.

O processo básico é converter um sinal que varia continuamente para uma série de números que podem ser armazenados em um computador digital. Como mostrado na Figura 3.13, o termo amostragem é descritivo da operação real. O sinal analógico original é mostrado em intervalos regulares. A energia entre os pontos de amostragem é descartada. Pode parecer estranho que essa operação ocorra sem perda de informação. Afinal, parece-nos que o sinal original, com infinitamente muitos valores ao longo do eixo temporal, é agora reduzido a um número finito de amostras. Entretanto, o teorema de amostragem de Nyquist afirma que, se a taxa de amostragem é selecionada corretamente, o sinal amostrado contém a mesma informação do sinal analógico original. Em outras palavras, a conversão analógico-digital pode ser feita sem perda de informação. Isso é um conceito fundamental na aplicação de computadores digitais para o processamento da fala ou qualquer sinal originalmente em forma analógica.

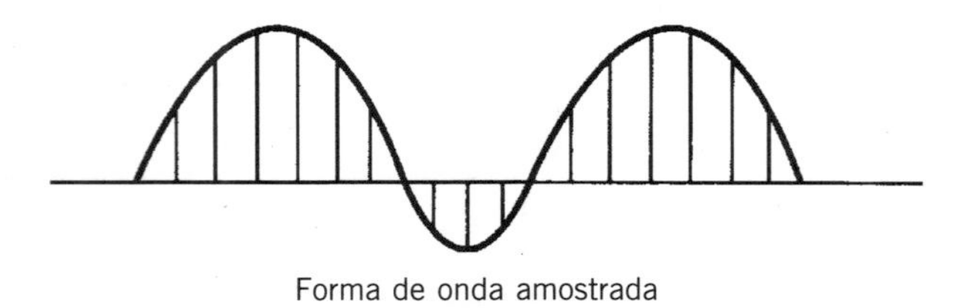

Forma de onda amostrada

FIGURA 3.13 Ilustração da amostragem de uma forma de onda. Amostras são tomadas nos pontos marcados pelas linhas verticais. Usualmente, a amostragem é periódica (recorre em uma taxa fixa).

Como se seleciona a taxa de amostragem para garantir que a informação não seja perdida? A diretriz é bastante simples: a taxa de amostragem deve ser, no mínimo, duas vezes a mais alta frequência de interesse, que denotaremos por F_n. No nosso exemplo, a mais alta frequência de interesse é F_n = 10 kHz. Portanto, a taxa de amostragem deve ser 2 × 10 kHz = 20 kHz. Se um sinal analógico filtrado no passa-baixas em 10 kHz é amostrado em uma taxa de 20 kHz, o sinal digitalizado será equivalente em informação ao sinal original. É importante lembrar dessa relação entre o filtro de pré-amostragem e a taxa de amostragem da digitalização, pois sérios erros podem resultar se essa relação for negligenciada. Agora, não há nada errado em amostrar o sinal em uma taxa mais alta. Por exemplo, podemos amostrar nosso sinal filtrado em passa-baixas em 10 kHz, em 40 kHz, ou 4 vezes a frequência de Nyquist. Entretanto, essa taxa alta é completamente desnecessária e usará duas vezes mais memória do computador para representar o som de interesse.

Por outro lado, *há* algo errado em amostrar em uma taxa mais baixa do que duas vezes a mais alta frequência de interesse. Quando isso acontece, sérios erros podem surgir na análise. Esses erros são chamados *aliasing*. O filtro de pré-amostragem é às vezes chamado de filtro *antialiasing*, devido ao reconhecimento da necessidade de se prevenir os erros de *aliasing*. No uso comum, um *alias* é uma identidade falsa ou assumida, e esta é a essência do erro que pode ocorrer no processamento digital quando a taxa de amostragem é devagar demais em relação à região de frequências da análise. A título de ilustração, consideremos um exemplo dos filmes cinematográficos. Você provavelmente já viu filmes em que as rodas de um vagão ou carruagem pareciam se mover *vagarosamente para trás*, como se os cavalos fossem empurrados para frente em uma velocidade considerável. O efeito é mais aparente em rodas com raios. Obviamente, as rodas não estão se movendo para trás de verdade, nem isso é efeito de uma ilusão visual. O aparente movimento lento para trás é um exemplo de *aliasing* — um erro na amostragem do evento original. Neste caso, a taxa de amostragem é determinada pela taxa de filmagem de 30 quadros por segundo, a taxa usual na indústria do cinema. Os raios de uma roda em movimento de um vagão variam de posição ao longo do tempo, mas a taxa relativamente lenta de quadros simplesmente não registra as posições reais dos raios durante a rotação das rodas. Como resultado, a roda parece se mover vagarosamente na direção errada. O que se vê nos filmes é uma identificação com *alias* ou falsa do evento dinâmico real. O problema poderia ser corrigido aumentando-se a taxa de quadros da filmagem. Entretanto, uma taxa aumentada de quadros não é importante para a maior parte do que vemos na tela, de modo que o *aliasing* das rotações das rodas da carruagem é simplesmente tolerado como um aborrecimento pequeno. Entretanto, *aliasing* não é apenas uma amolação pequena no processamento digital de sinais. Ele pode ser o causador de uma análise extremamente errada.

O *aliasing* ocorre se frequências maiores do que a metade da taxa de amostragem são adquiridas. Por exemplo, se uma frequência de amostragem de 5 kHz é usada para digitalizar componentes do sinal maiores do que 2,5 kHz, o *aliasing* pode ocorrer. O efeito do *aliasing* é ilustrado na Figura 3.14. O sinal original — o sinal a ser amostrado — é mostrado no topo da ilustração e uma versão amostrada do sinal é mostrada abaixo. Na taxa de amostragem representada pelas linhas verticais, o sinal está subamostrado. Como resultado, a operação de amostragem resulta em um sinal falso, ou com *aliasing*, mostrado no fundo da ilustração. (Note que, na metade da frequência de amostragem, cada ciclo de um sinal periódico é representado por duas amostras, que é o número mínimo de amostras que pode representar as porções negativas e positivas da forma de onda senoidal.)

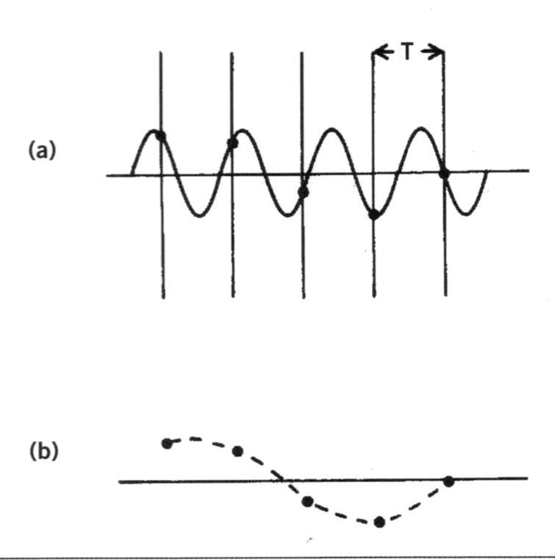

FIGURA 3.14 Representação gráfica de *aliasing* causado por subamostragem de um sinal. (a) Amostragem a uma taxa de 1/T é o período de amostragem. (b) Geração de um sinal espúrio de baixa frequência, o sinal *aliasing*.

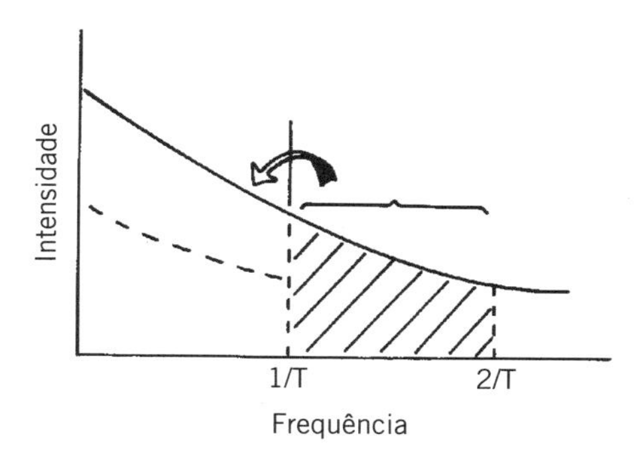

FIGURA 3.15 Representação gráfica de *aliasing* como uma frequência *foldover*. Energia amostrada em menos do que 2/T pode aparecer como energia de baixa frequência.

Um tipo de erro de *aliasing* é a geração de *frequências foldover* (Figura 3.15). Essa frequência falsa ocorre em uma frequência dada por

$F_f = S - F$,

em que F_f é a frequência *foldover*,

S é a taxa de amostragem,

F é uma frequência maior do que metade do valor de S.

Para se evitar *aliasing*, os seguintes passos devem ser seguidos:

1. determinar a maior frequência de interesse na análise; isso é F_n;
2. filtrar a energia acima de F_n;
3. amostrar o sinal em uma taxa de, no mínimo, $2F_n$.

Outros produtos do *aliasing* podem ocorrer também, mas é suficiente notarmos aqui que todo o problema do *aliasing* usualmente pode ser evitado se a taxa de amostragem for cuidadosamente escolhida em relação às frequências de interesse no sinal original, e se a energia acima da maior frequência de interesse for filtrada. A maior razão do advérbio *usualmente* na sentença anterior é que o *aliasing* pode ocorrer também sob outra condição que resulta em algo chamado ruído de granulação. A discussão dessa questão terá de ser adiada até comentarmos em seguida a quantização.

QUANTIZAÇÃO

Vamos revisar o que vimos até agora. Começamos com um sinal acústico que varia continuamente denotado por x(t). Devido ao fato de este sinal não poder ser usado em sua forma original por um computador digital, ele tem de ser convertido para uma forma digital — uma sequência de números (amostras). A operação de *amostragem* divide o sinal analógico em um número de intervalos iguais. O tamanho do intervalo depende da taxa de amostragem. Quanto maior a taxa, menor o intervalo. Por exemplo, em uma taxa de amostragem de 5 kHz, o intervalo entre os pontos de amostragem é 0,2 ms. Nesta taxa, pois, o sinal analógico é convertido para uma sequência de 5000 amostras por segundo. Agora temos entradas discretas apropriadas para uso em um computador digital, a não ser por um problema — a amplitude ou nível de energia das amostras também deve ser convertida para uma forma digital. A amostragem resolve apenas parte da operação de digitalização, a saber, a conversão do tempo contínuo para um tempo discreto ou amostrado.

A operação remanescente na digitalização é a quantização. Um sinal é quantizado quando as amostras determinadas pela operação de amostragem são divididas em um número discreto de níveis de amplitude. O termo quantização é descritivo do que é feito. Um *quantum* é um incremento de energia. Quando um sinal analógico é quantizado, as variações contínuas da amplitude são convertidas em valores ou incrementos discretos. A operação é ilustrada na Figura 3.16 para vários níveis de quantização. Note que, se a quantização é realizada com apenas alguns passos ou níveis, o sinal quantizado tem um formato de escada que apenas grosseiramente se assemelha ao sinal analógico original. Entretanto, à medida que os níveis de quantização são aumentados, a similaridade entre o sinal quantizado e o sinal analógico aumenta, isto é, quanto maior o número de níveis de quantização, mais acuradamente o sinal quantizado representa o sinal analógico. Obviamente, há uma negociação em relação à demanda de memória. À medida que o número de níveis de quantização aumenta, também aumenta a necessidade de memória para armazenar os dados. Como regra geral, a fala deve ser quantizada com, no mínimo, uma conversão de 12 bits, que fornece 4096 níveis de quantização. Se muito poucos níveis são usados, o sinal terá uma distorção chamada de ruído de quantização. Note que para cada bit adicional de conversão de amplitude, há o dobro dos níveis de quantização, por exemplo, 8 bits fornecem 256 níveis. 9 bits fornecem 512 níveis e assim por diante. Uma conversão de 8 bits, como, às vezes, é feita com sistemas de baixo custo, produzirá um sinal de baixa qualidade. Para tudo, exceto para propósitos mais grosseiros, a conversão de 8 bits é inadequada na análise da fala. Felizmente, melhoramentos nos computadores tornaram fácil obter excelente quantização, com conversão de 16 ou 32 bits sendo facilmente acessíveis.

A operação de quantização pode ser expressa bem simplesmente como um processo de discretizar as variações contínuas na energia do sinal que sobra depois da operação de amostragem:

$$x[n] = x(n) + e(n),$$

onde x[n] é a amostra quantizada,
x(n) é a amostra não quantizada,
e(n) é o erro ou ruído da quantização.

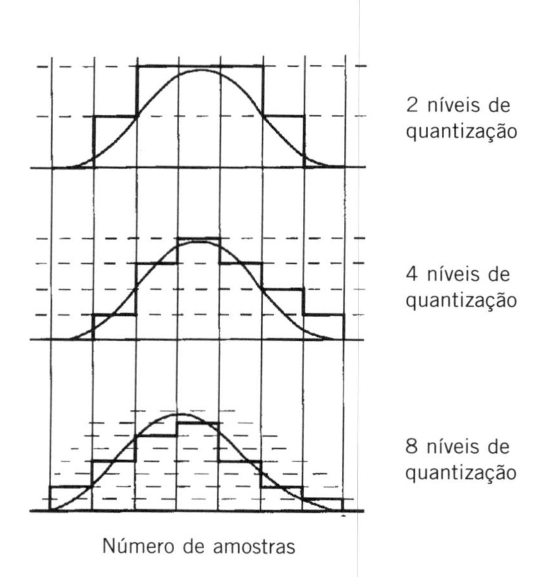

FIGURA 3.16 Ilustrações dos efeitos do uso de diferentes níveis de quantização para se representar uma forma de onda suavizada. À medida que o número de níveis aumenta, melhora o encaixe à curva suavizada.

O objeto é minimizar e(n), isto é, torná-lo pequeno o suficiente, de modo que não cause problemas na análise ou qualidade do sinal.

Várias escolhas de quantização estão disponíveis. Talvez a mais simples seja a quantização uniforme, em que os passos ou incrementos são de igual tamanho ao longo da extensão da energia do sinal. Uma desvantagem para essa abordagem é que o sinal da fala tem uma grande extensão dinâmica (a extensão da energia mais baixa à mais alta em uma amostra) e os falantes variam consideravelmente o uso dessa extensão. Se a extensão dinâmica de análise for ajustada para a porção mais intensa de uma amostragem de fala, os passos da quantização para as partes mais fracas de uma amostra podem ser grosseiros demais, se uma quantização uniforme for empregada. Portanto, deve-se dar preferência a uma quantização não uniforme, na qual os incrementos de quantização são menores na extensão de energia baixa do sinal. Em acréscimo, o sinal pode ser transformado de várias formas antes de a quantização ser realizada. Por exemplo, pode-se usar uma transformação logarítmica do sinal para se alcançar incrementos mais finos para os componentes mais fracos. Entretanto, deve-se notar que a quantização é inerentemente uma operação não linear. Diferentemente da amostragem, que é seguramente baseada no teorema da amostragem, a quantização é um conceito muito mais difícil matematicamente.

Depois das operações de amostragem e quantização, o sinal foi digitalizado como uma série de amostras quantizadas. Matematicamente, pode-se expressar esse processo como:

$$x[n] = \{Q[x(n)]\},$$

em que x[n] são as amostras quantizadas correspondentes à forma de onda original x(t),

Q é a operação de quantização,

x(n) é a sequência de amostras.

O sinal está agora em uma forma que pode ser codificada para armazenamento no computador. A forma de onda original da fala variante no tempo agora toma a forma de uma série de amostras quantizadas. A conversão analógico-digital está completa.

Quando a amplitude do sinal é aproximadamente a mesma de um incremento de quantização, o efeito de quantização é produzir um sinal dc (uma mudança dc ou mudança na linha base) ou uma onda quadrada. A onda quadrada é rica em harmônicos ímpares que podem alcançar bem além a mais alta frequência de interesse, F_n. Até mesmo o uso de um filtro *antialiasing* não pode prevenir *aliasing* nessa situação, resultando em um som sujo chamado *ruído de granulação*. Devemos lembrar que os sinais de amplitude bem baixas, são vulneráveis à geração de uma distorção de ruído. O nível de quantização deve ser escolhido cuidadosamente se sinais muito fracos forem processados. A amplificação do sinal pode ser necessária, o que será considerado em uma seção posterior. Outro ponto importante é que os níveis de quantização são distribuídos sobre a gama de valores de amplitude (a extensão dinâmica).

APLICAÇÃO PRÁTICA

Como uma revisão rápida, consideremos um problema prático na conversão A/D. Suponhamos que um sinal de fala seja analisado para informação que está contida em uma extensão de frequência abaixo de 3 kHz. Devido ao fato de a amostra total da fala ser muito longa, é importante usar a menor quantidade de memória do computador quanto possível para armazenar o sinal. Quais são as configurações apropriadas para a taxa de amostragem, o filtro de amostragem e a quantização? Em primeiro lugar, a taxa de amostragem deve ser, no mínimo, duas vezes a mais alta frequência de interesse na análise, F_n. Esta frequência mais alta é 3 kHz, que significa que a taxa de amostragem deve ser, no mínimo, 6 kHz. Devido ao fato de configurações de filtros serem, às vezes, apropriadas, e devido ao fato de a energia do sinal poder ser apreciável na banda de rejeição, é sábio escolhermos uma frequência de corte para o filtro de pré-amostragem passa-baixas que esteja levemente abaixo da taxa de amostragem. Portanto, esse filtro deve ter uma característica passa-baixas com uma frequência de corte levemente abaixo de 3 kHz, digamos 2,8 kHz. Finalmente, uma quantização de 11 bits deve fornecer uma conversão de amplitude suficientemente acurada, a menos que haja um interesse em variações pequenas na amplitude do sinal.

É sempre desejável superamostrar, isto é, usar uma taxa de amostragem maior do que aquela derivada do teorema da amostragem? Sim. Primeiramente, pode ser desejável superamostrar quando o filtro *antialiasing* tem um guarda-bandas raso. Se a taxa de rejeição do guarda-bandas for rasa, então alguma energia do sinal indesejada acima de F_n pode ser digitalizada e pode resultar em *aliasing*. É usualmente um bom procedimento selecionar a frequência passa-baixa do filtro *antialiasing* que é menos do que a metade do valor da taxa de amostragem. Superamostragem é também usada para ganhar resolução temporal. Um exemplo está na determinação da frequência fundamental vocal (f_0). Whalen et al. (1990) notaram que quando um arquivo é amostrado em 10 kHz, a fidelidade na determinação da frequência fundamental será ±0,5% para um homem com uma f_0 de 100 Hz, ±1,0% para uma mulher com uma f_0 de 200 Hz e ±2,5% para uma criança com uma f_0 de 500 Hz. A questão se torna especialmente importante para a determinação de irregularidades (perturbações) na voz. Uma dessas perturbações é chamada *jitter*, que é a variação ciclo a ciclo na amplitude de pico da forma de onda laríngea. A medição dessas perturbações, ou desvios da regularidade real, pode ser intoleravelmente imprecisa em taxas de amostragem baixas ou níveis de quantização baixos. A superamostragem é frequentemente usada também na gravação de música, porque proporciona uma qualidade sonora mais satisfatória (um som mais "encorpado" ou "gordo").

OUTRAS QUESTÕES NA CONVERSÃO D/A E A/D

Para informação adicional sobre A/D e questões brevemente consideradas aqui, veja Lang (1987) e Gates (1989). A seguir veremos alguns comentários altamente condensados sobre questões relacionadas a A/D.

Amplificação (Ganho)

É importante saber a extensão de entrada para o conversor A/D usado em uma aplicação específica. Alguns conversores possuem uma extensão de entrada de –1 a +1 volt, mas outros requerem um sinal de entrada com uma extensão diferente, por exemplo, –7 a +7 volts, ou –10 a +10 volts. É desejável ajustar o sinal de entrada para essa extensão para obter completa vantagem dos níveis de quantização disponibilizados pelo A/D. Se um sinal possui uma extensão de apenas –2 a +2 volts e um conversor com uma entrada com extensão de ±10 volts for usado, muitos níveis potenciais de quantização serão perdidos à medida que o sinal for digitalizado. Devido ao fato de a saída analógica de instrumentos como gravadores de fita frequentemente não corresponder à extensão do sinal de um conversor A/D, uma amplificação frequentemente é necessária. Tomemos como um exemplo simples a saída de um toca-fitas que fornece uma extensão de sinal de –1 a +1 volt. Se este sinal for alimentado em um A/D que requer uma extensão do sinal de –10 a +10 volts, então a saída do toca-fitas deveria ser amplificada por um fator de dez.

A amplificação usualmente é realizada por um de dois meios: (a) usando um amplificador externo, ou (b) usando um amplificador interno fornecido em alguns A/Ds. Amplificadores internos vêm com várias funções, uma é ganho programável, ou a capacidade de mudar o ganho no programa, de acordo com as necessidades da conversão de dados. Uma vantagem de um amplificador externo é o fato de ele poder ser colocado bem perto do equipamento fornecedor do sinal para o A/D. Proximidade é especificamente importante no caso de sinais fracos. Quando um sinal fraco é passado ao longo de um cabo longo, ele é vulnerável a ruídos e diminuições adicionais pela resistência do cabo conector. Ruído pode surgir, por exemplo, porque o cabo pode servir como antena, pegando murmúrios de 60 Hz de fontes como transformadores e lâmpadas fluorescentes. A diminuição do sinal é possível porque o enrolamento do cabo, apesar de ser um condutor, apresenta alguma resistência ao fluxo de energia elétrica. A resistência é proporcional à extensão do fio. A regra é simples: mantenha a conexão entre o instrumento do sinal e o A/D a mais curta possível.

Cabeamento

Conectar instrumentos pode parecer uma questão trivial, mas isso é de fato uma consideração muito importante. Escolhas incorretas ou procedimentos falhos podem comprometer enormemente o desempenho de um sistema de análise da fala. Um fator a ser considerado é o tipo de cabo que é usado para se fazer as conexões. O custo do cabo aumenta com sua habilidade em afastar o ruído do sinal. Os menos caros são com fios simples e cabos planos. A maior diferença entre esses dois está relacionada ao número de conexões que devem ser feitas. Quando muitas conexões são feitas com fios simples, o resultado pode ser uma mistura confusa. Cabos planos reduzem a confusão, porque contêm vários fios. Para aplicações envolvendo sinais de alta frequência ou um sinal com uma relação sinal-ruído baixa, fios simples ou cabos planos não são conexões para escolhermos. É preferível usar um dos seguintes: cabos de par torcido, coaxial ou triaxial. Essas conexões protegem o sinal da contaminação ambiental. Finalmente, como notado acima, é sempre desejável manter o tamanho dos cabos mínimo.

Interface

Cabos requerem conectores para que sinais possam passar de um dispositivo para outro. Para sinais digitais, o problema de interface surge. *Interface* refere-se ao esquema de comunicação que permite que dispositivos troquem sinais. Há dois tipos principais de interface — serial e paralela. Há um grande número de questões que surgem sobre interface, a maioria das quais não é diretamente relevante às aplicações deste livro. Leitores que necessitam de informação nessa área devem consultar Lang (1987) ou referências gerais para os sistemas computacionais específicos envolvidos.

ALGUMAS CONSIDERAÇÕES GERAIS NA ANÁLISE ACÚSTICA DA FALA

Agora consideramos dois grandes domínios da análise acústica: domínio do tempo e domínio da frequência. Embora esses domínios estejam relacionados por transformadas matemáticas, como a transformada de Fourier, eles não são iguais para vários propósitos na análise acústica. Cada um possui certas vantagens e desvantagens no exame dos sons da fala.

As vantagens da representação da *forma de onda* (domínio temporal) são as seguintes:

1. a forma de onda pode ser uma representação fiel do som original e, portanto, uma boa referência para garantir qualidade de reprodução e análise;
2. tipicamente, a forma de onda pode ser obtida facilmente e a baixo custo;
3. a forma de onda é um registro sensível das variações temporais no sinal e, portanto, de valor específico quando fatores temporais sutis devem ser observados. Muitas técnicas de domínio da frequência perdem algumas das informações temporais do sinal;
4. com a forma de onda de um sinal, é frequentemente fácil detectar eventos de distorção (ex.: recorte de picos que surgem quando excursões de alta amplitude são cortadas) ou a presença de um sinal intruso (ex.: ruído de fundo).

Entre as desvantagens da representação da forma de onda (domínio temporal) estão as seguintes:

1. a forma de onda pode ser cara para armazenar, porque o sinal da fala tipicamente possui uma largura de banda grande e, portanto, requer uma grande capacidade de armazenamento. Os computadores modernos com sua vasta capacidade de armazenamento reduziram a seriedade desse problema;
2. as formas de onda geralmente são difíceis de interpretar e resumir. Até mesmo especialistas acham difícil adivinhar qual som da fala é representado por uma forma de onda específica. Por exemplo, as formas de onda dos sons vocálicos não permitem uma identificação fácil de suas qualidades fonéticas;
3. a forma de onda é sensível a variações de fase que podem não ser importantes para os objetivos finais de análise e podem ser ignoradas pelo ouvido.

As vantagens da representação *espectral* (domínio da frequência) incluem:

1. o espectro pode permitir uma caracterização fácil, relativamente econômica, de muitas características importantes (ex.: frequências dos formantes das vogais, regiões de energia de sons aperiódicos);
2. o espectro é sensível a variações de fase que podem ser negligenciadas em aplicações típicas da análise da fala;
3. o espectro pode ser usado para caracterizar eventos em estado estacionário ou, com uma amostragem própria, eventos dinâmicos como transições;
4. o espectro em movimento, como em um espectrograma, oferece capacidades de segmentação que são difíceis de se alcançar em uma forma de onda.

As desvantagens da representação espectral (domínio da frequência) são:

1. às vezes é difícil detectar eventos de distorção em um espectro ou notar o acréscimo de ruído;
2. análises realizadas com alguns métodos tradicionais podem não refletir o processamento psicofísico, por exemplo, não linearidades;
3. as análises podem disfarçar ou tornar obscuras algumas propriedades de interesse;
4. análises espectrais podem ser caras de serem realizadas em termos de tempo e recursos (*hardware* ou computação);
5. análises espectrais podem ser insensíveis a algumas variações temporais do sinal.

"Técnicas analíticas modernas" significam técnicas digitais, isto é, computar com amostras de fala representadas com números. Dispositivos analógicos, que lidam com dados contínuos, ainda são usados na amplificação, gravação e *playback*, mas raramente em análises. Instrumentos para análise da fala agora são basicamente de dois tipos: dispositivos "dedicados" especialmente desenvolvidos para a fala, como espectrógrafos digitais, e computadores de uso geral rodando programas para análise da fala. As similaridades são menores do que as diferenças: ambos são, de fato, computadores digitais, operando na fala que foi amostrada, como descrito neste capítulo. Eles realizam computações similares e produzem, tipicamente, visualizações similares no monitor, que o usuário pode optar por imprimir.

A diferença é que, no dispositivo dedicado, o *hardware* e os programas de análise foram selecionados e otimizados para trabalhar juntos na análise da fala, e os programas foram escritos (semipermanentemente) na memória da máquina. Como resultado, o dispositivo dedicado pode operar mais rápido ou exibir resultados mais transparentes, mas, em princípio, um computador de propósitos gerais pode ser programado para fazer as mesmas análises. Instruções para usar um dispositivo dedicado lidam somente com análise da fala, enquanto o usuário de computadores de propósitos gerais tipicamente se confronta, no mínimo, com dois manuais: um para a máquina básica e outro para o programa de análise da fala.

Tipicamente, uma desvantagem de um dispositivo dedicado é que o usuário não pode modificar ou adicionar seus programas. Pelo contrário, para alguns micro e minicomputadores, usuários podem escolher, a partir de vários programas disponíveis, diversas combinações de análise. Alguns programas até tornam fácil para o usuário adicionar suas próprias análises. Alguns programas são de domínio público, como os desenvolvidos com apoio governamental, e podem ser obtidos por uma pequena taxa de cópia. Devido às similaridades fundamentais entre computadores de uso geral e dedicados, usualmente não precisaremos distinguir entre eles na discussão das técnicas analíticas. Com ambos os tipos, o usuário é quem decide determinar que uma análise específica é apropriada aos seus propósitos e dados. Um usuário sofisticado também começa com algum dado conhecido, a fim de checar se as análises são realizadas precisamente.

EXIBIÇÃO DA FORMA DE ONDA

No início deste capítulo, começamos nossa breve história da análise acústica com o oscilógrafo, que traçava no papel as mudanças em voltagem de um microfone, representando as mudanças na pressão do ar que passam do falante ao ouvinte. Exibir essa forma de onda da pressão do ar é uma função básica da maioria dos dispositivos para análise da fala. Dessa exibição, pode-se determinar a duração e a amplitude relativas. Pode-se julgar periodicidade e, da duração de períodos, pode-se estimar a frequência fundamental. Tipicamente, pode-se selecionar porções da forma de onda para uma inspeção mais próxima e para edição. Revisaremos cada uma dessas funções a seguir. A Figura 3.17 mostra a forma de onda de um enunciado de "*we*" como exibido por um programa chamado CSpeech rodando em um computador pessoal.

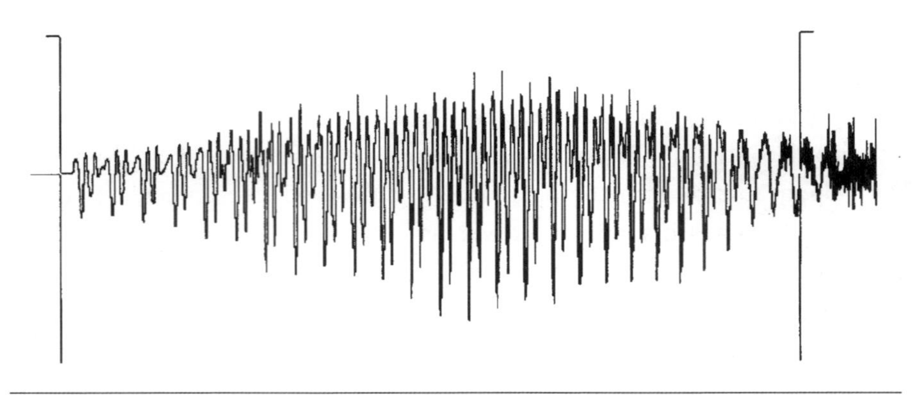

FIGURA 3.17 Forma de onda da fala no começo de "*We show speech*". Os cursores marcam "*we*".

Medindo a Duração

Note os cursores esquerdo e direito na Figura 3.17: o usuário os coloca em torno de "*we*", usando tanto pistas auditórias quanto visuais. A próxima palavra no enunciado era "*show*", e a forma de onda mais fina além do cursor direito resulta do ruído de [ʃ]. Pela movimentação dos cursores e escuta do som entre eles, o usuário pode julgar em que ponto a qualidade sonora mudou de vogal para fricativa. A taxa de amostragem em que o som foi gravado foi 22 kHz (22000 amostras por segundo). Assim, o tempo entre amostras foi 0,045 ms, isto é, 45 µ (microssegundos), a resolução temporal potencial de uma gravação naquela taxa. CSpeech relata (linha 1 da exibição) que o tempo entre os cursores é 263,273 ms, então o usuário pode concluir que a sílaba "*we*" foi, assim, precisamente longa.

Entretanto, há duas limitações escondidas. A principal é a dificuldade de julgar exatamente onde um segmento de fala começa e termina. Nesse caso, o cursor esquerdo está precisamente no começo da vogal? Quanta diferença faria se o usuário decidisse que a vogal começa antes, onde a forma de onda começa periódica ou onde ela primeiramente excede algum limiar de voltagem (amplitude)? O cursor direito deveria se mover para dentro para o último período regular da vogal? Essas questões se tornam críticas ao se tentar fazer medidas confiáveis, especialmente de tipos diferentes de sons da fala ou sons em contextos diferentes. Dizer que a resolução potencial é 0,045 ms é enganoso, porque não se pode localizar fronteiras em unidades da fala tão precisamente. A articulação leva tempo, de modo que os sons da fala começam e terminam gradualmente. A segunda limitação é que enquanto a resolução potencial é 0,045 ms, o menor movimento do cursor pode ser maior do que isso, dependendo da duração do som exibido. Nesse caso, um movimento de cursor foi 0,4 ms, assim essa foi a resolução efetiva. Se tivéssemos exibido vários segundos da fala, a resolução teria sido bem mais grosseira. Por ambas essas razões, não podemos sempre pegar (ou oferecer) medidas de duração com seus valores nominais.

A resolução também é uma questão na dimensão da amplitude. Uma "quantização de doze bits" significa que a voltagem de entrada é representada por um número que pode ter 4096 valores diferentes. Assim, se a voltagem de entrada se estende de +10 volts a –10 volts, essa extensão de 20 volts será dividida em 4096 passos ou 5 mv (milivolts) por passo. Essa resolução é normalmente adequada para a análise da fala, mas devemos saber a resolução do equipamento. Alguns dispositivos baratos de amostragem usam apenas uma resolução de 8 bits (256 valores diferentes), que faz uma diferença considerável na qualidade da fala gravada e em análises subsequentes. Quanto maior a resolução, mais forte o sinal, comparado com o ruído introduzido pelo processo de quantização. A Tabela 3.1 mostra a relação entre a resolução da amplitude (em bits, passos e milivolts) e esse quociente sinal-ruído de quantização, para alguns níveis de resolução comumente usados.

TABELA 3.1 Resolução de amplitude e quociente sinal-ruído.

Bits	Passos	Tamanho do passo (se a extensão é de 20v)	Quociente sinal-ruído
8	256	78 mv	41 dB
12	4096	5 mv	65 dB
16	65336	0,3 mv	89 dB

Devemos pensar que esse quociente sinal-ruído é um máximo teórico para um sinal de energia constante, que a fala nunca é. Na Tabela 3.1, parece que até mesmo uma resolução de 8 bits se iguala ao quociente sinal-ruído de um gravador comum de fita cassete, mas vários outros fatores operam para reduzir o quociente real e para introduzir outros tipos de ruído. Para citar apenas um exemplo, se o *hardware* de amostragem for selecionado para uma extensão de 20 volts de entrada, mas a entrada real é de apenas dois volts (+1 a –1), que muitos pré-amplificadores fornecem, a resolução de amplitude é apenas um décimo do potencial, e o ruído será muito mais alto em relação ao sinal.

EDIÇÃO

Devido ao fato de podermos selecionar partes da fala digitalizada (usualmente com cursores na tela) e tocá-las, podemos editar a fala. Por exemplo, suponhamos que tenhamos gravado um enunciado de "*team*". Poderíamos ouvir que o [t] é aspirado ([tʰ]), e, para um experimento de percepção, poderíamos remover a aspiração e tocar o resultado. A Figura 3.18 mostra esse enunciado, com os cursores marcando a aspiração. Nos "velhos tempos" (cerca de 30 anos atrás), teríamos de cortar a fita de gravação com uma lâmina de barbear e juntá-la novamente. Hoje, temos um equivalente eletrônico: cortar nos cursores e rejuntar o som digitalizado. A forma precisa de como fazemos isso depende do programa ou dispositivos; alguns possuem um comando "unir", alguns requerem que transfiramos segmentos para outro canal ou o etiquetemos e listemos os segmentos a serem unidos. De qualquer forma, a operação será mais limpa, mais rápida e mais precisa do que o corte de fita, principalmente porque podemos localizar os pontos de corte mais precisamente através da visualização da forma de onda e da escuta das partes antes, depois e entre os cursores.

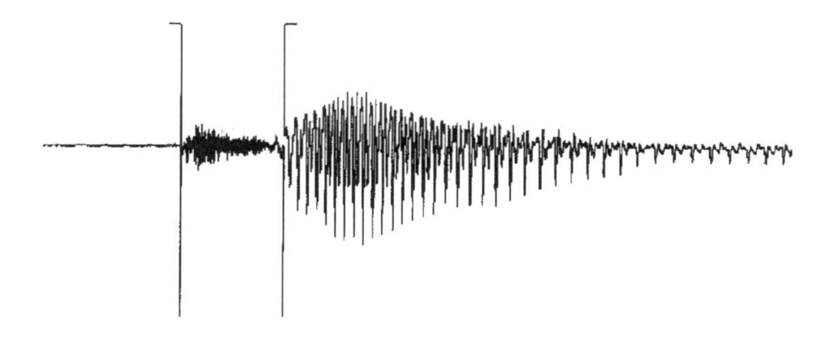

FIGURA 3.18 Forma de onda da fala de *"team"*, com os cursores marcando a aspiração do [t^h].

Entretanto, algumas dicas de especialistas em corte de fita podem ser utilizadas. Primeiramente, nenhum corte será completamente natural devido à coarticulação. Se separamos uma consoante de uma vogal, a vogal ainda conterá transições que sugerem aquela consoante, ou, no mínimo, seu ponto de articulação. As vogais antes de nasais serão nasalizadas, as antes de /r/, em inglês, serão retroflexas, e aquelas antes de consoantes desvozeadas serão encurtadas. Quase todos os sons contêm efeitos de seus contextos. Em segundo lugar, uma junção onde a forma de onda é fortemente positiva ou negativa provavelmente produzirá um ruído de estalo (uma transição acústica). Cortadores experientes fazem seus cortes em momentos em que a forma de onda está nos ou perto dos zeros, ou, no mínimo, juntam dois finais com a mesma amplitude. Felizmente, com cortes de fita eletrônicos, podemos facilmente experimentar diferentes junções.

MEDINDO A AMPLITUDE

A forma de onda da fala também fornece informação sobre a amplitude relativa. O canal superior da Figura 3.19 mostra as formas de onda de "*import*", um substantivo com acento em "*im*" e "*import*", um verbo com acento em "*port*". Pode-se ver que a amplitude da primeira sílaba ("*im*" com acento primário) é maior do que a da terceira, e que a amplitude da quarta sílaba ("*port*" com acento primário) é maior do que a da segunda.

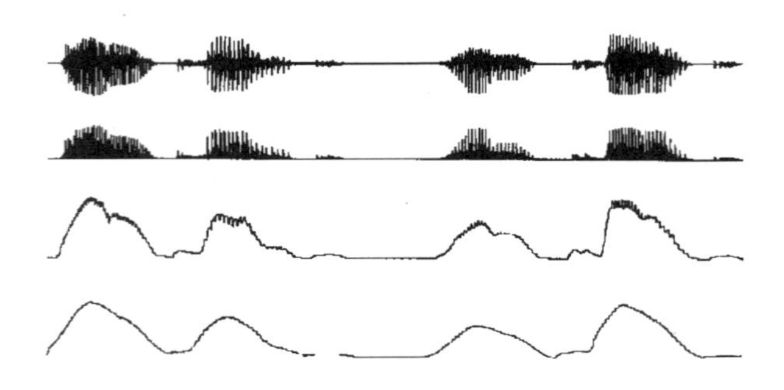

FIGURA 3.19 Forma de onda da fala de *IMport* (substantivo) e *imPORT* (verbo), com três representações de amplitude. O canal 2 é a forma de onda retificada; os canais 3 e 4 são os contornos de amplitude em rms, calculados com uma janela deslizante de 20 e 80 ms, respectivamente.

Entretanto, essas comparações da forma de onda bruta podem ser difíceis, pois o visualizador deve de alguma forma combinar a metade negativa (inferior) da forma de onda com a metade positiva. Ambas representam mudanças na pressão do ar que movem o tímpano de um ouvinte. O canal 2 da Figura 3.19 mostra a mesma forma de onda retificada, isto é, com pressões negativas mudadas para positivas — o efeito é que a metade inferior da forma de onda do canal 1 foi "dobrada para cima". Isso torna mais fácil comparar não só o formato da amplitude das sílabas, mas também o formato da mudança de amplitude durante cada sílaba. Podemos inferir, por exemplo, que em cada "*im*" (sílabas 1 e 3), a maior amplitude está na primeira metade da sílaba, isto é, a vogal em vez da nasal.

No entanto, a onda do canal 2 continua a ter todas as ondulações do original. Para obter uma curva suavizada da amplitude, temos que, de alguma maneira, tirar uma média do sinal ao longo do tempo. Com efeito, fizemos isso, informalmente, "pelo olho", quando acessamos a forma de cada sílaba. Essa suavização pode ser feita aritmeticamente, e uma dessas formas é conhecida como amplitude rms, sigla em inglês para "raiz quadrada média". O nome identifica três das etapas, na ordem inversa. Para se calcular a amplitude rms:

1. selecione um comprimento de "janela", o número de amostras de fala para média;
2. eleve ao quadrado o valor de cada amostra na primeira janela, eliminando, assim, números negativos e diferenças exageradas;
3. calcule a média aritmética dos valores ao quadrado na janela;
4. pegue a raiz quadrada da média resultante, trazendo-a de volta para a escala original;
5. vá para a próxima janela, ou seja, o próximo conjunto de amostras.

A forma de onda no canal 3 da Figura 3.19 é a amplitude rms da forma de onda original, calculada com uma janela "deslizante" de 20 ms, ou seja, uma que avançou por apenas uma amostra com cada cálculo de rms. Agora muitas ondulações desapareceram e a média foi calculada com precisão.

Para criar uma curva bem mais suavizada, vamos alongar a janela, fazendo a média com trechos mais longos. A curva de amplitude rms no canal 4 é exatamente como a do canal 3, exceto pelo cálculo com uma janela de 80 ms. No entanto, note que o comprimento da janela tem um efeito: se estivéssemos tentando localizar o pico exato de cada sílaba, obteríamos respostas ligeiramente diferentes dos canais 3 e 4.

Amplitude e Acento no Inglês

Essa discussão da Figura 3.19 pode dar a impressão de o acento silábico, ou proeminência, em inglês, ser marcado principalmente pela amplitude. De fato, essa também é nossa intuição. A maioria dos falantes do inglês relata que a principal diferença entre o substantivo "*import*" e o verbo "*import*" é devida à silaba ser mais forte. Entretanto, a duração também é um fator. Na Figura 3.19, a segunda sílaba do verbo, a acentuada, é mais longa do que a do substantivo. De fato, a duração é realmente uma pista mais consistente para o acento do que a amplitude. Na Figura 3.19, as sílabas "*im*" são atípicas, pois não diferem em duração. Note também que não comparamos "*im*" com "*port*" em relação ao acento; por serem constituídas de diferentes sons da fala, elas são inerentemente diferentes tanto na amplitude quanto na duração.

MEDINDO A FREQUÊNCIA FUNDAMENTAL

Pode-se facilmente "ver" que algumas partes da forma de onda são periódicas, ou seja, elas consistem de padrões similares de mudanças repetidos ao longo do tempo. Por exemplo, na Figura 3.17 ("*we*"), a maior parte da forma de onda entre os cursores é periódica. Os maiores padrões (períodos mais longos) resultam de vibrações das pregas vocais e correspondem à frequência que percebemos como um tom vocal (*pitch*); à medida que esses padrões se tornam mais frequentes, o tom percebido aumenta. Devido ao fato de sermos muito bons em reconhecer padrões visuais, parece-nos fácil julgar a periodicidade em uma exibição de forma de onda. Para programar um computador para fazer os mesmos julgamentos é, no entanto, uma tarefa bastante difícil. Contudo, até mesmo julgamentos de humanos são usualmente imprecisos sobre onde a periodicidade começa e termina. No lado direito da Figura 3.17, por exemplo, onde é que a vogal deixa de ser periódica? Da mesma forma, depois do cursor esquerdo na Figura 3.17, o som está rapidamente mudando de amplitude e qualidade; essa é a natureza de /w/. Há uma parte aperiódica no começo? Respostas a essas questões são parcialmente arbitrárias porque as pregas vocais se movem e mudam seus modos de vibração gradualmente. Justamente por podermos ver os efeitos da atividade (e da articulação) das pregas vocais em uma escala temporal expandida, podemos perceber que a fala não muda instantaneamente. Tecnicamente, a fala é apenas quase periódica, pois ela muda constantemente de frequência e qualidade.

Dentro dessas limitações, pode-se usar uma exibição de forma de onda para se medir a duração de períodos e, portanto, a frequência fundamental da fala vozeada. A Figura 3.20 mostra uma vogal, com os cursores ao redor de dez períodos. O intervalo entre os cursores é de 95,9 ms ("Comprimento = "; linha um), assim a duração média de um período é de 9,59 ms. Devido ao fato de duração e frequência serem inversos, a frequência fundamental, em média, é 104 Hz ([1/9,59] × 1000), ou dez vezes a frequência mostrada no fim da linha um. Média sobre dez ou vinte períodos dessa forma é bastante recomendável por duas razões. Primeiramente, o erro, ou incerteza, na colocação dos cursores é reduzido por um fator de dez, e, em segundo lugar, queremos frequentemente saber o tom médio em alguma região da forma de onda, não a frequência absoluta de um período vocálico específico. Obviamente, esse método de medir a frequência fundamental pode ser tedioso se temos de fazer muitas medições. A penúltima seção deste capítulo discutirá vários outros métodos, mas não há método perfeito.

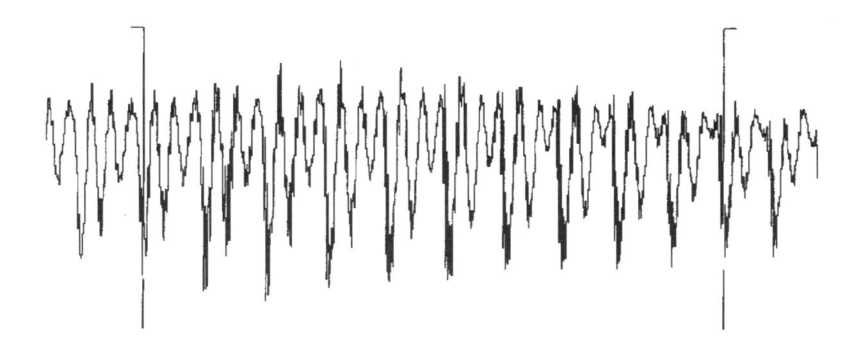

FIGURA 3.20 Forma de onda de fala de "*we*", com os cursores marcando 10 períodos glotais. A duração daquela porção é 95,8 ms, então a f_0 média é de 104 Hz.

FILTROS

Termos Básicos

Vimos no Capítulo 2 que um filtro é um sistema que passa (ou aumenta) algumas frequências, mas atenua outras. A filtragem também foi mencionada anteriormente neste capítulo, como no uso de banco de filtros para realizar uma análise espectral da fala. Agora é hora de dar uma olhada mais detalhada na filtragem.

Devido ao fato de um filtro oferecer uma transmissão de energia selecionadora de frequências, ele tem uma *curva de resposta* que varia ao longo do espectro de frequências. Como mostrado na Figura 3.21, uma curva de resposta de um filtro terá um ou mais *passa-bandas* e um ou mais *para-bandas*. O filtro pode ser passa-altas ou passa-baixas (se o passa-bandas estiver acima ou abaixo do para-bandas), ou, no caso geral, como na Figura 3.21, ele pode ser um filtro *passa-bandas*, que para bandas em ambos os lados. A frequência em que a resposta do filtro começa a mudar é chamada de *frequência de quina* (*corner*). Devido ao fato de a mudança ocorrer de fato sobre uma gama de frequências, a frequência *corner* é apenas nominal, entretanto. Se a mudança na resposta é abrupta, diz-se que o filtro tem cortes bem marcados ou com saias íngremes. Filtros reais não têm uma resposta perfeitamente plana no passa-bandas ou no para-bandas. Em vez disso, eles possuem alguma ondulação na resposta, como na Figura 3.21. A Figura 3.21 de cabeça para baixo seria a curva de resposta de um filtro rejeitador de bandas, com um para-bandas no meio e passa-bandas em cada lado. Um filtro rejeitador de bandas com um para-bandas estreito é chamado de *filtro notch.*

Usos de Filtros na Ciência da Fala

Duas aplicações comuns foram introduzidas neste capítulo: pré-ênfase e *antialiasing*. Um filtro de pré-ênfase para a fala é um filtro passa-altas, usualmente com uma resposta que aumenta em 6 dB por oitava acima de

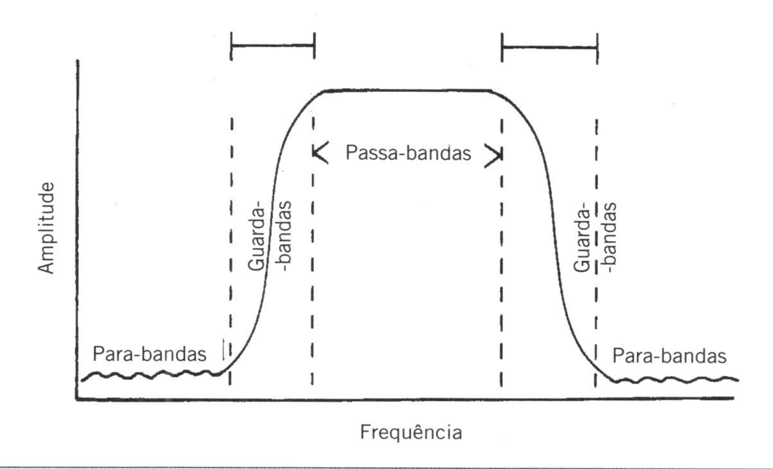

FIGURA 3.21 Curva de resposta de um filtro passa-bandas, identificando o passa-bandas, o para-bandas e o guarda-bandas.

uma *frequência corner* de umas poucas dezenas de hertz. Esse filtro aumenta as frequências, que são, em média, de amplitude mais baixa na fala. De fato, à medida que a fala erradia dos lábios, ela é atenuada por 6 dB por oitava, de modo que o pré-ênfase naquela taxa simplesmente rearmazena o sinal gerado de fato no trato vocal.

Um filtro *antialiasing* (pré-amostragem) é um filtro passa-baixas que atenua finamente as frequências acima da metade da taxa de amostragem. Como explicado no Capítulo 3, esse filtro é necessário para a gravação e análise digital, mas não para processos analógicos, como na gravação convencional por fitas.

Outro uso da filtragem é focar uma análise na extensão de frequências de interesse. Por exemplo, suponha que desejássemos estudar dois tipos de sons de [s], como os do coreano. Todas as amostras de [s] consistem primariamente de um som de alta frequência, e são baixos em amplitude comparado às vogais. Se simplesmente plotarmos uma forma de onda da pressão sonora com uma escala de amplitude larga o suficiente para as vogais, *todas* as amostras de [s] serão de baixa amplitude, e teremos dificuldade para discernir quaisquer diferenças. Entretanto, se primeiramente aplicarmos um filtro passa-altas, a amplitude dos sons de alta frequência como [s] serão relativamente maiores, e as diferenças entre eles serão mais fáceis de se ver. Outras análises, como espectrogramas, são também tipicamente mais reveladoras se a extensão de frequência de interesse for feita mais proeminente pela filtragem.

Outro uso para os filtros está no estudo da percepção. Por exemplo, suponhamos que trabalhemos para uma companhia telefônica, avaliando possíveis melhoras nos sistemas de transmissão. Esses sistemas agora transmitem uma largura de banda de apenas cerca de 300 a 3000 Hz; portanto, eles são filtro passa-bandas. Suponhamos que alguma melhora projetada para o sistema aumente essa largura de banda para 5000 Hz. Poderíamos realizar uma série de estudos perceptuais para determinar se o efeito na percepção das pessoas valeria o aumento dos custos.

Um quinto uso maior para os filtros no estudo da fala está nas análises espectrais e espectrográficas. Como notado anteriormente neste capítulo, um espectrógrafo quebra a fala em seus componentes de frequências através da filtragem, seja com filtros digitais ou analógicos. A largura de banda desses filtros faz uma diferença crucial para o espectrograma resultante. Alguns exemplos dessa diferença serão mostrados mais adiante neste capítulo.

Esses são apenas alguns exemplos de como filtros são usados no estudo da fala. Uma parte central da ciência da fala está relacionada com as frequências que constituem a fala, e sempre que se foca em um certa faixa de frequências, usam-se filtros. A filtragem é também uma parte essencial na produção da fala, como vimos no Capítulo 2.

Filtros Digitais *versus* Analógicos

Filtros podem ser construídos de duas formas: analógica e digital. Um filtro analógico é um circuito eletrônico, elaborado para responder a certa faixa de frequências — em resumo, é um ressoador. Este circuito é feito de resistores, capacitores e indutores. Através do ajuste dos valores desses componentes, podemos modificar a curva de resposta de nosso filtro, afetando a largura de banda, as frequências *corner* e ondulações (para exemplos, vide BAKEN, 1987, p. 21-6).

Um filtro digital, por outro lado, não contém esses componentes físicos; é uma regra, uma equação, aplicada a uma sequência de amostras de fala. O simples exemplo introduzido anteriormente neste capítulo foi o de diferenciação, para cada amostra, subtração de alguma proporção da amostra anterior:

$$y(n) = x(n) - ax(n\text{-}1),$$

onde x(n) é uma amostra do sinal original no tempo n,
y(n) é a amostra correspondente do sinal diferenciado,
a é um multiplicador constante, usualmente entre 0,9 e 1,0.

Em outras palavras, damos um passo para trás através de um sinal digitalizado, amostra por amostra, subtraindo de cada amostra alguma grande proporção de seu predecessor, de modo que as amostras resultantes representem principalmente as mudanças. Por que essa operação age como um filtro passa-altas? Basicamente, porque diferenças de amostra a amostra são variações de alta frequência, assumindo que a taxa de amostragem é alta. Essas variações são relativamente bem preservadas pela diferenciação, mas uma variação de baixa frequência é atenuada em cada passo. De fato, quando a = 0,9, a diferenciação resulta em uma curva de resposta perto de uma pré-ênfase de 6 dB por oitava.

Obviamente, há outros tipos de filtros digitais. De fato, qualquer função da frequência pode ser considerada um filtro. De interesse específico na ciência da fala são filtros baseados na codificação preditiva linear (LPC, na sigla em inglês), discutido a seguir. Os parâmetros da análise de LPC representam as frequências e larguras de banda dos formantes, para que se possa filtrar um sinal através da alteração desses parâmetros.

A Negociação Tempo/Frequência

Sejam analógicos ou digitais, os filtros compartilham uma propriedade crucial com todos os outros ressoadores, a saber, há uma negociação entre resolução de frequências e resolução temporal. Um aspecto dessa negociação é bastante óbvio: um filtro de banda larga irá "manchar" uma faixa de frequências através da resposta a qualquer frequência dentro de sua largura de banda. Como mostrado na Figura 3.22, um filtro com uma largura de banda de 300 Hz centrado em 450 Hz responderá eficientemente a qualquer frequência entre 300 e 600 Hz; ele fracassará em distinguir entre elas. Do outro lado, um filtro com uma largura de banda de 60 Hz (banda estreita), também centrado em 450 Hz, responderá eficientemente somente a frequências entre 420 e 480 Hz, dando-nos informações mais detalhadas sobre frequência.

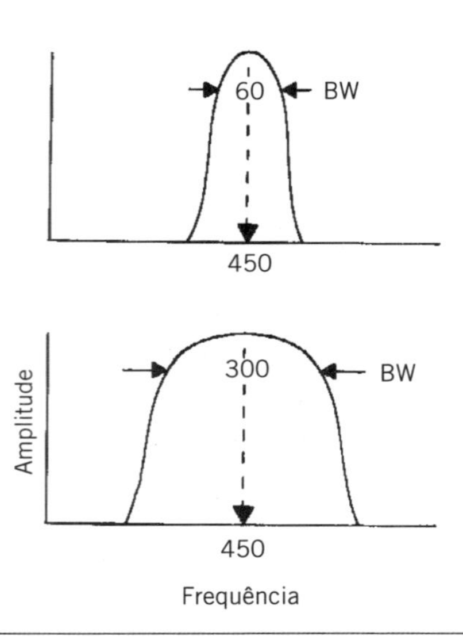

FIGURA 3.22 Curvas de resposta de filtros passa-bandas de banda larga (curva inferior) e estreita (curva superior).

O que é menos óbvio é que o reverso é verdadeiro para a resposta dos filtros ao longo do tempo. O filtro de banda larga responde *rapidamente* a sinais dentro de sua faixa de frequências, enquanto o filtro de banda estreita responde mais *vagarosamente*. É por isso que um espectrograma de banda estreita (ou seja, o produzido com filtros de banda estreita) fornece informação refinada da frequência, mas mancha informação ao longo do tempo, destruindo eventos breves, enquanto um espectrograma de banda larga mancha informação ao longo da frequência, mas exibe eventos breves mais claramente. A Figura 3.23 ilustra essa diferença para um segmento da vogal [i]. A análise de banda larga (parte superior da Figura 3.23), devido à sua resolução temporal, mostra as estrias verticais associadas com pulsos glotais, enquanto a análise de banda estreita (parte inferior da figura), devido à sua resolução de frequência, exibe os harmônicos da fonte laríngea. A negociação entre resolução de frequência e tempo é um exemplo do *princípio da indeterminância* na física. Aplicado à análise da fala, isso significa

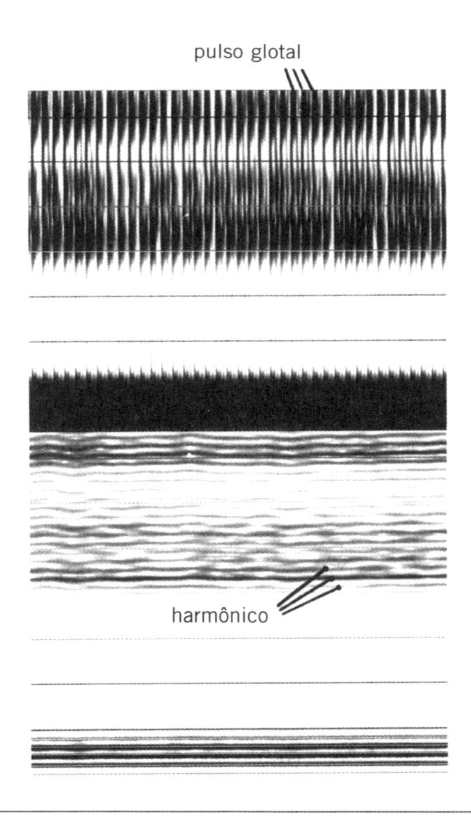

FIGURA 3.23 Análises de banda larga (topo) e estreita (fundo) da mesma amostra de fala (um segmento de uma vogal sustentada [i] como em *"he"*) para ilustrar diferenças em frequência e resolução temporal entre os dois filtros de análise. Note que a vibração das pregas vocais é analisada como pulsos glotais (estrias verticais) na análise de banda larga e como harmônicos (bandas horizontais finas) na análise de banda estreita.

que não podemos alcançar ambas, resolução de frequência precisa e resolução temporal precisa, na mesma análise (ao menos não com os métodos convencionais descritos neste capítulo). Devido ao fato de análise de banda estreita e larga serem complementares nesse respeito, pode ser desejável usar ambos os tipos para determinar as propriedades acústicas de uma amostra de fala específica. A Figura 3.24 mostra o uso de ambas as análises para o sintagma "*talk today*". Note que as estrias verticais associadas com os pulsos glotais e as explosões de ruído associadas com as consoantes *t* e *d* são bem definidas no tempo na análise de banda larga (parte superior da Figura 3.24). Entretanto, os harmônicos da fonte da voz são evidentes apenas na análise de banda estreita (parte inferior da figura).

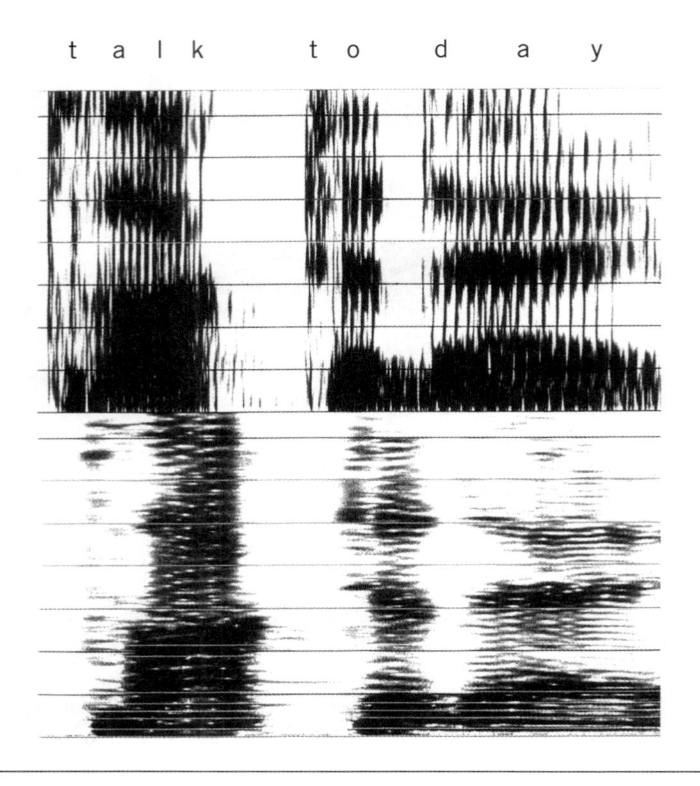

FIGURA 3.24 Análises de banda larga (topo) e estreita (embaixo) do enunciado "*talk today*". Note a diferença na resolução de tempo e de frequência entre os dois tipos de análise.

Em um filtro analógico a largura de banda está na faixa de frequências em que o circuito elaborado ressoa. Um filtro digital não ressoa literalmente. Como ele pode então ter uma largura de banda? Um filtro digital não pode filtrar uma amostra (um número), é claro; ele pode achar variação (isto é, frequências) apenas em uma série de amostras. A contraparte à largura de banda em um filtro digital é o número de amostras (frequentemente chamado "ponto") que o filtro toma como unidade de análise. Uma diferença pequena em frequência leva um longo tempo para se manifestar. Por exemplo, duas frequências que são diferentes apenas por 10 Hz levam 1/10 s (segundo) para diferir em um ciclo completo, mas diferenças de 100 Hz se apresentam dez vezes mais rápidas. Se nosso filtro opera em um longo intervalo (muitas amostras), ele pode detectar pequenas diferenças em frequência, mas sua resposta mudará apenas depois daquele intervalo — resposta devagar no tempo. Em outras palavras, temos exatamente a mesma negociação entre a resolução temporal e de frequência na filtragem digital que tínhamos com os filtros *físicos*. De qualquer forma, se quisermos responder a pequenas diferenças em frequência, temos de operar em longos intervalos de tempo, ou se quisermos trabalhar com intervalos curtos de tempo, poderemos ver apenas diferenças grandes em frequência. Nem os ressoadores, nem as equações podem ser altamente seletivos em ambos, tempo e frequência, pois tempo e frequência são inversamente relacionados.

Sempre que filtramos um sinal, perdemos alguma informação sobre mudanças ao longo do tempo. De fato, esse efeito pode ser quantificado: a *constante temporal* de um filtro (analógico ou digital) é o tempo requerido para sua resposta cair em cerca de 37% de seu valor de pico. Mais precisamente, a proporção é 1/e, em que e é a base dos logaritmos naturais. É a resposta do filtro a seu *polo* mais alto, sua maior frequência de ressonância, que é medida. Alguns programas computacionais permitem que construamos filtros que suportam várias especificações; a constante temporal é uma dessas variáveis, junto com as frequências *corner* e largura de banda. Às vezes a constante temporal para um filtro digital é colocada em termos de número de amostras. Por exemplo, uma constante temporal de 100 amostras em uma taxa de amostragem de 10 kHz significa que a resposta cai para 1/e em 10 ms. Esse filtro distorcerá as mudanças mais rápidas da fala, como as explosões das oclusivas e as transições de vogais.

Embora os filtros possuam muitas aplicações práticas no estudo da fala, talvez sua maior importância seja como modelos do trato vocal, pois, como vimos no Capítulo 2, o trato vocal é um filtro complexo em constante mudança. Com a excitação das pregas vocais vibrando, ele pode ser descrito como um conjunto de ressoadores, cada um com uma frequência central e uma largura de banda. Essa visão da fala permitiu à ciência da fala aplicar as propriedades conhecidas dos filtros à análise da produção da fala.

Tipos de Filtros

Há alguns tipos clássicos de filtros que ilustram as negociações que um desenvolvedor de filtros deve fazer. Esses tipos eram originalmente filtros analógicos, mas podem ser imitados pelos filtros digitais.

- *Filtro Butterworth*: maximamente plano, isto é, ondulação mínima em cada passa-bandas ou para-bandas. A negociação são transições graduais entre as para-bandas e as passa-bandas.
- *Filtro Chebychev*: transições mais suaves do que no Butterworth, mas com ondulação no passa-bandas.
- *Filtro Chebychev II*: o oposto, ondulação no para-bandas, mas plano no passa-bandas.
- *Filtro elíptico*: ondulação tanto no passa-bandas quanto no para-bandas, mas transições mais suaves entre as bandas (saias íngremes).

Como essas descrições ilustram, em acréscimo à negociação entre resolução de frequência e temporal, há uma negociação entre transições suaves e onduladas. A escolha depende da aplicação. Por exemplo, transições suaves não são desejadas na pré-ênfase, mas elas são essenciais no *antialiasing*; quaisquer componentes de frequência acima da metade da taxa de amostragem adicionará distorção a um sinal digitalizado.

ANÁLISE ESPECTRAL

A discussão até esse ponto cobre os procedimentos pelos quais um sinal é armazenado em um computador digital e visualizado como uma forma de onda para o propósito de se fazer medidas temporais e de amplitude. Agora nos voltaremos para algumas das mais importantes aplicações na análise acústica-análise espectral. Para esse propósito, é necessário selecionar uma parte da forma de onda (ou mais precisamente uma sequência de valores digitais que representam a forma de onda). Esse intervalo selecionado é chamado de moldura e é ilustrado na Figura 3.25. A duração do intervalo selecionado para análise é chamado de largura da moldura e é tipicamente da ordem de 20-30 ms (grande o suficiente para incluir dois ou três períodos glotais), mas valores mais longos ou curtos podem ser apropriados para certos propósitos de análise. A análise de uma amostra de fala de qualquer largura requer o uso de várias molduras sucessivas (a moldura "anda" ao longo da forma de onda, de modo que um intervalo constante é selecionado para análise em várias regiões do sinal). O intervalo da moldura define o grau de sobreposição entre molduras sucessivas. Se a sobreposição é grande demais, então a análise poderia perder mudanças rápidas no sinal. A energia em uma moldura é pesada de acordo com a janela. A janela é uma função de peso que minimiza a amplitude do sinal nas quinas da janela. A moldura e a janela de análise definem uma porção do sinal que será analisado com uma transformada de curto termo de algum tipo.

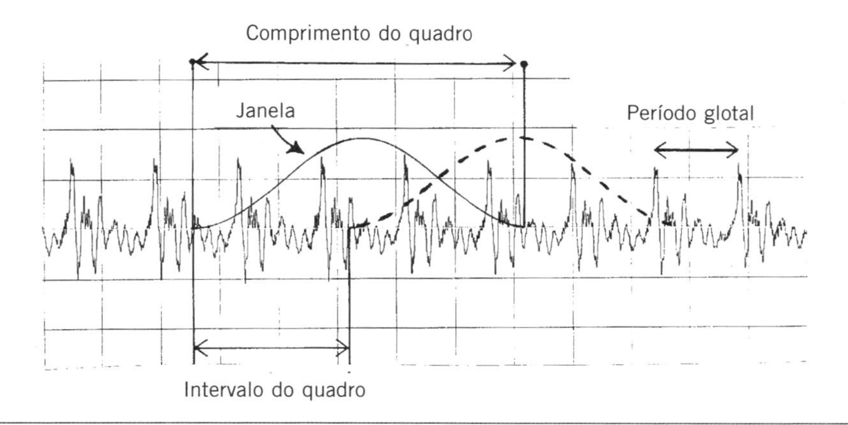

FIGURA 3.25 Ilustração da análise de curto termo de uma forma de onda da fala, mostrando o comprimento da moldura, a janela da moldura e o formato da janela. A análise é realizada na porção da forma de onda contida na moldura. Esse intervalo é moldado por uma janela ou uma função de peso. As molduras de análise são repetidas em pontos determinados pelo intervalo da moldura. Para muitas análises de curto termo, é desejável incluir, no mínimo, dois períodos glotais na moldura de análise.

Todo o processo, começando com o sinal original e prosseguindo com filtragem, conversão A/D, seleção da moldura, janelamento e aplicação de uma transformada de curto tempo, é mostrado na Figura 3.26. As transformadas de curto tempo incluem vários tipos de análise espectral bem como outras funções como autocorrelação. Todas elas operam no sinal contido na moldura de análise. Agora discutiremos essas análises de curto termo.

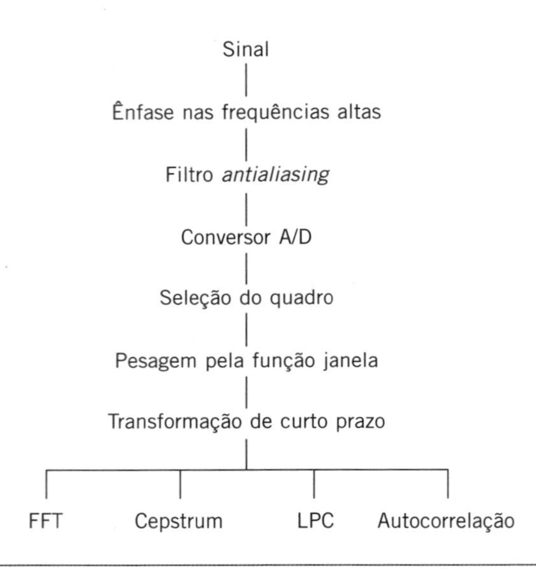

FIGURA 3.26 Diagrama dos passos principais na análise de curto termo digital, começando com a operação da conversão analógico-digital e prosseguindo através de seleção da moldura, janelamento e cálculo de uma transformada de curto termo específica, quatro das quais são discutidas neste capítulo.

ANÁLISE DE FOURIER

A análise de Fourier toma seu nome do matemático Jean-Baptiste Joseph Fourier, que foi transformado em barão por Napoleão em 1808 por seu serviço no governo, não pela sua matemática. Fourier mostrou que formas de onda periódicas, não importa quão complexas, podem ser analisadas como a soma de uma série infinita de componentes senoidais, variando em amplitude e fase. Cada componente é um múltiplo inteiro da fundamental. Essa prova é essencial à ciência da fala, porque frequentemente lidamos com formas de onda periódicas complexas, cujas frequências componentes mais fortes são as ressonâncias do trato vocal e são essenciais à produção e ao reconhecimento. Assim, a análise de Fourier pode nos dizer muito sobre os sons da fala. Essencialmente, ela transforma uma amplitude periódica em função da forma de onda temporal em forma de onda de frequência, conhecida como espectro, um gráfico da amplitude dos vários componentes de frequência.

Entretanto, como é comum na aplicação de matemática ao mundo físico, há alguns "furos". Primeiramente, o teorema de Fourier aplica-se a ondas periódicas, enquanto os sons da fala são apenas quase periódicos, como vimos. Por exemplo, qualquer som que acaba com o tempo não é verdadeiramente periódico. Em segundo lugar, Fourier estava falando sobre formas de onda contínuas, enquanto na análise digital estamos lidando com amostras discretas dessa forma de onda. Em terceiro lugar, levar a cabo a análise de Fourier como desenvolvida por ele é computacionalmente difícil, mesmo utilizando um número finito de componentes. Entretanto, há algumas soluções para todos esses problemas. Podemos adaptar a análise de Fourier para forma de onda quase periódica através do janelamento (gradualmente aumentando e diminuindo a amplitude do sinal, em vez de subi-la e baixá-la abruptamente). Há *transformadas discretas de Fourier* (DFT, na sigla em inglês) que se aplicam a dados amostrados. Um tipo de DFT é uma *transformada rápida de Fourier* (FFT, na sigla em inglês), que computadores de mesa podem realizar rapidamente.

Até mesmo antes das melhorias computacionais, o teorema de Fourier foi essencial, porque garantiu que uma forma de onda complexa *tivesse* frequências componentes que um banco de filtros, por exemplo, pudesse encontrar. Como vimos anteriormente, essa foi de fato a forma que a análise tomava nos dispositivos analógicos. Agora a análise digital consiste de uma FFT de amostras de uma forma de onda. Ela resulta em um espectro mostrando a amplitude de cada harmônico da fundamental. (Teoreticamente, ela deveria indicar a fase relativa de cada componente também, mas fase não é tão importante quanto frequência e amplitude para especificar sons da fala.)

A Figura 3.27 mostra esse espectro para uma parte da vogal [i] em "*we*". O eixo horizontal é a frequência, de 0 a 5000 Hz (o corte do filtro). O eixo vertical é a amplitude, de uma referência de 0 dB no topo para –80 dB no fundo. Cada pico no gráfico é um harmônico (múltiplo inteiro) da fundamental. O cursor (linha vertical) aponta para o décimo terceiro harmônico, que é um máximo local, pois está perto de uma frequência de ressonância do trato vocal articulando essa vogal: o segundo formante. Como o painel lateral indica, a frequência desse harmônico é 2051 Hz e sua amplitude é 44 dB abaixo do nível de referência. O primeiro formante está perto do segundo harmônico, em aproximadamente 300 Hz. Essa grande separação entre o primeiro e o segundo formantes é uma característica distintiva da vogal /i/. A análise de Fourier torna possível identificar essas propriedades essenciais dos sons da fala.

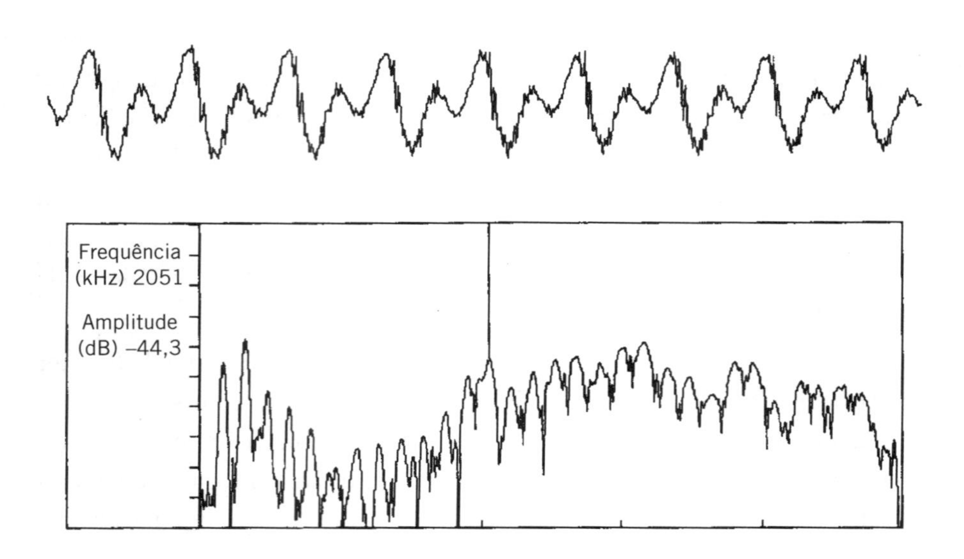

FIGURA 3.27 Forma de onda da fala e espectro de Fourier para [i]. O cursor no espectro aponta para o 13° harmônico, que está perto do pico de F2.

PREDIÇÃO LINEAR

A análise de Fourier é básica para o estudo da fala, mas não é a única forma de determinar um espectro, nem a melhor para todos os propósitos. Um método de análise desenvolvido mais recentemente é a *predição linear*, *codificação preditiva linear* ou *código preditivo linear* (LPC, na sigla em inglês) (Atal & Hanauer, 1971; Atal & Schroeder, 1970). O LPC vem de duas fontes: o ramo da estatística conhecido como análise de séries temporais, que tem como finalidade identificar regularidades nos dados variantes no tempo, e o ramo da engenharia preocupado com a transmissão de sinais. A análise de séries temporais não se aplica apenas à fala, mas também a taxas de nascimento, eletroencefalogramas, pontos de sol, preços da bolsa de valores — qualquer fluxo de dados em função do tempo.

Um problema clássico na transmissão de sinais é que a capacidade de qualquer canal é limitada. Os canais de telefone intercontinentais via satélite, por exemplo, são caros, e, por isso, os engenheiros tentam descobrir meios de comprimir os sinais. Uma forma é o código preditivo linear. O LPC é construído do fato que qualquer amostra na fala digitalizada é parcialmente previsível de seus predecessores imediatos; a fala não varia enormemente de amostra a amostra. A predição linear é apenas a hipótese de que qualquer amostra é uma função *linear* daquelas que a precedem. Expressa por uma equação, essa hipótese é:

$$x(n) = a_1[x(n-1)] + a_2[x(n-2)] + \ldots - e(n),$$

que significa: a amostra no tempo $n[x(n)]$ é igual à amostra precedente $[x(n-1)]$, vezes algum peso $[a_1]$, mais a amostra antes daquela, vezes algum peso, mais outras amostras com pesos, menos algum erro $[e(n)]$. Sendo essa predição precisa, pode-se transmitir não as amostras individuais, mas os pesos e erros. Parece que complicamos nossa transmissão e não o contrário; a simplificação é que os pesos não mudam tão rapidamente quanto as amostras em si. Ou seja, se amostramos um sinal 10000 vezes por segundo, temos uma nova amostra a cada 100 μs. Mas enquanto o sinal permanece em um padrão (ex.: uma vogal em estado estacionário), os pesos do LPC tendem a permanecer os mesmos. Assim, eles precisam ser atualizados apenas a cada

10 ou 20 ms a fim de transmitir uma fala inteligível, uma economia de cerca de um cem avos (*one-hundredfold*). Obviamente, a predição não é completamente precisa, de modo que a fala transmitida não é perfeita. Uma variável é o número de amostras precedentes incluídas na predição, usualmente da ordem de 10 ou 20 para a análise da fala.

Como discutido até aqui, a codificação preditiva linear é um modelo da sequência de amostras que constituem um sinal, uma representação do sinal ao longo do *tempo*. Entretanto, um conjunto de coeficientes de predição linear possui uma igualmente válida interpretação em termos de *frequência*. É a resposta de frequência de um filtro digital daqueles coeficientes (a derivação está além do escopo deste livro; para uma visão geral, vide MAKHOUL, 1975). Em sua interpretação de frequência, os termos com peso na equação representam as frequências e amplitudes das ressonâncias do trato vocal, e o termo de erro, conhecido como *resíduo*, representa aquilo que fica sem ser explicado. Se o modelo das ressonâncias é bom, o que sobra é apenas a entrada: a excitação do trato vocal pelo sinal na glote. Assim, o modelo de LPC como um todo representa exatamente o que queremos saber.

A análise preditiva linear, como uma transformada de Fourier, relaciona uma representação de tempo para uma de frequência. Uma diferença crucial é que um espectro de Fourier representa harmônicos da fundamental, enquanto um espectro de LPC representa as frequências e amplitudes dos formantes (ressonâncias). Qual é melhor depende parcialmente dos propósitos. No espectro de Fourier, as frequências dos formantes podem apenas ser inferidas das frequências dos harmônicos de amplitude alta, um problema que se torna complicado para uma fala com uma frequência fundamental alta. Monsen e Engebretson (1983) compararam a análise LPC com medidas espectrográficas, usando leitores experientes de espectrogramas. Para amostras com f_0 entre 100 e 300 Hz, esses leitores puderam medir a frequência central de F1 e F2 em cerca de ± 60 Hz; as medidas espectrográficas foram menos precisas para F3. Ambos os métodos foram muito menos precisos quando a frequência fundamental excedia 350 Hz. A escolha depende também da amostra; a análise de Fourier assume que há uma estrutura harmônica (periódica); a análise de LPC não. Entretanto, a análise de LPC faz suposições próprias: a maioria das análises de LPC hoje são modelos de ressonância apenas, não antirressonâncias. Entretanto, o trato vocal introduz antirressonâncias sim, especialmente na produção de sons da fala nasais e laterais. Por essa razão, a análise preditiva linear (no mínimo, um modelo "todos os polos") não é uma boa escolha para analisar esses sons.

Para sons que se encaixam em ambos os modelos, gostaríamos de ver ambas as representações do espectro. A Figura 3.28 mostra um espectro preditivo linear sobreposto no espectro de Fourier da Figura 3.27 (mesma vogal, mesmos eixos). O espectro de LPC não mostra harmônicos; é um *envelope do espectro*. Note que em geral ele encaixa os picos do espectro de Fourier também. Nesse caso, as duas análises resultam em espectros altamente similares, parcialmente porque a fala para análise se encaixa em ambos os modelos: é vozeado (periódico) e não nasalizado. Entretanto, note também que da análise de Fourier sozinha, poderíamos ter dificuldade em inferir a frequência precisa de F2, medida como 2012 Hz no espectro de LPC. Do espectro de Fourier, um especialista pode inferir que o F2 está centrado entre o 12º e o 13º harmônicos, mas é difícil interpolar exatamente onde. No espectro de Fourier, f_0 é a diferença em frequência entre dois harmônicos. No espectro de LPC, não há indicação da frequência fundamental,

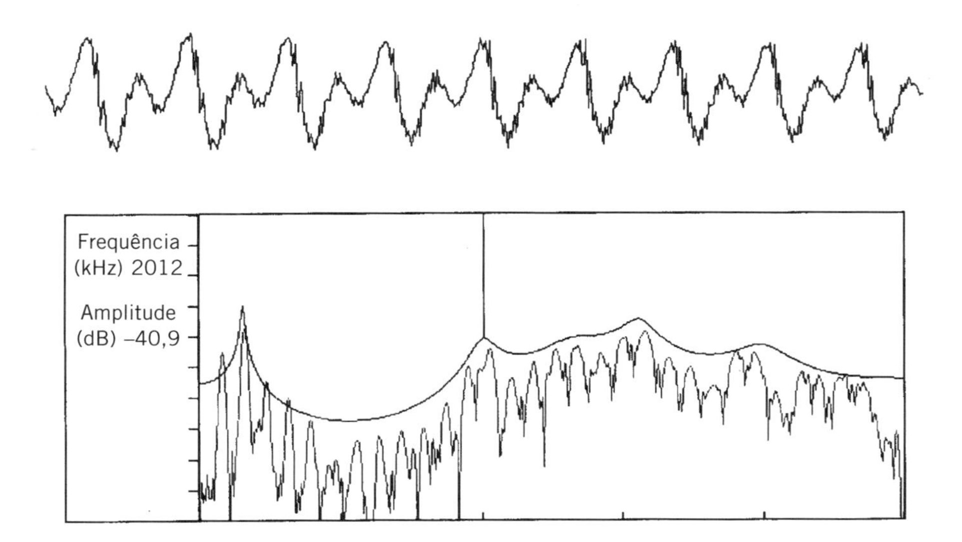

FIGURA 3.28 A mesma forma de onda da Figura 3.27, mas com um espectro de LPC sobreposto ao espectro de Fourier. O cursor aponta para o pico de F2.

embora a f_0 possa ser derivada da análise de LPC porque a fonte glotal deve ser o principal componente do termo de erro. (Embora seja incomum assim o fazer, os harmônicos podem ser vistos em um espectro de LPC se o número dos coeficientes dele for aumentado substancialmente; isso é uma ilustração do princípio de que a sensibilidade da análise de LPC a variações temporais depende do número de coeficientes.)

ESPECTRÓGRAFOS EM TEMPO REAL

Os espectrógrafos agora no mercado trazem Fourier com outras análises e exibem espectrogramas em tempo real. "Tempo real" significa simplesmente a duração do sinal em si; uma análise em tempo real é a conduzida à medida que o sinal chega, sem atrasos (permita-nos uma licença para propaganda, entretanto). Nesta seção usaremos o Kay DSP 5500 Sona-Graph™ como exemplo (para os que gostam de detalhes técnicos, o Kay usa realmente três microprocessadores: um para gerenciar a exibição e responder a comandos do usuário e dois que são especialmente desenvolvidos para analisar sinais como a fala).

Do ponto de vista do usuário, talvez a principal vantagem dos espectrógrafos atuais seja o fato de a análise ser sempre exibida primeiramente em um monitor, como o de um computador. O usuário então escolhe se quer ou não imprimir essa exibição. Anteriormente, a impressora era a única exibição, de modo que um usuário tinha de esperar um minuto ou dois para cada análise ser impressa — mesmo se resultasse em uma análise ruim. A exibição do monitor nos poupa uma grande quantidade de tempo e dinheiro. Outra diferença é a grande flexibilidade em selecionar análises e exibições. Escolhe-se de menus ou tipos de análises, extensões de frequências, escalas temporais, larguras de banda efetivas e outros parâmetros. A maioria dessas escolhas não é nova. Anteriormente, podia-se selecionar uma extensão de frequências e imprimir uma forma de onda ou contorno de amplitude sobre um espectrograma, por exemplo; mas a gama de combinações possíveis agora é muito maior. Uma terceira grande diferença está nas medidas. Mede-se tempo ou frequência através da movimentação de cursores na tela, que é mais fácil, mais rápido e mais preciso do que medir um espectrograma impresso. Imprimem-se espectrogramas para documentação de trabalhos, não para se fazer medidas. Em suma, as principais vantagens estão no modo como se interage com o dispositivo, não na natureza da análise em si.

As Figuras 3.29 e 3.30 mostram uma das muitas combinações possíveis: a Figura 3.29 é a documentação e a Figura 3.30 a exibição gráfica. Na Figura 3.30, o espectrograma tem as três tradicionais dimensões; ele representa o enunciado "*We show speech*" (não é o mesmo enunciado das figuras anteriores). Acima do espectrograma está um espectro de energia (esquerda) e uma forma de onda (direita) para o intervalo demarcado pelos cursores verticais no espectrograma, isto é, a parte em estado estacionário de [i] em "*we*". Os cursores de frequência no espectro marcam o primeiro e segundo formantes dessa vogal, em 260 Hz e 1980 Hz (somente o cursor de mais baixa frequência aparece no espectrograma). Podemos responder várias questões através dessas duas exibições:

- *Quanto dura a parte da vogal entre os dois cursores de tempo?*

  117 ms. No texto, debaixo das leituras do cursor, veja ^T, a diferença entre os dois cursores do tempo.

- *Quantos períodos há naquela parte da vogal?*

  Cerca de 15. No espectrograma, conte as estrias verticais entre os dois cursores do tempo.

- *Quais transições formânticas precedem a vogal?*

  No espectrograma, trace F2, por exemplo, na vogal de *show*, entre as duas fricativas.

- *Qual a largura de banda efetiva da análise?*

  300 Hz no espectrograma (banda larga) e 29 Hz no espectro (banda estreita). No texto, sob "*Analysis Settings*" (configurações de análise), veja "*Transform size*" (tamanho da transformada).

- *As altas frequências foram estimuladas antes da análise?*

  Sim para o espectrograma; não para o espectro. No texto, sob "*Input Settings*" (configurações de entrada), veja "*Input Shaping*" (formato da entrada).

- *Qual janela de análise foi aplicada à amostra?*

  Uma janela "*Hamming*", com começo e fim especificamente gradual. No texto, sob "*Analysis Settings*" (configurações de análise), veja "*Analysis Window*" (janela de análise).

- *Em qual taxa foi amostrada a fala?*

  Não respondido na exibição. Com este espectrograma, a taxa de amostragem efetiva é sempre 2,56 vezes a mais alta frequência exibida (8 kHz), então foi 28,48 kHz.

KAY ELEMETRICS CORP. MODEL 5500
ESTAÇÃO DE TRABALHO PARA ANÁLISE DO SINAL

LABORATÓRIO DE FONÉTICA DA UW
Data: 22 de janeiro de 1989 Hora: 14:17:29
Análises por:

CONFIGURAÇÕES DE ENTRADA	Canal 1	Canal 2
Fonte	CONECTORES ESQUERDOS	CONECTORES ESQUERDOS
Extensão de frequência	DC — 8 kHz	DC — 8 kHz
Formato de entrada	FORMATO-ALTO	PLANO
Tamanho do buffer	4,0 SEGUNDOS	4,0 SEGUNDOS
CONFIGURAÇÕES DE ANÁLISE	Tela Inferior	Tela Superior
Sinal analisado	CANAL 1	CANAL 2
Formato de análise	ESPECTROGRÁFICA	POTÊNCIA NOS CURSORES
Eixo do tempo	100 pontos (300 Hz)	1024 pontos (29 Hz)
Eixo da frequência	50 ms (1 s)	12,5 ms (250 Ms)
Janela de análise	ESCALA PLENA	HAMMING
Configuração média	SEM MÉDIA	SEM MÉDIA
CONFIGURAÇÕES DE EXIBIÇÃO	Tela inferior	Tela superior
Divisões de tempo	,05000 s	,01250 s
Divisões de frequência	500,0 Hz	500,0 Hz
Extensão dinâmica	42 dB	72 dB
Atenuação da análise	20 dB	0 dB
Configuração das opções em:	#00	
LEITURAS DO CURSOR:		
FC1: 260,0 Hz	,FC2: 1980 Hz	,ˆF: 1720 Hz
FC1: –33 dB	,FC2: –49 dB	,ˆF: 16 dB
ˆR1: 2,728 s	ˆR2: 2,845 s	
ˆT: 0,1172 s		
PITCH TC1: Hz	TC2: Hz	
AMPLITUDE TC1: dB	TC2: dB	
OBJETO DE ESTUDO		

"*We show spee(ch)*"

FIGURA 3.29 A impressão textual que acompanha a Figura 3.30. Ambas foram produzidas pelo espectrógrafo digital, modelo 5500, da Kay Elemetrics.

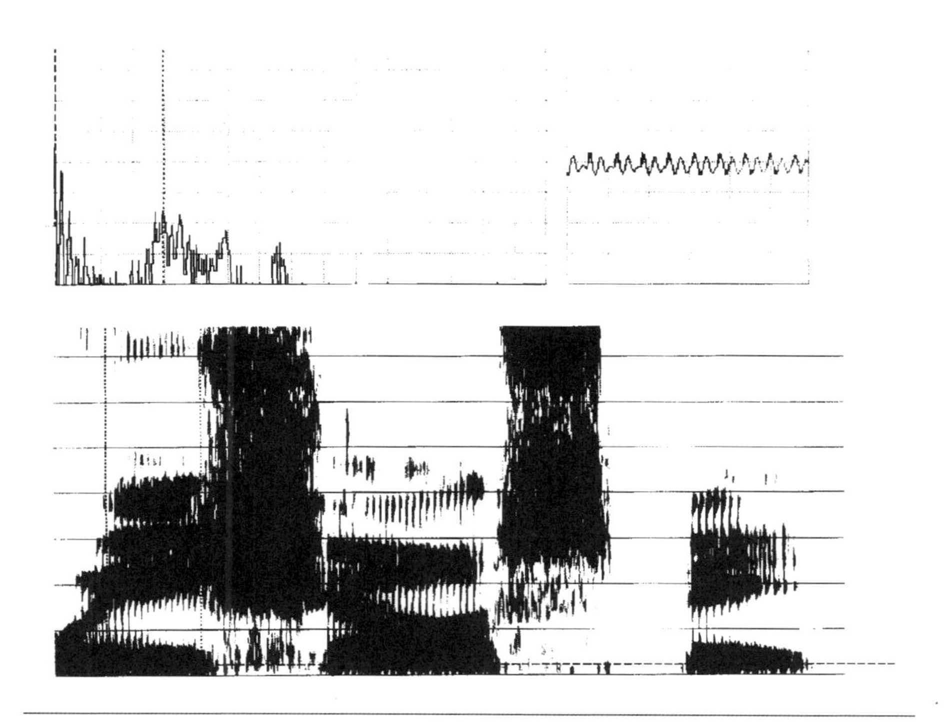

FIGURA 3.30 Espectrograma de "*We show speech*", produzido por um adulto masculino. As duas janelas acima do espectrograma mostram um espectro de Fourier da vogal de "*we*" e a forma de onda no começo dessa vogal.

Para muitos propósitos, um espectrograma de banda larga e um espectro de banda estreita, como na Figura 3.30, é uma boa combinação. Afinal de contas, o valor especial de um espectrograma é mostrar as mudanças dinâmicas na fala ao longo do tempo, de modo que a resolução temporal é frequentemente importante. Entretanto, pode-se facilmente selecionar outras combinações em um espectrógrafo digital. Pela versatilidade, velocidade e convergência de informação, parece difícil bater os espectrógrafos digitais de hoje. Alguns oferecem análise de Fourier e de LPC, com a habilidade de alterar os parâmetros de LPC e ressintetizar os enunciados, bem como passar dados para e de computadores. A pesquisa básica na fala desenvolverá até mesmo melhores modelos de análise.

Discutimos agora duas transformadas comuns de curto termo, o FFT e o LPC. Elas são úteis para propósitos gerais de análise, como estimar a estrutura formântica de um som. Duas transformadas de curto termo adicionais, *cepstro* e *autocorrelação*, são usadas tipicamente para extrair a frequência fundamental e serão discutidas na próxima seção, juntamente com outros meios de se determinar a frequência fundamental da voz.

DETERMINANDO A FREQUÊNCIA FUNDAMENTAL

Um dos principais objetivos da análise da fala é determinar f_0, que ouvintes geralmente percebem como tom. Uma seção anterior deste capítulo tocou no problema de extrair f_0. Notou-se que não há meios perfeitos de se fazer essa medida. Pode ser surpreendente, mas a estimação de f_0 não é de forma alguma uma questão simples, especialmente quando o objeto é fazer a estimativa para diferentes falantes e diferentes amostras de fala. Uma variedade de procedimentos foi introduzida (Hess, 1982, 1992), e o que segue é apenas uma amostra das possibilidades.

Manualmente e Visualmente

Devido ao fato de f_0 ser o recíproco do período fundamental, um modo de estimar f_0 é através de sucessivos períodos fundamentais. Em uma exibição da forma de onda da pressão sonora, como na Figura 3.17, pode-se medir a duração de períodos e assim determinar f_0, seja período a período ou como uma média ao longo do tempo. Esse método pode ser bastante preciso, mas é lento e, mais importante, não é precisamente confiável (repetível). Devido ao fato de ele depender da colocação de cursores em torno de padrões percebidos, dois pesquisadores podem obter resultados diferentes dos mesmos dados. Filtrar altas frequências pode tornar os períodos fundamentais mais fáceis para identificar, mas os problemas básicos de velocidade e confiabilidade continuam.

De forma semelhante, pode-se medir a frequência da fundamental em um espectro de Fourier ou em um espectrograma com métodos discutidos a seguir. Eles são as contrapartes no domínio da frequência da medição manual da duração e podem sofrer dos mesmos defeitos, somado ao fato da resolução pobre em alguns casos. Os pesquisadores têm desenvolvido muitos dispositivos e programas para rastrear automaticamente a frequência fundamental, procurando uma que seja rápida, precisa e confiável. Até agora, nenhum método possui todas essas três virtudes, especialmente entre amostras de fala variadas.

Métodos Espectrográficos

Um espectrograma exibe os componentes de frequência da fala ao longo do tempo e um desses componentes é a frequência fundamental. Exibir a f_0 em um espectrograma retorna a antigas publicações sobre o espectrógrafo (Koenig, Dunn & Lacy, 1946). Entretanto, a fundamental é mostrada bem diferentemente nos espectrogramas de banda larga e estreita. Consideremos novamente o espectrograma de banda larga da Figura 3.30, especialmente a vogal [i] de "*we*" entre os cursores. Esperaríamos encontrar a frequência fundamental exibida como um formante: como uma linha horizontal escura mas em uma frequência baixa, e de fato há uma linha escura na parte inferior do espectrograma desta vogal. Entretanto, o filtro digital que produziu este espectrograma tinha uma largura de banda de 300 Hz, isto é, ele ressoava à excitação sobre aquela faixa de frequência. Nesse caso, aquele filtro respondeu ao mesmo tempo tanto à fundamental quanto ao seu segundo harmônico; eles foram manchados juntos. Pior ainda, esta vogal tem um primeiro formante baixo (F1), que também afeta esta largura de banda mais baixa de 300 Hz. Assim, a barra escura na parte inferior do espectrograma inclui essas três fontes de som; não podemos identificar f_0 lá.

Entretanto, a fundamental *está* refletida nos segmentos vozeados da Figura 3.30; note as barras verticais nas três vogais de "*We show speech*". Devido ao fato de partes escuras em um espectrograma representarem a amplitude do espectro, uma estria escura vertical representa um momento de relativamente grande amplitude entre uma gama de frequências. De fato, cada uma dessas estrias representa a ressonância do ar no trato vocal em resposta a um pulso glotal (a ressonância de fato começa em cada fechamento da glote). Essas estrias gradualmente se afastam na vogal de "*speech*" indicando um tom em queda no final desse enunciado. Na vogal de "*we*" há quinze estrias entre os cursores: quinze pulsos glotais. O tempo entre os cursores (^T na Figura 3.29) é 0,117 segundo. O número de pulsos dividido pelo tempo em segundos resulta no número de pulsos por segundo. Neste caso 15/0,117 = 128 Hz, o tom médio durante esta vogal.

Esse método de determinar a frequência fundamental possui os mesmos problemas de velocidade e confiabilidade como medir períodos glotais no domínio temporal. É somente tão preciso quanto nossa habilidade em contar as barras verticais e colocar os cursores em seus cantos, as fronteiras dos períodos glotais. Nesse caso, poderíamos chegar a maior precisão através da expansão da escala temporal, separando as estrias depois. Podemos obter melhor uma média de f_0 ao longo do tempo, espalhando o erro de medição sobre vários períodos. Felizmente, uma média é frequentemente apenas o que queremos.

Espectrogramas de Banda Estreita

Não podemos ver a fundamental diretamente na Figura 3.30 porque o filtro analisador possui uma largura de banda grande demais. Então estreitemos a largura de banda. A Figura 3.31 mostra dois espectrogramas de "*yes*" falado com uma entonação subida-descida. A parte superior é um espectrograma de *banda estreita*. Tendo-se separado cada espaço de 59 Hz, podemos ver agora a fundamental e seus harmônicos como linhas horizontais igualmente espaçadas dentro dos formantes mais amplos. O padrão subida-descida é especialmente claro com os harmônicos de frequência média. Um espectrograma de banda estreita é particularmente bom para ver um padrão de mudança de tom ao longo do tempo.

Podemos quantificar f_0 dessa exibição através da medição da frequência da fundamental ou de um de seus harmônicos, cada um deles um múltiplo

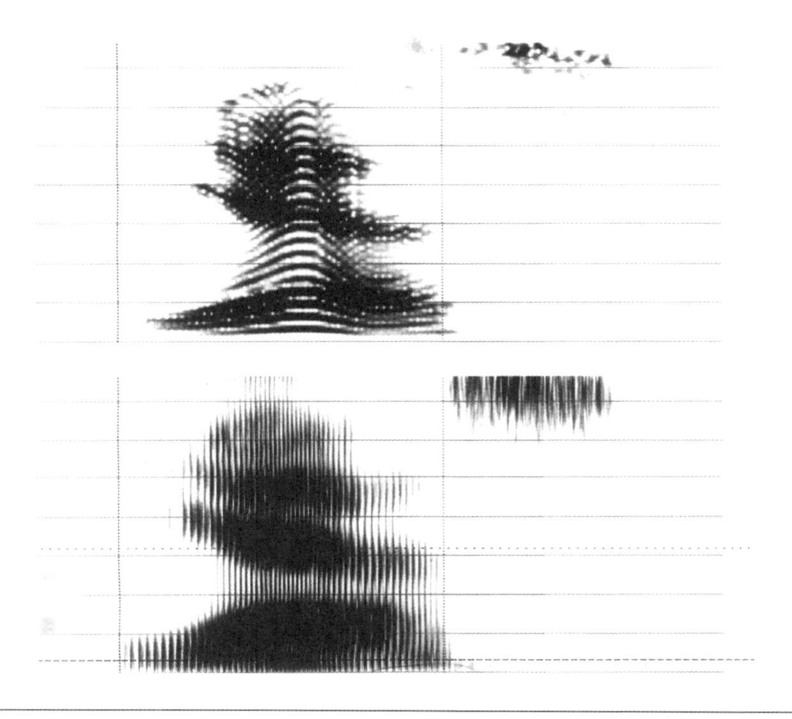

FIGURA 3.31 Um espectrograma de banda larga (inferior) e de banda estreita de "*yes*", falado com uma entonação subida-descida. As larguras de banda de análise são 300 Hz e 59 Hz, respectivamente.

inteiro da fundamental. Se possível, escolhemos um dos harmônicos, como o décimo. Na Figura 3.31, a barra mais inferior é a fundamental com um pico em 160 Hz, e seu décimo harmônico tem um pico em 1600 Hz, logo acima da quarta linha horizontal da grelha (1500 Hz). Medimos sua frequência (através da movimentação de um cursor horizontal) e dividimos por 10 para obter f_0. Nossos erros de medição são também divididos por dez, então eles serão um décimo maiores do que se tivéssemos medido f_0 em si. Sendo múltiplos da fundamental, os harmônicos mudam muito rapidamente: H10 muda 10 vezes mais do que f_0 no mesmo período de tempo. Se olharmos apenas os harmônicos, mudanças no tom aparecem mais dramáticas do que elas realmente são, mas depois de dividirmos, as medidas são corretas.

Para medir f_0 ou um de seus harmônicos baixos, as frequências mais altas são irrelevantes. Pode-se mudar a escala de frequência exibida em um espectrógrafo, a fim de "dar um *zoom*" nas frequências relevantes mais baixas. A Figura 3.32 mostra a mesma palavra e o mesmo padrão entonacional como na Figura 3.31, mas limitados para 0-250 Hz e, até mesmo, com uma análise de largura de banda mais estreita. Com a fundamental (e partes do segundo harmônico) preenchendo a tela, podemos tanto visualizar quanto medir a mudança mais precisamente.

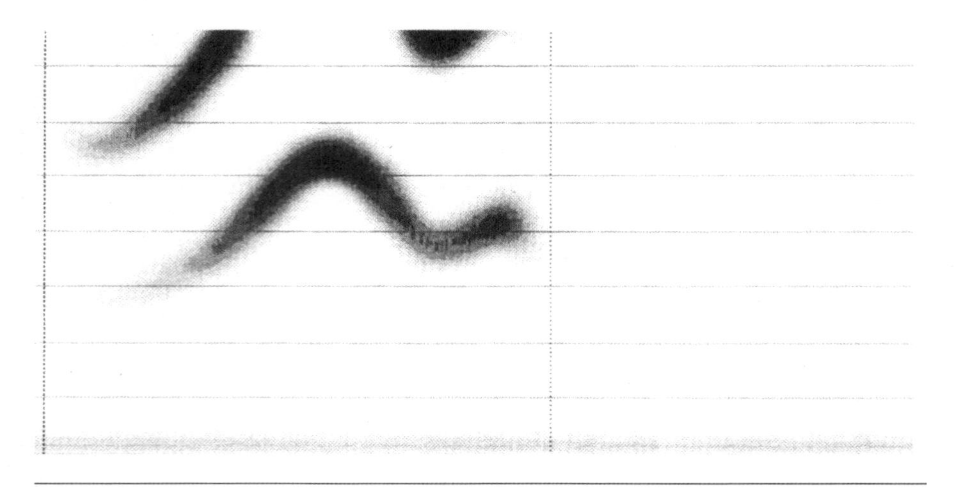

FIGURA 3.32 Um espectrograma de banda estreita do mesmo contorno entonacional mostrado na Figura 3.31, mas para a região de frequências de 0 a 250 Hz apenas. O resultado mostra o contorno de f_0 e partes do segundo harmônico.

O espectrógrafo digital em que essas figuras foram criadas também tem um programa para computar e plotar a frequência fundamental. Na Figura 3.33 um espectrograma de banda larga de "*yes*" está na metade inferior, enquanto uma forma de onda da pressão do som está centrada na metade superior. Sob a forma de onda estão três linhas entre seções. A linha pontilhada que está mais baixa durante a vogal, mas sobe durante a fricativa, é uma contagem de cruzamentos com zero (o número de vezes que a forma de onda cruza o ponto zero). A linha pontilhada que cai quase a zero durante a fricativa é a amplitude. A linha pontilhada que aparece apenas durante a parte com maior volume na vogal (subir, cair e finalmente subir um pouco) é a frequência fundamental.

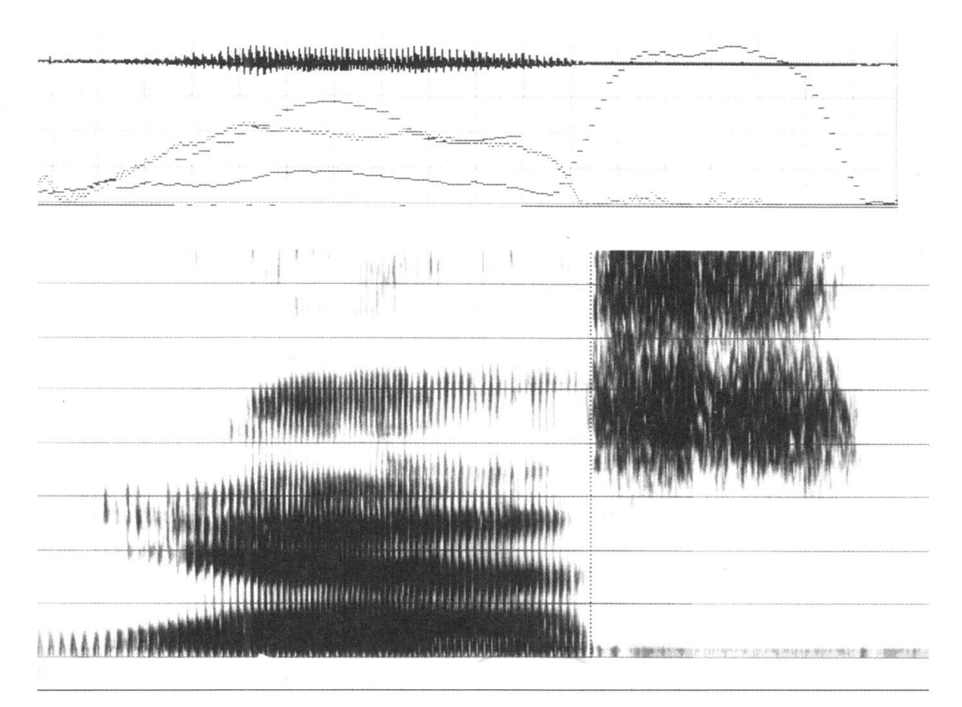

FIGURA 3.33 A visualização "*combination*" (combinação) do espectrógrafo Kay 5500. O canal inferior é um espectrograma de banda larga de "*yes*", falado com uma entonação subida-descida-subida. O canal superior mostra os traços acima da forma de onda da fala, que representam os cruzamentos em zero, amplitude e frequência fundamental. Esses traços são distinguidos pela cor no monitor do espectrógrafo.

Dispositivos Dedicados

Alguns dispositivos especializados exibem a frequência fundamental e a amplitude em "tempo real" (ou seja, tão rápido quanto a fala é produzida).

Dois bem conhecidos são o Kay Visi-Pitch™ e o Voice Identification PM Pitch Analyzer™; ambos medem f_0 período a período. Esses dispositivos são rápidos, portáteis e relativamente fáceis de usar, mas não são inteiramente precisos. Um erro típico é dobrar a verdadeira f_0; este erro é frequentemente fácil de detectar, porque produz uns poucos pontos que estão substancialmente desalinhados com o restante. Precisamente porque esses dispositivos são independentes, pode ser difícil alinhar e integrar suas exibições com as de um espectrógrafo ou de um computador. A Figura 3.34 mostra os contornos de tom e amplitude de um enunciado exibido por um PM Pitch Analyzer.

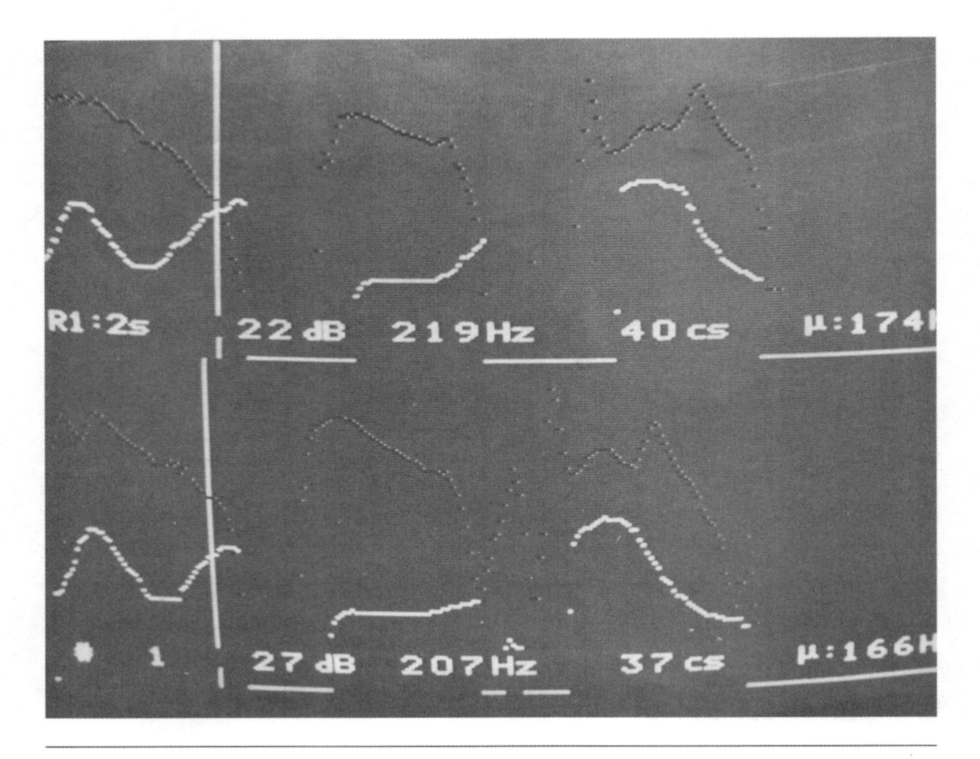

FIGURA 3.34 Contornos de frequência fundamental (branco) e amplitude (preto) na visualização de um Voice Identification PM Pitch Analyzer. Os números representam a amplitude, f_0 e o tempo nos pontos marcados pelos cursores.

MÉTODOS COMPUTACIONAIS

Além de usar espectrógrafos e outros dispositivos desenvolvidos especificamente para analisar a fala, os pesquisadores estão agora programando computadores comuns para rastrear a frequência fundamental no sinal da fala. Há muitos tipos desses programas, pelo simples fato de nenhum deles ser perfeito. Como os dispositivos dedicados, esses programas cometem erros característicos, como confundir F1 com f_0, dobrar a frequência de f_0, achar a frequência fundamental em partes desvozeadas do sinal ou falhar em achá-la em partes vozeadas. Nesta seção, levantaremos apenas três abordagens como exemplos: análise cepstral, análise de autocorrelação e reconhecimento de padrão, uma alternativa mais geral.

Análise Cepstral

Um método de análise de f_0 desenvolvido desde meados dos anos 1960 é conhecido como análise *cepstral*. Pronunciada /'kepstral/. Esta técnica começa com um sinal de fala e aplica uma transformada de Fourier para gerar um espectro como a da Figura 3.27. Os harmônicos exibidos neste espectro são periódicos, ou seja, eles recorrem em intervalos regulares. De fato, aquele intervalo é a frequência fundamental, pois os harmônicos estão em múltiplos da fundamental. Poderíamos medir manualmente esse intervalo, movendo o cursor para cada harmônico. Na Figura 3.27, acharíamos que os harmônicos estão separados por 127 Hz: f_0 está em 127 Hz, H2 em 254 (como mostrado), H3 em 381 e assim por diante. A análise cepstral é primariamente uma forma de se recuperar esse intervalo precisa e automaticamente.

Consideremos o espectro na Figura 3.27. Suas unidades (amplitude *versus* frequência) são diferentes das da Figura 3.17 (pressão *versus* tempo), mas é certamente uma forma de onda periódica, assim o teorema de Fourier é aplicável. Para separar os componentes de frequência da forma de onda da pressão na Figura 3.17, aplicamos uma transformada de Fourier, produzindo a Figura 3.27, seu espectro. Se agora aplicarmos uma transformada de Fourier novamente na forma de onda periódica da Figura 3.27, separaremos seus componentes, dos quais o principal é o período fundamental (na verdade, aplicamos a transformada de Fourier no *espectro em potência logarítmica*, isto é, um espectro dos logaritmos dos números complexos somados e elevados ao quadrado, que constituem o espectro básico de Fourier). O resultado dessa transformação (em uma amostra diferente) é mostrado na Figura 3.35 e, com certeza, há uma ponta em um componente.

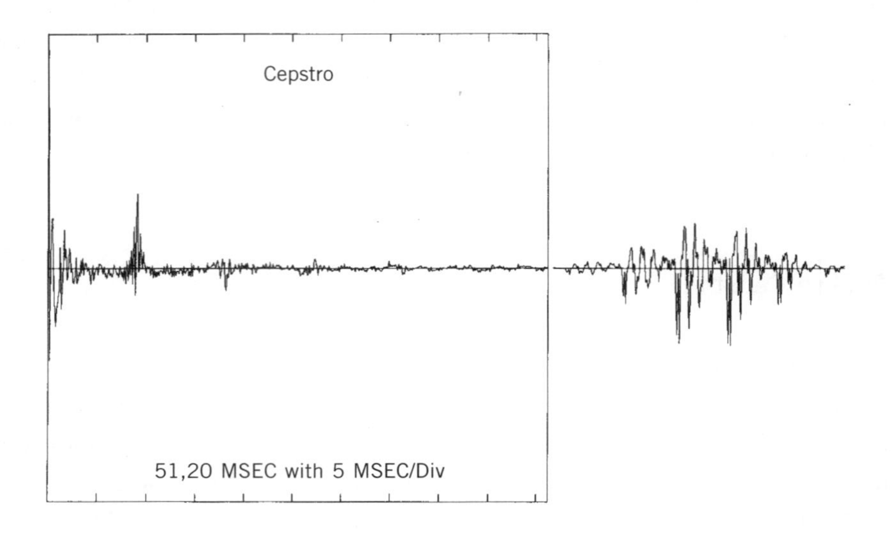

FIGURA 3.35 Cepstro na caixa e a forma de onda janelada a partir da qual ele foi calculado. O pico está no período fundamental.

Suspeitamos que esse componente corresponda ao período fundamental, mas quais são as unidades da Figura 3.35? Uma transformação de Fourier se move entre o domínio temporal (um eixo temporal) e o domínio de frequência (um eixo de frequência). Através de uma nova aplicação da mesma transformação, a análise cepstral reverte isso: começamos um eixo temporal (a forma de onda da pressão sonora), transformamos para um eixo de frequência (o espectro de Fourier) e então transformamos de volta para um eixo temporal (o cepstro). Assim, o eixo horizontal da Figura 3.35 é medido em milissegundos. A ponta está em cerca de 8,5 ms, o período de uma frequência fundamental de 118 Hz.

Para indicar que essas unidades são da análise cepstral, foram dados a elas seus próprios nomes (Noll, 1967). "*Cepstro*" é apenas "espectro" com a primeira sílaba lida de trás para frente (porque a análise cepstral reverte um espectro, em um sentido). A unidade temporal correspondente é "*quefrência*", ou seja, "frequência" com as duas primeiras sílabas invertidas (porque é inverso de Fourier do eixo da frequência de um espectro). Outras unidades na análise cepstral são nomeadas da mesma forma: "harmônico" se torna "*rahmônico*", que são os componentes de baixa quefrência na Figura 3.35. Os nomes podem ser um excesso de esperteza, mas o resultado é claro: o pico de quefrência na Figura 3.35 representa o período fundamental da fala original. A análise cepstral requer bastante computação: pegar a transformada de um espectro de Fourier em potência logarítmica para obter apenas uma medida de f_0.

Entretanto, com as transformadas rápidas de Fourier e computadores mais poderosos, porém baratos, tornou-se prático realizar análise cepstral de longos trechos de dados de fala, plotando automática e precisamente as mudanças do período fundamental sobre o tempo. Além disso, as melhorias nos algoritmos computacionais tornaram as análises cepstrais mais robustas diante de ruído. Ahmadi e Spanias (1999) descrevem um método baseado no cepstro modificado que funcionou muito bem em uma grande base de dados de voz. Embora essa discussão enfatize o uso do cepstro para determinar f_0, há outras aplicações dessa transformada que a tornam de considerável interesse na moderna ciência da fala e na tecnologia da fala.

Autocorrelação

Duas séries de números são tidas como altamente correlacionadas se elas aumentam e diminuem juntas. Essa série de números poderiam ser as temperaturas de hora a hora para ontem e hoje, por exemplo. Se a temperatura seguiu o mesmo padrão de subidas e descidas de hora a hora, as duas listas de números seriam altamente correlacionadas, mesmo se ontem foi, digamos, muito mais frio do que hoje. Quando amostramos um sinal de fala digitalmente, obtemos uma série de números, cada um representando a amplitude da forma de onda da pressão sonora em um momento específico, como impresso no canal superior da Figura 3.36.

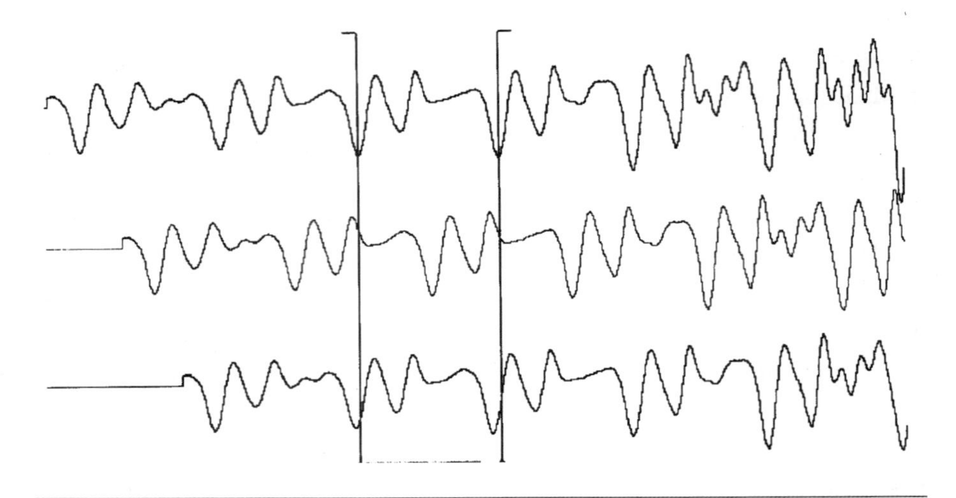

FIGURA 3.36 Forma de onda de vogal (canal superior) com duas cópias atrasadas de si mesma. Os cursores marcam um período fundamental no canal superior e aproximadamente um período nos canais inferiores.

Dizer que essa forma de onda é periódica é dizer que há um padrão repetido de subidas e descidas. Se fôssemos computar a correlação entre essa forma de onda e uma cópia exata da forma de onda (assim, autocorrelação), as duas cópias seriam, obviamente, perfeitamente correlacionadas. Mas e se computássemos a correlação desta com uma cópia levemente atrasada de si, como entre os canais de cima e do meio na Figura 3.36? A correlação seria mais alta quando o atraso, conhecido como *intervalo* (*lag*, em inglês), estivesse perto de um período do tom, como entre os canais superiores e inferiores na Figura 3.36. Se computássemos as correlações em intervalos que se estendem sobre os períodos de tom prováveis (digamos, de 20 a 3 ms, correspondendo a 50 a 300 Hz em f_0), veríamos picos nas correlações no período de tom real (e seus múltiplos). Essa é a ideia essencial da análise de tom por autocorrelação. Ela funciona porque na fala vozeada, a estrutura formântica não muda drasticamente dentro de alguns milissegundos, de modo que sucessivos períodos se parecem uns com os outros. Em sons desvozeados como [f] e [s], por outro lado, a qualidade não muda rapidamente por causa da fonte de ruído aperiódica, assim uma autocorrelação em um termo curto normalmente não resultará em picos regulares. Obviamente, até mesmo a fala vozeada é apenas quase periódica; ela muda sim, de alguma forma, em qualidade (e tom) de período a período. Uma mudança relativamente lenta não perturba a análise de autocorrelação, entretanto, por causa da similaridade remanescente geral de período a período.

Infelizmente, a autocorrelação nesta forma simples aplicada ao sinal de fala "bruto" não funciona muito bem. Os formantes também afetam a localização dos picos de correlação, de modo que um erro comum é encontrar, não o período glotal, mas o período glotal somado ao período do primeiro ou segundo formante. Pesquisas desde os anos 1960 dedicaram-se a pré-processar o sinal para reduzir a influência dos formantes. Um método simples é filtrar com passa-baixas para eliminar efetivamente formantes em frequências maiores do que a maior f_0 esperada. Técnicas muito mais sofisticadas, além do escopo desta introdução, também serão usadas. Para mencionar uma melhoria, as funções de autocorrelação são calculadas para um ponto no tempo específico usando larguras múltiplas das janelas de análise e então pesando os candidatos do período do tom obtido das diferentes janelas (Takagi, Seiyama & Miyasaka, 2000). Em acréscimo, a função de autocorrelação pode ser computada em versões diferentes do sinal, como no sinal clipado no centro ou o sinal filtrado invertido. Qualquer adaptação deve confrontar dois problemas básicos: a estrutura formântica muda sim com o tempo (às vezes rapidamente), que interrompe a análise de autocorrelação pela mudança do formato da forma de onda, e a frequência de F1 é em alguns exemplos mais baixa do que f_0, de modo que simplesmente filtrar o sinal não funcionará. Apesar dessas dificuldades, a autocorrelação é um dos métodos mais confiáveis de se determinar a frequência fundamental, e vários procedimentos podem ser considerados.

Reconhecimento de Padrão

Todos esses métodos relativamente elaborados possuem limitações. Somos tentados a voltar à básica observação com a qual começamos: a periodicidade da fala vozeada é evidente em padrões repetidos na forma de onda da pressão do som. Consideremos, por exemplo, a Figura 3.37: seus quatro canais exibem as formas de onda de [i], [æ], [ɔ] e [u], as vogais em "*bead*", "*bad*", "*baud*" e "*booed*", respectivamente. Em cada um, vemos um formato que é repetido de cinco a sete vezes ao longo da tela; esse formato varia de vogal a vogal. Não podemos de alguma forma achar sozinhos, automaticamente, esses períodos da forma de onda, sem primeiro achar um espectro, um cepstro ou uma autocorrelação? Podem os computadores aprender a reconhecer o padrão que nossos "olhos" veem de primeira?

Isso é um caso de reconhecimento de padrão, um processo que é central na pesquisa em inteligência artificial. Começamos a ver dificuldades quando tentamos estabelecer um procedimento explícito, como: "Coloque os curso-

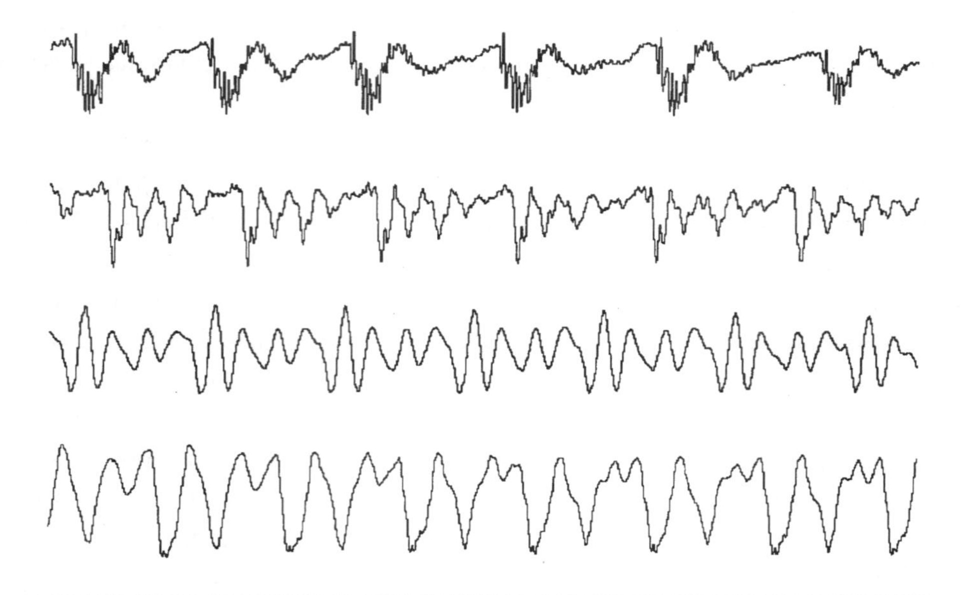

FIGURA 3.37 Formas de onda da fala de [i], [æ], [ɔ] e [u] (canais do topo ao fundo). Em cada forma de onda, pode-se ver cinco a seis períodos fundamentais.

res em dois picos sucessivos" (ou "dois sucessivos vales"). Há muitos picos e vales na forma de onda da fala; como estabelecemos quais? Se dissermos, "dois picos que *coincidem* entre si", teríamos de criar um critério para a *coincidência*, que é exatamente a maior dificuldade. Se dissermos "dois picos *grandes* sucessivos", teríamos de distinguir os "grandes" sem confiar circularmente na noção que estamos tentando explicar — a de "padrão".

A maioria das abordagens a esse problema primeiro simplifica a forma de onda. Uma forma é usar um filtro passa-baixas em várias centenas de Hertz, maiores do que qualquer frequência fundamental provável, a menos que nosso falante seja uma criança. Isso remove muitos dos picos locais através da remoção dos efeitos dos formantes mais altos. A Figura 3.38 exibe uma forma de onda da vogal (canal superior) e essa mesma forma de onda filtrada em 850 Hz (canal do meio). Uma simplificação alternativa é "clipar os picos" da forma de onda, deixando apenas os picos ou vales, como no canal inferior da Figura 3.38 (apenas reduz todos os vales a zero, a menos que eles excedam um certo limiar). Outra simplificação é pedir ao operador humano uma estimativa. Se o programa sabe que a resposta certa está na vizinhança de 100 Hz, ele pode criar uma regra para picos que estão muito perto ou muito longe.

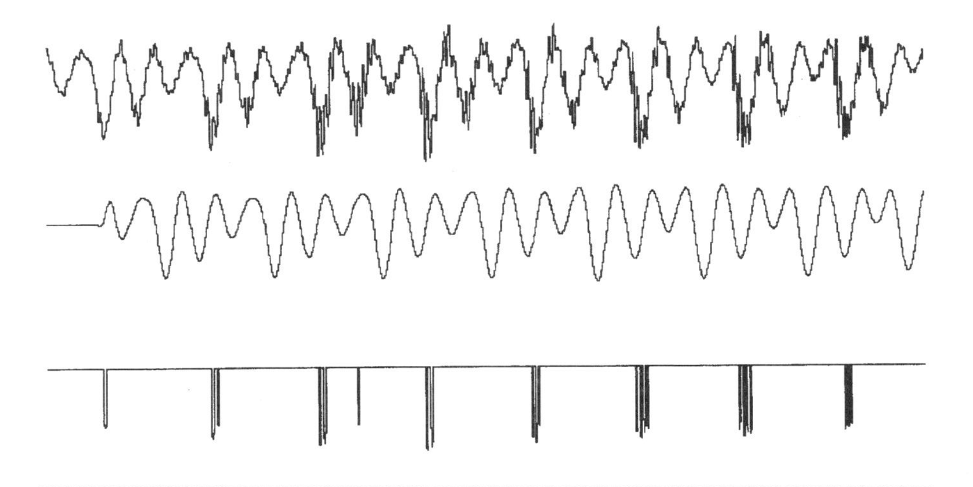

FIGURA 3.38 Canal superior: forma de onda da fala da vogal [i]. Canal médio: a mesma forma de onda filtrada com passa-baixas em 850 Hz. Canal inferior: a mesma forma de onda com as amplitudes clipadas, de modo a ficarem somente os picos negativos.

A análise então prossegue para identificar os candidatos a picos, cruzamentos com zeros ou vales. Devido ao fato de esse processo estar longe de estar à prova de falhas, há várias elaborações. Idealmente, esses métodos acham o período (e portanto a frequência) de *cada* período glotal. Isso pode ser uma vantagem sobre a autocorrelação ou análise no domínio da frequência, que deve lidar com, no mínimo, vários períodos. Até quando essa análise prossegue, entretanto, não se está fazendo o que um ser humano faz. Não procuramos apenas picos, vales e cruzamentos com zeros; reconhecemos uma similaridade no formato geral de período a período.

COMPARAÇÕES DE MÉTODOS DIFERENTES

As mais confiáveis abordagens para rastrear a frequência fundamental hoje são aquelas que usam mais do que um método e então selecionam um valor modal (mais frequente) ou mediano (central). Obviamente, essas análises múltiplas requerem muita computação, mas compensam as fraquezas de um método com as forças do outro. Métodos diferentes tendem a fracassar em situações diferentes, então a resposta certa é provável de ser proeminente dentro de um conjunto computado de várias formas.

Entretanto, ainda é relevante perguntar se alguns algoritmos são superiores a outros para certos propósitos ou condições. Parsa e Jamieson (1999) compararam vários algoritmos desenvolvidos para gerar estimativas altamente precisas de f_0. Eles usaram diferentes tipos de sinais, inclusive variando f_0, variando níveis de ruído, variando com *shimmer* e com *jitter*, os quais são também comparados a diferentes algoritmos para analisar tanto vozes normais quanto patológicas. Eles concluem que a função de coincidência da forma de onda (um procedimento de reconhecimento de padrão) é preferido para medidas de perturbação na voz tanto de amostras normais quanto de patológicas. Esse método foi bastante robusto ao lidar tanto com *shimmer* quanto com *jitter*, mas foi afetado por quocientes sinal-ruído menores do que 15 dB. O artigo de Parsa e Jamieson é uma boa referência para consultar quando tomar uma decisão sobre algoritmos para se extrair f_0.

RECUPERANDO A FORMA DE ONDA GLOTAL

Sentindo o Movimento da Glote

Uma forma de melhorar a precisão de quase qualquer método de rastrear a frequência fundamental é começar com a forma de onda na glote em vez de nos lábios. Plotar a forma de onda glotal é também de valor ao testar a abordagem fonte-filtro da produção da fala e ao estudar anormalidades das pregas vocais no vozeamento. Foneticistas observaram a forma de onda glotal diretamente através da passagem de pequeninos microfones em direção às glotes. Essa técnica não é apenas desconfortável, mas perigosa; se os fios finos que seguram o microfone quebram, eles podem cair até chegar aos pulmões. Há agora modos de pegar as formas de onda glotal externamente. Um deles é o eletroglotógrafo (EGG), que rastreia o movimento das pregas vocais através da passagem de ondas de rádio-frequência pela laringe e medindo mudanças em impedância causadas pela abertura e fechamento das pregas. EGG pode ser usado para determinar um número de propriedades da vibração das pregas vocais (Abberton, Howard & Fourcin, 1989; Childers, Hicks, Moore, Eskenazi & Lalwani, 1990; Hertegard & Gauffin, 1995). Uma nova técnica promissora é a glotografia eletromagnética (Titze et al., 2000). Até um simples e barato *acelerômetro*, um pequeno microfone de contato, na verdade, pode medir o movimento na superfície da garganta à medida que ele é forçado para dentro pela pressão acima ou abaixo da glote. A Figura 3.39 mostra a forma de onda da pressão do som de uma vogal [a] (canal superior) e o movimento simultâneo da garganta transduzido por um acelerômetro anexado à parte frontal da garganta abaixo da laringe (canal médio). A frequência fundamental pode ser observada e medida mais confiavelmente pelo último na maioria dos métodos.

Filtragem Inversa

Outra abordagem é baseada na teoria fonte-filtro da fala apresentada no Capítulo 3. Lembramos que, nessa abordagem, o espectro do som na

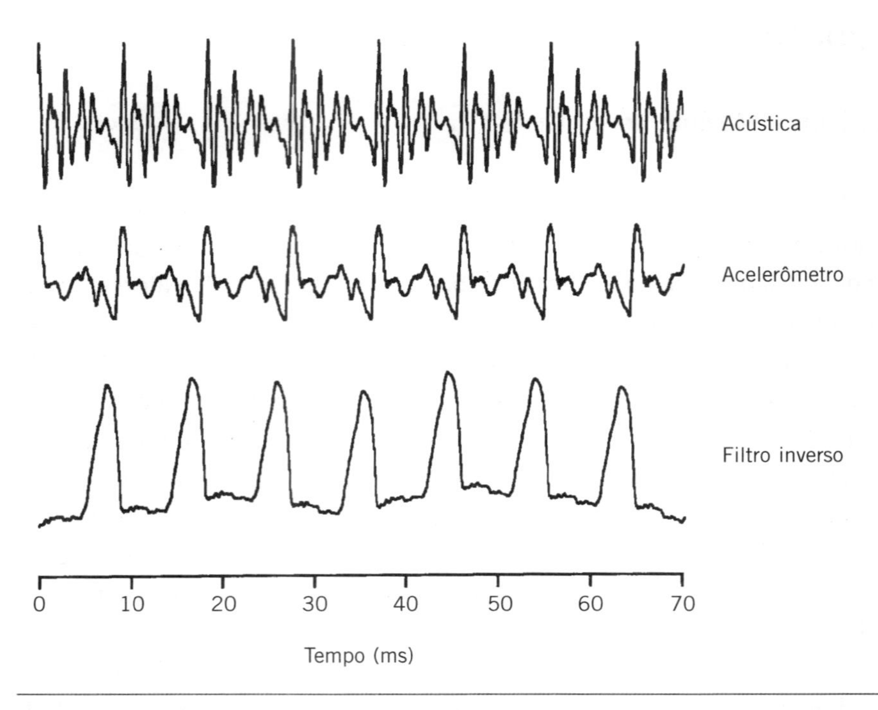

FIGURA 3.39 Canal superior: forma de onda da fala da vogal [a]. Canal médio: saída do acelerômetro colocada no lado de fora da garganta, logo abaixo da laringe. Canal inferior: a forma de onda do canal superior depois de uma análise de LPC e filtragem inversa para estimar a forma de onda do fluxo aéreo glotal.

glote é filtrado pela função de transferência do trato vocal e dos lábios. Em outras palavras, o sinal de fala que erradia de nossos lábios possui um espectro que é apenas essa função de transferência aplicada ao espectro produzido na glote. Se pudéssemos desfazer o efeito da função de transferência, recuperaríamos o espectro glotal, onde a frequência fundamental é bastante óbvia, porque a ação das pregas vocais é de longe a maior perturbação no fluxo de ar naquele ponto.

Dos filmes de raios X sabemos muito sobre o formato do trato vocal e, portanto, sua função de transferência na produção normal da maioria dos sons da fala (em inglês e algumas outras línguas, no mínimo). Se computarmos uma função de transferência apropriada a um dado trecho em estado estacionário da fala, pegarmos seu inverso, aplicarmos essa inversão ao espectro da fala radiada e então computarmos a forma de onda correspondendo a esse espectro, conseguiremos mesmo uma forma de onda que corresponde bem à forma de onda da pressão na glote. O canal inferior na Figura 3.39 mostra a forma de onda glotal subjacente estimada pela filtragem inversa da forma de onda da vogal no canal superior. Note que, quando a glote fecha (onde esse traçado cai vertiginosamente), a pressão *abaixo* da glote sobe, como mostrado no canal do meio. Novamente, medir a frequência fundamental ou computar seu contorno ao longo do tempo é relativamente fácil na forma de onda glotal estimada, porque os efeitos da função de transferência, as ressonâncias, se foram.

Como poderíamos esperar, a filtragem inversa é computacionalmente custosa, e está ainda sendo desenvolvida. Ela requer um sinal com reprodução precisa de frequências baixas. Não podemos aplicar filtragem inversa em gravações em fita de microfones comuns, sem falar em telefones, por exemplo. Entretanto, a filtragem inversa pode fornecer evidência não invasiva de anormalidades laríngeas e glotais, bem como ajudar a rastrear a frequência fundamental.

OLHANDO PARA O FUTURO: TEORIA DO CAOS, FRACTAIS E ONDALETAS

Embora essas ferramentas analíticas não sejam muito usadas hoje — e não estão geralmente disponíveis nos sistemas comerciais para análise da fala — elas podem bem ser as melhores escolhas no futuro. Portanto, é apropriado comentar brevemente sobre essas análises. Essas abordagens são baseadas na ideia de que a fala é um processo não linear, que é uma abordagem muito diferente das que vimos neste capítulo. A forma padrão da teoria fonte-filtro discutida no Capítulo 2 é que a fala é produzida por um sistema biológico que é linear e invariante no tempo. Entretanto, como notado na seção final daquele capítulo, alguns escritores advogam uma abordagem não linear para teoria e análise. A teoria do caos espalhou-se virtualmente em todas as ciências: físicas, biológicas e sociais.

Apenas exemplos selecionados dessas análises serão considerados aqui. Banbrook, McLaughlin e Mann (1999) exploraram a análise de vogais sustentadas com uma gama de traços geométricos invariantes desenvolvidos para analisar sistemas caóticos. Eles concluíram que embora a fala vozeada possa ser caracterizada por um pequeno número de dimensões, não é, necessariamente, caótica. Sabanal e Nakagawa (1996) também relataram que propriedades fractais são um modo efetivo de análise dos sons da fala, incluindo tanto vogais quanto consoantes, se as dimensões fractais dependentes do tempo são usadas nas análises.

GRAVANDO A FALA: REQUERIMENTOS BÁSICOS

Este capítulo conclui com uma breve descrição do que é usualmente o começo da análise da fala — a essência da gravação da fala. Essa cronologia reversa é justificada pelo fato de que as questões na gravação da fala refletem alguns dos tópicos abordados na discussão da análise da fala. Ultimamente, as análises da fala são limitadas pela qualidade da gravação dos sinais da fala. Bem frequentemente, a qualidade ruim da gravação limita ou até mesmo impede algumas análises potencialmente interessantes.

O desenvolvimento de um laboratório para gravações acústicas e análises acústicas deve considerar várias questões, incluindo o ambiente de gravação, o equipamento e o meio de gravação, requerimentos de armazenamento e expectativas para tipos e quantidade de análise. Cada um desses itens será considerado brevemente. Vide também Gopal (1995).

Ambiente de Gravação

Um primeiro passo que pode ser criticamente importante para o sucesso de quaisquer tentativas de gravar os sinais de fala é avaliar o ambiente de gravação e remediar quaisquer problemas que possam surgir. O ruído de fundo de várias fontes pode contaminar as gravações da fala. Algumas fontes são: luzes fluorescentes, sistemas de bipes (*pagers*), banheiros ao redor, corredores e elevadores, *playgrounds* ou parques, rodovias bastante movimentadas, um equipamento eletrônico (incluindo computadores pessoais). Ruído ambiental pode limitar severamente a precisão da análise acústica, especialmente para as medidas de perturbação de *jitter* e *shimmer* (INGRISANO, PERRY & JEPSON, 1998). Quando não é possível eliminar as fontes de ruído indesejáveis, pode ser viável fazer gravações em horas em que o ruído é reduzido em intensidade ou menos provável de ocorrer (como madrugadas ou noites). Se nada pode ser feito para eliminar um ruído no ambiente de gravação, então a filtragem pode ser considerada como uma forma de eliminar a energia acústica indesejada.

Mesmo se fontes externas de som não estiverem presentes, outros problemas podem ocorrer. Um desses é *reverberação*, ou som refletivo na sala de gravação. Para algumas aplicações, a reverberação pode ser um problema considerável (BACHETY, 1998). A reverberação pode ser especialmente problemática em quartos que possuem superfícies paralelas rígidas (uma situação típica na maioria dos prédios). As ondas sonoras viajam para frente e para trás em salas deste tipo, causando uma condição conhecida como "eco de tapa" (*slap echo*) que é especialmente perturbador para altas frequências. Outro problema de reflexão, chamado "reflexões ao redor", resulta quando um microfone de gravação é localizado perto de uma superfície rígida. Portanto, é frequentemente melhor colocar um microfone no centro de uma sala em vez de colocá-lo perto de uma parede.

Meio e Equipamento de Gravação

Alguns tipos diferentes de microfones estão disponíveis. Embora alguns usuários prefiram um microfone grande montado no topo de uma mesa ou um pedestal de microfone, há boas razões para se considerar um *microfone condensador de cabeça miniaturizado*. Microfones modernos deste tipo podem garantir gravações de alta qualidade mesmo quando o falante muda a posição da cabeça ou do corpo. Winholtz e Titze (1997) relataram que um microfone deste tipo se adapta perfeitamente a necessidades gerais de gravação. Esses microfones e seu suporte de cabeça são leves e usualmente podem ser usados confortavelmente por longos períodos se necessário.

O tipo de gravador e o meio são decisões conjuntas. Entre as escolhas estão: (1) *gravadores de fita analógicos* com fitas rolo a rolo ou fitas cassetes; (2) *gravadores com fita de áudio digital* (DAT); (3) CD-ROMS, ou (4) um *disco digital*. Para a maioria dos propósitos, um gravador DAT fornecerá resultados satisfatórios. Gravadores DAT são disponíveis com diferentes taxas de amostragem, mas a maioria dos usuários ficará satisfeita com uma taxa de amostragem de 44,1 kHz e uma conversão de 16 ou 32 bits. Uma conversão de 16 bits permite que 65536 níveis de amplitude sejam representados na amostra de fala digitalizada. Os gravadores DAT possuem controles que são altamente similares aos de gravadores de fita analógicos. Portanto, a maioria dos usuários se adapta rapidamente à tecnologia digital.

Para gravações de alta qualidade, as taxas de amostragem devem ser maiores do que 8 kHz. Bettagere e Fucci (1999) relataram que a qualidade julgada pelo ouvinte foi superior na fala digitalizada em 16 kHz, comparado à fala gravada por fita analógica. Quando uma taxa de amostragem de 8 kHz foi usada para a fala digitalizada, a qualidade foi essencialmente igual à da fala gravada em fita analógica.

Idealmente, as gravações da fala durariam indefinidamente. Entretanto, as gravações se deterioram com o tempo, especialmente em ambiente com altas temperaturas e umidade. Tanto fitas analógicas quanto digitais são fitas com partículas de metais que estão sujeitas a deteriorizações eventuais (Speliotis & Peter, 1991). Para a mídia magnética, geralmente, a deteriorização pode ser detectada dentro de 5 a 8 anos depois que as gravações foram feitas (Leek, 1995). Não se deve assumir que o DAT fornece um armazenamento relativamente permanente da informação gravada. Embora o controle de temperatura estenda a precisão da informação gravada, os erros, ultimamente, contaminarão a qualidade da fala gravada. Um arquivo acústico permanente teria de ser baseado em outras mídias de gravação, mas elas não são geralmente usadas nas gravações de fala para propósitos gerais.

CONCLUSÃO

Neste capítulo apresentamos algumas das atuais técnicas para análise da fala. Essas técnicas estão em constante mudança; tanto na análise de frequência fundamental quanto na de análises espectrais, novas abordagens matemáticas e novas formas de visualizar o sinal e seus componentes têm aparecido regularmente. A excitação da ciência da fala hoje não é apenas no novo entendimento da fala e novas aplicações práticas desse entendimento, mas também em novas formas de ganhar entendimento. Similarmente, a motivação para todo esse desenvolvimento tem, pelo menos, três fontes: o desejo básico de entender uma atividade central humana, o desejo de desenvolver melhores terapias para a fala que, de alguma fora, deu errado, e um interesse comercial considerável na síntese e reconhecimento da fala. Especificamente, a dificuldade de programas-máquinas para reconhecer a fala nos forçou a reconhecer que o que sabíamos sobre a fala, mesmo apenas cinco anos atrás, estava incompleto.

Um exemplo pode ilustrar os problemas não resolvidos: uma criança, uma mulher e um homem podem cada um dizer a mesma sentença com a mesma entonação e cada um reconhecer que assim o fizeram. Entretanto, os três enunciados devem ter algo em comum. No entanto, todas as técnicas pesquisadas neste capítulo não podem definir o que eles têm em comum, no mínimo, não de uma forma geral que possamos desenvolver uma máquina que possa reconhecer palavras em contextos falados por qualquer falante normal. Note que se pudéssemos fazer isso, teríamos um transcritor geral, uma máquina de ouvir para os surdos, outros dispositivos que responderiam a comandos de fala complexos. Todos esses objetivos práticos e muitos outros ajudam a energizar a ciência da fala hoje.

Como resultado dessa energia, as ideias deste capítulo, até mais do que dos outros, estão sujeitas a mudanças. Isso é resultante da excitação da análise da fala contemporânea.

SUMÁRIO

Este capítulo começou com uma breve revisão da história da análise acústica da fala. A história é basicamente a da instrumentação analógica. O equipamento dominante hoje é digital. Qualquer um que usar métodos modernos de análise acústica, portanto, deve entender os princípios básicos de processamento digital de sinais. Este capítulo discutiu as operações básicas de digitalização e análises selecionadas que são usadas no processamento digital de sinais da fala. Uma atenção especial foi dada a alguns métodos de análise diferentes, que fornecem informação sobre as propriedades espectrais e temporais dos sons da fala. Os capítulos subsequentes sumarizam os resultados dessas análises para vários aspectos da fala (vogais e ditongos no Capítulo 4, consoantes no Capítulo 5, variáveis dos falantes no Capítulo 6 e propriedades suprassegmentais no Capítulo 7).

Capítulo 4

AS CARACTERÍSTICAS ACÚSTICAS DE VOGAIS E DITONGOS

PARTE I: VOGAIS

QUESTÕES GERAIS NA PRODUÇÃO E PERCEPÇÃO DE VOGAIS

Em alguns aspectos, as vogais são os sons mais simples de se analisar e descrever acusticamente. Pelo menos no entendimento tradicional, as vogais são associadas com uma configuração articulatória em estado estacionário e um padrão acústico em estado estacionário. Supostamente, então, uma vogal pode ser prolongada indefinidamente como um fenômeno acústico ou articulatório. Nessa abordagem, não é necessário considerar a dimensão temporal além de escolher um instante que é tomado como representativo da produção da vogal. Teoricamente, pode-se pegar um único pulso glotal como definidor da vogal, pois seu pulso refletirá as ressonâncias do trato vocal associadas com uma vogal específica. Em acréscimo, as vogais frequentemente são caracterizadas com um conjunto muito simples de descritores acústicos, a saber, as frequências dos três primeiros formantes, como mostrado na Figura 4.1. Uma dada vogal poderia, portanto, ser representada como um simples ponto em um espaço tridimensional definido pelas frequências F1, F2 e F3.

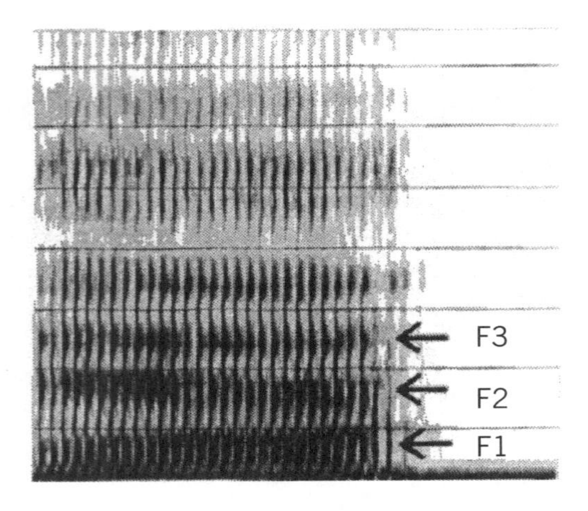

FIGURA 4.1 Espectrograma da vogal /æ/, com flechas apontando para os três primeiros formantes F1, F2 e F3. As linhas finas na grelha horizontal representam intervalos de frequência de 1 kHz.

Assumindo que uma vogal é representada adequadamente por apenas uma amostra temporal e pelas frequências de seus três primeiros formantes, tudo o que é necessário para caracterizar as vogais no inglês americano está em uma tabela tridimensional mostrando os valores de frequência dos formantes de cada vogal. De fato, até mesmo uma representação mais simples é frequentemente usada — a tabela bidimensional da vogal que mostra as frequências dos dois primeiros formantes F1 e F2, apenas. A Tabela F1-F2, como a mostrada na Figura 4.2, é talvez a mais amplamente usada e mais conhecida descrição acústica de uma classe de sons da fala. Quase todo livro-texto introdutório que toca nas propriedades acústicas da fala inclui essa tabela de alguma forma. Nas seções seguintes, consideraremos o grau em que essa descrição simplificada é suficiente para a descrição acústica de vogais.

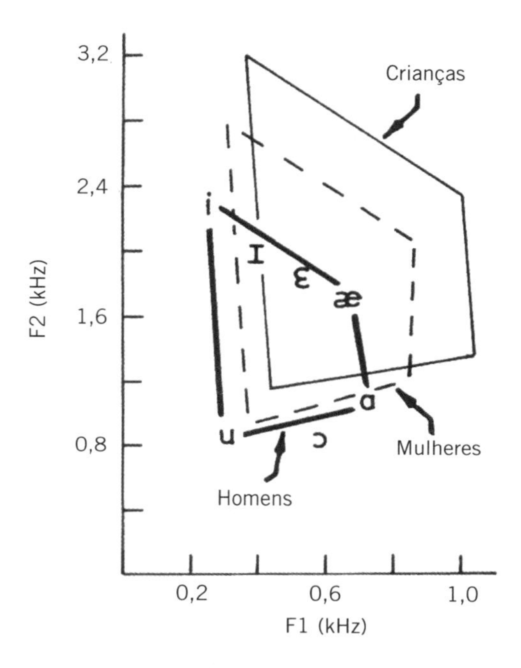

FIGURA 4.2 Gráfico F1-F2 mostrando os quadriláteros vocálicos para homens (etiquetado com símbolos fonéticos), mulheres e crianças.

MODELO DE ALVO SIMPLES

A abordagem clássica de vogais e sua percepção pode ser chamada de *modelo de alvo simples*. Este modelo assume que a vogal existe em uma forma canônica que é invariante entre contextos fonéticos e é suficientemente definida por um formato estático do trato vocal ou por um ponto no plano F1-F2 (ou, alternativamente, por um ponto no espaço tridimensional F1-F2-F3). Este modelo está implicitamente assumido em muitas abordagens introdutórias (e outras não tão introdutórias) de vogais. Esse modelo não está livre de limitações ou dificuldades. Primeiramente, como se torna imediatamente evidente em qualquer tabela F1-F2 que inclui dados para falantes que diferem em idade e sexo, as vogais que são ouvidas como foneticamente equivalentes pelos ouvintes muito frequentemente possuem diferenças marcadas em seus valores de frequência de formantes. Uma exibição clássica da diversidade acústica para uma dada vogal é reproduzida na Figura 4.3, que mostra as frequências de F1 e F2 para várias vogais produzidas por uma amostragem de 76 falantes incluindo-se homens, mulheres e crianças. Como explicado no Capítulo 2, essas diferenças são esperadas na teoria acústica, em que as frequências de ressonância de um tubo são determinadas em parte pelo comprimento do tubo. Quanto maior o tubo, maiores são as frequências de ressonância. Obviamente, uma tabela F1-F2 como a mostrada na Figura 4.3 não dá um suporte claro para o simples modelo de alvo de vogal. Este modelo pode funcionar apenas se alguma forma de normalização de falante for aplicada. A normalização de falante para vogais se refere a um processo que elimina ou corrige as diferenças intrafalantes nas frequências dos formantes da vogal. O processo envolve tipicamente uma transformada de escala. A normalização não é um problema trivial, e esforços contínuos estão sendo feitos para identificar uma solução confiável, especialmente com o rápido desenvolvimento de reconhecimento de fala por máquina. Esse problema será considerado em maiores detalhes mais adiante neste capítulo e no Capítulo 6.

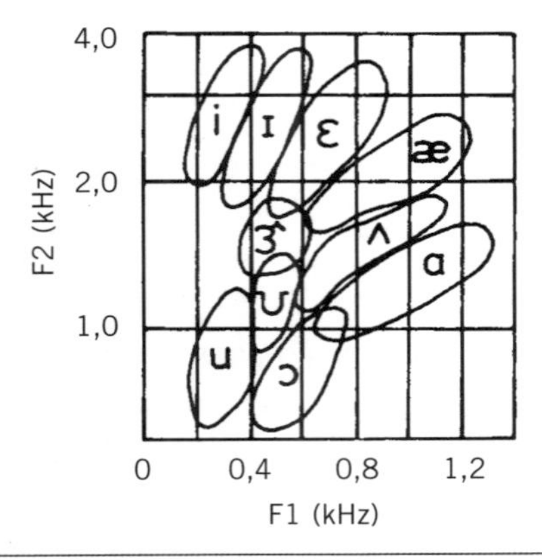

FIGURA 4.3 Gráfico F1-F2 (esquerda) mostrando as elipses vocálicas que englobam a maioria das frequências de F1 e F2 relatadas por Peterson e Barney (1952) para vogais produzidas por homens, mulheres e crianças. A escala de frequência de F2 é logarítmica. Palavras-chave (direita) para vogais estão posicionadas de modo a corresponder às elipses de F1-F2 à esquerda.

As variações dinâmicas ou temporais são outra dificuldade para o simples modelo de alvo da vogal. Uma limitação é a inabilidade do modelo em dar conta do fenômeno do alvo não alcançado (*undershoot*) (LINDBLOM, 1963). Este fenômeno é ilustrado na Figura 4.4, que mostra os padrões formânticos para uma vogal produzida isoladamente e a "mesma" vogal produzida em uma sílaba CVC. Note que a frequência F2 alcançada na sílaba CVC não alcança o valor de "alvo" determinado pela vogal isolada. Parece que a vogal na sílaba CVC não alcança o alvo. De fato, dados de raios X na articulação de vogais e dados acústicos para vogais confirmam que esses efeitos de falta de alcance são abundantes na fala. Portanto, os pontos F1-F2 para as produções de um falante da mesma vogal em diferentes contextos exibirão uma faixa de valores. O simples modelo de alvo da vogal deve lidar com essa variação. Uma possível solução é propor que ouvintes compensem o *undershoot* acústico por um *overshoot* (alcance exagerado) perceptual que essencialmente corrige a discrepância acústica (LINDBLOM, 1963).

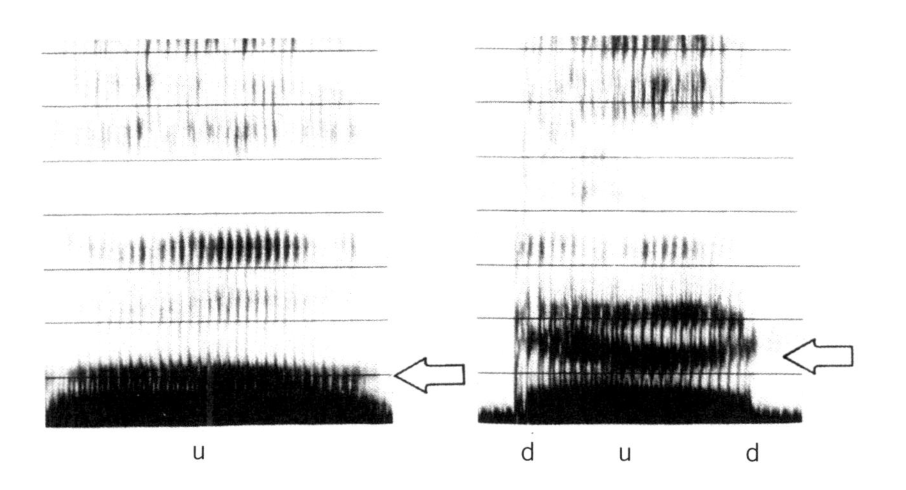

FIGURA 4.4 Ilustração espectrográfica do *undershoot* vocálico. Uma produção sustentada, isolada, da vogal /u/ à esquerda é tomada como padrão-alvo. A produção da mesma vogal na sílaba /dud/ à direita mostra uma frequência de F2 mais alta para /u/ do que ocorre no padrão-alvo. Essa diferença é chamada de *undershoot* e reflete os efeitos do contexto fonético.

Uma análise acústica de perto das vogais revela que elas diferem não apenas nos valores de frequência de formantes de suas partes em estado estacionário, mas em vários outros aspectos também. Por exemplo, Lehiste e Peterson (1961) acharam que as vogais diferem umas das outras nos seguintes pontos:

1. as vogais têm diferenças inerentes em duração. As vogais longas ou tensas possuem maiores durações do que as vogais curtas ou relaxadas, e as vogais produzidas com uma posição de mandíbula relativamente aberta (as vogais "baixas" ou "abertas") são mais longas do que as vogais produzidas com uma posição de mandíbula relativamente fechada (as vogais "altas" ou "fechadas");
2. quando as vogais são produzidas em contexto com outros sons, elas diferem em suas trajetórias formânticas. Por exemplo, vogais tensas tendem a ter *offglides* curtos (transições de vogal a consoante) e longos estados estacionários. As vogais relaxadas, por outro lado, tendem a ter proporcionalmente longos *offglides* e estados estacionários curtos.

O trabalho de DiBenedetto (1989a, 1989b) também põe em dúvida a adequação do modelo de alvo simples. Ela relata que um alvo definido pelo tempo, em que F1 alcança seu máximo de frequência, não é um atributo invariante da vogal. Em vez disso, o padrão temporal de F1 tinha de ser levado em consideração para determinar um correlato invariante da articulação da vogal. Sua pesquisa mostrou que as vogais mais baixas são associadas com maiores frequências de início do F1 e máximos de F1 perto do início da parte vocálica de uma sílaba. Esses resultados indicam que uma única propriedade F1, como um máximo de frequência F1, não é suficiente para fazer distinções da altura da vogal.

Essas diferenças dinâmicas ou temporais não são tratadas pelo modelo de alvo simples. Vários experimentos já demonstraram que essas diferenças são relevantes para vogais. Em um desses, foi mostrado que as vogais em contexto poderiam ser muito bem identificadas mesmo se apenas seus segmentos transicionais fossem apresentados (Jenkins, Strange & Edman, 1983).

Outro teste da adequação do modelo de alvo simples foi realizado por Hillenbrand e Gayvert (1993), que sintetizaram as vogais em estado estacionário usando os dados de frequência fundamental e de frequência de formantes relatados por Peterson e Barney (1952). Os dados sintetizados foram apresentados aos ouvintes para identificação da vogal. Se o modelo de alvo simples estivesse correto, então altas taxas de identificação seriam esperadas, porque a informação acústica essencial estaria disponível para os ouvintes. Mas Hillenbrand e Gayvert relataram uma taxa de erro de identificação de 27,3%, mais do que quatro vezes a taxa de erro de 5,6% que Peterson e Barney obtiveram para seus ouvintes que identificaram vogais produzidas naturalmente. Hillenbrand e Gayvert explicaram esta grande diferença na taxa de erro em termo das pistas dinâmicas que ajudam na identificação da vogal.

MODELOS DE ALVO ELABORADOS

Em reconhecimento a essas limitações do modelo de alvo simples, alguns escritores propuseram outros modelos que podem ser chamados de modelos de alvo elaborados. A maioria deles lida primariamente com o problema da normalização de falante. Uma solução usual é transformar as medidas acústicas de formantes da vogal para um espaço psicofísico ou perceptual. Este espaço pode ter dimensões com escalas em mels ou Barks (essas transformações são definidas no Apêndice C). A ideia por trás desses esforços está no fato de que o sistema auditório realiza uma normalização dos dados acústicos. Portanto, uma transformação similar àquelas supostamente aplicadas pelo sistema auditório resolveria o problema de normalização. A transformada de Bark será considerada mais adiante neste capítulo.

MODELO DE ESPECIFICAÇÃO DINÂMICA

Strange (1987) acreditava que nem o modelo de alvo simples nem o modelo de alvo elaborado poderiam lidar adequadamente com a percepção das vogais. Ela propôs, em vez disso, um modelo de especificação dinâmica em que a informação dinâmica ou temporal, como também a informação de estado estacionário, fosse usada para identificar vogais. Incluída nesta informação está a natureza das transições formânticas para dentro e fora de uma vogal em estado estacionário e a duração do estado estacionário. O que é necessário é uma representação que inclua informação espectral definida temporalmente. Ou seja, as vogais não devem ser conceptualizadas como formantes em estado estacionário, mas como histórias de formantes.

IDENTIFICAÇÃO DE VOGAL: *TEMPLATES VERSUS* PADRÕES CONSTRUÍDOS

A discussão anterior introduziu o problema da normalização de vogais. Podemos frasear a questão básica bem simplesmente: se falantes diferem nas propriedades acústicas de suas vogais, então como é que um ouvinte sabe qual vogal um dado falante está tentando produzir?

Uma resposta a esta questão, como dada por Joos (1948), é que um ouvinte constrói ativamente os padrões idiossincráticos de vogal para cada falante. Esses padrões, ou molduras de referência, podem ser desenvolvidos na base de um pequeno número de enunciados daquela pessoa. De acordo com a hipótese de moldura de referência, o contexto acústico geral de uma vogal fornece a informação essencial da qual o ouvinte pode construir um espaço vocálico de referência para um dado falante. Uma possibilidade é estimar o comprimento do trato vocal da frequência F3 média (Claes, Dologlou, Tenbosch & Van Compernolle, 1998). Então as vogais produzidas por aquele falante são interpretadas dentro do espaço vocálico. Uma variante desta ideia é que falantes constroem o espaço vocálico de referência na base de uma vogal [i] do falante (como em "*he*"). Esta vogal tem propriedades distintivas especiais que a tornam uma boa vogal de "calibração" (Matthei & Roeper, 1983). Uma fraqueza deste conceito é que os ouvintes não podem sempre esperar um falante produzir uma vogal [i]. O aviso, "*Olha o carro do posto*", como poderia ser gritado por um pedestre que nota um carro dirigido perigosamente, não contém a referida vogal de calibração. O ouvinte em perigo que espera pela vogal [i] pode bem esperar até a eternidade.

Uma ideia alternativa é que ouvintes adquirem os exemplares (*templa-tes*) de vogal baseados em suas experiências de longo termo com a fala de várias pessoas. Esses *templates* são como médias acústicas determinadas por homens, mulheres e crianças (BERGEM et al., 1988). Quando os ouvintes tentam identificar uma vogal, eles correspondem a vogal desconhecida com uma vogal-*template* apropriada, que é uma média para homens, mulheres ou crianças. O *template* apropriado é selecionado na base do tom e timbre da vogal desconhecida. Bergem et al. (1988) dizem que a teoria de *templates* é respaldada pelo fato de que ouvintes podem identificar com precisão considerável até mesmo vogais sozinhas (sem contexto) produzidas por qualquer falante (homens, mulheres ou crianças).

DESCRIÇÃO ACÚSTICA DE VOGAIS

Com esses modelos como pano de fundo, consideramos a especificação acústica das vogais. Os parâmetros candidatos para a descrição acústica são padrões formânticos, espectro, duração e frequência fundamental. Uma escolha adicional é a escala usada para expressão de medidas de frequência. Como notado no Capítulo 3, as escalas lineares de frequência tradicionalmente foram assimiladas para a análise da fala. Entretanto, é bem conhecido o fato de que o sistema auditório humano não analisa frequência de uma forma linear. Portanto, já foi sugerido que a análise da fala deveria ser realizada de uma forma que modele a análise feita pelo ouvido humano. A seleção de escalas de frequência não lineares apropriadas é uma grande questão na análise acústica da fala, e este tópico sempre voltará neste livro. O Apêndice C descreve algumas das mais comuns transformadas de frequência usadas.

PADRÃO DE FORMANTE DA VOGAL

Muito da experiência com a fala sintetizada dá suporte ao padrão de formante como um pista primária para a percepção das vogais. Quando as vogais foram sintetizadas usando frequências de formante estimadas da fala natural, os resultados foram geralmente satisfatórios (Fry, Abramson, Eimas e Liberman, 1962; mas note as altas taxas de erro relatadas por Hillenbrand & Gayvert, 1993). De fato, a maior parte do trabalho recente em síntese de fala confia em uma especificação formântica de vogais, e uma estratégia baseada em formantes é uma das formas mais comuns de síntese de fala (Capítulo 8). As frequências de formantes derivadas das análise da fala natural são usadas para especificar o padrão formântico de vogais sintetizadas. O grande sucesso dessa abordagem poderia ser tomado para favorecer as descrições de formantes, embora não necessariamente uma descrição baseada apenas em suposições estáticas.

As Tabelas 4.1 e 4.2 listam a frequência fundamental média dos três primeiros formantes para várias vogais produzidas por homens e mulheres, respectivamente. Os dados de Peterson e Barney (1952) são possivelmente os valores mais frequentemente citados em fonética acústica e, portanto, eles se configuram como um clássico. Suas amostras de vogal foram gravadas por 76 falantes (homens, mulheres e crianças) e foram analisadas tanto acústica quanto perceptualmente. Este estudo de vogal foi um dos primeiros a examinar as propriedades acústicas dos sons da fala em uma amostra grande de falantes. Os dados mais recentes de Hillenbrand, Getty, Clark e Wheeler (1995) representam uma réplica e extensão do estudo de Peterson e Barney. Os valores são relatados em vários outros estudos, incluindo: Zahorian e Jagharghi (1993); Hagiwara (1995); Yang (1996); Childers e Wu (1991); Assmann e Katz (2000) e Lee, Potamianos e Narayanan (1999). As médias e desvios padrões calculados para as frequências F1, F2 e F3 dão um conjunto médio de valores para cada vogal e um índice da variação entre estudos. Note que essas estatísticas são baseadas em apenas seis dos estudos relatados nas Tabelas 4.1 e 4.2, que parecem ser mais comparáveis em seus padrões gerais de frequência de formantes. Para os homens (Tabela 4.1), os desvios padrões para F1 são geralmente menores do que cerca de 50 Hz. Para F2 e F3, os desvios padrões são maiores do que para F1. Os valores para F2 geralmente são menores do que 130 Hz, com a exceção de /u/. Geralmente, os desvios padrões para F2 são maiores do que os para F3. Para mulheres (Tabela 4.2), os desvios padrões para F1 são, com duas exceções, menores do que 100 Hz. Os desvios padrões para F2 e F3 tendem a

TABELA 4.1 Dados médios sobre a frequência fundamental e as três primeiras frequências de formantes para vogais do inglês americano produzidas por falantes adultos masculinos. Os dados são de (1) Peterson e Barney (1952); (2) Hillenbrand et al. (1995); (3) Zahorian e Jagharghi (1993); (4) Hagiwara (1995); (5) Yang (1996); (6) Childers e Wu (1991); (7) Assman e Katz (2000); (8) Lee, Potamianos e Narayanan (1999). Médias (M) e desvios padrões (dp) são mostrados para F1, F2 e F3 quando um número suficiente de valores está presente; essas estatísticas são baseadas apenas no dados dos estudos de 1 a 6.

		Vogal											
		i	I	e	Ɛ	æ	ɑ	ɔ	o	U	ʊ	ʌ	3^
F_0	1	136	135	—	130	127	124	129	—	137	141	130	133
	2	138	13?	129	127	123	123	121	129	133	143	133	130
	5	136	130	128	132	126	125	128	129	135	135	127	130
	6	132	130	—	124	123	120	120	—	126	130	120	122
	7	110	108	111	102	101	103	101	112	112	131	102	105
	8	132	136	—	129	123	135	127	—	149	144	130	134
F1	1	270	390	—	530	660	730	570	—	440	300	640	490
	2	342	427	476	580	588	768	652	497	469	378	623	474
	3	272	410	—	550	656	749	637	456	439	324	—	445
	4	291	418	403	529	685	—	—	437	441	323	574	429
	5	286	409	469	531	687	638	663	498	446	333	592	490
	6	303	439	—	542	645	673	615	—	487	342	591	477
	7	300	445	497	534	694	754	654	523	426	353	638	523
	8	292	458	—	590	669	723	601	—	501	342	610	471
	M	294	416	449	544	654	712	627	472	454	333	604	468
	sd	26	17	—	20	36	54	37	30	20	26	27	25
F2	1	2290	1990	—	1840	1720	1090	840	—	1020	870	1190	1350
	2	2322	2034	2089	1799	1952	1333	997	910	1122	997	1200	1379
	3	2209	1859	—	1740	1748	1192	1004	1176	1234	1396	—	1286
	4	2338	1808	2059	1670	1600	—	1248	1188	1366	1417	1415	1362
	5	2317	2012	2082	1900	1743	1051	1026	1127	1331	1393	1331	1363
	6	2172	1837	—	1690	1622	1098	990	—	1168	1067	1194	1276
	7	2345	1974	1982	1855	1809	1214	1081	1182	1376	1373	1455	1457
	8	2266	1851	—	1707	1725	1204	929	—	1269	1181	1288	1265
	M	2275	1923	2077	1773	1731	1153	1018	1100	1206	1190	1266	1336
	sd	68	99	—	89	125	113	131	130	130	241	102	44
F3	1	3010	2550	—	2480	2410	2440	2410	—	2240	2240	2390	1690
	2	3000	2684	2691	2605	2601	2522	2538	2459	2434	2343	2550	1710
	3	2971	2600	—	2535	2345	2501	2400	2307	2349	2352	—	1656
	4	2920	2588	2690	2528	2524	—	2441	s430	2446	2399	2496	1683
	5	3033	2671	2636	2561	2497	2318	2527	2375	2380	2282	2494	1787
	6	2851	2482	—	2456	2357	2457	2465	—	2307	2219	2401	1707
	7	3003	2654	2557	2643	2580	2468	2564	2390	2364	2321	2539	1686
	8	2930	2588	—	2549	2532	2496	2599	—	2466	2411	2557	1612
	M	2964	2596	2672	2528	2456	2448	2464	2393	2359	2306	2466	1706
	sd	68	76	–54	102	80	58	67	78	70	68	44	—

TABELA 4.2 Dados médios sobre a frequência fundamental e as três primeiras frequências de formantes para vogais do inglês americano produzidas por falantes adultos femininos. Os dados são de (1) Peterson e Barney (1952); (2) Hillenbrand et al. (1995); (3) Zahorian e Jagharghi (1993); (4) Hagiwara (1995); (5) Yang (1996); (6) Childers e Wu (1991); (7) Assman e Katz (2000); (8) Lee, Potamianos e Narayanan (1999). Médias (M) e desvios padrões (dp) são mostrados para F1, F2 e F3 quando um número suficiente de valores está presente; essas estatísticas são baseadas apenas no dados dos estudos de 1 a 6.

		Vogal											
		i	I	e	ε	æ	ɑ	ɔ	o	U	υ	ʌ	3^
F_0	1	235	232	—	223	210	212	216	—	232	231	221	218
	2	227	224	219	214	215	215	210	217	230	235	218	217
	5	221	216	209	211	209	205	206	207	214	228	206	211
	6	233	228	—	219	216	214	216	—	220	222	215	217
	7	216	207	209	204	199	208	194	201	207	217	199	201
F1	1	310	430	—	610	860	850	590	—	470	370	760	500
	2	437	483	536	731	669	936	781	555	519	459	753	523
	3	338	486	—	745	922	981	793	532	528	400	—	542
	4	362	467	440	806	1017	—	947	516	486	395	847	477
	5	390	466	521	631	825	782	777	528	491	417	701	523
	6	378	512	—	661	842	838	745	—	522	409	724	558
	7	429	522	572	586	836	688	816	636	516	430	767	640
	8	360	532	—	694	787	894	726	—	595	412	740	543
	M	369	474	—	697	855	877	772	532	503	408	757	520
	sd	44	27	—	76	115	80	114	14	24	30	56	29
F2	1	2790	2480	—	2330	2050	1220	920	—	1160	950	1400	1640
	2	2761	2365	2530	2058	2349	1551	1136	1035	1225	1105	1426	1588
	3	2837	2284	—	2123	2089	1440	1176	1419	1437	1617	—	1532
	4	2897	2400	2655	2152	1810	—	1390	1392	1665	1700	1753	1558
	5	2826	2373	2536	2244	2059	1287	1140	1206	1486	1511	1641	1550
	6	2586	2197	—	2013	1933	1246	1190	—	1386	1361	1445	1504
	7	2588	2161	2309	2144	2051	1273	1203	1470	1685	1755	1751	1508
	8	2757	2183	—	2057	2078	1459	1079	—	1522	1388	1609	1481
	M	2822	2350	—	2153	2048	1349	1159	1393	1395	1374	1533	1562
	sd	52	98	—	118	180	142	150	183	204	295	156	47
F3	1	3310	3070	—	2990	2850	2810	2710	—	2680	2670	2780	1960
	2	3372	3053	3047	2979	2972	2815	2824	2828	2827	2735	2933	1929
	3	3456	3093	—	3041	2981	2847	2860	2789	2848	2766	—	1992
	4	3495	3187	3252	3064	2826	—	2725	2903	2926	2866	2988	1995
	5	3416	3014	2991	2968	2928	2563	2895	2836	2836	2796	2901	1927
	6	3286	2996	—	2956	2982	2945	2853	—	2792	2730	2863	2024
	7	3256	2965	2990	2929	2875	2966	2947	2634	2734	2636	2887	1870
	8	3291	3064	—	3005	2916	2950	2986	—	2887	2804	2957	1884
	M	3389	3069	—	3000	2923	2796	2811	2839	2818	2760	2893	1971
	sd	82	68	—	43	69	141	76	47	81	67	78	39

ser maiores do que os de F1, e os valores, tipicamente, são maiores para F3 do que para F2. Possivelmente, a frequência de F2 é mais sensível a variações idioletais e dialetais do que a frequência de F3, que poderia explicar uma maior variação nas frequências de F2 do que nas de F3.

Os valores nas tabelas de formante-frequência não devem ser considerados prescritivamente, mas, em vez disso, como médias em torno das quais variações consideráveis podem ocorrer. Geralmente, os valores formante-frequência do estudo de Peterson e Barney se assemelham razoavelmente bem com os dos estudos mais recentes. Entretanto, para ambos homens e mulheres, as frequências de F2 tendem a ser mais baixas para as vogais posteriores no estudo de Peterson e Barney do que nos outros estudos. Os valores de F2 para [u] variam notavelmente. Diferenças dialetais podem dar conta dessas variações. Precaução deve ser observada na aplicação de dados de qualquer um dos cinco estudos para falantes que podem ter dialetos diferentes dos representados nas investigações. Os dados de Hagiwara (1997) para 15 falantes monolinguais do inglês do sul da Califórnia diferem em alguns aspectos potencialmente importantes dos resultados do estudo de Hillenbrand et al. Especificamente, os resultados de F1-F2 para /ae/ em Hillenbrand et al. são alçados de determinada forma que o espaço vocálico F1-F2 é mais um triângulo do que um quadrilátero. Mas os dados de Hagiwara mostram um formato quadrilátero semelhante ao formato que representa os dados de Peterson e Barney. Como Hagiwara apontou, o inglês americano "is an amorphous entity at best, and... there are considerable regional (and also social) differences, particularly in urban centers" (p. 658) ("é, na melhor das hipóteses, uma entidade amorfa e... há diferenças regionais consideráveis [e também sociais], especificamente em centros urbanos").

Uma regra geral aproximada para relacionar as frequências dos formantes da vogal com a articulação da vogal é que F1 varia na maior parte com a altura da língua e F2 varia na maior parte com o avanço da língua (ou seja, com variação na posição anteroposterior da língua). A Figura 4.5 mostra padrões formânticos estilizados que ilustram a relação acústico-articulatória. Precaução deve ser tomada no uso desta regra, porque há exceções. Entretanto, experimentos escalares multidimensionais confirmam a precisão geral da regra. Rakerd e Verbrugge (1985) relataram as seguintes correlações significantes entre as dimensões perceptuais e os parâmetros acústicos de

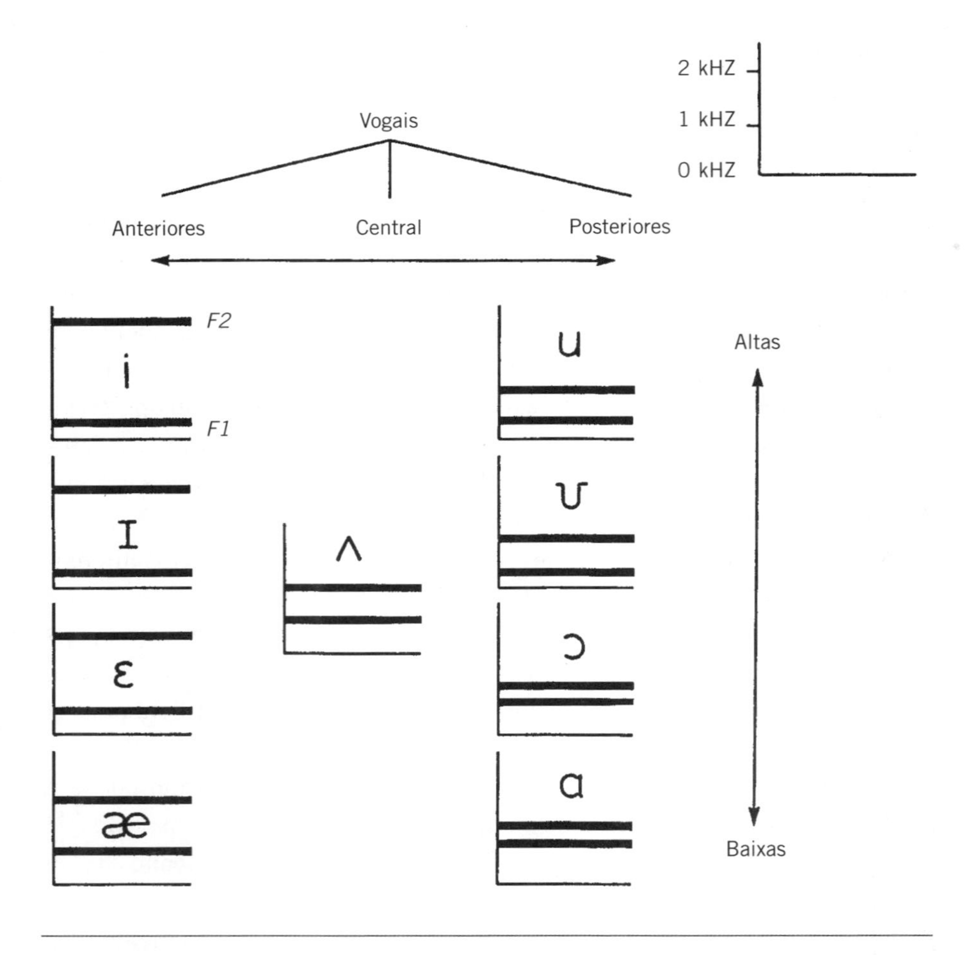

FIGURA 4.5 Espectrogramas estilizados mostrando o relacionamento entre as frequências de formantes de F1 e F2 e a posição da língua na cavidade oral.

vogais: dimensão D1 (interpretada como avanço) com a frequência F2 e F3; dimensão D2 (interpretada como altura) com a frequência F1; dimensão D3 (interpretada como tensão) com duração. Em geral, as vogais baixas possuem uma frequência F1 alta e vogais altas possuem uma frequência baixa. As vogais posteriores possuem F2 baixo e tipicamente uma pequena diferença F2-F1, enquanto as vogais anteriores possuem uma frequência de F2 relativamente maior e uma grande diferença F2-F1. Parece, então, que um padrão formântico de uma vogal pode ser usado para identificar uma vogal e até mesmo estabilizar relações entre parâmetros acústicos e perceptuais. Por exemplo, as diferenças nas frequências de F2 descritas acima para os dados de vogais de Peterson e Barney (1952) e Hillenbrand et al. (1995) parecem indicar que as vogais posteriores foram produzidas com uma articulação mais frontal pelos sujeitos na investigação de Hillenbrand et al. Talvez este resultado signifique que as vogais posteriores no inglês americano contemporâneo estejam mudando em direção à parte anterior da boca.

Como já notado, não é inteiramente certo que os formantes são a melhor (mais precisa e mais eficiente) descrição de vogais. Alguns experimentos usando vogais sintetizadas põem dúvida no papel de formantes. De interesse específico são os experimentos que estudaram modelos de dois formantes das vogais. Esses estudos exploraram as identificações de ouvintes de várias combinações dos padrões de F1 e F2. Carlson, Fant e Granstrom (1975) relataram um estudo em que F1 foi colocado em valores apropriados para fala natural, mas F2 foi variado experimentalmente. Às vezes o F2' experimental (o *prime* é usado para distinguir este formante do formante real da fala natural) variou sobre uma gama de valores, incluindo os valores de frequência além dos esperados para F2 na fala natural. Um sumário gráfico dos resultados é dado na Figura 4.6. A barra retangular aberta mostra o valor de frequência de F2' que deu o resultado acústico mais satisfatório para cada vogal. Para as vogais posteriores, F2' se aproxima dos valores para F2 na fala natural. Entretanto, para as vogais anteriores, um resultado bem diferente pode ser visto. F2' para as vogais [e] e [æ] cai em torno do caminho médio entre os naturais F2 e F3. Para a vogal [i] F2' cai perto do F4 natural.

Esses resultados são difíceis de conciliar com o modelo de formante simples da percepção de vogais. Diferentes abordagens foram usadas para prever F2' das medidas acústicas dos formantes vocálicos (BLADON, 1983; BLADON e FANT, 1978; PALIWAL, LINDSAY & AINSWORTH, 1983). Bladon (1983) concluiu, através de uma avaliação dessas abordagens, que a melhor explicação pode estar em uma integração espectral auditória da energia do formante vocálico dentro de uma largura de banda ampla de cerca de 3,5 Bark. (O Bark é uma transformação linear de frequência e é definida no

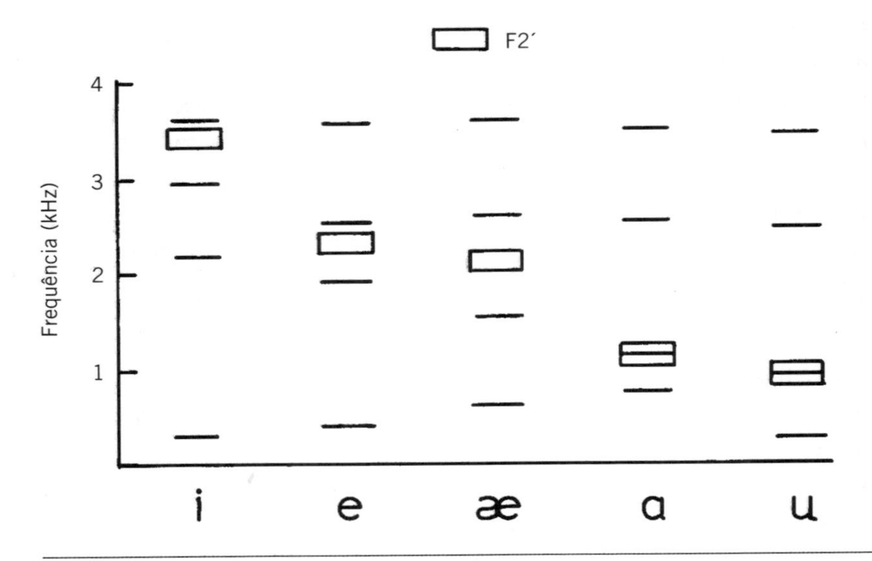

FIGURA 4.6 Espectrogramas estilizados para mostrar as segundas frequências efetivas de formantes (F2') comparadas às segundas frequências naturais de formantes para cinco vogais. Veja o texto para explicação. Redesenhado de R. Carlson, G. Fant e B. Granstrom, Two-formant models, pitch and vowel perception. In: Fant, G.; Tatham, M. A. A. (Orgs.). *Auditory analysis and perception of speech*. London: Academic Press, 1975. p. 55-82.

Apêndice C.) À medida que a energia do formante vocálico se move para dentro e para fora desta largura de banda integrante, ocorrerão não linearidades na qualidade da vogal percebida. A integração de 3,5 Bark também foi indicada em outros experimentos na percepção de vogais e sons semelhantes a vogais (Chistovich & Lublinskaja, 1979; Chistovich, Sheikin & Lublinskaja, 1979). Se não mais do que isso, esses experimentos e explicações tentativas nos dizem que a qualidade fonética de uma dada vogal pode ser associada a mais de um padrão formântico específico.

Como mencionado anteriormente, várias transformações não lineares de frequência foram propostas para a análise da fala. A transformada Bark é uma das mais influentes escalas não lineares, pois ela foi elaborada para ser uma boa aproximação da análise da frequência real percebida pelo ouvido. As frequências formânticas transformadas para Bark são às vezes usadas em preferência a valores de formante-frequência lineares. Em um importante artigo, Syrdal e Gopal (1986) relataram sobre a precisão da classificação vocálica alcançada com a transformada Bark. Eles concluíram que as diferenças em Bark foram especialmente úteis na classificação. As diferenças em Bark representam a diferença entre dois valores de formante-frequência transformados em Bark, como apresentado na Tabela 4.3. Esta tabela mostra que uma dada vogal pode ser classificada em relação a valores de diferença em Bark.

TABELA 4.3 Classificação das vogais do inglês americano baseada em traços de distância críticos em cinco dimensões de diferença em Bark. Adaptada de A. K. Syrdal e H.S. Gopal (1986). A perceptual model of vowel recognition based on the auditory representation of American English vowels. *Journal of the Acoustical Society of America*, n. 79, p. 1086-1100, 1986.

Vogal	F1-f_0 < 1 Bark	F2-F1 < 3 Bark	F3-F2 < 3 Bark	F4-F2 < 3 Bark	F4-F3 < 1 Bark
/i/	+	–	+	+	+
/I/	+	–	+	–	+
/ɛ/	–	–	+	–	+
/æ/	–	–	+	–	+
/3^/		–	+	–	–
/ʌ/	–	–	–	–	+
/a/	–	+	–	–	+
/ɔ/		+	–	–	+
/U/	+	–	–	–	+
/u/	+	–	–	–	+

Outra escala não linear é a taxa de largura de banda retangular equivalente (escala de taxa ERB, na sigla em inglês), que foi introduzida por Patterson (1976) e definida analiticamente por Moore e Glasberg (1983), Glasberg e Moore (1990) e Greenwood (1990). A maior diferença entre a escala de taxa ERB e a escala Bark é que, em frequências abaixo de 500 Hz, a escala Bark é linear, mas a escala de taxa ERB dá valores que caem entre uma transformada logarítmica e linear. Nessas frequências baixas, a escala de taxa ERB dá uma melhor resolução de frequência (menores larguras de banda) do que a escala Bark. As diferenças entre a taxa ERB e as escalas Bark podem ser mais importantes para entonação da fala do que para a análise dos formantes vocálicos (Hermes & Van Gestel, 1991). A vantagem da escala ERB é que ela supera a escala Bark em frequências baixas, mas é comparável à escala Bark em frequências altas. Portanto, a escala ERB oferece as mesmas vantagens da escala Bark para a análise das frequências dos formantes, mas oferece análise superior para entonação.

Como o Capítulo 7 discute em detalhes, os sons vocálicos são importantes transportadores da entonação e é, portanto, desejável que a análise acústica de vogais possa extrair informação entonacional bem como informação da frequência de formantes. A análise acústica da fala frequentemente deve extrair mais do que um tipo de informação. Devido ao fato de vogais terem um "serviço duplo" como segmentos fonéticos e como transportadoras da informação prosódica e extralinguística (como a emoção), um relato adequado da análise acústica pode incluir várias medidas acústicas. Este capítulo foca os aspectos fonéticos ou segmentais. Aspectos suprassegmentais são levados em consideração no Capítulo 7, mas alguns comentários preliminares são incluídos aqui.

Estudos têm sido feitos para determinar a relação entre as frequências dos formantes das vogais e as oitavas ótimas na percepção de vogais. Se um certo número de formantes vocálicos, digamos os três primeiros, são os principais determinantes da qualidade vocálica, então experimentos de filtragem devem mostrar que as oitavas ótimas para a percepção vocálica estão localizadas de modo a conter essas regiões de energia. Os resultados desses experimentos de filtragem são um pouco mais complicados do que isso. Miner e Danhauer (1977) relataram as seguintes oitavas ótimas para as três vogais [i], [u] e [a].

[i]: 1250-2500 Hz; 2500-5000 Hz; 5000-10000 Hz (todas elas abordaram os níveis de identificação da vogal controle (não filtrada)).

[u]: 80-160 Hz e 160-315 Hz (que se aproximaram bem dos níveis de identificação da vogal controle).

[a]: 630-1250 Hz e 1250-2500 Hz (a primeira dessas foi mais efetiva do que a segunda).

Os dados de Miner e Danhauer indicam que as oitavas ótimas para a percepção vocálica não estão necessariamente na vizinhança do segundo formante da vogal. De fato, somente a vogal [a] se acomoda à previsão de que F2 é crítica para a identificação vocálica. É interessante que, para a vogal [i], três bandas não sobrepostas foram igualmente efetivas para a identificação da vogal (embora não igualmente nos julgamentos de distorção dos ouvintes).

Embora questões permaneçam sobre a escolha do padrão formântico como melhor descrição acústica de vogais, muitas aplicações têm sido satisfatoriamente usadas nessa abordagem. Como será discutido em mais detalhes mais adiante, as sínteses de fala modernas (produção de fala por máquinas) frequentemente confiam nas especificações de frequência dos formantes de sons para produzir fala gerada por máquina (os chamados sintetizadores de formantes). Uma vantagem da descrição de vogais por padrão formântico é a economia. Na maioria dos casos, é necessário especificar apenas os três primeiros formantes para alcançar um bom resultado. Além disso, os padrões formânticos de vogais frequentemente são contínuos com os padrões formânticos de consoantes vizinhas. Outra vantagem da descrição formântica é que os formantes tipicamente são facilmente observados nas análises acústicas da fala. De fato, em uma abordagem da síntese de fala, propriedades acústicas salientes, como padrões formânticos, são traçados de visualizações da fala natural e usados como especificações de entrada para síntese. O padrão sintetizado é, assim, uma cópia da fala natural original.

A discussão até agora foi restrita aos dados do inglês americano. As vogais em várias línguas, embora não abundantes, permitem um exame adicional do papel das frequências formânticas na especificação fonética de vogais. Antes de nos voltarmos a alguns dados para línguas específicas, é apropriado dar uma perspectiva ampla sobre a questão dos inventórios dos sistemas vocálicos. Um bom ponto de partida é uma análise das vogais em uma grande base de dados coletados para 317 línguas. Essa base de dados é conhecida pela sigla, em inglês, UPSID, que significa Base de Dados do Inventório de Segmentos Fonológicos da UCLA (University of California, Los Angeles) (Maddieson, 1984). Schwartz, Boe, Vallee e Abry (1997) examinaram esta base de dados para descobrir "tendências gerais" nos inventórios vocálicos desta amostra de línguas. A Figura 4.7 mostra a grelha na qual os 37 símbolos vocálicos na UPSID são representados. Entre as conclusões principais descobertas por Schwartz et al. estão as seguintes, que têm uma relevância específica na presente discussão:

1. as línguas primeiramente selecionam vogais de um sistema vocálico primário que tem uma alta frequência de ocorrência entre línguas e na qual a duração é o diacrítico (modificação) típico. O sistema primário consiste de 3 a 9 vogais, mas os sistemas de 5 a 7 vogais são particularmente favorecidos. Entre as vogais nesses sistemas, as que ocorrem mais frequentemente são as vogais extremas /i/, /a/ e /u/;
2. quando as línguas têm mais do que cerca de 9 vogais, elas tendem a selecionar vogais adicionais além do conjunto primário através da exploração de uma nova dimensão. Essas vogais adicionais são nomeadas como um sistema vocálico secundário e consistem geralmente de 1 a 7 vogais (com 5 sendo preferido);
3. as vogais em ambos os sistemas primário e secundário estão concentradas na periferia da grelha vocálica (isto é, os lados do quadrilátero vocálico), e há uma tendência para um balanço entre as vogais anteriores e posteriores. Quando esse balanço não ocorre, as vogais anteriores usualmente são mais numerosas do que as posteriores;
4. a vogal não periferal preferida é o schwa, sendo que essa ocorrência não parece interagir com outras vogais em um sistema específico. Ou seja, o schwa é uma vogal "paralela", cuja ocorrência pode ser motivada por princípios intrínsecos, como a redução vocálica.

Ideias adicionais na seleção de vogais em línguas específicas vêm de uma consideração de propriedades psicoacústicas (Iivonen, 1994, 1995). Há muito tempo pensa-se que vogais eram selecionadas de acordo com princípios de máximo contraste. Ou seja, referindo-se à grelha na Figura 4.7, se uma língua possui apenas 3 vogais, 2 das quais são /i/ e /u/, então /a/ é bem mais provável de ocorrer do que, digamos, /I/ ou /o/. Espera-se que vogais maximamente contrastivas sejam mais facilmente discriminadas perceptualmente, o que reduz a probabilidade de confusões e a inteligibilidade reduzida.

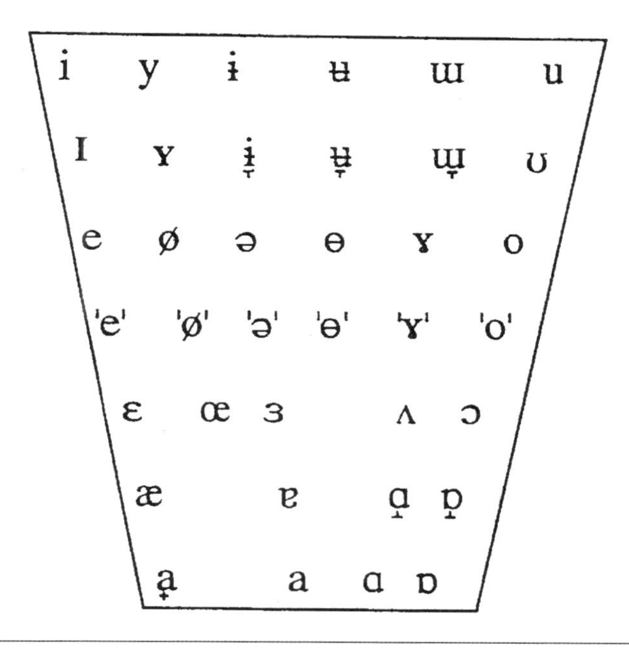

FIGURA 4.7 Grelha para representar os 37 símbolos de vogais na UPSID. Reimpresso de J. L. Schwartz, L.-J. Boe, N. Vallee e C. Abry, Major trends in vowel system inventories. *Journal of Phonetics*, n. 25, p. 236, 1997.

Agora voltaremos a exemplos de frequências de formantes em línguas diferentes. Se se toma a afirmativa de que um /i/ é um /i/, independentemente da língua em que aparece, então um único conjunto de dados acústicos (ajustados para variações etárias e de sexo) seria suficiente para cada fonema vocálico no Alfabeto Fonético Internacional. Essa afirmativa simplificada é segura de se fazer: os valores de amostra são dados nas Tabelas 4.4 (hebraico), 4.5 (espanhol), 4.6 (japonês), 4.7 (estoniano), 4.8 (sueco), 4.9 (grego), 4.10 (holandês), 4.11 (inglês britânico), 4.12 (coreano) e 4.13 (hindu). Uma nota de precaução é importante: essas tabelas são baseadas em dados de números diferentes de sujeitos (que podem variar nas características físicas como comprimento do trato vocal e nas características sociolinguísticas como dialeto regional) e de diferentes procedimentos de gravação e análise. Comparações diretas devem ser feitas com esses pensamentos em mente.

TABELA 4.4 Frequências de formantes de cinco vogais do hebraico moderno produzidas por um falante adulto masculino — L-masculino (Laufer, 1975), seis falantes masculinos — A-masculino (Aronson et al., 1996); e seis falantes femininos — A-feminino (Aronson et al., 1996). Aronson et al. relataram resultados tanto para as análises de LPC e FFT; os valores de LPC são dados neste tabela.

Vogal		F1	F2	F3	F4
[i]	L-masculino	310	2560	2990	3710
	A-masculino	300	2670	3320	4015
	A-feminino	325	2715	3130	4170
[e]	L-masculino	510	1990	2610	3455
	A-masculino	470	1185*	2470	4350
	A-feminino	540	2325	3075	4220
[ɑ]	L-masculino	760	1240	2720	3670
	A-masculino	710	1232	2720	3650
	A-feminino	880	1530	2995	3870
[o]	L-masculino	510	975	2760	3440
	A-masculino	442	866	2268	3252
	A-feminino	523	984	2965	3530
[u]	L-masculino	310	835	2820	3480
	A-masculino	320	784	2576	3615
	A-feminino	384	886	2945	3670

TABELA 4.5 Frequências de formantes das vogais espanholas produzidas em enunciados CVCV por quatro falantes adultos masculinos do espanhol madrilenho. Reimpresso de A. R. Bradlow, A comparative acoustic study of English and Spanish vowels. *Journal of the Acoustical Society of America*, n. 97, p. 1916-1924, 1995. Os valores mostrados são médias (com desvios padrões em parênteses).

Vogal	F1	F2
[i]	286 (6)	2147 (131)
[e]	458 (42)	1814 (131)
[ɑ]	638 (36)	1353 (84)
[o]	460 (19)	1019 (99)
[u]	322 (20)	992 (121)

TABELA 4.6 Frequências de formantes das cinco vogais japonesas produzidas por um falante adulto masculino. Reimpresso de T. Hirahara e H. Kato, The effect of F_0 on vowel identification. In: Tohkura, Y.; Vatikiotis-Bateson, E.; Sagisaka, Y. (Orgs.). *Speech perception, production and linguistic structure*. Amsterdam: IOS Press, p. 89-112, 1992.

Vogal	F1	F2	F3	F4
[i]	281	2281	3187	4281
[e]	469	2031	2687	3375
[ɑ]	750	1187	2594	3781
[o]	468	781	2656	3281
[u]	312	1219	2469	3406

TABELA 4.7 Frequências de formantes para vogais estonianas produzidas por um falante adulto masculino. Reimpresso de A. Eek e E. Meister, Acoustics and perception of Estonian vowel types, *PERILUS*, n. XVIII, p. 55-90, 1994.

Vogal	F1	F2	F3	F4
[i]	254	1881	2980	3402
[e]	356	1810	2532	3198
[æ]	661	1332	2227	3148
[y]	254	1780	2156	3178
[ø]	376	1546	2044	3051
[u]	274	549	1831	3036
[o]	396	630	1968	3036
[ɑ]	610	946	2441	3031
[ə]	386	1088	1912	3056

TABELA 4.8 Frequências de formantes de dez vogais suecas; valores médios para 24 falantes adultos masculinos produzindo vogais longas isoladas. Reimpresso de G. Fant, *Speech sounds and features*. MIT Press, 1973. p. 96.

Vogal	F1	F2	F3	F4
[i:]	255	2190	3150	3730
[e:]	345	2250	2850	3540
[ε:]	505	1935	2540	3370
[æ:]	625	1720	2500	3440
[y:]	260	2060	2675	3310
[ʉ:]	285	1640	2250	3250
[ø:]	380	1730	2290	3225
[u:]	290	595	2330	3260
[o:]	390	690	2415	3160
[ɑ:]	600	925	2540	3320

TABELA 4.9 Frequências de formantes de cinco vogais gregas (acentuada, posição de foco na taxa lenta). Os falantes foram cinco jovens homens que falavam grego padrão (ateniense). Reimpresso de M. Fourakis, A. Botinis e M. Katsaiti, Acoustic characteristics of Greek vowels. *Phonetica*, n. 56, p. 28-43, 1999.

Vogal	F1	F2
[i]	340	2046
[e]	491	1788
[ɑ]	738	1350
[o]	508	1020
[u]	349	996

TABELA 4.10 Frequências de formantes de doze vogais holandesas; médias para 50 falantes masculinos. Reimpresso de L. C. W. Pols, H. R. C. Tromp e R. Plomp, Frequency analysis of Dutch vowels from 50 male speakers. *Journal of the Acoustical Society of America*, n. 53, p. 1093-1101, 1973.

Vogal	F1	F2	F3
[i]	294	2208	2766
[I]	388	2003	2571
[e]	407	2017	2553
[E]	583	1725	2471
[ɑ]	795	1301	2565
[ɑh]	679	1051	2619
[c]	523	866	2692
[o]	487	911	2481
[u]	339	810	2323
[y]	305	1730	2208
[œ]	438	1498	2354
[ø]	443	1497	2260

TABELA 4.11 Frequências de formantes de vogais do inglês britânico. Baseado nos dados de J. C. Wells, *A study of formants of the pure vowels of British English*. Dissertação (Mestrado) — University of London, 1962.

Vogal	F1	F2
[i:]	300	2300
[I]	360	2100
[e]	570	1970
[ɑ:]	680	1100
[o]	600	900
[o:]	450	740
[U]	380	950
[u]	300	940
[ʌ]	720	1240
[ɜ]	580	1380

TABELA 4.12 Frequências de formantes de 10 vogais coreanas. Médias para 30 falantes masculinos (M) e 30 femininos (F). Reimpresso de B. Yang, A comparative study of American English and Korean vowels produced by male and female speakers. *Journal of Phonetics*, n. 24, p. 245-261, 1996.

Vogal		F1	F2	F3
[i]	M	341	2219	3047
	F	344	2814	3471
[ɨ]	M	405	1488	2497
	F	447	1703	2997
[e]	M	490	1968	2644
	F	650	2377	3068
[ɛ]	M	591	1849	2597
	F	677	2285	3063
[ɑ]	M	738	1372	2573
	F	986	1794	2957
[o]	M	448	945	2674
	F	499	1029	3068
[ø]	M	459	1817	2468
	F	602	2195	3013
[u]	M	369	981	2565
	F	422	1021	3024
[y]	M	338	2114	2729
	F	373	2704	3222
[ʌ]	M	608	1121	2683
	F	765	1371	3009

TABELA 4.13 Frequências de formantes de dez vogais do hindu em palavras C_1VC_2. Médias para dois falantes masculinos calculadas de dados relatados de Khan, Gupta e Rizvi (1994).

Vogal	F1	F2	F3
[ʌ]	585	1290	2005
[a]	665	1155	2140
[I]	430	2125	2860
[i]	385	2480	3310
[U]	505	1255	2000
[u]	580	1340	2215
[e]	530	2230	3195
[ɛ]	610	2440	3450
[o]	535	1190	2025
[ɔ]	595	1260	2155

Como um exemplo do tipo da questão cross-linguística, pode-se perguntar, sobre as vogais, aspectos como: a vogal /i/ em sueco é idêntica à vogal /i/ do inglês americano (ou de qualquer outra língua) no que concerne à frequência de formantes? A resposta não pode ser dada com grande confiança hoje, mas parece que os valores de frequência de formantes representados pelo mesmo símbolo IPA (Alfabeto Fonético Internacional, na sigla em inglês) são, de alguma forma, ajustados para línguas individuais (Andrianopoulos, Darrow & Chen [no prelo]; Bradlow, 1995; Krull & Lindblom, 1992). Alguma variação nas frequências de formantes é bastante evidente na comparação dos diferentes valores para /i/ para falantes masculinos nas Tabelas de 4.5 a 4.13. Os valores de F1 para esta vogal (310, 286, 281, 254, 255, 340, 294, 300, 341 e 385 Hz) cobrem uma faixa de frequências de 131 Hz. Os valores de F2 (2560, 2147, 2281, 1881, 2190, 2046, 2208, 2300, 2219 e 2480 Hz) cobrem uma faixa de quase 700 Hz. Outras vogais que são nominalmente as mesmas no IPA exibem uma variabilidade similar entre línguas. As vogais classificadas como /u/ têm uma faixa de frequências de F1 de mais de 300 Hz e uma faixa de frequências de F2 de quase 800 Hz. Possivelmente, há, no mínimo, três grandes tipos de /u/, com um tipo tendo uma frequência de F2 muito baixa (abaixo de 600 Hz), uma segunda tendo uma frequência de F2 na faixa de cerca de 800 a 1000 Hz e uma terceira com uma frequência de F2 maior do que 1200 Hz.

Devido ao fato de os dados compilados nas Tabelas 4.5 a 4.13 pertencerem a números muito pequenos de falantes, deve-se tomar cuidado ao serem utilizados para desenvolver grandes conclusões. Além disso, é surpreendente que os dados de frequência de formantes sejam assim tão desiguais. Através de comparação, os valores de F1 e F2 relatados para vários estudos do inglês americano nas Tabelas 4.1 e 4.2 geralmente se assemelham, com a exceção notada em algumas vogais posteriores. Tomando-se a vogal /i/ como exemplo, as frequências de F1 e F2 para os falantes masculinos na Tabela 4.1 têm uma média de 294 Hz (dp = 26 Hz) e 2275 Hz (dp = 68 Hz), respectivamente. Se é verdade que as vogais são ajustadas de acordo com uma língua específica, então os símbolos do IPA são apenas uma indicação geral da similaridade acústica entre sons de línguas diferentes.

Pode não haver uma especificação de frequências de formante única, universal para qualquer vogal dada, embora possa haver uma preferência (um modo) estatística para um conjunto específico de valores. A origem de diferenças cross-linguísticas não é clara, mas — assumindo-se que essas diferenças são reais, não simplesmente uma variabilidade resultante de diferenças metodológicas — uma possibilidade é que línguas diferentes possuam diferentes bases de articulações (Honikman, 1964; Bradlow, 1995). A base de articulação de uma língua é uma configuração articulatória que reflete as configurações dos segmentos que ocorrem mais frequentemente e as combinações de segmentos na língua. Por exemplo, talvez vogais posteriores em alemão sejam geralmente mais extremas (mais baixas em F2) do que em muitas outras línguas, incluindo inglês. Possivelmente, a base de articulação pode ser prevista de dados em frequência de ocorrência. Entretanto, parece que poucos testes experimentais desta hipótese foram conduzidos. Um problema relacionado é a normalização de vogais para dados cross-linguísticos. Idealmente, uma estratégia específica para a normalização de vogais pode ser aplicada entre os dados de vogais de línguas diferentes. Entretanto, Disner (1980) expôs o cuidado de que "comparisons of the normalized vowels of one language with the (separately) normalized vowels of another language are not valid if the vowel systems are different" (p. 2253) ("comparações de vogais normalizadas de uma língua com as vogais normalizadas [separadamente] de outra língua não são válidas se os sistemas vocálicos são diferentes").

A questão dos padrões formânticos de vogais também pode ser abordada sob a perspectiva de limens de diferença (DLs, na sigla em inglês) (também às vezes chamada de diferenças logo notáveis, ou JNDs [*just noticeable differences*]) para a percepção da frequência de formantes. Ou seja, como os falantes são sensíveis a pequenas mudanças na frequência de um ou mais formantes? Dados anteriores sobre este tópico indicam que DLs para as frequências de formantes foram da ordem de 3-5% da frequência de formantes (Flanagan, 1955; Mermelstein, 1978; Nord & Sventelious, 1979), embora DLs grandes como 13% também foram relatados (Nakagawa, Saito & Yoshino, 1982). Estudos mais recentes relatam DLs da ordem de 1-2% da frequência de formantes (Hawkes, 1994; Kewley-Port & Watson, 1994; Kewley-Port & Zheng, 1999). Uma razão para os resultados diferentes está no fato de que DLs menores foram obtidos em estudos que empregaram uma tarefa de audição que minimizou a incerteza entre estímulos sucessivos. Uma conclusão geral a respeito do tema é que ouvintes podem detectar uma mudança tão pequena quanto 1% da frequência de formantes para vogais do inglês americano (ex.: cerca de 20 Hz para o F2 da vogal /i/ produzida por um adulto masculino), mas tão grandes quanto 13% da frequência de formantes para vogais do japonês (Nakagawa, Saito & Yoshino, 1982). Pode ser tentador concluir que os DLs para a frequência de formantes sejam determinados em parte pelo número de vogais na língua do sujeito. Se isso for correto, então os DLs são determinados em grande parte pela experiência, com os menores DLs esperados para línguas com mais vogais. Assim, os falantes nativos de dinamarquês (um língua rica em vogais) devem ter, excepcionalmente, grandes DLs. Seria interessante saber se falantes nativos de uma língua com 3 vogais adquirem menores DLs para frequências de formantes se eles aprenderem subsequentemente uma língua com 15 vogais. Kewley-Port e Zheng (1999) relataram que, para falantes do inglês americano, a resolução dos formantes vocálicos sob condições de escuta bastante comuns (vogais em sentenças) foi de cerca de 0,28 Barks, comparado à distância de 0,56 Barks entre as vogais mais próximas na língua.

É pertinente considerar aqui a confiabilidade da análise acústica de formantes vocálicos. Não há dúvida de que a confiabilidade das medidas de frequência de formantes varia com a qualidade da fala sendo analisada, a experiência da pessoa realizando a análise e o método de análise. Surpreendentemente, poucos estudos sistemáticos de medidas de frequência de formantes foram relatados, mas Monsen e Engebretson (1983) podem ser tomados como um. Eles determinam a confiabilidade da frequência de formantes com ambos LPC e espectrografia. Com gravações de alta qualidade da fala normal, as três primeiras frequências de formantes foram estimadas em torno de ± 60 Hz com a análise de LPC. Com a espectrografia, houve a mesma precisão aplicada a medidas de frequência de F1 e F2, mas o erro na medida da frequência de F3 foi da ordem de ± 110 Hz. Um ponto central a ser feito é que o erro na medida de frequência de formantes por análises acústicas pode ser tão grande quanto, se não maiores, DL para a frequência de formantes em condições de escuta ideais.

Finalmente, como discutido brevemente no Capítulo 3 e em maiores detalhes no Capítulo 6, a análise acústica dos formantes vocálicos é limitada pela f_0 associada com uma produção vocálica específica. Isso não é simplesmente um problema de análise acústica, porque a mesma questão geral se aplica à análise auditória das vogais. O problema surge porque, na análise de vogais vozeadas, a função de transferência é amostrada em múltiplos de f_0, de modo que o espectro de curto termo reflete a estrutura espectral fina dos harmônicos da voz, e não simplesmente os formantes. Os picos no espectro de curto termo são localizados em harmônicos de f_0. O mesmo problema afeta a análise auditória, porque os padrões de excitação cocleares para frequências baixas resultam em harmônicos. Uma solução é modelar a análise vocálica como um processo de combinação com dados perdidos, de modo que regiões espectrais próximas a harmônicos são mais fortemente pesadas (Cheveigne & Kawahara, 1999).

ESPECTRO DE CURTO TERMO DA VOGAL

As vogais também podem ser descritas com respeito a seus espectros, e alguns investigadores propuseram que um espectro de curto termo é melhor do que o padrão formântico na distinção de vogais. Obviamente, o padrão formântico é refletido no espectro de uma vogal, mas espectros de vogais contêm informação além de formantes. Um sumário gráfico dos efeitos de variações espectrais selecionadas na identificação de vogais é apresentado na Figura 4.8. A parte (a) mostra a inclinação espectral, em que o espectro é rotacionado ao longo de um valor de média frequência para mudar as amplitudes relativas das porções de baixa e alta frequências. Os efeitos dessas mudanças espectrais são usualmente pequenos. A parte (b) mostra uma variação espectral em que a profundidade dos vales espectrais é alterada. Esse tipo de variação também resulta em relativamente pouco efeito na identificação de vogais. A parte (c) retrata uma mudança logarítmica na intensidade do espectro. Essas mudanças usualmente possuem pouco efeito perceptual, exceto em altura. A parte (d) dá um exemplo de mudanças na posição relativa dos picos espectrais. Essas modificações frequentemente tiveram efeitos na percepção de vogais. Finalmente, a parte (e) ilustra uma mudança espectral em que a inclinação (taxa de mudança no espectro) é alterada na vizinhança de um pico. Essa alteração espectral também possui grandes efeitos na identificação vocálica. Uma conclusão geral a ser posta é que qualquer variação espectral que afeta a localização de um pico pode afetar seriamente a interpretação fonética do espectro das vogais.

Em um estudo que comparou formantes com traços de formato espectral para a classificação automática de vogais, concluiu-se que os traços de formato espectral são um conjunto mais completo de correlatos acústicos para vogais do que os formantes (Zahorian & Jagharghi, 1993). Esse estudo indica que um espectro global suavizado preserva a informação acústica mais plenamente do que uma especificação de frequência de formantes. De fato, os autores notam que "three formants, even with their bandwidths and amplitudes included, appear to be insufficient to encode all the important properties of natural speech spectra" (Zahorian & Jagharghi, 1993, p. 1975) ("os três formantes, mesmo com suas amplitudes

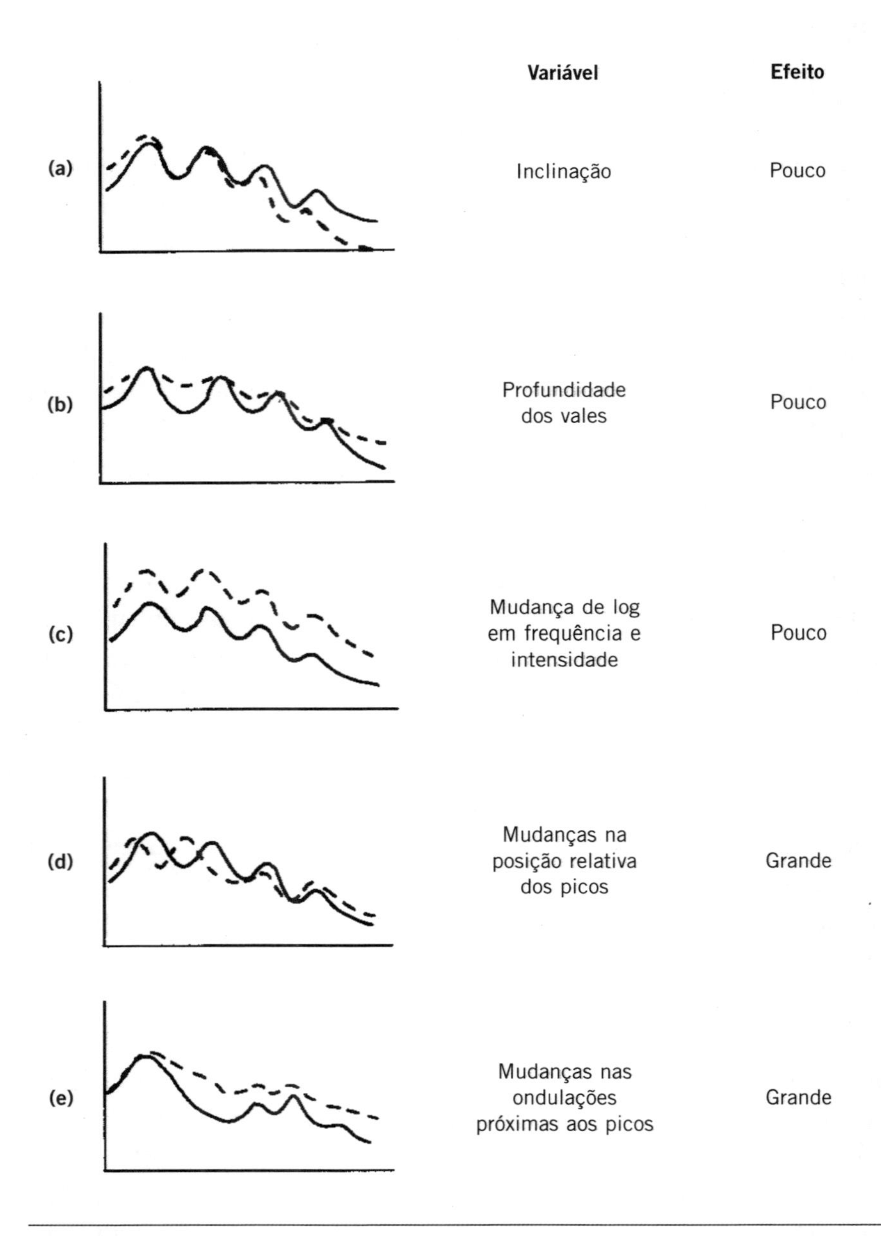

FIGURA 4.8 Efeitos de várias mudanças espectrais na identificação de vogais. A variável mudança espectral é ilustrada à esquerda e o efeito sobre a identificação é sumarizado à direita. Redesenhado de J. D. Miller, Auditory processing of the acoustic patterns of speech. *Archives of Otolaryngology*, v. I, n. 10, p. 154-159, 1984.

e larguras de banda incluídas, parecem ser insuficientes para codificar todas as propriedades importantes dos espectros da fala natural"). Mas eles também não mostraram que algum conjunto dos três traços espectrais globais fosse melhor do que as três frequências de formantes. A superioridade dos traços de formato global espectrais foi demonstrada especialmente quando dez ou mais traços foram usados. Poderíamos concluir que a informação formântica não é um relato acústico completo de vogais, mas é uma descrição econômica.

Se são feitas médias de espectros de curto termo de muitas amostras, o resultado é um espectro médio de longo termo da fala (LTASS (*long-term average speech spectrum*). O LTASS não é útil na identificação de sons da fala individuais, pois suas propriedades são misturadas com as de outros sons. Entretanto, devido ao fato de vogais fornecerem a energia dominante na fala, elas determinam em grande parte o formato do LTASS. Parece que o LTASS é semelhante entre línguas (Byrne et al., 1994), mas difere entre gêneros (Mendoza et al., 1996). A Figura 4.9 ilustra o LTASS para cinco variedades do inglês. Pode ser visto que homens possuem maior energia nas frequências baixas, que a maior energia para homens e mulheres está na faixa de 125 a 500 Hz e que a energia cai para frequências acima de 500 Hz. A linha sólida nos diferentes gráficos da Figura 4.9 poderia ser tomada como uma aproximação de um LTASS universal, ou seja, o LTASS entre todas as línguas do mundo. As diferenças de gênero podem ir além das ilustradas na Figura 4.9: Mendoza et al. (1996) observaram que o LTASS para mulheres diferiu do para homens, pois teve um maior nível de ruído na vizinhança de F3 e uma inclinação espectral mais baixa. Essas características são consideradas mais adiante no Capítulo 6.

DURAÇÃO DA VOGAL

O terceiro parâmetro, depois de frequências de formantes e formato espectral, é a duração da vogal. Embora a duração seja negligenciada na tabela F1-F2 tradicional, é quase sempre disponível como uma pista no sinal físico da fala, e muitas línguas exploram duração como um traço da vogal.

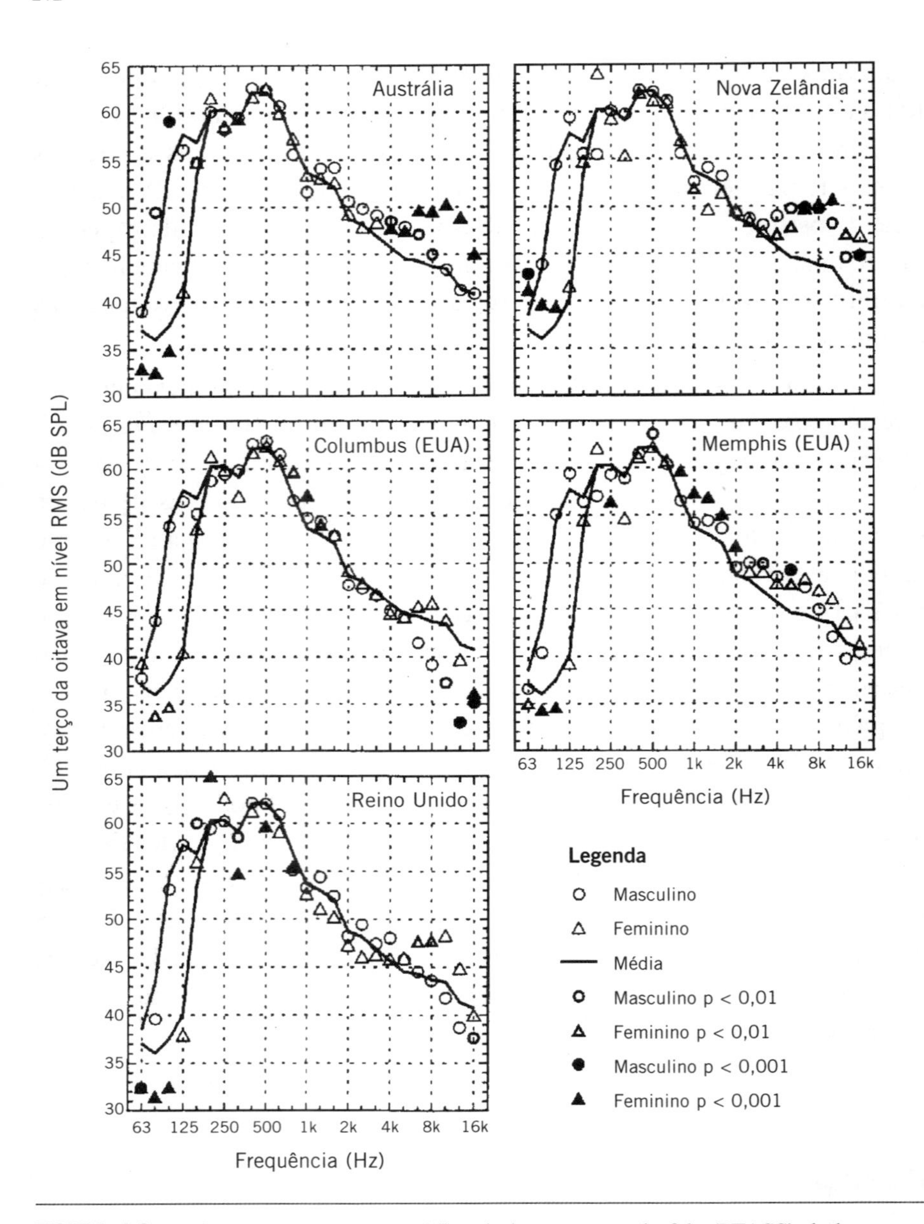

FIGURA 4.9 Valores para espectros médios de longo termo da fala (LTASS) de homens e mulheres para cinco amostras de inglês. A linha sólida mostra a média de LTASS entre 17 amostras de fala de línguas diferentes; homens e mulheres separados por frequências abaixo de 160 Hz, combinados para frequências mais altas. Reimpresso de Byrne et al., Long-term average speech spectra. *Journal of the Acoustical Society of America*, n. 96, p. 2113, 1994.

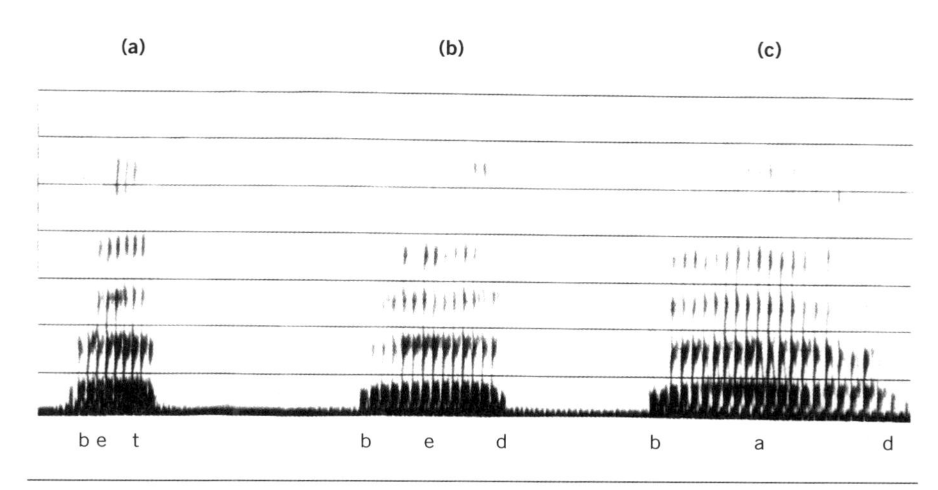

FIGURA 4.10 Ilustração espectrográfica de variações na duração da vogal. Espectrogramas são mostrados para (a) "*bet*" [b t], (b) "*bed*" [b d] e (c) "*bad*" [b æ d].

As vogais podem diferir substancialmente em suas durações, como ilustrado na Figura 4.10. Entre os fatores que influenciam a duração da vogal estão: traço tenso-relaxado (longo-curto) da vogal, altura da vogal, acento silábico, taxa de elocução, vozeamento de uma consoante anterior ou seguinte, ponto de articulação de uma consoante anterior ou seguinte e vários fatores sintáticos ou semânticos, como posição no enunciado ou familiaridade da palavra (para uma boa revisão, vide Klatt, 1976). Alguns desses são atributos duracionais inerentes (ex.: tensão ou relaxamento, altura da vogal), e outros são determinados pelas propriedades suprassegmentais ou contexto fonético (ex.: acento, taxa de elocução, ambiente consonantal). Erickson (2000) mostrou que a modelagem da estrutura de covariância mostra que os efeitos de vários fatores na duração da vogal podem ser mais bem entendidos em termos de um modelo dúbio de população, com uma população sendo palavras de conteúdo monossilábicas e sílabas lexicalmente acentuadas e a outra, palavras de função monossilábicas e sílabas lexicalmente átonas. Ambas as populações mostram efeitos similares da duração intrínseca e posição de final de frase (de modo que esses dois efeitos podem ser considerados como vogal geral). Entretanto, os efeitos de vozeamento consonantal pós-vocálico e posição na palavra foram preditores importantes para a duração vocálica em palavras de conteúdo e sílabas acentuadas, mas não em palavras funcionais ou sílabas átonas. Os resultados de Erickson indicam que as várias influências sobre a duração vocálica têm, de alguma forma, efeitos diferentes nas duas maiores classes de vogais.

Os experimentos indicam que embora a duração não seja suficiente em si para a identificação de qualquer vogal individual, ela ajuda sim o falante a distinguir vogais espectralmente similares, como /æ/ *versus* /ɛ/ ou colocar vogais em categorias como tensa *versus* relaxada. Hillenbrand, Clark e Houde (2000) concluíram, a partir de um experimento usando fala sintetizada, que os efeitos da duração vocálica no reconhecimento vocálico são importantes para o grupo vocálico /ɑ/-/ɔ/-/ʌ/ e o par /æ/-/ɛ/. É interessante notar que alguns contrastes vocálicos acompanhados por diferenças consistentes em duração (ex.: /i/-/I/) não foram afetados apreciavelmente pela pista de duração. Aparentemente, a presença de uma diferença acústica consistente não necessariamente significa que a identificação fonética explorará a diferença.

O Capítulo 3 discutiu a medição de durações segmentais de várias exibições acústicas. A duração vocálica é uma das medidas temporais mais comuns na análise da fala, e é importante saber como esse valor pode ser determinado precisamente. A precisão das medidas de duração vocálica foi estimada em vários estudos. Parece que medidas são de precisão comparável em espectrogramas e oscilogramas, com um intervalo de confiança de 95% de cerca de 10 a 25 ms (ALLEN, 1978). Similarmente, Smith, Hillenbrand e Ingrisano (1986) concluíram que as medidas temporais de espectrogramas ou oscilogramas estão usualmente dentro de 8 a 10 ms um do outro, mas medidas de oscilogramas tendem a resultar em durações vocálicas mais longas do que as feitas por espectrogramas. As medidas de duração também podem ser afetadas por critérios de formantes usados na espectrografia. Blomgren e Robb (1998) mediram as durações de vogais em estado estacionário em sílabas (Cid) (em que C indica uma consoante variável e id indica o tipo de vogal) usando um critério de taxa de mudança fixa tanto para a frequência de F1 quanto de F2. Seus dados de 40 falantes normais indicaram que as durações foram mais longas para medidas baseadas em F1 do que para F2.

FREQUÊNCIA FUNDAMENTAL DA VOGAL

As vogais também variam entre si na frequência fundamental de fonação. Essas diferenças frequentemente são obscurecidas por muitos outros fatores que governam a fonação, como acento linguístico, emoção do falante e entonação. Entretanto, quando esses fatores são controlados, diferenças confiáveis na frequência fundamental intrínseca podem ser observadas. A regra geral é que a frequência fundamental varia com a altura vocálica, ou seja, vogais altas possuem uma maior frequência fundamental, em média, do que as vogais baixas. Uma sumário gráfico de dois estudos clássicos do inglês americano é mostrado na Figura 4.11.

É duvidoso se essas diferenças de frequência fundamental possuem um papel principal no reconhecimento de vogais, mas elas podem ser pistas

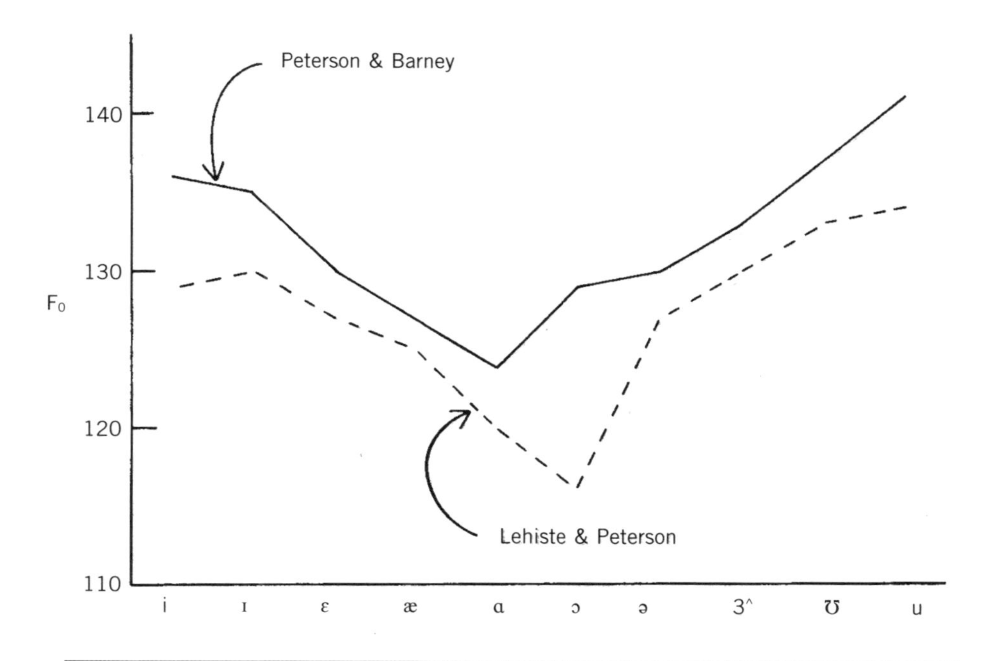

FIGURA 4.11 Frequência fundamental média para diferentes vogais como relatado em dois estudos (Lehiste & Peterson, 1961; Peterson & Barney, 1952). Note que as vogais altas são associadas com frequências fundamentais mais altas.

secundárias e possivelmente podem ser exageradas por alguns falantes para serem mais salientes. Como notado na discussão de frequência de formantes, a f_0 da vogal pode ser combinada com medidas de frequência de formante para fins de classificação vocálica. Na análise de Syrdal and Gopal (1986), a diferença em Barks entre F1-f_0 ajudou a distinguir as vogais altas /i/, /I/, /u/ e /U/ das vogais mais baixas (Tabela 4.3). Em acréscimo, foi hipotetizado por Diehl e Kluender (1989) que a frequência fundamental intrínseca é um aspecto de aumento do sinal da fala, em que os falantes manipulam pistas para fortalecer perceptos fonéticos. A percepção da altura vocálica, como discutido no texto, seria aumentada pela regulagem da diferença entre F1 e f_0. A frequência fundamental intrínseca alcançará o efeito desejado. Entretanto, Whalen e Levitt (1995) questionaram a interpretação do aumento auditório e atribuíram frequência fundamental intrínseca para um aspecto inerente e universal da fonação. Nesse estudo relatou-se evidência da frequência fundamental intrínseca em 31 línguas representando 11 das 29 maiores famílias linguísticas do mundo. Essas análises cross-linguísticas mostraram uma f_0 intrínseca média de 13,9 Hz para homens e 15,4 para mulheres. Em acréscimo, o padrão geral de f_0 alto para as vogais altas e f_0 baixa para vogais baixas é consistente entre idade e gênero, pelo menos para o inglês americano (Sussman & Sapienza, 1994; Whalen, Levitt, Hsiao & Smorodinsky, 1995; veja também os dados compilados nas Tabelas 4.1 e 4.2), mas talvez não para o grego (Fourakis, Botinis & Katsaiti, 1999).

Vários estudos trataram da origem dessas diferenças de f_0 entre as vogais. A maior parte da evidência é fundamentada por uma teoria baseada na articulação (Honda, 1983), que supõe que a elevação da raiz da língua para as vogais altas cause um deslocamento anterior do osso hioide. Esses efeitos em anexos extrínsecos da laringe produzem um aumento da tensão na laringe, possivelmente combinados com uma elevação para frente da cartilagem tireoide. Isso não quer dizer que a f_0 não tem nenhum papel na percepção vocálica, mas, em vez disso, que a origem das diferenças de f_0 dependentes da vogal é encontrada na fisiologia da fala.

Uma questão especificamente importante com respeito à f_0 é que ela e seus harmônicos definem o espectro de curto termo de uma vogal. Picos no espectro (que são frequentemente usados para inferir frequências de formantes) são fortemente influenciados pela estrutura harmônica. Devido ao fato de muitas análises acústicas (e talvez análises auditórias também) amostrarem a função de transferência em múltiplos de f_0, estimativas da estrutura formântica são baseadas em propriedades harmônicas. Essa questão se torna especialmente séria para os valores de f_0 altos. Por essa razão, Cheveigne e Kawahara (1999) propuseram um "modelo de dados perdidos" em que a identificação vocálica é feita por funções de peso dependentes de f_0 que enfatizam regiões espectrais adjacentes aos harmônicos.

LARGURA DE BANDA E AMPLITUDE DO FORMANTE

A Tabela F1-F2 convencional especifica apenas as frequências dos formantes das vogais. Mas, como discutido no Capítulo 2, cada formante também pode ser descrito por dois traços interativos e adicionais, largura de banda e amplitude. Em geral, qualquer ressonância pode ser descrita por dois números: sua frequência de ressonância e sua largura de banda. A amplitude usualmente reflete a quantidade de energia disponível a um ressonador. Na descrição de vogais, é útil pensarmos cada formante como sendo descrito por três números: *frequência de formante*, *largura de banda* e *amplitude*. Devido ao fato de os dois últimos tipicamente interagirem, eles não precisam sempre ser especificados individualmente. Entretanto, especificamente para algumas aplicações na síntese de fala, um controle independente de largura de banda e amplitude é possível.

A largura de banda é relacionada ao *amortecimento*, que é a taxa de absorção da energia do som. Quanto maior o amortecimento, maior a largura e banda do som. Os sons que são bastante amortecidos tendem a acabar rapidamente, ou seja, sua energia é rapidamente dissipada. Os sons que são associados com muito pouco amortecimento tendem a ser sustentados. Uma aplicação prática desse conceito ocorre com o tratamento acústico de salas de concerto ou palestra. Frequentemente, as salas que são feitas com paredes planas, rígidas, não são aceitáveis acusticamente. Os sons produzidos nessas salas tendem a dar eco ou reverberar. As paredes rígidas refletem a energia do som, de modo que a energia de um som recentemente produzido frequentemente compete com a energia reverberante de sons precedentes, produzindo uma mistura que soa "lamacenta". Para reduzir essa reverberação indesejável, os engenheiros acústicos frequentemente usam ornamentos acústicos que absorvem a energia do som. Quanto maior a absorção do som, menor o problema com reverberação.

Cada formante do trato vocal durante a produção vocálica possui uma largura de banda. A convenção usual em medidas de largura de banda é medir a largura do formante (ou qualquer ressonância) em um ponto que é 3 dB abaixo do pico (Figura 4.12). A figura de 3 dB correspondente ao "ponto de potência média", ou o ponto correspondendo à metade da potência acústica do som determinado pelo pico. O efeito de aumentar a largura do formante é ilustrado na Figura 4.12 pelas curvas sobrepostas, cada uma representando uma ressonância com uma largura de banda diferente. Se o trato vocal fosse um tubo de parede rígida, como uma trompa de metal, seu amortecimento seria consideravelmente menor do que é. Devido ao fato de o trato vocal ser composto largamente por tecidos macios, uma quantidade apreciável de som produzido na fala é absorvida por esses tecidos.

As larguras de banda dos formantes determinados por medidas empíricas são resumidas na Tabela 4.14. A largura de banda do formante geral-

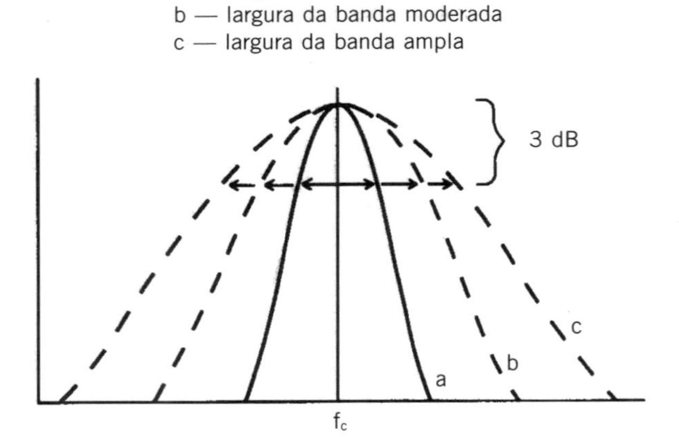

FIGURA 4.12 Variações em largura de banda para uma frequência central fixa, f_c. A largura de banda é medida convencionalmente 3 dB abaixo do pico de energia.

mente aumenta com o número do formante, de modo que os formantes mais altos têm maiores larguras de banda do que F1. Uma exceção a esse padrão é que a largura de banda para F1 pode diminuir, de alguma forma, à medida que a frequência de F1 aumenta de 100 Hz, ou próximo disso, para 500 Hz (Hawkes & Miller, 1995). Para frequências acima de 500 Hz, a largura de banda do formante aumenta com a frequência do formante. Hawkes e Miller (1995) sugeriram que a largura de banda do formante pode ser estimada com a frequência central do formante sozinha. Suas estimativas combinam com medidas empíricas obtidas por Fant (1961) e Fujimura e Lindqvist (1971). A relação geral entre largura de banda do formante (LBF) e frequências centrais dos formantes (FF) é como segue:

1. LBF diminui de cerca de 10 Hz para cerca de 40 Hz acima do intervalo de FF de 100 Hz a 500 Hz;
2. LBF é bastante estável em 40-50 Hz acima da faixa FF de cerca de 500 Hz a 1800 Hz;
3. para FF maior do que 1800 Hz, LBF aumenta acentuadamente de cerca de uma largura de banda de 60 Hz em 1800 Hz para acima de uma largura de banda de 300 Hz em 5000 Hz;
4. os valores de LBF para mulheres são cerca de 25% maiores do que os valores para homens.

TABELA 4.14 Largura de banda (em Hz) dos três primeiros formantes vocálicos estimados em oito estudos.

	A	B	C	D	E	F	G	H
F1 (largura de banda)	39	110	130	55	54	40-70	47	30-70
F2 (largura de banda)	51	190	150	66	65	50-85	48	30-70
F3 (largura de banda)	80	260	185	89	70	60-100	82	50-135

A — Lewis (1936)
B — Tarnoczi (1948)
C — Bogert (1953)
D — Van den Berg (1955)
E — House e Stevens (1958); condição de glote fechada
F — House (1960); larguras de banda preferidas em julgamentos perceptuais
G — Fant (1962); média para 16 vogais
H — Fujimoro e Lindqvist (1971); extensão estimada para a condição de glote fechada

Experimentos têm mostrado que mudar a largura de banda de formantes tem muito pouco efeito na percepção de vogais. Aparentemente, o ouvido não é muito sensível a essas mudanças. Mesmo quando o efeito da redução da largura de banda é perceptualmente óbvio, como quando a largura de banda se aproxima de zero, os ouvintes ainda podem identificar os sons vocálicos. É possível sintetizar uma vogal reconhecível pela geração de três senoides simultâneas com as frequências dos três primeiros formantes de uma vogal (Figura 4.13). O efeito perceptual primário da largura de banda do formante está na naturalidade do som da vogal. As vogais que possuem larguras de banda incomumente estreitas soam artificiais, embora ouvintes usualmente possam identificá-las. Pode-se estender esta ideia para sentenças inteiras. Remez e colegas (Remez, Rubin, Pisoni & Carrell, 1981; Remez, Rubin & Pisoni, 1983) produziram um tipo de fala sintética que consistia apenas de três senoides simultâneas, ajustadas para variar em frequência de acordo com os padrões de frequência de formantes da fala humana. As sentenças produzidas por esta "síntese senoidal" foram geralmente inteligíveis se se dissesse aos falantes para esperar sons da fala. (Interessante notar que, se se dizer aos ouvintes que esperem sons de "ficção científica", eles frequentemente não conseguem ouvir a fala de forma alguma.) No outro extremo, aumentar a largura de banda do formante eventualmente pode reduzir a distintividade das vogais, pois a energia de diferentes formantes começa a se sobrepor. Nesse caso, o espectro da vogal perde a precisão de seus picos e vales (Figura 4.14). A nasalização de vogais tem esse efeito, e é interessante que as vogais nasalizadas sejam menos distintivas do que suas contrapartes não nasais (Lindblom, Lubker & Pauli, 1977; Lubker, 1979). Portanto, embora a largura de banda do formante não seja necessariamente um fator crítico na percepção de vogais, há possivelmente uma largura de banda ótima que facilita a discriminação e identificação de vogais. Talvez a largura de banda de formante ótima contribua para o conceito de qualidade de voz (ressonante) ideal e para a inteligibilidade da fala.

A amplitude dos formantes está relacionada à largura de banda do formante, de modo que um aumento na largura de banda frequentemente leva a reduções na amplitude geral. Ou seja, desde que a energia na fonte

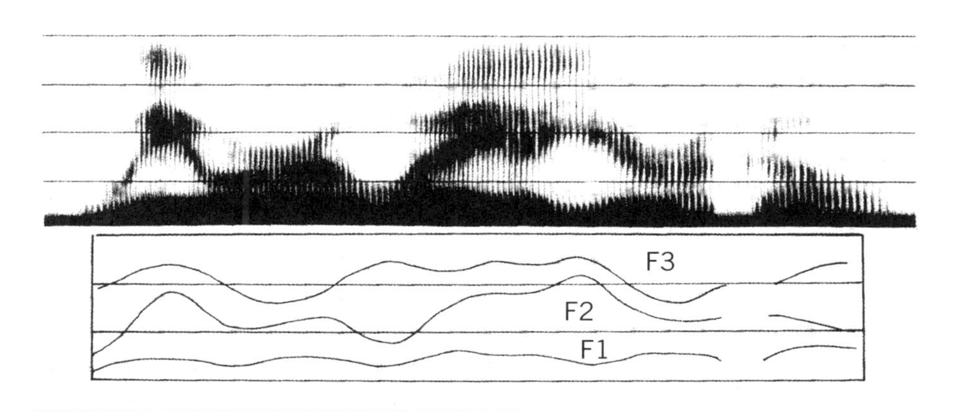

FIGURA 4.13 (topo) Espectrograma da sentença, "*We were away a year ago*" e (fundo) senoides que variam em frequência de acordo com as frequências de F1, F2 e F3 no espectrograma do topo.

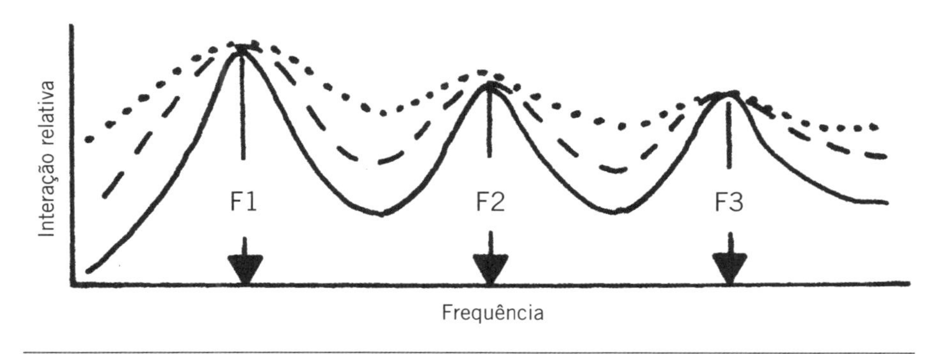

FIGURA 4.14 Efeitos do aumento da largura de banda no espectro de um som vocálico. A largura de banda aumenta da linha sólida para a hifenizada e, desta, para a pontilhada.

(isto é, a energia acústica da laringe) permaneça constante, aumentos na largura de banda do formante são acompanhados por reduções na amplitude do formante. As amplitudes relativas dos formantes em uma vogal são determinadas pelas frequências dos formantes, larguras de banda dos formantes e energia disponível na fonte. A última dessas é provavelmente bastante óbvia, dado que um ressoador não pode criar energia, mas, em vez disso, depende da energia de uma fonte como as cordas vocais vibrando. Como notado anteriormente neste parágrafo, a largura de banda pode afetar a amplitude do formante através da determinação do valor de pico do formante. Mas, por que o padrão de frequência do formante afeta as amplitudes do formante? A razão é que, na produção vocálica, os formantes interagem. Essa interação pode ser entendida graficamente como a adição algébrica das curvas de formante sobrepostas em frequências específicas, como discutido no Capítulo 2. Quando dois formantes são postos bem perto, eles se reforçam uns aos outros e suas amplitudes aumentam. Quando esses dois formantes se afastam, sua interação é reduzida e suas amplitudes decrescem. Quando F1 aumenta de frequência, os formantes mais altos são, de fato, amplificados pela cauda da alta frequência da curva de F1. Quando F1 diminui, os formantes mais altos não são tão fortemente influenciados pela cauda da alta frequência.

Tanto as amplitudes quanto as frequências de formantes são afetadas por mudanças no esforço ou intensidade da voz (vide Capítulo 7 para detalhes adicionais). Um achado geral é que a frequência de F1 aumenta com a intensidade vocal (Huber, Stathopoulos, Curione, Ash & Johnson, 1999; Lienhard & DiBenedetto, 1999). Lienhard e DiBenedetto também relataram que f_0 aumenta com o aumento do esforço vocal. As mudanças de frequência observadas por Lienhard e DiBenedetto foram 5Hz/dB para f_0 e 3,5 dB para F1. Eles também notaram que, à medida que se aumenta o esforço vocal, as amplitudes na extensão de alta frequência aumentam mais do que nas frequências mais baixas. Com uma mudança de 10 dB na amplitude geral, as mudanças nas amplitudes dos formantes foram de 11 dB para A1, 12,4 dB para A2 e 13 dB para A3 (em que A representa a amplitude do formante). Eles relacionaram esse padrão a uma mudança na inclinação espectral. Ou seja, com o aumento do esforço vocal, o espectro da fonte muda, de modo que relativamente mais energia está disponível nas altas frequências. Nawka, Anders, Cebulla e Zurakowski (1997) relataram que os falantes masculinos têm um pico de envelope aumentado entre 3150 e 3700 Hz. Eles deram o termo *formante do falante* a esse máximo de energia local e notaram que a inclinação espectral nessa região se torna mais rasa à medida que a sonoridade ou intensidade da voz diminui. Eles também relataram que a energia nessa região é cerca de 10 dB mais alta em vozes profissionais do que em não profissionais. Seus resultados apontam para um correlato possível de sonoridade.

O envelope de amplitude de uma forma de onda da vogal determina julgamentos relacionados ao início da vogal, como ataque duro (abrupto) ou suave (gradual). Quando o envelope da forma de onda da vogal alcança seu máximo rapidamente, os ouvintes estão aptos a julgar a vogal como tendo um ataque duro. Mas quando o envelope alcança seu valor máximo vagarosamente, os ouvintes tendem a julgar a vogal como tendo um ataque suave. O ataque abrupto percebido no início da vogal parece estar relacionado ao logaritmo do tempo sobre o qual o envelope da amplitude aumenta de 10% a 90% de seu valor máximo (Peters, Boves & Van Dielen, 1986). Esse traço não afeta necessariamente a identificação da vogal, mas pode determinar a probabilidade com que os ouvintes ouvem uma oclusiva glotal na identificação da vogal. Quanto mais rápido o aumento no envelope da amplitude, mais provável é o julgamento da ocorrência de uma oclusiva glotal.

SUMÁRIO DOS TRAÇOS ACÚSTICOS DAS VOGAIS

Uma abordagem plena das pistas acústicas para percepção vocálica parece requerer consideração de padrão formântico, espectro, duração, frequência fundamental, largura de banda do formante e amplitude do formante (Assman, Nearey & Hogan, 1982; Jenkins, 1987; Miller, 1989; Nearey, 1989). Além disso, especificamente quando vogais são produzidas no contexto de outros sons da fala, pode ser necessário considerar vários aspectos dinâmicos do sinal acústico associado com a vogal em seu contexto fonético. Esses aspectos dinâmicos envolvem primariamente as trajetórias formânticas do núcleo da sílaba, mas também podem incluir variações na frequência fundamental e amplitudes de formantes. Essas mudanças contextuais serão discutidas detalhadamente no Capítulo 7.

Os dois ou os três primeiros formantes (F1, F2, F3) são os mais importantes para identificação da vogal. Muitas vogais inglesas podem ser satisfatoriamente distinguidas dos dois primeiros formantes sozinhos. As frequências dos formantes devem ser ajustadas para a idade e o gênero do falante, e também parece que as frequências de formantes podem variar entre línguas para a mesma vogal nominal do IPA. Os formantes mais altos não são necessariamente importantes para o reconhecimento fonético, mas eles aumentam a naturalidade da vogal, o que explica o fato de eles serem tipicamente incluídos nas vogais da fala sintetizada (Capítulo 8). As vogais são inerentemente sons intensos e, portanto, dão um formato geral ao LTASS. O primeiro formante é tipicamente o formante mais forte e, por isso, tende a ser altamente associado com julgamentos de altura e cai na região mais intensa do LTASS (Figura 4.9). Para fins de classificação vocálica, o ouvido humano é bastante tolerante a mudanças nas larguras de banda dos formantes. Sob algumas condições, a largura de banda do formante pode ser reduzida a zero (deixando apenas uma única senoide para representar o formante) e a fala ainda pode ser entendida.

A Tabela 4.15 resume as relações entre as várias medidas acústicas e algumas propriedades fonéticas das vogais. A intenção principal desta tabela é mostrar que certos contrastes fonéticos podem ser associados com possíveis diferenças nas cinco medidas acústicas. Na maior parte, os contrastes fonéticos de baixo *versus* alto e de anterior *versus* posterior são mais bem determinados como diferenças acústicas na estrutura formântica. A diferença fonética de relaxado *versus* tenso pode afetar o padrão de frequência de formante, mas é frequentemente aparente como uma diferença na duração vocálica. O arredondamento dos lábios tem o efeito de aumentar o trato vocal, o que faz com que todos os formantes assumam frequências mais baixas do que uma configuração não arredondada. Portanto, a soma dos três primeiros formantes é mais baixa do que para uma vogal não arredondada. As vogais nasalizadas, comparadas a suas contrapartes não nasais, tendem a ter maiores larguras de banda de formantes, menor intensidade, uma frequência de F1 mais alta e menores frequências de F2 e F3.

TABELA 4.15 Diferenças em medidas acústicas para vários contrastes fonéticos para vogais: baixo *versus* alto, anterior *versus* posterior, tenso *versus* relaxado, arredondado *versus* não arredondado, nasal *versus* não nasal e fraco *versus* forte.

Medida	Vogais Baixas *versus* Altas		
f_0 média	Vogal baixa	<	Vogal alta
Intensidade	Vogal baixa	>	Vogal alta
Duração	Vogal baixa	>	Vogal alta
Frequência F1	Vogal baixa	>	Vogal alta
Diferença F1-f_0	Vogal baixa	>	Vogal alta
Medida	**Vogais Anteriores *versus* Posteriores**		
Frequência F2	Vogal posterior	<	Vogal anterior
Diferença F2-F1	Vogal posterior	<	Vogal anterior
Diferença F3-F2	Vogal posterior	>	Vogal anterior
Medida	**Vogais Tensas *versus* relaxadas**		
Duração	Vogal tensa	>	Vogal relaxada
Centralização (Formantes)	Vogal tensa	<	Vogal relaxada
Medida	**Vogal Arredondada *versus* Não arredondada**		
F1 + F2 + F3 (Soma de valores)	Vogal arredondada	<	Vogal não arredondada
Medida	**Vogal Nasal *versus* Não nasal**		
Largura de banda do formante	Vogal nasal	>	Vogal não nasal
Intensidade	Vogal nasal	<	Vogal não nasal
Frequência F1	Vogal nasal	>	Vogal não nasal
Frequência F2 + F3	Vogal nasal	<	Vogal não nasal
Medida	**Vogal Fraca *versus* Vogal forte**		
Frequência f_0	Vogal fraca	<	Vogal forte
Frequência F1	Vogal fraca	<	Vogal forte
Amplitudes dos formantes	Vogal fraca	<	Vogal forte

PARTE II: DITONGOS

As vogais são também chamadas monotongos, significando um som vozeado (tongo) único (mono-). Os ditongos são uma outra classe de sons relacionados a vogais. Os ditongos são como vogais pelo fato de serem produzidos com um trato vocal relativamente aberto e uma estrutura formântica bem definida, e servirem como núcleo de uma sílaba. Os ditongos são diferentes das vogais, pois eles não podem ser caracterizados por um formato único de trato vocal ou um padrão formântico único. Os ditongos são sons dinâmicos, em que o formato articulatório (e portanto o padrão formântico) muda vagarosamente durante a produção do som. A Figura 4.15 mostra espectrogramas para três ditongos do inglês nas palavras "*bye*", "*boy*" e "*bough*".

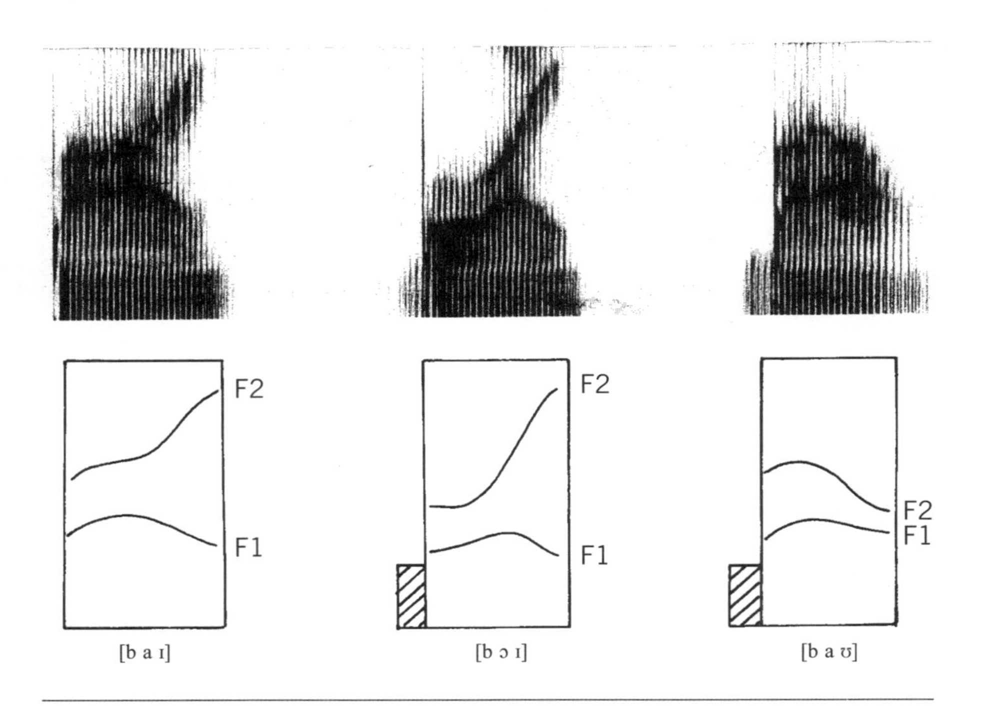

FIGURA 4.15 Espectrogramas e padrões F1-F2 extraídos para as palavras "*bye*", "*boy*" e "*bough*". Note o padrão F1-F2 distintivo para cada ditongo.

A maioria das descrições fonéticas especifica as posições de começo (*onglide*) e de final (*offglide*) do ditongo. Os símbolos do Alfabeto Fonético Internacional refletem essa descrição. Por exemplo, o ditongo na palavra "*eye*" é representado por um dígrafo como [aI], em que o primeiro símbolo [a] representa o começo e o segundo símbolo [I] representa o final do ditongo. Uma abordagem similar pode ser tomada para descrever acusticamente os ditongos. Como mostrado na Figura 4.16, cada ditongo pode ser representado na tabela F1-F2 por uma trajetória que começa com as frequências dos formantes do *onglide* e termina com as frequências dos formantes do *offglide*. As comparações das frequências dos formantes de ditongos com as de vogais simples foram relatadas por Holbrook e Fairbanks (1962); Lehiste e Peterson (1961) e Wise (1964). Dados limitados foram publicados para outras línguas, por exemplo, chinês (REN, 1986), holandês (COLLIER, BELL-BERTI & RAPHAEL, 1982; PETURSSON, 1972), estoniano (PIIR, 1983) e espanhol (MANRIQUE, 1979).

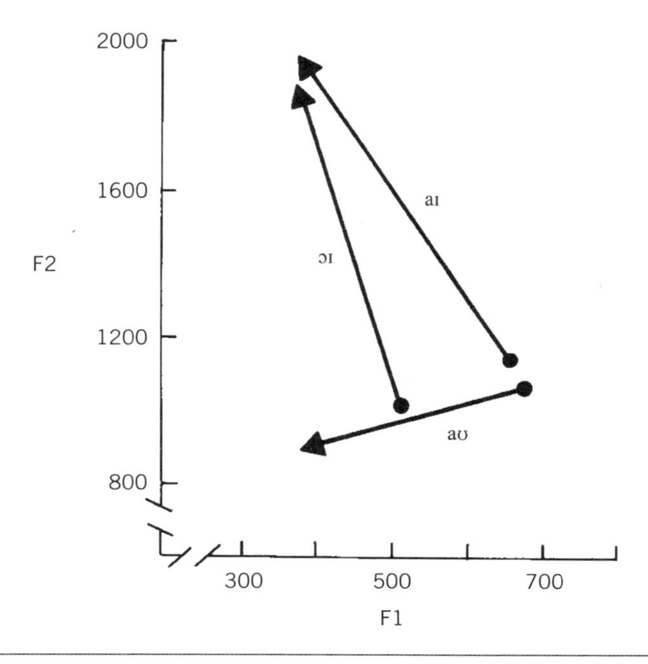

FIGURA 4.16 Trajetórias F1-F2 para os três ditongos /aɪ/, /ɔɪ/ e /aʊ/. As pontas das flechas indicam a direção da mudança de frequência.

Especificamente, quando os ditongos são produzidos em contexto ou em taxas rápidas de fala, uma variação considerável pode ocorrer tanto nos valores de formantes dos *onglides* quanto nos dos *offglides*. Por conseguinte, essas descrições de trajetória devem ser consideradas mais como valores sugeridos do que como prescritos. Pelo menos para alguns dialetos, a taxa de mudança da frequência dos formantes pode ser um traço característico da produção do ditongo. Gay (1968) relata que a taxa da mudança de frequência foi essencialmente invariante apesar de variações nos valores de *onglide* e *offglide*. Possivelmente, então, a taxa de mudança da frequência dos formantes é uma característica perceptualmente importante para a identificação dos ditongos do inglês.

SUMÁRIO

Vogais e ditongos são associados com padrões formânticos relativamente bem definidos, e frequências de formantes foram a abordagem dominante na caracterização acústica desses sons. Não queremos dizer, contudo, que a estrutura formântica é tudo o que precisa ser considerado. Como notado neste capítulo, há diferentes visões sobre a descrição acústica mais precisa e econômica de vogais e ditongos. Entretanto, o padrão formântico claramente dominou o estudo acústico dos sons vocálicos, e o entendimento dos padrões formânticos é importante no que diz respeito à teoria acústica da produção da fala (Capítulo 2), medidas de laboratório e descrições acústicas de vogais para línguas diferentes. Especialmente quando apenas um pequeno número de dimensões é usado na descrição vocálica, as frequências de formantes da vogal são uma solução razoável.

Capítulo 5

AS CARACTERÍSTICAS ACÚSTICAS DAS CONSOANTES

As características acústicas das consoantes são mais complicadas do que as das vogais. Todas as vogais podem ser descritas com essencialmente as mesmas características acústicas, como duração ou padrão formântico (ou alguma outra informação espectral). Entretanto, as consoantes diferem significantemente entre si nas suas propriedades acústicas, e é, portanto, difícil descrevê-las com qualquer conjunto único de medidas. Essas consoantes são associadas com um intervalo significante de energia de ruído (como as consoantes na palavra "*caustic*"), mas outras não possuem virtualmente componentes de ruído (como as consoantes na palavra "*raining*"). Algumas consoantes são produzidas com um período de completa obstrução do trato vocal, mas outras são produzidas com apenas um estreitamento do trato vocal. Algumas consoantes são estritamente orais em sua transmissão de energia, mas outras envolvem uma transmissão nasal da energia acústica. Devido a essas diferenças, as consoantes são discutidas em grupos que são distintivos em suas propriedades acústicas e articulatórias: oclusivas, fricativas, africadas, nasais, semivogais e líquidas.

As oclusivas em português são os fonemas /p b t d k g/ (também conhecidas como plosivas e oclusivo-plosivas). As fricativas são /f v s z ʃ ʒ R/. As africadas são [tʃ dʒ]. As oclusivas, fricativas e africadas compreendem a classe de *obstruintes*. Esses sons são produzidos com uma constrição radical (fechamento completo ou abertura estreita) do trato vocal. As consoantes nasais são /m n ɲ/. As semivogais são [w j] (também chamadas de aproximantes). As líquidas são as lateral /l ʎ/ e o rótico [r]. Nasais, semivogais e líquidas são agrupadas como *soantes* ou *não obstruintes*. Uma grande quantidade de informação acústica foi coletada para os sons consonantais. Devido ao fato de esse conhecimento ser importante para o entendimento da acústica das consoantes, uma revisão seletiva da literatura é incorporada neste capítulo.

CONSOANTES OCLUSIVAS

A característica articulatória essencial de uma *consoante oclusiva* é o bloqueamento momentâneo do trato vocal. O bloqueamento é formado por uma oclusão articulatória, que, para o inglês, possui um de três lugares: bilabial, alveolar ou velar (há também uma oclusiva glotal, mas esta será discutida separadamente em outra seção, porque ela em geral é considerada como alofônica no inglês americano). Em outras línguas, as oclusivas são produzidas em uma variedade de lugares, incluindo palatal, uvular e faringal. As oclusivas são abundantemente representadas nas línguas do mundo e frequentemente estão entre as consoantes que ocorrem com maior frequência em uma dada língua. Também já foi comentado que as oclusivas são a consoante arquetípica, envolvendo uma obstrução radical do trato vocal, que as torna uma oposição natural a vogais, os sons feitos com um trato vocal maximamente aberto. Os termos *oclusiva-plosiva* ou *plosiva* são usados por alguns escritores para se referir às consoantes /p t k b d g/, mas o termo mais geral oclusiva é favorecido neste livro. Nem todas as oclusivas envolvem uma soltura de pressão denotada pela palavra plosiva, mas todas as oclusivas necessariamente requerem um bloqueamento (parada), articulatório.

A classificação acústica e articulatória de consoantes oclusivas é diagramada na Figura 5.1. A parte superior do diagrama se aplica a oclusivas pré-vocálicas, em início de palavra, como as produzidas em sílabas CV. As oclusivas pré-vocálicas possuem tanto uma fase de fechamento quanto uma fase de soltura (dessa forma, elas podem ser chamadas oclusivo-plosivas no sentido estrito do termo). O bloqueamento articulatório possui uma duração variável, usualmente entre 50-100 ms e é subsequentemente solto com uma explosão de ar, à medida que a pressão do ar imposta atrás da obstrução escapa. Acusticamente, a fase de oclusão é associada com um mínimo de energia radiada. Devido ao fato de o trato vocal estar obstruído, pouca ou nenhuma energia acústica é produzida. Entretanto, na soltura, uma explosão de energia é criada à medida que o ar imposto escapa. Essa explosão é às vezes chamada de um *transiente* em reconhecimento ao seu caráter breve e passageiro. Mas essa terminologia não é seguida universalmente. Tipicamente, a explosão não dura mais do que 5 a 40 ms. É um dos mais curtos eventos acústicos que são comumente analisados na fala, se não o mais curto deles.

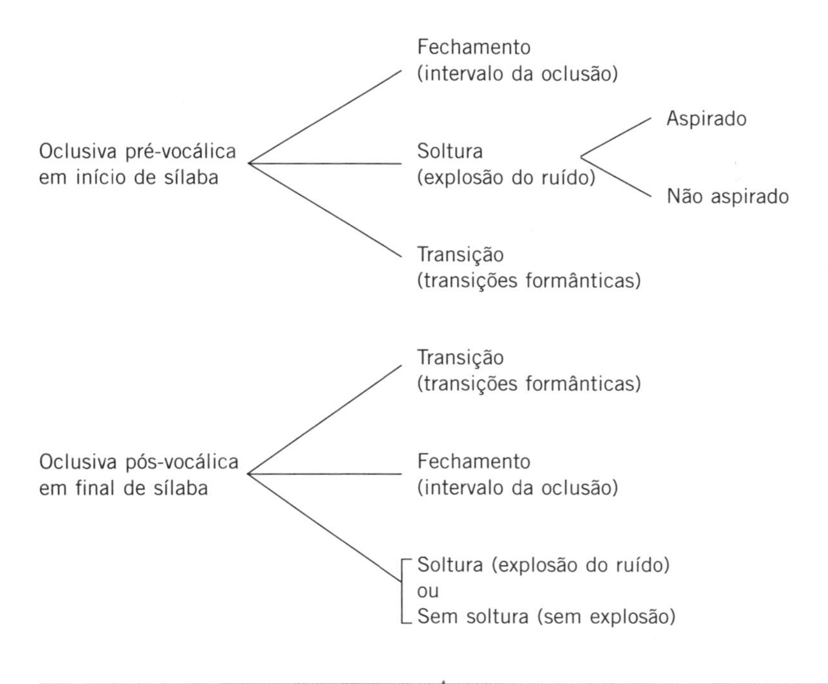

FIGURA 5.1 Diagrama da classificação fonética das consoantes oclusivas.

As solturas das oclusivas são classificadas adicionalmente como *aspiradas* ou *não aspiradas*. A aspiração é um ruído respiratório gerado quando o ar passa através das pregas vocais parcialmente fechadas e dentro da laringe. Esse ruído é essencialmente o da fricativa glotal [h], como na palavra "*hat*". Consequentemente, o IPA representa a aspiração com um sobrescrito *h*. Por exemplo, [t^h] denota uma oclusiva desvozeada aspirada. A aspiração segue de perto a explosão da soltura e é distinguida pelo espectro da energia do ruído. Em inglês, as oclusivas desvozeadas possuem solturas aspiradas antes das vogais acentuadas, exceto quando seguidas de /s/. Por exemplo, as palavras "*pie*", "*too*" e "*core*" são produzidas com oclusivas aspiradas, mas as palavras "*spy*", "*stew*" e "*score*" são produzidas com oclusivas não aspiradas. Tanto as oclusivas aspiradas quanto as não aspiradas possuem explosões, mas somente as primeiras possuem o ruído semelhante [h] seguindo a explosão. A Figura 5.2 mostra espectrogramas de oclusivas aspiradas e não aspiradas. Note que a aspiração aparece em um breve intervalo entre a explosão da oclusiva e o início das vibrações das cordas vocais (vozeamento) para a vogal seguinte. Às vezes a distinção entre explosão e aspiração não é facilmente feita em um espectrograma. As oclusivas desvozeadas na posição pré-vocálica são caracterizadas por um atraso no vozeamento relativo à soltura da oclusiva. Esse atraso é da ordem de 25-100 ms, dependendo de vários fatores que serão considerados mais adiante.

As oclusivas vozeadas são normalmente não aspiradas. Devido ao fato de o início da vibração das pregas vocais começar perto da explosão (com o vozeamento logo antes, simultaneamente com, ou logo depois do início do vozeamento), há pouca oportunidade para um intervalo de aspiração. As pregas vocais devem ser aduzidas para um vozeamento efetivo, e a geração do ruído de turbulência requer algum grau de abertura glotal. A aspiração das oclusivas é fonêmica em algumas línguas, mas não em inglês. A informação dada aqui pertence ao inglês e não se aplicará diretamente a outras línguas.

A informação nas próximas poucas seções enfatiza as consoantes oclusivas pré-vocálicas em início de sílaba, mas alguma informação é dada para oclusivas em outras posições contextuais. A discussão é organizada de acordo com a sequência de eventos no padrão acústico, como visto em um espectrograma.

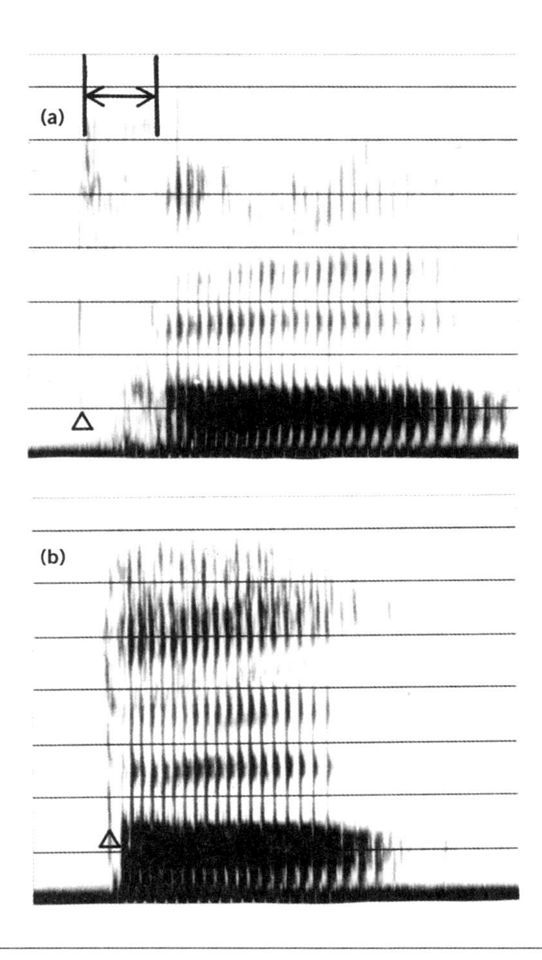

FIGURA 5.2 Espectrogramas de oclusivas (a) aspiradas e (b) não aspiradas. A seta dupla em (a) indica o intervalo de aspiração.

CARACTERÍSTICAS ACÚSTICAS DAS CONSOANTES OCLUSIVAS

O que percebemos como uma consoante oclusiva pode corresponder a uma sequência de eventos acústicos que são ilustrados no espectrograma da Figura 5.3. Esse espectrograma representa a palavra *"toss"*. Os segmentos acústicos mostrados da esquerda para a direita são: um transiente (um breve pulso de energia acústica produzido pela soltura inicial da constrição), *intervalo de africação* (um período de ruído de turbulência gerado à medida que a constrição é progressivamente solta) e *início do vozeamento* (a iniciação da vibração das pregas vocais para a vogal). Um intervalo de aspiração ocorre entre a fricção e o início do vozeamento. O *intervalo da oclusiva* que precede esses eventos de ruído é o intervalo silencioso que aparece à esquerda do transiente. O intervalo entre o transiente e o início do vozeamento é chamado de *tempo de início do vozeamento* (*VOT*, na sigla em inglês). O VOT possui uma faixa de valores que são frequentemente classificados como *vozeamento guia* ou *pré-vozeamento* (o vozeamento começa antes de a oclusiva ser solta), *vozeamento simultâneo* (o início do vozeamento é simultâneo com o transiente), *breve atraso* (o início do vozeamento começa consideravelmente mais cedo do que o transiente) e *longo atraso* (o início do vozeamento começa consideravelmente mais tarde do que o transiente). Finalmente, as *transições formânticas* podem ser vistas como as mudanças de configuração do trato vocal da constrição oral da oclusiva para um formato relativamente aberto para a vogal seguinte. As transições formânticas não são sempre claras para uma oclusiva desvozeada como a mostrada na Figura 5.3, mas iremos vê-las mais claramente em uma outra seção. Klatt (1975a) é uma boa fonte para dados sobre as relações entre as medidas temporais de VOT, fricção e aspiração em consoantes em início de palavra e encontros consonantais. Stevens (1989) detalha um tratamento teórico dos vários eventos ruidosos associados com as oclusivas. Agora consideraremos esses eventos acústicos em maiores detalhes, começando com o intervalo da oclusiva.

O INTERVALO DA OCLUSIVA

Devido ao fato de o intervalo da oclusiva ser o intervalo acústico correspondente à completa obstrução do trato vocal, esse intervalo é um mínimo de energia no sinal acústico. Ou seja, pouco ou nenhum som erradia do trato vocal obstruído. Para as oclusivas desvozeadas, o intervalo de oclusiva é virtualmente silencioso porque o trato vocal está obstruído e as pregas

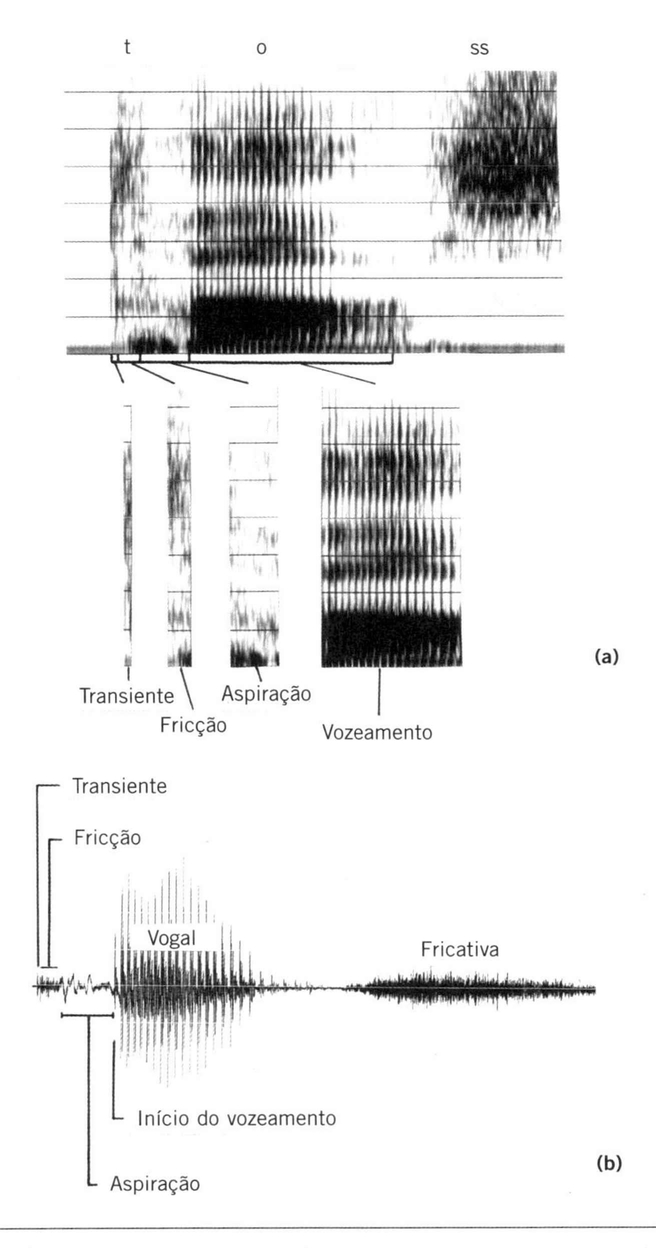

FIGURA 5.3 (a) Espectrograma da palavra "*toss*" mostrando os eventos acústicos de transiente, fricção, aspiração e vozeamento. (b) Forma de onda da palavra "*toss*" etiquetada para identificar transiente, fricção, aspiração, início do vozeamento, segmento vocálico e segmento fricativo.

vocais não estão vibrando (a energia de vozeamento está ausente). Esses intervalos silenciosos são ilustrados no espectrograma e na forma de onda da Figura 5.4. Essa é a primeira vez neste livro que reconhecemos que o silêncio pode ser uma pista perceptual para a identificação dos sons da fala. De fato, os intervalos de silêncio são muito importantes. Para as oclusivas vozeadas em outros contextos que não o de posição em início de palavra, os intervalos da oclusiva usualmente contêm uma banda de energia de baixa frequência chamada de *barra de vozeamento*. Essa banda é a energia da frequência fundamental de fonação. Um espectrograma e um oscilograma dos intervalos de oclusivas vozeadas podem ser vistos na Figura 5.5. Os critérios básicos para identificação de intervalos da oclusiva são: (1) uma região de energia reduzida, tipicamente entre 50 a 150 ms de duração, e (2) outra evidência da articulação da oclusiva precedendo ou seguindo (ou ambos) o intervalo da oclusiva. Essa outra evidência pode tomar a forma de transições formânticas, explosões de oclusivas ou intervalos de aspiração. É claro que nem todo intervalo silencioso na fala é um intervalo da oclusiva. Os segmentos silenciosos também são associados com pausas. Às vezes um intervalo silencioso reflete tanto uma pausa quanto um intervalo da oclusiva. Por exemplo, se uma sentença começa com uma oclusiva, o intervalo para a oclusiva seguirá uma pausa pré-sentença.

SOLTURA DA OCLUSIVA: TRANSIENTE E FRICÇÃO

A parte inferior da Figura 5.1 mostra a classificação das oclusivas em posição pós-vocálica em final de palavra, como no caso de sílabas VC. Essas oclusivas podem ser soltas ou não. Seu traço em comum, então, é um período de fechamento articulatório. Quando as oclusivas em final de palavra são soltas, a evidência acústica da soltura é uma curta explosão. A natureza opcional da soltura da oclusiva é indicada na Figura 5.1. Quando a oclusiva não é solta (ou seja, quando o fechamento é mantido até bem depois do enunciado ser completado), nenhuma explosão aparece. Obviamente, então, a explosão não é uma pista acústica confiável para as oclusivas em final de palavra, mas os falantes podem fazer um esforço especial para arti-

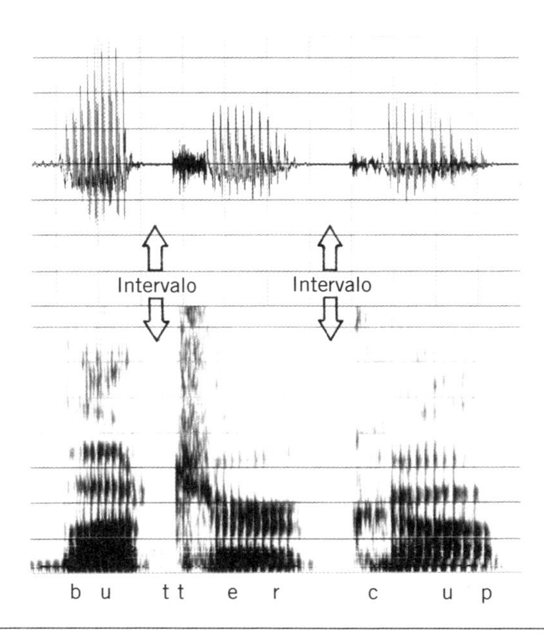

FIGURA 5.4 Forma de onda e espectrograma da palavra *"buttercup"*. As setas etiquetam o ponto de intervalo para o intervalo desvozeado associado com as oclusivas desvozeadas.

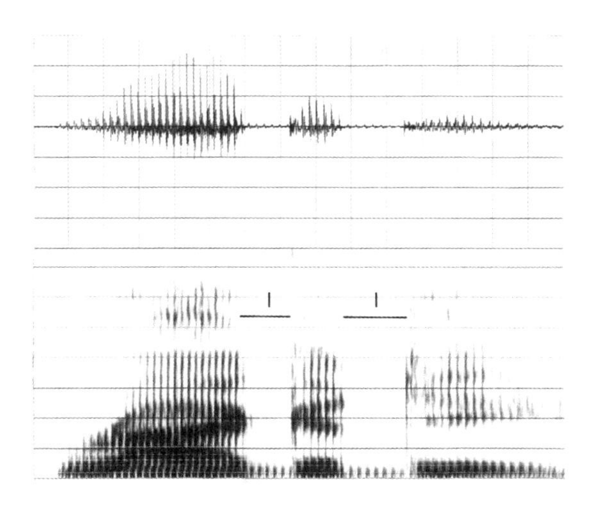

FIGURA 5.5 Forma de onda e espectrograma da palavra "*raggedy*". Os intervalos etiquetados "I" identificam os intervalos de oclusiva vozeada.

cular a oclusiva distintivamente através da produção de uma explosão de soltura. Especificamente, quando um falante faz esforços especiais para ser inteligível, como quando fala em um ambiente ruidoso, as explosões da oclusiva são frequentemente acentuadas. Essa e outras modificações para promover inteligibilidade serão discutidas em um capítulo subsequente sob o título de fala clara.

A explosão de soltura é um transiente produzido na soltura da oclusão e raramente dura mais do que 20 ou 30 ms. Como notado anteriormente, esse transiente é um dos eventos acústicos mais curtos na fala, frequentemente não mais do que 10 ms de duração para as oclusivas vozeadas e um tanto mais longo para as oclusivas desvozeadas. Por conseguinte, uma determinação adequada de explosões pode ser feita somente se a técnica de análise tem uma resolução temporal conveniente. O método de análise deve ser capaz de resolver intervalos tão breves quanto 10 ms se as explosões de oclusivas devem ser identificadas. A explosão é um evento acústico muito breve que representa a soltura inicial da pressão do ar imposta atrás da constrição para a oclusiva. O transiente é às vezes (mas nem sempre) seguido por um segmento identificável chamado fricção. A fase de fricção é energia de ruído gerado no lugar da constrição oral. Como mostrado na Figura 5.3, a fricção pode ser identificada por propriedades espectrais diferentes das observadas para a explosão. Seguindo a explosão e a fricção há ainda outro tipo de ruído que corresponde à aspiração, um ruído produzido à medida que as pregas vocais começam seu movimento de adução (fechamento). A aspiração será discutida em maiores detalhes mais adiante. Resumidamente, a soltura de uma consoante oclusiva na vogal seguinte pode ser associada com três segmentos de ruído: transiente, fricção e aspiração.

Há muito tempo é reconhecido que o espectro de uma explosão de oclusiva varia com o lugar de articulação. A variação espectral é atribuída ao fato de que a curta explosão de ruído é formada pelas propriedades de ressonância definidas por uma configuração articulatória específica. Até um certo grau, as diferenças espectrais são visíveis até mesmo em espectrogramas. Como a Figura 5.6 mostra, as labiais tendem a ter uma dominância de baixa frequência, as alveolares são associadas com uma energia de alta frequência e as velares são caracterizadas por uma explosão de frequência

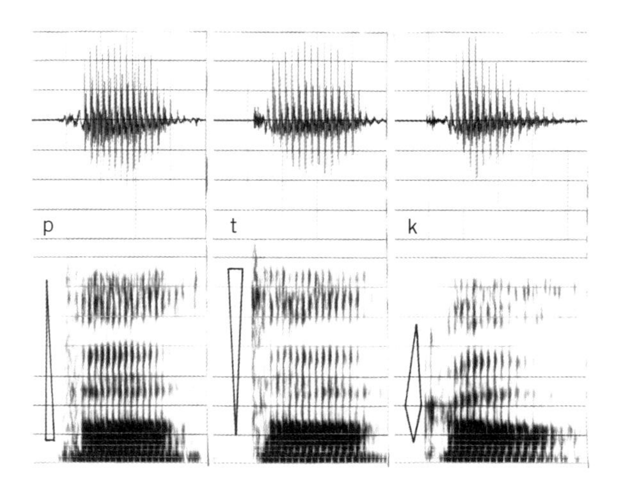

FIGURA 5.6 Formas de onda e espectrogramas das sílabas [p a], [t a] e [k a]. Desenhos de linhas perto do início de cada sílaba sugerem o envelope espectral de cada explosão — dominância de baixa frequência para [p], alta frequência para [t] e média frequência para [k].

intermediária. Uma questão de pesquisa básica tem sido se essas diferenças espectrais são suficientes para a identificação fonética.

Um experimento clássico anterior sobre essa questão foi conduzido com uma abordagem pioneira na síntese de fala chamada *playback de padrões* (Cooper et al., 1952). Com essa técnica, os padrões pintados em um correia fornecem uma cópia da fala. Quando esses padrões são tocados através de uma conversão ótico-acústica, os sons identificáveis da fala são produzidos. Embora essa técnica seja grosseira comparada aos métodos modernos de síntese de fala computacional, ela fornece uma das primeiras oportunidades de se manipular características acústicas da fala. Essa abordagem foi um marco no desenvolvimento da fonética acústica e da percepção da fala.

Liberman, Delattre e Cooper (1952) usaram a técnica de *playback* de padrões para gerar os estímulos de fala estilizados apresentados na Figura 5.7. A explosão da oclusiva é representada acusticamente por um tique vertical curto ou um pulso de ruído com uma frequência central específica. A vogal seguinte é representada por dois formantes estáticos. Quando a explosão sintetizada e a vogal sintetizada são combinadas como mostrado na parte de dentro do diagrama, os ouvintes ouviram uma oclusiva + uma sequência vocálica. Os resultados do experimento de identificação são mostrados na Figura 5.8. Uma conclusão principal é que a identificação fonética das explosões de ruído dependia do contexto vocálico. Como uma regra geral, explosões com uma frequência central mais baixa do que o F2 da vogal foram identificadas como [p]; explosões com uma frequência central que se aproxima do F2 da vogal foram identificadas como [k]; explosões com uma frequência central mais alta do que o F2 da vogal foram etiquetadas como [t]. Entretanto, exceções a essa regra são facilmente vistas, por exemplo, algumas explosões com energia acima do F2 da vogal foram ouvidas como [p] quando as vogais eram [o] e [u]. Esse experimento consolidou um importante resultado, a saber, as oclusivas podem ser identificadas apenas com base em uma pista de explosão simplificada. Também se levantou a possibilidade de que a interpretação fonética da explosão era influenciada pelo contexto acústico, ou seja, a vogal seguinte.

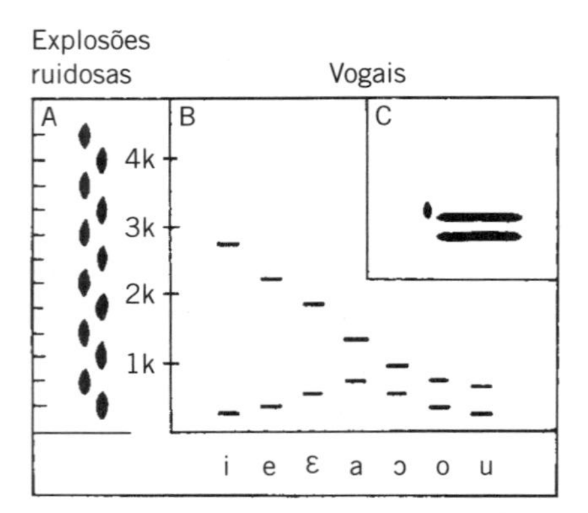

FIGURA 5.7 Representação de estímulos sintetizados usados em um estudo de classificação fonética de várias explosões de ruído. Cada explosão de ruído em A foi pareada com cada um dos padrões formânticos da vogal em B para gerar estímulos como os mostrados em C. Redesenhado de A. M. Liberman, P. C. Delattre e F. S. Cooper, The role of selected stimulus variables in the perception of unvoiced stop consonants. *American Journal of Psychology*, n. 65, p. 497-516, 1952.

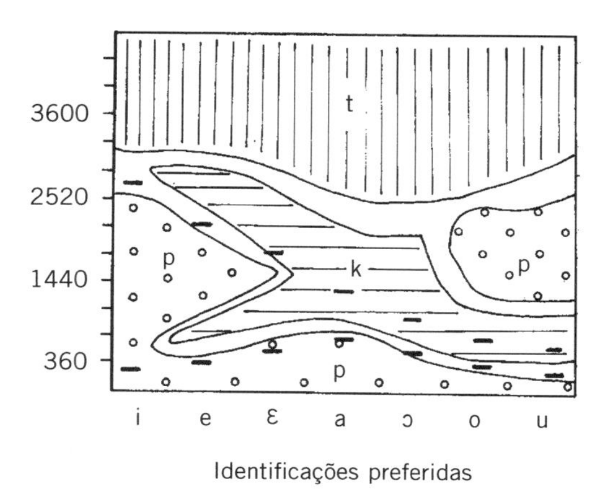

FIGURA 5.8 Resultados de um experimento de identificação para os estímulos representados na Figura 5.7. Regiões de respostas de /p/, /t/ e /k/ são mostradas. Redesenhado de A. M. Liberman, P. C. Delattre e F. S. Cooper, The role of selected stimulus variables in the perception of unvoiced stop consonants. *American Journal of Psychology*, n. 65, p. 497-516, 1952.

Alguns dos dados espectrais anteriores sobre explosões das oclusivas foram relatados por Halle, Hughes e Radley (1957). Seus resultados indicam que as bilabiais [b] e [p] foram associadas com uma concentração primária de energia nas frequências baixas, de cerca de 500-1500 Hz. Para as alveolares [d] e [t], o padrão espectral foi relativamente plano ou tinha uma concentração de energia de alta frequência (acima de 4 kHz). Os espectros de explosão para as velares [g] e [k] tinham concentrações fortes de energia nas regiões de frequência intermediárias de cerca de 1,5.4,0 kHz.

Vários estudos mais recentes determinaram as propriedades acústicas das explosões. Em uma série de estudos, Stevens e Blumstein (1975, 1978) exploraram a possibilidade de que um *template espectral* podia ser associado com cada ponto de articulação das oclusivas. A ideia original desses templates era a seguinte: bilabial: um espectro plano ou em queda; alveolar: um espectro em subida; velar: um espectro compacto (frequência média). Esses *templates* são ilustrados na Figura 5.9. Usando esses *templates* para classificar oclusivas produzidas naturalmente, Blumstein e Stevens (1979) foram capazes de classificar as oclusivas corretamente em 85% de 1800 estímulos produzidos por seis falantes. Uma abordagem estatística para a classificação acústica das obstruintes em início de palavra foi tomada por Forrest et al. (1988). Em suas análises, os FFTs foram tratados como distribuições aleatórias de probabilidade para as quais os quatro primeiros momentos (média, variância, assimetria (*skewness*) e curtose) foram computados. Os momentos espectrais podem ser interpretados aproximadamente como: primeiro momento — média ou centro de gravidade do espectro; segundo momento — distribuição de energia em torno da média; terceiro momento — elevação espectral; quarto momento — grau de pico do espec-

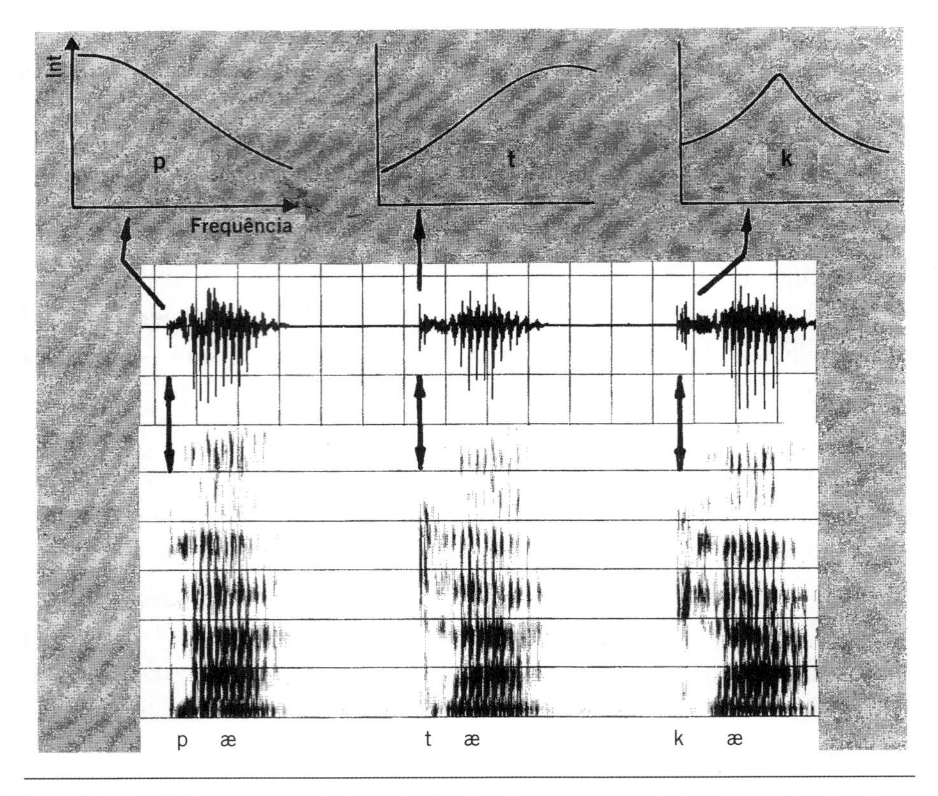

FIGURA 5.9 Padrões espectrais da explosão de soltura para as oclusivas bilabiais, alveolares e velares. Bilabial: padrão plano em queda; alveolar: padrão plano em subida; e velar: compacto ou pico de média frequência.

tro. Uma análise dinâmica baseada em momentos dos primeiros 40 ms de explosões de oclusivas desvozeadas resultam em uma taxa de classificação correta de 92%. Além disso, o modelo construído a partir dos resultados para falantes masculinos foi capaz de classificar as oclusivas desvozeadas de falantes femininos em uma taxa de cerca de 94%, indicando a generalidade da análise de acordo com o sexo do falante.

Estudos de reconhecimento de oclusivas a partir de explosões apresentam um padrão variado de resultados. As taxas de identificação corretas de oclusivas em seis estudos do inglês americano foram: 58% (Winitz, Scheib & Reeds, 1972), 100% (Cole & Scott, 1974), 97% (Ohde & Sharf, 1977), 0-69% (Dorman, Studdert-Kennedy & Raphael, 1977), 88% (Kewley-Port, 1983a, 1983b) e 92-94% (Forrest et al., 1988). As grandes diferenças nos resultados desses estudos são causadas em parte pelas diferenças nos procedimentos. O que pode ser concluído é que, no mínimo, sob certas condições, as oclusivas podem ser identificadas confiavelmente através apenas de explosões.

A importância da pista da explosão não foi estudada extensamente em outras línguas, de modo a não ser possível fazer uma conclusão universal sobre o papel da explosão na identificação do ponto de articulação da oclusiva. Entretanto, estudos com o francês, o espanhol e o holandês suportam a conclusão geral do inglês americano de que a explosão auxilia bastante na identificação do ponto de articulação das oclusivas. Em um estudo de percepção vocálica em francês, a informação da explosão sozinha foi associada com uma taxa de identificação para o ponto de 87% (Bonneau, Djezzar & Laprie, 1996). Uma identificação quase perfeita das oclusivas requereu a presença de todas as principais pistas (espectro da explosão, duração da explosão e início da transição formântica vocálica, que será discutida em uma seção subsequente). Feijoo, Fernandez e Balsa (1999) chegaram a uma conclusão semelhante. Em um estudo de oclusivas em holandês, Smits, ten Bosch e Collier (1996) acharam que a identificação das oclusivas a partir da informação da explosão sozinha variou com o ponto, com [k] sendo bem altamente identificável, mas [p] e [t], ao contrário, sendo precariamente identificados.

Outras características da explosão sugeridas para a identificação das oclusivas são amplitude da explosão (Jongman & Blumstein, 1985; Ohde

& Stevens, 1983) e mudança espectral relativa do início da explosão ao início do vozeamento (Lahiri, Gewirth & Blumstein, 1984). Jongman e Blumstein determinaram que a amplitude da explosão poderia servir como uma pista na distinção de oclusivas alveolares de dentais com as primeiras tendo uma maior amplitude de explosão. Lahiri et al. (1984) tentaram classificar as vogais em malaio, francês e inglês. Eles descobriram que as características espectrais estáticas não poderiam distinguir as oclusivas labiais das dentais; ambas têm um espectro plano difuso (ou seja, um espectro com uma energia distribuída ampla e uniformemente). Entretanto, essas oclusivas poderiam ser identificadas com uma pista dinâmica baseada em uma comparação da taxa de mudança nas altas frequências (3500 Hz) ao quociente de mudança nas frequências baixas (1500 Hz) sobre o intervalo temporal da soltura da oclusiva ao início do vozeamento. Com esse critério, mais de 90% das oclusivas labiais e dentais foram classificadas corretamente. Essencialmente, esse critério dinâmico descreve uma mudança temporal na elevação espectral. Similarmente, Blumstein (1986) usou um traço de elevação espectral para distinguir entre as oclusivas palatais e velares em húngaro. Devido ao fato de ambas as oclusivas possuírem um espectro compacto no início da explosão, um traço espectral estático não é suficiente para sua classificação.

Além da pergunta de se a pista de explosão sozinha é suficiente para determinar o ponto de articulação para as oclusivas, está a questão de quais aspectos da explosão são mais importantes. Um espectro simples da explosão é suficiente, como a abordagem de *template* assume, ou há outra informação importante também? O estudo de Kewley-Port (1983a) indicou que uma classificação efetiva de explosões deve considerar fatores temporais e não apenas formatos espectrais. Sua matriz de classificação para as oclusivas é reproduzida na Tabela 5.1. Nessa classificação dinâmica, o espectro da explosão é categorizado como em queda, em subida ou indeterminado; o início do vozeamento é categorizado como tardio, cedo ou indeterminado, e a presença de picos de frequência média (1-3 kHz) para, no mínimo, 15 ms é notada. A distinção bilabial *versus* alveolar é baseada quase inteiramente na elevação espectral (o formato do espectro), enquanto as velares são identificadas pelo início de vozeamento tardio e a presença de picos de média frequência. Mais será dito sobre VOT na próxima seção.

TABELA 5.1 Pistas acústicas para classificação de consoantes oclusivas vozeadas por suas explosões de ruído sozinhas (baseado em KEWLEY-PORT, 1983a).

	Característica		
Oclusiva	**Inclinação da explosão**	**Início tardio**	**Picos de meia frequência**
b	descendente	não	não
d	ascendente	?	não
g	?	sim	sim

Uma classificação adicional vem de Smits et al. (1996), que determinaram a importância de várias pistas acústicas para a percepção das oclusivas pré-vocálicas [b d p t k] do holandês. Eles concluíram que as explosões de oclusivas desvozeadas foram mais efetivas como uma pista para ponto de articulação do que foram as explosões para as oclusivas vozeadas. Como notado anteriormente, a oclusiva [k] poderia ser reconhecida quase todo o tempo da pista de explosão sozinha, mas nem [p] nem [t] tiveram altas taxas de identificação de suas explosões isoladas. Para as transições formânticas, essencialmente, o padrão inverso ocorreu: [p] foi reconhecido muito bem a partir das transições formânticas sozinhas, mas [k] foi muito mal reconhecido a partir dessa pista. O estudo de Smits et al. demonstra que o valor relativo de uma pista acústica para a identificação de oclusivas depende do vozeamento e dos traços de lugar da oclusiva. Além disso, concluiu-se que o valor perceptual relativo da explosão *versus* a transição dependeu do contexto vocálico, com a explosão sendo mais importante em contextos de vogais anteriores, e as transições de formantes sendo mais importantes para vogais posteriores. Essa pesquisa aponta para uma importante lição: as características acústicas e perceptuais de consoantes podem ser complexas e frequentemente são dependentes do contexto. A pista das transições formânticas serão discutidas mais adiante.

Resumidamente, as oclusivas podem ser identificadas a partir de suas explosões se vários traços são examinados sobre um intervalo de cerca de 40 ms estendendo-se do início da explosão ao início do vozeamento. Uma taxa bastante alta de identificação correta deve ser possível com as seguintes informações: espectro no início da explosão, amplitude da explosão, espectro no início do vozeamento e tempo do início do vozeamento relativo ao início da explosão (VOT). A Tabela 5.2 sumariza a relação entre essas propriedades acústicas e o ponto da articulação consonantal.

TABELA 5.2 Relação entre o ponto de articulação para oclusivas e as propriedades acústicas do início do espectro da explosão, amplitude da explosão, espectro do início do vozeamento e VOT.

	Característica			
Ponto	Espectro do início da explosão	Amplitude da explosão	Espectro do início do vozeamento	VOT
Bilabial	Plano difuso/ descendente	Variável	Domínio de baixa frequência	Cedo
Dental	Plano difuso/ descendente	Fraca	Domínio de alta frequência	Cedo
Alveolar	Difuso ascendente	Forte	Difuso ascendente	—
Palatal	Compacto	Forte	Domínio de alta frequência	?
Velar	Compacto	Forte	Domínio de baixa frequência	Tardio

TEMPO DO INÍCIO DO VOZEAMENTO E OUTRAS PISTAS PARA O VOZEAMENTO

Já vimos que o VOT transporta informação sobre vozeamento e ponto de articulação para uma oclusiva. De fato, o traço de vozeamento para oclusivas em início de sílaba é especificado razoavelmente bem por esse número único que dá o intervalo entre a soltura articulatória da oclusiva e o início das vibrações das pregas vocais. A aplicação cross-linguística da medida de VOT foi descrita em um artigo clássico de Lisker e Abramson (1964). Esse artigo antecipou um grande número de estudos em que o VOT foi medido na fala adulta normal para várias línguas diferentes, fala em desenvolvimento em crianças e várias desordens da fala. Um apelo básico do VOT é que ele é uma medida acústica única que pode se correlacionar com os contrastes de vozeamento em todas as línguas naturais relevantes (CHO & LADEFOGED, 1999). A presente discussão começa com o inglês americano.

Para as oclusivas vozeadas do inglês americano, os VOTs assumem uma pequena faixa em torno de zero. No VOT = 0, a soltura da oclusiva e o início do vozeamento são simultâneos. Por exemplo, VOT = 0 para a oclusiva [b] na palavra "*bye*" significa que a soltura do fechamento bilabial ocorre simultaneamente com o início do vozeamento para o som ditongo seguinte. Para pequenos valores negativos de VOT (ex.: VOT = –10 ms), o início do vozeamento precede brevemente a soltura da oclusiva. Essa situação é chamada também de guia de vozeamento ou pré-vozeamento, dado que o vozeamento precede a soltura. Para pequenos valores positivos de VOT (ex.: VOT = +10 ms), o início do vozeamento atrasa levemente a soltura articulatória. O termo intervalo de vozeamento curto é usado para referência a esses valores de VOT. VOTs para oclusivas vozeadas estendem-se de cerca de –20 ms a cerca de +20 ms. As oclusivas desvozeadas possuem VOTs que se estendem para cima em cerca de 25 ms para até 100 ms. A palavra *extensão* deve ser enfatizada: não há nenhum valor único de VOT que será usado por todos os falantes ou entre todos os contextos fonéticos. Geralmente, oclusivas vozeadas e desvozeadas possuem VOTs nas faixas indicadas — o intervalo de 5 ms (de 20 a 25 ms) é um tipo de região de fronteira. As extensões de VOT para as oclusivas vozeadas e desvozeadas estão ilustradas na Figura 5.10. Azou et al. (2000) compilaram dados de VOT de um número de estudos de falantes ingleses. A seguinte lista mostra para cada oclusiva vozeada e desvozeada em inglês a extensão das médias de VOT entre 12 estudos publicados: /p/ –46 a 85 ms; /t/ –65 a 95 ms; /k/ –70 a 110 ms; /b/ –1 a 20 ms; /d/ –0 a 21 ms; /g/ –14 a 35 ms. Em geral, há, no mínimo, uma variação de 20 ms nas médias de diferentes estudos, mas uma clara distinção entre as oclusivas vozeadas e desvozeadas. Azou et al. (2000) resumiram alguns dos fatores que influenciam os valores de VOT, incluindo a idade do falante, a taxa de elocução, o contexto fonético e o volume do pulmão na inicialização da fala (vide também WEISMER, 1979). Um outro comentário deve ser feito em relação ao artigo de Azou et al.: eles notam que quando *explosões duplas* ou *múltiplas explosões* ocorreram, eles mediram VOT a partir da primeira explosão. Explosões duplas ou múltiplas

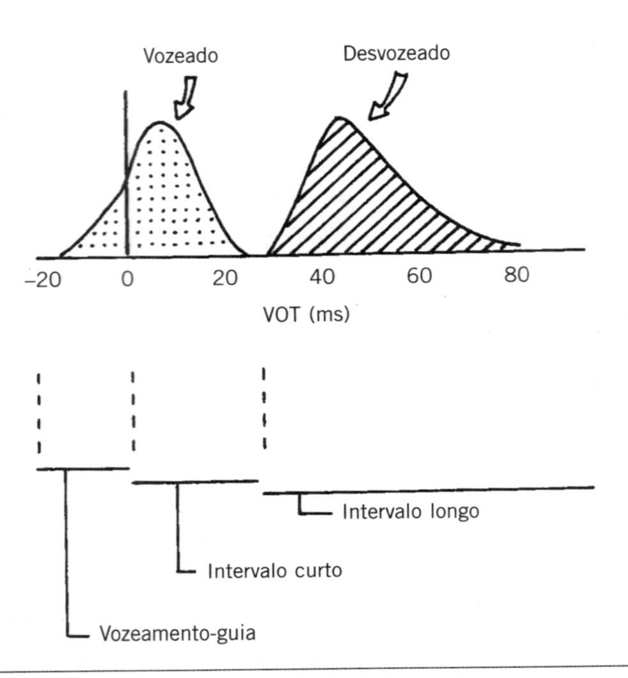

FIGURA 5.10 Distribuição dos valores do tempo do início do vozeamento (VOT) para as oclusivas vozeadas e desvozeadas, mostrando extensões aproximadas de VOT para vozeamento-guia, intervalo de vozeamento curto e intervalo de vozeamento longo.

são especialmente prováveis em desordens da fala como gagueira ou disartria, mas elas ocorrem ocasionalmente na fala normal também.

Quando um número de línguas diferentes é considerado, a distribuição de valores de VOT é mais complicada. Uma questão básica é: quantas categorias de VOT são usadas entre as línguas naturais? No caso das oclusivas velares em 18 línguas diferentes, Cho e Ladefoged (1999) sugeriram que pode haver quatro categorias de VOT, com fronteiras como segue:

1. cerca de 30 ms para oclusivas não aspiradas;
2. cerca de 50 ms para oclusivas levemente aspiradas;
3. cerca de 90 ms para oclusivas aspiradas;
4. acima de 120 ms para oclusivas altamente aspiradas.

O VOT também interage com o lugar de articulação da consoante, com valores de VOT menores ocorrendo para fechamentos mais anteriores (Azou et al., 2000; Cho & Ladefoged, 1999; Fischer-Jorgensen, 1954; Peterson & Lehiste, 1960). O efeito do lugar de articulação é robusto entre as línguas, com média em cerca de 18 ms entre oclusivas coronais e velares (Cho & Ladefoged, 1999). Como mencionado anteriormente, a natureza dependente do ponto dos valores de VOT pode ser uma pista para o ponto de articulação da consoante. A regra geral é que bilabiais possuem os VOTs mais curtos, incluindo pré-vozeamento frequente; alveolares possuem VOTs intermediários; velares possuem os mais longos VOTs. Isso aparentemente é uma característica universal do VOT e não típica do inglês americano. Além disso, a pista de VOT para ponto de articulação pode ser usada não apenas por ouvintes humanos, mas também por várias espécies de animais e por sistemas de aprendizado computacionais (redes neurais) (Damper, Gunn & Gore, 2000).

O VOT frequentemente é suficiente para dar conta do traço de vozeamento quando as oclusivas estão em posição inicial da sílaba. Entretanto, para oclusivas em outras posições, devemos procurar outras pistas de vozeamento. Aqui consideraremos dois exemplos: oclusivas em posição medial da palavra ocorrendo entre duas vogais (ex.: "*rabid*" *versus* "*rapid*") e oclusivas ocorrendo depois da vogal no final de uma palavra (ex., "*robe*" *versus* "*rope*"). Para a primeira, várias pistas diferentes podem ser aplicadas, incluindo a presença de uma barra de vozeamento durante o intervalo de uma oclusiva vozeada, um intervalo de oclusiva maior para uma oclusiva desvozeada, uma explosão de soltura mais forte para uma oclusiva desvozeada, uma duração maior da vogal pré-vocálica para uma oclusiva vozeada e uma frequência fundamental mais alta para a oclusiva desvozeada (Abramson, 1977; Lisker, 1978). Deve ser notado que não devemos esperar que todas essas propriedades ocorram. Uma ou mais delas são suficientes para a distinção de vozeamento para um dado falante e um dado contexto.

Para oclusivas pós-vocálicas em final de sílaba, como as das palavras "*robe*" e "*rope*", a duração de uma vogal precedente tende a ser mais longa antes de consoantes vozeadas do que de desvozeadas (Chen, 1970; House, 1961; House & Fairbanks, 1953; Raphael, 1972). Chen relatou que, para o inglês, o quociente médio de duração vocálica para vogais antes de consoantes desvozeadas, em oposição a vozeadas, é 0,61. Essa é uma diferença bem grande que deve ser facilmente perceptível. Entretanto, o traço de alongamento vocálico não necessariamente constitui a pista primária para uma distinção de vozeamento. Talvez a pista mais forte esteja na porção final da vogal (HOGAN & ROZSYPAL, 1980; REVOILE, PICKETT, HOLDEN & TALKIN 1982; WARDRIP-FRUIN, 1982; WOLF, 1978). Os falantes podem assinalar o contraste de vozeamento em posição final de sílaba com uma variedade de pistas incluindo a presença/ausência de vozeamento durante o fechamento, a duração do intervalo da oclusiva (com um fechamento mais longo para as oclusivas desvozeadas), a força da explosão de soltura ou a presença de aspiração (com uma explosão mais forte ou aspiração para as oclusivas desvozeadas) e a frequência fundamental (com uma frequência fundamental mais baixa para oclusivas vozeadas e um F1 mais baixo ao longo da vogal pré-consonantal) (CASTLEMAN & DIEHL, 1996; HOGAN & ROZSYPAL, 1980, SUMMERS, 1988; WOLF, 1978). Um exemplo de um par de palavras que diferem no traço de vozeamento de uma oclusiva final é dado nos espectrogramas da Figura 5.11. As palavras são "*pod*" e "*pot*". A primeira possui uma óbvia duração maior do segmento vocálico (intervalo *a*), uma frequência de F1 mais baixa perto da fronteira vogal-consoante (a elipse etiquetada *b*) e pulsação vocal na vizinhança do intervalo da oclusiva (a elipse etiquetada *c*).

Stevens e Blumstein (1981) hipotetizaram que a distinção de vozeamento é dada pela presença ou ausência de energia periódica de baixa frequência no intervalo de constrição consonantal ou perto dele. Eles notaram que essa energia de baixa frequência pode ser analisada em, no mínimo, três propriedades foneticamente distintas: (a) vozeamento durante o intervalo de constrição consonantal, (b) uma frequência de F1 baixa perto do intervalo de constrição e (c) uma f_0 baixa nesse mesmo intervalo. Castleman e Diehl (1996) agruparam essas propriedades em uma hipótese única chamada hipótese da baixa frequência do vozeamento consonantal, que reflete a ideia de que todas as três pistas são associadas com uma energia de baixa frequência relacionada a f_0 e F1.

A distinção de vozeamento é um bom exemplo do princípio de que várias pistas acústicas diferentes podem sinalizar um dado contraste fonéti-

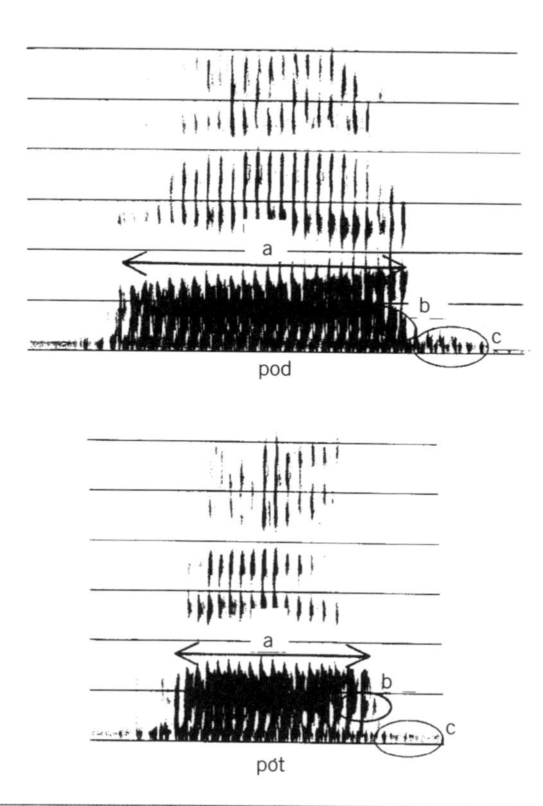

FIGURA 5.11 Espectrograma das palavras *"pod"* e *"pot"* mostrando as pistas de baixa frequência associadas com o traço de vozeamento. A primeira tem uma duração conspicuamente mais longa do segmento vocálico (intervalo *a*), uma frequência de F1 mais baixa perto da fronteira vogal-consoante (a elipse etiquetada *b*) e a pulsação vocal na vizinhança do intervalo da oclusiva (a elipse etiquetada *c*).

co. O ouvinte é capaz de detectar essas pistas e usá-las como necessário. Pode haver uma hierarquia de pistas acústicas para vozeamento, com informação de resolução temporal usada apenas quando as pistas são indisponíveis ou ambíguas (Barry, 1979; Hogan & Rozsypal, 1980; Port & Dalby, 1982; Wardrip-Fruin, 1982). Muitas dessas mesmas pistas acústicas servem para assinalar o contraste de vozeamento para outras obstruintes. Devido ao fato de pistas de vozeamento serem especialmente complicadas para oclusivas, a discussão de vozeamento para esses sons prepara o modo para entender o vozeamento para outros tipos de consoantes. Apesar da multiplicidade de pistas acústicas para vozeamento, é possível que todas as pistas possam ser unificadas em termos de conceitos relativamente simples. Para exemplos dessa tentativa, veja Lisker e Abramson (1971), Slis e Cohen (1969), e Stevens e Blumstein (1981).

TRANSIÇÃO FORMÂNTICA

Para as oclusivas em posição inicial de sílaba, a soltura da oclusiva implica uma mudança no formato do trato vocal da oclusão da consoante à configuração da vogal. A transição articulatória da oclusiva à vogal é associada com uma transição acústica na forma de formantes em mudança, as quais refletem mudanças nas cavidades ressoadoras do trato vocal. As mudanças formânticas nas sequências consoante + vogal são chamadas de *transições formânticas CV*. As transições formânticas são uma pista acústica muito importante para a percepção da fala e têm sido o foco de numerosos esforços de pesquisa.

Quando a oclusiva em final de palavra é precedida de uma vogal, como na Figura 5.12, um intervalo de transição formântica junta os segmentos vocálicos e consonantais. A *transição formântica VC* pode ser entendida como o reverso, ou imagem-espelho, da transição formântica CV discutida anteriormente. Para sequências CV, a transição é da oclusiva para a vogal, enquanto que para as sequências VC, a transição é da vogal para a oclusiva. A transição acústica é amplamente caracterizada como mudanças de frequência dos formantes; ela reflete a transição articulatória subjacente entre um trato vocal fechado e uma vogal seguinte, ou vice-versa. A transição VC carrega informação concernente ao ponto de articulação da oclusiva e também pode carregar informação sobre o traço de vozeamento da oclusiva pós-vocálica, como discutido anteriormente.

Em geral, as mudanças no formato do trato vocal durante a fala são assinaladas acusticamente por mudanças nas ressonâncias do trato vocal. As

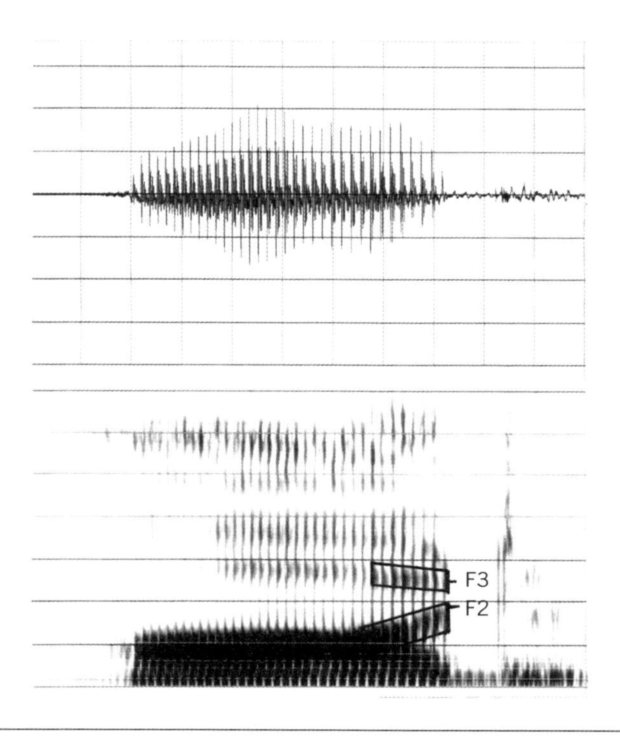

FIGURA 5.12 Espectrograma da palavra "*odd*" mostrando a transição formântica vogal-consoante (VC).

mudanças acústicas têm aproximadamente a mesma duração que as mudanças articulatórias subjacentes. Se a transição articulatória da oclusão da consoante para a configuração vocálica leva 50 ms, a transição acústica também tem uma duração de cerca de 50 ms. Uma constante temporal bastante razoável da articulação da oclusiva é que a transição da oclusiva para a vogal ou da vogal para a oclusiva é de cerca de 50 ms em duração. Nesse intervalo de 50 ms, todas as frequências de formantes mudam de seus valores na oclusiva para seus valores na vogal. Exemplos de transições formânticas são mostrados nos espectrogramas com as trajetórias formânticas ressaltadas na Figura 5.13. Esta figura mostra que todos os formantes visíveis alcançam suas mudanças de frequências dentro de um intervalo de cerca de

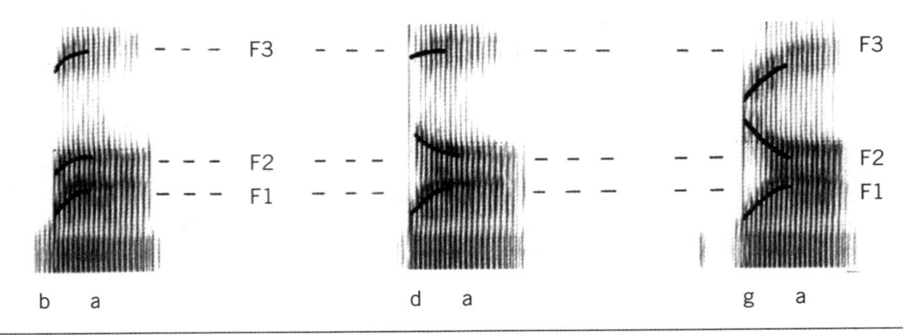

FIGURA 5.13 Espectrogramas com transições formânticas enfatizadas para as sílabas /ba/, /da/ e /ga/. Note a distintividade das transições de F2 e F3, mas a uniformidade da transição de F1.

50 ms. Esse tempo de transição relativamente curto se relaciona ao fato de que oclusivas são feitas com movimentos articulatórios rápidos.

As três sílabas mostradas na Figura 5.13 são um bom ponto de partida para uma discussão sobre transições formânticas, porque elas representam três diferentes oclusivas produzidas com a mesma vogal. Em cada sílaba, a frequência de F1 aumenta da oclusiva para a vogal. Essa mudança é bem facilmente explicada pela teoria acústica, porque a frequência de F1 durante uma oclusão da consoante é teoreticamente perto de zero. Portanto, a frequência de F1 irá *sempre aumentar* durante uma oclusiva para a transição vocálica (e decrescerá durante uma vogal para uma transição vocálica). Uma frequência de F1 muito baixa usualmente significa que o trato vocal é constrito em algum grau para um som consonantal. A constrição máxima é o fechamento da oclusiva e é para as oclusivas que a frequência de F1 atinge o seu mínimo, que seria teoreticamente zero para um tubo de parede rígida, mas porque o trato vocal não é de fato de parede rígida, F1 apenas alcança zero durante o fechamento da oclusiva.

As mudanças de frequência dos formantes não são simples para F2 e F3, como são para F1. A frequência de F2 aumenta ligeiramente durante a transição de [b] para [u], mas decresce levemente para a transição de [g] para [u] e decresce notavelmente para a transição de [d] para [u]. Esse resultado mantém a promessa de que a transição de F2 pode ser sensível ao ponto de articulação da oclusiva. Uma sugestão semelhante é fornecida pelos resultados para F3, ou seja, a transição de F1 parece ser uma pista para o modo de produção (grau de constrição), e as transições de F2 e F3 podem ser pistas para o ponto de produção. Para avaliar esta ideia, revisitaremos uma parte significante da história da pesquisa da fala.

Embora as transições formânticas sejam evidentes na fala natural, elas podem ser difíceis de medir, devido à variabilidade em suas durações, taxa de mudança e pontos iniciais e finais. Levando-se em conta essas dificuldades na análise da fala natural, era mais fácil estudar as transições formânticas na fala sintetizada. Estudos anteriores foram realizados com o *playback* de padrão, que permitiu aos investigadores determinar as qualidades perceptuais de várias transições formânticas. Esse trabalho demonstrou seguramente que as variações na transição de F2 entre consoante e vogal foram suficientes para produzir estímulos identificados como diferentes oclusivas. O problema que permaneceu foi explicar como a identificação da oclusiva se relacionava à forma das transições. Concluiu-se imediatamente que uma dada consoante era associada com uma variedade de transições, dependendo do contexto vocálico. A Figura 5.14 mostra a variedade de padrões espectrográficos que se aplicavam às três oclusivas vozeadas [b d g] em sete contextos vocálicos. Note, especificamente, que [d] poderia ter uma transição em subida, um transição plana ou uma transição em queda, dependendo da vogal seguinte. Obviamente, a direção da mudança de F2 não era em si uma pista suficiente para determinar a identidade da oclusiva.

Através do exame de padrões como os da Figura 5.14, reconheceu-se que um possível traço unificante das várias transições de F2 era a frequência inicial. Por exemplo, todas as transições de F2 para [b] foram consistentes com a hipótese de que a frequência inicial de F2 era muito baixa, em algum lugar na região de 600-800 Hz. Para [d], a frequência inicial de F2 parece ser de cerca de 1800 Hz. Os resultados não são tão simples para [g], mas deve ser lembrado que as oclusivas velares não são produzidas com um único ponto de contato, mas com uma extensão substancial anteroposterior associada com o contexto vocálico. No caso das bilabiais e alveolares, para as quais um ponto definido de oclusão é mantido entre contextos vocálicos, a evidência para a hipotética frequência inicial constante de F2 é bastante

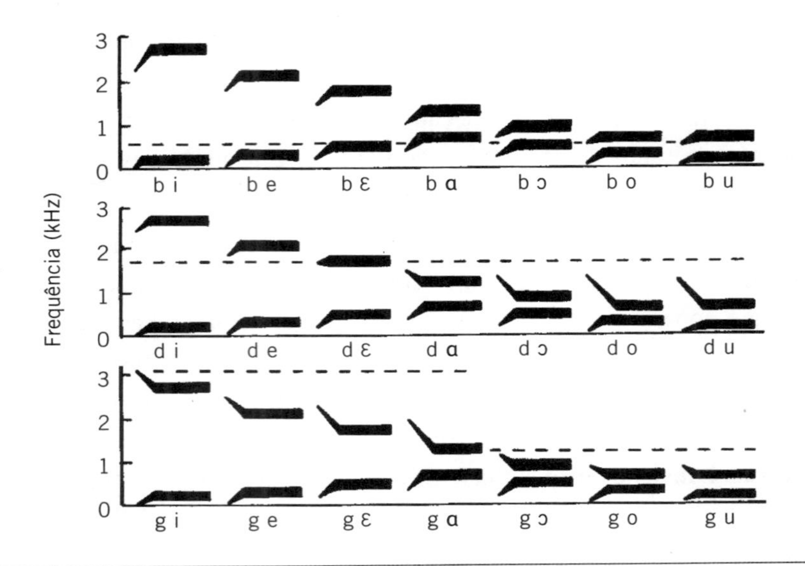

FIGURA 5.14 Espectrogramas estilizados (padrões de F1 e F2) para sílabas CV compostas das oclusivas /b/, /d/ e /g/ e cada uma das sete vogais. A linha interrompida em cada série CV é uma estimativa do *locus* de F2 para aquele ponto de articulação. Por exemplo, o *locus* para a bilabial /b/ é de aproximadamente 600 Hz. Adaptado de Delattre, Liberman e Cooper (1955).

forte. Essa frequência inicial vem sendo conhecida como o *locus* (centro de gravidade ou concentração). O *locus* de F2 para as bilabiais foi estimado para ser cerca de 800 Hz e o *locus* de F2 para as alveolares, cerca de 1800 Hz. No mínimo, dois *loci* de F2 foram necessários para [g] — um em cerca de 3000 Hz e um em cerca de 1300 Hz. (Esses valores são para a fala de adultos masculinos e devem ser ajustados para os tratos vocais menores de mulheres e crianças.)

Esses valores de *loci* são baseados em experimentos com estímulos simplificados com dois formantes. Quando F3 é adicionado ao padrão formântico, uma figura mais clara emerge. Um detalhe: o relacionamento F2-F3 é importante para as velares, para as quais as transições para a vogal seguinte são caracterizadas por uma separação F3-F2 crescente (às vezes descrita como um formato de "cunha"). Os resultados de experimentos perceptuais devem ser sempre interpretados com respeito aos estímulos acústicos dos quais os julgamentos foram obtidos.

Como uma ilustração adicional do conceito de *locus*, a Figura 5.15 mostra várias diferentes transições de F2 para a oclusiva [d] produzida com diferentes vogais seguintes. Apesar da divergência considerável dos padrões, o ponto inicial é essencialmente o mesmo, ou seja, o padrão F2 começa aproximadamente no valor de *locus* de 1800 Hz e, então, move-se para o valor de F2 da vogal seguinte. Ideias similares podem ser aplicadas à transição de F3, e o entendimento atual das transições formânticas enfatiza as mudanças de frequência combinadas de F1 (uma pista para o modo de articulação), F2 e F3 (pistas para ponto de articulação). Também deve ser enfatizado que os *loci* dos formantes são consistentes com as frequências de ressonância calculadas da teoria acústica para cada ponto de articulação consonantal (Stevens & House, 1956), ou seja, os *loci* são baseados na teoria acústica.

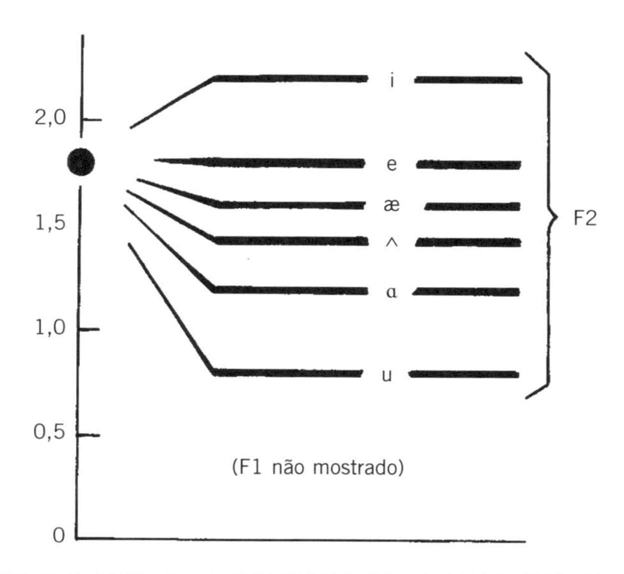

FIGURA 5.15 Ilustração composta dos padrões de F2 para sílabas compostas de uma oclusiva alveolar /d/ e seis diferentes vogais. O *locus* para /d/ é indicado por um círculo preenchido no eixo das frequências.

Uma confirmação da significância perceptual das transições formânticas veio dos experimentos contemporâneos com fala sintetizada. Quando as transições formânticas são propriamente especificadas, os ouvintes podem identificar oclusivas mesmo quando as explosões são omitidas dos estímulos sintetizados. Exemplos espectrográficos de sílabas oclusiva + vogal sintetizadas por computador são mostrados na Figura 5.16. Apesar de alguns desses experimentos de síntese serem convincentes, as análises da fala natural ainda não fornecem apoio suficiente para o conceito de *locus*. Kewley-Port (1983b) concluiu que nenhuma das transições individuais de F1, F2 ou F3 foram correlatos distintivos para o ponto de articulação quando foram analisados com relação à frequência e duração de início. Em acréscimo, os *loci* de formantes para F2 e F3 foram tão variáveis entre contextos vocálicos que a determinação de uma única frequência de *locus* para cada oclusiva foi tênue (embora os resultados para [d] tenham convergido no valor esperado de 1800 Hz). Um resumo dos *loci* de F2 e F3 de Kewley-Port é dado na Tabela 5.3.

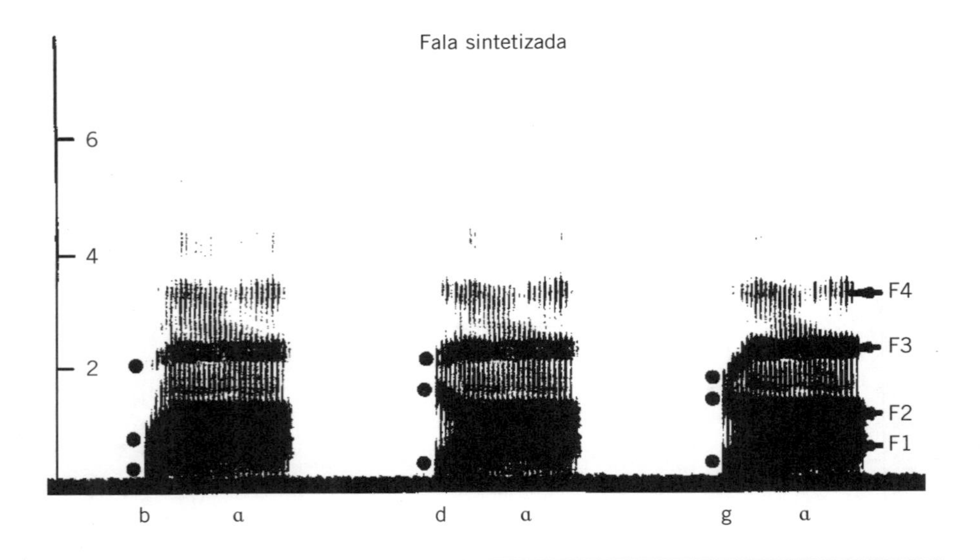

FIGURA 5.16 Espectrogramas de sílabas CV sintetizadas. Os pequenos círculos preenchidos perto do início de cada sílaba indicam as frequências iniciais de F1, F2 e F3.

TABELA 5.3 *Loci* de F1, F2 e F3 para três pontos de articulação de oclusivas (de KEWLEY-PORT, 1983b).

	Locus estimado		
	F1	F2	F3
Bilabial	perto de 0	1100-1500	2200-2400
Alveolar	perto de 0	1800	2500-2700
Velar	perto de 0	1500-2500	2200-3000

Uma propriedade distintiva das transições de F2 e F3 para a oclusiva velar é que ambas parecem emergir da explosão de ruído de média frequência. Esse padrão é ilustrado na Figura 5.17. Nota-se que F2 e F3 divergem de uma região de frequência comum que é quase contínua com a explosão. O padrão é similar ao que Stevens e Blumstein (1975) descreveram como tendo uma quina-guia que tem o formato de uma cunha. O padrão espelho ocorre para a transição VC, como mostrado na mesma figura. A divergência ou convergência F2-F3 é uma pista útil para as velares e é um critério mais confiável do que qualquer valor único de *locus*. É questionável se mesmo um *locus* de 2 valores é suficiente para as consoantes velares. Em um estudo com microfeixes de raios X com 12 falantes do inglês americano, Dembowski (1998) relatou que o lugar da constrição para as oclusivas velares se estendia amplamente ao longo do palato, como se esses sons pudessem ser formados bem variavelmente.

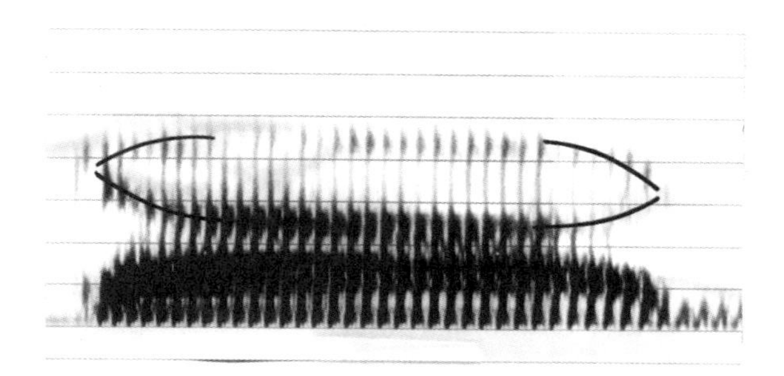

FIGURA 5.17 Espectrogramas da sílaba [gæg]com as transições de F2 e F3 ressaltadas. Note os padrões em formato de cunha de F2-F3.

Klatt (1979, 1987) sugeriu uma abordagem de *locus* modificada em que a frequência inicial da transição F2 é plotada em função da frequência de F2 da vogal seguinte. Os pontos de medição são mostrados na Figura 5.18. As coordenadas de frequência assim determinadas podem ser agrupadas em subconjuntos vocálicos, como vogais anteriores, vogais arredondadas, vogais posteriores e vogais não arredondadas. Evidências para uma teoria de *locus* são obtidas se os pontos de dados caem em uma linha estreita. Uma relação linear indica que a frequência de início de F2 pode ser prevista da frequência-alvo da vogal. Uma extensão desta ideia inclui a frequência de F3 da vogal como um ponto de dado adicional, de modo que três valores estão disponíveis para estabelecer a identidade consonantal.

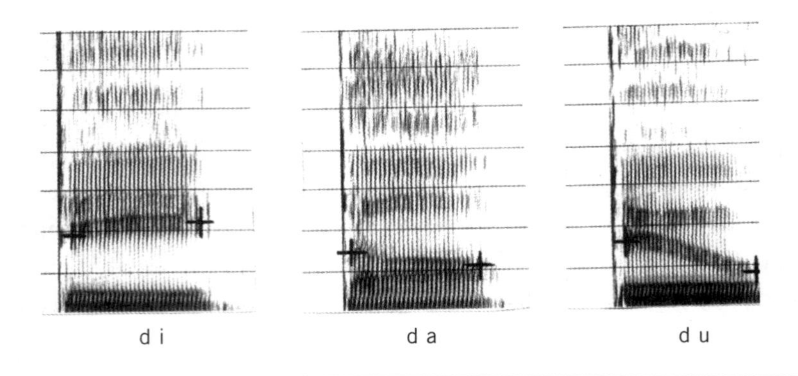

FIGURA 5.18 Ilustração de pontos de medição para determinar as equações de *locus* correspondentes ao ponto de articulação. Medidas da frequência de F2 são feitas no início de F2 e no valor de F2 para a vogal.

Sussman (1991) examinou essa possibilidade para dois falantes masculinos e apresentou equações de *locus* para F2 e F3 de /b/, /d/ e /g/. Ele reportou inclinações distintivas para equações de *locus* lineares. Por exemplo, para um falante, o valor da inclinação de F2 foi 0,91 para o ponto bilabial, 0,46 para o ponto alveolar e 0,67 para o ponto velar. Sussman e colegas continuaram essa linha de investigação através da determinação de equações de *locus* para falantes adultos adicionais do inglês americano (Sussman,

McCaffrey & Matthews, 1991), falantes adultos de tai, árabe do Cairo, e urdu (Sussman, Hoemeke & Ahmed, 1993), falantes adultos compensando um bloqueio de mandíbula (Sussman, Fruchter & Cable, 1995) e crianças aprendendo inglês americano (Sussman, Hoemeke & McCaffrey, 1992). Fruchter e Sussman (1997) mostraram como a equação de *locus* podia acomodar dados clássicos de Liberman et al. (1954) bem como dados mais recentes (Sussman et al., 1991) na forma de superfícies de identificação para a identificação das oclusivas. Sussman et al. (1998) apresentaram uma hipótese chamada restrição de saída ordenadamente baseada na linearidade das equações de *locus*. Entretanto, a interpretação e significância das equações de *locus* têm sido questionadas. Brancazio e Fowler (1998) concluíram que as equações de *locus* falharam em dar conta da grande proporção de variância em julgamentos de ouvintes das consoantes oclusivas, e Lofqvist (1999) argumentou que as equações de *locus* não parecem ser um índice do grau de coarticulação entre uma consoante e uma vogal seguinte. Para uma discussão mais detalhada sobre as equações de *locus*, vide o artigo de Sussman et al. (1998) e o comentário do parecerista associado.

A discriminação das consoantes faringais e uvulares depende, aparentemente, bastante das características de F1, com o início da frequência sendo mais alto para as faringais (Alwan, 1989). Interessantemente, o valor relativo da frequência de início de F1 foi relacionado à percepção de três pontos de articulação consonantal, com julgamentos de uvular associados com baixos inícios de F1, julgamentos de faringais com altos inícios de F1, e julgamentos glotais com inícios intermediários. Devido ao fato de os resultados de Alwan terem sido obtidos com um único ambiente vocálico, estudos posteriores são necessários para estabelecer a generalidade dessa relação acústico-perceptual.

Embora as explosões das oclusivas e as transições formânticas tenham sido consideradas separadamente, ambas são frequentemente disponíveis na percepção da fala. Portanto, elas são pistas complementares e sua integração provavelmente leva a um percepto fonético mais forte do que seria formado com qualquer um sozinho. Além disso, a importância relativa da transição da explosão e dos formantes pode variar com o vozeamento e os traços de ponto da consoante e até mesmo com o contexto vocálico em que a consoante é produzida (Smits et al., 1996). Um ponto adicional importante é que a pista e a transição formântica se aplicam geralmente a consoantes. Por exemplo, é notado mais tarde que as consoantes nasais, produzidas como as oclusivas com articulações bilabiais, alveolares e velares, têm transições formânticas similares. Esse resultado não é surpreendente se lembrarmos que transições formânticas são uma pista para lugar de articulação e não são restritas a nenhum dado modo de produção. Um entendimento das transições formânticas para oclusivas é a base para o estudo mais geral de transições formânticas associadas com sequências consoante-vogal ou vogal-consoante.

SUMÁRIO DOS CORRELATOS DO PONTO DE ARTICULAÇÃO DE OCLUSIVAS

O ponto de articulação pode ser identificado por diferentes propriedades acústicas, incluindo o *template* da explosão (Blumstein & Stevens, 1979; Stevens & Blumstein, 1978), momentos espectrais (Forrest et al., 1988), transições formânticas e, quando disponível, até mesmo o valor de VOT relativo. O seguinte sumário lista essas diferentes pistas para cada ponto de articulação da oclusiva, assumindo uma posição inicial de sílaba.

1. Bilabial:

   descrição do template: espectro difuso, plano ou em queda;

   descrição do momento espectral: média espectral relativamente baixa, alta assimetria e baixa curtose;

   transição formântica: a frequência de F2 aumenta da soltura da oclusiva para a vogal seguinte;

   VOT: relativamente curto, pré-vozeamento provável para oclusivas bilabiais vozeadas.

2. Alveolar:

   descrição do template: espectro difuso, em subida;

   descrição do momento espectral: média espectral relativamente alta, baixa assimetria e baixa curtose;

transição formântica: a frequência de F2 decresce da soltura da oclusiva para a vogal seguinte, exceto para as vogais altas anteriores;

VOT: intermediário entre bilabiais e velares.

3. Velar:

   descrição do template: espectro compacto (ênfase nas frequências médias);

   descrição do momento espectral: média espectral relativamente baixa, alta assimetria e alta curtose, provavelmente refletindo um espectro compacto;

   transição formântica: F2 e F3 possuem um formato de cunha, em que eles são inicialmente quase fundidos, mas separados em frequência durante a transição;

   VOT: valores mais longos entre os 3 pontos de produção das oclusivas; longos intervalos prováveis para as velares desvozeadas.

CONSOANTES FRICATIVAS

Como discutido no Capítulo 2, o traço articulatório essencial de uma fricativa é uma constrição estreita mantida em algum ponto do trato vocal. Quando o ar passa através da constrição, em uma taxa de fluxo adequada, a condição de turbulência resulta. A turbulência significa que o movimento de partículas no fluxo aéreo se torna altamente complexo, formando pequenos vórtices na região logo além do segmento constrito. A condição aerodinâmica de turbulência é associada com a geração de ruído de turbulência no sinal acústico. Assim, as fricativas são caracterizadas por: (1) formação de uma constrição estreita em algum ponto do trato vocal, (2) desenvolvimento de fluxo aéreo turbulento e (3) geração de ruído de turbulência. Essas três características definem as propriedas articulatórias, aerodinâmicas e acústicas essenciais das fricativas.

As fricativas não são a única classe de sons envolvendo geração de ruído. Entretanto, comparadas às oclusivas e africadas, as fricativas possuem durações relativamente longas de ruído, e é esse intervalo extenso de energia aperiódica que distingue fricativas como uma classe de som. É arriscado atribuir uma duração específica a segmentos de ruídos fricativos, porque a duração é influenciada por numerosos fatores contextuais. Klatt (1974, 1976) relatou que a duração da fricativa [s] pode se estender de 50 ms em encontros consonantais a 200 ms em posição de final de sintagma. De tudo o que pode ser seguramente dito está o fato de que quando oclusivas, africadas e fricativas são comparadas em um contexto equivalente, as fricativas generalmente possuem segmentos ruidosos mais longos. Em um estudo de duração segmental do ruído para oclusivas, africadas e fricativas em chinês (mandarim), tcheco e alemão, Shinn (1984) identificou as seguintes fronteiras duracionais: 62 a 78 ms para a fronteira oclusiva-africada e 132 a 133 ms para a *fronteira africada-fricativa*. Ou seja, para os seus estímulos (sílabas CV com significado isoladas), os segmentos de ruído eram prováveis de serem etiquetados como oclusivas se fossem menores do que cerca de 75 ms, africadas se estivessem na faixa de 75 a 130 ms e fricativas se fossem mais longas do que 130 ms. Entretanto, esses valores são apenas aproximados. As fronteiras são tipicamente alteradas para mudanças na taxa de elocução e complexidade do enunciado. O nível de energia pode interagir com a duração do ruído na determinação se os falantes ouvem uma africada ou uma fricativa. Hedrick (1997) relatou que ouvintes apresentados com estímulos sintetizados ouviram mais africadas palatais do que fricativas quando (a) o nível de apresentação aumentou, (b) a amplitude relativa na região do terceiro formante aumentou, ou (c) a duração da fricção diminuiu.

As fricativas em inglês são produzidas em cinco pontos do trato vocal: labiodental [f v], linguodental [θ ð], linguoalveolar [s z], linguopalatal [ʃ ʒ] e glotal [h]. Essas fricativas podem ser classificadas como *estridentes* [s z ʃ ʒ] e *não estridentes* [f v θ ð h]. Alguns foneticistas usam o termo *sibilantes* (e não sibilantes), em vez de estridentes (e não estridentes). As estridentes possuem maior energia de ruído do que as não estridentes, e a diferença pode ser importante para sua identificação perceptual (Behrens & Blumstein, 1988a, 1988b; McCasland, 1979; Strevens, 1960).

As fricativas podem também ser classificadas em relação ao vozeamento. As fricativas vozeadas [v ð z ʒ] são produzidas com duas fontes de energia, a energia quase periódica da vibração das pregas vocais e a energia aperiódica do ruído de turbulência. As fricativas desvozeadas possuem apenas a última fonte de energia. As fricativas vozeadas tendem a ter menores durações segmentais de ruído do que as fricativas desvozeadas (BAUM & BLUMSTEIN, 1987; CRYSTAL & HOUSE, 1988). Entretanto, há uma sobreposição considerável nas durações dos segmentos de ruído das fricativas vozeadas e desvozeadas quando grandes números desses sons são comparados juntos; ou seja, as diferenças duracionais em segmentos de ruído são estatísticas, em vez de categóricas. A presença ou ausência de energia de vozeamento é a pista dominante para a percepção do contraste de vozeamento em fricativas. Além disso, a presença ou ausência da energia de vozeamento nas fronteiras acústicas do ruído da fricativa parece ser especificamente importante (PIRELLO, BLUMSTEIN & KUROWSKI, 1997). Pirello et al. usaram a amplitude de HI (primeiro harmônico) como um índice de vozeamento durante o intervalo de fricção.

Essas classificações das fricativas inglesas são diagramadas na Figura 5.19, que serve como suporte para a seguinte discussão das propriedades acústicas desses sons.

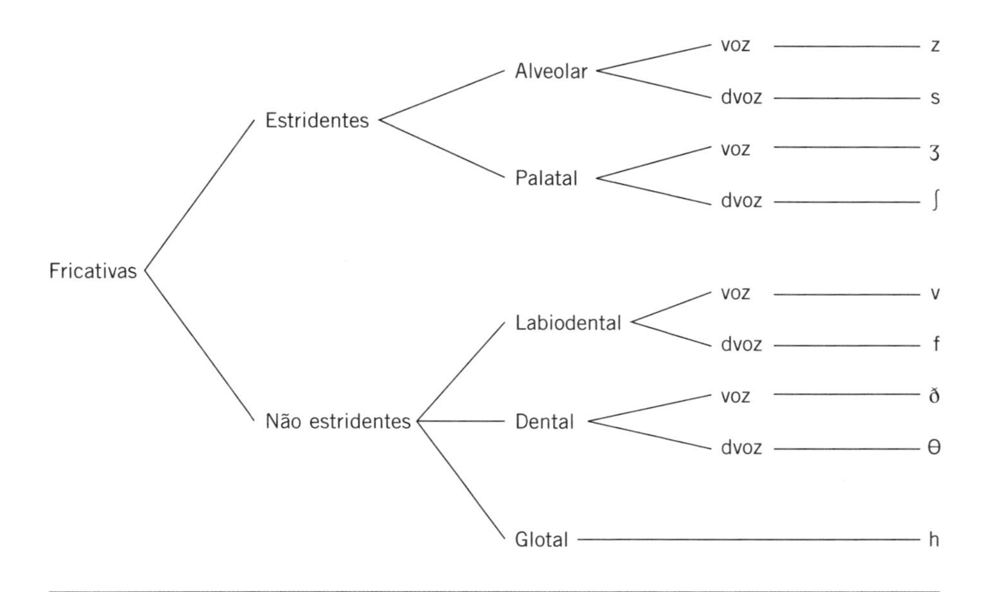

FIGURA 5.19 Classificação fonética das consoantes fricativas.

Estridentes

As fricativas estridentes possuem intensa energia de ruído e são distinguidas entre si com relação ao vozeamento e ao espectro de ruído. O ruído de turbulência das fricativas vozeadas é modulado pelas vibrações laríngeas. Essa modulação quase periódica é ilustrada na Figura 5.20 tanto com uma forma de onda quanto para [z] e [ʒ]. O espectrograma revela como o ruído de turbulência é pulsado pela fonte de vozeamento. As cognatas desvozeadas [s ʃ] são mostradas na Figura 5.21. Para essas fricativas, a energia de ruído contínua é evidente na forma de onda e no espectrograma.

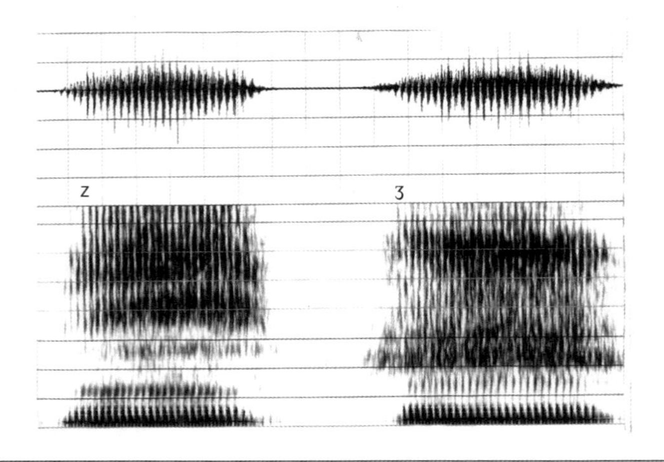

FIGURA 5.20 Formas de onda e espectrogramas para produções isoladas das fricativas [z] e [ʒ].

É claro na comparação dos espectrogramas das Figuras 5.20 e 5.21 que os espectros para as fricativas alveolares contêm uma energia relativamente de mais alta frequência do que os espectros para palatais. Como regra geral para falantes adultos masculinos, a principal região de energia de ruído para as fricativas alveolares está acima de 4 kHz. Em contraste, as fricativas palatais possuem energia de ruído significante se estendendo para cerca de

3 kHz. Esses valores de corte são apenas aproximados e teriam de ser escalados para cima para mulheres e crianças.

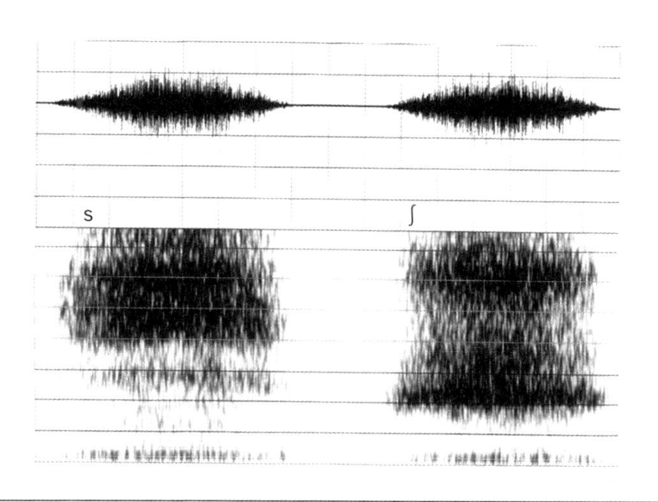

FIGURA 5.21 Formas de onda e espectrogramas para produções isoladas das fricativas [s] e [ʃ].

Os espectrogramas não são ideais para um exame das características espectrais detalhadas das fricativas. Para esse propósito, é preferível usar espectros determinados por métodos como FFT ou LPC. Exemplos de espectros de FFT e LPC para as estridentes desvozeadas estão contidos na Figura 5.22. Como vimos anteriormente com os espectrogramas, a fricativa alveolar possui mais energia em frequências mais altas comparadas às palatais. Ambas as fricativas alveolares e palatais possuem menores máximos e mínimos em seus espectros (Hughes & Halle, 1956). Aparentemente, essas irregularidades espectrais são relativamente de leves consequências na percepção desses sons. Em um estudo com fricativas sintetizadas, Heinz e Stevens (1961) modelaram esses sons com um único zero (antirressonância) de baixa frequência e um único polo (ressonância) aplicados à fonte de ruído branco. Os ouvintes identificaram o ruído resultante como [ʃ] quando a frequência central do polo estava abaixo de cerca de 3 kHz e como [s] quando a frequência central estava entre cerca de 4-8 kHz. Manrique e Massone (1981) determinaram a importância relativa de diferentes regiões de ruído para a identificação de fricativas através da filtragem dos sons com vários circuitos de passa-baixas e altas. A identificação de [s] pareceu depender em picos de energia em cerca de 5 e 8 kHz, enquanto a identificação de [ʃ] foi relacionada a um pico em cerca de 2,5 kHz. Os resultados desse estudo de filtragem são consistentes com o estudo de síntese de Heinz e Stevens que demonstra a importância da região de ruído de baixa frequência para [ʃ] e uma região de ruído de alta frequência para [s]. Forrest et al. (1988) tentaram classificar as fricativas desvozeadas dos quatro primeiros momentos (média, variância, assimetria e curtose) computados dos FFTs do ruído de fricção. Entre essas medidas estatísticas, a assimetria foi mais efetiva para

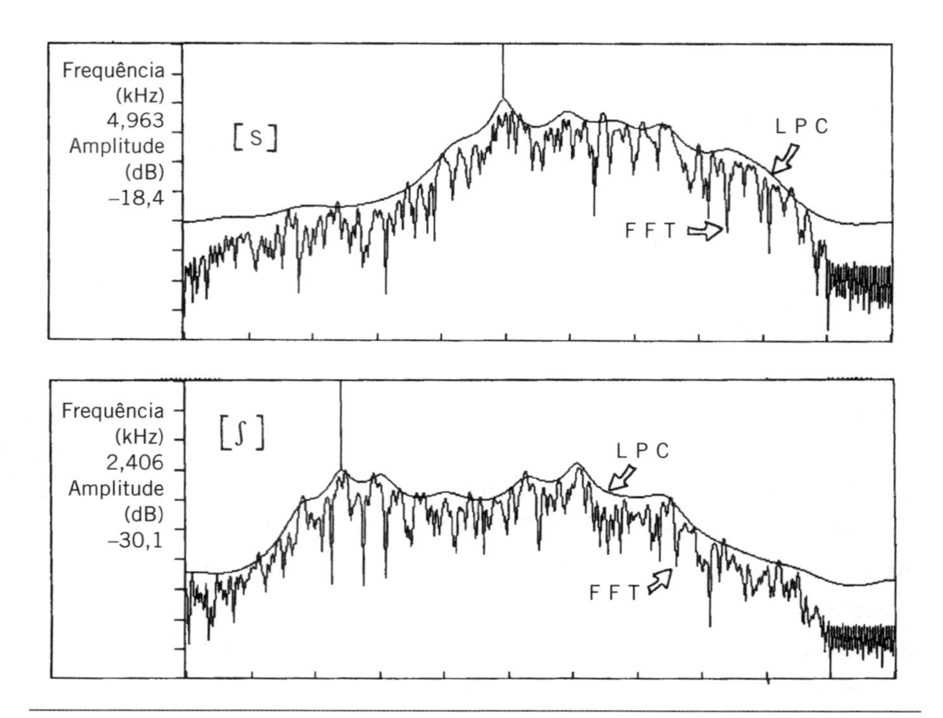

FIGURA 5.22 Espectros de FFT e LPC para as fricativas [s] e [ʃ]. Os valores mostrados à esquerda pertencem às linhas verticais nos espectros.

distinguir [s] e [ʃ], especialmente quando uma transformada Bark foi aplicada aos dados acústicos. Entretanto, a classificação estatística não funcionou bem com as não estridentes [f] e [θ]. Quase metade dos dados de [θ] foram classificados erroneamente como [f].

Outra linha mestra para a distinção espectral entre as fricativas alveolares e palatais é baseada em uma comparação das maiores regiões de ruído da fricativa com o padrão formântico de uma vogal produzido pelo mesmo falante. Como mostrado na Figura 5.23, o limite de frequência mais baixa da energia de ruído primária para [s] na palavra "*see*" está perto da frequência de F4 para a vogal. Para a fricativa palatal [ʃ] na palavra "*she*" na mesma figura, o limite de frequência mais baixa da maior região de ruído está perto da frequência de F3 para a vogal. Como um teste desse critério, pode-se tentar classificar cada segmento de ruído etiquetado na Figura 5.24 como [s] ou [ʃ]. Cada fricativa ocorre em uma sílaba CV, tornando-se conveniente comparar a região de ruído da fricativa com o padrão formântico da vogal.

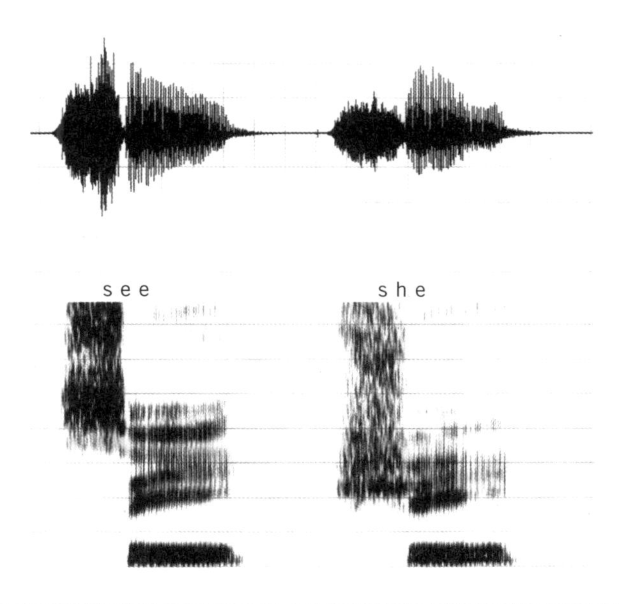

FIGURA 5.23 Formas de onda e espectrogramas das sílabas "*see*" e "*she*". Note a relação entre o limite de baixa frequência da energia de ruído para a fricativa e o padrão formântico para a vogal seguinte.

Várias possíveis pistas foram examinadas por sua relevância em distinguir as fricativas alveolares e palatais (especialmente as desvozeadas [s] e [ʃ]) (JONGMAN et al., 2000; BEHRENS & BLUMSTEIN,1988a; EVERS, REETZ & LAHIRI, 1998). Em geral, esses estudos indicam que as propriedades de amplitude e de duração não distinguem esses sons, mas características espectrais sim. O desafio é selecionar uma característica espectral distintiva que é tanto confiável quanto quantificável. Vários candidados podem ser considerados, incluindo momentos espectrais (JONGMAN et al., 2000; FORREST et al., 1988), energia em regiões espectrais específicas (BEHRENS & BLUMSTEIN, 1988a), pico espectral (JONGMAN et al., 2000) e medidas de inclinação espectral (EVERS et al., 1998). Um desses eventualmente pode emergir como a característica preferida para todas as línguas em que o contraste é relevante. Entretanto, no momento, pode-se dizer que [s], comparado a [ʃ], tende a ter um pico espectral de frequência mais alta, maior assimetria (mas não uniformemente em todos os estudos), mais energia na região de frequência de 3,5-5,0 kHz (em oposição à região de frequência 2,5-3,5 kHz) e uma inclinação mais rasa para o envelope espectral abaixo de 2,5 kHz.

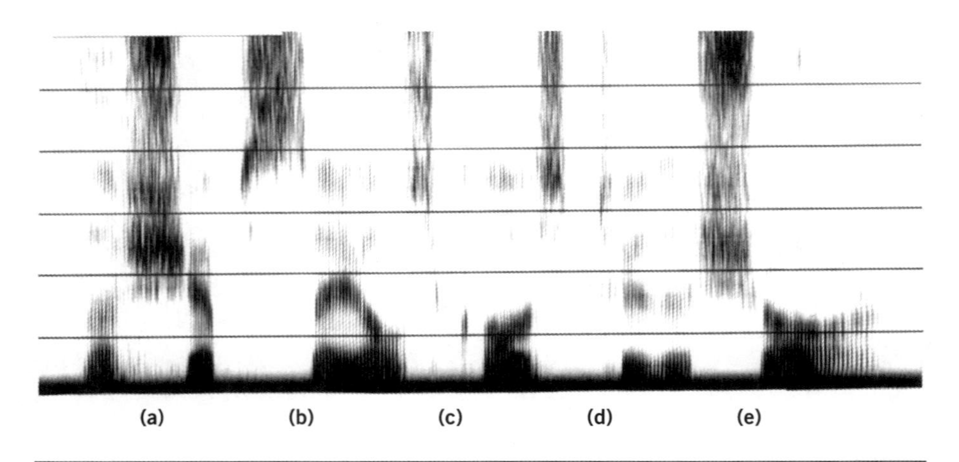

FIGURA 5.24 Espectrograma da sentença, "*The ship sails close to the shore*". Tente classificar os intervalos de fricção (a-e) como alveolares ou palatais.

Como descrito anteriormente para as oclusivas, as consoantes juntam-se às vogais precedentes ou seguintes por um intervalo de transições formânticas. As fricativas não são exceção. A transição formântica provavelmente é secundária ao espectro de ruído como uma pista para a percepção das estridentes. O espectro é primário, porque a energia do ruído para as estridentes é intensa e foneticamente distintiva. Demonstrações experimentais desse ponto foram fornecidas por Harris (1958) e La Riviere, Winitz e Herriman (1975). Harris usou uma técnica de junção em que o segmento ruidoso de uma fricativa foi combinado com o segmento de transição de outra fricativa. A identificação das fricativas estridentes de seus segmentos de ruído não foi afetada por este procedimento, indicando que o espectro de ruído foi altamente distintivo. La Riviere et al. estudaram a identificação das fricativas para estímulos editados em que diferentes pistas estavam disponíveis. Seus resultados foram como os de Harris por demonstrar que as estridentes eram bem identificadas apenas com o segmento de ruído. Entretanto, também foi descoberto que o intervalo de transição poderia ajudar na identificação das estridentes e que o valor relativo do ruído ou intervalo de transição variou com o contexto vocálico. Por exemplo, o segmento de ruído para [s] não foi uma prova tão efetiva no contexto de [i] quanto foi nos contextos de [a] ou [u]. Pode-se concluir que, embora as estridentes possam ser identificadas bastante bem apenas com seus segmentos de ruídos, as transições formânticas podem exercer um papel secundário na melhoria do reconhecimento de fricativas.

Não estridentes

Para essas fricativas, podemos considerar as mesmas características acústicas principais discutidas para as estridentes. As não estridentes vozeadas [v ð] são mostradas como formas de onda e espectrogramas na Figura 5.25. A energia de ruído total das não estridentes é obviamente menor do que para as estridentes. A modulação quase periódica do ruído pelos pulsos glotais é evidente para as não estridentes vozeadas na Figura 5.26, mas é despercebida para as não estridentes desvozeadas da Figura 5.26.

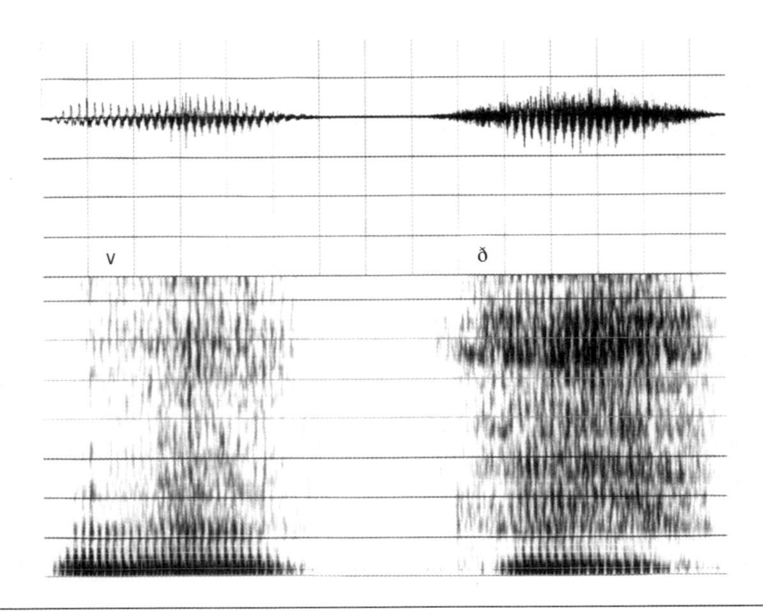

FIGURA 5.25 Formas de onda e espectrogramas para produções isoladas das fricativas [v] e [ð].

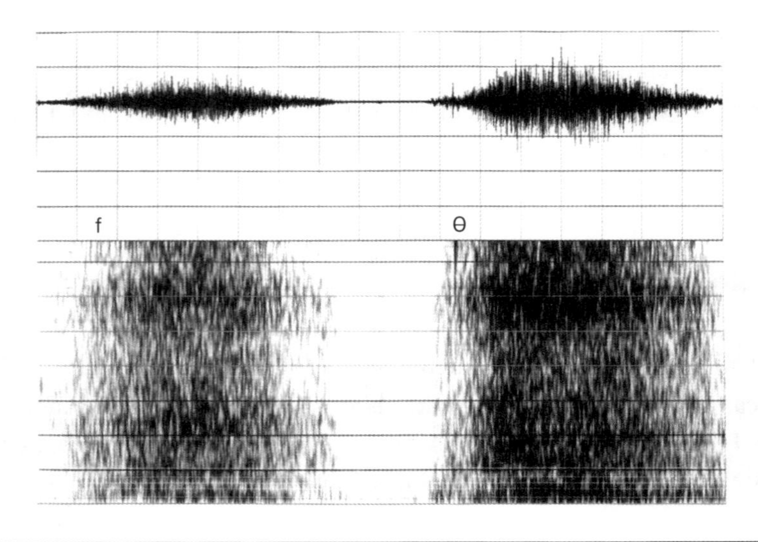

FIGURA 5.26 Formas de onda e espectrogramas para produções isoladas das fricativas [f] e [θ].

Como um grupo, as não estridentes são fracas em energia total e possuem espectros bastante planos ou difusos. O padrão plano do espectro é ilustrado pelos espectros de FFT e LPC na Figura 5.27. A diferença pronunciada de energia entre estridentes e não estridentes faz com que seja improvável que uma estridente possa ser confundida com uma não estridente, ou vice-versa. Quando ocorrem confusões, elas são mais prováveis entre as estridentes ou entre as não estridentes. A energia de ruído para as não estridentes pode ser estendida sobre uma gama de frequências apreciável, mas não é claro como essa energia se relaciona à identificação fonética. Jongman et al. (2000) concluíram que as fricativas não estridentes do inglês americano, comparadas às estridentes, tinham uma amplitude média mais baixa (de cerca de 10 dB), um pico espectral maior, uma média espectral menor (pri-

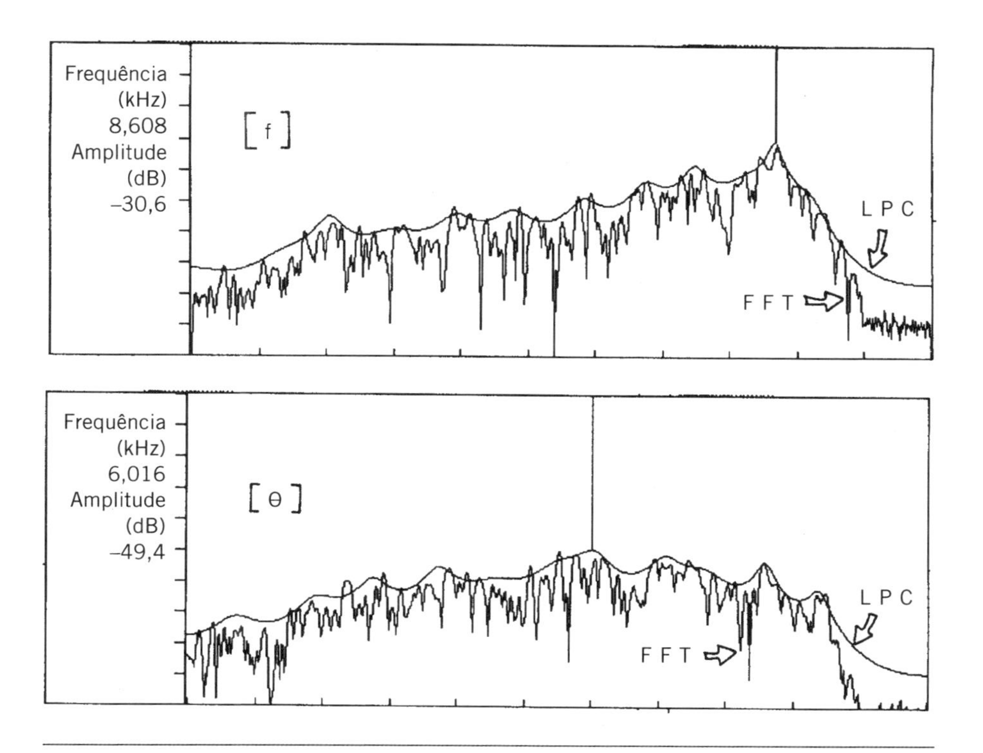

FIGURA 5.27 Espectros de FFT e LPC para as fricativas [f] e [θ].

meiro momento) e uma variância espectral maior (segundo momento). Tabain (1997) concluiu que a informação espectral acima de 10 kHz para fricativas não estridentes é dependente do falante. Portanto, a energia em altas frequências pode não ser especificamente importante para a identificação fonética, mas poderia exercer um papel na identificação do falante (discutido no Capítulo 6).

Os experimentos de Harris e La Riviere et al. citados anteriormente indicam que a transição formântica é mais efetiva do que o segmento de ruído como uma pista para a percepção das não estridentes. Entretanto, em alguns contextos vocálicos, o segmento de ruído pode ajudar no reconhecimento da fricativa. As transições formânticas distintivas para as labiodentais e as linguodentais surgem porque a primeira possui um *locus* de F2 de cerca de 1000 Hz comparado ao *locus* de F2 de cerca de 1400 Hz para a última (assumindo um falante adulto masculino). A fricativa [h] tipicamente não está associada com transições formânticas. Não apenas [h] é produzido na glote e faringe, mas pode ser quase completamente coarticulado com o formato do trato vocal da vogal seguinte. Por exemplo, na palavra *"he"* [hi], a configuração do trato vocal para a vogal [i] é assumida durante a produção da fricativa. Portanto, transições formânticas estão virtualmente ausentes, embora o segmento de ruído [h] frequentemente possua uma estrutura semelhante a formante bem marcada (como notado por Strevens, 1960). Jongman et al. (2000) achou pouca evidência de as transições formânticas carregarem informação importante relacionada ao ponto de articulação da fricativa.

O Problema da Caracterização do Espectro

As propriedades espectrais dos segmentos de ruído para várias fricativas desvozeadas de diferentes línguas são resumidas na Tabela 5.4. Informação é dada sobre intensidade relativa, duração do espectro efetiva e lugar dos picos espectrais proeminentes. Em acréscimo, a frequência de ocorrência do *rank* como determinado em uma amostra de 317 línguas é notada. Embora não se deva levar tanto em consideração a frequência dos dados de ocorrência, é interessante que as fricativas que ocorrem mais frequentemente entre essas línguas sejam as estridentes [s] e [ʃ]. Talvez as línguas tendam a selecionar fricativas de alta energia com diferenças espectrais proeminentes. Essas fricativas deveriam ser perceptualmente salientes e discrimináveis mesmo com um ruído de mascaramento desfavorável.

TABELA 5.4 Propriedades espectrais e fricativas desvozeadas compiladas de várias fontes. São mostrados para cada fricativa o símbolo do IPA, o ponto de articulação, o *rank* de frequência de ocorrência[a], a intensidade relativa[b], a extensão efetiva do espectro[c] e os picos espectrais[d,e].

IPA	Ponto	Frequência	Intensidade	Espectro	Picos espectrais	Picos espectrais
O	Bilabial	—	Baixa	Longo	—	—
f	Labiodental	3	Baixa	Longo	1,5; 8.5	(0,5-0,6), 1,0-2,7
θ	Dental	6	Baixa	Longo	—	(0,5-0,6); 1,5-2,3
s	Alveolar	1	Alta	Curto	5,0; 8,0	1,0-1,7; 4,4-9,5
ʃ	Palatoalveolar	2	Alta	Curto	2,5; 5,0	1,0-2,0; 2,3-5,3
ç	Palatal	7	Alta	Curto	—	0,9-1,3; 2,7-4,4
x	Velar	4	Média	Médio	—	1,0-1,7; 3,7-4,4
χ	Uvular	5	Média	Médio	—	0,9-1,7; 3,1-3,7
h	Glotal	—	Média	Médio	—	—

A descrição acústica das fricativas possui espaço considerável para melhoramentos. Tem sido difícil identificar medidas que sejam econômicas, válidas e confiáveis. Medidas como duração do espectro efetivo e localização dos picos proeminentes não são sempre altamente repetíveis em ou entre observadores. Qualquer um que pretenda fazer medidas espectrais para fricativas é bem aconselhado a ler a literatura cuidadosamente e avaliar a confiabilidade de quaisquer medidas selecionadas para uso. Uma possibilidade é o uso de momentos espectrais, sozinhos ou em combinação com outras descrições de formato espectral. Infelizmente, apenas dados limitados têm sido relatados sobre valores de momento espectrais, e dúvidas permanecem sobre questões técnicas na análise do momento (duas das quais são o efeito do ruído de ambiente e o efeito de diferentes valores de filtragem passa-baixas). Entretanto, dois exemplos da descrição de momento espectral devem ser notados. Um é o relato sobre as fricativas desvozeadas do polonês de Jassem (1995), para as quais os valores de momento espectral são relatados na Tabela 5.5. O outro é o estudo detalhado das fricativas do inglês americano de Jongman et al. (2000), cujos maiores resultados estão sumarizados na Tabela 5.6.

TABELA 5.5 Momentos espectrais para as fricativas desvozeadas do polonês. De W. Jassem, The acoustic parameters of Polish voiceless fricatives: an analysis of variance. *Phonetica*, n. 52, p. 251-258, 1995.

Fricativa	Média	Desvio padrão	Curtose
[f]	3337	0,04982	–1,3006
[s]	6404	0,8425	2,8730
[S]	3870	0,3684	–1,6677
[C]	3874	0,5175	–0,9969
[x]	1792	4,1527	14,5630

TABELA 5.6 Sumário de medidas acústicas para as fricativas do inglês americano, baseado em dados de Jongman et al. (2000). As medidas são duração média (Dur) em ms, amplitude de pico (Amp) em dB, local do pico espectral Pic. espec. em Hz, primeiro momento (M1) em Hz, segundo momento (M2) em Hz, terceiro momento (M3) e quarto momento (M4). Reimpresso de A. Jongman, R. Wayland e S. Wong, Acoustic characteristics of English fricatives. *Journal of the Acoustical Society of America*, n. 108, p. 1252-1263, 2000.

Fricativa	Dur	Amp	Pic. espec.	M1	M2	M3	M4
/f/	166	55,7	7733	5108	6,37	0,077	2,11
/v/	80	63,2	7733	5108	6,37	0,077	2,11
/θ/	163	54,7	7470	5137	6,19	–0,083	1,27
/ð/	88	62,7	7470	5137	6,19	–0,083	1,27
/s/	178	64,9	6839	6133	2,92	–0,229	2,36
/z/	118	67,7	6839	6133	2,92	–0,229	2,36
/ʃ/	178	66,4	3820	4229	3,38	0,693	0,42
/ʒ/	123	68,2	3820	4229	3,38	0,693	0,42

CONSOANTES AFRICADAS

Há apenas duas africadas em inglês, [tʃ] e [dʒ]. Essas são usualmente descritas como tendo um ponto de articulação palatal e sendo diferentes apenas em vozeamento. Alguns acreditam que o ponto de articulação não é verdadeiramente palatal, no mínimo quando comparado com as fricativas palatais [ʃ] e [ʒ]. A africada é um som complexo, envolvendo uma sequência de articulações oclusivas e fricativas. Como as oclusivas, as africadas são produzidas com um período de completa obstrução do trato vocal. Como as fricativas, as africadas são associadas com um período de fricção. O intervalo de fricção para as africadas tende a ser mais curto do que para as fricativas. Basicamente, então, a descrição acústica das africadas implica uma descrição da parte oclusiva e uma descrição da parte de ruído.

Para a posição inicial da sílaba, as pistas acústicas primárias que são usadas para distinguir africadas de oclusivas são o *tempo de subida* da energia do ruído e a duração da fricção (HOWELL & ROSEN, 1983). O tempo de subida é uma medida do tempo em que o envelope de amplitude alcança seu valor máximo ou quase máximo. Para as africadas, o tempo de subida médio medido por Howell e Rosen foi de 33 ms, contrastado com um tempo de subida médio de 76 ms para as fricativas. Assim, as africadas são caracterizadas por uma rápida construção crescente da energia de ruído acústico, embora não tão rápidas quanto as das consoantes oclusivas. A diferença no tempo de subida entre africadas e fricativas é evidente na Figura 5.28. Hedrick (1997) observou que a percepção da africada palatal também é influenciada pelo nível de apresentação ou pela amplitude relativa de energia na região do terceiro formante. Vários fatores precisam ser considerados na diferenciação acústica das africadas e fricativas, e estudos adicionais são necessários para determinar a importância relativa das diferentes pistas.

Na posição pós-vocálica, as pistas acústicas para a distinção africada-fricativa incluem o tempo de subida e a duração do segmento de ruído, a presença ou ausência de uma explosão de soltura, a duração do intervalo da oclusiva e/ou características espectrais da vogal precedente (DORMAN, RAPHAEL & EISENBERG, 1980). Essas características podem ser vistas na Figura 5.29, que exibe a forma de onda e o espectrograma para a palavra "*judge*", que tem a africada vozeada nas posições pré-vocálica e pós-vocálica.

Kluender e Walsh (1992) manipularam independentemente a duração da fricção e o tempo de subida em um estudo da percepção de fricativas e africadas desvozeadas. Seus resultados mostraram que variações no tempo de subida não foram uma pista suficiente para o contraste africada/fricativa, mas que a variação na duração da fricção foi suficiente. De acordo com esse resultado, os falantes podem controlar a duração da fricção como a pista primária para essa distinção, com o tempo de subida servindo apenas como uma pista secundária ou redundante.

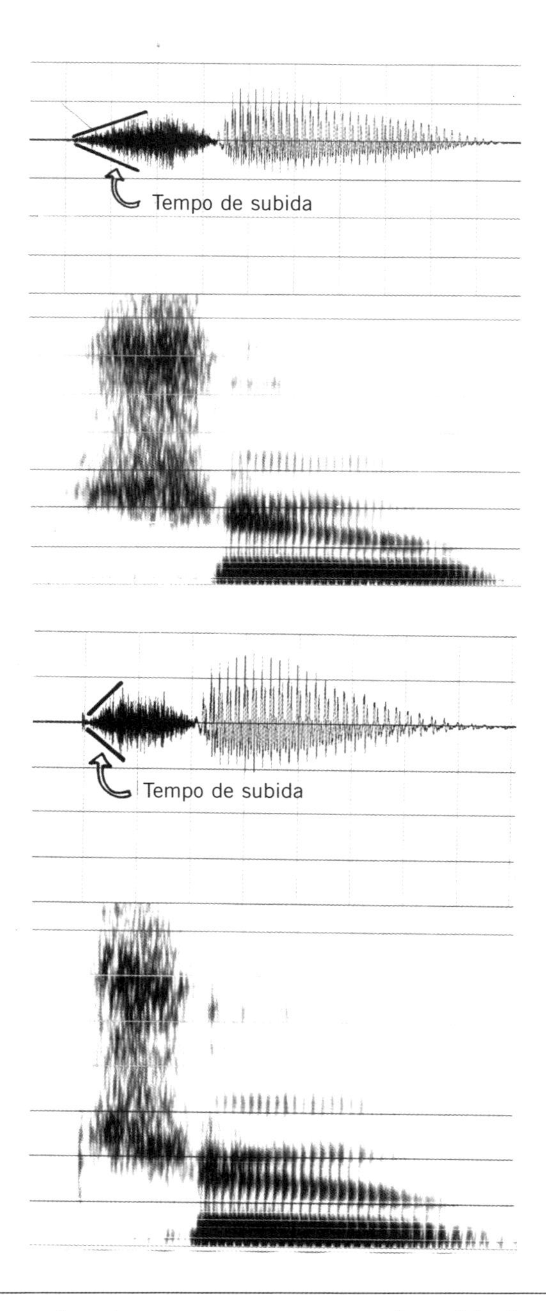

FIGURA 5.28 Forma de onda e espectrograma para a palavra "*shoe*" e a palavra "*chew*". Note o tempo de subida gradual da energia de fricção na forma de onda para "*shoe*" (topo), mas uma subida rápida da energia de fricção para "*chew*" (fundo).

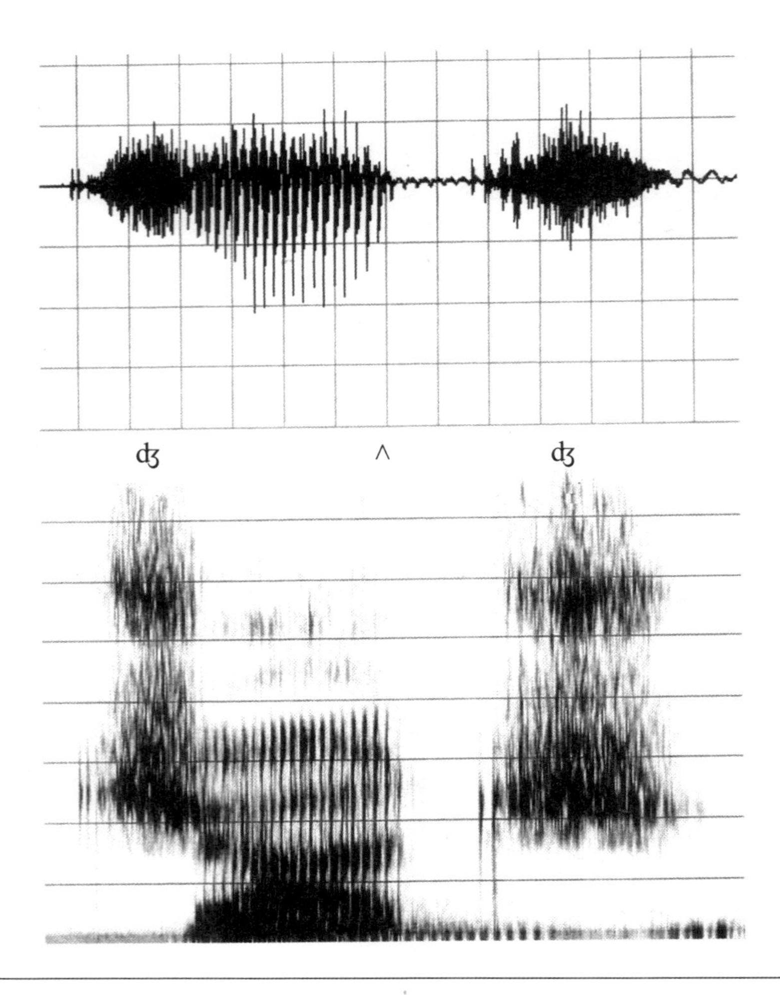

FIGURA 5.29 Forma de onda e espectrograma para a palavra "*judge*" para ilustrar uma africada vozeada pré-vocálica e pós-vocálica.

CONSOANTES NASAIS

As consoantes nasais, /m n ŋ/ em inglês, são produzidas com fechamento da cavidade oral e radiação do som através da cavidade nasal enquanto a obstrução oral é mantida (Fujimura, 1962; Lindquist & Sundberg,

1972). Como explicado no Capítulo 2, a cavidade oral obstruída age como um desvio ou ressoador bifurcado. Ou seja, embora a cavidade oral esteja fechada em algum ponto, ela, no entanto, contribui para as qualidades ressonantes das consonantes nasais. Se não contribuísse, então seria impossível distinguir as nasais em produções sustentadas, isoladas. Embora as consoantes nasais não sejam facilmente distinguidas nessas produções, elas não soam exatamente iguais.

A característica articulatória de abertura velofaringal acompanhada pela obstrução da cavidade oral está ligada a uma característica acústica de um *murmúrio nasal*. O murmúrio é o segmento acústico associado com uma radiação exclusivamente nasal da energia sonora. Embora a nasalização tenha efeitos além desse intervalo, o murmúrio é um bom lugar para começar nosso questionamento sobre as consoantes nasais.

Como uma primeira olhada no murmúrio nasal, a Figura 5.30 mostra um espectrograma de uma produção sustentada da consoante nasal [n]. Esse espectrograma foi preparado com uma extensão dinâmica especialmente ampla para visualização dos máximos e mínimos dos espectros sonoros. Os formantes são evidentes como bandas de energia etiquetadas na ilustração. Entretanto, notem também a banda clara de energia reduzida etiquetada como um antiformante. Outra olhada nas características espectrais dos murmúrios nasais é dada nas Figuras 5.31, 5.32 e 5.33, que mostram espectrogramas acompanhados por espectros de FFT para a porção do murmúrio de cada nasal. Tanto os espectrogramas quanto os espectros de FFT ilustram que os murmúrios nasais são associados com regiões distintas de energia, similares aos padrões formânticos de vogais sustentadas (monotongos). Entretanto, as figuras também mostram regiões de energia bem reduzidas. Diferentemente das vogais radiadas oralmente, que teoreticamente possuem apenas formantes na sua função de transferência, as nasais possuem tanto formantes quanto antiformantes. Como foi discutido anteriormente, os antiformantes podem ser pensados como interferindo em, ou prevenindo a transmissão de energia na faixa de frequência do antiformante. Antiformantes, como formantes, podem ser descritos com dois números, a frequência central e a largura de banda. É importante reconhecer que a interação de formantes e antiformantes no espectro de um som nasal não é uma simples questão de atribuir formantes a picos espectrais e antiformantes a vales espectrais. Embora esse resultado possa ocorrer, outras consequências espectrais podem ocorrer também. Por exemplo, se um formante e antiformante possuem exatamente a mesma frequência central e largura de banda, o resultado de sua interação é um cancelamento mútuo. De fato, formantes e antiformantes frequentemente ocorrem em pares. Quando os membros de um par possuem as mesmas frequências e larguras de bandas, elas se cancelam, mas quando o formante e o antiformante divergem nesses valores, uma consequência espectral específica seria vista.

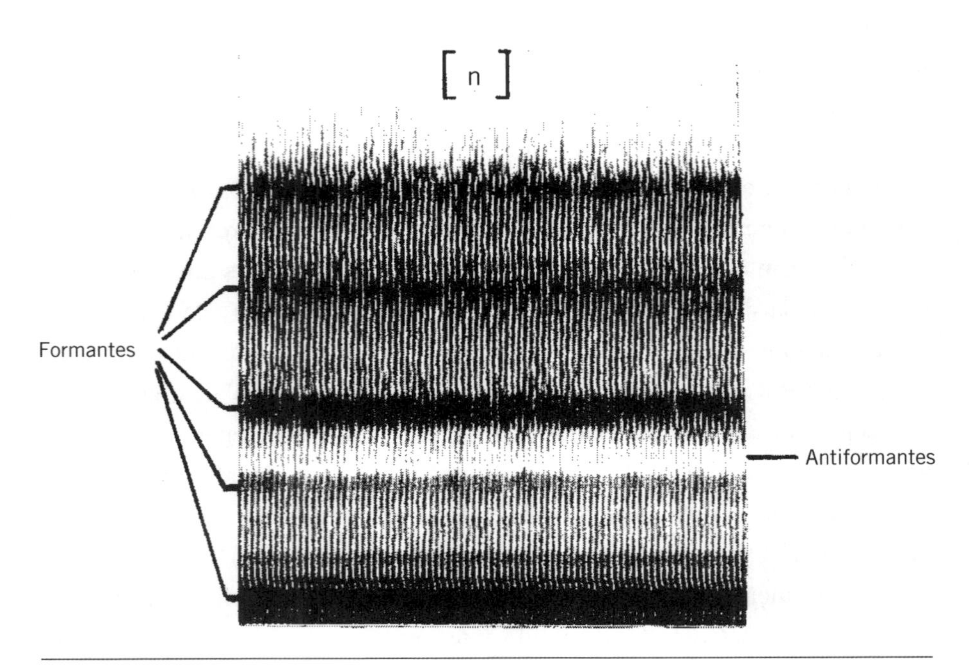

FIGURA 5.30 Espectrograma de um murmúrio sustentado para a consoante nasal [n].

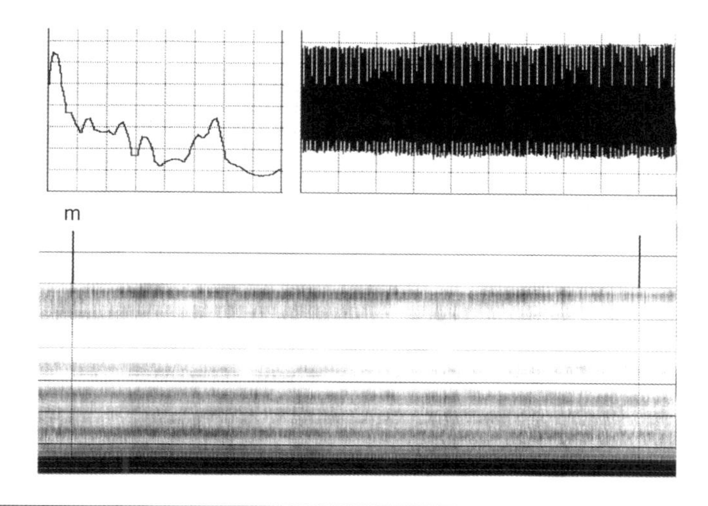

FIGURA 5.31 Análise em três painéis para a consoante nasal [m]. Alto à esquerda: espectro de longo termo; alto à direita: forma de onda; metade embaixo: espectrograma do [m] sustentado. O espectro de longo termo foi calculado para o intervalo ligado por linhas verticais no espectrograma. Essa exibição múltipla (e as das duas figuras seguintes) foi produzida com um Kay Elemetrics Corporation Model 5500 Sona-Graph.

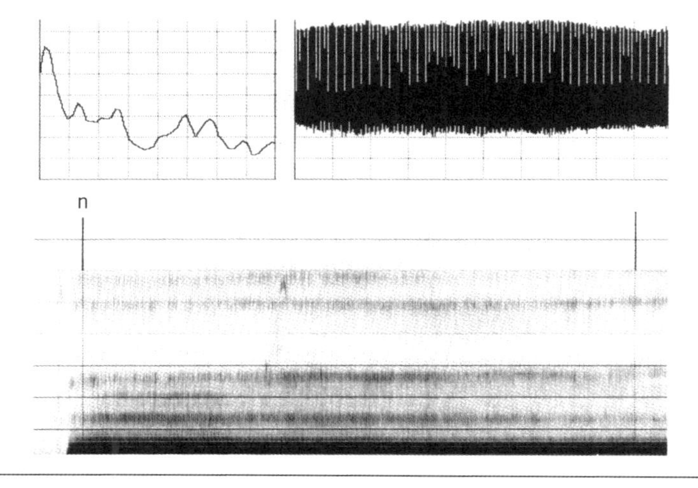

FIGURA 5.32 Análise em três painéis para a consoante nasal [n]. Alto à esquerda: espectro de longo termo; alto à direita: forma de onda; metade embaixo: espectrograma do [n] sustentado. O espectro de longo termo foi calculado para o intervalo ligado por linhas verticais no espectrograma.

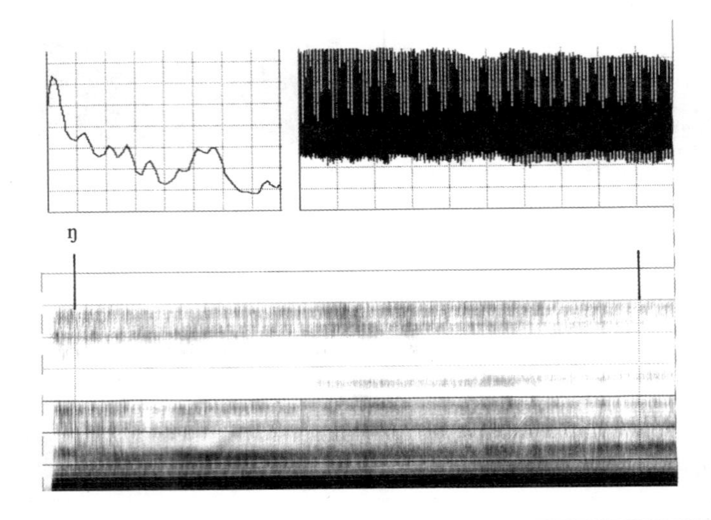

FIGURA 5.33 Análise em três painéis para a consoante nasal [ŋ]. Alto à esquerda: espectro de longo termo; alto à direita: forma de onda; metade embaixo: espectrograma do [ŋ] sustentado. O espectro de longo termo foi calculado para o intervalo ligado por linhas verticais no espectrograma.

A Figura 5.34 dá uma comparação espectral de uma vogal não nasal e um murmúrio consonantal nasal. O murmúrio é similar à vogal, pois tem um número de picos espectrais, mas apenas um desses, o *formante nasal* de baixa frequência, possui uma amplitude comparável às dos formantes vocálicos. A amplitude reduzida dos outros picos espectrais do murmúrio nasal significa que a nasal teria menos energia total do que a vogal. De fato, como o espectrograma da Figura 5.35 mostra, murmúrios nasais em geral são facilmente distinguíveis das vogais por uma comparação da energia total. Podemos concluir dizendo que a parte do murmúrio de uma consoante nasal tem uma ressonância dominante de baixa frequência, o formante nasal, acompanhado por um número de ressonâncias muito mais fracas em frequências altas. Como explicado no Capítulo 2, o formante nasal é associado com um tubo bastante longo se estendendo da laringe até a abertura do nariz.

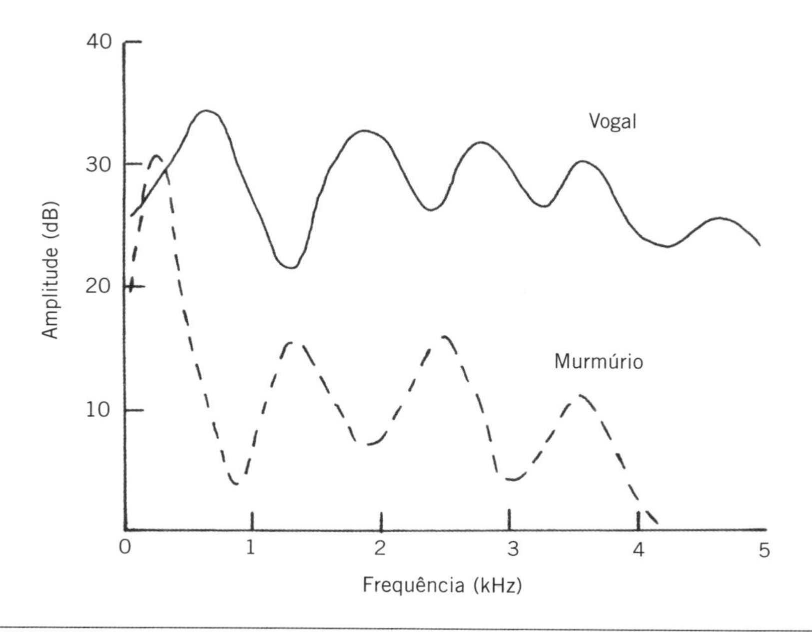

FIGURA 5.34 Espectros idealizados de uma vogal não nasal e a porção de murmúrio de uma consoante nasal.

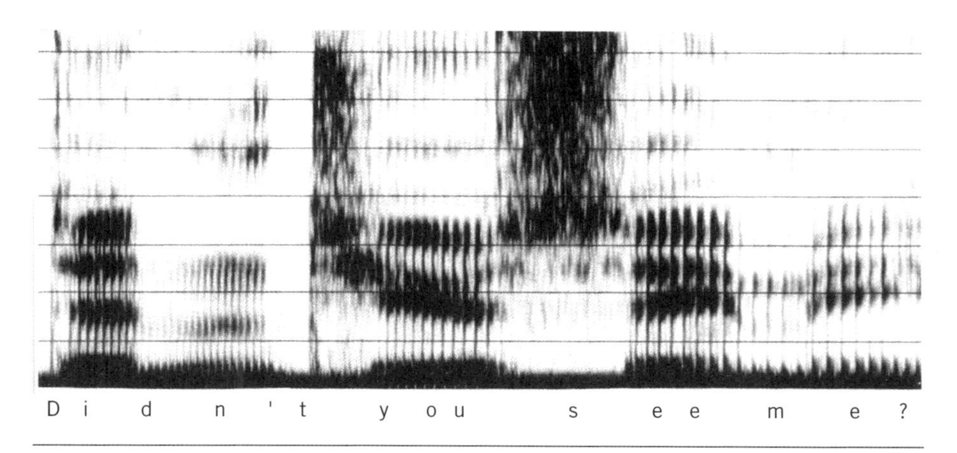

FIGURA 5.35 Espectrograma da sentença "*Didn't you see me?*". Compare as vogais não nasais, como o /i/ em "*didn't*", com as consoantes nasais, como o [n] na mesma palavra.

Fujimura (1962) determinou que as consoantes nasais possuem três propriedades comuns. Primeiramente, todas elas possuem um primeiro formante de cerca de 300 Hz que está bem separado dos formantes mais altos. Em segundo lugar, os formantes tendem a ser altamente amortecidos (isto é, eles têm larguras de banda largas refletindo uma taxa rápida de absorção de energia sonora). Em terceiro lugar, há uma alta densidade de formantes e a existência de antiformantes.

Um exame de perto da Figura 5.35 revela que as consoantes nasais, como outras consoantes, são associadas com transições formânticas quando são produzidas em sequência com outros sons. De fato, a interpretação das transições formânticas associadas com as nasais é bem parecida com a das oclusivas cognatas (homorgânicas). As transições formânticas podem ser interpretadas de acordo com o ponto de articulação, de modo que padrões similares são observados para os pares oclusiva-nasal, [b]-[m], [d]-[n] e [g]-[ŋ]. Essa similaridade não é surpreendente dado que a transição de F2 se relaciona ao ponto de articulação e que a transição de F1 se relaciona com a obstrução da cavidade oral. Em muitos aspectos, as consoantes nasais podem ser chamadas de oclusivas nasalizadas, ou seja, elas compartilham algumas propriedades fundamentais com as consoantes oclusivas. As maiores diferenças entre oclusivas e nasais são explicadas pelos efeitos da nasalização. Uma representação estilizada de uma sílaba oclusiva-vogal e de uma nasal-vogal é dada na Figura 5.36. Devido ao fato de a oclusiva [d] e a nasal [n] serem homorgânicas (tendo o mesmo ponto de articulação), elas diferem apenas no traço articulatório de nasalidade. As propriedades acústicas da sílaba oclusiva-vogal incluem a explosão de soltura, a transição e o estado estacionário da vogal. As propriedades para a sílaba nasal-vogal são o murmúrio, a transição e o estado estacionário da vogal. O segmento de transição formântica é altamente semelhante para as duas sílabas.

Os experimentos perceptuais de Kurowski e Blumstein (1984) demonstraram que o murmúrio nasal e as transições são aproximadamente iguais no fornecimento de informação sobre o ponto de articulação. Esses resultados também indicam que nem o murmúrio nem a transição são suficientes para a percepção consistentemente precisa do ponto de articulação. Quando apenas o murmúrio, ou a transição, foi apresentado aos ouvintes, o placar

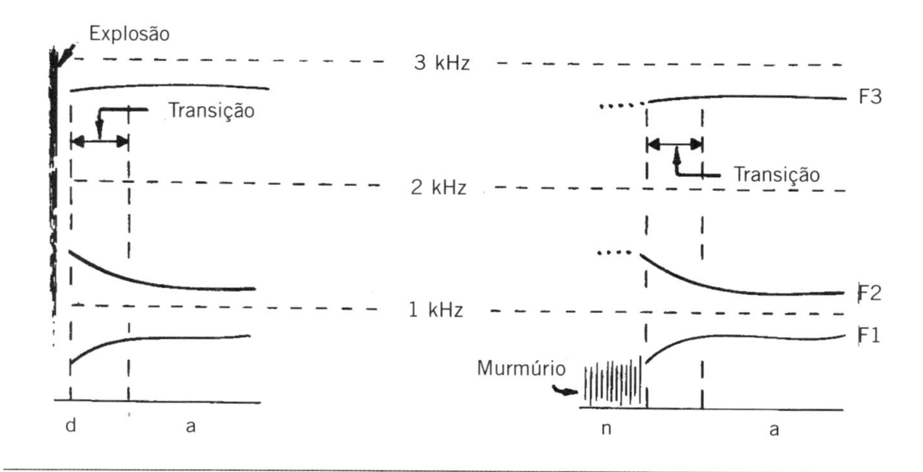

FIGURA 5.36 Representação estilizada de sílabas oclusiva + vogal e nasal + vogal. As características incluem a explosão da oclusiva, as transições formânticas e o murmúrio nasal.

de porcentagem correta para a identificação consonantal foi cerca de 80%. Qi e Fox (1992) relataram uma taxa de identificação de 86% de [m] *versus* [n] usando um modelo preditivo linear perceptual de quinta ordem. Seus resultados mostraram que o segundo polo transformado foi significantemente mais baixo para [m] do que [n]. Aparentemente, os ouvintes confiam em ambas as pistas, murmúrio e transição, e integram-nas para formar uma única decisão fonética. A conclusão de Kurowski e Blumstein é contrária ao trabalho anterior de Liberman et al. (1954) e de Malecot (1956), que indicaram que o ponto de articulação para as consoantes nasais é dado primariamente pelo segmento de transição e não pelo murmúrio. Repp e Svastikula (1988) relataram resultados para as nasais em sílabas VC que eram substancialmente concordantes com os de Kurowski e Blumstein. Repp e Svastikula concluíram que as transições formânticas vocálicas por si mesmas forneciam tanta informação sobre ponto de articulação para [m] e [n] quanto para os murmúrios nasais sozinhos. Entretanto, as sílabas VC plenas contendo [m] ou [n] não foram identificadas bem, como o foram as sílabas CV plenas com as mesmas consoantes. Uma possível razão para a identificação mais pobre de nasais em sílabas VC foi a "relative absence of a salient spectral change between the vowel and the murmur in VC syllables" (p. 237) (relativa ausência de mudança espectral saliente entre a vogal e o murmúrio em sílabas VC).

Em inglês, apenas as consoantes nasais /m/ e /n/ ocorrem em posição inicial de palavra (/ŋ/ não pode ocorrer em início de sílaba ou palavra), mas todas as três nasais ocorrem no meio ou no final da palavra. Todas juntas, as três consoantes nasais respondem por cerca de 10% dos sons na fala adulta corrente (MINES, HANSEN & SHOUP, 1978) e ocorrem em uma taxa média de cerca de duas por segundo.

A nasalização do sinal acústico não se aplica apenas às consoantes nasais, mas também a certos sons circundantes, especificamente as vogais. Em geral, as vogais precedendo ou seguindo as consoantes nasais tendem a ser nasalizadas de alguma forma. Experimentos têm mostrado que os ouvintes são sensíveis à nasalização vocálica e usam essa informação para fazer julgamentos perceptuais sobre as consoantes vizinhas. Em outras palavras, as pistas acústicas para a nasalização frequentemente podem ser achadas além do segmento consonantal nasal.

CONSOANTES *GLIDES*

Os dois *glides* do inglês são /w/ e /j/. Ladefoged (1975) usou o termo aproximantes para esses sons, e o termo semivogais também é usado. Alguns autores aplicam o termo semivogais não apenas para /w/ e /j/, mas também para /r/ e /l/ (ESPY-WILSON, 1992). Todos os três termos são descritivos: o termo *glide* descreve os movimentos articulatórios graduais que caracterizam esses sons; o termo aproximante descreve o traço articulatório em que o trato vocal é marcadamente estreitado, mas não fechado, em algum ponto; e o termo semivogal descreve a natureza vocálica desses sons. Os *glides* são necessariamente pré-vocálicos (na fonologia, uma variante pós-vocálica é, às vezes, reconhecida, mas não trataremos dela aqui). A articulação do *glide*, portanto, pode ser entendida como um movimento relativamente lento que procede de uma configuração do trato vocal com um estreitamento marcado para uma configuração do trato vocal adequada para a vogal seguinte. Para /w/, há de fato duas regiões de estreitamento: nos lábios e entre o dorso da língua e o palato mole (ou véu palatino). Por essa razão, /w/ é caracterizado foneticamente como um *glide* labiovelar, bem semelhante na configuração do trato vocal para a vogal alta posterior /u/. Os movimentos labiais e linguais para esse *glide* são feitos com uma coordenação fechada, começando e terminando juntos. O *glide* /j/ tem um estreitamento do trato vocal similar ao da vogal /i/. A língua assume uma posição alta anterior, quase contactando a região pré-palatal. O movimento articulatório para as semivogais é devagar comparado ao movimento das oclusivas e nasais.

Experimentos perceptuais têm mostrado que os *glides* ocupam um tipo de posição a meio caminho entre as oclusivas e as transições vogal-vogal. O *glide* /w/ fica entre a oclusiva /b/ e uma transição a partir da vogal /u/ para outro som. A Figura 5.37 mostra espectrogramas para três enunciados que diferem primariamente na duração da transição: sílaba [bi] (como na palavra "*bee*"), sílaba [wi] (como na palavra "*we*") e o enunciado de vogal + vogal [u: i:] (que pode ser representado ortograficamente como algo do tipo "*oooeee*"). Os padrões formânticos para esses três enunciados são semelhantes em suas mudanças de frequência (ex.: a transição de F2 se estende para cerca da mesma faixa de frequências), mas diferem na duração da transição. A duração da transição é mais breve para a oclusiva [b], de alguma forma mais longa para a semivogal [w] e mais longa para o enunciado vogal + vogal.

O *glide* /j/ fica a meio caminho entre a oclusiva alveolar /d/ e uma transição da vogal /i/ para outra vogal. Espectrogramas estilizados ilustrando essa relação são apresentadas na Figura 5.38. Os enunciados de amostra são a sílaba [du] (como na palavra "*do*"), a sílaba [ju] (como na palavra "*you*") e a sequência de vogal + vogal [i: u:] ("*eeeooo*" como poderia ser apresentado em gibis). Os padrões formânticos para os três enunciados são similares em sua extensão de frequências, mas diferentes no tempo tomado para acompanhar a mudança em frequência. A transição é mais breve para a oclusiva [d], mais longa para a semivogal [j] e mais longa ainda para o enunciado vogal + vogal.

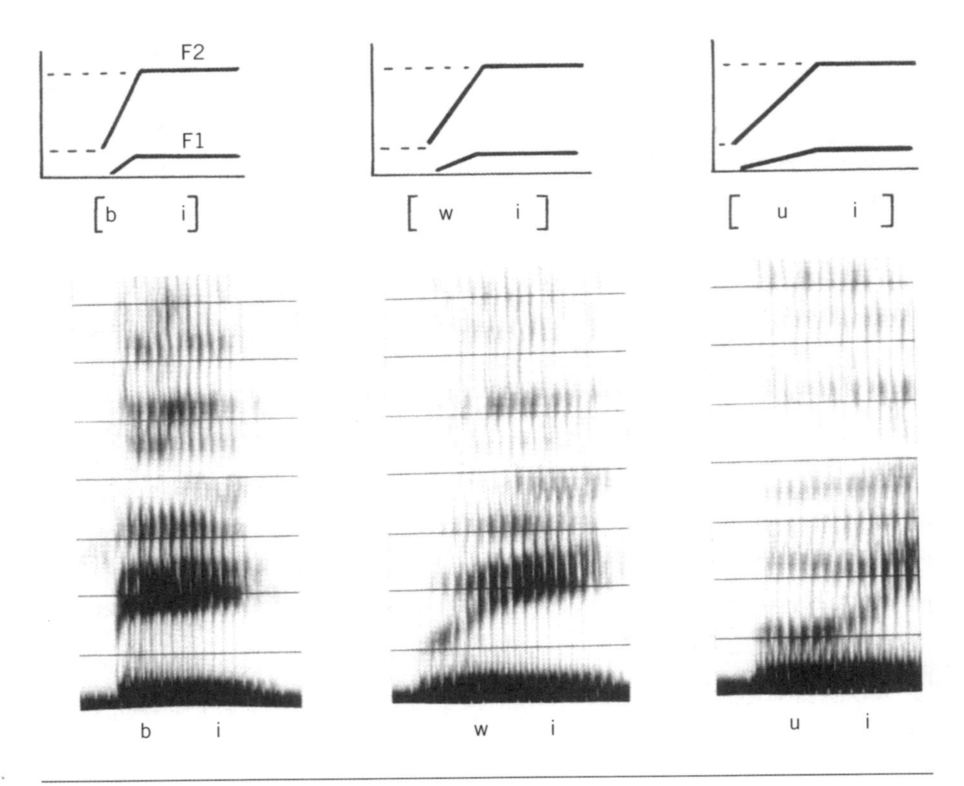

FIGURA 5.37 Padrões estilizados de F1 e F2 e espectrogramas para os enunciados [bi], [wi] e [u:i:]. A extensão de frequência da transição é constante entre os enunciados, mas a duração da transição varia.

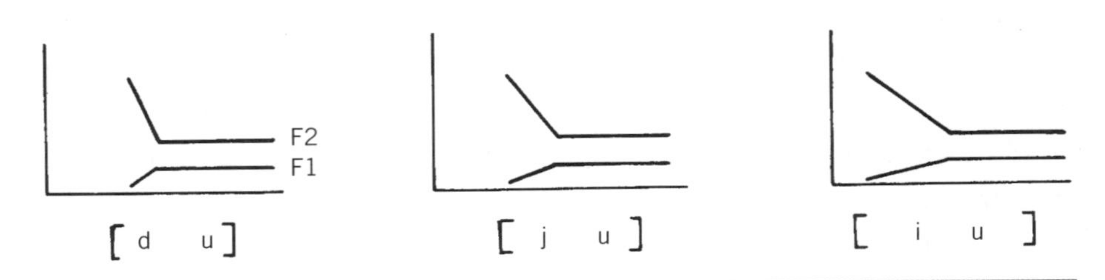

FIGURA 5.38 Padrões estilizados de F1 e F2 e espectrogramas para os enunciados [du], [ju] e [i:u:]. A extensão de frequência da transição é constante entre os enunciados, mas a duração da transição varia.

Os experimentos perceptuais conduzidos por Liberman et al. (1956) mostraram que a duração da transição explica as respostas do ouvinte para contrastes fonéticos como os apresentados nas Figuras 5.37 e 5.38. Quando a duração da transição foi menor do que cerca de 40-60 ms, os ouvintes tenderam a ouvir uma consoante oclusiva. Quando a duração da transição foi maior do que 40-60 ms, mas menor do que 100-150 ms, os ouvintes usualmente julgaram o som como uma semivogal. Finalmente, quando a duração da transição excedia cerca de 100 ms, os ouvintes ouviram uma vogal de cor em mudança, ou seja, uma sequência vogal + vogal. Entretanto, uma qualificação deveria ser adicionada: a interpretação fonética de durações da transição é afetada pela taxa de elocução (MILLER & LIBERMAN, 1979; MILLER & BAER, 1983). Esse efeito pode ser estudado através da mudança da duração da sílaba teste. As durações silábicas menores são ouvidas como sendo produzidas com uma taxa mais rápida. Quando a duração silábica é mudada, uma dada duração da transição é às vezes julgada diferentemente por um ouvinte. Por exemplo, uma duração da transição que é ouvida como uma oclusiva em uma taxa devagar (duração silábica longa) é ouvida como uma semivogal em uma taxa rápida (duração silábica curta). Parece que os ouvintes usam a informação de taxa para fazer decisões segmentais de padrões acústicos. Portanto, decisões segmentais (fonéticas) não são inteiramente independentes da taxa de elocução (uma questão discutida no Capítulo 6).

Também foi sugerido que o tempo de subida da amplitude pode distinguir oclusivas e semivogais. Shinn e Blumstein (1984) relataram que sujeitos em seu estudo categorizaram sons ou como /b/ ou /w/ dependendo do envelope de amplitude da sílaba, e aparentemente ignoraram a informação temporal nas transições formânticas. Entretanto, resultados conflitantes foram relatados por Nittrouer e Studdert-Kennedy (1986) e Walsh e Diehl (1991), que acharam que o tempo de subida foi uma pista bem menos efetiva do que a duração da transição. Embora as razões para esses resultados conflitantes não sejam claras, parece prudente aceitar a conclusão geral de que o tempo de subida não seja uma pista especificamente saliente para as distinções de modo (DIEHL & WALSH, 1986; KLUENDER & WALSH, 1992). O tempo de subida pode servir como uma pista redundante ou uma pista que é dependente do falante.

CONSOANTES LÍQUIDAS

As líquidas /r/ e /l/ têm algumas propriedades consonantais similares às oclusivas e outras propriedades similares às semivogais. A similaridade com as oclusivas é dinâmica em natureza: no mínimo, em alguns contextos fonéticos, os movimentos articulatórios para /r/ e /l/ são bastante rápidos. A similaridade com as semivogais é principalmente em uma qualidade soante (ressoante) compartilhada: tanto as líquidas quanto as semivogais possuem uma estrutura formântica bem definida associada com um grau de constrição do trato vocal que é menos severo do que o das obstruintes (oclusivas, fricativas e africadas), mas com certeza mais severo do que o das vogais. Forma de onda e espectrogramas são mostrados para produções das palavras "*rye*" e "*lie*" na Figura 5.39. Note que há uma similaridade geral no padrão, mas que elas diferem em F3 e em certas características dinâmicas.

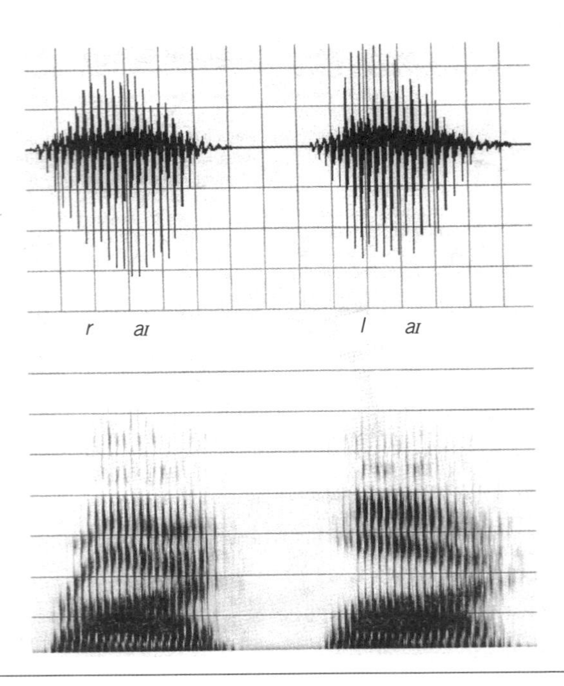

FIGURA 5.39 Forma de onda (topo) e espectrograma (fundo) para as palavras "*rye*" e "*lie*". Note, especificamente, a diferença no padrão de F3, que tem uma frequência de início baixa para [r] e uma frequência de início alta para [l].

Ambos [r] e [l] têm uma articulação característica potencialmente sustentável, embora um estado estacionário possa não ser frequentemente evidente para ocorrências desses sons na fala casual. Ou seja, um falante pode, a pedido, sustentar um som com a qualidade essencial de [r] ou [l]. Informações sobre esses sons podem ser obtidas da produção em estado estacionário e do segmento transicional na fala casual.

Quando comparações são feitas em palavras em pares mínimos, a frequência de F1 distingue as semivogais /w/ e /j/ (que possuem um F1 baixo) das líquidas /l/ e /r/ (que possuem um F1 mais alto) (LISKER, 1957; O'CONNOR et al., 1957; ESPY-WILSON, 1992). As duas líquidas são distinguidas especialmente pela frequência de F3. De fato, a propriedade mais distintiva de /r/ é um F3 abaixado que é separado estreitamente de F2 (LEHISTE, 1964; ESPY-WILSON, 1992). Entre os sons ingleses, /r/ tem a mais baixa frequência de F3, e essa característica sozinha (ou uma pequena separação F3-F2) frequentemente pode ser usada para identificar a ocorrência dessa líquida. Essa característica sobressai claramente na Figura 5.40. Como discutido no Capítulo 4, uma frequência de F3 baixa também é uma característica distintiva para a vogal rotacizada /ɜ^/. Geralmente, para o inglês, a cor de /r/ é associada com um F3 baixo que está perto de F2. Nolan (1983) relatou as seguintes frequências de formantes médias para /r/ produzidas em uma lista

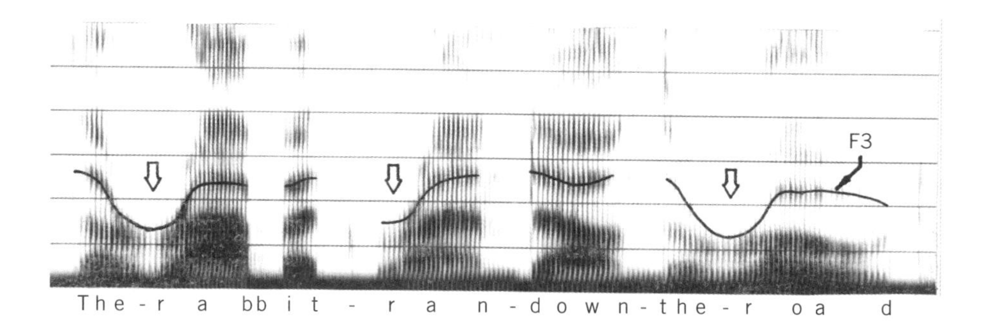

FIGURA 5.40 Espectrograma da sentença "*The rabbit ran down the road*", com a trajetória de F3 realçada. As setas apontam os segmentos de /r/.

de palavras por quinze jovens masculinos de 17 anos: F1-320 Hz, F2-1090 Hz, F3-1670 Hz. Um exame dos dados de Hagiwara (1995) mostra que para falantes adultos masculinos, o F3 tem um valor modal de cerca de 1500 Hz (faixa entre 1300 e 1800 Hz). Entretanto, para falantes adultos femininos, os resultados de Hagiwara mostram uma distribuição bimodal, com algumas mulheres tendo uma média de F3 relativamente baixa de cerca de 1700-1800 Hz e outras tendo uma média de F3 relativamente alta de 2200 Hz ou acima. Hagiwara sugeriu que a extensão do abaixamento de F3 é mais bem determinada em relação a um valor neutro de F3, em vez da relação com algum valor de frequência crítico independente do falante.

O /l/ é descrito foneticamente como uma lateral porque a ponta da língua faz um fechamento central na ou perto da região alveolar, de modo que a energia sonora é radiada em ambos os lados (lateralmente) da oclusão. Para, no mínimo, algumas variantes de /r/, há um estreitamento marcado, sem fechamento, do trato vocal na região palatal. Lembremos do Capítulo 2 que uma bifurcação do trato vocal produz antiformantes, e os canais laterais para /l/ constituem tal bifurcação. Os antiformantes surgem durante o tempo em que a articulação lateral está ocorrendo. Assim, o /l/ compartilha com as consoantes nasais um segmento em estado estacionário para o qual a função de transferência contém tanto formantes quanto antiformantes. Ambas as consoantes, laterais e nasais, também possuem a maior parte de sua energia na região de baixa frequência abaixo de 5 kHz. Não é surpresa que, então, as laterais e as nasais possam ser de alguma forma similares em sua aparência acústica e estejam sujeitas a confusões perceptuais entre si. Um espectrograma do [l] em sílaba inicial com um início prolongado é mostrado na Figura 5.41. Frequências médias de formantes para [l] em três diferentes estudos foram como segue: Nolan (1983): F1-360 Hz, F2-1350 Hz, F3-3050 Hz; Lehiste (1964): F1-295 Hz, F2-980 Hz, F3-2600 Hz; Al-Bamerni (1975): F1-365 Hz, F2-1305 Hz, F3-2780 Hz. Os valores de F1 e F2 para [l] são similares aos de [r], mas o valor de F3 para [l] é cerca de 1 kHz mais alto do que para [r].

A Figura 5.42 apresenta as diferenças de padrão formântico entre [r] e [l]. Essa figura mostra uma representação espectrográfica esquemática em que três pistas acústicas são manipuladas para produzir estímulos que variam

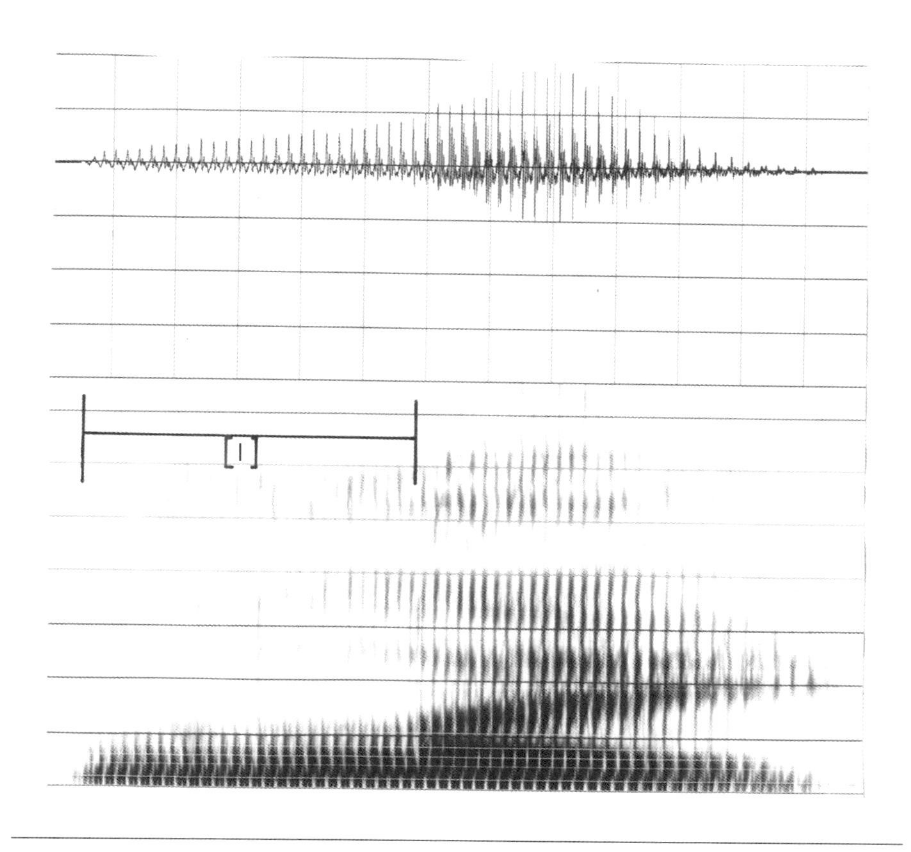

FIGURA 5.41 Forma de onda e espectrograma da palavra "*law*" produzida com um prolongamento do estado estacionário /l/ (etiquetado no espectrograma).

de *"rock"* a *"lock"*. A primeira é uma pista temporal em que as durações do estado estacionário e das transições de F1 são variadas de um padrão de [r] (estado estacionário curto e longa transição) para um padrão de [l] (estado estacionário longo e curta transição). Outra pista é a relativa frequência de início para F2, que varia de um valor relativamente baixo para [r] para um valor relativamente alto para [l]. A terceira pista é a relativa frequência de início para F3, variando de um F3 relativamente baixo para [r] para um F3 relativamente alto para [l].

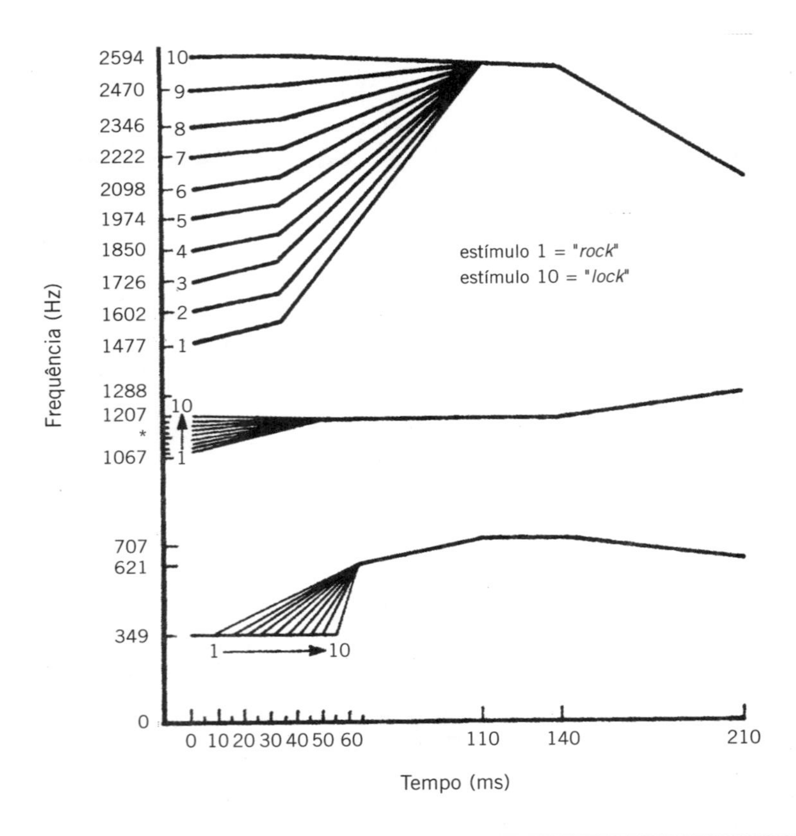

FIGURA 5.42 Padrões de F1, F2 e F3 usados na síntese de uma gama de estímulos entre "*rock*" e "*lock*". Reimpresso de L. Polka e W. Strange. Perceptual equivalence of acoustic cues that differentiate /r/ and /l/. *Journal of the Acoustical Society of America*, n. 78, p. 1187-1206, 1985.

Os livros de fonética frequentemente comentam sobre a complexidade alofônica das líquidas. Por exemplo, /l/ tem tanto variantes leves quanto escuras e seu padrão formântico varia com o contexto vocálico (TARNOCZY, 1948; LEHISTE, 1964; NOLAN, 1983). Vários escritores descrevem variantes silábicas e não silábicas, variantes iniciais e finais, bem como variantes articulatórias como retroflexa e ramificada (*bunched*) (LEHISTE, 1964; SHRIBERG & KENT, 1982). Essas variantes complicam a descrição das propriedades articulatórias ou acústicas das líquidas, e essa limitação deve ser levada em consideração sempre que generalizações são propostas. Parece necessário reconhecer, no mínimo, duas grandes variantes de cada líquida: pré-vocálica e pós-vocálica. A justificativa para essa classificação vem de Lehiste (1964), para /r/, e de Giles (1971), Lehman e Swartz (2000), e Narayanan, Alwan e Haker (1997), para /l/. Esses estudos indicam que líquidas pré-vocálicas diferem de líquidas pós-vocálicas e que essas duas categorias podem predominar sobre outras distinções alofônicas. Lehman e Swartz (2000) relataram que o [l] pré-vocálico tinha uma frequência de F1 mais baixa e de F2 mais alta do que o [l] pós-vocálico. Outra diferença foi que o F2 e o F3 foram frequentemente fracos ou ausentes para os [l] pré-vocálicos, mas não para os pós-vocálicos.

Uma complicação adicional é que muitos foneticistas classificam o [r] pós-vocálico como uma vogal. Não tentaremos resolver essas questões aqui; é suficiente dizer que [l] e [r] podem ser descritos acusticamente em termos de padrão formântico.

NOTA SOBRE AS SOANTES: NASAIS, SEMIVOGAIS E LÍQUIDAS

Nasais, semivogais e líquidas são classificadas juntas como *soantes*. Esses sons derivam essencialmente toda sua energia da vibração das pregas vocais, e pelo fato de o trato vocal não ser radicalmente constrito em algum ponto, essa energia excita todos os formantes (embora alguns possam ser fracos em amplitude em relação a outros). As soantes podem ser caracterizadas como sons com uma quantidade substancial de energia de baixa frequência. Espy-Wilson (1992) definiu um correlato acústico do traço soante como a energia limitada da banda sobre a faixa de frequência entre 100 e 400 Hz. Para as soantes, a energia nessa largura de banda limitada é quase igual à energia total do som (isto é, a energia computada para a largura de banda total da análise). Por outro lado, as não soantes (obstruintes) possuem relativamente pouca energia nas frequências baixas comparada às frequências altas. Espy-Wilson (1992) também comparou os /w j l r/ pré-vocálicos com relação aos valores de diferença em Barks (Tabela 5.7). Parece que os valores de diferença em Barks têm o potencial para distinguir esses sons entre si.

TABELA 5.7 Valores de diferença em Barks para os /w j l r/ pré-vocálicos. Reimpresso de C. Y. Espy-Wilson, Acoustic measures for linguistic features distinguishing the semivowels /w j rl/ in American English. *Journal of the Acoustical Society of America*, n. 92, p. 736-757, 1992.

	B1-BO	B2-B1	B3-B2	B4-B3
/w/	2,4	3,6	6,4	2,5
/j/	1,7	10,2	1,7	1,6
/l/	2,6	4,9	5,5	2,3
/r/	2,8	6,0	2,1	3,9

OS ALOFONES [ɾ] E [ʔ]

Vários alofones (variantes não fonêmicas) foram mencionados nas seções anteriores. Por exemplo, os alofones com soltura e sem soltura das consoantes oclusivas foram discutidos como parte da seção geral sobre oclusivas. Mas devido ao fato de eles terem propriedades especiais, os dois alofones [ɾ] e [ʔ] são dados em uma seção separada deste capítulo. [ɾ] é descrito foneticamente como um batida lingual (ou alternativamente como uma vibrante simples). Esse som é feito como um movimento de língua muito rápido de uma configuração do trato vocal para uma vogal, tipicamente, para um breve contato com a região alveolar ou pós-dental. O contato é seguido por um movimento rápido afastando-se da constrição. A vibrante simples é um alofone tanto para [t] quanto para [d] em palavras como "*latter*" *versus* "*ladder*", e "*writer*" *versus* "*rider*". Em sua aparência espectrográfica, a vibrante simples é notável primeiramente por sua brevidade. Comparada às produções distintivas de [t] e [d], a vibrante simples tem uma duração total curta e um período de fechamento muito breve. Essas características são ilustradas na Figura 5.43.

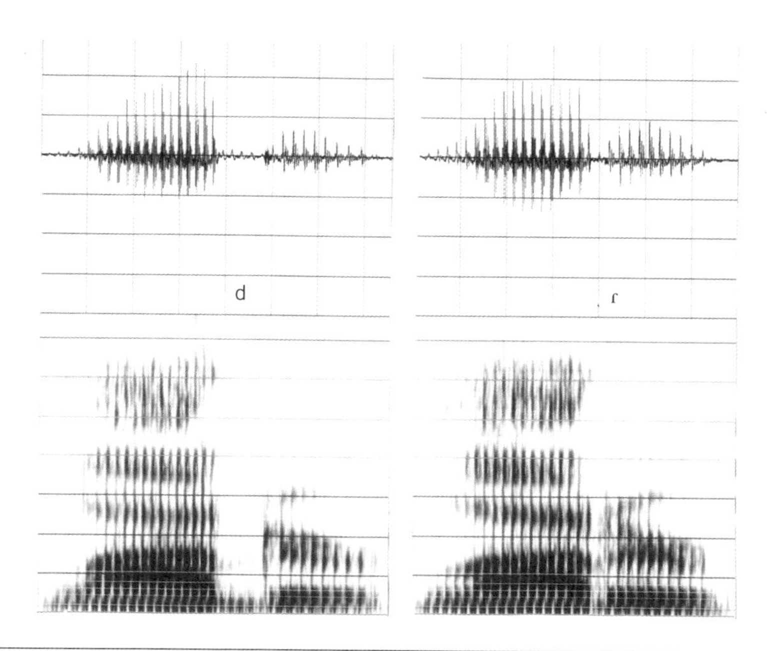

FIGURA 5.43 Formas de onda e espectrogramas para a palavra "*latter*" produzida com uma oclusiva intervocálica [d] (esquerda) e uma vibrante simples intervocálica [ɾ] (direita).

A oclusiva glotal [ʔ] é usada alofonicamente para as oclusivas [t] e [d], e ocasionalmente para outros fonemas, dependendo do dialeto e do idioleto. É difícil identificar uma boa palavra-chave para a oclusiva glotal, por causa da variabilidade em seu uso entre falantes e dialetos. Alguns falantes ingleses usam [ʔ] na palavra "*bottle*". Além disso, a oclusiva glotal tem um papel de junção. Palavras juntadas que terminam e começam com vogais frequentemente são produzidas com uma oclusiva glotal entre os elementos vocálicos. Assim, o nome "*Anna Adams*" poderia ser realizado foneticamente como

[æ n ɘ ʔ æ d ɘ m z]

para distingui-lo do padrão sonoro similar em "*Ann Adams*". A oclusiva glotal também é usada por muitos falantes para fazer a distinção "*Lee owes*" *versus* "*Leo owes*".

Esse uso da oclusiva glotal pode ser bem frequente para alguns falantes. Um correlato acústico provável para as oclusivas glotais em posição pré-vocálica é a taxa de aumento no envelope de amplitude da forma de onda (Peters et al., 1986). Em posições mediais, a oclusiva glotal é uma interrupção do vozeamento acompanhada por uma adução momentânea das pregas vocais. A interrupção pode ser observada em exibições acústicas como um intervalo ou período de energia acústica reduzida que pode ser acompanhado por um início abrupto da vibração das pregas vocais (Figura 5.44). Devido ao fato de a articulação ser feita no nível da laringe, os efeitos no padrão formântico são sutis. Especificamente, a oclusiva glotal usualmente não é associada com transições formânticas marcadas típicas das oclusivas orais, porque a formação da oclusiva glotal não afeta o formato das cavidades acima da laringe, o que determina as ressonâncias. Entretanto, parece que uma articulação oclusiva genuína na glote não é necessária para a percepção de uma oclusiva glotal. Hillenbrand e Houde (1996) notaram que é suficiente para o falante produzir uma queda no contorno de f_0 ou no contorno da amplitude. Uma oclusiva glotal em posição inicial de palavra com frequência é acusticamente evidente através da subida rápida de energia para o som vozeado. Esse curto tempo de subida se parece com um "ataque glotal duro", ou um início de energia de vozeamento forçado ou abrupto. Na soltura da oclusiva glotal em posição de início de palavra, uma breve explosão de energia frequentemente pode ser vista em oscilogramas ou espectrogramas. Em geral, a composição espectral da explosão é contínua com a da vogal seguinte, como seria esperado se a energia acústica produzida no nível das pregas vocais ativassem os formantes apropriados para o som vocálico seguinte. Uma oclusiva glotal é uma manifestação do fenômeno mais geral de glotalização, que pode servir para uma variedade de propósitos na fala (Dilley, Shattuck-Hufnagel & Ostendorf, 1996). Esse tópico será revisitado no Capítulo 7.

Embora alguns livros de fonética descrevam a oclusiva glotal como desvozeada, essa classificação não deve ser tomada tão literalmente. Dado que a oclusiva glotal é produzida com um fechamento sustentado das pregas vocais, a dinâmica laríngea do som é semelhante à das oclusivas vozeadas. A oclusiva é feita com um gesto de adução glotal. Qualquer semelhança com a dinâmica laríngea dos sons vozeados ocorre apenas com um gesto de abdução.

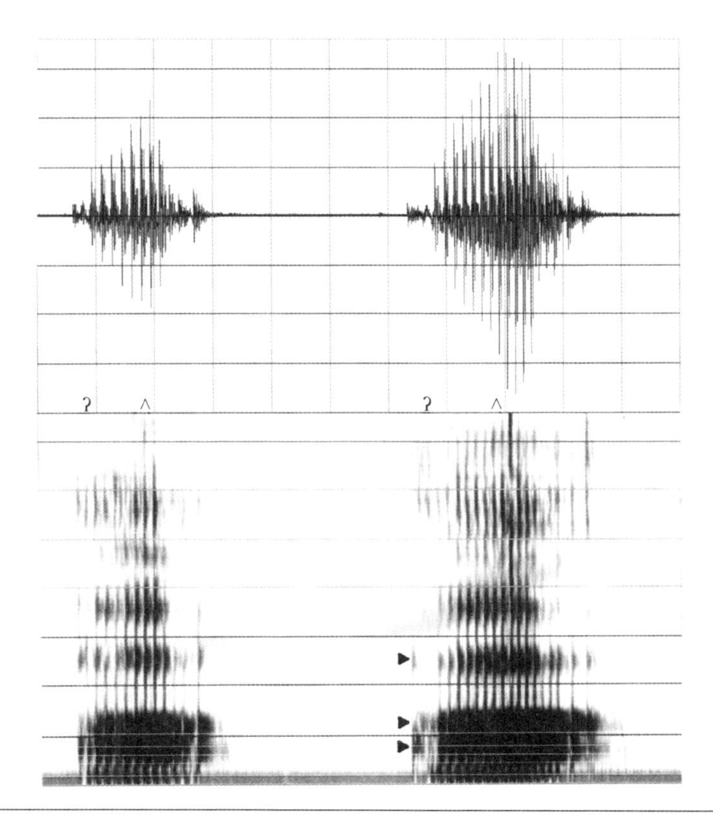

FIGURA 5.44 Forma de onda e espectrograma para o enunciado [ʔ ʌ ʔ ʌ]. Note as oclusivas glotais nas posições inicial e medial. Pequenas flechas apontam para as frequências de F1, F2 e F3, que são essencialmente contínuas da soltura da oclusiva glotal para a vogal seguinte.

OUTRAS CARACTERÍSTICAS CONSONANTAIS

Articulações Secundárias

A discussão até este ponto assumia que um ponto de articulação único, primário, descrevia a produção consonantal. Entretanto, consoantes frequentemente têm articulações secundárias e essas são essenciais no entendimento das características fonético-acústicas de consoantes em muitas línguas. Uma dada consoante pode ser labializada, palatalizada, faringalizada, glotalizada e assim por diante. A articulação secundária acompanha a articulação primária; por exemplo, um [t] labializado tem uma articulação alveolar (primária) e uma labial (secundária). Em geral, os efeitos acústicos das articulações secundárias podem ser entendidos com referência à correspondente articulação primária. Por exemplo, o efeito da palatalização como uma articulação secundária pode ser entendido através da consideração de como a palatalização como um processo único afeta a estrutura acústica de um som. Não queremos dizer, no entanto, que as articulações secundárias não merecem ser estudadas.

Para os propósitos presentes, consideramos como um exemplo de articulação secundária os *sons enfáticos* no árabe clássico. Esses sons são produzidos com uma articulação coronal como primária e uma faringal como secundária. Sons enfáticos diferem de seus cognatos não enfáticos por terem uma constrição orofaríngea (ALI & DANILOFF, 1972; LAUFER & BAER, 1988) e um padrão formântico alterado de F1 aumentado e F2 diminuído (EL-HALEES, 1985). Note que essas mudanças de frequência dos formantes são consistentes com princípios explicados nos Capítulos 2 e 4. Uma constrição na região faríngea geralmente possui os efeitos notados nos dois primeiros formantes. Outro exemplo de articulação secundária é a palatalização de consoantes em russo e outras línguas eslávicas. Também é possível que duas articulações secundárias coocorram. Ladefoged (1993) dá o exemplo de twi e outras línguas akan faladas em Gana em que a labialização coocorre com a palatalização.

Redução Consonantal

A informação dada até aqui assumia que as consoantes são produzidas precisa e cuidadosamente. Entretanto, quando as consoantes (e vogais) são produzidas na fala conversacional casual, as pistas acústicas podem ser mudadas. Essas mudanças são chamadas reduções e tomam usualmente a forma de propriedades acústicas atenuadas ou menos distintivas (VAN SON

& Pols, 1999). Essa questão será levada em consideração em um capítulo subsequente, especialmente em conexão com o tópico do estilo de fala.

DIFERENÇAS DE FALANTE

A informação neste capítulo simplificou o tratamento da acústica consonantal por ter negligenciado variáveis do falante como sexo, idade e dialeto. No final, esses fatores devem ser levados em conta na consideração de padrões acústicos específicos, que serão discutidos no Capítulo 6.

A "FALA BANANA"

A Figura 5.45 mostra a "fala banana", um gráfico que retrata alguns dos componentes acústicos primários do sinal de fala. A frequência é escalada na abscissa, e o nível de sensação (ou perda auditiva) é representado na ordenada. Essencialmente, esse gráfico mostra a energia relativa para componentes acústicos selecionados da fala. A frequência fundamental, f_0, estende-se tipicamente de cerca de 60 Hz a 250 Hz. Os formantes da vogal (F1, F2, F3, F4) ocupam a extensão de frequência de cerca de 0,25 kHz a 4,0 kHz (assumindo uma fala adulta masculina) e são mostrados como componentes relativamente intensos (isto é, níveis altos de sensação). A principal área consonantal corresponde à região de frequência dos três formantes vocálicos mais baixos. As transições formânticas para as consoantes são localizadas em torno dessa extensão. A área consonantal alta representa a energia de turbulência para as fricativas sibilantes.

RUÍDOS NÃO FALA

As técnicas acústicas discutidas neste capítulo e em outros capítulos podem ser aplicadas a uma variedade de sons, incluindo ruídos humanos não

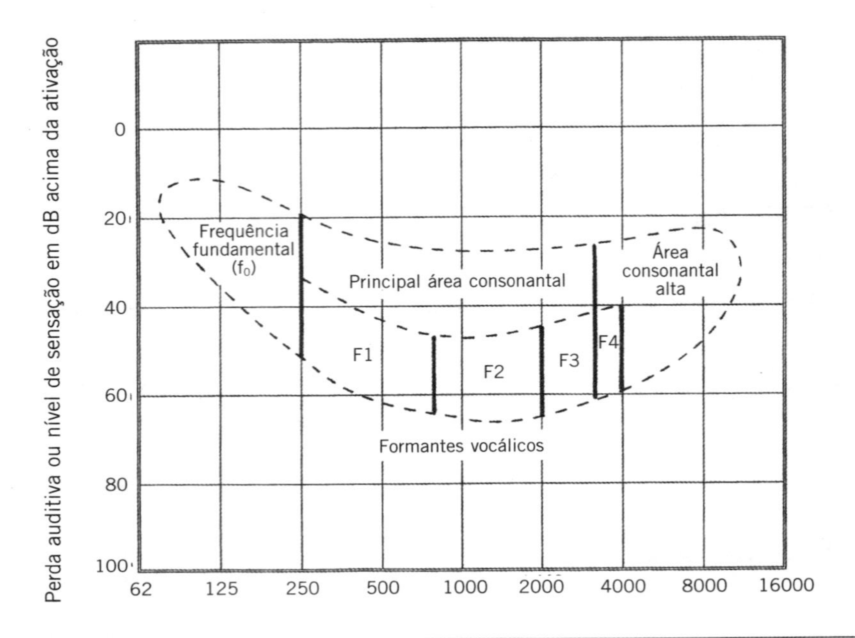

FIGURA 5.45 A "fala banana" que sumariza graficamente algumas das principais regiões de energia acústica para a fala. O formato semelhante a banana incorpora as regiões de energia etiquetadas.

fala. Como exemplo, consideremos os sons de ronco. Clinicamente, é importante determinar o lugar da obstrução do fluxo aéreo relacionado ao ronco. Miyazaki et al. (1998) usaram análises acústicas para determinar o lugar de obstrução. Seus dados para 75 adultos com desordens articulatórias relacionadas ao sono mostraram que a frequência fundamental do ronco distinguia os seguintes lugares de obstrução: tipo do palato mole, tipo da base da língua/amígdala, tipo combinado e tipo da laringe.

SUMÁRIO

Sons consonantais envolvem uma variedade de características acústicas e, portanto, uma variedade de possíveis medidas pelas quais elas podem ser descritas. Uma boa forma de reter a informação é pensar as consoantes em grandes classes sonoras, como apresentado neste capítulo. A análise acústica mais efetiva é determinada com relação às propriedades do som a ser analisado. Enquanto o padrão formântico frequentemente é suficiente para a descrição acústica de propósitos gerais para as vogais, não há nenhum retrato acústico único que é adequado para os tipos diferentes de consoantes. É útil distinguir consoantes de ruído (fricativas e africadas) das que não têm intervalos de ruído prolongados. Também é útil distinguir soantes (as que possuem padrões formânticos bem definidos) das que não o são. Apesar dessas complexidades, a tradicional descrição ponto-modo da fonética articulatória continua sendo uma base útil para a classificação e descrição das características acústicas.

Capítulo 6

CORRELATOS ACÚSTICOS DAS CARACTERÍSTICAS DO FALANTE

A fala transporta vários tipos de informações, incluindo informação sobre a pessoa que a produziu. Usualmente, podemos inferir várias características sobre um falante mesmo ouvindo apenas umas poucas palavras da conversação. Podemos frequentemente fazer adivinhações bem precisas sobre gênero, idade, estado emocional, conhecimento linguístico e mesmo saúde física. Este capítulo examina os correlatos acústicos para várias características de falantes, começando com idade e gênero.

GÊNERO E IDADE

Em grande parte, os trabalhos anteriores em fonética acústica focaram o falante adulto masculino. Houve um número de razões para esse foco, incluindo fatores sociais e técnicos. Somente bem recentemente o estudo da fonética acústica foi ampliado para incorporar pesquisas significantes sobre populações diferentes de homens. Não queremos dizer que crianças e mulheres foram negligenciadas juntas na história antiga da pesquisa em acústica da fala. O clássico estudo de Peterson e Barney (1952) incluiu dados acústicos de homens, mulheres e crianças, tornando claro que valores acústicos variam marcadamente com características do falante como idade e gênero.

O problema é que o esforço de pesquisa dado à fala de mulheres e crianças tem sido em uma escala menor do que o dado à fala de homens. Consequentemente, há uma necessidade contínua de juntar dados acústicos para diversas populações. A concentração em falantes masculinos tinha várias consequências, nem todas delas facilitaram a pesquisa na fala de mulheres e crianças. Uma consequência era a escolha de uma largura de banda de análise (300 Hz para a análise de "banda larga") em espectrógrafos anteriores que trabalhou bem o bastante para a maioria das vozes adultas masculinas, mas foi deficiente para muitas mulheres e crianças. A inadequação da largura de banda de análise provavelmente desencorajou as análises acústicas da fala de mulheres e crianças.

As implicações da ênfase no masculino podem ter alcançado até mesmo a teoria; Titze (1989) comentou: "One wonders, for example, if the source-filter theory of speech production would have taken the same course of development if female voices had been the primary model early on" (p. 1699) ("especula-se, por exemplo, se a teoria fonte-filtro de produção da fala teria tomado o mesmo curso de desenvolvimento se vozes femininas tivessem sido o modelo primário anteriormente"). Klatt e Klatt (1990) relataram sobre o mesmo ponto: "informal observations hint at the possibility that vowel spectra obtained from women's voices do not conform as well to an all-pole [isto é, all formant] model, due perhaps to tracheal coupling and source/tract interactions" (p. 820) ("observações informais insinuam a possibilidade de que espectros vocálicos obtidos de vozes de mulheres não se adequam tão bem a um modelo de todos os polos [isto é, todos os formantes], devido, talvez, ao acoplamento traqueal e às interações fonte/trato"). A teoria acústica para as vogais discutida no Capítulo 2 assumia que a função de transferência do trato vocal era satisfatoriamente representada por formantes (polos) e que antiformantes (zeros) são necessários apenas para modificações como nasalização. É aconselhável ter em mente que essa teoria é atribuída amplamente com as características da fala adulta masculina e que ela pode ter de ser alterada para dar conta das características tanto de crianças quanto de mulheres. Algumas dessas modificações teóricas são notadas neste capítulo.

Pode-se pensar que os dados acústicos para mulheres e crianças possam ser extrapolados bem facilmente de dados coletados para a fala dos homens. Afinal, a teoria acústica apresentada no Capítulo 2 nos diz que a extensão do trato vocal é um determinante das frequências de formantes. Dado que as frequências de ressonância mudam sistematicamente à medida que a extensão do tubo é mudada, poderíamos esperar que fatores escalares fossem determinados para permitir a derivação de dados acústicos para mulheres e crianças dos dados de homens. Esses fatores escalares foram propostos, mas são calculados com dificuldade e têm precisão limitada. Mesmo se fatores precisos pudessem ser determinados, a fala de mulheres e crianças apresentam alguns problemas especiais que devem ser levados em consideração tanto na teoria quanto na análise. As seguintes seções revisam alguns desses problemas.

A FALA DAS MULHERES

Uma simples audição das vozes de vários falantes nos diz que as mulheres geralmente têm vozes mais altas do que os homens. De fato, as vozes das mulheres são, em média, cerca de uma oitava, ou cerca de 1,7 vez mais alta do que a dos homens. Essa diferença na frequência fundamental se relaciona primariamente com o comprimento membranoso das pregas vocais (Titze, 1989). A Figura 6.1 ilustra a escala da glote em termos de três variáveis que lidam com diferenças entre as vozes dos homens e das mulheres. Um fator escalar (computado por Titze para ser cerca de 1,6), baseado no comprimento membranoso L, dá conta quase inteiramente das diferenças na frequência fundamental média, no fluxo aéreo médio e na potência aerodinâmica. Um fator escalar adicional de cerca de 1,2 baseado na amplitude vibracional A dá conta das diferenças de potência entre as vozes dos homens e das mulheres.

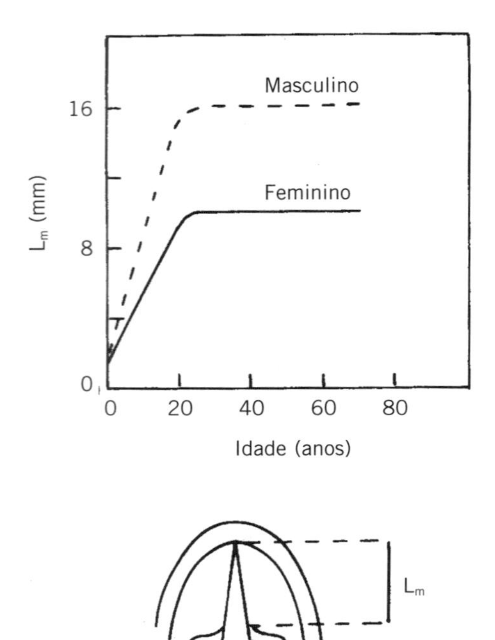

FIGURA 6.1 Variação no comprimento das pregas vocais com a idade em homens e mulheres. Redesenhado de I. Titze, Physiologic and acoustic differences between male and female voices. *Journal of the Acoustical Society of America*, n. 85, p. 1699-1707, 1989.

Mas as vozes das mulheres podem diferir das vozes dos homens de muitas formas. Especificamente, tem sido sugerido que as vozes das mulheres têm os seguintes atributos (comparadas às dos homens):

- soprosa;
- fraca;
- mais vazamento glotal (ar escapando através da glote mesmo durante sua fase "fechada");
- terminação de fluxo menos abrupta;
- maior quociente de abertura (significando que as pregas vocais estão abertas por mais tempo durante cada ciclo glotal);

- pulsos vocais mais simétricos (cerca do mesmo tempo dado para as porções de abertura e fechamento);
- pulsos mais curtos;
- frequência fundamental mais alta;
- extensão diferente da frequência fundamental;
- nível da pressão sonora mais baixo;
- frequência fundamental (primeiro harmônico) mais dominante;
- inclinação espectral mais acentuada (isto é, uma rolagem mais rápida da energia dos harmônicos com a frequência);
- mais preenchimento de ruído em regiões entre formantes;
- frequências de formantes mais altas;
- larguras de banda de formantes maiores;
- acoplamento, ou interação, diferente entre as cavidades sub e supraglotais;
- maior interação entre a fonte e o filtro.

Esses vários itens não são necessariamente independentes uns dos outros; por exemplo, voz soprosa, vazamento glotal, primeiro harmônico mais dominante e preenchimento de ruído podem ser todos inter-relacionados. A lista é simplesmente uma compilação de características que podem ser tomadas em consideração para um entendimento pleno da voz das mulheres. Para discussões adicionais, vejam Hanson (1997), Hanson e Chuang (1999) e Klatt e Klatt (1990).

Anteriormente foi reconhecido em tentativas para produzir a fala das mulheres através de síntese de fala que uma voz de mulher não é simplesmente uma voz de homem produzida com maiores frequência fundamental e frequências de formantes. Tentativas para usar essa simples alteração obtiveram um limitado sucesso. A voz simplesmente não soava feminina. Trabalhos mais recentes (HANSON, 1997; KLATT & KLATT, 1990) mostram que a síntese de vozes de mulheres deveria incluir provisão para: (a) um modelo de fonte do vozeamento que oferece controle flexível do quociente de abertura, inclinação espectral, ruído de aspiração associado com a soprosidade, agitação ajustada para os pulsos glotais e pulsação dupla difônica, (b) um par extra de polo-zero para simular uma ressonância traqueal e (c) ajuste síncrono de tom da largura de banda do primeiro formante para simular um componente da interação fonte-trato. Price (1989) notou que as formas de onda glotais para as vozes femininas tendiam a ter quocientes de fechamento mais curtos e menos excitação fina do que as formas de onda das vozes masculinas. Hanson (1997) enfatizou que a configuração glotal mais aberta, típica das vozes de mulheres, resulta em (a) uma forma de onda de velocidade de volume glotal que tem maiores componentes de baixa frequência e mais fracos componentes de alta frequência, (b) uma fonte mais forte de ruído de aspiração e (c) maiores larguras de banda dos formantes, especificamente F1. Em acréscimo, a amplitude do primeiro harmônico (HI) relativa ao do terceiro formante (F3) é quase 10 dB mais baixa para homens do que para mulheres (HANSON & CHUANG, 1999). Essa diferença de amplitude reflete uma diferença na inclinação espectral, ou seja, mulheres tendem a ter mais energia espectral em frequências mais altas.

A frequência fundamental mais alta de vozes de mulheres pode apresentar dificuldades ocasionais na análise acústica. À medida que a frequência fundamental aumenta, há um aumento correspondente no intervalo entre os harmônicos do espectro de fonte laríngea (Figura 6.2). Em alguns espaçamentos harmônicos, torna-se difícil discernir o local dos formantes no espectro. O problema é essencialmente relacionado à amostragem: harmônicos bastante espaçados não revelam muito detalhe sobre o envelope espectral do qual as estimativas formânticas são tipicamente feitas. Os espectrógrafos de antigamente eram especificamente limitados na análise da fala de tom alto das mulheres, porque eles eram equipados com um filtro de análise padrão de 300 Hz para análise de banda larga. Esse filtro trabalhava satisfatoriamente para a maioria das vozes dos homens, pois ele embarcava tipicamente, no mínimo, dois harmônicos e, portanto, resolvia formantes em vez de harmônicos. Mas, para muitas vozes de mulheres, essa largura de banda do filtro correspondia a um intervalo harmônico. Como resultado, espectrogramas tinham interação harmônico-formante como ilustrado na Figura 6.3. Essa ocorrência tornava difícil ou impossível dizer quando uma banda de energia no espectrograma representava um formante ou um harmônico. Há uma lição prática aqui: se os formantes de uma vogal produzidos por uma mulher ou criança são obscuros com a largura de banda de análise *default* ou padrão da análise acústica, é frequentemente útil aumentar a largura de banda (diminuir o número de pontos em um FFT) e repetir a análise.

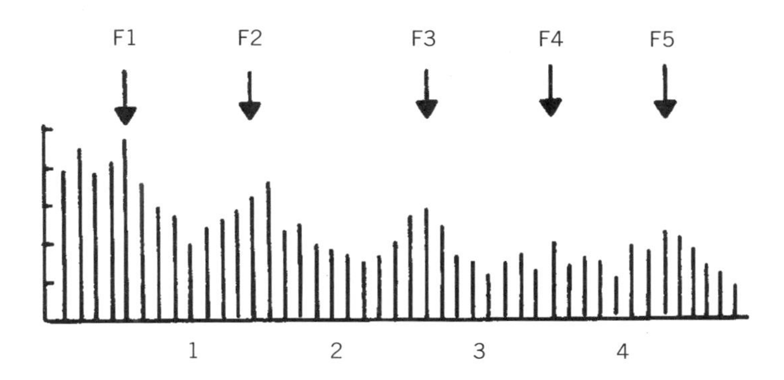

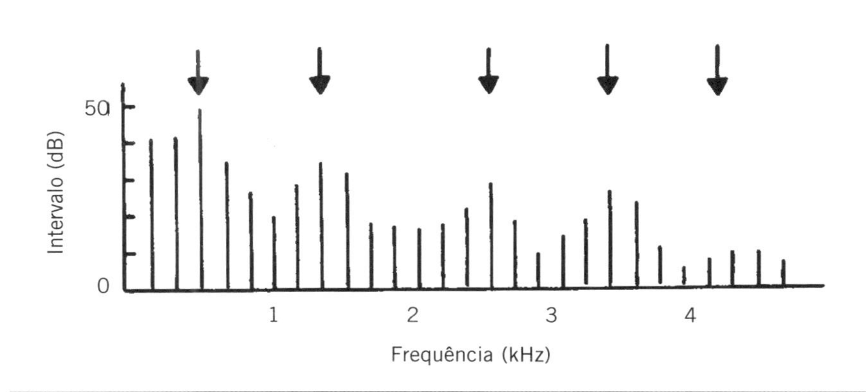

FIGURA 6.2 Efeito da mudança da frequência fundamental no espectro vocálico. Topo: espectro para vogal produzido com frequência fundamental baixa; fundo: espectro para a mesma vogal produzido com frequência fundamental alta. Frequências de formantes aproximadas são mostradas pelas setas.

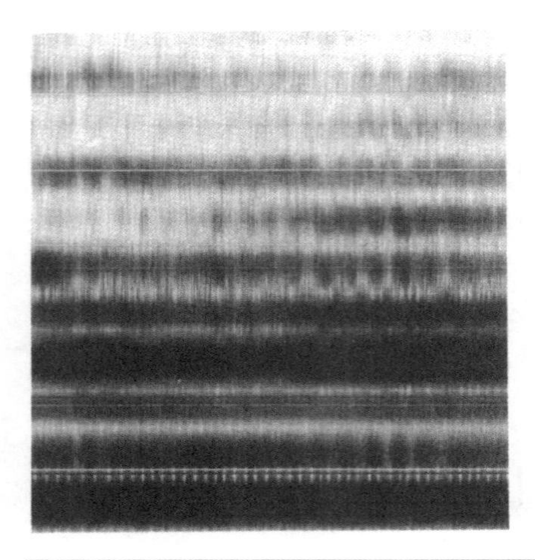

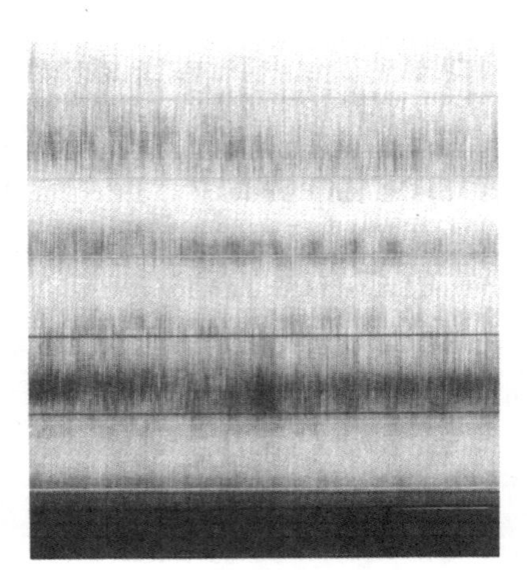

FIGURA 6.3 Espectrogramas para ilustrar a interação formante-harmônico. O som na esquerda foi produzido com uma frequência fundamental alta, de modo que a largura de banda de análise resolve harmônicos individuais da voz. O espectrograma à direita é a mesma vogal falada pela mesma mulher, mas com uma frequência fundamental mais baixa, de modo que a largura de banda de análise resolve formantes.

Como regra, a largura de banda do filtro analisador deve ser de 2 a 3 vezes maior do que a frequência fundamental do falante se o objeto é a identificação de formantes. Por exemplo, a largura de banda de análise para uma mulher que tem uma frequência fundamental de 300 Hz deve ser, no mínimo, 600 Hz. Há limites superiores para o tamanho do filtro analisador, pois fazer a largura de banda grande demais anula o propósito da análise acústica. Por exemplo, um filtro tão largo quanto 1000 Hz provavelmente cobriria não apenas harmônicos, mas formantes proximamente espaçados também. Uma abordagem tomada para analisar a fala de mulheres e crianças com os filtros de análise com largura de banda fixa em espectrógrafos antigos era tocar o sinal de fala em uma velocidade mais lenta do que a usada para gravação. Quando o sinal lentificado era alimentado no espectrógrafo, o resultado efetivo era uma mudança na largura de banda do filtro de análise proporcional à diferença na velocidade da gravação/*playback*. Felizmente, os sistemas modernos para a análise acústica tipicamente oferecem uma gama de larguras de banda de análise. A tarefa é selecionar a largura de banda que é ótima para um falante específico.

Vários estudos apontam para a conclusão de que as vozes das mulheres diferem das dos homens em dimensões além da frequência fundamental. Essas dimensões são pertinentes para uma análise otimizada da fala das mulheres. Uma característica frequentemente relatada das vozes das mulheres é que elas são mais soprosas do que as dos homens. Muitos correlatos acústicos foram identificados no estudo da soprosidade e de traços relativos nas vozes das mulheres. Henton e Bladon (1985) determinaram que, para falantes do inglês britânico RP (*Received Pronunciation* [tipo de dialeto do inglês britânico]), a amplitude do primeiro harmônico, relativa à amplitude do segundo harmônico, foi cerca de 6 dB mais forte para mulheres do que para homens. Klatt e Klatt (1990) relataram uma diferença similar para falantes masculinos e femininos do inglês americano, mas notaram que havia uma variação considerável nos grupos masculinos e femininos. Bless, Biever e Shaikh (1986) concluíram de observações estroboscópicas da laringe que as mulheres foram quatro vezes mais prováveis do que os homens de ter uma fissura glotal posterior durante o período de fechamento do ciclo. Com o uso de formas de onda de fluxo vocálico, filtradas inversamente, Holmberg. Hillman e Perkell (1988) encontraram maior evidência acústica de soprosidade em mulheres do que em homens. Similarmente, Klatt e Klatt (1990) descobriram uma tendência para vozes femininas terem uma maior excitação de F3 por ruído de aspiração ("ruído em F3") do que vozes masculinas. Klatt e Klatt também concluíram que a abertura glotal parcial em vozes soprosas causa um aumento na largura de banda do primeiro formante, "sometimes obliterating the spectral peak at F1 entirely" (p. 835) ("às vezes cancelando inteiramente o pico espectral em F1"). Eles comentaram que esse efeito, combinado com a aparência de pares extras de polo-zero associados com acoplamento traqueal, pode criar problemas para modelos que esperam uma representação semelhante a formantes de sons entre falantes que diferem em idade e sexo.

Outra questão na análise acústica da fala das mulheres é a gama de frequências total da análise. Tipicamente, o valor de frequência para um traço acústico específico será da ordem de 20% mais alto para uma mulher do que para um homem. Devido ao fato de os tratos vocais das mulheres serem geralmente menores do que os dos homens, as mulheres têm valores mais altos para as frequências dos formantes, como mostrado na Figura 6.4 (veja também as Tabelas 4.1 e 4.2 para uma comparação de dados em frequências de formantes de vogais produzidas por homens e mulheres). Tem sido sugerido que a maior dispersão de vogais no plano F1-F2 é comportamental bem como anatômica em sua origem (DIEHL et al., 1996). De acordo com Diehl et al., a maior dispersão para as vogais das mulheres ajuda a solucionar o problema da amostragem harmônica no reconhecimento de vogais. Ou seja, devido ao fato de as mulheres terem uma f_0 mais alta, seus harmônicos espectrais são mais largamente espaçados e esse amplo espaçamento torna mais difícil determinar as localizações dos formantes.

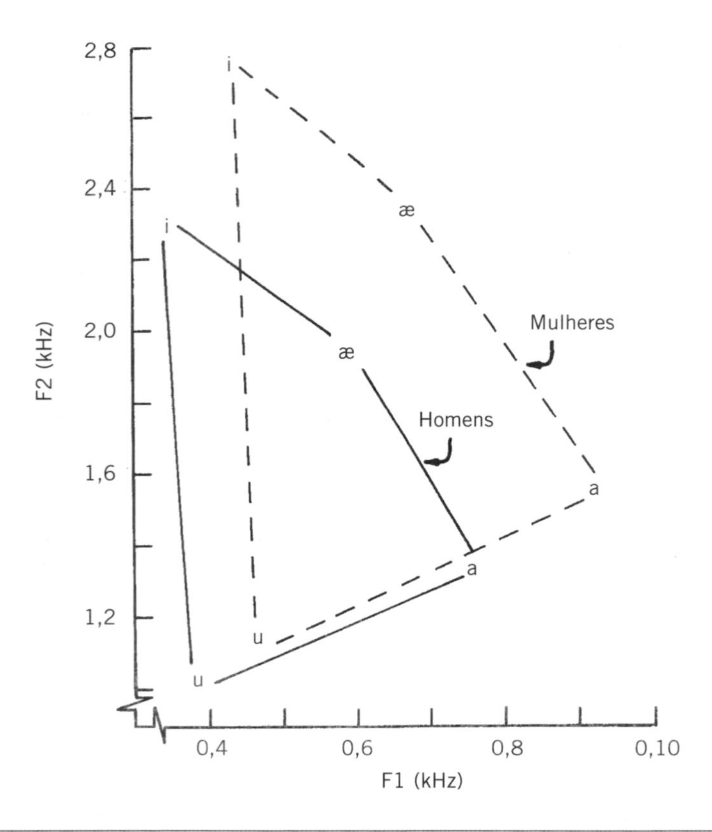

FIGURA 6.4 Tabela F1-F2 para as vogais do inglês americano produzidas por homens e mulheres. De Kent, *The speech sciences. A volume in the speech sciences* (1. ed.), 1998.

Os tratos vocais mais curtos das mulheres afetam as características de frequências de outros sons também. As fricativas produzidas por mulheres geralmente têm regiões mais altas de energia espectral comparadas às fricativas produzidas por homens (Whiteside, 1998). Essa mudança para cima nos valores de frequência na fala das mulheres deve ser levada em consideração, especialmente para sons com componentes de alta frequência. Infelizmente, os dados sobre os espectros de fricção e explosão das mulheres não são abundantes. Como discutido no Capítulo 5, os dados mais extensivos foram publicados com falantes adultos masculinos. Um princípio geral é claro: embora uma gama de frequências de 8 kHz possa ser bastante satisfatória para a análise da energia fricativa para homens, essa gama pode não ser adequada para representar a energia fricativa para mulheres. Portanto, quando se planeja estudar fricativas produzidas por mulheres, é uma boa ideia estender a gama de frequências da análise espectral além da que é suficiente para falantes masculinos.

Wu e Childers (1991) mostraram que as técnicas de processamento digital de sinais e de reconhecimento de padrões podem ser usadas com grande precisão no reconhecimento automático do gênero do falante. Concluiu-se que a informação de gênero na fala é invariante temporal, independente do fonema e do falante para um dado gênero. Em um artigo, Childers e Wu (1991) examinaram os detalhes finos de diferenças de gênero na produção vocálica. Eles determinaram que houve informação redundante sobre gênero nos traços de formante e de frequência fundamental de vogais, mas que o traço individual que melhor discriminava os falantes masculinos e femininos era a frequência de F2. Em geral, as vozes femininas eram associadas com uma f_0 maior, frequências de formante maiores, amplitudes de formante menores, larguras de banda mais largas e uma inclinação espectral mais íngreme.

Concluindo, há muito a se considerar na análise da fala das mulheres. Os pontos mencionados acima devem ser pesados na escolha das ferramentas e parâmetros de análise. Por exemplo, o modelo de todos os polos assumido em muitas rotinas de análise de LPC pode não se encaixar bem para vozes femininas soprosas, que pode ser caracterizada por pares traqueais de polo-zero, largura de banda de F1 aumentada e excitação de ruído significante da região de frequência de F3. Além disso, deve-se levar em consideração os valores de largura de banda — tanto a largura de banda total da energia de fala, quanto a largura de banda de análise para computações espectrais. Essas considerações na análise acústica têm um paralelo em questões teóricas e em interpretações de dados. Em geral, as melhores medidas são as baseadas em uma base teórica do som.

A FALA DAS CRIANÇAS

Devido ao fato de as crianças terem tratos vocais e pregas vocais menores do que os dos adultos, espera-se que as crianças tenham frequências fundamentais e frequências de formantes relativamente mais altas do que as de falantes adultos. Essa afirmação é geralmente verdadeira, mas deve-se reconhecer que as crianças são uma população diversa possuindo uma extensão de características de fala. Agrupar todas as crianças juntas arrisca uma heterogeneidade que pode excluir quaisquer generalizações úteis. Em uma primeira aproximação, podemos dizer que a fala de crianças pré-puberdade é caracterizada por frequências fundamentais e de formantes mais altas do que as observadas para a fala adulta. Depois da puberdade, a situação muda marcadamente, especificamente para crianças masculinas. A tão conhecida "mudança de voz" nos adolescentes traz uma redução mensurável na frequência fundamental vocal, que tipicamente abaixa em cerca de uma oitava. Em acréscimo, os tratos vocais masculinos aumentam apreciavelmente durante a adolescência, o que conduz a um abaixamento das frequências de formantes. As seguintes seções consideram os principais modos nos quais processos do desenvolvimento afetam as características acústicas da fala, começando na infância.

Vocalizações Infantis

Embora um número relativamente pequeno de estudos tenha sido publicado sobre vocalizações infantis, os relatórios disponíveis retratam um quadro geral desses primeiros sons. Comparados com falantes de outras idades, os bebês têm pregas vocais e tratos vocais menores (Figura 6.5), e espera-se que eles tenham frequências fundamentais e frequências de formantes mais altas. A pesquisa acústica sumarizada por Kent e Murray (1982) mostrou que os bebês têm as seguintes médias aproximadas para as características acústicas de uma vogal média central:

Frequência fundamental - 400 Hz;

Frequência do primeiro formante - 1000 Hz;

Frequência do segundo formante - 3000 Hz;

Frequência do terceiro formante - 5000 Hz.

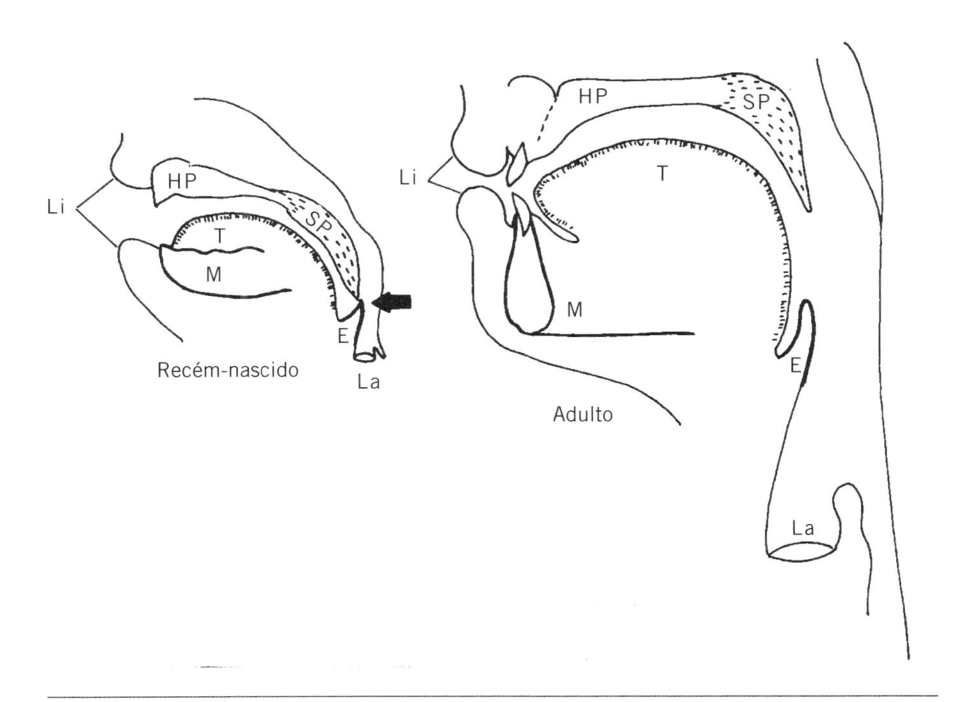

FIGURA 6.5 Desenhos dos tratos vocais de um bebê e um adulto. Código: Li = lábio, M = mandíbula, T = língua, HP = palato duro, SP = palato mole, E = epiglote, La = laringe. A seta negra aponta para a aproximação do véu palatino e epiglote no bebê; note que essa característica anatômica não é vista no adulto.

A frequência fundamental de um bebê é de 3 a 4 vezes maior do que a de um adulto masculino (lembremos que os harmônicos laríngeos são múltiplos inteiros da frequência fundamental, de modo que os harmônicos da voz de um bebê serão separados por cerca de 400 Hz). As frequências de formantes da vogal neutra de um bebê são espaçadas em intervalos de cerca de 2000 Hz, comparados com cerca de 1000 Hz para adultos masculinos (para os quais os três primeiros formantes da vogal média central são cerca de 500, 1500 e 2500 Hz). Usando as fórmulas dadas no Capítulo 2, podemos calcular o comprimento do trato vocal do bebê dadas essas medidas acústicas de frequência de formantes. O comprimento estimado de cerca de 8 cm assemelha-se bastante bem com as medidas reais feitas do comprimento do trato vocal de um bebê.

O valor médio da frequência fundamental de 400 Hz não deve ser tomado estritamente demais. Os bebês possuem grandes extensões de frequência fundamental, com valores mínimos alcançando para baixo a extensão do adulto masculino e valores máximos estendendo de 1000 Hz ou mais. Essa larga extensão pode tornar a medida das frequências fundamentais dos bebês bem desafiadoras, especialmente para instrumentos de análise que têm uma extensão limitada de medida. Entretanto, a extensão não é o único obstáculo, como discutido neste capítulo.

Várias outras características das vocalizações infantis foram notadas em estudos acústicos. Uma dessas é a frequência relativa de ocorrência dos contornos entonacionais. Kent e Bauer (1985) e Robb, Saxman e Grant (1989) relataram que os contornos subida-descida, plano e queda foram os que ocorreram com maior frequência. Por exemplo, os dados de Kent e Bauer mostraram que a queda e a subida-descida juntas davam conta de cerca de 77% dos contornos entonacionais produzidos por cinco bebês de um ano de idade. No estudo de Robb et al., os três contornos subida-descida, plano e queda davam conta de 67% dos contornos de vocalizações em estado confortável. A idade de 4 meses parece ser importante na emergência dos tipos de entonação. Hsu, Fogel e Cooper (2000) relataram que, antes desta idade, os sons vocálicos foram tipicamente acompanhados por simples contornos melódicos, mas depois de 4 meses houve uma maior probabilidade que sons silábicos fossem associados com contornos melódicos complexos.

Os bebês também tendem a produzir uma grande variedade de tipos de fonação. Observações foram feitas de dobragem harmônica (o aparecimento abrupto e o igualmente abrupto desaparecimento de uma série harmônica na metade da frequência fundamental original), mudança da frequência fundamental, bifonação (uma série dobrada de frequências fundamentais), tremor vocal (uma variação periódica da frequência fundamental e/ou da amplitude da voz) e componentes de ruído (Kent & Murray, 1982; Kent & Bauer, 1985; Michelsson & Michelsson, 1999; Robb & Saxman, 1988). Robb e Saxman (1988) determinaram que 6% das 1200 vocalizações não choro de 14 crianças tinham exemplos de dobragem harmônica, mudança da frequência fundamental ou bifonação. Esses tipos de fonação variantes podem apresentar problemas para a análise vocal, especialmente para investigadores desprecavidos. A Figura 6.6 mostra um espectrograma de banda estreita da vocalização de uma criança em que vários tipos de fonação apareceram. Essas variações rápidas e extremas nas características fonatórias não são incomuns.

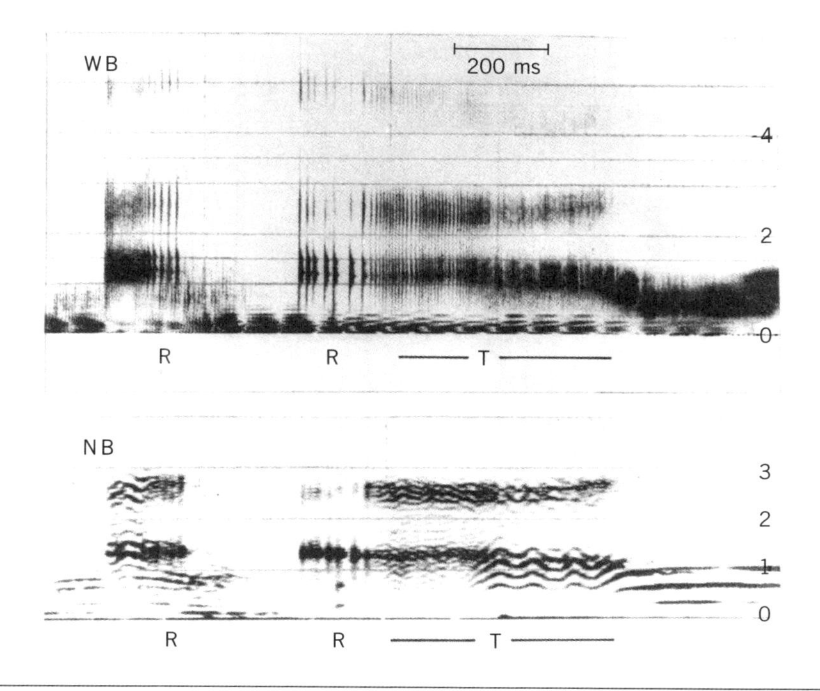

FIGURA 6.6 Espectrogramas de banda larga (WB) e estreita (NB) de uma vocalização de bebê. Note a variação no padrão fonatório, incluindo as vibrações vocais ou "*fry*" (R) e o tremor (T).

A gama de frequências total de análise é uma consideração importante na análise das vocalizações dos bebês. As frequências fundamentais de bebês e crianças novas podem exceder a extensão nominal de alguns sistemas de análise. Também, os valores de frequência para algumas propriedades acústicas podem ser consideravelmente maiores para crianças do que para adultos. Bauer e Kent (1987) relataram que as faixas primárias de energia para as fricativas produzidas por bebês às vezes caem acima de 8 kHz, o limite superior de frequência da espectrografia convencional. Exemplos dos espectros de fricção obtidos dos bebês são mostrados na Figura 6.7. Note que para essas amostras, regiões significantes de energia de ruído estendem até 12 kHz. É sempre sábio determinar cuidadosamente os limites superiores requeridos para uma análise antes de configurar os parâmetros de análise, por exemplo, a taxa de amostragem para a conversão A/D.

As considerações das propriedades acústicas resumidas até aqui sugerem que a análise das vocalizações infantis podem ser desafiadoras mesmo para esses objetivos relativamente simples como medida de frequência de formantes. A interação harmônico-formante é um problema específico, mas não é de forma alguma o único. Frequentemente, as vocalizações infantis envolvem

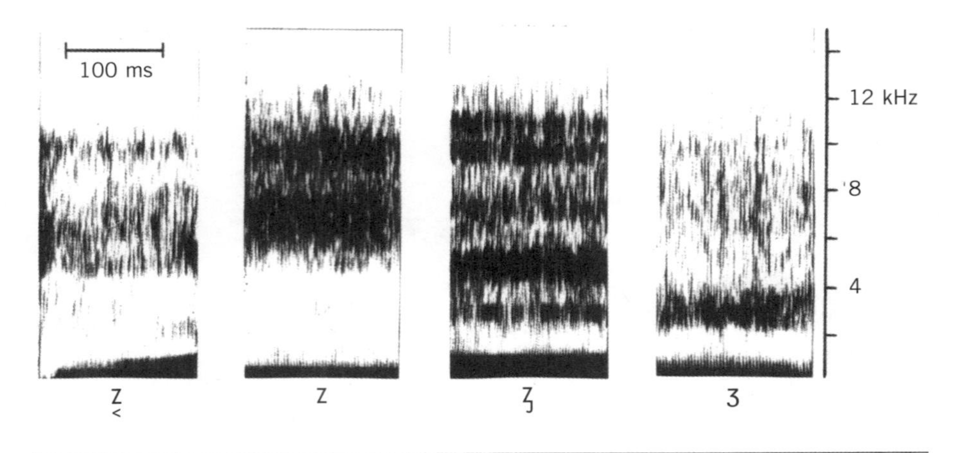

FIGURA 6.7 Espectrogramas de fricativas produzidas por bebês menores do que um ano. Símbolos fonéticos são mostrados no fundo de cada amostra.

nasalização (que aumenta as larguras de banda dos formantes e introduz formantes e antiformantes adicionais), qualidade de voz variável e outras características que tornam a estimativa de formantes difícil. No entanto, se os parâmetros de análise são escolhidos cuidadosamente, até mesmo procedimentos paramétricos como predição linear têm sido relatados com um desempenho muito bom nas análises formânticas do choro de crianças e outras vocalizações (Fort et al., 1996). Não queremos dizer, no entanto, que há um completo acordo sobre os métodos preferidos de análise. Em um estudo de choro infantil, Robb e Cacace (1995) observaram grandes diferenças na estimativa de F2 e F3 usando os métodos da espectrografia do som, LPC e análise do espectro de potência. Os três métodos resultaram em estimativas comparáveis da frequência de F1, mas os valores médios de F2 e F3 diferiram muito de 500 a 1000 Hz. Robb e Cacace concluíram que "serious questions arise whether formant estimates of cry are accurate or appropriate for use as a metric of infant vocal tract resonance" (p. 57) ("sérias questões surgem se as estimativas de formantes do choro são precisas ou apuradas para uso como uma métrica da ressonância do trato vocal do bebê"). Tomando-se essa precaução, podemos usar os dados publicados sobre choro de crianças (Colton & Steinschneider, 1980; Robb & Cacace, 1995) para desenvolver a seguinte caracterização tentativa do choro no bebê tipicamente em desenvolvimento: média de f_0 de cerca de 500 Hz, média da frequência de F1 na faixa de 1100 a 1600 Hz, média da frequência de F2 na faixa de 2200 a 3200 Hz, média da frequência de F3 na faixa de 3700 a 5300 Hz e uma duração média na faixa de 1 a 2 s. Como um ponto de comparação, Kuhl e Meltzoff (1996) determinaram as frequências de formantes para vogais como /i/, /a/ e /u/, produzidas por bebês de 12, 16 e 20 semanas. As frequências de F1 para essas três categorias vocálicas nos dados para bebês de 12 semanas foram 782, 934 e 732 Hz, respectivamente. As frequências de F2 foram 3121, 2606 e 2199, respectivamente. Há um boa comparação geral dos dados de frequências de formante entre o choro e os dados de vogais, o que nos dá confiança nessas estimativas da estrutura formântica nas primeiras vocalizações infantis.

Métodos acústicos também foram aplicados no estudo do balbucio de bebês, as sequências multissilábicas que emergem na segunda metade do primeiro ano de vida. Oiler (1986) descreveu as propriedades acústicas do que ele chamou de *sílaba canônica*, a qual pretendia representar a grande maioria de sílabas nas línguas do mundo. Presumivelmente, a emergência dessa sílaba é um grande avanço no desenvolvimento vocal. Oiler ofereceu as seguintes propriedades acústicas para a sílaba canônica:

1. o envelope de potência tem picos e vales que diferem, no mínimo, em 10 dB;
2. a duração pico a pico da sílaba está na faixa de 100-500 ms;
3. o núcleo da sílaba é associado com uma fonte periódica (isto é, energia de vozeamento) e um trato vocal relativamente aberto que fornece ressonância plena (isto é, tem um padrão formântico bem definido);
4. a sílaba possui, no mínimo, uma margem de baixa ressonância e um trato vocal relativamente obstruído. Essa margem tem propriedades como as das consoantes obstruentes;
5. transições formânticas suaves ocorrem entre a(s) margem(ns) e o núcleo, com uma duração de transição na faixa de 25-120 ms;
6. a faixa de intensidade deve ser maior do que cerca de 30 dB;
7. a faixa da frequência fundamental não deve exceder cerca de uma oitava (dobragem).

A sílaba canônica pode ser uma unidade importante para a integração da percepção e produção da fala. Pode bem ser uma precursora das primeiras palavras e tem atraído muita atenção no estudo de crianças de desenvolvimento típico e atípico. Os valores dados acima devem ser considerados como hipotéticos e sujeitos à revisão pelas pesquisas. Para uma definição mais recente do balbucio canônico, vide Oiler (2000). Um bom sinal de progresso na caracterização acústica do balbucio é o desenvolvimento de um programa de computador para reconhecimento automático do balbucio (Fell et al., 1999). Seguindo o balbucio canônico (o balbucio formado amplamente por sílabas canônicas), o bebê usualmente começa a produzir as primeiras palavras. A idade desses avanços varia consideravelmente entre as crianças, mas o balbucio canônico aparece tipicamente entre 7 e 10 meses de idade, as primeiras palavras da criança ocorrem geralmente entre 10-15 meses. Parece razoável esperar que a experiência no balbucio de sílabas assista a criança na produção das primeiras palavras.

Mudanças de Frequências de Formantes com o Desenvolvimento

À medida que as crianças crescem, seus tratos vocais aumentam e espera-se que, por isso, suas frequências de formantes diminuam. Os dados nas frequências de F1 e F2 são compilados para vários grupos de idade nas Tabelas 6.1 e 6.2, respectivamente. Embora esses dados nem sempre mostrem uma mudança uniforme entre incrementos em idade, a tendência geral é um decréscimo nas frequências dos formantes com a idade. De fato, as frequências de formantes provavelmente continuam a diminuir com o tempo para a maioria das pessoas, pois as estruturas faciais crescem gradualmente mais, mesmo para idades avançadas (KENT & BURKHARD, 1981). Há, portanto, um tipo de "linha da vida" acústica em que as frequências de formantes para um som específico gradualmente decrescem ao longo do tempo de vida do indivíduo (Figura 6.8). Entretanto, o período mais impressionante de mudança está na puberdade e adolescência, especialmente para homens (LEE, POTAMIANOS & NARAYANAN, 1999).

TABELA 6.1 Frequências dos primeiros formantes (F1) das vogais /i/, /æ/, /ɑ/ e /u/ para várias faixas etárias de crianças, da infância à idade adulta jovem. As fontes de dados são: H (HODGE,1989), EH (EGUCHI & HIRSH, 1969), B (BENNETT, 1981), PG (PENZ & GILBERT, 1983), BP (BUSBY & PLANT, 1995), AK (ASSMANN & KATZ, 2000) e LPN (LEE, POTAMIANOS & NARAYANAN, 1999). Notas: os dados de Bennett são para crianças de 7 e 8 anos de idade, mas são listados no grupo de 8 anos; B-M = dados de Bennett para homens; B-F = dados de Bennett para mulheres; BP-M = dados de Busby e Plant para homens; BP-F = dados de Busby e Plant para mulheres; os dados de Busby e Plant foram estimados de gráficos; LPN-M = dados de Lee et al. para homens; LPN-F = dados de Lee et al. para mulheres.

	Vogal			
Faixa etária	**/i/**	**/æ/**	**/ɑ/**	**/u/**
7,7 a 9,5 meses				
H	655	1401	—	558
1 ano				
H	589	1169	1072	594
3 anos				
H	512	1248	1072	530
AK	427	1256	1060	502

Faixa etária	/i/	/æ/	/ɑ/	/u/
5 anos				
H	440	1141	1010	478
BP-M	540	990	1190	540
BP-F	515	1170	1250	530
AK	472	1161	1066	471
LPN-M	467	1010	1166	477
LPN-F	466	1055	1224	501
7 anos				
EH	411	736	950	481
PG	510	1032	827	543
BP-M	460	950	1000	470
BP-F	495	1000	1125	525
AK	358	1074	954	491
LPN-M	425	882	984	449
LPN-F	467	1023	1067	506
8 anos				
PG	531	1166	918	573
EH	397	685	921	450
B-M	470	878	—	—
B-F	482	1020	—	—
LPN-M	414	873	969	458
LPN-F	428	1021	1108	426
9 anos				
H	401	1010	919	453
PG	544	1034	847	544
EH	403	647	921	469
BP-M	490	875	950	450
BP-F	520	1050	1100	460
LPN-M	382	872	1011	471
LPN-F	455	948	1063	505
10 anos				
LPN-M	424	904	970	482
LPN-F	472	970	1037	496
11 anos				
BP-M	455	850	945	460
BP-F	445	950	1025	475

Faixa etária	/i/	/æ/	/ɑ/	/u/
12 anos				
LPN-M LPN-F	358 439	818 836	891 939	424 452
14 anos				
LPN-M LPN-F	350 415	767 824	844 893	401 433
16 anos				
LPN-M LPN-F	296 423	684 835	741 851	348 447
18 anos				
LPN-M LPN-F	283 418	686 914	737 932	337 480

TABELA 6.2 Frequências dos segundos formantes (F2) das vogais /i/, /æ/, /ɑ/ e /u/ para várias faixas etárias de crianças, da infância à idade adulta jovem. As fontes de dados são: H (Hodge, 1989), EH (Eguchi & Hirsh, 1969), B (Bennett, 1981), PG (Penz & Gilbert, 1983), BP (Busby & Plant, 1995); AK (Assmann & Katz, 2000) e LPN (Lee, Potamianos & Narayanan, 1999). Notas: os dados de Bennett são para crianças de 7 e 8 anos de idade, mas são listados no grupo de 8 anos; B-M = dados de Bennett para homens; B-F = dados de Bennett para mulheres; BP-M = dados de Busby e Plant para homens; BP-F = dados de Busby e Plant para mulheres; os dados de Busby e Plant foram estimados de gráficos; LPN-M = dados de Lee et al. para homens; LPN-F = dados de Lee et al. para mulheres.

	Vogal			
Faixa etária	**/i/**	**/æ/**	**/ɑ/**	**/u/**
7,7 a 9,5 meses				
H	3542	2710	—	1052
1 ano				
H	3545	2600	1594	1423
3 anos				
H AK	3474 3437	2502 2503	1594 1656	1179 1891

Faixa etária	/i/	/æ/	/ɑ/	/u/
5 anos				
H	3380	2419	1490	1391
BP-M	3000	2625	1900	2425
BP-F	3250	2775	2050	2800
AK	3535	2505	1602	1711
LPN-M	3071	2534	1750	1508
LPN-F	3019	2613	1842	1709
7 anos				
AK	3402	2324	1565	1838
EH	3204	2299	1652	1525
PG	3165	2167	1224	1492
BP-M	2625	2250	1700	2625
BP-F	2925	2600	1950	1750
LPN-M	3002	2441	1536	1700
LPN-F	3026	2433	1647	1840
8 anos				
PG	3164	2117	1306	1342
EH	3104	2222	1729	1437
B-M	3067	2419	—	—
B-F	3296	2355	—	—
LPN-M	3031	2370	1522	1577
LPN-F	2997	2419	1660	1539
9 anos				
H	3134	2110	1383	1203
PG	3178	1980	1394	1515
EH	3106	2295	1785	1392
BP-M	2450	2200	1675	2200
BP-F	2725	2325	1775	2375
LPN-M	2979	2319	1601	1603
LPN-F	3061	2415	1676	1764
10 anos				
LPN-M	2959	2269	1558	1656
LPN-F	2969	2318	1663	1747
11 anos				
BP-M	2500	2290	1570	2300
BP-F	2750	2300	1800	2400

Faixa etária	/i/	/æ/	/ɑ/	/u/
12 anos				
LPN-M	2755	2090	1432	1576
LPN-F	2884	2215	1612	1661
14 anos				
LPN-M	2671	1982	1379	1537
LPN-F	2693	2010	1556	1693
16 anos				
LPN-M	2334	1762	1261	1368
LPN-F	2776	2050	1412	1691
18 anos				
LPN-M	2289	1759	1269	1144
LPN-F	2801	1955	1473	1771

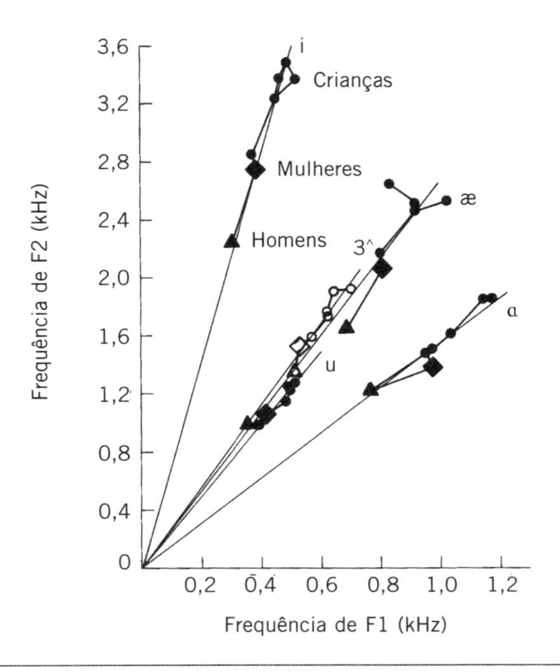

FIGURA 6.8 Variação em valores de F1 e F2 para cinco vogais do inglês americano, como produzidas por grupos de crianças, mulheres e homens. Os círculos negros representam dados para diferentes faixas etárias de crianças. Os dados são plotados para mostrar "linhas isovocálicas" ou linhas que conectam os dados de F1-F2 médios para os vários grupos idade-sexo.

Estudos do desenvolvimento com a acústica da fala devem lidar com várias influências, incluindo tamanho do corpo (dado que o comprimento do trato vocal é correlacionado com o tamanho do corpo), mudanças com o desenvolvimento na anatomia do trato vocal, sexo dos falantes nos padrões articulatórios individuais e fatores dialetais/idioletais. Em acréscimo, a relativa importância desses fatores provavelmente varia com a idade dos falantes. Dados publicados sobre vogais produzidas por bebês são limitados, o que previne afirmações confiáveis sobre padrões do desenvolvimento entre o nascimento e os 2 ou 3 anos de idade. Robb, Chen e Gilbert (1997) concluíram de um estudo cross-seccional de 20 crianças que as frequências de F1 e F2 médias mudaram pouco em um período de 4 a 25 meses de idade. Entretanto, eles não relataram um decréscimo significante nas larguras de banda médias para ambos, F1 e F2. Em um estudo de quatro crianças ao longo do período do desenvolvimento de 15 a 36 meses de idade, Gilbert, Robb e Chen (1997) notaram essencialmente frequências de F1 e F2 constantes antes dos 24 meses, mas decréscimos significantes em ambas as frequências entre 24 e 36 meses. Tomadas juntas, os estudos de Robb et al. (1997) e Gilbert et al. (1997) indicam uma estabilidade de frequências de formantes (e, portanto, pouca mudança no comprimento do trato vocal) de cerca de 4 a 25 meses, mas um decréscimo nas frequências dos formantes (e presumivelmente um alongamento do trato vocal) entre 25 e 36 meses. A redução da largura de banda do formante observada por Robb et al. (1997) poderia ser o resultado de menos nasalização e/ou mudança nas propriedades biomecânicas dos tecidos do trato vocal. Vide Robb et al. (1997) para uma discussão deste ponto.

Em algum ponto do desenvolvimento, meninos e meninas têm tratos vocais que diferem em comprimento (e possivelmente em formato também) e, portanto, têm diferentes frequências de formantes. As Tabelas 6.1 e 6.2 mostram que o dimorfismo sexual do trato vocal emerge em torno da idade de, no mínimo, 7 ou 8 anos (Bennett, 1981; Busby & Plant, 1995; Lee et al., 1999; Whiteside & Hodgson, 2000). Considerando os dados para garotos e garotas de 7 e 8 anos de idade nas Tabelas 6.1 e 6.2, pode-se ver que os garotos têm frequências de formantes consistentemente mais baixas entre todas as vogais. O tamanho da diferença varia de pouco, como cerca de 4%

para o F2 da vogal /i/, a muito, como 13,5% para o F1 da vogal /æ/. As maiorias das diferenças sexuais ocorrem para o F1 das vogais baixas /æ/ e /ɑ/ e para o F2 da vogal /ɑ/. Essas diferenças nas frequências dos formantes das vogais podem refletir algumas diferenças articulatórias entre garotos e garotas em acréscimo a diferenças presumidas no comprimento do trato vocal. Por exemplo, a grande diferença nas frequências de F1 para as vogais baixas poderia significar que garotos produzem essas vogais com uma posição de mandíbula relativamente mais aberta.

O padrão de mudança das frequências dos formantes em função da idade não é necessariamente simples, pois o crescimento do trato vocal não é apenas uma questão de comprimento total. Especificamente com os homens, o trato vocal tem um crescimento desproporcional na região faríngea comparado à região oral. Um artigo clássico sobre normalização de frequências de formantes para falantes de idades diferentes e ambos os gêneros é o de Fant (1975). Não é inteiramente claro se um fator escalar uniforme é suficiente para normalizar as frequências de formantes das vogais tanto de garotos quanto de garotas (Kent, 1976; Lee et al., 1999; Whiteside & Hodgson, 2000). Lee et al. (1999) observaram uma mudança linear nas frequências de formantes para homens entre as idades de 11 a 15 anos e concluíram que seus dados são consistentes com uma hipótese de crescimento axial uniforme. Entretanto, White (1999) concluiu que as diferenças dependentes da vogal entre garotos e garotas indicaram diferenças não uniformes nas dimensões dos tratos vocais masculinos e femininos. White também notou que essas diferenças de sexo não foram consistentes com dados para vogais de adultos. Os dados de White para 29 crianças de 11 anos de idade mostraram que as frequências de formantes foram maiores para a fala do que para o canto e também foram mais altas para garotas do que para garotos.

Assumindo que variações dialetais, articulatórias e de estilo de fala são controladas, diferenças nas frequências de formantes são associadas com diferenças estruturais no trato vocal, especificamente diferenças no comprimento total. Ou seja, as frequências de formantes são um índice do crescimento anatômico do trato vocal. Mas o desenvolvimento da fala também reflete um domínio fonético e uma maturação das habilidades motoras da fala, que serão abordadas nas seções seguintes.

Padrões Temporais

O desenvolvimento da fala é muito mais do que mudanças no tamanho e geometria do trato vocal. Também envolve uma precisão aumentada do controle e uma produção confiável de pistas fonéticas e fonológicas. Comparadas aos adultos, as crianças tendem a ter durações segmentais mais longas (taxas de elocução mais baixas) e maior variabilidade em produções repetidas de um enunciado (KENT & FORNER, 1980). A Figura 6.9 mostra uma comparação espectrográfica da produção de um adulto e de uma criança do sintagma "*took a spoon*". A taxa lenta de produção para a criança é evidente tanto na duração total do sintagma quando nas maiores durações da maioria dos segmentos, mas não todos. Esses efeitos são geralmente consistentes com o desenvolvimento motor. À medida que a criança adquire uma habilidade motora, seu desempenho se torna tipicamente mais rápido e mais confiável. Estudos de padrões temporais na fala de crianças estão ajudando a moldar o entendimento do desenvolvimento da fala (ALLEN & HAWKINS, 1980; NITTROUER, 1993, 1995; NITTROUER & STUDDERT-KENNEDY, 1986; NITTROUER, STUDDERT-KENNEDY & MCGOWEN, 1989; WHITESIDE & HODGSON, 2000).

Métodos acústicos são úteis no estudo das variações fonéticas e fonológicas na fala das crianças. Consideremos a criança que apaga a fricativa [s] em palavras como *"spoon"*. Lembremos que as oclusivas desvozeadas seguindo [s] são não aspiradas. Se uma criança apaga o [s], a oclusiva seguinte é aspirada ou não aspirada? A primeira resposta seria prevista se a fricativa deletada não estivesse representada na representação fonológica da criança, ou seja, a representação seria algo como [p u n]. Mas o alofone não aspirado seria previsto se a representação fonológica incluísse o [s] "faltante", em cujo caso a representação seria similar à do adulto [s p u n]. A Figura 6.10 mostra dois espectrogramas de banda larga do sintagma "*took a spoon*" gravado da mesma criança dentro da mesma sessão. Nota-se que a fricativa [s] é apagada em ambas as produções do sintagma. O padrão de cima mostra uma oclusiva aspirada [p], mas o de baixo mostra uma oclusiva não aspirada [p]. Aparentemente, a criança estava incerta sobre qual alofone da oclusiva deveria usar. Os espectrogramas mostram uma evidência clara da incerteza da criança.

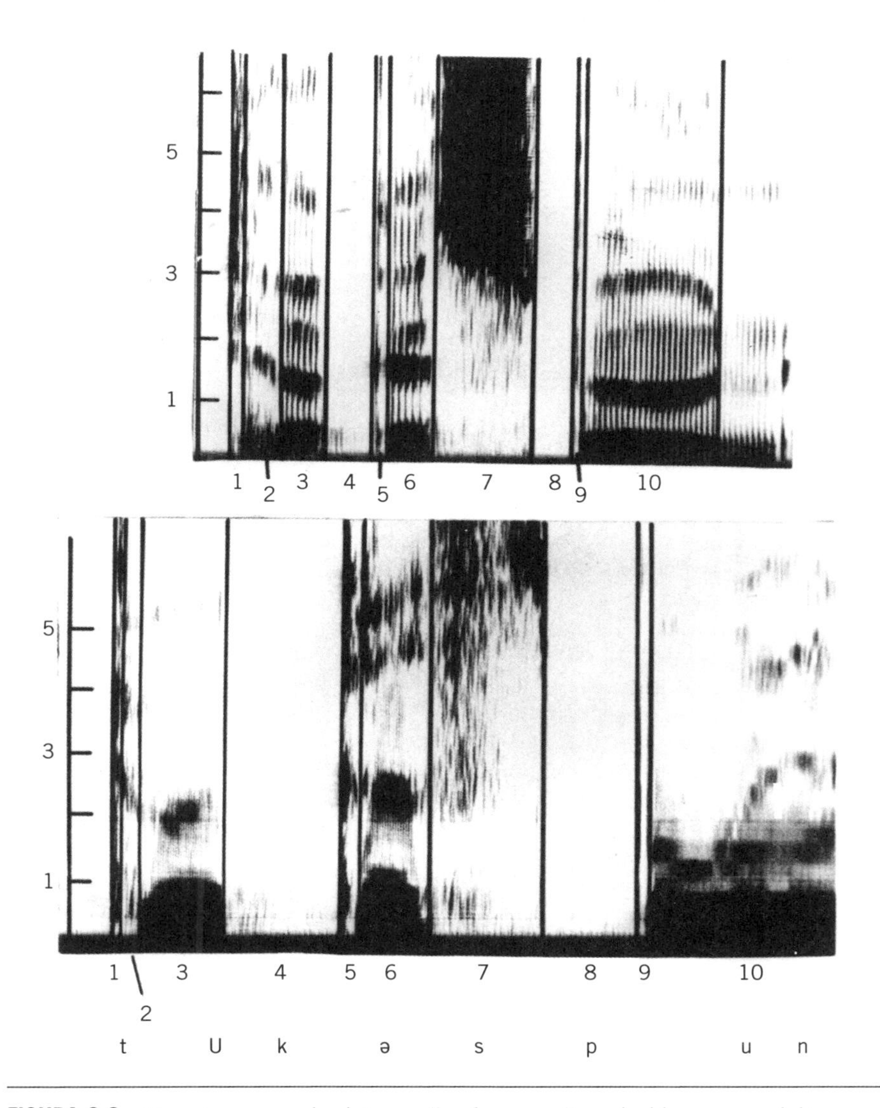

FIGURA 6.9 Espectrogramas do sintagma "*took a spoon*" produzido por um adulto masculino (topo) e uma criança jovem (fundo). Os números identificam os seguintes segmentos acústicos: 1 — explosão de soltura de [t], 2 — intervalo de aspiração, 3 — vogal [U], 4 — intervalo da oclusiva para [k], 5 — explosão de soltura para [k], 6 — vogal [ə], 7 — fricção para [s], 8 — intervalo de oclusiva para [p], 9 — explosão para [p] e 10 — vogal [u]. Notam-se, geralmente, durações segmentais mais longas e energia de frequência maior para a produção da criança. De Kent, Sensorimotor aspects of speech development. In: Aslin, R. N.; Alberts, J. R.; Peterson, M. R. (Orgs.). *Development of perception*, 1981. v. 1.

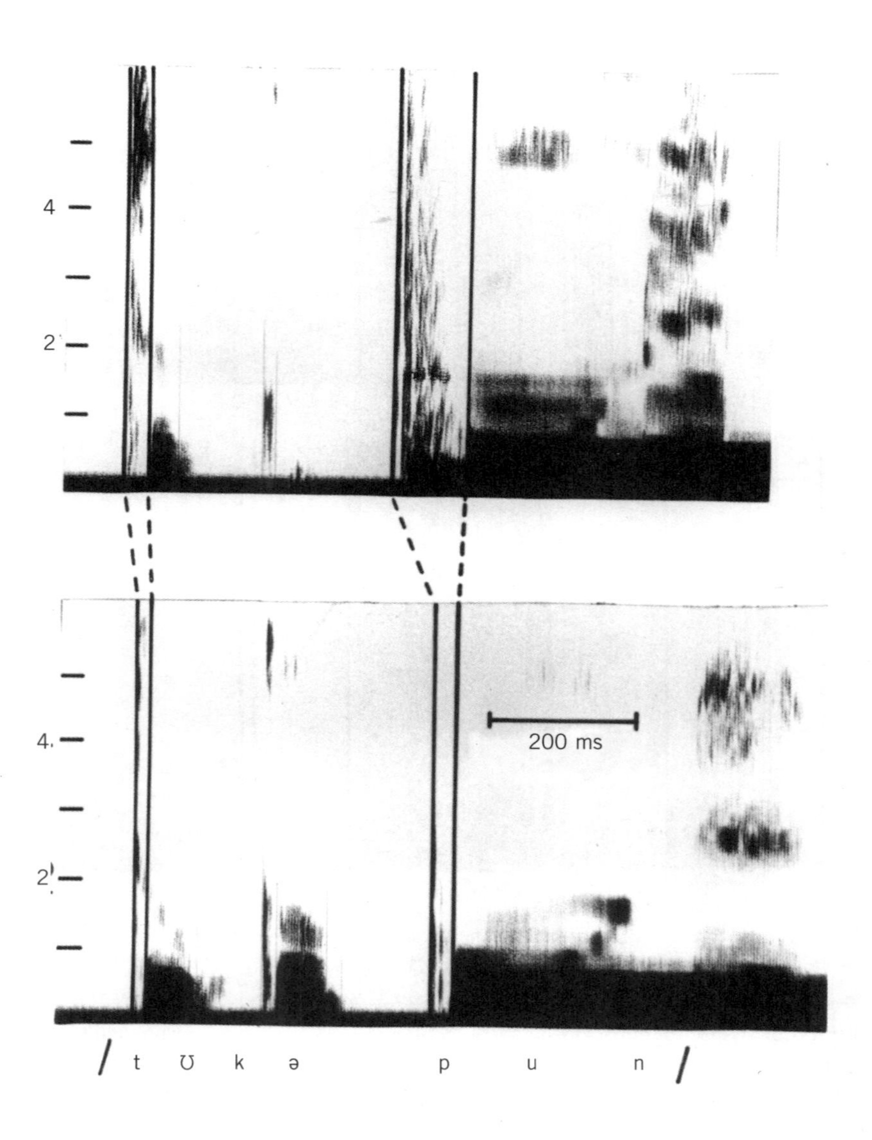

FIGURA 6.10 Espectrogramas do sintagma "*took a spoon*" produzido por uma criança jovem. O [s] em "*spoon*" é apagado e o [p] seguinte é produzido como um alofone aspirado no topo, e como um alofone não aspirado no fundo.

As Vozes das Crianças

As vozes das crianças podem apresentar algumas das mesmas complicações revistas anteriormente neste capítulo para as vozes das mulheres. Um problema específico é que a f_0 relativamente alta da maioria das crianças torna difícil selecionar uma largura de banda de análise que resolva os formantes, mas não os harmônicos. Às vezes pode ser útil se a fonação tiver componentes de ruído, porque a energia aperiódica pode tornar mais fácil a identificação dos formantes. As mudanças em f_0 também podem ser úteis porque elas podem mudar a relação formante-harmônico. É claro que não há garantia de ocorrência de ruído ou variação de f_0 em uma produção de fala natural. White (1999) usou uma produção de varredura de f_0 deliberada para estudar os formantes em crianças de 11 anos, cantoras experientes em coral.

Além de terem uma f_0 alta, as crianças frequentemente podem ser altamente variáveis na fala e nas características da voz, por exemplo, produzindo um enunciado com valores de frequência fundamental com extensão ampla, intervalos de soprosidade ou laringalização e nasalização não esperada. Em vista dessas possíveis complicações, é prudente rever as amostras de fala antes de realizar análises detalhadas que podem ser afetadas por características como as apresentadas. Uma exibição espectrográfica em tempo real é muito útil na revisão das amostras de fala. Sobretudo, não se deve assumir que os valores padrões dos parâmetros de análise (usualmente determinados da fala de adultos masculinos) serão ótimos para a análise da fala das crianças. Geralmente, os valores dos parâmetros de análise para a fala das mulheres serão mais adequados do que os valores para a fala dos homens ao se analisar os padrões de fala das crianças.

Lee et al. (1999) observaram que as diferenças de f_0 entre crianças masculinas e femininas foram estatisticamente significantes a partir da idade de 12 anos. Como notado anteriormente neste capítulo, diferenças de sexo nas frequências de formantes parecem emergir a partir dos 7 ou 8 anos. A mudança na f_0 média é pronunciada para adolescentes masculinos entre as idades de cerca de 12 e 15 anos. Por exemplo, Lee et al. (1999) relataram um decréscimo de 78% na f_0 para os adolescentes masculinos nessas idades. Nenhuma mudança significante foi observada depois da idade de 15 anos, o que indica que a mudança de voz está efetivamente completa em torno dessa idade (cf. Busby & Plant, 1995; Hollien et al., 1994; Kent, 1995).

EFEITOS DA IDADE NA FALA

Especialmente com a idade avançada, a fala pode sofrer várias mudanças que podem ser facilmente perceptíveis para os ouvintes. Portanto, podemos, frequentemente, ser bastante precisos no julgamento da idade de um falante apenas ouvindo sua voz. Estudos mostraram que a idade pode afetar a voz (Linville, 1996, 2000; Linville & Fisher, 1985), as frequências de formantes (Endres, Bambach & Flosser, 1971; Rastatter & Jacques, 1990) e os aspectos do controle motor da produção da fala (Weismer & Liss, 1991). Certamente, a fala é uma função robusta que serve a maioria de nós através da vida. Entretanto, as mudanças que ocorrem com a idade podem ser significantes em alguns indivíduos, levando a uma inteligibilidade reduzida e uma qualidade de voz alterada.

VERIFICAÇÃO, IDENTIFICAÇÃO E ELIMINAÇÃO DO FALANTE

Raramente passa um dia sem que reconheçamos pessoas a partir dos sons de suas vozes. Frequentemente podemos reconhecer um amigo ao telefone mesmo a partir de uma mera saudação, e podemos identificar pessoas famosas (atores, cantores, atletas, políticos) das gravações das vozes. Por tudo isso, entretanto, a habilidade humana para identificar outros a partir de suas vozes não é, surpreendentemente, precisa. As falhas foram estudadas na pesquisa de testemunha de oitiva. Em aplicações para procedimentos criminais, testemunha de oitiva é o relato baseado na lembrança de eventos auditórios, como mensagens faladas na cena de um crime. Estudos mostraram que a precisão da testemunha de oitiva é bem baixa (Olsson, Juslin & Winman,

1998). É possível usar análises acústicas para esses propósitos? Essa pergunta levanta questões de *verificação*, *identificação* e *eliminação do falante*.

A verificação do locutor testa uma asserção de identidade. O procedimento típico é determinar se uma amostra de fala de um dado indivíduo, que diz ser uma pessoa A, combina com uma amostra de referência armazenada, previamente obtida da pessoa A. Uma aplicação da verificação do locutor é uma medida de segurança para garantir acesso a indivíduos aprovados em áreas restritas ou em fontes de informação. Se uma pessoa quer ganhar acesso, então a sua fala deve combinar com uma amostra pré-gravada. A identificação do locutor é um processo de decisão em que uma amostra de fala de um locutor desconhecido é atribuída a um indivíduo em uma população conhecida, como empregados em uma instalação de alta segurança ou suspeitos em uma investigação criminal. A eliminação do locutor é o processo inverso da identificação e envolve uma decisão em que uma amostra de fala de um locutor desconhecido não pode ser atribuída a indivíduos de uma população conhecida. A maioria das aplicações forenses (investigações criminais) envolve a identificação ou eliminação do falante.

A aplicação da análise acústica para esses problemas assume que os falantes podem ser distinguidos individualmente a partir das propriedades acústicas de suas falas. Parece provável que as diferenças acústicas emerjam na comparação de certos subgrupos maiores de locutores, como subgrupos idade-gênero (homens *versus* mulheres, adultos *versus* crianças) e alguns subgrupos dialetais (sulistas *versus* nortistas). Também é possível que um locutor individual possa ser distinguido de qualquer outro locutor? Em outras palavras, é possível fazer *impressões vocais* que identificam indivíduos tão acuradamente quanto impressões digitais?

Características que poderiam ser usadas para a identificação de locutores podem ser conceitualizadas de acordo com o modelo fonte-filtro descrito no Capítulo 2. As características da fonte da voz incluem:

1. f_0 média;
2. padrão tempo-frequência de f_0 (contorno de f_0);
3. flutuações de f_0;
4. forma da onda glotal.

As características de ressonância do trato vocal incluem:

1. forma e inclinação do envelope espectral;
2. valores absolutos de frequências de formantes;
3. padrão tempo-frequência das frequências de formantes;
4. espectro médio de longo termo (LTAS, na sigla em inglês);
5. larguras de banda dos formantes.

Embora seja de mais de 40 anos atrás, o maior e mais compreensivo estudo de identificação de locutores por espectrogramas é a investigação relatada por Tosi et al. (1972). Esse estudo foi baseado em 250 homens tirados do que foi considerado como uma "população homogênea" de 25000 homens falando inglês americano geral (estudantes masculinos da *Michigan State University*). Os examinadores foram 29 indivíduos, que tinham recebido um mês de treinamento em identificação espectrográfica. Um total de quase 35000 tentativas de identificação foram conduzidas, com cada tentativa baseada em subconjuntos de 10 ou 40 falantes tirados da amostra total de 250 locutores. O experimento incluiu vários aspectos, como: comparação de testes abertos *versus* fechados, uso de referência não contemporânea e amostras testes, e variação de contexto. Dessas condições, a que se compara mais de perto com o tipo de teste conduzido por um especialista forense é o teste aberto com amostras não contemporâneas, extraídas da fala contínua. Testes forenses frequentemente devem usar amostras de fala conversacionais (fala contínua) obtidas em tempos diferentes (amostras não contemporâneas) de um suspeito que pode ou não estar na amostra de referência (teste aberto). Um exemplo é uma pessoa que ameaça através de uma chamada telefônica, a qual é gravada por uma pessoa recebendo a ameaça. Depois um suspeito é levado à delegacia policial e pede-se a ele para produzir uma amostra de fala que possa ser comparada com a mensagem telefônica gravada. Para essa condição, Tosi et al. relataram taxas de erro de 6,4% para identificação falsa (identificação de um sujeito que não era o falante real) e 12,7% para eliminação falsa (rejeitando o falante real dos candidatos). Os examinadores também apresentaram taxa de certeza ou confiança de seus julgamentos, com 60% de julgamentos incorretos sendo associados com uma taxa de "incerteza". Os autores sugeriram que fosse permitido aos examinadores usar uma categoria de decisão "sem opinião" quando eles não estivessem certos, então as taxas de erro seriam 2,4% para a identificação falsa e 4,8% para a falsa eliminação.

O *status* da identificação do locutor por espectrogramas foi avaliado em um artigo altamente importante produzido por um conjunto selecionado de cientistas (Bolt et al., 1970). Eles concluíram que a identificação do locutor por esse método é sujeita a uma alta taxa de erro e que os "available results are inadequate to establish the reliability of voice identification by spectrograms" ("os resultados disponíveis são inadequados para estabelecer a confiabilidade da identificação da voz por espectrogramas"). Mais de um quarto de século já se passou desde que o relato de Bolt et al. apareceu, mas não surgiram artigos de pesquisa para fornecer uma resposta definitiva à questão da confiabilidade da identificação espectrográfica do locutor (Kent & Chial, 1997).

O reconhecimento do sexo de um locutor pode ser realizado mesmo com segmentos vocálicos curtos usando informação de pistas de f_0 e comprimento do trato vocal (frequências de formantes) (Bachorowski & Owren, 1999). Quando ambos os tipos de informação foram usados juntos, a classificação do sexo do locutor foi virtualmente perfeita. Espera-se que essas duas fontes de informação reflitam a diferença de tamanho entre as estruturas vocais de homens e mulheres. A questão surge se essas fontes de informação podem ser usadas para prever o tamanho do corpo dentro de um grupo sexual. A resposta parece ser "não". Vandommelen e Moxness (1995) relataram que estimativas da altura e peso do falante foram geralmente imprecisas. Além disso, eles não acharam correlações entre várias medidas acústicas (f_0, frequências de formantes e energia abaixo de 1 kHz) e as alturas e pesos dos falantes realmente medidos.

QUESTÕES SOCIOLINGUÍSTICAS: ESTUDOS DE DIALETOS E SOTAQUES ESTRANGEIROS

Métodos acústicos também foram aplicados ao estudo de dialetos e sotaques estrangeiros. Apenas uma breve cobertura desse tópico será incluída aqui, basicamente para mostrar as formas como a análise acústica ou síntese de fala podem ser informativas. Uma das maiores questões é: quais propriedades acústicas são mais úteis na caracterização de dialetos e sotaques estrangeiros? A resposta pode bem depender das línguas ou dialetos envolvidos, mas pesquisas recentes apontam para alguns resultados potencialmente gerais.

Arsland e Hansen (1997) estudaram sotaques estrangeiros através da análise de características temporais, padrões entonacionais e características de frequência para enunciados de inglês produzidos por nativos *versus* inglês com acento chinês (mandarim), alemão e turco. As características temporais incluíam tempo do início do vozeamento (VOT) e duração de fechamento da oclusiva em final de palavras. A última característica foi especificamente importante na distinção de inglês com sotaque chinês *versus* inglês nativo. Uma análise de frequência detalhada da fala com sotaque estrangeiro revelou que a faixa de frequência média de 1500 a 2500 Hz é especialmente sensível na detecção de variações de pronúncia não nativa do falante. Wayland (1997), em um estudo da produção das vogais, consoantes e tons do tai por falantes nativos do tai ou do inglês, também concluiu que as propriedades espectrais de f_0 e as frequências de formantes distinguiram os grupos de falantes mais efetivamente do que as propriedades temporais de VOT e duração vocálica. Wayland relatou que as contagens das taxas para os falantes não nativos foram mais baixas para tons planos do que para de contorno, o que pode indicar diferentes graus de dificuldade para tons diferentes.

O contraste de vozeamento para as consoantes pós-vocálicas do inglês foi examinado em falantes de japonês e chinês mandarim (Crowther & Mann, 1992) e árabe (Crowther & Mann, 1994). As produções foram analisadas para determinar o uso de duas pistas principais de vozeamento, precedendo duração vocálica e frequência de saída de F1. Os resultados variaram com a bagagem linguística dos falantes, sendo os falantes ingleses altamente sensíveis à duração vocálica, e os falantes de chinês e árabe sendo relativamente insensíveis a essa pista, e os falantes japoneses estando entre esses dois grupos. Todos os três grupos não ingleses pareceram ser mais sensíveis à frequência de saída de F1 do que à duração vocálica.

Vários estudos apontam para uma conclusão geral de que a idade de aprendizado de uma segunda língua é crítica (Flege, MacKay & Meador,

1999; Flege, Yeni-Komshian & Liu, 1999; Munro, Flege & MacKay, 1996). Quanto mais cedo, melhor. Entretanto, parece também que mesmo com uma exposição prévia ou extensiva a uma segunda língua, o domínio daquela língua pode ser limitado em relação a certos aspectos da percepção fonética (Bosch, Costa & Sebastian-Galles, 2000; Takagi & Mann, 1995).

DESORDENS NA FALA

As desordens na fala frequentemente apresentam desafios para a análise acústica. Algumas pessoas com a fala desordenada têm uma função fonatória e articulatória altamente variável, de modo que os parâmetros de análise não são igualmente adequados ao longo do trecho de fala. Por exemplo, um falante pode ter mudanças rápidas e marcadas na frequência fundamental durante uma amostra de fala de interesse, ou pode haver alternâncias entre uma fonação bem suave e uma muito soprosa ou rouca. Portanto, os parâmetros de análise que funcionam bem para uma parte do sinal podem não ser apropriados para outra parte. Variações rápidas nas características fonatórias e articulatórias da fala podem ocorrer especificamente em falantes surdos ou disártricos.

Uma abordagem compreensiva da análise acústica de desordens na fala requereria vários volumes. Entretanto, certas questões são encontradas bem frequentemente, de modo que alguma preparação pode ser dada em poucas páginas. O que segue, então, é uma descrição altamente seletiva da aplicação da análise acústica para desordens na fala. A análise acústica efetiva de desordens na voz, fala e linguagem é baseada nas informações presentes em capítulos anteriores. Certas precauções e modificações devem ser pensadas na análise de padrões atípicos ou anormais.

Desordens na Voz

Um grande número de artigos foi publicado sobre os correlatos acústicos da qualidade de voz e das desordens na voz, mas há uma incerteza contínua sobre quais medidas são ideais para a análise da voz. Uma razão para a incerteza é o fato de que diferentes medidas podem ser preferíveis para tipos específicos de qualidade de voz ou tipos de desordem na voz. Além disso, algumas medidas que funcionam bem para desordens leves na voz podem não ser úteis para desordens mais severas. Outra dificuldade é o fato de que os estudos de correlações entre taxas perceptuais de medidas de voz e medidas acústicas de voz frequentemente produzem resultados discrepantes.

Um livro recente sobre o assunto (KENT & BALL, 2000) descreve várias abordagens para a medição da qualidade de voz, incluindo métodos acústicos selecionados. O número de possíveis medidas acústicas é enorme, e podem ser computadas com uma variedade de algoritmos (vide BUDER, 2000, para uma lista extensiva). Algumas das medidas mais comumente usadas incluem o *jitter* (variações de ciclo a ciclo no período fundamental), o *shimmer* (variações de ciclo a ciclo na amplitude glotal), o quociente harmônicos-ruído (o quociente da energia periódica para a aperiódica em uma forma de onda vozeada), a inclinação espectral e a estatística de f_0. Sistemas comerciais oferecem a capacidade para análises multidimensionais de amostras de voz. Essas análises geralmente permitem um cálculo rápido dos valores e visualizações convenientes dos dados. Um exemplo dessa exibição é mostrado na Figura 6.11.

Incompetência Velofaríngea (Hipernasalidade)

Uma característica especialmente problemática de muitas desordens na fala é a nasalização inesperada, que surge da *incompetência velofaríngea*, ou inadequações nos ajustes da abertura e fechamento velofaríngeos. A nasalização pode comprometer severamente a análise acústica de um sinal de fala. Em falantes com incompetência velofaríngea severa, o sinal inteiro pode ser influenciado por um alto grau de amortecimento (resultando em uma energia de sinal reduzida e em larguras de banda de formantes aumentadas) e por antiformantes (que depois podem reduzir a energia total do sinal e complicar a identificação de formantes). Uma fala severamente nasalizada em geral tem um contraste acústico enormemente reduzido entre seus componentes segmentais. Um exemplo dessa redução é dado na Figura 6.12, que

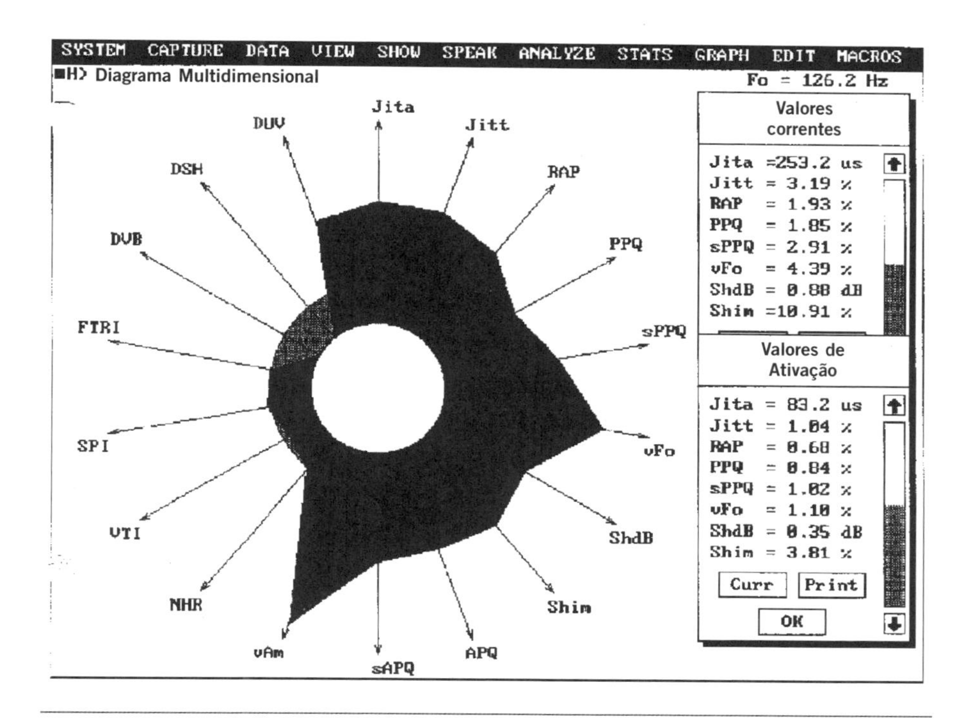

FIGURA 6.11 Exemplo de análise de uma fonação de vogal com o MDVP™ da Kay Elemetrics. O gráfico mostra os resultados de uma análise multidimensional que inclui parâmetros como *jitter*, *shimmer*, tremor, variação de frequência e variação de amplitude.

mostra espectrogramas para uma produção normal de um falante de *"Mama made apple jam"*, e uma recitação da mesma sentença por um falante com uma incompetência velofaríngea severa. Quando se lida com fala nasalizada, deve-se lembrar que os correlatos acústicos da nasalização são numerosos e complexos em seus efeitos potenciais no sinal acústico. A interpretação de gravações acústicas pode, portanto, ser difícil. Por exemplo, os seguintes correlatos de nasalização podem aparecer em espectrogramas de vogais nasalizadas (Kent, Liss & Philips, 1989):

1. aumento na largura de banda do formante, de modo que a energia do formante parece mais ampla;

2. diminuição na energia total da vogal (comparada às vogais não nasalizadas);
3. introdução de um formante nasal de baixa frequência com uma frequência central de cerca de 250-500 Hz para adultos masculinos;
4. um leve aumento da frequência de F1 e um leve abaixamento das frequências de F2 e F3;
5. a presença de um ou mais antiformantes.

Por ser a nasalização associada com um conjunto complexo de características acústicas, nem sempre é imediatamente evidente em uma dada

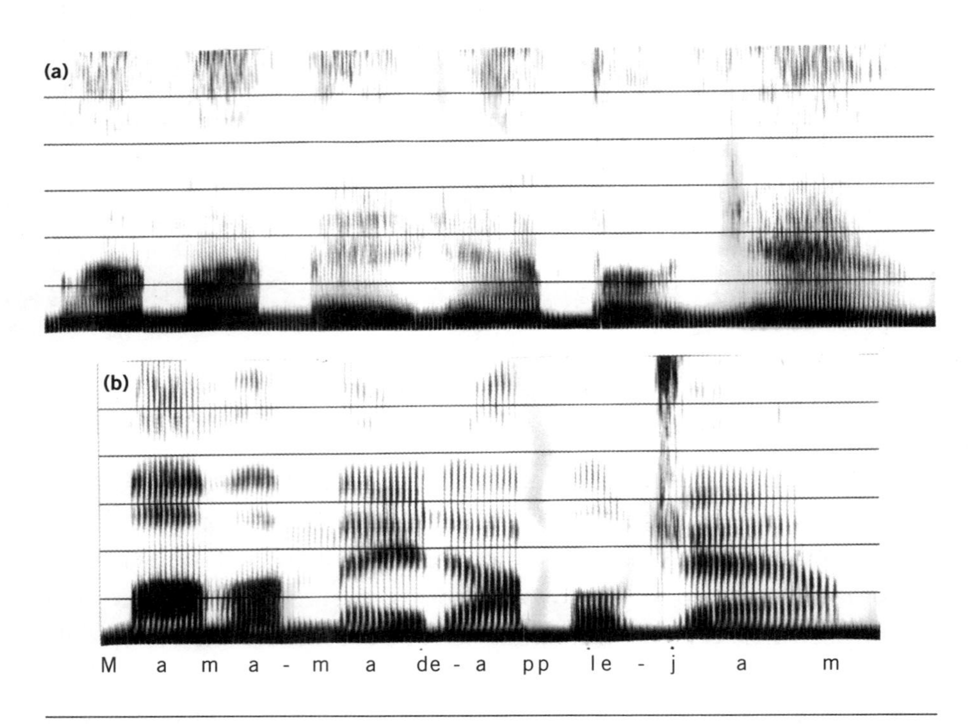

FIGURA 6.12 Espectrogramas para a sentença "*Mama made apple jam*" produzida por um falante com incompetência velofaríngea (hipernasalidade) no topo (a) e por um falante com nasalidade normal no fundo (b). O padrão em (a) tem uma perda geral de contraste acústico entre os segmentos componentes.

análise, como um espectrograma, se o padrão é influenciado pela nasalização. Entretanto, parece que certas regiões espectrais são especificamente úteis para se fazer essa determinação. Alguns exemplos são resumidos a seguir.

Análises de espectros de potência de um terço da oitava mostraram que vogais hipernasais tendem a ter um nível de potência aumentado na região entre F1 e F2 e um nível de potência reduzido em F2 e nas proximidades de F2 (Kataoka et al., 1996). Em um estudo da nasalização em inglês e francês, Chen (1997) definiu índices de nasalização baseados em dois valores de diferença de amplitude derivados das seguintes medidas: P0, a amplitude de um pico extra nas frequências baixas; P1, a amplitude de um pico extra localizado entre os dois primeiros formantes; e A1, a amplitude do primeiro formante. Valores de diferença foram determinados por A1-P1 e A1-P0. A diferença A1-P1 deu, em média, mais do que 10 dB entre as vogais orais e nasalizadas produzidas por falantes do inglês americano. Plante, Berger-Vachon e Kauffman (1993) relataram que coeficientes específicos de LPC foram sensíveis à presença de nasalização em vogais produzidas por crianças. Uma distinção entre fala nasalizada e não nasalizada também foi demonstrada com uma análise baseada no operador de energia Teager, sob certas condições de filtragem (Cairns, Hansen & Riski, 1996). Embora a nasalização instale desafios na análise acústica, uma melhor compreensão dos correlatos acústicos da fala nasal está surgindo.

A Fala dos Surdos ou dos com a Audição Profundamente Comprometida

Uma dificuldade geral na análise acústica das desordens da fala é que indivíduos com a mesma desordem podem variar enormemente um do outro em suas características acústicas de fala. Falantes com uma perda auditiva profunda são notáveis por esta variabilidade intraindividual. Alguns exemplos são mostrados nas Figuras 6.13 e 6.14. A Figura 6.13 contém vários espectrogramas de uma parte do sintagma simples "*took a spoon*" produzido por seis adolescentes surdos. Esses espectrogramas focam na produção da fricativa [s] na palavra "*spoon*". Os seguintes padrões podem ser vistos: (a) este

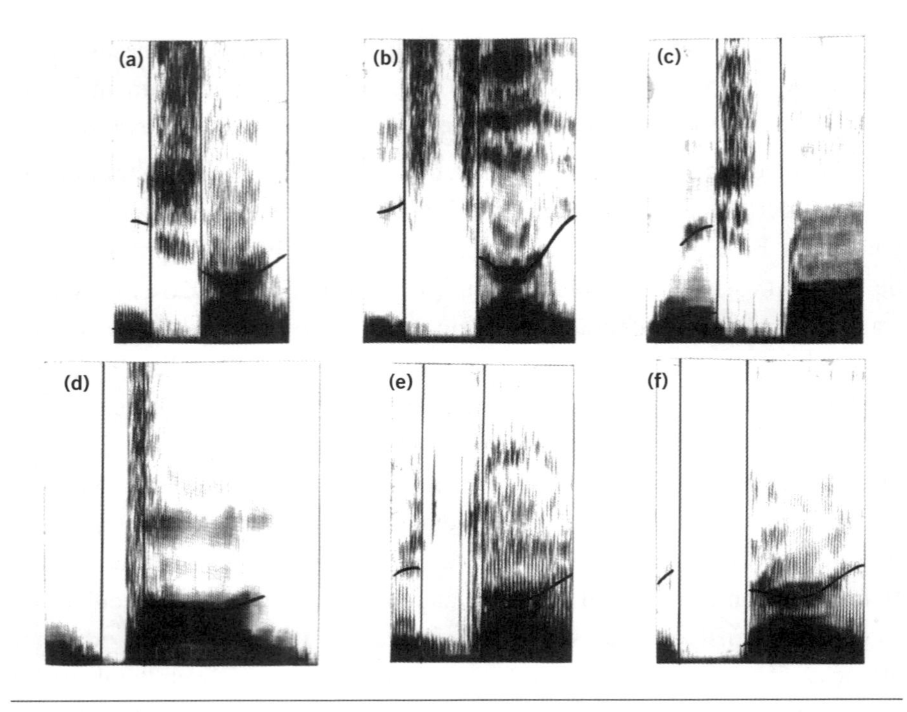

FIGURA 6.13 Espectrogramas do sintagma *"a spoon"* (extraído da sentença *"I took a spoon and a dish"*) produzido por falantes com perda auditiva profunda ou surdez. Os padrões individuais de (a)-(f) são descritos no texto.

falante produziu uma fricativa bastante normal, como evidenciada pela energia de ruído conspícua nas frequências mais altas, (b) aqui o falante interrompe o segmento de fricção, de modo que sua seção média é quase silenciosa, parecendo-se com um intervalo de oclusiva, (c) esta tentativa começa com uma fricativa satisfatória, mas é cortada brevemente e seguida por um intervalo silencioso notável, (d) a produção é caracterizada por uma explosão de energia de ruído difusa precedendo de perto o início da vogal [u], (e) o falante representado aqui tendia a laringalizar os segmentos consonantais, como indicado neste espectrograma pela continuação do vozeamento através do intervalo marcado e da aparição de pulsos glotais pronunciados e (f) neste caso, não há energia de fricção, mas o local do [s] é

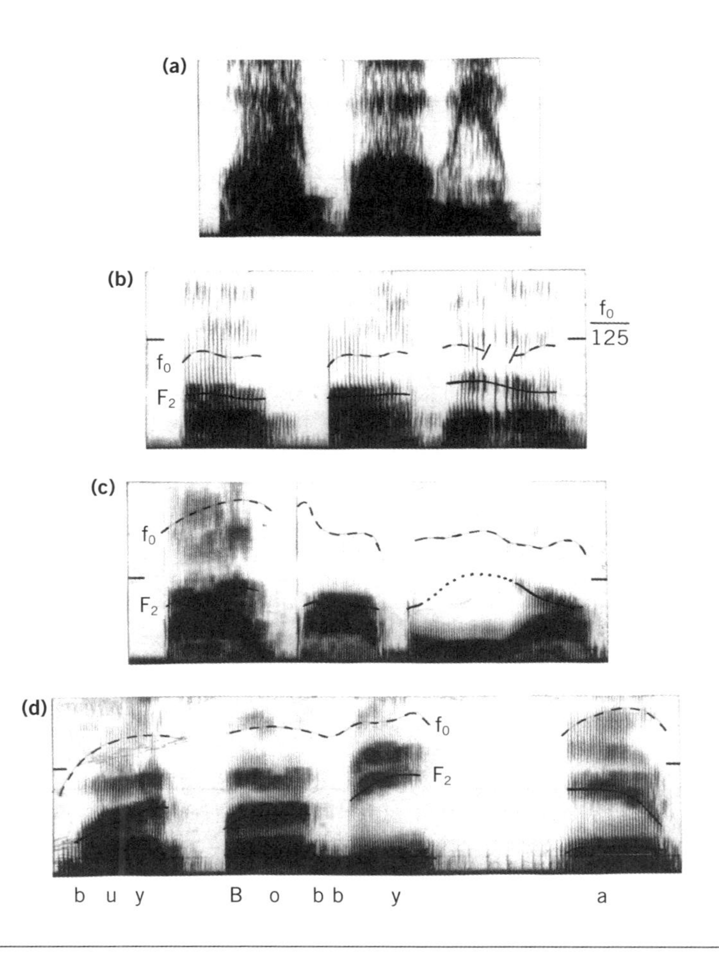

FIGURA 6.14 Espectrogramas das três primeiras palavras da sentença "*Buy Bobby a puppy*" produzido por indivíduos com perda auditiva profunda ou surdez. O contorno de frequência fundamental (f_0) está sobreposto nos espectrogramas em (b), (c) e (d). Vide discussão no texto.

marcado por um intervalo silencioso de aproximadamente a duração esperada da energia de [s] na fala normal.

A Figura 6.14 dá exemplos de ressonância fonatória e variações prosódicas na fala dos surdos. Todos os padrões mostrados são para as três primeiras palavras da sentença, "*Buy Bobby a puppy*". O espectrograma (a) mostra o resultado para um falante com voz continuamente soprosa. Nota-se que há pouca evidência de energia de vozeamento periódica (estrias verticais ausentes ou fracas) e que os formantes são excitados por ruído. As regiões intraformantes tendem a ser preenchidas com ruído. No espectrograma (b), o falante tende a laringalizar consoantes e fronteiras de palavra e a produzir a fala com pouca variação na f_0 ou no F2. O contorno de f_0 é sobreposto à linha quebrada, em uma média um pouco menos do que 125 Hz, e a frequência de F2 é desenhada como uma linha sólida no espectrograma. Esse é um padrão de vozeamento contínuo (isto é, vozeamento que continua através de intervalos que deveriam ser desvozeados) com uma redução de f_0 para marcar consoantes e fronteiras de palavra. Notemos a vibração glotal (ou *fry* glotal) perto do fim do padrão. O espectrograma (c) é o resultado para um falante com f_0 altamente variável (veja a linha quebrada sobreposta representando o contorno de f_0) e uma forte tendência à nasalização. O último resulta em um desaparecimento virtual da energia de F2 (veja a linha pontilhada). Finalmente, o espectrograma (d) mostra o padrão para um falante que produziu sílabas quase igualmente acentuadas, bem separadas, em um tipo de cadência cantada. Essa fala é lenta (comparada com a duração de (c) e com a dos outros três padrões) e deliberada (note os padrões formânticos distintos).

A variabilidade entre os falantes surdos é ilustrada na Figura 6.15, que mostra as trajetórias de F1-F2 para o ditongo em *"buy"* produzido por 23 falantes adolescentes surdos. As trajetórias são desenhadas como linhas retas conectando a parte inicial aparente do ditongo com sua parte final aparente. As trajetórias diferem na frequência do movimento inicial, na frequência do movimento final e, em menor grau, até mesmo na direção do movimento no plano F1-F2 (ex.: alguns falantes realizam uma descida, em vez da mudança de frequência esperada para cima de F2).

Disartria

O contraste acústico entre segmentos da fala é reduzido em um número de desordens da fala. Uma, especificamente, é a disartria (desordem da

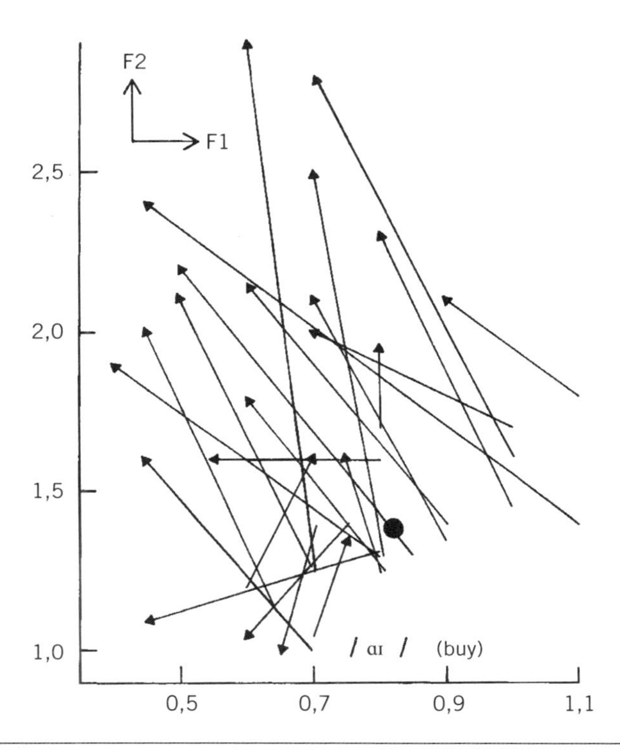

FIGURA 6.15 Produções do ditongo /ɑɪ/ por um grande número de indivíduos com perda auditiva profunda ou surdez. O resultado para um falante específico está representado no plano F1-F2 como uma linha indo do início ao fim do ditongo (cabeça da seta). Os valores de F1 e F2 médios para o início do ditongo são indicados por um círculo negro.

fala neurológica) associada com a doença de Parkinson. Alguns falantes com esta doença tem uma disartria em que as palavras são enunciadas em padrões corridos curtos ou acelerados. A Figura 6.16 mostra os espectrogramas de banda estreita (topo) e de banda larga (fundo) para uma produção curta acelerada das palavras *"something beyond his reach"*. O padrão é continuamente vozeado (como evidenciado pela barra de vozeamento contínua e as estrias verticais do pulso glotal ininterruptas) e mal articulado (note o intervalo de oclusiva incompleto e as fricativas fracas). O falante pode realizar

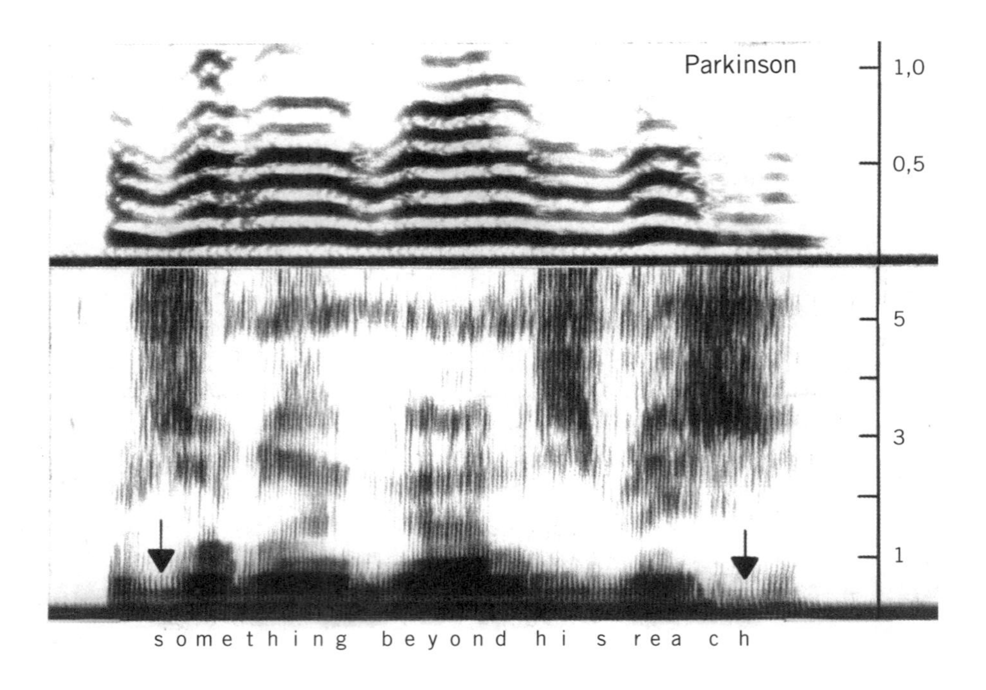

FIGURA 6.16 Espectrogramas de banda estreita (topo) e larga (fundo) do sintagma "*something beyond his reach*", produzido por um falante com doença de Parkinson. As setas indicam os intervalos de vozeamento contínuo (vozeamento de segmentos que deveriam ser desvozeados).

uma taxa de elocução rápida através do negligenciamento de muitos ajustes fonatórios e articulatórios, a fim de dar um efeito "borrado" ao padrão total. Uma comparação entre um falante neurologicamente normal e um falante com doença de Parkinson é mostrada na Figura 6.17 para o sintagma "*strikes raindrops*". Mesmo uma inspeção casual dos dois espectrogramas revela os contrastes acústicos diminuídos para o indivíduo com a doença de Parkinson. Uma espiralização de intervalos de oclusivas é facilmente observada: note a presença de energia de ruído nos intervalos de oclusiva esperados para as oclusivas etiquetadas. A espiralização resulta do fechamento articulatório incompleto, que permite a geração de ruído de turbulência na constrição.

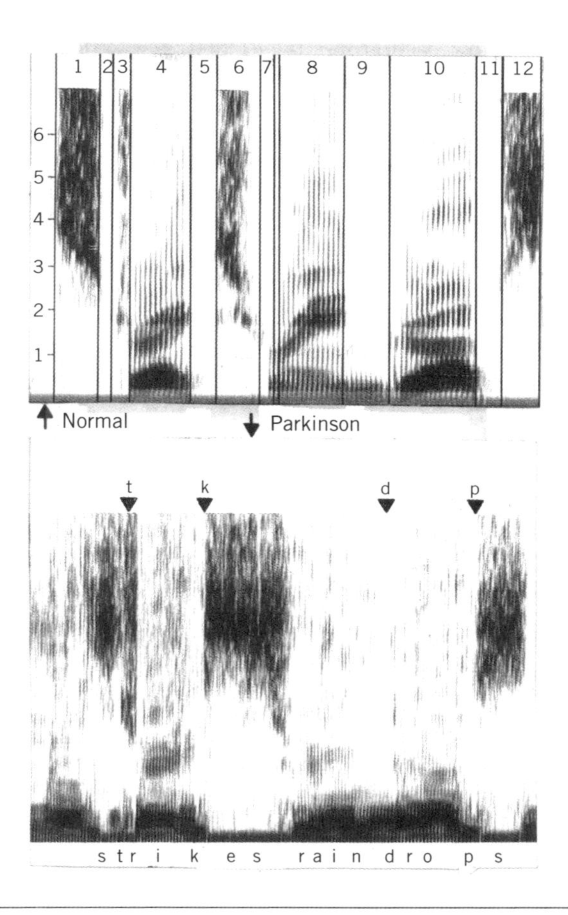

FIGURA 6.17 Espectrogramas do sintagma "*strikes raindrops*" produzido (topo) por uma pessoa com fala normal e por uma pessoa (fundo) com doença de Parkinson e disartria. As cabeças das setas no resultado para o falante com doença de Parkinson indicam os intervalos de oclusiva espirantizados (ou seja, os intervalos de oclusiva contendo energia de fricção).

Apraxia de Fala

Análises acústicas podem ser úteis no estudo de desordens da fala que perturbam a organização temporal e o sequenciamento. Uma dessas desordens é a *apraxia verbal* (ou *apraxia de fala*), que é uma desordem do sequenciamento ou programação dos movimentos da fala. Nessa desordem, a fala tende a ser devagar, intermitente e variável. A Figura 6.18 mostra espectrogramas para produções da palavra "*please*" por (a) um falante neurologicamente normal e (b) e (c) dois indivíduos com apraxia de fala. Diferenças na duração das

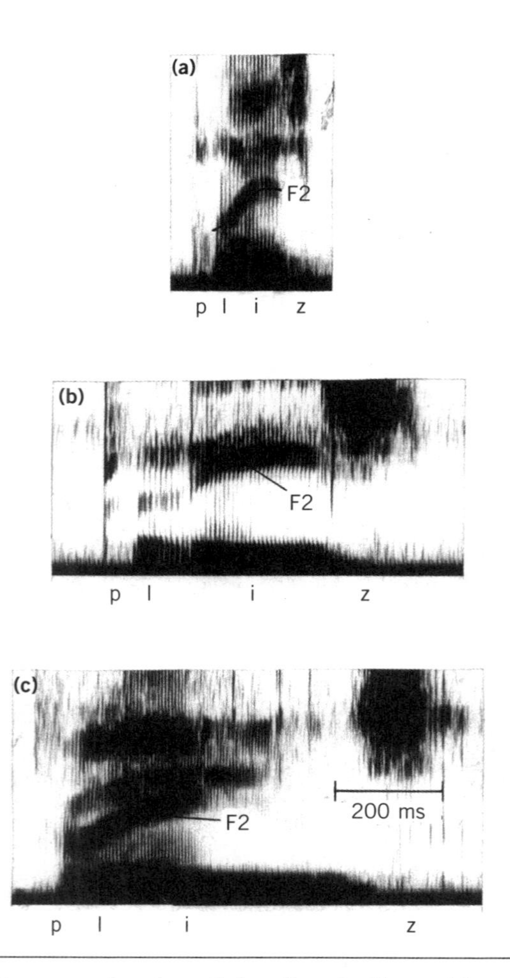

FIGURA 6.18 Espectrogramas da palavra "*please*" produzida por (a) uma pessoa com fala normal, e (b e c) pessoas com apraxia de fala. As produções apráxicas são enormemente aumentadas comparadas ao padrão normal. De Kent e Rosenbek, Acoustic patterns of apraxia of speech. *Journal of Speech and Hearing Research*, n. 26, p. 231-249, 1987.

palavras são imediatamente evidentes, com a produção em (b) e (c) sendo mais do que duas vezes a duração daquela para o controle normal. O segundo formante (etiquetado em cada espectrograma) tem uma trajetória muito mais devagar para os falantes com apraxia. Essa análise mostra que as produções dispráxicas são mais longas e, além disso, têm taxas mais lentas de mudança acústica (e, por inferência, articulatória).

Uma questão geral sobre a fala dispráxica é se os erros são fonêmicos (substituições de um fonema por outro) ou envolvem distorções fonéticas (como as que podem resultar da fala de coordenação). A Figura 6.19 ilustra o uso de um espectrograma para avaliar um erro específico de fala dispráxica. A palavra analisada é o monossílabo *"shush"*, em que a vogal é precedida e seguida por uma consoante desvozeada. A ilustração mostra espectrogramas de banda larga (topo) e de banda estreita (fundo). A palavra foi produzida

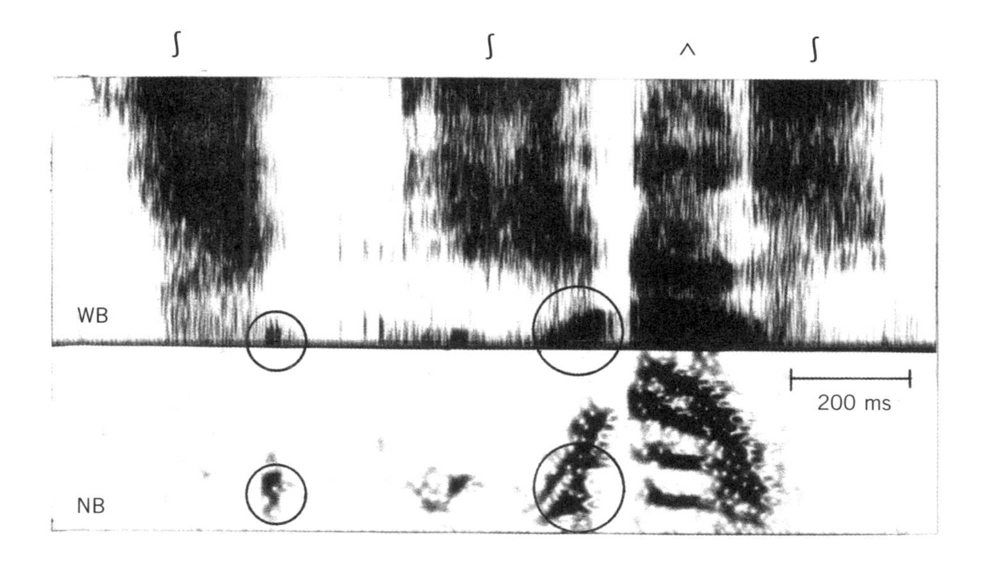

FIGURA 6.19 Espectrogramas de banda larga (topo) e estreita (fundo) de uma produção disfluente da palavra "*shush*" por uma pessoa com apraxia de fala. Os segmentos circulados indicam intervalos vozeados breves durante a produção da fricativa inicial (que deveria ser desvozeada). De Kent e Rosenbeck, Acoustic patterns of apraxia of speech. *Journal of Speech and Hearing Research*, n. 26, p. 231-246, 1987.

disfluentemente com um falso começo, como indicado pelo segmento de fricção inicial seguido por uma pausa e então a produção da palavra inteira. Note que a produção inicial da fricativa de "*shush*" não é inteiramente desvozeada: a evidência de que a vibração das pregas vocais começa durante o intervalo da fricativa aparece tanto no espectrograma de banda larga (note a barra de vozeamento circulada) quanto no de banda estreita (note o padrão harmônico circulado). Aparentemente, esse falante comete erros na coordenação do vozeamento com a função articulatória oral, de modo que o padrão resultante não é um erro fonêmico, mas um lapso fonético ou motor.

Variações no VOT para a oclusiva pré-vocálica [d] em "*dad*" são ilustradas na Figura 6.20. Resultados são mostrados para quatro falantes com apraxia, arranjados a fim de se aumentar a duração do pré-vozeamento. O intervalo de VOT é ressaltado por uma barra vertical e uma seta anexada. O falante representado em (d) tem um intervalo especificamente longo de pré-vozeamento. Azou et al. (2000) descreveram um número de anormalidades no VOT que são úteis no estudo da apraxia da fala, disartria e afasia.

A uma desordem da fala relacionada às crianças é frequentemente dado o rótulo de *apraxia verbal do desenvolvimento*. Crianças com essa desordem têm uma dificuldade considerável na produção da fala na taxa normal, na precisão fonética. A Figura 6.21 contém três espectrogramas mostrando um falante normal dizendo a palavra "*spaghetti*" (topo) e duas tentativas de uma criança com apraxia de dizer a mesma palavra. As características de lentidão, intermitência e variabilidade são representadas acusticamente pela duração total longa e durações segmentais longas (taxa de elocução lenta), pausas longas e variáveis (intermitentes, fala quebrada) e inconsistência entre as duas produções (variabilidade). Características semelhantes têm sido observadas na apraxia adulta (ou adquirida) da fala (KENT & ROSENBEK, 1983).

Desordens Fonológicas nas Crianças

Essas desordens ocorrem com frequência considerável e frequentemente requerem terapia de fala. Um padrão bastante comum é o apagamento da consoante final, em que a criança omite a consoante final de uma palavra ou uma

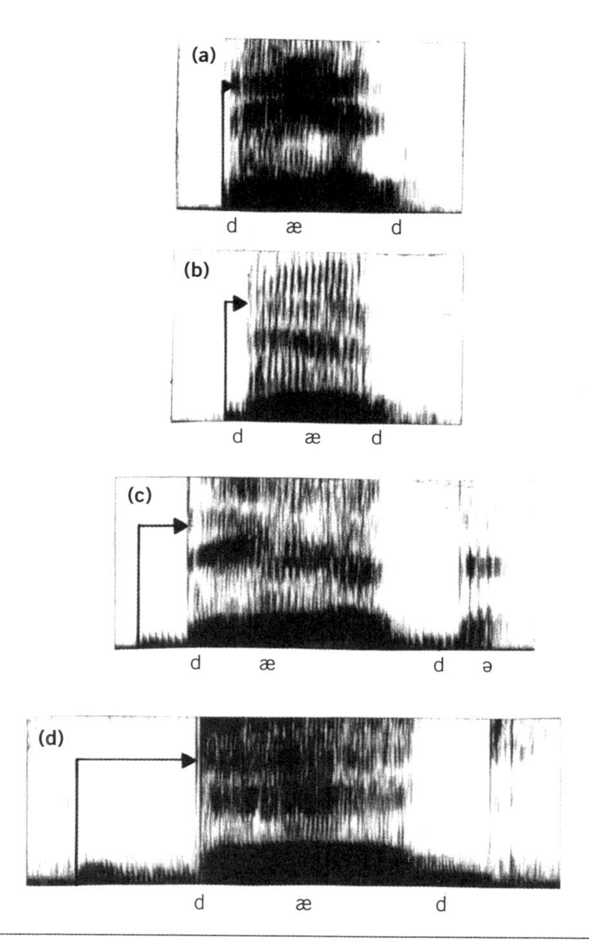

FIGURA 6.20 Espectrogramas da palavra *"dad"* produzida por (a) uma pessoa com fala normal e (b-d) pessoas com apraxia de fala. O intervalo marcado por uma seta é o tempo de início do vozeamento (VOT) para o [d] inicial.

sílaba (ex.: [k ae t] é produzida como [k ae]). Uma consequência específica do apagamento da consoante final é que a criança não pode distinguir formas singulares de formas plurais das palavras que adicionam /s/ ou /z/ como um marcador de plural. Por exemplo, a criança presumivelmente não pode distinguir o singular "*toe*" do plural "*toes*", ambos sendo produzidos como [toU].

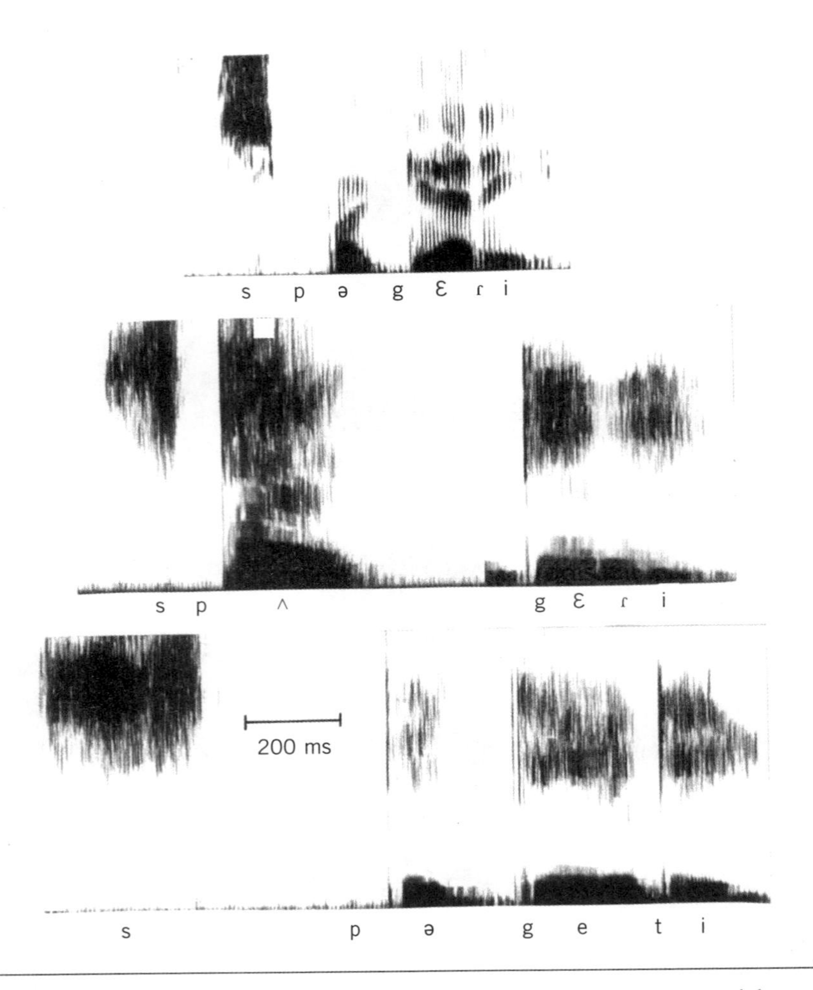

FIGURA 6.21 Espectrogramas da palavra "*spaghetti*", produzida por um falante adulto normal (topo) e uma criança com apraxia do desenvolvimento da fala (meio e fundo). As produções da criança são caracterizadas por segmentos mais longos e um padrão altamente variável.

Mas essas crianças podem marcar a forma plural com outros meios. Tyler e McOmber (1999) usaram análise acústica para mostrar que quatro crianças que tinham o erro do apagamento da consoante final produziam formas plurais que eram, na verdade, diferentes das formas singulares. Elas se baseavam em um ou mais parâmetros suprassegmentais para fazer a distinção.

DOCUMENTANDO MUDANÇAS NA FALA

Um papel promissor dos métodos acústicos na patologia da fala é monitorar mudanças na produção da fala que podem ocorrer como resultado do gerenciamento ou da progressão da doença. A análise acústica permite estudar a mudança na fala em um indivíduo com esclerose lateral amiotrófica, uma doença neurológica fatal e degenerativa. Espectrogramas de amostra da palavra "*sigh*" por uma mulher com esclerose lateral amiotrófica (doença de Lou Gehrig) são mostrados na Figura 6.22 para dois tempos diferentes: logo após o diagnóstico inicial (topo) e vários meses depois do diagnóstico. Esse

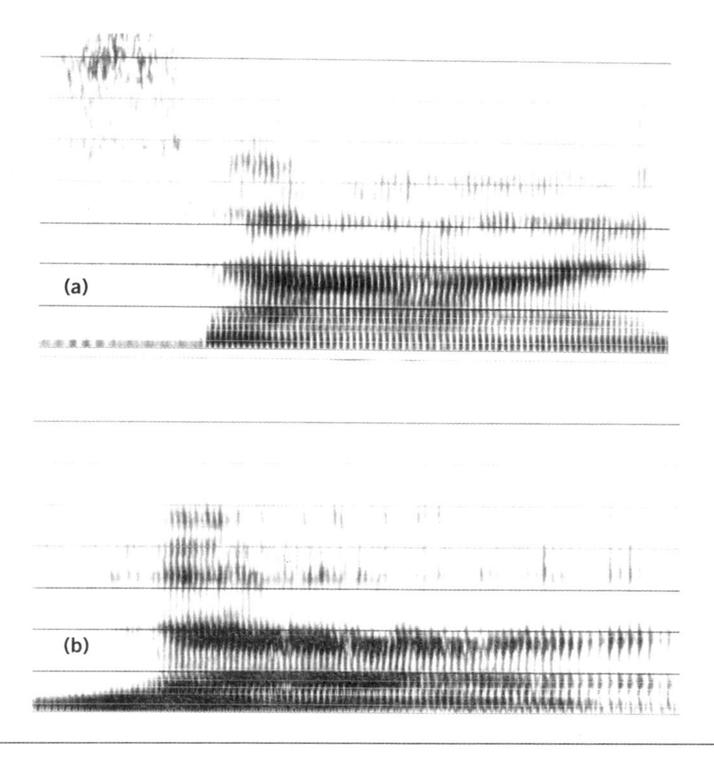

FIGURA 6.22 Espectrogramas da palavra "*sigh*" produzida por uma mulher com esclerose lateral amiotrófica (doença de Lou Gehrig). O resultado em (a) foi gravado no estágio inicial da doença e o resultado em (b) foi gravado no estágio em que a doença estava altamente avançada.

indivíduo é capaz de, no mínimo, um [s] fraco na primeira amostra, mas gera pouca ou nenhuma fricção de [s] na última amostra. Métodos acústicos podem ser usados para detectar mudanças mais sutis também, possivelmente mudanças que não podem ser confiavelmente detectadas apenas pelo ouvido.

O espectrógrafo tornou possível um exame objetivo das desordens da fala. Entretanto, um problema com o espectrógrafo é que ele frequentemente deixa para o usuário uma considerável tarefa de análise. O espectrograma em si é raramente suficiente; o usuário tem de derivar medidas, frequentemente por um processo bem tedioso. Análises muito mais rápidas, resultando em medidas quantitativas, estão sendo usadas hoje. Por exemplo, o rastreamento de formantes por LPC identifica padrões formânticos automaticamente, economizando, assim, esforço e tempo que, de outra forma, seria dado ao rastreamento manual de formantes nos espectrogramas. Uma amostra da análise quantitativa automática é dada na Figura 6.23. A análise pertence a uma produção de um falante disártrico da sentença "*The potato stew is in the pot*". A análise multiparamétrica da Figura 6.23 mostra, nos quatro painéis de cima, os quatro momentos espectrais (curtose, assimetria, desvio padrão, média); no terceiro painel do fundo, rastreamento de formante por LPC para os três primeiros formantes; nos dois painéis de baixo, o contorno da frequência fundamental e o envelope de rms. Essa análise multiparamétrica resulta em uma grande quantidade de informação sobre o padrão da fala, todo ele obtido semiautomaticamente por um computador pessoal.

Para discussões mais detalhadas das características acústicas da fala desordenada, o leitor deve ver um artigo sobre as características acústicas da disartria de Weismer (1984), um artigo mais recente também sobre o tópico da disartria (Kent et al., 1999) e uma coletânea de artigos sobre análise espectrográfica editada por Baken e Daniloff (1990).

DESORDENS PSIQUIÁTRICAS

Algumas desordens psiquiátricas são associadas com padrões bem distintivos da língua falada, incluindo alguns traços que podem ser estudados acusticamente. Apenas dois exemplos desse esforço são considerados aqui.

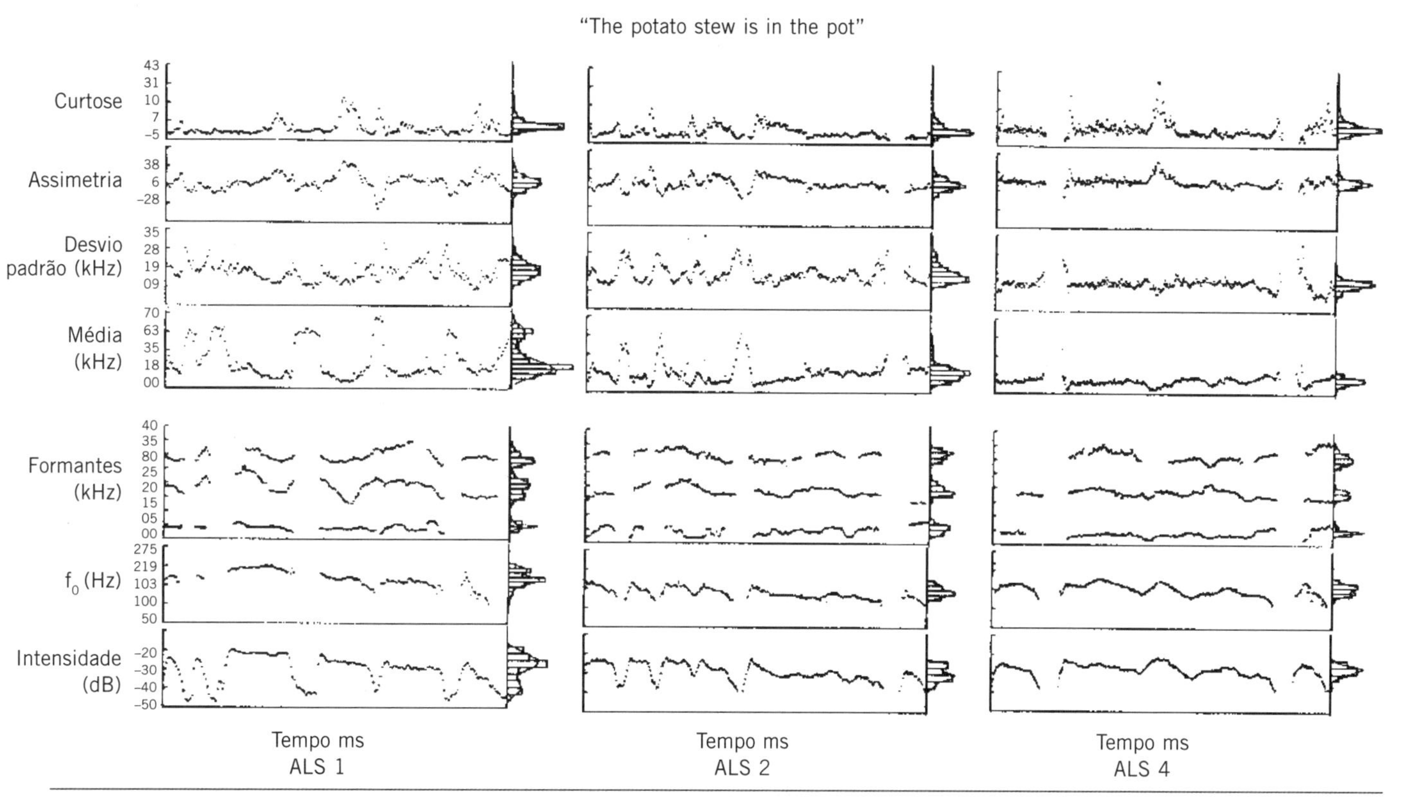

FIGURA 6.23 Análise acústica multiparamétrica da sentença "*The potato stew is in the pot*", produzida em três diferentes estágios por um falante com uma doença neurodegenerativa (esclerose lateral amiotrófica). Dados são mostrados para os quatro momentos espectrais (curtose, assimetria, desvio padrão, média), os três primeiros formantes derivados do rastreamento de formante por LPC, a f_0 e o contorno de rms. Note o contraste acústico diminuído entre as quatro diferentes sessões de gravação, o que reflete a severidade aumentada da doença. Os histogramas nos lados de cada painel representam os dados cumulativos para cada parâmetro.

Em um estudo de 20 homens criminosos (dez psicopatas e dez não psicopatas), determinou-se que os psicopatas falam mais calmamente e não diferenciam palavras neutras das afetivas (Louth et al., 1998). Os autores interpretaram esses resultados para dizer que os psicopatas são insensíveis às conotações emocionais da linguagem. Propriedades acústicas da fala podem ser úteis na identificação de indivíduos com depressão, e, além disso, é possível que análises acústicas possam ajudar na discriminação da fala deprimida e suicida. France et al. (2000) relataram análises acústicas da fala de indivíduos com distimia, depressão ou alto risco para suicídio.

EXPANDINDO A BASE DE DADOS FONÉTICO-ACÚSTICA

Os comentários anteriores indicam que a base de dados da fonética acústica está se expandindo para incluir uma gama muito mais ampla de falantes do que no passado. Os dados estão sendo coletados de bebês, crianças, mulheres, falantes de diferentes dialetos e indivíduos com várias desordens da fala e da voz. Esse esforço amplo de pesquisa é importante para tornar a análise acústica da fala, o reconhecimento automático da fala, a síntese de fala e outras tecnologias de fala aplicáveis a populações diversas de falantes. Muito trabalho ainda necessita ser feito, mas, felizmente, métodos atuais de análise acústica são muito mais adaptáveis a diferentes características do falante do que era a espectrografia do anos 1950 e 1960. O espectrógrafo foi uma ferramenta poderosa no seu tempo, mas os sistemas computacionais modernos para a análise da fala vão muito além do espectrógrafo em velocidade, flexibilidade e facilidade de uso.

Para muitas aplicações, incluindo a avaliação dos sistemas de reconhecimento da fala, é útil ter uma base de dados de amostras da fala. Várias dessas bases de dados têm sido criadas e entre as mais frequentemente usadas estão a base de dados TIMIT (Garofolo et al., 1993), a base de dados WSJ (Paul & Baker, 1992) e a BREF (Gauvain et al., 1990). A TIMIT consiste de um conjunto de sentenças construídas, lidas por uma variedade de falantes do inglês americano. A WSJ consiste de extratos lidos do *Wall Street Journal*. A BREF contém extratos do jornal francês *Le Monde*.

Capítulo 7

PROPRIEDADES SUPRASSEGMENTAIS DA FALA

A maior parte do que já foi dito até aqui simplifica bastante o problema da análise acústica em várias aplicações. A simplificação surge principalmente pelo fato de que fontes importantes de variabilidade, bem como fontes de informação, são negligenciadas. Algumas das fontes de variabilidade já foram mencionadas, mas a tarefa deste capítulo é considerá-las mais detalhadamente e relacioná-las às fontes adicionais de informação da fala. Especificamente, este capítulo considerará o contexto fonético e as características suprassegmentais. O contexto fonético refere-se ao ambiente fonético em que um som ocorre, incluindo sons vizinhos e características prosódicas do enunciado. Raramente um som da fala ocorre isolado de outros sons. Mais geralmente, um dado som alvo é produzido em uma sequência de sons e esses sons vizinhos influenciam a produção do som alvo. Suprassegmentais são as características prosódicas e várias outras modificações cujos efeitos transcendem as fronteiras dos elementos fonéticos individuais. Os suprassegmentais são sobrepostos nas sequências fonéticas, dando a essas sequências uma coerência e unidade que obscurecem a discretude aparente de seus constituintes fonéticos. Embora seja um tanto quanto simplificado, pode-se dizer que a fala é uma série de elementos fonéticos (os segmentos) produzidos em um fundo composto por entonação, acento, ritmo, altura e taxa (os suprassegmentais). Extrair os elementos fonéticos individuais desse fundo é altamente desafiador. É por isso que é difícil instruir máquinas para realizar reconhecimento de fala.

COARTICULAÇÃO

As descrições dos sons da fala nos capítulos precedentes têm em grande parte ignorado os efeitos do contexto, ou seja, a produção de sons em combinações para formar sílabas, palavras e sintagmas. Na realidade, é bastante artificial descrever um som em termos de sua produção isolada, discreta. A fala usualmente envolve sequências de sons enunciados em uma sucessão rápida. Nessas sequências, os sons individuais podem perder um pouco de sua distintividade e até mesmo pegar algumas propriedades dos sons adjacentes. Frequentemente, as fronteiras entre sons são confusas. Como exemplo, consideremos a palavra "*am*" [æ m]. Na produção típica desta palavra, a vogal [æ] é nasalizada, ou seja, produzida com algum grau de ressonância nasal devido ao fato de a abertura velofaríngea para a nasal [m] ser antecipada durante a vogal. Assim, um traço articulatório (acústico) da consoante é produzido *antecipadamente* durante a vogal anterior. Tomemos um outro exemplo: a maioria dos falantes produz a palavra "*stew*" [stu] com arredondamento dos lábios que começa durante o [s]. O arredondamento dos lábios é, na verdade, requerido para a vogal arredondada [u], mas começa bem antes de a própria vogal ser articulada. Nenhum arredondamento dos lábios é observado para o [s] em uma palavra como "*stay*", que não envolve uma vogal arredondada.

Desses exemplos, podemos ver que os segmentos da fala se interagem, de modo que alguns de seus traços são misturados entre si. O termo coarticulação (ou coprodução) refere-se a eventos da fala em que o trato vocal mostra em qualquer instante ajustes que são apropriados para dois ou mais sons. A direção de um efeito coarticulatório pode ser descrita como antecipatória (para frente) ou perseveratória (para trás). Na articulação antecipatória, um traço articulatório para um segmento fonético é aparente durante a produção de um segmento anterior. Consideremos os exemplos do parágrafo anterior. Para a palavra "*am*", o traço de nasalização (porta velofaríngea aberta) ocorre durante a vogal que precede a consoante nasal. Assim, essa palavra mostra evidência da coarticulação antecipatória da nasalização. No segundo exemplo, a coarticulação antecipatória do arredondamento dos lábios é evidente para o [s] na palavra "*stew*". Na articulação perseveratória, um traço articulatório para um segmento fonético é transferido para um segmento posterior. Por exemplo, na palavra "*no*" ([noU]), a nasalização da consoante nasal [n] é transferida para o elemento vocálico. Algum grau de coarticulação perseveratória é inevitável, pois os articuladores não são capazes de velocidade infinita. Leva tempo para fazer os ajustes articulatórios, e a coarticulação perseveratória reflete a inércia física dos articuladores.

A coarticulação é revisada em profundidade por Sharf e Ohde (1981) e Fametani (1997), que consideraram aspectos fisiológicos, acústicos e perceptuais deste fenômeno da fala. Eles também revisaram modelos de produção da fala que tentam lidar com os padrões coarticulatórios da fala. Uma revisão mais recente dos modelos de produção da fala também está disponível em Kent, Adams e Turner (1996). Para o propósito deste texto, a coarticulação é principalmente de interesse na compreensão das modificações de um dado som pelo contexto em que aparece. As discussões das produções de vogais e de ditongos no Capítulo 4 e da produção consonantal no Capítulo 5 devem ser temperadas com o conhecimento de que sons em contexto frequentemente são mutuamente influenciados. Alguns investigadores da coarticulação descreveram o processo como de "espraiamento de traços", de modo que um traço de um som é antecipado durante um som precedente na sequência ou retido por um som posterior. Seja essa caracterização correta ou não, ela contém a ideia dos efeitos coarticulatórios que podem ser observados no sinal acústico.

Lembremos que na palavra [ae m], a vogal [æ] é nasalizada por causa da influência da consoante nasal seguinte [m]. A nasalização está presente como uma modificação da vogal [æ] produzida sem nasalização. Especificamente, antiformantes podem estar presentes, junto com a aparência de um formante nasal de baixa frequência e um aumento das larguras de banda dos formantes. Esses traços acústicos de nasalização são, na realidade, "espraiados" para influenciar a produção do segmento vocálico.

A Figura 7.1 mostra vários exemplos de coarticulação. Nota-se que, em cada caso ilustrado, há *espraiamento*, *sobreposição* ou *fusão* de traços articulatórios entre sons de fala vizinhos. Todas essas três palavras — espraiamento, sobreposição e fusão — são usadas aqui, pois elas têm, de alguma forma, diferentes conotações e porque todas três têm sido usadas para descrever coarticulação. Espraiamento sugere uma expansão ou esticamento; sobreposição descreve sons produzidos ao mesmo tempo; e fusão denota uma mistura ou união íntima. Espraiamento pode ser preferido sobre os outros termos se a coarticulação puder ser relacionada a um processo em que um traço é esticado, como borracha, para exceder suas fronteiras típicas. Por exemplo, se o arredondamento dos lábios para uma vogal arredondada é antecipado durante segmentos anteriores, pode-se dizer que o traço arredondamento é expandido ou esticado. Sobreposição é um bom termo para se referir a modificações em que um traço ou propriedade específica é mudado no tempo relativo a outros traços. Essa mudança temporal não reforma muito um segmento de som, à medida que ela permite que o som seja penetrado por um traço específico. Por exemplo, algumas abordagens da nasalização propõem que um traço de nasalidade esteja sobreposto de um fone nasal para seu fone anterior ou seguinte. Fusão é o termo preferido se um segmento de som é reformatado para acomodar seus vizinhos fonéticos. Ou seja, o segmento passa uma significante revisão que leva em consideração sua natureza global comparada à natureza dos sons que o circundam. A fusão pode ser mais drástica do que o espraiamento ou a sobreposição. Esses conceitos recorrem na discussão seguinte.

O parágrafo anterior discutiu conceitos que são de natureza amplamente temporal. Esses conceitos são relevantes para determinar o domínio temporal da coarticulação. Entretanto, a coarticulação também pode ser considerada do ponto de vista da extensão de valores espaciais assumidos por um articulador individual. Keating (1990) descreveu um modelo de janela para a coarticulação baseado na ideia de que, para uma dimensão física específica (ex.: posição mandibular, abertura velofaríngea), cada valor do traço de um segmento é associado com uma extensão de possíveis valores espaciais. Essa extensão de valores é chamada de uma janela e constitui "an undifferentiated range representing the contextual variability of a feature value" (Keating, 1990, p. 455) ("uma extensão indiferenciada representando a

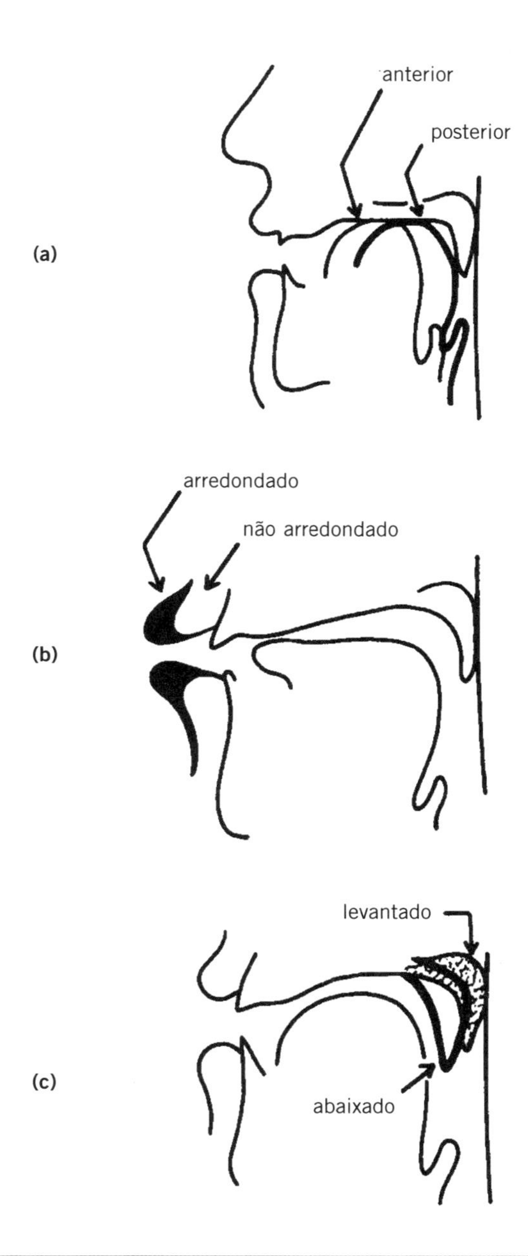

FIGURA 7.1 Exemplos de coarticulação: (a) variação no ponto de articulação da consoante velar, dependendo do contexto vocálico, (b) variação no arredondamento dos lábios para /s/, dependendo da vogal seguinte e (c) variação na articulação velofaríngea durante a vogal, dependendo da consoante seguinte.

variabilidade contextual de um valor de traço"). Essa proposta ajuda a lidar com variações espaciais na produção de um dado som em diferentes contextos fonéticos.

De certa forma, a coarticulação pode ser descrita de uma forma abstrata que não envolve tempo físico. Por exemplo, se sons individuais podem ser definidos por um encontro de traços coocorrentes, então a reespecificação de traços produz um padrão abstrato de coarticulação. No final, entretanto, a coarticulação é realizada no tempo, e é esta complexidade temporal do processo que confronta o cientista de laboratório. A maioria da discussão aqui pertence ao tempo físico, e bem menos a um tempo fonológico abstrato. Alguns traços são especificamente improváveis de ter uma grande extensão temporal. Entre esses traços estão arredondamento dos lábios e nasalização, que são às vezes descritos como relativamente vagarosos. Outros traços tendem a afetar apenas os segmentos imediatamente adjacentes. A afirmação anterior pode ser uma simplificação, pois efeitos coarticulatórios podem se estender sobre intervalos mais longos do que têm sido às vezes suposto. Magan (1997) observou efeitos coarticulatórios entre vogais em sílabas não adjacentes, um achado que não é previsto por alguns modelos contemporâneos da articulação da fala.

Quando sons são produzidos em contexto, um número de ajustes temporais usualmente ocorre. Geralmente, um som produzido em contexto é menor do que o "mesmo" som produzido isoladamente. Além disso, a duração de um segmento tende a se tornar mais curta à medida que mais elementos são adicionados à cadeia sonora. Por exemplo, quando elementos são adicionados a uma dada consoante para produzir encontros consonantais de dois ou três elementos (como /p/, /sp/ e /spr/), a duração da consoante diminui (Haggard, 1973; Schwartz, 1970; Umeda, 1977). Um efeito semelhante ocorre para as sílabas. A duração de uma base monossilábica, como "*stick*", torna-se progressivamente mais curta em sequências com sufixos de sílabas como "*stick*", *vsticky*", "*stickiness*" (Lehiste, 1972). Esses efeitos duracionais ocorrem mesmo quando o falante tenta produzir fala em uma taxa constante. Esse é um ajuste essencialmente automático e quase obrigatório que o falante competente faz. Se uma palavra como "*stickiness*" é produzida sem essa compressão temporal, ela pode soar afetada e não natural.

Como uma nota final para esta seção sobre coarticulação e efeitos contextuais, tem-se sugerido que pistas acústicas para identidade fonética são fracas e dispersas, em vez de serem fortemente atadas a segmentos discretos (Nearey, 1992; Van Son & Pols, 1999). Por esse questionamento, não se espera que pistas acústicas para percepção da fala sejam sempre fortemente associadas com a noção tradicional de um segmento fonêmico. De acordo com van Son e Pols (1999), "human listeners extract an important fraction of the information needed to identify phonemes from outside the conventional segment boundaries" (p. 1) ("os ouvintes humanos extraem uma importante fração da informação necessária para identificar fonemas de fora das fronteiras segmentais convencionais"). Os autores atribuíram a essa informação o seguinte nome: "fala perissegmental".

SUPRASSEGMENTAIS

Uma consequência principal da coarticulação é que as características acústicas e articulatórias dos elementos fonéticos são afetadas pelos elementos circundantes. Portanto, concessões devem sempre ser feitas para efeitos contextuais. As descrições acústicas oferecidas neste capítulo não dão conta de todas as variações coarticulatórias na fala, que são numerosas demais para resumir brevemente. As propriedades acústicas para qualquer elemento dado dependerá de um número de fatores, incluindo os associados com contexto fonético, falante, estilo de fala (ex.: casual *versus* formal), taxa de elocução, dialeto e situação. Um falante pode ajustar os padrões de fala de diversas formas e para vários propósitos. Poucas investigações sistemáticas têm sido conduzidas para mostrar a natureza dessas variações. Alguns comentários muito breves serão dados aqui sobre alguns fatores selecionados e seus efeitos acústicos. Os comentários são arranjados sob os nomes de fala clara, prosódia (entonação) e taxa de elocução. Essas são propriedades suprassegmentais da fala no sentido de que elas tipicamente têm efeitos que são expressos além de fronteiras segmentais. Frequentemente, os traços suprassegmentais são descritos em termos de unidades maiores do que os segmentos, por exemplo, sílabas, sintagmas ou grupos de respiração. Não queremos dizer, no entanto, que propriedades suprassegmentais não tenham efeitos segmentais.

Fala Clara

Um fator é a diferença entre *fala clara* (fala produzida de maneira que seja altamente inteligível) e *fala conversacional* (em que a clareza pode ser comprometida). A Figura 7.2 mostra uma comparação espectrográfica da fala clara e da fala conversacional. Comparada à fala conversacional, a fala clara é (1) mais lenta (por conter pausas mais longas entre palavras e alongamento de alguns sons da fala), (2) mais apta para evitar formas modificadas ou reduzidas de segmentos consonantais e vocálicos e (3) caracterizada por uma maior intensidade RMS de sons obstruentes, especificamente as consoantes oclusivas (Picheny, Durlach & Braida, 1985, 1986, 1989). Quando falantes fazem um esforço para ser facilmente entendidos, eles modificam sua articulação para tornar a fala mais lenta e mais distintiva acusticamente. Na fala conversacional, as vogais são frequentemente modificadas ou reduzidas, perdendo assim algumas de suas distintividades acústicas. Semelhantemente, as oclusivas que ocorrem em posição final de palavra na conversação com frequência não são soltas, de modo que a pista de explosão não está disponível para os ouvintes. Entretanto, na fala clara, as vogais provavelmente não são modificadas ou reduzidas, e as consoantes oclusivas (e consoantes em geral) tendem a ser soltas.

Surge uma questão: as diferenças acústicas entre fala clara e conversacional têm implicações para a compreensão das inteligibilidades entre falantes individuais? Pesquisas recentes indicam uma resposta afirmativa. Bond e Moore (1994) estudaram as diferenças acústico-fonéticas entre um falante com uma inteligibilidade relativamente alta e dois falantes com inteligibilidade relativamente baixa. O falante com alta inteligibilidade tinha muitas propriedades acústicas que foram previamente descritas na fala "clara". Bradlow, Torretta e Pisoni (1996) estudaram tanto diferenças globais quanto finas entre falantes, à medida que essas diferenças se correlacionaram com diferenças entre falantes em inteligibilidade. Eles concluíram que caracte-

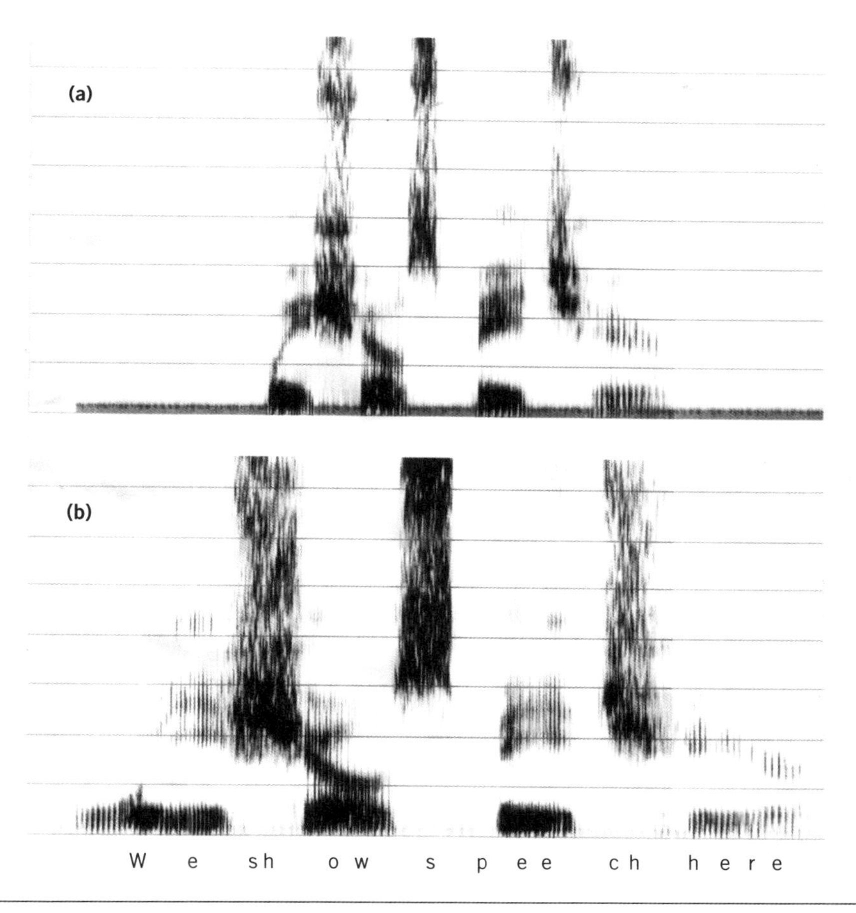

FIGURA 7.2 Comparação espectrográfica da fala conversacional (a) com a fala clara (b). Ambos os espectrogramas são para a sentença "*We show speech here*".

rísticas globais não se correlacionavam fortemente com inteligibilidade, mas características finas sim. O perfil de um falante altamente inteligível foi o que produzia sentenças com uma extensão relativamente grande de f_0, um espaço vocálico relativamente expandido que inclui uma variação de F1 substancial, uma articulação precisa de vogais extremas (*point*) e uma alta precisão de organização temporal intersegmental. Parece, então, que há uma ligação importante entre duas abordagens gerais para o estudo das diferenças de inteligibilidade. Essas diferenças acústicas que dão conta de diferenças de inteligibilidade entre fala clara e conversacional são amplamente congruentes com as diferenças entre falantes que têm diferenças inerentes de inteligibilidade.

Lindblom (1990) propôs que falantes variam sua saída de fala ao longo de um contínuo de *hipofala* para *hiperfala* (a hipótese H & H). Essa hipótese é baseada na ideia de que falantes se adaptam a várias circunstâncias de comunicação, acertando suas produções de fala para fatores comunicativos e situacionais. Lindblom cita evidência de que a "fala clara" (*hiperfala* na hipótese H & H) não é simplesmente fala alta; ela envolve uma reorganização articulatória (MOON & LINDBLOM, 1989). Adams (1990), entretanto, concluiu a partir de um estudo de microfeixes de raios X dos movimentos da fala que mudanças na clareza da fala não refletiam uma reorganização do controle motor da fala. As mudanças que Adams de fato observou, como aumentos no deslocamento máximo e velocidade de pico dos movimentos articulatórios, ocorreram para manter um quociente fixo de velocidade/deslocamento.

Prosódia

Imagine de quantas maneiras um falante pode produzir a simples sentença "*I'll give it to you.*". Ela poderia ser uma declarativa (uma afirmação factual), uma pergunta ("*I'll give it to you?*") ou uma forma checada em que o falante requer mais informação, como em "*I'll give it to you* — PAUSA (*on Monday? Tuesday?*)". Ela pode cobrir uma grande gama de emoções, de uma oferta graciosa para uma concordância regarantida a um rancor, ou mesmo uma concessão amarga, por exemplo. A sentença pode ser produzida com diferentes padrões acentuais, através da colocação de ênfase em palavras com letras maiúsculas nas seguintes versões: "*I'LL give it to you.*", "*I'll GIVE it to you.*", "*I'll give it to YOU.*". Ela também pode ser produzida com diferentes pausas internas, como uma pausa depois de "*it*" ou uma pausa depois de "*to*". Todas essas modificações caem na categoria de *pro-*

sódia. Para os propósitos deste livro, prosódia será definida como os traços suprassegmentais da fala que são compostos pelos parâmetros de frequência fundamental (percebida basicamente como tom vocal), intensidade (percebida basicamente como altura) e duração (percebida basicamente como comprimento). O termo suprassegmental indica que os fenômenos de interesse não estão confinados a segmentos fonéticos. Na verdade, eles são frequentemente observados sobre intervalos muito mais amplos — sílabas, palavras, sintagmas, sentenças e até mesmo discursos.

O termo prosódia não é facilmente definido de forma que concorde com tudo o que tem sido escrito sobre ele. Definições discordam em alguns aspectos, de modo que o leitor deve ser cauteloso na aplicação de uma definição a diferentes escritas sobre o tema. Um desacordo principal é com o par de termos, prosódia e *entonação*. Alguns escritores os tomam como sinônimos, enquanto outros marcam uma importante distinção entre eles. Nós seguimos o ponto de vista de Johns-Lewis (1986) ao considerar a entonação como uma parte da prosódia. A entonação é similar à prosódia, pois seus parâmetros são frequência vocal, intensidade e duração, mas a entonação se refere a uma faixa mais estreita de fenômenos, geralmente aos padrões de subidas e descidas de tom e aos padrões de acento em uma dada língua. A prosódia inclui esses efeitos, mas também incorpora *tempo* (pausa e alongamento), esforço vocal, altura e outros fenômenos. Alguns escritores incluem taxa de elocução como uma parte do tempo e, portanto, como uma parte da prosódia. Por serem esses termos definidos diferentemente por diferentes autores, deve-se tomar cuidado na comparação de diferentes fontes de informação.

O propósito aqui não é fornecer uma definição rigorosa e compreensiva de prosódia e seus conceitos relacionados. Essa é uma questão de intenso debate sobre teoria linguística e vai além do modesto escopo deste capítulo. Em vez disso, o propósito é simplesmente resumir os correlatos acústicos de fenômenos prosódicos básicos: frequência fundamental, intensidade e duração de voz. A medição de todos os três parâmetros foi discutida no Capítulo 3. As formas em que esses parâmetros são regulados determinarão como a sentença, "*I'll give it to you*", toma forma acústica e é percebida. Esses parâmetros se autoinfluenciam de forma complicada; nós esboçaremos uns poucos efeitos prosódicos básicos sem tentar descrever detalhadamente suas interações.

Pode ser útil imaginar a prosódia em âmbitos gerais e então prosseguir para uma discussão de alguns de seus traços detalhados. A prosódia tem sido descrita com relação a três tipos gerais de fenômenos da linguagem: acento frasal, pistas de fronteira e metro (Gerken & McGregor, 1998). Essas classes de prosódia são usadas aqui para introduzir as questões gerais da descrição e análise prosódicas.

Acento frasal é o fenômeno de proeminência lexical em um sintagma, ou seja, uma palavra em um grupo de palavras é considerada como mais proeminente, mais saliente ou mais acentuada. Se considerarmos qualquer agrupamento de palavras, um falante usualmente colocará mais proeminência em uma palavra comparada a outras. Poderíamos tentar um simples experimento em que se pede a falantes que leiam um sintagma curto ou uma sentença impressa em um cartão (ex.: o sintagma "*I put the fork and spoon on the plate.*"). Ouça as várias produções. Podemos contar a qual palavra (ou palavras) foi dada proeminência por um falante específico? Com relação ao acento lexical, muitos autores distinguem acento de *ênfase*. Acento é considerado como um traço abstrato lexical, enquanto a ênfase é um traço fonético com correlatos na produção, acústica e percepção.

Pistas de fronteira são pausas, mudanças de duração ou ajustes de tom, os quais marcam finais de unidades linguísticas. Falantes podem usar pistas de fronteira para marcar grandes estruturas linguísticas e dar forma a uma conversação ou uma amostra de leitura. Um importante exemplo é o *alongamento em final de frases*, em que uma palavra ou sílaba que precede o fim de uma unidade sintática maior é alongada. O alongamento é comum para a última palavra de uma sentença, mas também ocorre para a última palavra de um sintagma dentro de uma sentença maior. Por exemplo, as barras transversais na seguinte sentença indicam quebras sintáticas maiores (uma barra para uma fronteira sintagmática e duas para uma fronteira frasal) e as palavras em negrito serão tipicamente alongadas: *I saw the* ***sign****/ that was on the* ***wall****//*. Várias outras pistas de fronteira serão discutidas mais tarde neste capítulo.

Metro (ou *ritmo*) é o padrão de ílabas acentuadas e átonas para palavras e frases. Assume-se que, no inglês americano, as sílabas usualmente têm uma alternância forte-fraco (SW, na sigla em inglês), e essa alternância dá um ritmo específico à linguagem. O padrão SW é uma tendência geral e não deve ser esperado de ocorrer sem violação. Ele é ligado a uma unidade acentual chamada *pé*, que é um par silábico SW.

Esses fenômenos são inter-relacionados, mas podemos dizer que metro define o fluxo rítmico de um enunciado, colocando suas sílabas juntas em uma sequência alternante forte-fraco. Essa sequência é interrompida ou modulada pelas pistas de fronteira (efeitos de quina) nos finais das unidades linguísticas, especialmente sintagmas ou sentenças. Em um dado sintagma, o falante pode escolher uma palavra para receber proeminência especial e, portanto, atribui um padrão acentual frasal. Imagine os diferentes padrões de acento frasal que podem ser dados à seguinte sequência.

CV	CVC	CV	CV	CVC	CV	CV	CVC
my	dog	saw	the	cat	at	the	door

SÍLABAS

Antes de prosseguir para uma discussão mais detalhada de prosódia, devemos tomar um momento para discutir a sílaba, pois esta unidade é bastante proeminente em muitas abordagens teóricas e analíticas da prosódia. Na discussão anterior, e na maior parte da que veremos a seguir, a sílaba é tida como uma unidade relevante para a compreensão da prosódia. O que exatamente é uma sílaba? Handel (1989) oferece duas definições. Em primeiro lugar, uma sílaba pode ser definida fisicamente como um pico de sonoridade ou de altura circundado por segmentos com valores de sonoridade progressivamente diminuídos (Selkirk, 1984). Com esta definição, deveria ser possível determinar sílabas bem facilmente de uma análise da energia sonora (como o envelope de amplitude RMS); entretanto, o procedimento não é sempre direto. Em segundo lugar, uma sílaba pode ser definida fonologicamente como uma combinação de fonemas com um centro vocálico ligado por uma consoante permitida ou uma combinação de consoantes (O'Connor & Trim, 1953). Obviamente, às vezes não há consoantes. Outro problema é que algumas consoantes parecem ambissilábicas, ou seja, pertencem a sílabas em ambos os lados da consoante.

Em outra abordagem para definição da sílaba, Hayes (1984), ao escrever sobre métrica e teoria fonológica, afirma que "syllables correspond one-to--one with terminal nodes of the metrical pattern" ("as sílabas correspondem uma a uma com nós terminais do padrão métrico"). Esta ideia é ilustrada na Figura 7.3. Com essa definição, sílabas constituem um conceito métrico e são, portanto, fundamentais para a descrição prosódica da linguagem.

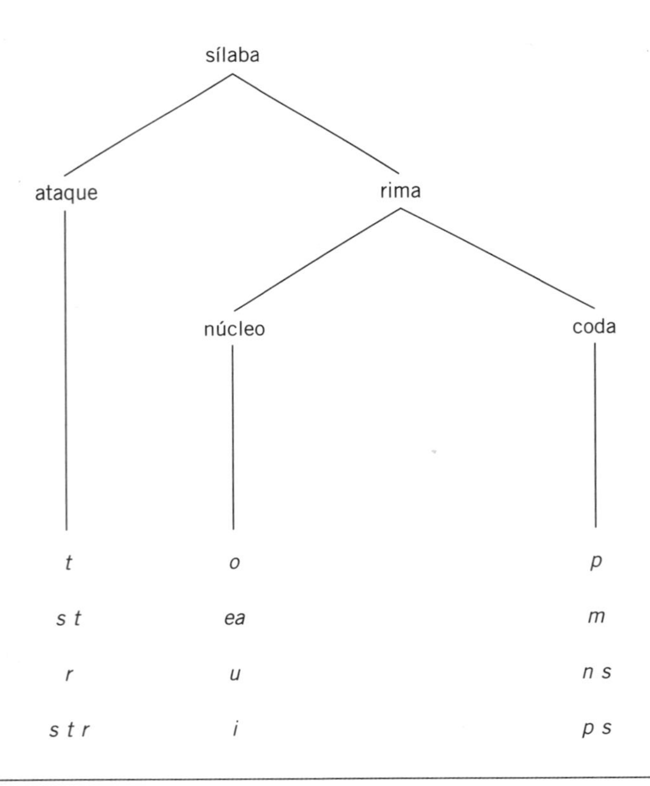

FIGURA 7.3 Um modelo de estrutura silábica. A sílaba se divide em ataque e rima, com a última se dividindo em núcleo e coda. Vários exemplos de sílabas individuais são mostrados ortograficamente no fundo da figura. Tanto o ataque quanto a coda podem ser nulos, como nas palavras "*on*" e "*no*".

ACENTO FRASAL

Um modo de estudar prosódia é considerar sua forma em vários níveis de estrutura linguística ou comunicativa. No nível do discurso, por exemplo, *nova*, em oposição a *dada*, *informação* é realçada prosodicamente. Behne (1989) mostrou que em um minidiscurso como:

"*Someone painted the fence.*",
"*Who painted the fence?*",
"*Pete painted the fence.*",

a nova informação ("*Pete*" no exemplo acima) é realizada mais longa e com frequência fundamental mais alta. Ela também mostrou que as mesmas pistas são dispostas de maneira um pouco diferente em francês. As pistas prosódicas variam entre línguas, assim como as pistas segmentais. O ponto principal para os presentes propósitos é o fato de que falantes e ouvintes sabem os meios pelos quais informações novas podem ser distinguidas da informação dada (prévia).

Outro efeito do discurso na prosódia é o *acento contrastivo*, que pode ocorrer em quase qualquer palavra, sintagma ou sentença que o falante considera contradizer ou contrastar com uma que foi previamente dita ou implicada no discurso. Por exemplo, diz-se "*I'll GIVE it to you.*" quando se acredita que algum outro verbo (como "*sell*") foi incorretamente assumido pelo ouvinte.

Ainda outro aspecto do acento frasal pertence aos contrastes de acento lexical. O inglês tem muitos pares substantivo/verbo como *'import versus im'port*, em que o padrão acentual é o principal contraste falado. Outro efeito lexical é o padrão em compostos *versus* em sintagmas. Por exemplo, o nome composto *'blackboard* (quadro-negro) contrasta com o sintagma nominal *black 'board* (quadro que é negro). O acento em inglês, seja contrastivo ou lexical, não é meramente uma questão de intensidade, mas envolve todos os três parâmetros acústicos — duração, intensidade e frequência fundamental — dos quais a duração pode ser o mais saliente e confiável (Adams & Munro, 1978; Fry, 1955; Sluijter & Van Heuven, 1996). Embora a intensidade pareça ser menos importante do que a frequência fundamental ou a duração na maioria dos estudos publicados, o esforço vocal pode ser uma pista que os ouvintes usam para identificar sílabas acentuadas. Uma pista acústica para o esforço vocal é o balanço espectral ou a quantidade relativa de energia em frequências altas (acima de 0,5 kHz) *versus* frequências baixas (SLUIJTER & VAN HEUVEN, 1996). Entretanto, o papel da inclinação espectral no acento está longe de ser claro. Embora Sluijter e Van Heuven (1996) tenham concluído que a inclinação é um traço acústico importante nos contrastes de acento lexical, Van Kuijk e Boves (1999) acharam que a inclinação foi menos efetiva do que a duração ou a energia nesses contrastes. Van Kuijk e Boves determinaram que o melhor traço foi um que integrava energia ao longo da duração de uma vogal.

O acento também afeta propriedades segmentais como articulação vocálica e consonantal (KENT & NETSELL, 1971; JONG, 1991). Os segmentos nas sílabas acentuadas tendem a ter movimentos articulatórios mais amplos do que em sílabas átonas. De certo modo, os movimentos nas sílabas acentuadas são mais contrastivos, e essa contrastividade é também percebida nos padrões acústicos da fala. Assim, uma vogal em uma sílaba acentuada usualmente tem um padrão formântico distintivo, ou seja, um padrão que se parece com o padrão alvo presumido para a vogal como poderia ser definido em uma produção isolada. A distintividade acústica usualmente decresce em sílabas átonas.

Algumas abordagens linguísticas distinguem tipos de efeitos acentuais como acento e proeminência (LEHISTE, 1970); entretanto, uma teoria unificadora (BECKMAN, 1986; BECKMAN & EDWARDS, 1991) propôs uma representação em quatro níveis:

Nível 1: sílabas com núcleos reduzidos, como a segunda sílaba de "*vita*";

Nível 2: sílabas semelhantes às acima, exceto por possuírem vogais plenas (ex.: "*veto*");

Nível 3: sílabas a que se pode dar seletivamente mais acento atribuindo-se a elas um acento tonal;

Nível 4: sílabas que podem receber uma marcação chamada *acento nuclear* (ou *acento sintagmático*), em que o último item acentuado em um agrupamento fonológico assume o acento mais proeminente.

Essa proposta ilustra a complexidade do acento, que pode envolver vários fenômenos diferentes, interativos. Consideremos um falante que quer colocar um acento tonal na palavra "*tuba*". O acento não pode ser colocado na segunda sílaba, que é um núcleo reduzido. Em vez disso, o acento deve ser colocado na sílaba acentuada. Dessa forma, os vários níveis da representação acentual podem interagir sem destruir os padrões fonológicos essenciais.

PISTAS DE FRONTEIRA PROSÓDICA

A prosódia exerce papéis essenciais também na sintaxe. No nível sintático, encontramos fenômenos de juntura e pausa marcando unidades com múltiplas palavas. Um dos mais importantes e mais conhecidos desses fenômenos em inglês é o do alongamento em final de frase, em que a a última sílaba acentuável em um sintagma ou uma frase sintática maior é alongada. Por exemplo, se contrastarmos as duas sentenças,

1. "*Grapes, melons, and apples are my favorite fruits.*",
2. "*Apples, grapes, and melons are my favorite fruits.*",

a primeira sílaba de "*apples*" será mais longa em (1) do que em (2), pois a primeira está no fim do sintagma nominal sujeito. (Embora a palavra "*apples*" contenha duas sílabas, apenas a primeira pode ser acentuada.) Em um grau até mesmo maior, "*fruits*" será mais longa em ambas as sentenças do que seria se estivesse no meio de uma sentença. Klatt (1976) apresenta uma pesquisa clássica sobre isso e outros fenômenos relacionados que determinam durações de elementos de fala. Read e Schreiber (1982) mostraram que os ouvintes usam alongamento em final de frase para reconhecer a estrutura (ou seja, fazer análise sintática) de sentenças faladas. Eles argumentaram que crianças confiam mais nesta pista prosódica do que adultos e, na verdade, que a prosódia fornece ao aprendiz de língua um ponto de partida acessível para aprender as complexas estruturas sintáticas da linguagem.

Também na sintaxe, o contorno de frequência fundamental tipicamente declina entre sentenças ou unidades comparáveis. A origem, natureza e medição dessa inclinação da frequência fundamental são os temas de discussão (COHEN, COLLIER & T'HART, 1982). Uma visão é que a declinação é linear — a frequência fundamental cai gradual e linearmente ao longo de uma sentença (MAEDA, 1976; SORENSEN & COOPER, 1980; THORSEN, 1985). Esse padrão frequentemente é descrito como uma propriedade universal da linguagem falada. Outros escritores questionam a hipótese de declinação linear, especialmente para a fala espontânea (LIEBERMAN et al., 1985). Lieberman (1967) propôs uma *teoria de entonação de grupo respiratório*, em que a variação é permitida na parte não terminal do contorno de frequência fundamental. Ou seja, se uma sentença declarativa é dividida em partes não terminais e terminais, a primeira pode tomar várias formas, enquanto a última mostra tipicamente uma queda rápida na frequência fundamental. Suporte para esta proposta vem de estudos que mostram que uma pista acústica importante é a queda na frequência fundamental e na intensidade no fim de um grupo respiratório (LANDAHL, 1980; LIEBERMAN & TSENG, 1981; LIEBERMAN et al., 1985). Suporte adicional para esta visão mais flexível da entonação foi relatado por Umeda (1982), que descreveu a declinação como dependente do contexto: o padrão de frequência fundamental torna-se mais complexo à medida que a complexidade da informação contextual aumenta.

A queda de f_0 aparece como uma inclinação descendente do contorno da frequência fundamental. Tem sido observado que as diferenças entre as frequências de início e saída são quase constantes, independentemente da duração do enunciado. Portanto, a taxa (r) de declinação torna-se maior com o comprimento do enunciado decrescente. Maeda (1976) computou r como segue:

$$r = \wedge f/t,$$

onde $\wedge f$ é a declinação de f_0 média para um falante individual (cerca de 20-30 Hz para homens).

A *regra da linha do topo* assume uma inclinação negativa de picos de f_0 sobre o tempo e é usada primariamente para predizer um ou mais valores de f_0 intermediários aos valores iniciais e finais. Um efeito chamado de reinício de f_0 ocorre em um pico de f_0 observado que é maior do que o pico que o precede. Para que o reinício ocorra:

— a declinação de f_0 deve estar presente antes e depois do reinício;
— o reinício deve estar entre sentenças ou entre fronteiras de orações em um enunciado multiorações.

O efeito P_1 é uma propriedade de f_0 que lida com a extensão geral de uma sentença quando se programa o primeiro pico de f_0; ou seja, sentenças mais longas têm maiores valores de P_1, de modo que a inclinação descendente permanece bastante constante em sentenças com uma única oração. O maior valor de P_1 para sentenças mais longas permite ao falante uma extensão adequada de valores de f_0.

A queda de f_0 em final de sentença ou alongamento em final de sentença refere-se à maior queda de f_0 em uma dada palavra ocorrente em posição final na sentença. Isso marca o fim de um enunciado — quedas menores precedendo-o assinalam que o falante pretende continuar o enunciado.

Pistas de fronteira são também chamadas *efeitos de quina*, que são assimetrias na forma fonética que ocorrem entre posições internas e nos cantos de domínios prosódicos, ou seja, um segmento assume diferentes características em posição interna *versus* de quina. Em geral, pistas acústicas para segmentos são aumentadas nos cantos desses domínios. Os aumentos tomam a forma de alongamento de segmentos ou pausas (BECKMAN & EDWARDS, 1991; PIJPER & SANDERMAN, 1994; KLATT, 1975b, 1976; OILER, 1973; WIGHTMAN et al., 1992), fortalecimento (FOURGERON & KEATING, 1997), alternância do grau de sobreposição de segmentos adjacentes (BYRD, 1996; BYRD & SALTZMAN, 1998) e a probabilidade de glotalização das vogais em início de palavra (DILLEY, SHATTUCK-HUFNAGEL & OSTENDORF, 1996). Esses efeitos podem ser relacionados à pontuação oral, pois ajudam o ouvinte a determinar as fronteiras sintagmáticas e frasais que são frequentemente representadas por vírgulas, ponto e vírgula e outras marcas de pontuação no texto escrito. A saliência perceptual dessas pistas foi estudada por Pijper e Sanderman (1994), que se referiram ao seus efeitos coletivos como *força de fronteira perceptual.* Seus experimentos mostraram que ouvintes não treinados podiam julgar confiavelmente fronteiras prosódicas mesmo quando conteúdos lexicais dos enunciados se tornaram irreconhecíveis. Parece que as fronteiras prosódicas são bastante salientes e podem ser muito úteis na compreensão do discurso falado.

MÉTRICA (RITMO)

É frequentemente assumido que a fala tem uma qualidade rítmica. Como notado antes neste capítulo, o ritmo é um componente da prosódia da linguagem. O ritmo é essencialmente notado na recitação de versos poéticos, mas mesmo a fala conversacional comum parece ter um ritmo, e, em um certo grau, línguas diferentes possuem ritmos diferentes. Definido de maneira simples, o ritmo é a distribuição de vários níveis de acento entre uma série de sílabas (Kent, Adams & Turner, 1996). Essa definição de ritmo na fala está de acordo com uma definição mais geral de comportamento rítmico em que "experience of rhythm involves movement, regularity, grouping, and yet accentuation and differentiation" (Handel, 1989, p. 384) ("a experiência do ritmo envolve movimento, regularidade, agrupamento e, ainda, acentuação e diferenciação"). No cerne da questão do ritmo na fala está uma sequência de unidades (presumivelmente sílabas) que se juntam em um padrão acentual global que pode ser analisado como níveis de acento atribuídos a unidades individuais.

O ritmo da fala pode ser definido de duas formas gerais que carregam implicações bastante diferentes para o estudo empírico (Guaitella, 1999). Primeiramente, o ritmo pode ser definido metricamente, por exemplo, como "an assimilation tendency involving the regulation of intervals" (Guaitella, 1999, p. 509) ("tendência de assimilação envolvendo a regulação dos intervalos"). O conceito de isocronia (intervalos igualmente espaçados) é um exemplo dessa abordagem métrica. Em segundo lugar, o ritmo pode ser definido para enfatizar uma tendência dissimilante sobre os eventos da fala. Guaitella explica a diferença na abordagem da seguinte forma: "metric analysis is based on the premise that a temporal continuum can be analyzed by quantification, while rhythmic analysis approaches temporal organization through the mechanisms of perception" (p. 509) ("a análise métrica é baseada na premissa de que um contínuo temporal pode ser analisado por quantificação, enquanto a análise rítmica aborda a organização temporal através de mecanismos da percepção"). Uma certa tensão existe entre as abordagens métricas e as rítmicas, pois elas não são facilmente sintetizadas em uma análise comum do ritmo. Em uma análise de oito línguas, Ramus, Nespor e Mehler (1999) concluíram que tipos de ritmo intuitivo refletem propriedades fonológicas específicas, e essas, em contrapartida, são associadas com traços acústicos/fonéticos da fala. Talvez uma abordagem deste tipo seja útil para estabelecer os correlatos acústicos do ritmo entre diferentes línguas. Deve-se enfatizar também que o ritmo é relacional, no sentido de que o ritmo pode se aplicar a diferentes taxas de produção, da mesma forma que a mesma melodia pode se aplicar a letras cantadas em taxas diferentes.

Para tornar as coisas bem simples, a métrica do inglês americano pode ser descrita como um padrão alternante de sílabas fortes e fracas (SW, na sílaba em inglês). Essa simples abordagem tem tanta adequação descritiva que é tomada como um ponto de partida conveniente na análise da métrica ou ritmo. Se uma estrutura rítmica de sílabas SW se aplica ao inglês americano, então pode-se esperar que o intervalo entre duas sílabas acentuadas (o pé métrico) seja bastante uniforme. Essa proposta foi avaliada em vários estudos (Bolinger, 1965; Hoequist, 1983; Nakatani, O'Connor & Aston, 1981). Embora os resultados não sejam convincentes, eles fornecem pelo menos uma fraca evidência para a constância (isocronicidade) em alguns tipos de pés métricos. Mas, como explicado anteriormente, o ritmo pode ser um fenômeno perceptual que não está fortemente amarrado às medidas temporais reais do sinal da fala. Outra abordagem é baseada na teoria da fonologia métrica (Selkirk, 1984). A ideia é que, no esforço de manter a constância rítmica, os falantes manipulam a colocação do acento para evitar sequências de sílabas acentuadas adjacentes (ex.: SS) ou sílabas átonas adjacentes (ex.: WW). Presumivelmente, os falantes alternam entre sílabas S e W. Um teste desta hipótese é determinar se há uma mudança de acento silábico em frases em que o "choque acentual" (como duas sílabas adjacentes de forte acento) ocorre. Se a hipótese de Selkirk é verdadeira, os falantes deveriam tentar ajustar o padrão métrico da segunda sílaba acentuada. Essa hipótese foi avaliada por Cooper e Eady (1986) e Kelly e Bock (1988). Cooper e Eady mediram a duração e a mudança de tom associados com o choque acentual, mas não observaram uma redução acústica no acento (duração e tom reduzidos) para ambas as sílabas do par em choque acentual. Kelly e Bock (1988), em um experimento perceptual, concluíram que os falantes tendem de fato a mudar os pés métricos, de modo a impor um ritmo acentual alternante. É necessário dizer que a pesquisa continua para a evidência do padrão SW no inglês americano.

JUNTANDO TUDO: O GRANDE QUADRO DA PROSÓDIA

Para conveniência de discussão, a informação anterior sobre prosódia foi descrita em relação às três categorias gerais de acento frasal, pistas de fronteira e métrica. Aos efeitos prosódicos nesses níveis de descrição linguística formal, poderíamos acrescentar padrões sociolinguísticos, como os de dialetos geográficos e sociais. Por exemplo, uma pronúncia britânia de "Are you going" pode ter tom plano nas duas primeiras palavras, com acento tonal em "*go*", enquanto uma pronúncia americana pode ter tom em subida nas três primeiras sílabas, seguidas por uma subida curta em "*-ing*". Como muitas dessas diferenças transatlânticas, essa pode covariar com o *status* social, real ou desejado. Sentimentos (atitude, compromisso, humor, emoção) também podem fortemente afetar a prosódia. Um exemplo é a ocorrência de entonação em subida no que é entendido como um enunciado declarativo, um padrão que pode sugerir uma perda de certeza, um desejo para elicitar uma resposta do ouvinte, ou até mesmo um *status* social mais baixo do que o ouvinte de alguém. Mais será dito sobre sentimentos mais adiante neste capítulo.

A questão aqui é simplesmente que a prosódia mistura vários tipos diferentes de informação que foram estudados na linguística e na fonética experimental. Quando contemplamos as interações possíveis de todas essas (e mais) fontes de variação prosódica, podemos facilmente entender por que a prosódia é geralmente entendida menos bem do que a estrutura segmental. Podemos descrever bastante bem (embora não completamente) a estrutura formântica da vogal [a], mas temos mal começado a descrever as diferenças prosódicas entre usar aquela vogal com uma exclamação de descoberta momentânea ("Ah!") e como uma interjeição do ouvinte, avisando o falante que ele parece estar prestes a dizer algo controverso ou ofensivo. Temos ainda menos comparado sistematicamente os usos da prosódia entre as línguas.

O que é claro, entretanto, é que a prosódia não é meramente a decoração melódica e rítmica da linguagem. É verdade que a fala arrítmica, monótona pode ser entendida se outras pistas estiverem intactas, mas é igualmente verdade que segmentos podem ser apagados sem afetar a inteligibilidade (Warren, 1970, 1976) e que palavras "intactas" extraídas da conversação podem ser ininteligíveis quando apresentadas isoladamente (Craig & Kim, 1990). Essas observações meramente mostram que nenhum aspecto da fala é essencial, dada a redundância do todo. Mais adequadamente, a prosódia pode ser entendida como o tecido da fala, dentro do qual os segmentos são os pontos ou fibras individuais. Os padrões prosódicos abarcam os níveis linguísticos, colocando juntas as muitas influências que constituem a rica tecelagem da linguagem em contexto. A prosódia serve funções essenciais, às vezes sutis, na comunicação, e suas bases acústicas não são menos importantes no sinal da fala do que as que distinguem segmentos. Cutler, Dahan e Van Donselaar (1997) discutiram o papel da prosódia na compreensão da linguagem falada, e esse artigo é um resumo excelente das formas como os ouvintes confiam em informação prosódica para entender uma mensagem falada.

REPRESENTAÇÕES DA PROSÓDIA

Há muitas abordagens diferentes para o problema da representação da prosódia, mas selecionamos uma para discutir aqui, pois ela pode ser validada por métodos acústicos. A abordagem é chamada de *estilização de cópia fechada*, que é definida como "a synthetic approximation of the natural course of pitch, meeting two criteria: it should be perceptually indistinguishable from the original, and it should contain the smallest possible number of straight-line segments with which this perceptual equality can be achieved" (Nooteboom, 1997, p. 646) ("uma aproximação sintética do curso natural do tom, de acordo com dois critérios: ele deve ser perceptualmente indistinguível do original, e conter o menor número possível de segmentos em linha reta com o qual essa igualdade perceptual possa ser alcançada"). Embora não seja absolutamente necessário usar linhas retas, essa abordagem oferece uma vantagem simplificada para a descrição.

Como sabemos que este método é válido? Evidências confirmadoras vêm do uso de técnicas de análise por síntese. A análise por síntese determina como um padrão de fala é composto pela geração do padrão através da fala sintetizada. Estudos mostram que recolocar o curso do tom original de uma sentença com uma artificial derivada através de análise de cópia fechada pode dar um resultado altamente satisfatório, mesmo quando o padrão tonal é simplificado como uma série de linhas retas. Isso pode ser feito com a ressíntese por análise de LPC ou um método conhecido como sobreposição síncrona do tom e método de adição (PSOLA, na sigla em inglês) (Nooteboom, 1997).

As duas próximas seções lidam com o que muitos consideram ser aspectos adicionais da prosódia: taxa de elocução e esforço/altura vocal. Esses efeitos são resumidos sob uma seção separada primariamente para facilidade de escrita e não por sugerir que a taxa de elocução ou o esforço e a altura vocais sejam distintos da prosódia.

TAXA DE ELOCUÇÃO (TEMPO)

Obviamente, quando uma pessoa fala mais rápido, a duração total do enunciado diminui. Entretanto, o que não é claro é como a alteração afeta os vários componentes do enunciado, incluindo vogais *versus* consoantes sílabas acentuadas *versus* átonas, durações dos movimentos *versus* durações em estado estacionário. Parte da competência de um falante é a habilidade de produzir um enunciado em várias taxas, estendendo de muito lenta a moderada para muito rápida. Estudos acústicos de mudanças de taxa revelam como falantes realizam variações na taxa, como essas mudanças são assinaladas para os ouvintes e como essas alterações afetam várias classes de sons da fala.

À medida que a taxa de elocução aumenta, as durações dos componentes da fala necessariamente ficam menores. O que não é tão óbvio é a maneira pela qual reduções de duração são distribuídas entre os componentes. A redução não é constante. Geralmente, pausas e segmentos em estado estacionário para as vogais e consoantes tendem a ser mais sacrificados do que aspectos transicionais ou dinâmicos do sinal da fala. Entretanto, em taxas de elocução muito rápidas, os segmentos e mesmo sílabas átonas podem ser apagados. As taxas rápidas também tendem a ser acompanhadas por *undershoot*, como descrito no Capítulo 4. Especificamente para as vogais, parece que a produção real pode se desviar da configuração especial que ocorre para uma produção isolada do som.

Alguns exemplos das variações da taxa de elocução são mostrados na Figura 7.4, que contém espectrogramas para taxas lentas e rápidas de fala para a sentença "*It starts at six o'clock*". A diferença na duração total é imediatamente evidente dos espectrogramas. A produção em taxa rápida leva apenas cerca de metade da produção em taxa lenta. Outras diferenças podem ser detectadas através de um exame cuidadoso das características espectrográficas.

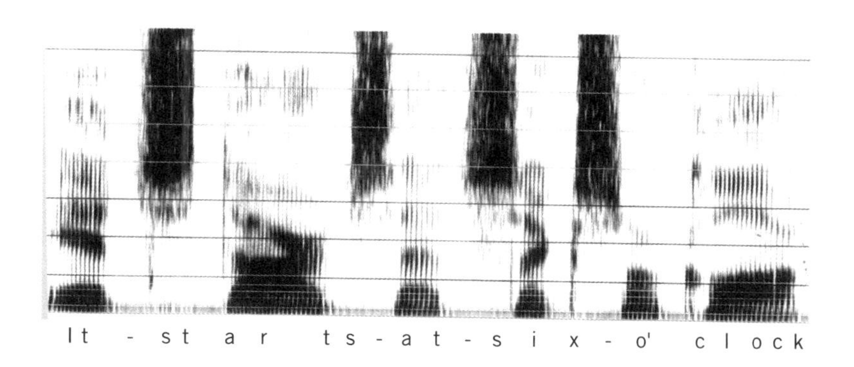

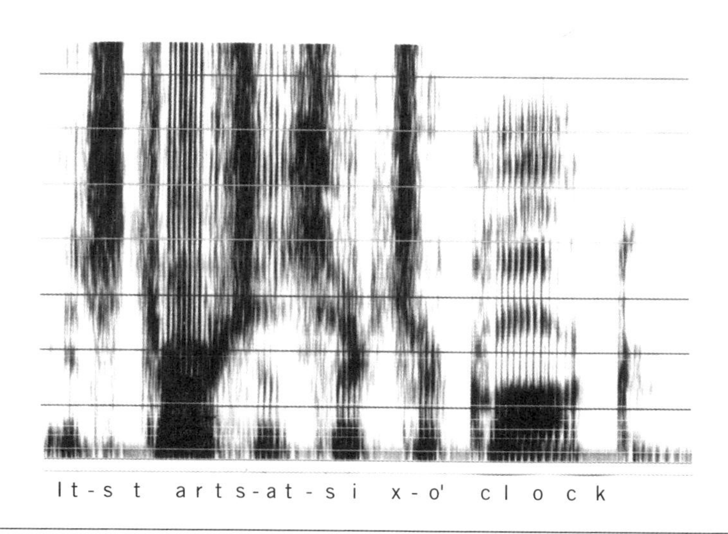

FIGURA 7.4 Espectrogramas da sentença "*It starts at six o'clock*" produzida em duas taxas: moderada e rápida.

As mudanças na taxa de elocução também podem afetar um número de características fonéticas da fala, incluindo o apagamento real de segmentos ou mesmo sílabas (Dalby, 1986). Tentativas de usar medidas acústicas para estudar o efeito da taxa de elocução obviamente devem ser usadas com reconhecimento de mudanças na estrutura fonética do sinal de fala.

Devido ao fato de mudanças na taxa de elocução poderem afetar a duração base dos segmentos, é importante sabermos como outros fenômenos relacionados à duração, como alongamento em final de frase e ênfase contrastiva, relacionam-se com variações na taxa de elocução. Um experimento de Cummins (1999) mostrou que, sobre uma gama ampla de taxas de elocução, o alongamento em final de frase e a ênfase contrastiva se combinam aditivamente para determinar as durações dos segmentos.

ESFORÇO VOCAL E ALTURA

Falantes podem facilmente ajustar o *esforço vocal* com o qual a fala é produzida. Esses ajustes são comumente usados para algumas expressões emocionais (ex.: raiva), para ser ouvidos sobre uma longa distância ou contra um ambiente ruidoso, ou para certos propósitos estilísticos. Pode parecer que o esforço vocal, a altura e o nível de pressão sonora se referem ao mesmo fenômeno, mas, na verdade, eles não são idênticos. Primeiramente, é importante distinguir esforço vocal de altura. Traunmuller e Eriksson (2000) definiram esforço vocal como "the quantity that ordinary speakers vary when they adapt their speech to the demands of increased or decreased communication distance" (p. 3438) ("a quantidade que falantes comuns variam quando eles adaptam sua fala às demandas de distância de comunicação aumentada ou diminuída"). Ou seja, a maioria das variações do esforço vocal ocorre quando os falantes se ajustam a mudanças na distância interlocutória, embora o esforço vocal possa ser usado para outros propósitos notados anteriormente.

A altura é definida como a percepção da magnitude ou força de um som, e é escalada de baixa a alta. A unidade de altura é o "*sone*", definido como a altura de um tom de 1 kHz a 40 dB acima do limiar. O *nível de altura* de um som é expresso em "*fons*" e é numericamente igual ao nível da pressão sonora de um tom de 1 kHz que é julgado como igualmente alto. Embora o atributo perceptual de altura seja relacionado especialmente à intensidade ou nível de pressão sonora de um som, a altura também varia com a frequência e composição de sons (Beranek, 1988; Handel, 1989; Neuhoff, McBeath & Wanzie, 1999). Devido ao fato de a altura se relacionar bem diretamente com o nível de pressão sonora, pode parecer intuitivo que falantes façam ajustes primários na altura e no nível de pressão sonora quando eles precisam ser ouvidos sobre distâncias variadas de um ouvinte. Uma hipótese muito simples em relação a esse ponto é que falantes seguem a lei do quadrado inverso, que implica que os falantes aumentam ou diminuem sua intensidade vocal em 6 dB para cada dobragem ou metade da distância do ouvinte (Warren, 1968). Entretanto, estudos subsequentes não confirmaram essa relação (Johnson et al., 1981; Markel, Prebor & Brandt, 1972; Michael, Siegel & Pick, 1995).

Na verdade, estudos perceptuais recentes têm mostrado que o nível de pressão sonora (ou intensidade) não exerce um papel principal nos julgamentos de esforço vocal (Traunmuller & Eriksson, 2000). Embora o nível de pressão sonora possa mudar à medida que os falantes ajustam seu esforço vocal, a relação não é invariante e pode ser muito menor do que prevista pela lei do quadrado inverso. As mudanças mais consistentes que ocorrem com o aumento do esforço vocal são f_0 aumentada (Rostolland, 1982; Traunmuller & Eriksson, 2000), frequências de formantes aumentadas, especialmente para F1 (Huber et al., 1999; Junqua, 1993; Lienard & Di Benedetto, 1999; Rostolland, 1982; Schulman, 1989; Traunmuller & Eriksson, 2000), duração vocálica aumentada (Bonnot & Chevrie-Muller, 1991; Fonagy & Fonagy, 1966) e mudanças na ênfase ou inclinação espectral (Traunmuller & Eriksson, 2000). O esforço vocal, então, é associado com várias possíveis características acústicas, mas o nível da pressão sonora não é a principal delas.

SENTIMENTO NA FALA (EMOÇÃO)

Sentimento na fala é considerado por alguns escritores como uma propriedade suprassegmental da fala, mas outros o colocam em um domínio separado como paralinguística. Consideramos o sentimento como um aspecto separado, embora em sua expressão ele compartilhe muitos atributos acústicos com os suprassegmentais previamente discutidos. A personalidade de uma pessoa ou o estado emocional podem ser determinados com algum grau dos padrões da fala. Especificamente para pessoas que conhecemos bem — mas, às vezes, mesmo para completos estranhos — podemos acessar as emoções que estão por trás de um enunciado. Quais são as pistas pelas quais tomamos essas decisões?

Vários estudos mostram que a frequência fundamental vocal e a taxa de elocução estão associadas com variáveis de personalidade como extroversão, afirmação, competência ou atividade (Brown, Giles & Thakerar, 1985; Brown, Strong & Rencher, 1974; Ziegler & Hartmann, 1996). Estudos da avaliação perceptual de excursões de f_0 mostram que taxas de vivacidade variam com funções de potência da taxa de elocução e magnitude das excursões de f_0 (Traunmuller & Eriksson, 1995). Um falante mais ativo tende a usar uma taxa mais rápida e tem variações substanciais em f_0.

Devido ao fato de ouvintes poderem julgar as emoções de um falante em taxas bem maiores do que a sorte (Bachorowski, 1999), pode-se supor que as emoções têm correlatos acústicos específicos. Vários estudos têm sido realizados para identificar esses correlatos, mas não é fácil desenhar um conjunto simples de conclusões, parcialmente por causa das diferenças em procedimentos. Murray e Arnott (1993) revisaram a literatura sobre os correlatos da fala de estados emocionais. Seus maiores achados são resumidos na Tabela 7.1. Estudos mais recentes examinaram a expressão emocional em diferentes tipos de material de fala. Mesmo um enunciado de uma palavra pode carregar uma qualidade emocional, e essas simples expressões vocais fornecem uma oportunidade de identificar correlatos acústicos do acento (Leinonen et al., 1997). À medida que os materiais de fala se tornam mais complexos, diferentes combinações de pistas acústicas podem ser usadas. Sobin e Alpert (1999) concluíram que, embora seja possível um certo grau de diferenciação acústica, as variáveis acústicas clássicas podem não ser suficientes para identificar aqueles fatores usados por decodificadores humanos de emoção na fala.

TABELA 7.1 Fala selecionada e correlatos de voz da emoção vocal humana. Baseado em dados de I. R. Murray e J. L. Arnott, Toward the simulation of emotion in synthetic speech: a review of the literature on human vocal emotion. *Journal of the Acoustical Society of America*, n. 93, p. 1097-1108, 1993.

	Raiva	Felicidade	Tristeza	Medo	Desgosto
Taxa de elocução	Levemente mais rápida	Mais rápida ou mais lenta	Levemente mais devagar	Muito rápida	Muito mais devagar
Média de tom	Muito mais alta	Muito mais alta	Levemente mais baixa	Muito mais alta	Muito mais baixa
Extensão tonal	Muito ampla	Muito mais ampla	Levemente mais estreita	Muito ampla	Levemente ampla
Intensidade	Mais alta	Mais alta	Mais baixa	Normal	Mais baixa
Qualidade de voz	Soprosa, tom de peito	Soprosa, clangorosa	Ressonante	Vozeamento irregular	Bufada, tom de peito
Mudanças de tom	Abrupta, em sílabas suaves, acentuadas	Inflexões em subida	Inflexões em descida	Normal	Ampla, inflexões terminais em descida
Articulação	Tensa	Normal	Indistinta	Precisa	Normal

A COMBINAÇÃO DE INFORMAÇÃO SEGMENTAL E SUPRASSEGMENTAL

Como um exemplo da complexidade do sinal acústico à medida que ele se relaciona com as várias fontes de informação da fala, consideremos a duração de um dado segmento fonético, como uma vogal ou até mesmo uma pausa. Quais são os fatores que governam a duração? A seguinte lista é uma compilação de fatores elaborados em parte da informação apresentada neste e nos capítulos anteriores.

1. Diferenças fonológicas inerentes na duração vocálica. Vogais curtas (relaxadas) e longas (tensas) diferem em cerca de 40% na duração. Especialmente quando o padrão formântico é semelhante, essas diferenças duracionais podem ser influenciadas no reconhecimento fonético.

2. Duração como uma pista para vozeamento em fricativas. Geralmente, durações longas de ruído de fricção são associadas com cognatos desvozeados.
3. Duração como uma pista para distinções fonéticas baseadas no modo. A duração do ruído pode ser uma pista significante para decisões sobre se um som é uma oclusiva, africada ou fricativa. A duração do ruído aumenta entre as classes sonoras listadas.
4. Alongamento em final de frase. Palavras ou sílabas são aumentadas quando ocorrem em final de frase, tanto em suas fronteiras frasais internas quanto nos finais de sentença. O alongamento pode ocorrer até mesmo para o item final em listas de palavras.
5. Efeitos relacionados ao acento. A duração é um correlato de acento frasal, lexical ou enfático.
6. Duração vocálica como uma pista para o vozeamento de uma consoante pós-vocálica. As vogais são mais longas precedendo consoantes vozeadas do que desvozeadas.
7. Encurtamento de elementos em encontros consonantais. Segmentos em encontros consonantais tendem a ser encurtados com relação às suas durações isoladas. Há uma tendência geral para durações segmentais diminuírem à medida que o número de sílabas em uma palavra aumenta.
8. Informação nova *versus* dada. Informação nova em um discurso é tipicamente associada com alongamento das palavras relevantes.
9. Taxa de elocução. À medida que a taxa de elocução aumenta, as durações segmentais geralmente decrescem. O efeito é mais pronunciado para vogais e pausas.
10. Esforço vocal. O aumento do esforço vocal pode ser associado com o aumento da duração de segmentos, especialmente vogais.
11. Emoção. Mudanças em emoção podem afetar as durações segmentais junto com outras propriedades acústicas do sinal.

Assim, o sinal acústico da fala reflete vários diferentes níveis de informação que são integrados no ato de falar. Esse é um dos desafios e um dos potenciais da análise acústica.

Capítulo 8

SÍNTESE DE FALA

PROPÓSITOS E APLICAÇÕES

Com alguns bilhões de pessoas no planeta que podem produzir fala natural mais ou menos fluentemente, por que alguém iria querer criar uma fala sintetizada? Essa questão parece especialmente pertinente considerando-se a má qualidade de algumas tentativas anteriores de produção de fala sintetizada. Entretanto, a fala sintetizada tem vários bons usos, alguns dos quais são realmente bastante importantes, e outros dos quais apenas começamos a imaginar.

BRINQUEDOS QUE FALAM

Um dos primeiros usos amplamente conhecidos para a fala sintetizada foi em brinquedos e jogos, como o *Speak & Spell*™, que (em um de seus vários modos) pronuncia palavras para uma criança soletrar em seu teclado. Quando foi introduzido em 1978, esse brinquedo surpreendeu muitos cientistas da fala, bem como competidores de mercado; poucas pessoas estavam cientes de que a fala sintetizada de qualidade comercial poderia ser produzida por um circuito integrado (um *chip*) de tão baixo preço que poderia estar no cerne de um brinquedo. A Industrial Research/Development selecionou o *Speak & Spell*™ como um dos 100 mais importantes produtos de 1979. Outro brinquedo, o *Julie Doll*™, estendeu o uso da tecnologia de fala pela incorporação da síntese de fala, do reconhecimento de fala e de um algoritmo de controle que gerenciava a fala e as funções de sensores do disco rígido, tudo isso em uma boneca interativa vivaz. Outro brinquedo popular é um animal virtual interativo chamado *Furby*™. Este brinquedo não apenas conversa (em furbês), mas parece gradualmente "aprender" palavras inglesas. Ele tem um vocabulário de mais de 800 palavras e frases. É equipado com sensores para poder responder à luz, ao som e ao toque. Pode agitar as orelhas, piscar os olhos e mover a boca.

O potencial para brinquedos e jogos falantes é agora limitado apenas por nossa imaginação. A fala sintetizada é facilmente incorporada em uma variedade de itens desenvolvidos para entretenimento e recreação. Com a miniaturização da tecnologia de fala, é quase certo que uma variedade de brinquedos será equipada com a habilidade para produzir e reconhecer a fala.

INSTRUÇÃO DE LEITURA

Um passo curto de um brinquedo falante para soletradores jovens é um processador de palavra que lê o que se escreve. A maioria dos professores de escola primária hoje encoraja as crianças a escrever enquanto, ou mesmo antes, aprendem a ler. Nesse processo, as crianças frequentemente perguntam, "O que eu escrevi?". Sob comando, um processor de palavra falante tenta dizer o que a criança escreveu. Esse mesmo retorno pode ser útil para escritores mais velhos também — mesmo para adultos, e especialmente para os deficientes visuais. Uma extensão dessa ideia é a máquina de ler, das quais um exemplo notável é o *Kurzweil Personal Reader*™, vendido pela Xerox Imaging Systems. Uma máquina de leitura, também conhecida como um *sistema texto-fala*, liga um *scanner*, que pode reconhecer caracteres impressos, a um sintetizador, que os pega como entrada e produz fala como saída.

AJUDAS DE COMUNICAÇÃO PARA OS NÃO VOCAIS (DEFICIENTES VOCAIS)

Nem todos podem falar fluentemente ou, até mesmo, falar alguma coisa. Os que não desenvolveram ou perderam a capacidade podem, no entanto, ser capazes de controlar um sintetizador de fala, que permite uma interação com outras pessoas através da linguagem falada, face a face ou ao telefone. Essa recolocação pode ser vital em um mundo no qual a maior parte da comunicação, incluindo as mais urgentes, é oral. Para uma revisão da síntese de fala como um auxílio, vejam Edwards (1991), que dá atenção específica à interface, ou seja, os modos pelos quais uma pessoa pode controlar um sintetizador. Edwards inclui vários estudos de caso de dispositivos, bem como apêndices listando equipamentos e fabricantes. A síntese de fala é uma tecnologia usada no campo dos sistemas de comunicação aumentativos e assistivos.

MÁQUINAS CONTROLADAS POR VOZ

Em muitas situações, os olhos e mãos dos trabalhadores estão completamente ocupados; exemplos disso são pilotos de avião durante decolagens e pousos, bem como trabalhadores de fábricas que estão controlando uma máquina que demanda toda atenção. Em tais casos, mensagens do avião ou de outra máquina, em vez de mais luzes, medidores e bipes, podem ser essenciais para transmitir uma mensagem importante. Essas aplicações não necessariamente requerem fala *sintetizada*; se as mensagens forem relativamente poucas e breves, elas podem ser gravadas digitalmente e tocadas sob comando. Esta é a abordagem que companhias telefônicas usam hoje para responder pedidos de "auxílio à lista" ou fornecer mensagens de erros. A mesma técnica é usada em sistemas para questões telefônicas sobre extratos de banco, relatórios para o escritório caseiro dos representantes de venda na estrada e registro de curso nas universidades. Quando as mensagens potenciais se tornam extremamente numerosas ou imprevisíveis (como no processamento de palavras), a fala gravada não é mais viável e a fala sintetizada se torna necessária. Como sistemas para informação e controle se tornam mais complexos e a qualidade da fala sintetizada aumenta, podemos nos achar ouvindo mais frequentemente máquinas que conversam.

SISTEMAS DE COMUNICAÇÃO MULTILÍNGUAS

A comunicação multilíngue por voz baseada em máquinas é um objetivo desafiador, mas progressos substanciais têm sido feitos para o desenvolvimento de sistemas que permitem ao falante de uma língua transmitir uma mensagem falada traduzida para um falante de outra língua. Essa aplicação requer reconhecimento automático da fala (para representar a mensagem do emitente), tradução automática (para converter a mensagem de uma língua para outra) e síntese de fala (para produzir a mensagem traduzida na língua do destinatário).

CIÊNCIA DA FALA

Apesar dessa lista crescente de aplicações comerciais, o uso de fala sintetizada que é mais importante para a ciência da fala é a checagem final de nossa análise da fala. Na realidade, análise e síntese são frequentemente partes complementares pareadas de uma investigação. Se concluímos da análise espectrográfica que um certo padrão formântico é crucial para a produção e compreensão de [æ], por exemplo, o teste real daquela hipótese é sintetizar aquele padrão e ver se ele soa como [æ]. Depois do desenvolvimento do espectrógrafo do som, um dos mais importantes passos na pesquisa moderna da fala foi o desenvolvimento do sintetizador de "*playback* de padrões" no Haskins Laboratories nos anos 1950. Esse dispositivo era simplesmente o inverso de um espectrógrafo: dado um espectrograma como entrada, ele produzia a fala correspondente como saída. Ou seja, ele escaneava um espectrograma e produzia som nas frequências e intensidades indicadas sobre o tempo. O que tornou o dispositivo tão importante foi o fato de que o padrão espectrográfico na entrada poderia ser desenhado à mão em vez de impresso por um espectrógrafo. Assim, os pesquisadores testaram a hipótese de que os dois ou três primeiros formantes são cruciais para a qualidade de vogais através do desenho apenas dos formantes e ouvindo a fala sintetizada correspondente. Dessa forma, os pesquisadores descobriram a importância de transições formânticas para exprimir o ponto de articulação das consoantes oclusivas, por exemplo. Seria difícil testar essas ideias pela análise da fala natural, pois eventos breves como transições formânticas não podem ser manipulados separadamente das vogais às quais elas são anexadas. Quando ouvimos as transições formânticas sozinhas, elas soam como chiados, e não consoantes oclusivas.

A síntese é essencial não apenas em estudos do sinal de fala e de sua produção, mas também em estudos de como as pessoas percebem a fala. Por exemplo, como vimos, há várias diferenças acústicas entre oclusivas "vozeadas" e "desvozeadas": na ocorrência de aspiração, na duração da oclusiva e de uma vogal anterior, na frequência fundamental de uma vogal seguinte e na ocorrência de vozeamento durante o fechamento, para citar algumas. Quais dessas mais afeta a habilidade dos falantes para ouvir essa distinção? Qualquer uma delas é necessária? Dificilmente poderíamos ter estudado essas questões sem a fala sintetizada, porque não poderíamos controlar essas características individualmente pela edição da fala natural.

Na síntese moderna, podemos controlar quase qualquer característica da fala considerada importante, incluindo as qualidades da fonte de voz, bem como da articulação e ressonância. Dada a rapidez com que a mudança ocorre no sinal de fala, esse controle pode ser tedioso, mas é o teste final de nosso entendimento.

MÉTODOS DE SÍNTESE DE FALA

O restante deste capítulo descreve diferentes tipos de síntese de fala. A maioria deles é baseada em modelos acústicos do sinal de fala e é mais comumente usada hoje. Pelo fato de muitos deles terem sido implementados em microcomputadores comuns, qualquer um com um computador pessoal e algum equipamento adicional pode fazer experimentos com a fala sintetizada. Esse fato certamente acelerou o progresso no campo.

Há duas maneiras principais de sintetizar uma forma de onda de fala: *abordagens paramétricas* e *abordagens concatenativas*. A primeira é uma estratégia baseada em regras que sintetiza a fala usando tanto informação acústica (características de domínio temporal e de frequências dos sons da fala) quanto articulatória (propriedades fisiológicas dos sons da fala). A informação acústico-fonética resumida nos Capítulos 4, 5, 6 e 7 é o tipo de conhecimento acústico necessário para sínteses baseadas em regra de sucesso. A síntese paramétrica que se baseia na informação acústica é chamada de *síntese baseada no sinal* (ascendente), pois especifica propriedades acústicas da fala como formantes, durações de segmentos e tipos de ruído para fricativas. Este tipo de síntese é às vezes chamado de *análogo terminal*, pois tenta produzir um análogo do nível terminal (acústico) da fala e presta pouca ou nenhuma atenção aos aspectos articulatórios da fala. Aplicada à síntese de uma vogal individual, como o [ɪ] em "*he*", a síntese baseada no sinal tipicamente define o som em termos de sua estrutura formântica, da duração de sua energia periódica e do padrão de f_0.

A outra abordagem paramétrica é a *síntese articulatória* (descendente), que tenta modelar as propriedades físicas do trato vocal humano. A síntese articulatória tipicamente produz a fala com um conjunto de parâmetros que simula a articulação da fala humana. Para a vogal /i/, por exemplo, um sintetizador articulatório poderia especificar a posição da mandíbula, a posição e a configuração da língua. A síntese articulatória cria fala a partir de um modelo do formato em mudança do trato vocal durante a articulação. Este método é considerado por muitos como tendo o melhor potencial para a fala sintetizada soar natural, pois incorpora as propriedades da produção da fala humana. Entretanto, é correspondentemente mais intricada e demandante do que a síntese baseada no sinal. Apenas recentemente se tornou possível criar modelos computacionais da articulação que funcionam relativamente rápido. Os primeiros sintetizadores de fala geralmente usaram fonemas como unidades de entrada, mas trabalhos recentes enfatizam gestos articulatórios, ou representações abstratas de movimentos. Esses gestos podem ser usados em uma representação fonológica de um enunciado, de modo que fonemas não são nem usados. Os gestos especificam os ajustes do trato vocal em um sintetizador articulatório. Por exemplo, a palavra "*had*" poderia ser representada com gestos para a abdução das pregas vocais (para [h]), adução vocal (para [æ] e [d]), avanço da raiz da língua (para [æ]) e constrição coronal (para [d]). Esses gestos podem ser organizados em uma tabela chamada pauta gestual, que mostra a organização temporal (e sobreposição) dos gestos composicionais. Note que a palavra "*hand*" usaria os mesmos gestos descritos para "*had*", mas acrescentaria um gesto de abertura velofaríngea (para [n]) seguido de um gesto de fechamento velofaríngeo (para [d]). Uma vantagem dessa abordagem é que os gestos sobrepostos refletiriam bastante naturalmente padrões coarticulatórios da fala natural. Se os gestos são prescritos para ter as características de organização temporal da fala natural, então eles deveriam ser adequados para simular a dinâmica da articulação da fala humana.

A síntese concatenativa cria a fala formando-a a partir de uma biblioteca de unidades pré-gravadas que são reunidas para uma mensagem de fala desejada. O fonema é uma unidade possível. Afinal de contas, dado que o inglês americano tem cerca de 45 fonemas, deve ser possível produzir qualquer enunciado pelo uso das combinações certas de unidades do tamanho do fonema. Entretanto, revela-se que o fonema pode ser problemático como uma unidade de síntese, especialmente porque as transições de uma unidade a outra são muito difíceis de especificar. As transições refletem ambos os ajustes coarticulatórios entre fones adjacentes e fenômenos prosódicos como taxa de elocução e padrão acentual. A não ser que essas questões sejam consideradas em detalhe, a fala sintetizada pode ser altamente artificial e mesmo difícil de se entender.

A síntese concatenativa (também chamada de *síntese de cópia*) pode ser realizada com outras unidades, como a sílaba, o *difone*, a semissílaba ou até mesmo pedaços de forma de onda da fala. A sílaba é discutida no Capítulo 7. Para os nossos objetivos, é suficiente notar que a sílaba é uma unidade atraente, pois inclui em suas fronteiras um número de estados estacionários e transições para fones individuais e também pode ser combinada com outras sílabas para formar palavras de comprimento variado. Pode parecer que o número de sílabas necessário para síntese seria severamente amplo, dado que os fonemas do inglês americano podem formar mais de 4 bilhões de sequências arbitrárias de 1 a 6 membros. Mas o número diminui rapidamente quando se considera a composição real de sílabas admissíveis e reais. Essas são apenas cerca de 100000 possíveis (pronunciáveis) palavras monossilábicas, e apenas um décimo delas são palavras monossilábicas reais. Além disso, as sílabas diferem enormemente na frequência de ocorrência. Dewey (1923), que analisou a frequência de ocorrência de diferentes unidades na fala humana, relatou que as 12 sílabas mais frequentemente usadas dão conta de cerca de um quarto de nosso comportamento verbal, que 70 diferentes sílabas constituem metade de nossa fala e que menos de 1500 sílabas são suficientes para cerca de 90% do que dizemos.

Os difones são produzidos pela divisão da forma de onda em unidades do tamanho do fone com cortes feitos no meio (estado estacionário) dos fones. Cada difone contém a transição entre dois fones. Por exemplo, a palavra "*ballgame*" [b a l g eI m] teria os constituintes difones [b-a], [a-l], [l-g], [g-eI] e [eI-m]. O difone [b-a] poderia ser usado para qualquer palavra começando com aquela combinação de fones (ex.: "*box*", "*bond*", "*boss*", "*bog*"). Em geral, é relativamente fácil conectar estados estacionários, que são os pontos de junção na concatenação de difones. Pelo fato de difones incluírem transições, eles evitam muitas das complexidades que confrontam a síntese baseada em regras com as unidades do tamanho do fone. Aproximadamente 2000 difones são necessários para a síntese concatenativa do inglês americano. Embora esse número seja consideravelmente maior do que o número de fonemas na linguagem, não é de forma alguma um número pesado para os computadores modernos.

A semissílaba é semelhante ao difone pelo fato de incluir informação transicional dentro da unidade. As *semissílabas* são obtidas pela divisão da onda de fala em segmentos silábicos, com cortes feitos no meio das sílabas. Por exemplo, a palavra "*streetlights*" consistiria dos dissílabos [stri], [it], [laɪ] e [aɪts]. O número de semissílabas é cerca do mesmo do número de difones. Uma vantagem para esta unidade é que ela inclui encontros consonantais tanto nas posições iniciais quanto nas posições finais de sílaba. Ela também representa efeitos coarticulatórios que ocorrem nas sílabas.

Há ainda outras possibilidades para unidades na síntese concatenativa. Uma é usar unidades de diferentes tamanhos em um sistema de síntese. Por exemplo, os difones podem ser usados como um tipo de unidade padrão, mas sequências que ocorrem com frequência e altamente coarticuladas podem ser representadas por sequências multifones. Por exemplo, frases comuns como "*I don't know.*" ou "*Would you repeat that, please?*", seriam candidatas para uma unidade multifônica. Um método relativamente recente é o da síntese da forma de onda, que usa uma representação do domínio temporal dos segmentos de fala. Os pedaços de forma de onda são então conectados para formar enunciados maiores.

Propriedades estatísticas da fala são importantes no desenvolvimento da maioria dos métodos de síntese concatenativa. O objeto é identificar unidades que são econômicas para se armazenar e que podem ser efetivamente usadas na constituição de sequências de fala arbitrárias. As unidades assim selecionadas não correspondem às tradicionalmente reconhecidas na fonologia e fonética.

SÍNTESE DE FORMANTES

A síntese acústica mais básica é simplesmente recriar os formantes em mudança da fala, cada um sendo especificado como uma frequência e uma largura de banda, atualizada em torno de cada 5 ms durante um enunciado. Poucos desses formantes (ressonâncias) juntos com entradas adequadas, chamadas periódicas, e fontes de ruído para imitar o vozeamento e a fricção, respectivamente, mostraram-se suficientes para produzir uma fala reconhecível. Basicamente, essa foi a abordagem do sintetizador de *playback* de padrões, embora ele fosse rudimentar comparado com dispositivos modernos; por exemplo, sua fonte de voz não variava em f_0 ou outros parâmetros. A síntese de formantes recebeu um grande impulso em 1980 com a publicação de Dennis Klatt de um modelo mais elaborado, completo com um programa computacional que sintetizava a fala em um computador de laboratório (Klatt, 1980). Devido ao fato de a síntese de fala ter tido um valor comercial, essa publicação foi uma contribuição generosa da parte de Klatt. Variantes deste modelo estão agora disponíveis como programas computacionais de várias fontes com pouco ou nenhum custo. Klatt atualizou o modelo, especialmente em relação à qualidade e voz, em Klatt e Klatt (1990), e a Sensimetrics Corporation oferece um programa de microcomputador baseado neste segundo modelo.

A base para o modelo de Klatt é a *teoria fonte-filtro*, discutida no Capítulo 2. Esse é um bom exemplo da forma como a teoria leva a aplicações. A Figura 8.1 é o diagrama de blocos de Klatt de seu sintetizador de formante em cascata/paralelo (1980). Há duas fontes de som, uma para o vozeamento (etiquetada "fonte de vozeamento") e uma para fricção (etiquetada "fonte de ruído"). Elas coordenam dois sistemas de ressonância, um ressoador em cascata (serial) para vogais e um ressoador paralelo para as fricativas. No ressoador em cascata, a saída do ressoador do primeiro formante (R1) se torna a entrada para o ressoador do segundo formante (R2) e assim por diante. Assim, os formantes se influenciam entre si: a amplitude relativa de cada um depende parcialmente de como ele está perto em frequência de outros formantes, como na articulação natural de vogais (discutida no Capítulo 2). Não há necessidade de um controle de amplitude separado para cada formante como há no ressoador paralelo, em que cada formante é desenvolvido independentemente. O sintetizador em cascata modela a produção dos sons da fala em que a fonte de excitação está na laringe e o trato vocal inteiro serve como um ressoador, enquanto o sintetizador paralelo modela a produção de fricativas, em que a fonte de ruído é mais alta, usualmente na cavidade oral, e apenas aquela parte do trato vocal que está na parte anterior da fonte serve como ressoador.

Tracemos o sistema em cascata na Figura 8.1 da fonte para a saída. A fonte de vozeamento gera um fluxo de impulsos como os produzidos pelas pregas vocais. As caixas etiquetadas RGP, RGZ e RGS são essencialmente filtros que suavizam esta forma de onda glotal simulada e moldam seu espectro. AV controla a amplitude do vozeamento; ele é configurado para zero durante os sons desvozeados ou pausas. Essa fonte então entra no sistema de ressonância, em que RNP e RNZ representam polos nasais e o zero nasal, respectivamente, e R1 a R5 representam formantes de 1 a 5. Para cada for-

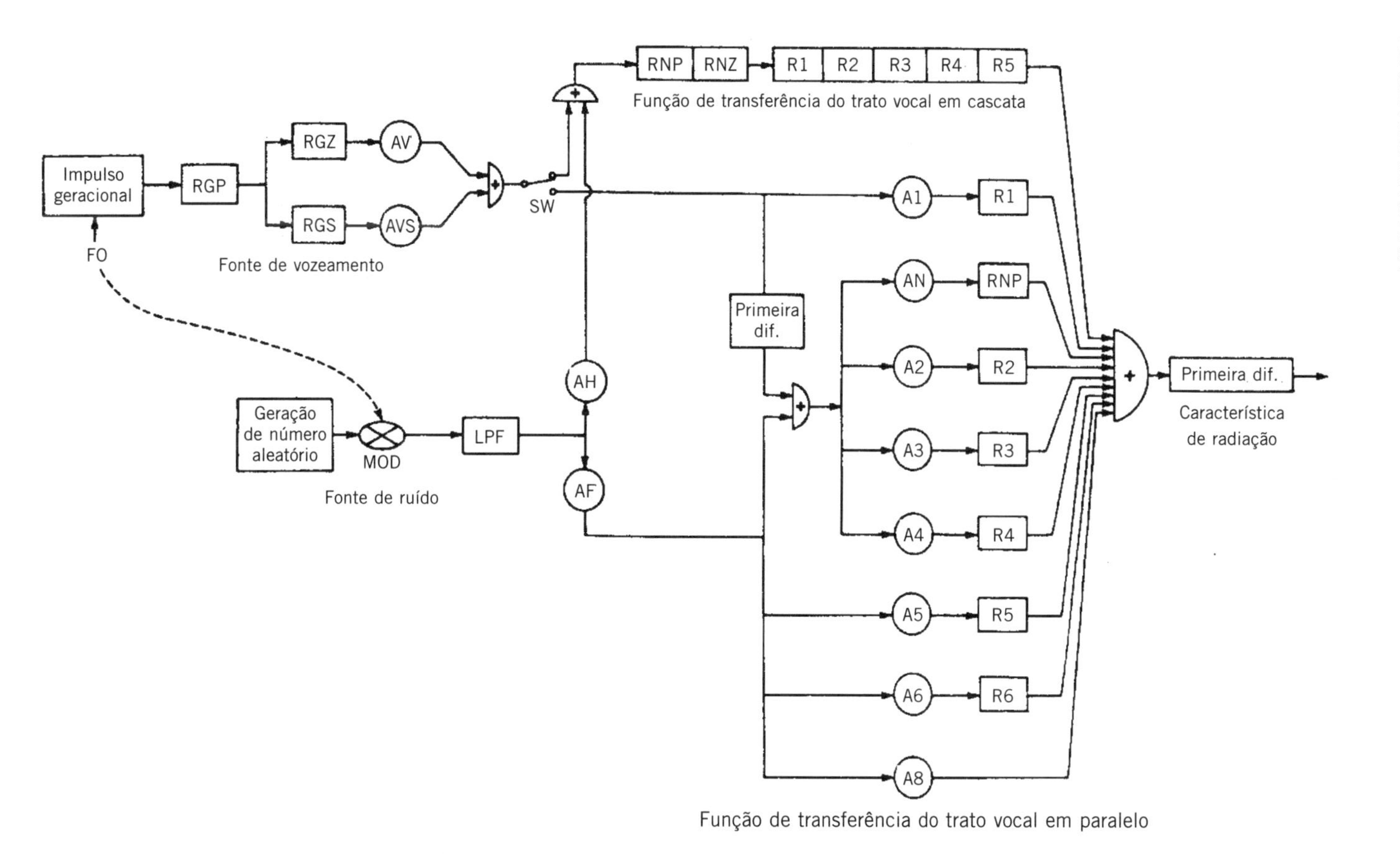

FIGURA 8.1 Diagrama em bloco do sintetizador de formante em cascata/paralelo (KLATT, 1980).

mante, o usuário especifica uma frequência e uma largura de banda para cada ms da fala.

Ao traçarmos o sistema paralelo, achamos uma fonte de ruído que começa com gerador de números aleatórios, pois o ruído de fricção começa com uma turbulência que é quase aleatória em frequência e amplitude. MOD é responsável pela mixagem do ruído e as fontes de vozeamento para as fricativas vozeadas. LPF é um filtro passa-baixas que molda o espectro da fonte, e AH e AF controlam a amplitude da aspiração e da fricção, respectivamente. O ruído de aspiração vai para o ressoador em cascata porque a aspiração gerada na laringe, como o vozeamento, usa o trato vocal inteiro como ressoador. A aspiração pode ser mixada com a fonte de voz para produzir (entre outras coisas) uma qualidade de voz soprosa, como é comum em vozes femininas. A fonte de ruído para fricativas vai através de ressoadores paralelos, cada um com seu próprio controle de amplitude. As caixas etiquetadas "Primeiros Diff" (Primeiros diferenciais) são filtros passa-altas; o que está na saída simula a ênfase dada a frequências mais altas à medida que o som erradia dos lábios.

Juntos, o modelo de Klatt de 1980 tem 39 parâmetros (valores de controles), dos quais 19 são fixos. O usuário deve especificar os outros 20 para cada 5 ms da fala a ser produzida. Assim, para uma sílaba de, digamos, 250 ms, os 20 parâmetros variáveis devem ser configurados 50 vezes, para um total de 1000 especificações. A maioria desses valores não muda constantemente. Por exemplo, durante uma vogal, AF (amplitude de fricção) e as amplitudes de todos os formantes paralelos podem ser configuradas em zero e permanecer lá. Em princípio, f_0 e AV (amplitude de vozeamento) poderiam ser consideradas para valores constantes durante uma sílaba em que a frequência fundamental não muda. Entretanto, mesmo nessa sílaba, mais fala semelhante à real resultará se esses dois valores variarem um pouco, como ocorre na fala natural. Em algumas implementações do sintetizador de Klatt, o usuário pode configurar os parâmetros chaves em pontos de maior mudança, e o programa preencherá o resto, usando interpolações lineares ou outras. Por exemplo, poderíamos configurar a frequência fundamental no começo e no fim da parte vozeada de uma sílaba, e o programa preencherá f_0 em todos os pontos entre elas, criando uma inclinação linear ou não linear e talvez introduzindo uma leve variação no período fundamental (*jitter*).

A Tabela 8.1 lista valores sugeridos para F1, F2, F3 e a duração para a maioria dos fonemas do inglês, como produzidos por um falante adulto masculino. (Como discutido nos capítulos anteriores, esses valores devem ser ajustados se o objetivo for produzir fala de mulheres ou de crianças.) Esses são valores "padrões", no sentido de que poderiam ser usados como pontos de partida na síntese antes de se tomar contexto e variação individual em consideração. Note também que a Tabela 8.1 dá apenas parte da informação necessária para uma fala inteligível e natural. Muitos sons não precisam apenas especificação de formantes, mas também especificação de explosões de ruído ou intervalos de fricção.

TABELA 8.1 Valores sugeridos para síntese de formantes de segmentos fonéticos. São mostrados para cada fonema IPA: CPA — alfabeto fonético computacional, palavra-chave — palavra-chave para pronúncia do som; F1 — frequência do primeiro formante em Hz, F2 — frequência do segundo formante em Hz, F3 — frequência do terceiro formante em Hz, e DUR — duração inerente em ms. Quando dois valores são listados para um formante, eles indicam os valores iniciais e terminais de um padrão de ditongo.

IPA	CPA	Palavra-chave	F1	F2	F3	DUR
Vogais e ditongos						
/i/	IY	beet	300	2200	3000	160
/I/	IH	bit	400	1900	1550	130
/e/	EY	bait	550-400	1800-2100	2650-2700	190
/ɛ/	EH	bet	525	1800	2500	150
/ae/	AE	bat	650	1750	2400	230
/ɑ/	AA	Bob	750	1150	2400	240
/ɔ/	AO	bought	575	850	2400	240
/oU/	OW	boat	575-450	900-800	2400-2350	220
/U/	UH	book	450	1050	2250	160
/u/	UW	boot	300	900	2200	180
/ə/	AX	above	600	1300	2450	120
/ʌ/	AH	above	650	1200	2400	140
/ɜ/	RR	bird	500	1350	1700	180
/ɑI/	AY	bite	750-400	1250-2000	2500-2700	250
/ɔI/	OY	boy	550-400	850-1900	2525-2700	280
/ɑU/	AW	bout	750-575	1325-900	2700-2250	260

IPA	CPA	Palavra-chave	F1	F2	F3	DUR
Consoantes soantes						
/w/	W	wet	300	600	2200	80
/r/	R	red	425	1300	1600	80
/I/	I.	let	375	875	2575	80
/j/	Y	yet	300	2200	3050	80
/m/	M	met	275	900	2200	70
/n/	N	net	275	1700	2600	65
/ð/	NG	sing	275	2300	2750	80
Consoantes fricativas						
/f/	F	fin	150	1100	2400	120
/v/	V	van	150	1100	2400	60
/ø/	TH	thin	200	1600	2200	110
/ð/	DH	this	200	1600	2200	50
/s/	S	sip	200	1800	2600	125
/z/	Z	zip	200	1800	2600	75
/ʃ/	SH	ship	200	1300	2400	125
/ɜ/	ZH	azure	200	1300	2400	70
/h/	H	hat	Ajustada à vogal adjacente			
Consoantes africadas						
Para africadas, use valores de uma fricativa similar, mas inclua o intervalo da oclusiva para representar o fechamento e, possivelmente, moldar o segmento ruidoso para ter um curto tempo ascendente.						
Consoantes oclusivas						
/p/	P	pat	150	800	1750	85
/b/	B	bat	150	800	1750	80
/t/	T	tip	150	1800	2600	85
/d/	D	dip	150	1800	2600	65
/k/	K	come	150	2350	2750	65
/g/	G	gum	150	3250	2750	65
/ʕ/	DX	butter	150	1800	2600	20

A Figura 8.2 mostra dois espectrogramas de enunciados de "*seep*". O inferior é de uma fala natural e o superior de uma fala produzida com o sintetizador Klatt e Klatt (1990) como implementada pela Sensimetrics. Apenas esforços moderados foram feitos para modelar a fala sintetizada.

Note que ela tem pouca energia de som acima de 5 kHz, enquanto na fala natural o [s] tem energia intensa até a extensão de 8 kHz do espectrograma. A fala sintetizada tem uma amplitude menos variável, mais transições abruptas, mais aspiração intensa do [p] e menos ruído nas frequências mais altas do que a fala natural. Geralmente, o padrão sintetizado tem uma maior regularidade e simplicidade.

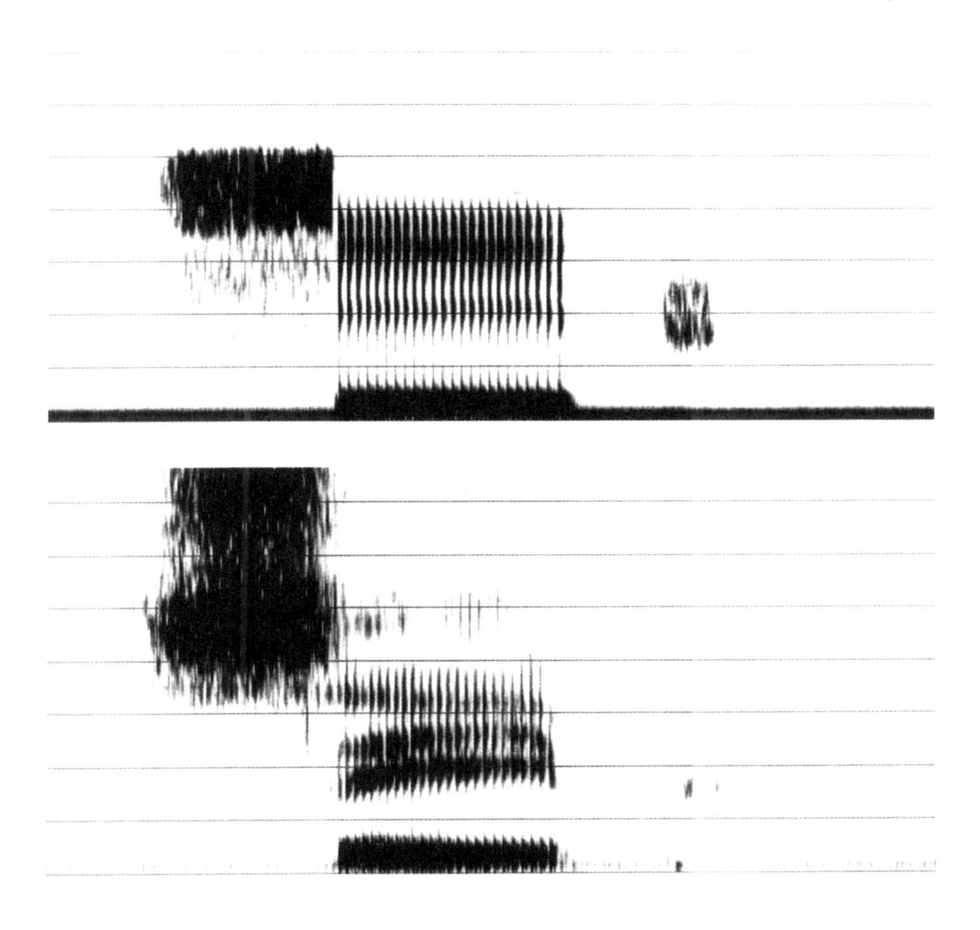

FIGURA 8.2 Espectrogramas de dois enunciados de "*seep*". Canal inferior: fala natural; canal superior: fala sintetizada do sintetizador de Klatt e Klatt (1990).

A Figura 8.3 mostra um espectro de amplitude tomado perto do meio do [i] em cada enunciado; o traço mais leve é para a fala natural. Note que a vogal sintetizada tem uma largura de banda maior para F2 e um F3 consideravelmente mais alto. Na verdade, a inclinação do espectro nas altas frequências está errada.

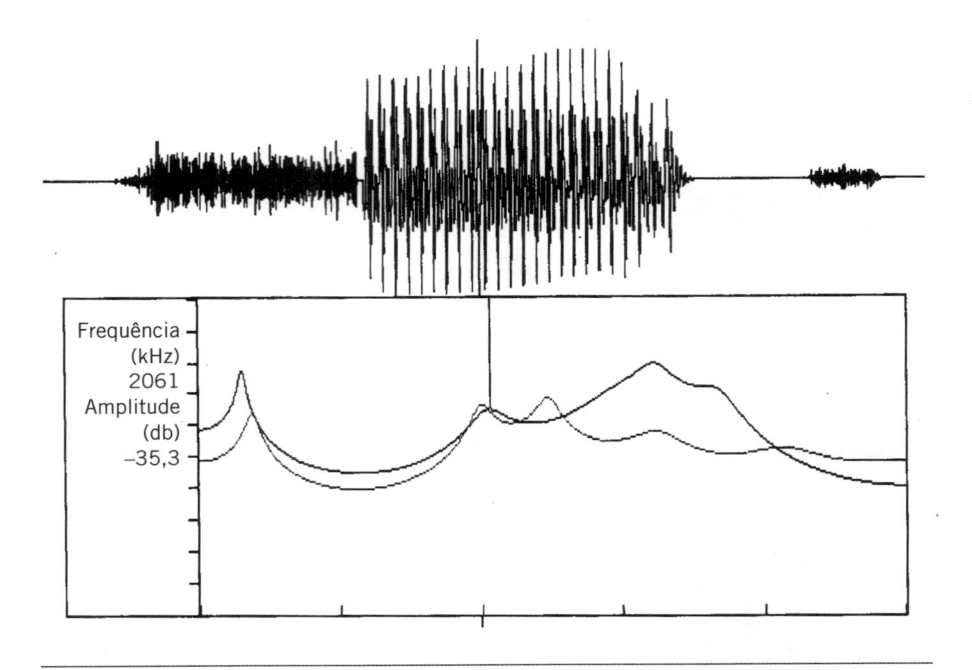

FIGURA 8.3 Espectros da vogal [i] mostrada na Figura 8.2. O traço mais claro é para a fala natural. O cursor aponta para o F2 da fala sintetizada (traço mais escuro). A forma de onda acima dos espectros é da fala sintetizada, com o cursor na posição onde o espectro foi calculado.

A Figura 8.4 mostra as formas de onda e contornos de f_0 de cada enunciado; contando do topo, canais 1 e 3 são a fala natural, que tem uma mudança mais gradual tanto na amplitude quanto na f_0. Em princípio, todas essas diferenças poderiam ter sido eliminadas se tivéssemos moldados os parâmetros relevantes com suficientes detalhes.

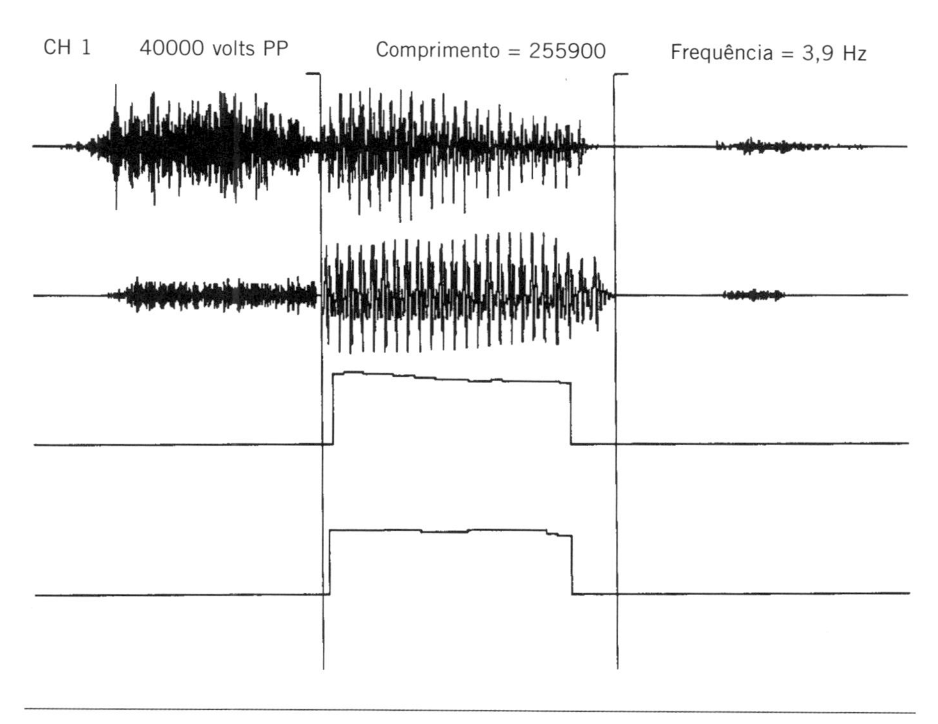

FIGURA 8.4 Formas de onda e contornos de f_0 dos enunciados mostrados na Figura 8.2. Os canais 1 e 3 são a forma de onda e contorno de f_0, respectivamente, da fala natural.

A Tabela 8.2 lista os 60 parâmetros deste sintetizador, com uma breve descrição de cada. Os valores padrões são os de uma vogal "neutra" como schwa. A coluna 2, intitulada V/C, indica se aquele parâmetro é variável ou constante; os "constantes" podem ser mudados, mas são configurados apenas uma vez para cada enunciado. Por exemplo, DU (duração) é uma constante, neste sentido. Entre os parâmetros variáveis, alguns podem ser mudados quase continuamente, enquanto outros podem ser ajustados apenas ocasionalmente, dependendo das necessidades da síntese.

TABELA 8.2 Os 60 parâmetros do sintetizador de Klatt e Klatt (1990), como implementado pela Sensimetrics. Cada linha é um parâmetro; as colunas são o símbolo (SYM), se variável ou constante (V/C) durante a síntese de um enunciado específico, o valor mínimo (MIN), o valor corrente (VAL), o valor máximo (MAX) e uma descrição do parâmetro. O valor corrente é um valor padrão ou um selecionado para uma aplicação específica. *Nota*: os parâmetros identificados como variáveis não são, necessariamente, atualizados da mesma forma. Alguns irão variar ao longo do enunciado, enquanto outros podem ser configurados em um valor inicial que não muda. Por exemplo, F2, a frequência do segundo formante pode mudar enquanto B2, a largura de banda do segundo formante, é mantida em um valor constante.

SYM	V/C	MIN	VAL	MAX	Descrição
DU	C	30	700	5000	Duração do enunciado, em ms
UI	C	1	5	20	Intervalo da atualização para o parâmetro *reset*, em ms
SR	C	5000	10000	20000	Taxa de amostragem de saída, em amostras
NF	C	1	5	6	Número de formantes no ramo cascata
SS	C	1	2	3	Mudança de fonte (1 = impulso, 2 = natural, 3 = modelo LF)
RS	C	1	8	8191	Alimentação aleatória (valor inicial do gerador de número aleatório)
SB	C	0	1	1	Mesma explosão de ruído, *reset* RS se AF = AH = 0, 0 = não, 1 = sim
CP	C	0	0	1	0 = cascata, 1 = excitação paralela do trato por AV
OS	C	0	0	20	Seletor de saída (0 = normal, 1 = fonte de vozeamento, ...)
GV	C	0	60	80	Fator de escala do ganho geral para AV, em dB
GH	C	0	60	80	Fator de escala do ganho geral para AG, em dB
GF	C	0	60	80	Fator de escala do ganho geral para AF, em dB
FO	V	0	1000	5000	Frequência fundamental em dezenas de Hz
AV	V	0	60	80	Amplitude de vozeamento, em dB
OQ	V	10	50	99	Quociente de abertura (abertura do vozeamento/período), em %
SQ	V	100	200	500	Quociente de velocidade (tempo de subida/descida, LF), em %
TL	V	0	0	42	Incl. extra do espectro de voz, dB para baixo em 3 kHz
FL	V	0	0	100	*Flutter* (flutuação aleatória de F_0), em % de máximo

SYM	V/C	MIN	VAL	MAX	Descrição
DI	V	0	0	100	Diplofonia (períodos alternados mais perto), em % de máximo
AH	V	0	0	80	Amplitude de aspiração, em dB
AF	V	0	0	80	Amplitude de fricção, em dB
F1	V	180	500	1300	Frequência do primeiro formante, em Hz
B1	V	30	60	1000	Largura de banda do primeiro formante, em Hz
DF1	V	0	0	100	Mudança em F1 durante a porção aberta do período, em Hz
DB1	V	0	0	400	Mudança em B1 durante a porção aberta do período, em Hz
F2	V	550	1500	3000	Frequência do segundo formante, em Hz
B2	V	40	90	1000	Largura de banda do segundo formante, em Hz
F3	V	1200	2500	4800	Frequência do terceiro formante, em Hz
B3	V	60	150	1000	Largura de banda do terceiro formante, em Hz
F4	V	2400	3250	4990	Frequência do quarto formante, em Hz
B4	V	100	200	1000	Largura de banda do quarto formante, em Hz
F5	V	3000	3700	4990	Frequência do quinto formante, em Hz
B5	V	100	200	1500	Largura de banda do quinto formante, em Hz
F6	V	3000	4990	4990	Frequência do sexto formante, em Hz (se NH = 6)
B6	V	100	500	4000	Largura de banda do sexto formante, em Hz (se NH = 6)
FNP	V	180	280	500	Frequência do polo nasal, em Hz
BNP	V	40	90	1000	Largura de banda do polo nasal, em Hz
FNZ	V	180	280	800	Frequência do zero nasal, em Hz
BNZ	V	40	90	1000	Largura de banda do zero nasal, em Hz
FTP	V	300	2150	3000	Frequência do polo traqueal, em Hz
BTP	V	40	180	1000	Largura de banda do polo traqueal, em Hz
FTZ	V	300	2150	3000	Frequência do zero traqueal, em Hz
BTZ	V	40	180	2000	Largura de banda do zero traqueal, em Hz
A2F	V	0	0	80	Amplitude da fricção excitada paralela do segundo formante, em dB

SYM	V/C	MIN	VAL	MAX	Descrição
A3F	V	0	0	80	Amplitude da fricção excitada paralela do terceiro formante, em dB
A4F	V	0	0	80	Amplitude da fricção excitada paralela do quarto formante, em dB
A5F	V	0	0	80	Amplitude da fricção excitada paralela do quinto formante, em dB
A6F	V	0	0	80	Amplitude da fricção excitada paralela do sexto formante, em dB
AB	V	0	0	80	Amplitude da fricção excitada paralela do caminho *bypass*, em dB
B2F	V	40	250	1000	Largura de banda da fricção excitada paralela do segundo formante, em Hz
B3F	V	60	300	1000	Largura de banda da fricção excitada paralela do terceiro formante, em Hz
B4F	V	100	320	1000	Largura de banda da fricção excitada paralela do quarto formante, em Hz
B5F	V	100	360	1500	Largura de banda da fricção excitada paralela do quinto formante, em Hz
B6F	V	100	1500	4000	Largura de banda da fricção excitada paralela do sexto formante, em Hz
ANV	V	0	0	80	Amplitude da voz excitada paralela do formante nasal, em dB
A1 V	V	0	60	80	Amplitude da voz excitada paralela do primeiro formante, em dB
A2V	V	0	60	80	Amplitude da voz excitada paralela do segundo formante, em dB
A3V	V	0	60	80	Amplitude da voz excitada paralela do terceiro formante, em dB
A4V	V	0	60	80	Amplitude da voz excitada paralela do quarto formante, em dB
ATV	V	0	0	80	Amplitude da voz excitada paralela do formante traqueal, em dB

Quão boa pode ser uma síntese de formante? Essencialmente, tão boa quanto se tem paciência para fazê-la. Se alguém começa com um espectrograma para comparar, por exemplo, especifica muitos parâmetros em cada atualização, ouve a saída ocasionalmente e revisa de acordo, pode-se moldar a saída cada vez mais perto do alvo. Holmes (1973) pretendia produzir uma fala em que ouvintes não poderiam confiavelmente distinguir da gravação natural. As duas fontes principais de falta de naturalidade na fala sintetizada são a perda de pequenas variações na frequência fundamental e outros parâmetros e a dificuldade de criar uma fonte de voz que mimetiza a produzida pela laringe, especificamente durante rápidas mudanças de f_0.

Dadas as demandas feitas à nossa paciência, os sintetizadores de formantes têm sido úteis principalmente na pesquisa, especialmente na pesquisa perceptual, comparando os efeitos de mudança de um ou dois parâmetros dentro de um número relativamente pequeno de sílabas. Claramente, configurar 60 parâmetros bem técnicos a cada 5 ms não é uma forma prática de encontrar as necessidades mais comerciais para a síntese de fala, mesmo com a ajuda de interpolação automática. Certamente não haveria *Speak & Spell*™ algum se os usuários tivessem de conhecer sobre frequências de formantes e larguras de banda. Por outro lado, entretanto, não haveria *Speak & Spell*™ algum ou outras sínteses práticas se os pesquisadores usando sintetizadores de formantes não tivessem meticulosamente descoberto as configurações de parâmetros que agora são programadas em produtos comerciais.

SÍNTESE POR REGRA

Um passo-chave para se fazer síntese de valor prático mais amplo é o reconhecimento de que muitos parâmetros são previsíveis aproximadamente em sílabas, palavras e enunciados e sabemos a sequência de fonemas a ser produzida. A frequência fundamental declina lentamente nos enunciados e rapidamente no final de uma sentença declarativa; as vogais são aumentadas antes de consoantes vozeadas; as vogais são nasalizadas antes de consoantes nasais; as vogais baixas são geralmente mais longas do que as vogais altas: essas são umas poucas regras gerais que são bem conhecidos pedaços da fonologia do inglês e de outras línguas. Os fonólogos escrevem essas regras em formas precisas, levando em conta o efeito de um sobre o outro. O livro clássico *The sound pattern of English* de Noam Chomsky e Morris Halle (1968) inspirou uma abordagem de síntese baseada em regras de reescrita. Elas foram usadas para construir compiladores de regra especiais para síntese texto-fala. Se quantificarmos essas regras, podemos automatizar muitas das configurações de parâmetros nas sínteses. Por exemplo, quantas são as vogais mais longas diante de consoantes vozeadas e como esse fator interage com a altura da vogal? Os capítulos anteriores, especialmente os Capítulos 4, 5 e 7, apresentaram informação do tipo que pode ser usada para formular síntese baseada em regras. Essa informação é o produto de muitos estudos em fonética acústica, acoplada a princípios de fonologia.

Nesse sistema, o usuário pode digitar a sequência de fonemas de um enunciado. O sintetizador, então, começaria com uma lista de valores padrões para cada fonema, por exemplo, para cada vogal, duração intrínseca, f_0 e frequências e larguras de banda dos formantes. Ele, pois, confeccionaria automaticamente cada um desses valores de acordo com o contexto de cada fonema. A variedade de regras que poderia ser incluída, pelo menos em princípio, estende-se de regras prosódicas como "aumente a duração e a mudança de tom na última sílaba acentuada do enunciado" a especificações acústicas detalhadas que não são encontradas nos livros de fonologia, como "o F2 muda para um valor de cerca de 1800 Hz antes de consoantes alveolares". Interessante notar que poderíamos procurar a fala mais natural pela expansão desse conjunto de regras em ambos os lados. Em um nível mais alto, poderíamos tentar formular regras do discurso, como "aumente a proeminência (amplitude e duração) de um substantivo se essa é a primeira vez que ele foi mencionado no discurso". No outro extremo, poderíamos introduzir pequenas flutuações aleatórias na frequência fundamental e na amplitude durante as sílabas mais longas para simular *jitter* e *shimmer* vocais.

Obviamente, esse conjunto de regras poderia ser de fato muito formidável, e mesmo assim poderia não capturar as formas sutis em que a fala natural varia em relação ao contexto em todos os níveis linguísticos. No entanto, os pesquisadores da fala criaram programas de síntese por regra que produziam uma fala razoavelmente soando como natural e ainda operando rapidamente em discos rígidos baratos. Esse desenvolvimento tornou possível as aplicações práticas da síntese, como brinquedos, próteses de fala e máquinas de leitura.

Claramente, essas aplicações dependem de mais um passo, entretanto. Não se pode esperar que a maioria dos usuários digite uma representação de uma sequência de fonemas. Uma máquina de leitura deve começar com uma impressão comum. Em virtualmente todas as aplicações práticas, uma tradução prévia é necessária antes que a síntese por regra possa operar: da ortografia comum para uma sequência de fonemas. Qualquer um que conhece a ortografia inglesa sabe que para o inglês, pelo menos, essa tradução não é uma questão trivial. Entretanto, com a ajuda de um "dicionário" interno, junto com regras para palavras que não estão no dicionário, os sintetizadores podem fazer essa primeira tradução. O resultado é uma fala que soa razoavelmente natural, produzida quase instantaneamente da ortografia comum digitada (ou escaneada).

Um dos melhores exemplos comerciais desse tipo de sintetizador é o *DECtalk*™, produzido pela Digital Equipment Corporation e baseado em regras desenvolvidas por Dennis Klatt. Esse dispositivo, pela primeira vez no mercado por volta de 1983, pega a ortografia comum (de um teclado, arquivo de computador ou *scanner*) como entrada e produz uma fala do inglês altamente inteligível e razoavelmente natural como saída. Em sua versão anterior, ele tinha vozes pré-feitas (masculinas, femininas e de crianças) mais uma que poderia ser confeccionada para as necessidades do usuário, selecionando 13 especificações indo do sexo e tom médio para tamanho de cabeça e soprosidade. A Figura 8.5 é uma tabela de fluxo, mostrando a sequência de operações pelas quais o *DECtalk*™ chega em uma pronúncia, levando em conta tanto a pontuação quanto a forma ortográfica.

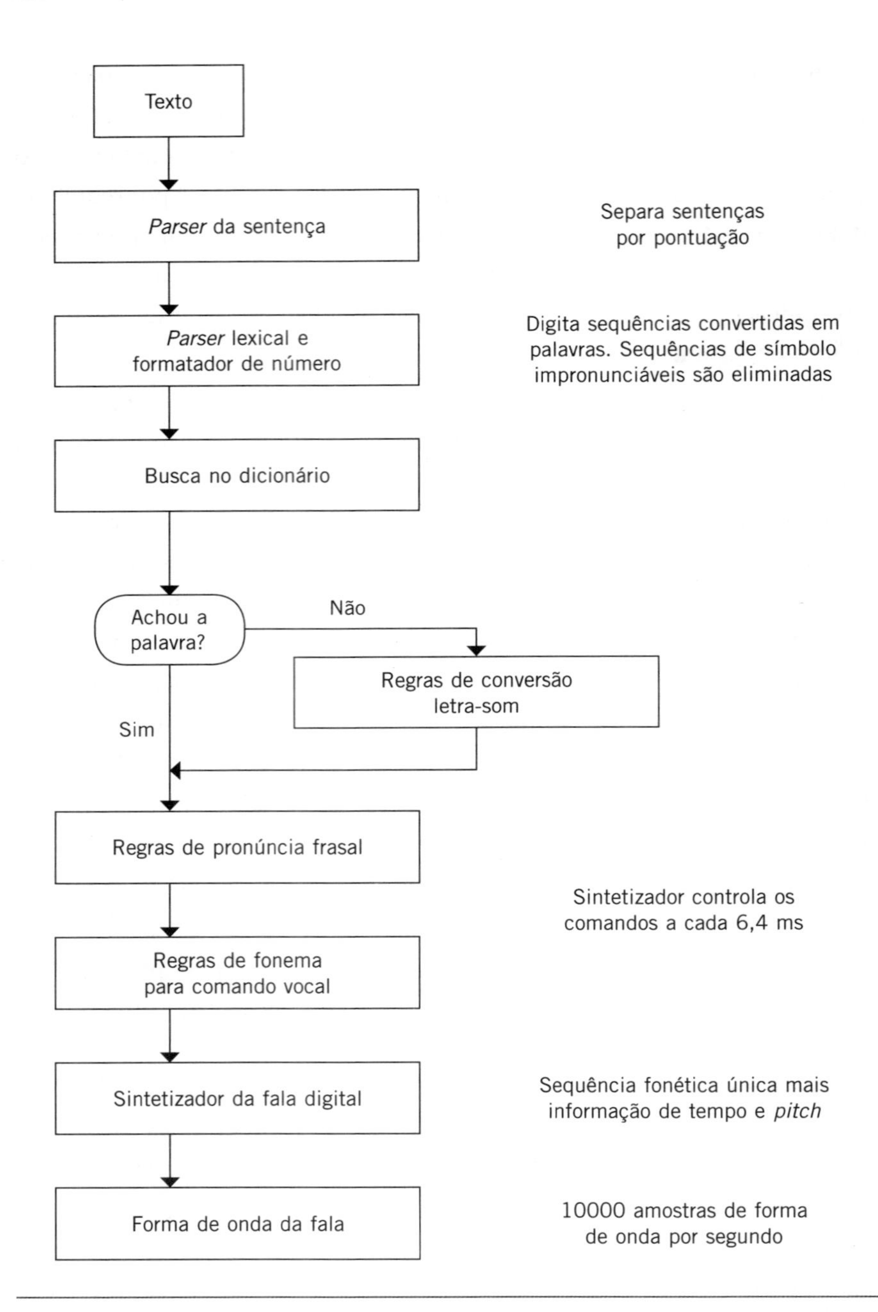

FIGURA 8.5 Fluxograma de operações no sintetizador *DECtalk*™, do manual do usuário do *DECtalk*™. A tabela começa no topo com a entrada da ortografia padrão e termina com a produção da fala sintetizada.

Nota-se que o *DECtalk*™ primeiramente procura seu dicionário e então aplica suas regras de conversão ortografia-som apenas para palavras não encontradas lá; assim, o dicionário é uma lista de palavras com ortografia excepcionais. Se uma sequência de letras falha na combinação com qualquer palavra no dicionário ou nas regras de conversão ortografia-som, o *DECtalk*™ simplesmente nomeia as letras. Se a pronúncia do *DECtalk*™ não é satisfatória, o usuário pode digitar os símbolos fonêmicos em vez da ortografia padrão. Por exemplo, o *DECtalk*™ pronuncia mal *shoebench* como [bɛn]. Uma solução é simplesmente colocar hífen na palavra, mas outra é trocar a ortografia por ['shuwbehnch]. O que não se pode controlar com o *DECtalk*™ é precisamente o que *se deve* controlar com um sintetizador de formantes, a saber, as frequências e larguras de formantes ao longo do tempo.

A Figura 8.6 mostra dois espectrogramas de "*We show speech*", o superior foi enunciado por *DECtalk*™ da ortografia padrão e o inferior por um falante adulto masculino aproximadamente com a mesma taxa. A diferença mais óbvia está na extensão de frequências. *DECtalk*™ produz muito pouco som acima de 5 kHz (a escala do espectrograma é de 0 a 8 kHz), enquanto a fala natural tem uma grande quantidade de energia sonora acima de 5 kHz nas três fricativas (incluindo a segunda parte de [tʃ] em "*speech*"). Entretanto, essa restrição não tem grandes consequências nas aplicações comerciais, especialmente na rede telefônica padrão, que transmite apenas frequências de até 3,3 kHz.

Nota-se o formato extensivo do segundo e terceiro formantes no enunciado do *DECtalk*™, não apenas na semivogal [w] de "*we*", mas também nas transições no começo das vogais de "*show*" e "*speech*". Esses contrastam com a fala sintetizada minimamente, como mostrada na Figura 8.2. Nota-se também que a duração de cada segmento se parece bastante com a da fala natural em uma taxa total similar. Em ambos esses aspectos, o *DECtalk*™ levou o contexto de cada fonema em consideração.

Há também outras diferenças além da extensão de frequências que nos permitem fazer inferências sobre as regras pré-programadas do *DECtalk*™. O [p] em "*speech*" é consideravelmente mais aspirado no enunciado do *DECtalk*™ do que na amostra natural. O *DECtalk*™ sabe, entretanto, que o /p/ depois do /s/ inicial é relativamente não aspirado; ele produziria /p/ em

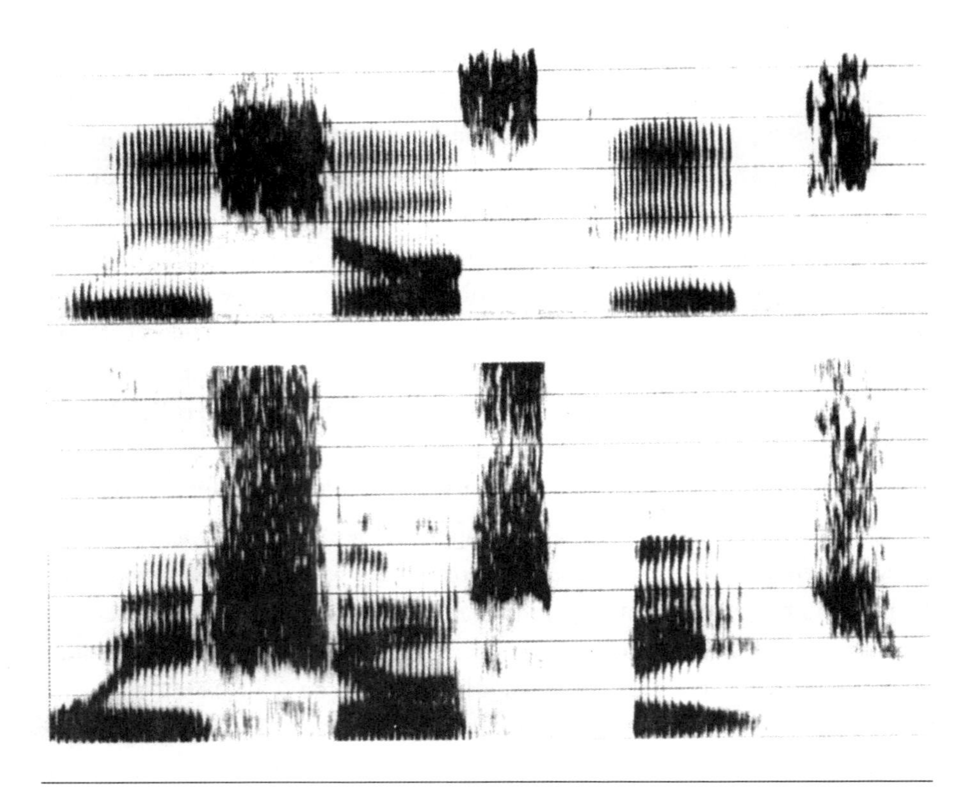

FIGURA 8.6 Espectrogramas de dois enunciados de "*We show speech*". Canal inferior: fala natural de um adulto masculino; canal superior: fala sintetizada do sintetizador *DECtalk*™.

"*peach*" com uma aspiração muito mais longa. Note também a f_0 descendente durante a vogal de "*speech*", como mostrado pela distância entre as estrias verticais. Essas estrias se tornam separadas na produção do *DECtalk*™, mas em um grau menor do que na fala natural. Como ocorre com a maioria da fala sintetizada, o *DECtalk*™ produz menos variação de amplitude do que o falante humano. Especificamente nos finais das vogais de "*show*" e "*speech*", a amplitude decresce marcadamente na fala natural, fato especialmente notado nos formantes mais altos.

Entretanto, essas diferenças podem ter pouca significância para a inteligibilidade ou até mesmo a naturalidade. Logan, Greene e Pisoni (1989) estudaram a inteligibilidade de 10 sistemas de síntese por regra. A voz padrão do *DECtalk*™ ("*Paul*") resultou na menor taxa de erro; em consoantes em início de sílaba, ela foi equivalente à fala natural. Sob boas condições de escuta (palavras em contexto, baixo ruído no ambiente), raramente se nota dificuldade para compreender o *DECtalk*™. Para uma descrição posterior do *DECtalk*™, vide Bruckert (1984). Para uma descrição das regras construídas no seu predecessor, vide Allen, Hunnicutt e Klatt (1987). Mas a superioridade da voz masculina "*Paul*" do *DECtalk*™ agora tem alguns competidores, especialmente no *Mac-inTalk*™ (Hustad, Kent & Beukelman, 1998).

Considerando que ele produz seus enunciados quase instantaneamente, uma vez que encontre uma marca de pontuação final (um ponto final, uma marca de pergunta, ou ponto de exclamação), a fala do *DECtalk*™ é um testemunho audível para as realizações da ciência da fala contemporânea. Devemos ter em mente que os recentes avanços, como o extraordinário sintetizador de Klatt e suas regras detalhadas, são construídos sobre compreensões fundamentais que têm sido desenvolvidas desde o século passado, como a teoria fonte-filtro apresentada no Capítulo 2. O progresso nas ciências da fala tem sido aditivo e às vezes tem surpreendido até mesmo os que fazem parte dele.

SÍNTESE PREDITIVA LINEAR

Um terceiro tipo de síntese começa com a codificação preditiva linear (LPC), descrita no Capítulo 3. A LPC parametriza o sinal de fala, ou seja, analisa o sinal de fala complexo, em constante mudança, em alguns valores chamados parâmetros, que mudam relativamente devagar. O modelo é a abordagem fonte-filtro descrita no Capítulo 2; os parâmetros que representam o sinal são as frequências e larguras de banda de um conjunto de filtros que produzem o sinal, dada uma certa excitação. Essa análise é reversível; dada uma análise de LPC, pode-se produzir (ou sintetizar) o sinal que ela descreve. Se a análise de LPC fosse perfeita, o sinal ressintetizado seria exatamente como o original. Uma vantagem da síntese com LPC é que sua estrutura é mais simples do que a da síntese com formantes, dado que as propriedades espectrais da fala (exceto periodicidade) são representadas nos coeficientes de LPC que são automaticamente calculados da fala normal.

Obviamente, a análise com LPC nunca é perfeita. Uma dessas imperfeições é que a maioria dos modelos de LPC são modelos *todos os polos*, significando que eles são responsáveis por ressonâncias apenas. Como resultado, eles têm dificuldade em descrever sons nasais e laterais, que têm antirressonâncias (zeros) também. Outra imperfeição é que o modelo descreve o filtro, mas não a fonte; a forma de onda glotal na fala vozeada e a fonte de ruído nas fricativas não são bem descritas. Entretanto, uma fala ressintetizante de uma análise de LPC é, no mínimo, uma checagem de quão boa a análise foi. Outra limitação dessa análise é que a interpolação dos parâmetros de LPC em fronteiras de segmentos pode ser difícil, pois cada coeficiente afeta uma gama de frequências da fala de forma complicada.

Se isso fosse tudo o que ela poderia fazer, a síntese preditiva linear provavelmente não estaria qualificada para ser incluída neste capítulo. Entretanto, ela tem uma característica adicional que a torna interessante: tendo-se representado o sinal de fala como um pequeno conjunto de parâmetros, pode-se editá-los antes da ressíntese. Por exemplo, podemos mudar a frequência ou a largura de banda de F1 independentemente de todos os outros formantes e, então, ouvir o seu efeito. Não temos condições de realizar essa operação no sinal de fala natural. Não podemos editar um formante ou pedir a um falante real que varie apenas F1. Em um certo sentido, a síntese por LPC é como ter um sintetizador de formantes que começa com uma análise da fala real, de forma que não tenhamos de construir cada sinal do nada. Um experimento típico, por exemplo, é começar com uma gravação da vogal /i/; realizar uma análise por LPC; e então editá-la, movendo F1 para cima e F2 para baixo em dez passos; sintetizar as dez variantes resultantes e tocá-las em ordem aleatória para ouvintes, a fim de determinar em quais pontos o /i/ começa a soar como /e/ ou /æ/.

Como exemplo, usaremos o *ASL*™, um programa de análise/síntese por LPC vendido pela Kay Elemetrics Corp. com um acréscimo ao seu espectrógrafo digital e como parte do programa de análise da fala conhecido como *CSL*™. A Figura 8.7 é uma das exibições básicas do *ASL*™. O canal superior mostra uma forma de onda do sintagma "*speech synthesis*", falado por um falante masculino. Sob a parte vozeada de cada sílaba, uma série de tiques verticais curtos marca os períodos glotais. Esses tiques se separam durante as duas últimas sílabas, pois a f_0 estava caindo no final do enunciado. O *ASL*™ pode realizar essa análise dos períodos fundamentais automaticamente e então o usuário pode editá-la caso necessário. Sua importância é que a análise de LPC (e, assim, a ressíntese) é mais precisa se ela for *síncrona ao tom*, ou seja, se (nas partes vozeadas apenas) a unidade de análise for um período glotal.

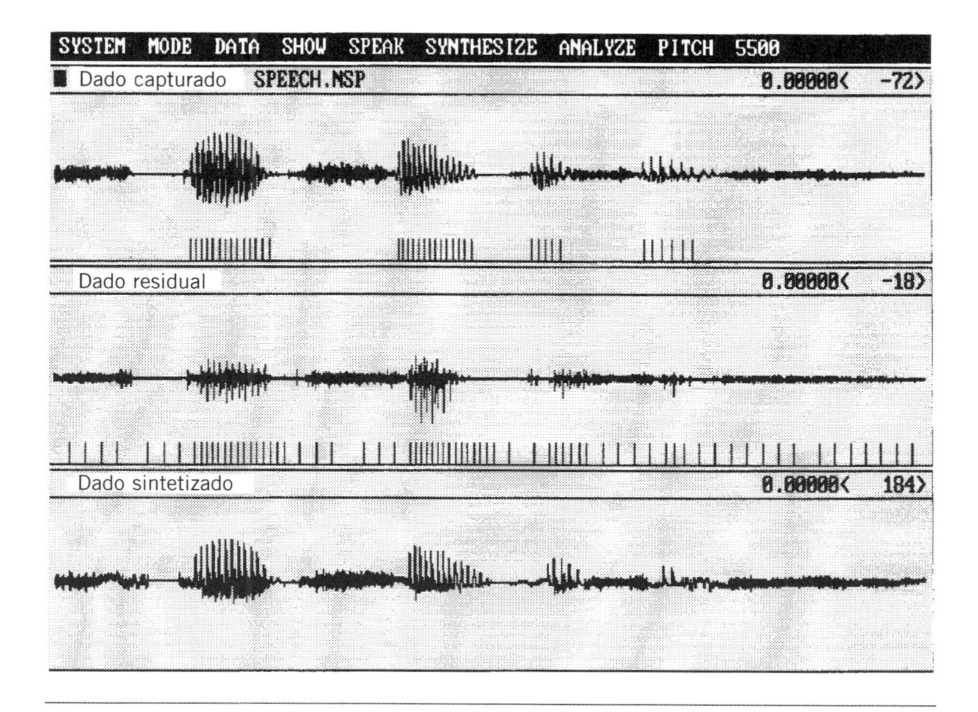

FIGURA 8.7 Três formas de onda na visualização do *ASL*, um programa para análise de LPC e síntese. O sintagma é "*speech synthesis*" falado por um adulto masculino. Canal superior: forma de onda da fala; canal médio: sinal do resíduo; canal inferior: fala sintetizada.

Depois da análise preditiva linear, há uma parte do sinal que permanece sem ser trabalhado pela sequência de filtros digitais que a análise desenvolveu. Essa parte é conhecida como sinal do *erro* ou do *resíduo*. Para nosso enunciado exemplo, a forma de onda do sinal residual é mostrada no painel medial da Figura 8.7. Idealmente, o resíduo deve representar apenas a fonte: a forma de onda glotal e a excitação do ruído. O resíduo pode ser um sinal muito fraco; sua amplitude aparente foi normalizada para preencher o painel da Figura 8.7. Entretanto, é evidente que o resíduo nas partes vozeadas das sílabas não é apenas uma forma de onda glotal; ele é complexo demais. Na verdade, ao ouvir um sinal residual, podem-se ouvir traços das vogais originais se toda a estrutura formântica não tiver sido capturada na análise.

Tendo-se feito a análise de LPC, podemos, então, ressintetizar o sinal. Temos uma escolha de usar ou não o sinal residual para completar a síntese. Usá-lo significa acrescentar de volta aquela parte do sinal que a análise não trabalhou; o sinal sintetizado resultante deve ser idêntico ao original. Obtemos uma excelente síntese, mas um teste ruim da análise.

Neste exemplo, não usamos o resíduo. O painel inferior da Figura 8.7 mostra o enunciado sintetizado resultante. Ao compararmos a forma de onda com a original (painel superior), podemos ver que ela é diferente. De forma geral, podemos até ver que a forma de onda sintetizada mais o resíduo se aproximariam bastante do original.

A Figura 8.8 é uma visão espectrográfica de uma comparação semelhante. O canal inferior é um espectrograma de "*seven*", falado por uma falante feminina; o canal superior é o mesmo enunciado depois da análise de LPC e da ressíntese sem o resíduo. Nota-se que a estrutura formântica de ambas as vogais é bastante bem reproduzida na síntese, mas que há dificuldades nas transições entre as fricativas e as vogais. Essas transições são grandes mudanças, não apenas na fonte, mas também na forma e ressonância do trato vocal. Devido ao fato de a análise de LPC operar em molduras (neste caso, 20 ms de duração durante as partes desvozeadas do sinal), ela tem dificuldade em representar rápidas transições entre a fala desvozeada e a vozeada.

O *ASL*™ fornece dois modos pelos quais o usuário pode editar a análise antes da síntese. A Figura 8.9 mostra a exibição gráfica em tela cheia de uma análise de "*spurious*", falada por um falante masculino. O painel supe-

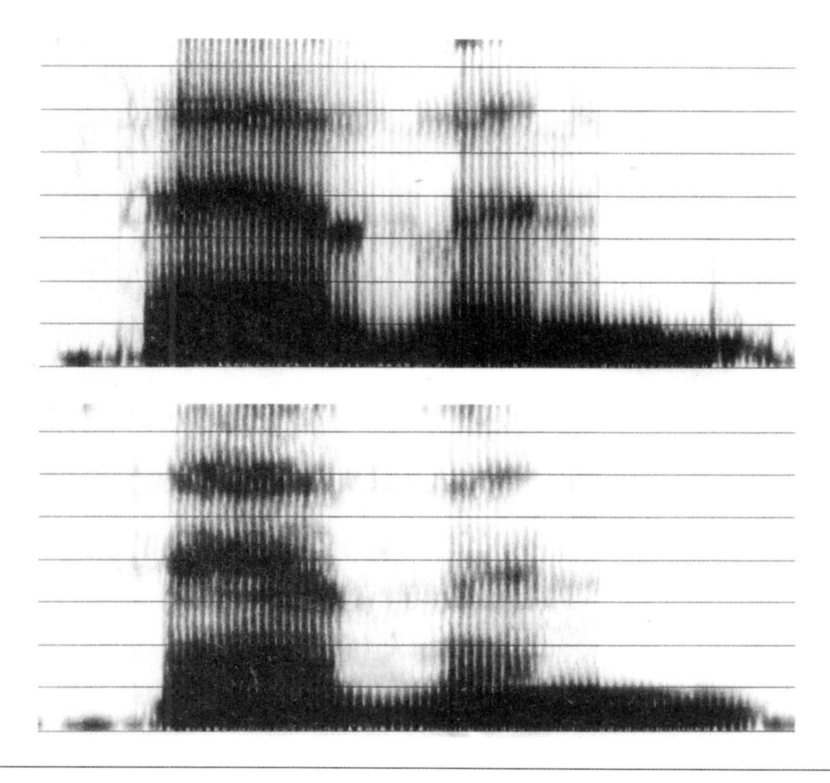

FIGURA 8.8 Espectrogramas de dois enunciados da palavra "*seven*". Canal inferior: fala natural de um adulto feminino; canal superior: o mesmo enunciado depois de uma análise de LPC e ressíntese.

rior é a forma de onda, com períodos glotais marcados; o painel médio é a exibição de formantes; o painel mais inferior é o contorno de f_0 durante a parte vozeada da palavra. No painel médio, as barras horizontais curtas representam as frequências centrais dos formantes, e as linhas verticais intersectando-as representam larguras de banda. Pode-se facilmente rastrear os cinco primeiros formantes durante a maior parte da seção vozeada, de modo que as linhas verticais predominem. Nessa exibição, pode-se usar um *mouse* para desenhar novos formantes ou um novo contorno de f_0 para síntese. Um usuário experiente com uma mão firme pode criar mudanças bastante

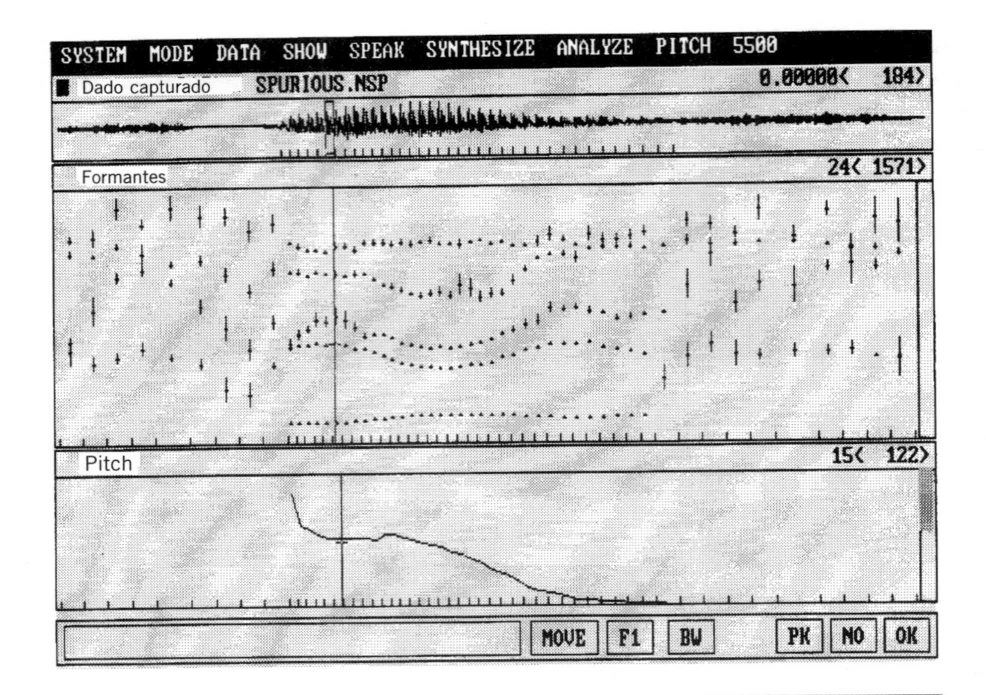

FIGURA 8.9 Visualização de formantes no *ASL* da palavra "*spurious*" falada por um adulto masculino. Canal superior: forma de onda da fala com períodos fundamentais marcados por tiques verticais; canal médio: formantes (linhas horizontais) e larguras de banda (linhas verticais); canal inferior: contorno de f_0.

dramáticas no sinal, embora os resultados, às vezes, incluam transições ruidosas ou outros efeitos imprevisíveis de interação entre essas variáveis.

A Figura 8.10 mostra a exibição do editor numérico para o mesmo enunciado. Cada linha representa uma moldura de análise e cada coluna um parâmetro. RES é o número da moldura (do resíduo), PK significa amplitude de pico, LEN, a duração da moldura, B1, a largura de banda de F1 e assim por diante. A moldura 26, logo abaixo do meio da tabela, é marcada por uma caixa na forma de onda. Está perto do [r], de modo que o F2 (realçado na tabela) está baixo, em 1442 Hz. O usuário pode editar qualquer um dos parâmetros, levando vantagem da interpolação para produzir mudanças nas taxas lineares e não lineares. Neste modo, tem-se controle preciso sobre cada aspecto de um enunciado falado representado por parâmetros de LPC. Esse grau de controle não é prático para as aplicações comerciais da síntese de fala, mas abre importantes portas para a pesquisa. Por exemplo, se se suspeita que a taxa de transições formânticas depois de consoantes oclusivas é uma parte importante do que torna certa fala disártrica difícil de compreender (Kent et al., 1989), pode-se editar essa característica e ver que diferença ela faz. Em um sintetizador de formantes, tem-se o mesmo tipo de controle, mas não começando com uma análise paramétrica da fala natural.

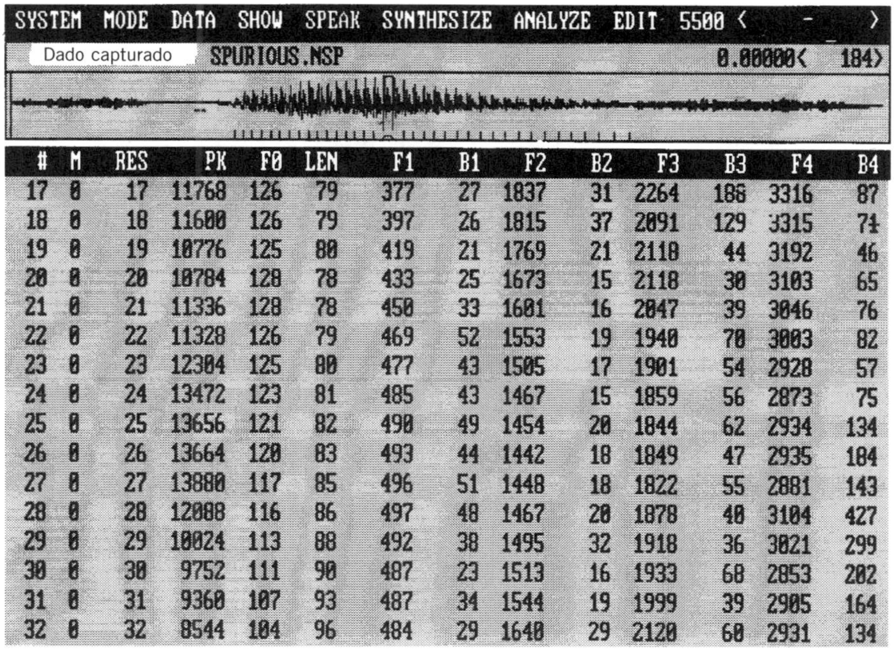

SYSTEM MODE DATA SHOW SPEAK SYNTHESIZE ANALYZE EDIT 5500 < - >

Dado capturado SPURIOUS.NSP 0.00000< 184>

#	M	RES	PK	F0	LEN	F1	B1	F2	B2	F3	B3	F4	B4
17	0	17	11768	126	79	377	27	1837	31	2264	186	3316	87
18	0	18	11600	126	79	397	26	1815	37	2091	129	3315	71
19	0	19	10776	125	80	419	21	1769	21	2110	44	3192	46
20	0	20	10784	128	78	433	25	1673	15	2118	30	3103	65
21	0	21	11336	128	78	450	33	1601	16	2047	39	3046	76
22	0	22	11328	126	79	469	52	1553	19	1940	70	3003	82
23	0	23	12304	125	80	477	43	1505	17	1901	54	2928	57
24	0	24	13472	123	81	485	43	1467	15	1859	56	2873	75
25	0	25	13656	121	82	490	49	1454	20	1844	62	2934	134
26	0	26	13664	120	83	493	44	1442	18	1849	47	2935	104
27	0	27	13880	117	85	496	51	1448	18	1822	55	2881	143
28	0	28	12088	116	86	497	48	1467	20	1878	40	3104	427
29	0	29	10024	113	88	492	38	1495	32	1918	36	3021	299
30	0	30	9752	111	90	487	23	1513	16	1933	68	2853	202
31	0	31	9360	107	93	487	34	1544	19	1999	39	2905	164
32	0	32	8544	104	96	484	29	1640	29	2120	60	2931	134

FIGURA 8.10 Visualização no editor numérico do *ASL™* do mesmo enunciado mostrado na Figura 8.9. As linhas são molduras; as colunas são resultados da análise de LPC, incluindo a amplitude (PK), a extensão da moldura (LEN) e as frequências e larguras de banda dos formantes (F1, B1 etc.).

OLHANDO PARA TRÁS

Um medidor do progresso em síntese de fala é olhar espectrogramas de fala sintéticas nos últimos 50 anos. A síntese de *playback* de padrões (cerca de 1951) das palavras "*four hours*" é representada por espectrogramas de banda larga e estreita na Figura 8.11. A saída do *Speak & Spell*™ (cerca de 1980) é ilustrada para as palavras "*now spell*" na Figura 8.12. A voz masculina

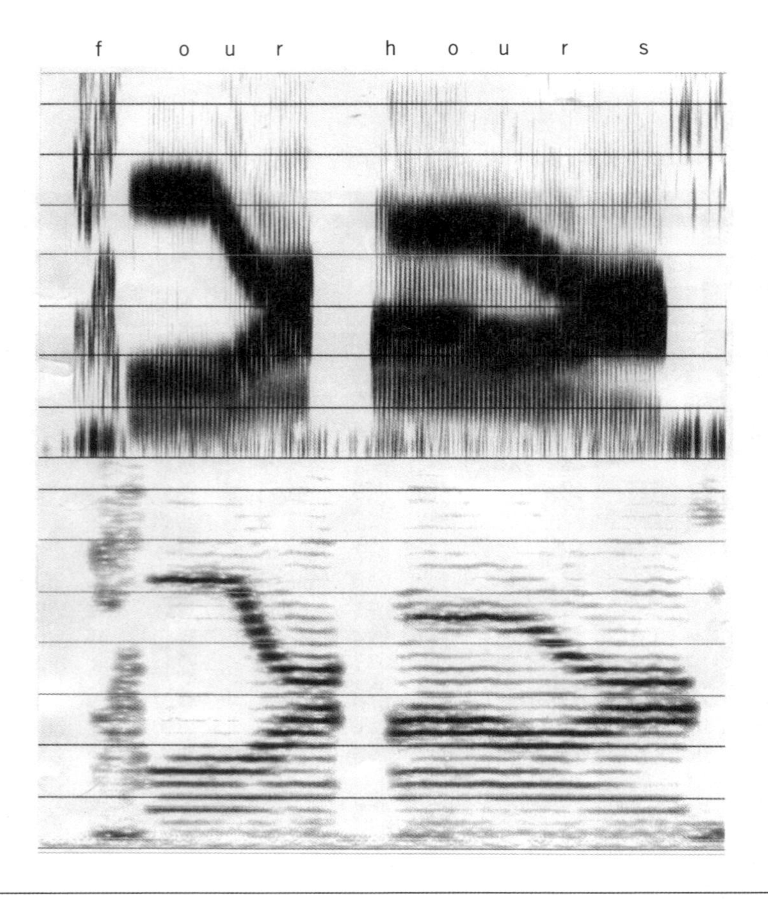

FIGURA 8.11 Espectrogramas de banda larga (topo) e estreita (fundo) do sintagma "*four hours*" produzido com o sintetizador de fala de *playback* de padrões da década de 1950.

padrão do *DECtalk*™ (cerca de 1990) é ilustrada, bem apropriadamente, com as palavras *"standard male voice"* na Figura 8.13. Comparando-se os espectrogramas das Figuras 8.11, 8.12 e 8.13, podemos provavelmente detectar melhoras na naturalidade dos padrões de fala. Nota-se, especificamente, a suavidade dos harmônicos e formantes na Figura 8.13, que se compara favoravelmente com os espectrogramas da fala humana natural mostrados em outros capítulos deste livro. Nas últimas cinco décadas, a fala sintetizada melhorou consideravelmente tanto na inteligibilidade quanto na naturalidade.

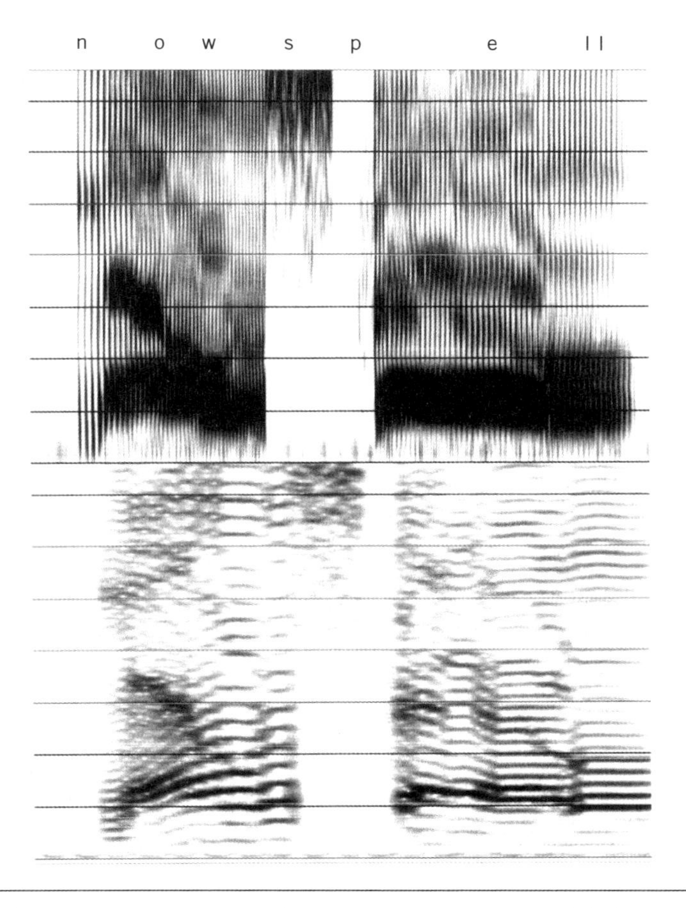

FIGURA 8.12 Espectrogramas de banda larga (topo) e estreita (fundo) do sintagma *"now spell"* produzido com o brinquedo *Speak & Spell*™ da década de 1950.

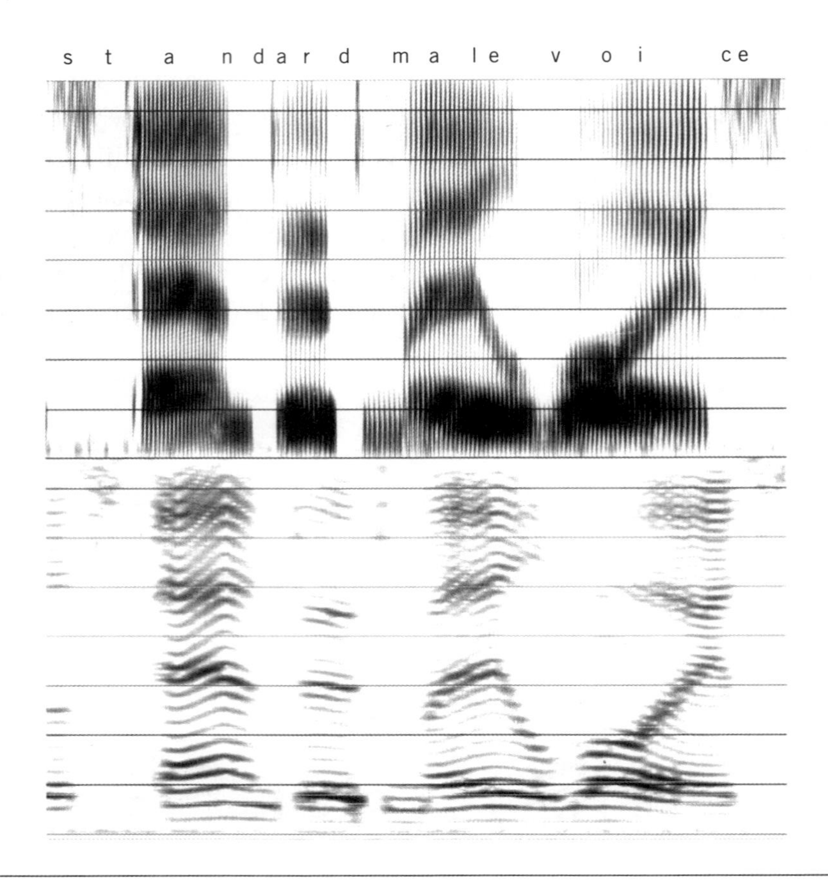

FIGURA 8.13 Espectrogramas de banda larga (topo) e estreita (fundo) do sintagma "*standard male voice*" produzido com o *DECtalk*™ da década de 1990. Note o [t] não aspirado em "*standard*", as variações suaves nos formantes e o contorno entonacional.

A Tabela 8.3 lista várias realizações marcantes na análise de fala e na tecnologia de fala. Esta lista é altamente seletiva, mas indica um grande registro do progresso, começando com tentativas prévias de visualização da fala com formas de ondas e espectrogramas e chegando até sistemas computacionais sofisticados que podem reconhecer a fala humana e produzir fala sintetizada de alta qualidade e naturalidade. Vide também Campbell (1999), Flanagan (1972) e Venkatagiri (1996).

TABELA 8.3 Alguns avanços ímpares na análise e tecnologia de fala.

Ano	Realização
1920	Desenvolvimento do oscilógrafo, permitindo análises de forma de onda da fala.
1930	Tecnologia da eletrônica emerge para aplicação em telecomunicações e campos relacionados; essa tecnologia superou muitas das limitações dos sistemas mecânicos; o *VODER* demonstrado na Feira do Mundo de 1939 foi um dos primeiros exemplos de fala sintetizada.
1940	Análise de Fourier realizada com o analisador de Heinrici; Dudley, Riesz e Watkins descreveram um "falante sintetizado" em 1939. A Segunda Guerra Mundial estimula pesquisa em telecomunições e análise de fala.
1950	Desenvolvimento do espectrógrafo do som e das análises e das técnicas de análise com banco de filtros; desenvolvimento do sintetizador de fala de *playback* de padrões nos laboratórios Haskins. Em 1952, publicação do artigo clássico de Peterson e Barney, "Control methods used in a study of the vowels" (*Journal of the Acoustical Society of America*, n. 27, p. 338-352).
1960	Publicação de *Acoustic theory of speech production* de Gunnar Fant (The Hague: Mouton). Em 1967, publicação de "Perception of the speech code" de A. M. Liberman, F. S. Cooper, D. P. Shankweiler e M. Studdert-Kennedy (*Psychological Review*, n. 74, p. 431-461).
1970	O processamento digital de sinais começa a ser amplamente aplicado à fala. A codificação preditiva linear (LPC) foi pela primeira vez usada para reconhecimento de falante. A deformação temporal dinâmica foi usada no reconhecimento automático da fala para lidar com variações em taxa de elocução. Demonstração de que a fala sintetizada gerada por um modelo de trato vocal pode ser indistinta da fala natural. Desenvolvimento ativo de sistemas texto-fala plenos. Desenvolvimento e demonstração de sintetizadores articulatórios. Máquinas de leitura para cegos tornam-se práticas. Em 1978, introdução do brinquedo de falar *Speak & Spell* da Texas Instruments.
1980	Introdução dos Modelos Ocultos de Markov (HMM) no reconhecimento automático da fala. Publicação de "Software for a cascade/parallel formant synthesizer" de D. H. Klatt (*Journal of the Acoustical Society of America*, n. 67, p. 971-955). A quantização de vetores foi usada como uma solução para sistemas de codificação de fala de banda estreita. Desenvolvimento de sistemas de reconhecimento independente do falante para palavras isoladas. Desenvolvimento de um implante coclear que usa processamento de características da fala (Nuclear 22 — sistema de implante coclear por canal).
1990	Redes conexionistas foram usadas para reconhecimento automático da fala. Construção de bases de dados da fala; por exemplo, *Defense Advanced Research Project Agency* (DARPA). Introdução do processamento de reconhecimento da fala para melhorias na audição. Publicação em 1998 de *Acoustic Phonetics* de K. N. Stevens (Cambridge, MA: MIT Press). Avanços no processamento digital de sinais, incluindo análise de ondaletas, modelos do caos e redes conexionistas. Desenvolvimento e *marketing* de vários sistemas de análise da fala de baixo custo baseados no processamento digital de sinais. Introdução de *Furby*™, um brinquedo que não apenas fala (em furbês), mas que parece "aprender" gradualmente palavras do inglês. Desenvolvimento do *videogame Seaman*™ (para o console de jogo *Dreamcast* da Sega), que é o primeiro de seu tipo a usar reconhecimento de voz. Ele também conversa, através de seleção de sua biblioteca de 12000 linhas de diálogo.

OLHANDO PARA O FUTURO

A síntese de fala é um exemplo do progresso em tecnologia. Os primeiros esforços produziam uma fala que era certamente artificial e difícil de entender. A fala sintetizada contemporânea é tanto natural quanto inteligível, e certamente atingimos um ponto em que os ouvintes podem, com dificuldade, dizer se a fala que ouvem ao telefone, ou em outros sistemas de comunicação, é produzida por um humano ou por uma máquina. O futuro provavelmente terá progressos na miniaturização, personalização e globalização.

A miniaturização acontecerá parcialmente porque o dispositivo de entrada/saída para a fala pode ser um pequeno microfone/falante, em oposição a um teclado ou *tablet*. Embora os microfones sejam bem pequenos agora, o prospecto é para microfones ainda menores. Uma tecnologia especialmente promissora é o desenvolvimento de microfones esculpidos em circuitos integrados de silicone (Ouellette, 1999). Esses microfones podem substituir bem os microfones eletreto-condensadores que são comumente usados hoje em produtos manuais para o consumidor como celulares. Os novos microfones podem ser colocados em grandes arranjos que permitem o uso sem mãos em automóveis, ou conferências por chamada. Esses arranjos poderiam detectar a voz de um falante, mas também poderiam ser usados com técnicas de processamento de sinais para cancelar ruído e interferência. Vantagens significantes são acumuladas com a incorporação de microfones em circuitos integrados de silicone, e podemos bem ver em um tempo curto uma revolução no uso da fala como entrada para sistemas computacionais miniaturizados.

A personalização é facilitada pela miniaturização, porque podemos facilmente transportar o sistema conosco. As tecnologias de fala como a fala sintetizada também se tornarão personalizadas, porque elas podem ser (1) ajustadas às características individuais (ex.: vocabulário, taxa de elocução e emoção), (2) adaptadas a vários ambientes (ex.: ambientes ruidosos ou condições perigosas) e (3) equipadas com tipos de informações específicas a um dado usuário (ex.: uma base de dados de informação técnica, contas de clientes, ou resumos de artigos publicados). A telefonia acoplada com um

GPS (sistema de posicionamento global, em inglês) pode garantir comunicação virtualmente em qualquer lugar do mundo.

Global refere-se não apenas à distância, mas também à comunicação universal entre barreiras linguísticas. Portanto, a globalização depende de desenvolvimento multinacional (entre barreiras geográficas e linguísticas) de sistemas de fala que ofereçam tradução automática, bem como síntese de fala. Pode não estar longe o dia em que será comum falar em uma máquina que reconhecerá a mensagem linguística com uma língua (digamos, inglês), traduzi-la para outra língua (digamos, hindu) e então usar a síntese de fala para produzir a mensagem na língua traduzida. Com esforço suficiente, a saída traduzida e sintetizada poderia até mesmo refletir o estado emocional do falante.

CONCLUSÃO

A síntese de fala atual oferece um arsenal de opções. Pode-se começar com um texto inglês comum, uma amostra da fala gravada para ser editada, ou uma tela cheia de linhas e colunas vazias para serem preenchidas. O usuário pode não ter conhecimento técnico algum ou um entendimento da estrutura acústica da fala em imensos detalhes. Em vez de limites absolutos, encaramos negociações entre tempo e grau de controle.

De qualquer forma, a síntese de fala hoje ilustra a ideia de que alguém certamente entende um processo apenas quando pode reproduzi-lo. Que todos esses tipos de síntese podem produzir uma fala compreensível deve indicar que entendemos uma parte considerável da natureza da fala — que eles são todos imperfeitos indica que há um importante trabalho ainda a ser feito. Rápido progresso está sendo feito na área da prosódia e da expressão emocional. A fala sintetizada no futuro próximo pode não apenas ser altamente inteligível, mas também ter atributos emocionais semelhantes aos humanos.

Apêndices

Apêndice A

SÍMBOLOS FONÉTICOS PARA VOGAIS E CONSOANTES; SIGLAS USADAS NO TEXTO

TABELA A-1 Símbolos para vogais do português brasileiro, por categorias articulatórias tradicionais.

	Anterior	Central	Posterior
Alta	i ĩ ɪ		ũ u ʊ
Média alta	e ẽ		o õ
Média baixa	ɛ		ɔ
Baixa		ɐ a ã	

Nota: As vogais [ɐ, ɪ, ʊ] são versões reduzidas de [a, i, u].

Monotongos

Exemplos de palavras do dialeto capixaba contendo essas vogais:

[i]:	vi			[u]:	vu
				[ũ]:	vum
[ɪ]:	vede			[ʊ]:	ovo
[e]:	vê			[o]:	avó
[ẽ]:	vem			[õ]:	avon
[ɛ]:	velho	[ɐ]:	vida	[ɔ]:	avô
		[ã]:	vã		
		[a]:	vá		

Os ditongos são formados no português brasileiro com as semivogais [I, ʊ], como nos exemplos abaixo:

aɪ: caixa

aʊ: cauda

ãʊ: cão

TABELA A-2 Símbolos usados para consoantes do português brasileiro por categorias articulatórias tradicionais.

	Bilabial	Labiodental	Dental	Alveolar	Retroflexa	Alveopalatal	Palatal	Velar
Oclusiva	p b			td				k g
Fricativa		f v	t d	s z		ʃ ʒ		x ɣ
Africada						tʃ dʒ		
Nasal	m		n	n			ɲ	
Líquida				l	r		ʎ	
Vibrante simples				ɾ				

Nota: Entre as obstruintes (oclusivas, fricativas e africadas), o símbolo à esquerda é o do som desvozeado, enquanto o da direita é o do vozeado.

Exemplos de palavras contendo essas consoantes no dialeto capixaba:

[p]: pato
[b]: bato
[t]: tato
[d]: dado
[k]: capa
[g]: gato

[ʃ]: chato
[ʒ]: jato
[tʃ]: *tia*
[dʒ]: dia

[f]: fato
[v]: vago
[s]: sapo
[z]: zaga

[m]: mato
[n]: nato
[ɲ]: ganha
[l]: cala
[ɾ]: cara
[ʎ]: galho

TABELA A-3 Siglas usadas neste livro.

Frequência	
Hz	Hertz, ou ciclos por segundo
kHz	kilohertz (1000 Hertz)
cps	ciclos por segundo
f_0	frequência fundamental
F1	primeiro formante; F2 = segundo formante e assim por diante
Tempo	
s	segundo
cs	centissegundo (0,01 segundo)
ms	milissegundo (0,001 segundo)
μs	microssegundo (0,000001 segundo)
Amplitude	
dB	decibel
v	volt
mv	milivolt (0,001 volt)
Comprimento	
m	metros
cm	centímetros (0,01 metro)
mm	milímetros (0,001 metro)
l	comprimento
Sons da fala	
[p]	Um símbolo fonético entre colchetes representa um fone, ou seja, um som da fala.
/p/	Um símbolo fonético entre barras transversais representa um fonema, ou seja, uma classe linguisticamente significante de sons da fala.
IPA	International Phonetic Alphabet (Alfabeto Fonético Internacional).
Análises acústicas	
LPC	Linear predictive coding (Codificação preditiva linear)
FFT	Fast Fourier transform (Transformada rápida de Fourier)
DFT	Discrete Fourier transform (Transformada discreta de Fourier)
Amostragem digital	
A/D	conversão (ou conversor) analógico-digital
D/A	conversão (ou conversor) digital-analógico
Velocidade	
c	a velocidade do som no ar ao nível do mar

Apêndice B

FÍSICA ELEMENTAR DO SOM

Acústica é o ramo da física que lida com o som. Psicoacústica é o estudo da resposta psicológica ao som; é uma divisão da psicofísica, ou o estudo geral das respostas psicológicas aos estímulos físicos. O estudo da acústica da fala tem tanto um lado físico quanto psicofísico. O lado físico pertence à estrutura física dos sons da fala. O lado psicofísico preocupa-se com a percepção desses sons. Uma compreensão adequada da fala requer conhecimento desses dois aspectos da acústica da fala. Uma adivinhação famosa pergunta: "Se uma árvore cai na floresta, mas não há ninguém para ouvir, ela produz um som?". Obviamente, a resposta depende da definição dos termos. Se *som* é definido com relação à percepção humana, então nenhum som pode ser verificado. Mas se *som* for definido como uma perturbação física do ar, então o som deve ter ocorrido. Uma adivinhação mais adequada à fala seria: "Se a fala é tornada visível como padrões no papel (ou num monitor de vídeo), mas ninguém a ouve, ela é mesmo fala?".

Som é vibração. Vibração é movimento repetitivo de um corpo para frente e para trás. Usualmente, não ouvimos diretamente as vibrações reais de uma fonte de som, como uma máquina, mas, em vez disso, ouvimos as vibrações que são propagadas, ou transmitidas, em um meio como o ar. Quando ficamos perto de uma máquina barulhenta, ouvimos as vibrações produzidas pela máquina à distância e o ar é o meio de propagação. A Figura B.1 mostra um arranjo físico simples para demonstrar a natureza do som. A fonte de som é um elástico esticado que pode ser puxado para ser posto em vibração. Ele gera uma série de vibrações para frente e para trás depois que é puxado. As vibrações iniciais são de grande amplitude, significando que os balanços para frente e para trás têm um movimento relativamente amplo. A amplitude diminui até o movimento eventualmente parar totalmente. A redução na amplitude reflete o *amortecimento*, ou a perda de energia. No mundo natural, as vibrações não continuam indefinidamente depois que a fonte de energia responsável pela vibração cessa. Em vez disso, as vibrações somem. A taxa na qual elas somem é uma medida do amortecimento, que é a taxa na qual a energia é absorvida. Quando uma moeda é solta em um azulejo, o som parece "tocar" por um tempo curto. Quando a moeda é solta em um sofá, o som é mais como um baque surdo que rapidamente some. A combinação de moeda com azulejo produz uma taxa baixa de amortecimento, de modo que a energia sonora continua por um

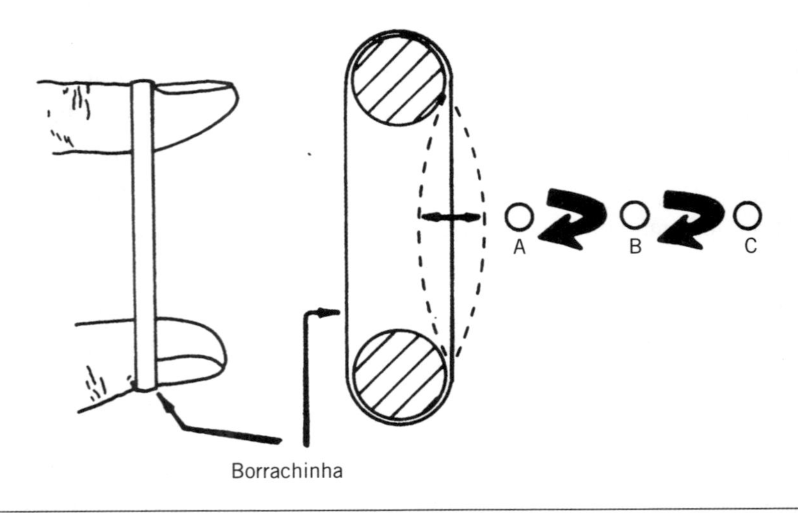

FIGURA B-1 Geração de som com um elástico. Quando o elástico é puxado ele vibra. À medida que ele vibra, ocorre uma reação em cadeia de colisões para as partículas de ar adjacentes, A, B e C. Devido ao fato de o ar ser elástico, cada partícula retorna à sua posição original seguindo a colisão. Portanto, cada partícula se move de um modo para frente e para trás.

tempo além do impacto inicial da moeda no chão. Portanto, a moeda toca. Por outro lado, a moeda com o sofá produz um som que é rapidamente amortecido e, por isso, ouvimos um som seco.

Como ouvimos as vibrações do elástico no exemplo descrito anteriormente? Para responder a essa questão, consideraremos primeiramente a forma na qual a membrana elástica vibrante interage com as moléculas de ar imediatamente adjacentes a ela. O ar é composto por partículas que se movem em resposta à energia aplicada. Quando o elástico vibra, seu movimento para fora empurra as moléculas de ar adjacentes, comprimindo-as. Se o ar fosse um corpo rígido, então a massa inteira de ar se moveria para frente e para trás com o elástico, como um pistão gigante. Mas o ar é elástico, de modo que suas moléculas podem se mover relativamente entre si, como se fossem interconectadas por molas minúsculas. As moléculas que foram deslocadas tendem a retornar à sua posição original. Por causa dessa elasticidade, a energia vibratória fornecida pelo elástico é transmitida de molécula de ar para molécula de ar em um tipo de reação em cadeia. Suponhamos que temos três moléculas de ar, A, B e C, como mostrado esquematicamente na Figura B.1. A molécula A está mais perto de uma fonte de som, B é intermediária e C está mais longe. A sequência seguinte ocorreria em resposta à energia vibratória: A é empurrado de modo a colidir com B. B, em contrapartida, colide com C, mas ao mesmo tempo A retorna à sua posição original (devido à elasticidade). Nessa sequência, um padrão de *compressões* e *rarefações* é desenvolvido. A colisão de moléculas produz compressão à medida que as partículas são pressionadas juntas. Entretanto, o movimento de retorno de uma partícula em um meio elástico produz uma rarefação na qual a densidade da partícula é momentaneamente reduzida em um ponto específico no espaço.

O som é, assim, uma série de condensações e rarefações. Uma dada partícula no caminho da onda sonora propagante estará sujeita a um impulso de condensação e rarefação. Para as partículas A, B e C introduzidas acima, intervalos de curto tempo ocorreriam entre o seu movimento: a molécula A se move primeiro, então B, e então C. Quando vemos raios e ouvimos trovão, temos um exemplo comum desse intervalo temporal. Vemos a luz do raio imediatamente porque a luz viaja muito rápido, em cerca de

186000 milhas por segundo. Mas o som do trovão alcança nossos ouvidos depois de um atraso, às vezes de vários segundos, porque o som se move mais lentamente através do meio ar em cerca de 1/5 de uma milha por segundo. O som viaja lento o bastante para que frequentemente ouçamos evidência de que a "barreira do som" foi quebrada. Quando o jato excede a velocidade do som, ouvimos um estrondo sonoro. A mesma coisa acontece quando batemos um chicote — o rápido movimento do final do chicote equipara-se com a forma de onda e, assim fazendo, faz um pequeno estrondo sonoro.

O que ouvimos como som é a resposta do ouvido humano às vibrações no meio ao redor, usualmente o ar, mas, por exemplo, poderia ser água se estivéssemos nadando. O ar detecta as excursões de partículas tão pequenos quanto 0,0001 polegada. Na verdade, a sensibilidade do ouvido cai logo breve à resposta dos movimentos aleatórios das partículas de ar. Pequenas flutuações de pressão no ar dão origem ao som. Essas flutuações movem-se como uma onda, e o som é, portanto, descrito em termos de movimento de onda.

Há dois tipos principais de movimento de ondas. O som se move como uma *onda longitudinal*, significando que as partículas se movem para frente e para trás ao longo da direção da onda. Lembremos as partículas A, B e C descritas acima: elas se movem em sucessão, para frente e para trás, ao longo do caminho da onda sonora. Por outro lado, as ondas que são produzidas quando uma pedra é solta no meio do lago são *ondas transversais*, em que as partículas se movem para cima e para baixo ou perpendicular à onda em avanço. A onda longitudinal do som não é tão facilmente vista como as ondas transversais em uma piscina. Entretanto, a natureza da onda longitudinal do som pode ser imaginada com a demonstração ilustrada na Figura B.2. Este é um experimento de *Gedanken* (pensamento), que seria, na verdade, muito difícil de realizar. Suponhamos que um lápis é anexado ao final de um lado de um diapasão. Quando o diapasão é tocado para ser colocado em vibração, o lápis anexado ao diapasão vibrará para frente e para trás com o diapasão. O movimento para frente e para trás seria desenhado pelo lápis como um movimento repetitivo, de modo que a linha do lápis seria desenhada em si própria continuamente.

Agora, se puxarmos suavemente o diapasão em vibração em uma folha de papel escrito, o resultado será um padrão em que os movimentos para frente e para trás aparecerão como uma linha que suavemente varia para cima e para baixo. Devido ao fato de o diapasão vibrar em uma frequência única, ou seja, ele tem um movimento periódico para frente e para trás, o padrão produzido no papel toma a forma de uma senoide (nome dado por causa da função seno na geometria).

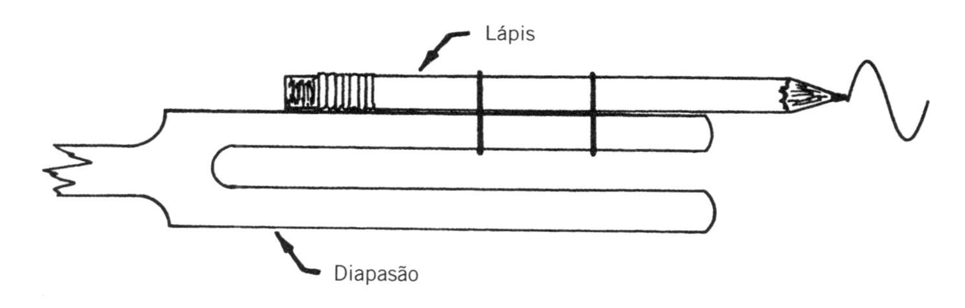

FIGURA B-2 Um experimento *Gedanken* (pensamento) para ilustrar a vibração senoidal. Um lápis é anexado a um lado do diapasão. Quando o diapasão é tocado, ele vibra em uma frequência específica. A ideia desta ilustração é que, à medida que o diapasão em vibração com o lápis anexado é posto em um pedaço de papel, uma forma de onda senoidal deve ser traçada.

O gráfico mostrado na Figura B.3 é chamado de *forma de onda*, que é um gráfico de amplitude *versus* tempo. Todos os sons podem ser representados em um gráfico bidimensional de amplitude e tempo. A forma de onda da Figura B.3 é especialmente importante, porque a senoide é uma forma de onda básica que pode ser usada como um tipo de unidade de análise. A ideia é que todos os sons podem ser decompostos em vários componentes senoidais. Para ver como isso é possível, precisamos examinar algumas características da forma de onda e introduzir alguns conceitos adicionais.

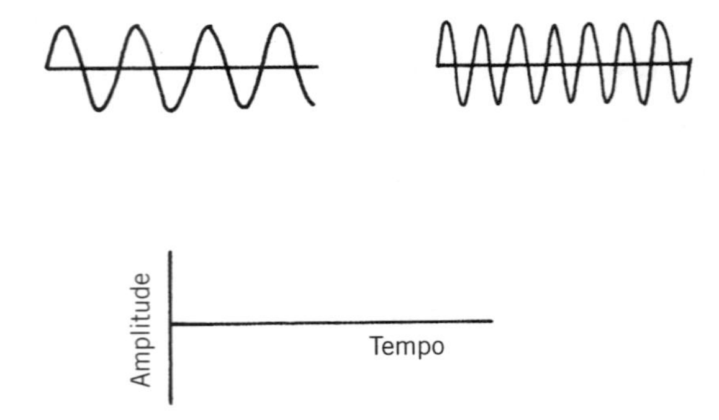

FIGURA B-3A Formas de onda de senoides com mesma amplitude, mas frequência diferente (número de vibrações completas por unidade de tempo), convencionalmente expressa em hertz (ou número de ciclos por segundo). A forma de onda à esquerda tem uma frequência mais baixa do que a da direita.

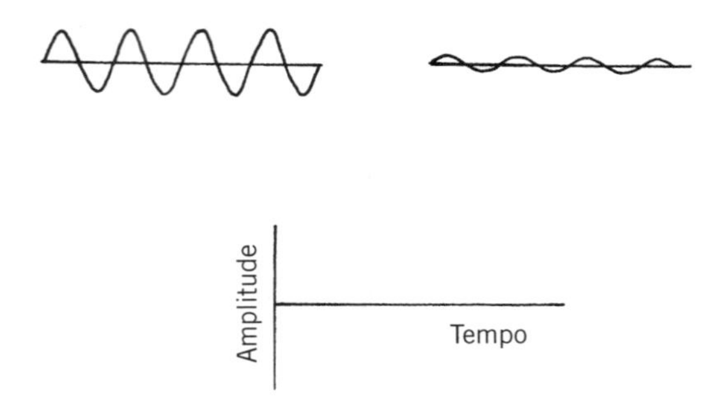

FIGURA B-3B Formas de onda de senoides com mesma frequência, mas amplitudes diferentes. A forma de onda à esquerda tem uma amplitude maior do que a da direita.

Um ciclo completo de vibração do diapasão (movimento para frente e para trás) é representado na forma de onda senoidal como uma sequência de movimento para cima e para baixo. O tempo necessário para este ciclo é chamado de *período*. A frequência de vibração é medida como o número de ciclos por segundo (chamado de hertz, abreviadamente Hz). Se um diapasão vibra em 256 Hz, ele completa 256 ciclos de vibração por segundo. O período, ou duração de um ciclo, pode ser computado simplesmente dividindo o número de ciclos em um segundo. Ou seja, o período é o recíproco da frequência. O período de um tom de 256 Hz é cerca de 0,004 segundo, ou 4 milissegundos (ms). A medida física de frequência correlaciona-se fortemente com o fenômeno perceptual de tom (*pitch*). Um som de alto tom tem uma frequência alta, e um som de baixo tom tem uma frequência baixa. A gama de frequências que o ouvido humano pode detectar é cerca de 20-20000 Hz, correspondendo à gama de períodos de 50 ms a 0,5 ms. Os cachorros e muitos outros animais podem ouvir uma gama estendida de frequências. É por isso que cachorros podem ouvir apitos que humanos não podem. Os sons variam também em altura. O correlato físico básico da altura é a amplitude. À medida que a amplitude de vibração aumenta, tendemos a ouvir um som mais alto.

A onda sonora também pode ser representada espacialmente. Devido ao fato de o som se propagar longitudinalmente, um ciclo de vibração cobre uma certa distância no espaço. A distância é chamada de comprimento de onda e é determinada dividindo a velocidade do som (cerca de 1100 pés/s) pela frequência do som. Um som de baixa frequência tem um comprimento de onda longo, e um som de alta frequência tem um comprimento de onda curto.

A senoide é uma forma de onda elementar que é básica para a análise acústica porque vários tipos de sons podem ser analisados em senoides componentes de frequências, amplitudes e fases especificadas. A frequência e a amplitude já têm sido descritas como uma medida da taxa de vibração e uma medida da magnitude da excursão, respectivamente. Sons de frequências diferentes, mas de mesma amplitude são ilustrados como formas de onda na Figura B.3A. Tons de diferentes amplitudes, mas de mesma frequência são ilustrados na Figura B.3B. A fase especifica a relação de tempo entre os componentes de uma onda sonora e é mais efetivamente demonstrada com um *tom complexo*, ou um tempo que é composto de dois ou mais harmônicos. Cada harmônico é uma senoide e os diferentes harmônicos são relacionados como múltiplos inteiros. Por exemplo, o terceiro harmônico de um tom de 100 Hz é um tom de 300 Hz (o número harmônico, 3, é multiplicado pela fundamental, ou o tom mais baixo).

Vimos que a forma de onda é um gráfico de amplitude *versus* tempo. Ela pode ser interpretada para refletir o deslocamento de uma molécula de ar durante a propagação do som. Uma forma alternativa de ver o som é o *espectro*, que é um gráfico de amplitude *versus* frequência. O espectro indica a amplitude de cada componente senoidal em um som. A Figura B.4 mostra várias formas de onda e pares de espectro. Note que uma senoide simples tem uma linha em seu espectro porque toda a energia sonora é concentrada em uma frequência. À medida que os componentes senoidais são adicionados, mais linhas aparecem no espectro. O padrão mais complexo da Figura B.4 se parece com o som da voz humana, ou seja, o som gerado pelas pregas vocais. Esse som é harmonicamente rico, e os harmônicos são espaçados em intervalos correspondendo à frequência fundamental de vibração das pregas vocais. Os espectros na Figura B.4 são todos *espectros de linha*, assim chamados pois os espectros são compostos de linhas.

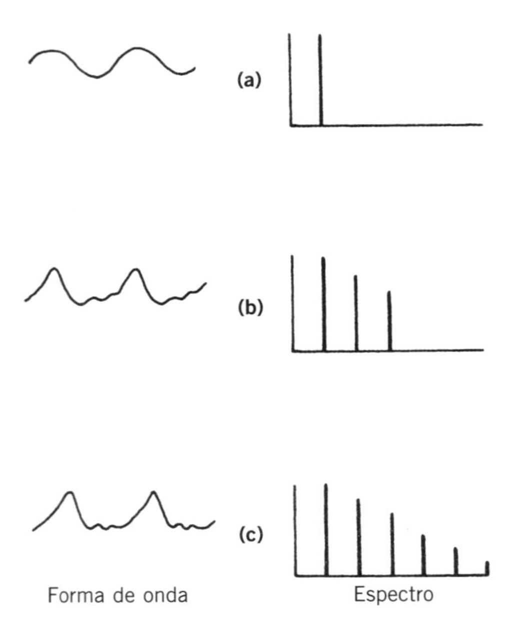

FIGURA B-4 Forma de onda e pares de espectro: (a) senoide, (b) tom complexo com três harmônicos e (c) tom complexo com seis harmônicos.

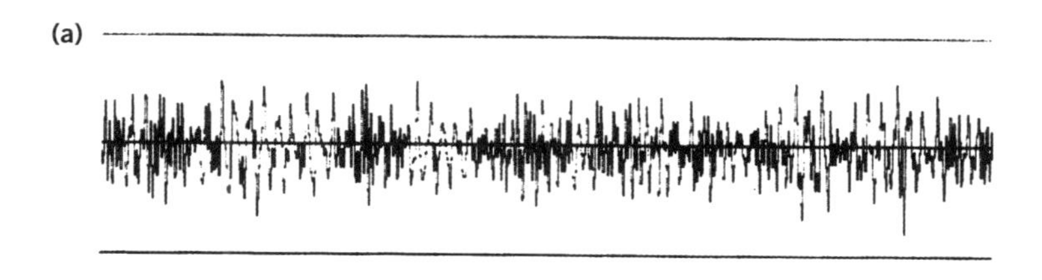

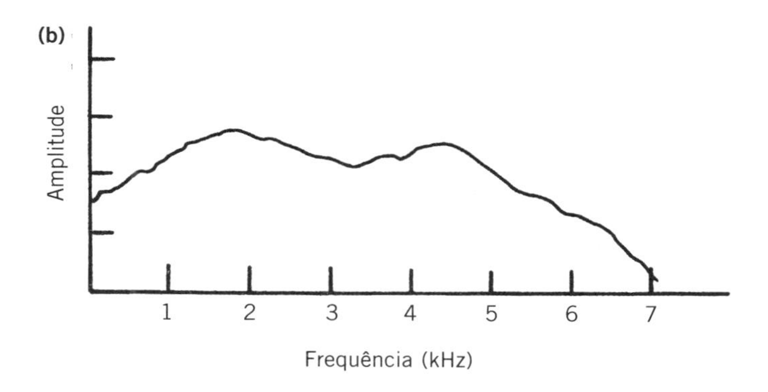

FIGURA B-5 Forma de onda (a) e espectro (b) de ruído. Note a distribuição de energia difusa no espectro.

Até aqui a discussão foi restrita a tons complexos, ou sons com uma composição harmônica. Harmônicos são múltiplos inteiros. Se o primeiro harmônico é 100 Hz, então o segundo harmônico é 200 Hz, o terceiro é 300 Hz e assim por diante. Os sons com estrutura harmônica são periódicos, significando que algum padrão vibratório básico recorre repetidamente em um intervalo fixo. O intervalo fixo é o período fundamental, ou o período do harmônico mais baixo. No exemplo que acabamos de citar, o período fundamental de uma sequência harmônica de 100, 200 e 300 Hz seria 10 ms, o período do harmônico mais baixo. Mas nem todos os sons do mundo, ou mesmo na fala, são complexos harmônicos. Muitos sons são semelhantes a ruído e não têm um padrão regular recorrente de vibração. O ruído é muito mais aleatório em sua natureza. Essa aleatoridade é mostrada na Figura B.5 tanto na forma de onda quanto no espectro. A forma de onda parece "ruidosa" — a amplitude varia com nenhum padrão detectável. O espectro mostra que o ruído é composto de energia em muitas diferentes frequências. Esse tipo de espectro é chamado de *espectro contínuo*.

A forma de onda e o espectro são formas alternativas de representar um som. As duas representações são matematicamente relacionadas por uma operação chamada *transformada de Fourier*. Um espectro é às vezes chamado de espectro de Fourier, e a análise de Fourier é um tipo muito comum de análise espectral. O objetivo básico dessa análise espectral é converter o padrão amplitude-tempo da forma de onda em um padrão alternativo que revela a quantidade de energia nos vários componentes senoidais do som. Note que a fase foi negligenciada nessa discussão simplificada. Para tornar uma forma de onda e um espectro completamente intercambiáveis, a informação de fase teria de ser incluída com a análise espectral. Essa informação descreveria as relações de tempo entre os componentes espectrais. Embora a fase não possa ser negligenciada no estudo do som, ela é geralmente ignorada em estudos de acústica da fala, pois fase não contribui criticamente para a percepção da fala.

A unidade de medida de frequência foi definida como hertz, que é uma medida linear de frequência como o número de vibrações que ocorrem em um segundo. Entretanto, o ouvido humano não percebe o tom de uma forma que é linear em frequência. Por exemplo, em um teclado de piano, um aumento equivalente em tom é julgado para ocorrer a partir do C médio para o próximo C mais alto e assim por diante. Esses intervalos são chamados oitavas e eles correspondem a multiplicar os valores de frequência linear por dois. Se vamos subir uma oitava de 220, a frequência linear correspondente é 440 Hz.

Até aqui, a unidade de medida de amplitude foi negligenciada. Esse negligenciamento deve agora ser remediado. A amplitude conceitualmente pode ser medida em termos das excursões reais de moléculas, mas a medida seria implausivelmente difícil para a maioria das aplicações. Além disso, a resposta humana para o som é tal que os julgamentos de altura mudam bruscamente com o logaritmo das mudanças físicas reais do sinal. Por exemplo, com logaritmos de base 10, as potências de 10 seriam representadas com os valores log de 0 para 1 ou unidade, 1 para um valor de 10, 2 para um valor de 100, 3 para um valor de 1000 e assim por diante. Devido ao fato de a gama de amplitudes considerada na audição humana ser vasta, a escala logarítmica é conveniente para representar essa dimensão do som.

A unidade tipicamente usada para medida da energia do som é o decibel. O decibel tem uma derivação bem complicada, mas a seguinte sequência ajudará na sua compreensão.

O decibel é um décimo de um bel. Por se o bel grande demais para ser uma unidade prática de medida, o decibel (*deci* = um décimo) é usado em seu lugar.

O bel é um logaritmo de um quociente. Lembremos que uma escala logarítmica é vantajosa por causa da grande gama de amplitudes de som que precisa ser considerada. Ir de uma escala linear para uma logarítmica ajuda a manter os números de tamanho conveniente, por exemplo, o logaritmo de 4 corresponde a um valor linear de 10000 (10 à quarta potência). O quociente entra na figura porque a energia do som é medida relativa a um valor de referência. Ou seja, a variável energia sonora V é descrita com relação a uma energia padrão S.

A energia do som em bels = log (base 10) V/S.

Por ser 1 bel (B) igual a 10 decibéis (dB),

a energia do som em decibéis = 10 log (base 10) V/S.

Tanto a intensidade quanto a pressão do som são comumente usadas como a medida física real da energia do som. Para a medida de intensidade, ou nível de intensidade (IL),

a intensidade do som em dB IL = 10 log (base 10) Iv/Is,

onde Iv é a intensidade variável e Is é a intensidade padrão.

Por ser a pressão do som igual ao quadrado da intensidade, o nível de pressão sonora em dB introduz um fator de 2:

a pressão do som em dB SPL = 20 log (base 10) Pv/Ps,

onde Pv é a pressão sonora variável e Ps é a pressão sonora padrão.

Neste livro, a magnitude do som usualmente será expressa em nível de intensidade em dB ou em nível de pressão sonora em dB. Portanto, um espectro de um som terá um eixo horizontal de frequência (em Hz ou kHz, onde k é um multiplicador de 1000) e um eixo vertical de intensidade ou nível de pressão sonora em dB. Uma propriedade interessante da escala em dB logarítmica é que a adição de valores em dB corresponde à multiplicação dos valores originais (antilog). Essa é uma característica útil, pois ela simplifica alguns cálculos em acústica.

Vimos que o som é um fenômeno de onda em que a energia vibratória é propagada em um meio. Essa propriedade de onda pode ser representada graficamente como uma forma de onda (amplitude de deslocamento *versus* tempo) ou um comprimento de onda (amplitude de deslocamento *versus* distância). Uma das formas mais úteis de analisar o som é através do espectro (energia *versus* frequência). Um apelo fundamental do espectro é que mesmo muitos sons complexos podem ser analisados como uma combinação de sons elementares, como senoides. O espectro de Fourier realiza esse tipo de análise, permitindo descrever vários tipos de sons em termos de suas distribuições de energia sobre a frequência. Uma regra geral para relacionar as representações de forma de onda com as espectrais é a seguinte (assumindo que as formas de onda são plotadas na mesma escala de tempo): quanto mais picos tiver a forma de onda (cantos agudos), maior a energia nas frequências mais altas do espectro. Essa relação funciona porque as características agudas da forma de onda requerem altas frequências para sua definição.

Os sons da fala usualmente têm energia distribuída amplamente sobre a frequência, mas algumas regiões de energia são mais importantes do que outras. Parte do objetivo da análise acústica da fala, então, é determinar como sons diferem em seus espectros e descrever as regiões mais importantes para cada som ou classe sonora. Os capítulos deste livro descrevem abordagens modernas para tornar a fala visível, uma iniciativa que tem ocupado os esforços de cientistas da fala por várias décadas. Mais de meio século atrás, Potter, Kopp e Green (1947) publicaram um livro, *Visible speech* (Fala visível). O presente livro poderia ter um subtítulo semelhante e relata sobre cinquenta anos de progresso sobre a questão.

Apêndice C

ESCALAS NÃO LINEARES DE FREQUÊNCIA PARA A ANÁLISE DA FALA

As escalas descritas neste apêndice foram propostas como alternativas para a frequência linear na representação dos sons da fala. O argumento principal para o uso dessas escalas não lineares de frequência é o fato de elas serem mais próximas da análise feita pelo ouvido. Embora essas escalas não lineares sejam especialmente importantes para as vogais, elas também podem ser usadas para consoantes.

Em cada uma das equações abaixo, f designa um valor de frequência. As equações são descritas para valores em mels, Barks e Koenig.

Mels técnicos (TM) foram definidos por Fant (1973), como:

$$TM = (1000 / \log 2) \log (f / 1000 + 1)$$

A transformada Bark (B para Bark) é calculada de acordo com a equação de Zwicker e Terhardt (1980),

$$B = 13 \arctan (0{,}76f / 1000) + 3{,}5 \arctan (f / 7500)^2$$

Os valores Koenig (K) de Koenig (1949) são calculados com as equações:

$$K = 0{,}002f \qquad \text{para } 0 \leq f < 1000$$

$$K = (4{,}5 \log f) = 11{,}5 \qquad \text{para } 1000 < f \leq 10000$$

Para uma comparação gráfica dessas escalas, vide Miller (1989).

Referências

ABBERTON, E. R. M.; HOWARD, D. M.; FOURCIN, A. J. Laryngographic assessment of normal voice: A tutorial. *Clinical Linguistics and Phonetics*, n. 3, p. 281-296, 1989.

ABRAMSON, A. S. Laryngeal timing in consonant distinctions. *Phonetica*, n. 34, p. 295-303, 1977.

ADAMS, C.; Munro, R. R. In search of the acoustic correlates of stress: fundamental frequency, amplitude, and duration in the connected utterance of some native and non-native speakers of English. *Phonetica*, n. 35, p. 125-156, 1978.

ADAMS, S. G. *Rate and clarity of speech*: an X-ray microbeam study. Tese (Doutorado) — University of Wisconsin-Madison, Madison, WI, 1990.

AHMADI, S.; SPANIAS, A. S. Cepstrum-based pitch detection using a new statistical V/UV classification algorithm. *IEEE Transactions on Speech & Audio Processing*, n. 7, p. 333-338, 1999.

AL-BAMEMI, A. *An instrumental study of the allophonic variation of /l/ in RP.* Dissertação (Mestrado) — University College of North Wales, Bangor, UK, 1975.

ALLEN, G. D. Vowel duration measurement: a reliability study. *Journal of the Acoustical Society of America*, n. 63, p. 1176-1181, 1978.

______; HAWKINS, S. Phonological rhythm: Definition and development. In: YENI-KOMSHIAN, G. H.; KAVANAGH, J. F.; FERGUSON, C. A. (Orgs.). *Child phonology*. New York: Academic Press, 1980. v. 1, p. 227-256.

ALLEN, J.; HUNNICUTT, M. S.; KLATT, D. H. *From text to speech*: the MITalk system. Cambridge, UK: Cambridge University Press, 1987.

ALI, L.; DANILOFF, R. A contrastive cinefluorographic investigation of the articulation of emphatic-nonemphatic cognate consonants. *Studia Linguistica*, n. 18, p. 81-105, 1972.

ALWAN, A. Perceptual cues for place of articulation for the voiced pharyngeal and uvular consonants. *Journal of the Acoustical Society of America*, n. 86, p. 549-556, 1989.

______; NARAYANAN, S.; HAKER, K. Toward articulatory-acoustic models for liquid approximants based on MRI and EPG data. II. The rhotics. *Journal of the Acoustical Society of America*, n. 101, p. 1078-1089, 1997.

ANDRIANOPOULOS, M. V.; DARROW, K.; CHEN, J. Multimodal standardization of voice among four multicultural populations: Formant structures. *Journal of Voice* [no prelo].

ARONSON, L.; ROSENHOUSE, J.; ROSENHOUSE, G.; PODOSHIN, L. An acoustic analysis of modem Hebrew vowels and voiced consonants. *Journal of Phonetics*, n. 24, p. 283-293, 1996.

ARSLAND, L. M.; HANSEN, J. H. L. Study of temporal features and frequency characteristics in American English foreign accent. *Journal of the Acoustical Society of America*, n. 102, p. 28-40, 1997.

ASSMAN, P.; KATZ, W. F. Time-varying spectral change in the vowels of children and adults. *Journal of the Acoustical Society of America*, n. 108, p. 1856-1866, 2000.

ASSMAN, P.; NEAREY, T.; HOGAN, J. Vowel identification: orthographic, perceptual, and acoustic aspects. *Journal of the Acoustical Society of America*, n. 71, p. 975-989, 1982.

ATAL, B. S.; HANAUER, S. L. Speech analysis and synthesis by linear prediction of the speech wave. *Journal of the Acoustical Society of America*, n. 50, p. 637-655, 1971.

______; SCHROEDER, M. R. Adaptive predictive coding of speech signals. *Bell System Technical Journal*, n. 49, p. 1973-1986, 1970.

AZOU, P. et al. Voice onset time in aphasia, apraxia of speech and dysarthria: a review. *Clinical Linguistics & Phonetics*, n. 14, p. 131-150, 2000.

BACHETY, M. Bouncing reverb out of the lab. *Sound Communications*, n. 44, p. 96-97 e 126, 1998.

BACHOROWSKI, J.-A. Vocal expression and perception of emotion. *Current Directions in Psychological Science*, n. 8, p. 53-57, 1999.

______; OWREN, M. J. Acoustic correlates of talker sex and individual talker identity are present in a short vowel segment produced in running speech. *Journal of the Acoustical Society of America*, n. 106, p. 1054-1063, 1999.

BADIN, P. et al. Vocalic nomograms: Acoustic and articulatory considerations upon formant convergences. *Journal of the Acoustical Society of America*, n. 87, p. 1290-1300, 1990.

BAKEN, R. *Clinical measurement of speech and voice.* Boston: Little, Brown & Co., 1987

______. Irregularity of vocal period and amplitude: a first approach to the fractal analysis of voice. *Journal of Voice*, n. 4, p. 185-197, 1990.

______; DANILOFF, R. (Orgs.). *Readings in clinical spectrography of speech.* San Diego: Singular Publishing Group, 1990.

BANBROOK, M.; McLAUGHLIN, S.; MANN, I. Speech characterization and synthesis by nonlinear methods. *IEEE Transactions on Speech & Audio Processing*, n. 7, p. 1-17, 1999.

BARANEK, L. *Acoustical measurements.* Woodbury, NY: Acoustical Society of America, 1988.

BARRY, W. Complex encoding in word-final voiced and voiceless stops. *Phonetica*, n. 36, p. 361-372, 1979.

BAUER, H. R.; KENT, R. D. Acoustic analysis of infant fricative and trill vocalizations. *Journal of the Acoustical Society of America*, n. 81, p. 505-511, 1987.

BAUM, S. R.; BLUMSTEIN, S. E. Preliminary observations on the use of duration as a cue to syllable-initial fricative voicing in English. *Journal of the Acoustical Society of America*, n. 82, p. 1073-1077, 1987.

BECKMAN, M. E. Stress and non-stress accent. *Netherlands Phonetic Archives*, Dordrecht, Foris, n. 7, 1986.

______; EDWARDS, J. Lengthenings and shortenings and the nature of prosodic constituency. In: ______; KINGSTON, J. (Orgs.). *Between the grammar and physics of speech.* Cambridge: Cambridge University Press, 1990. p. 152-214.

______; ______. Prosodic categories and duration control. *Journal of the Acoustical Society of America*, n. 87, suplemento 1, p. S65, 1991.

BEHNE, D. *Acoustic effects of focus and sentence position on stress in English and French*. Tese (Doutorado) — University of Wisconsin-Madison, 1989.

BEHRENS, S.; BLUMSTEIN, S. E. On the role of the amplitude of the fricative noise in the perception of place of articulation in voiceless fricative consonants. *Journal of the Acoustical Society of America*, n. 84, p. 861-867, 1988a.

______; ______. Acoustic characteristics of English voiceless fricatives: A descriptive analysis. *Journal of Phonetics*, n. 16, p. 295-298, 1988b.

BENNETT, S. Vowel formant frequency characteristics of preadolescent males and females. *Journal of the Acoustical Society of America*, n. 69, p. 231-238, 1981.

BERANEK, L. *Acoustical measurements*. New York: American Institute of Physics, 1988.

BERG, J. W. Van Den. Transmission of the vocal cavities. *Journal of the Acoustical Society of America*, n. 27, p. 161-168, 1955.

BERGEM, D. R. Van; POLS, L. C. W.; KOOPMANS-VAN BEINUM, F. J. Perceptual normalization of the vowels of a man and a child in various contexts. *Speech Communication*, n. 7, p. 1-20, 1988.

BETTAGERE, R.; FUCCI, D. Magnitude-estimation scaling of computerized (digitized) speech under different listening conditions. *Perceptual and Motor Skills*, n. 88, p. 1363-1378, 1999.

BLADON, A. Two-formant models of vowel perception: shortcomings and enhancements. *Speech Communication*, n. 2, p. 305-313, 1983.

BLADON, R. A. W.; FANT, G. A two-formant model and the cardinal vowels. Royal Institute of Technology Speech Transmission Laboratory (Stockholm), *Quarterly Progress and Status Reports*, n. 1, p. 1-8, 1978.

BLESS, D. M.; BIEVER, D.; SHAIKH, A. Comparisons of vibratory characteristics of young adult males and females. In: INTERNATIONAL CONFERENCE ON VOICE, KURUME, *Proceedings...*, Japan, v. 2, p. 46-54, 1986.

BLOMGREN, M.; ROBB, M. How steady are vowel steady-states? *Clinical Linguistics & Phonetics*, n. 12, p. 405-415, 1998.

BLUMSTEIN, S. E. On acoustic invariance in speech. In: PERKELL, J.; KLATT, D. H. (Orgs.). *Invariance and variability in speech processes.* Hillsdale, NJ: Lawrence Erlbaum & Associates, 1986.

______; STEVENS, K. N. Acoustic invariance in speech production: Evidence from measurements of the spectral characteristics of stop consonants. *Journal of the Acoustical Society of America*, n. 66, p. 1001-1017, 1979.

______; ______. Perceptual invariance onset spectra for stop consonants in different vowel environments. *Journal of the Acoustical Society of America*, n. 67, p. 648-662, 1980.

BOGERT, B. P. On the bandwidth of the vowel formants. *Journal of the Acoustical Society of America*, n. 25, p. 791-792, 1953.

BOLINGER, D. L. Pitch accent and sentence rhythm. In: ABE, I.; KANEKIYO, T. (Orgs.). *Forms of English.* Cambridge, MA: Harvard Press, 1965. p. 123-141.

BOLT, R. H. et al. Speaker identification of speech spectrograms: A scientists' view of its reliability for legal purposes. *Journal of the Acoustical Society of America*, n. 47, p. 597-612, 1970.

______ et al. Speaker identification by speech spectrograms: Some further observations. *Journal of the Acoustical Society of America*, n. 54, p. 531-534, 1973.

BOND, Z. S.; MOORE, T. J. A note on the acoustic-phonetic characteristics of inadvertently clear speech. *Speech Communication*, n. 14, p. 325-337, 1994.

BONNEAU, A.; DJEZZAR, L.; LAPRIE, Y. Perception of the place of articulation of French stop bursts. *Journal of the Acoustical Society of America*, n. 100, p. 555-564, 1996.

BONNOT, J.-F. P.; CHEVRIE-MULLER, C. Some effects of shouted and whispered conditions on temporal organization. *Journal of Phonetics*, n. 19, p. 473-483, 1991.

BOSCH, L.; COSTA, A.; SEBASTIAN-GALLES, N. First and second language vowel perception in early bilinguals. *European Journal of Cognitive Psychology*, n. 12, p. 189-221, 2000.

BRADLOW, A. R. A comparative acoustic study of English and Spanish vowels. *Journal of the Acoustical Society of America*, n. 97, p. 1916-1924, 1995.

______; TORRETTA, G. M.; PISONI, D. B. Intelligibility of normal speech. 1. Global and fine-grained acoustic-phonetic talker characteristics. *Speech Communication*, n. 20, p. 255-272, 1996.

BRANCAZIO, L.; FOWLER, C. A. On the relevance of locus equation for production and perception of stop consonants. *Perception and Psychophysics*, n. 60, p. 24-50, 1998.

BROWN, B. L.; GILES, H.; THAKERAR, J. N. Speaker evaluations as a function of speech rate, accent and context. *Language and Communication*, n. 5, p. 207-220, 1985.

______; STRONG, W. J.; RENCHER, A. C. Fifty-four voices from two: The effects of simultaneous manipulations of rate, mean fundamental frequency and variance of fundamental frequency on ratings of personality from speech. *Journal of the Acoustical Society of America*, n. 55, p. 313-318, 1974.

BRUCKERT, E. A new text-to-speech product produces human quality voice. *Speech Technology*, p. 114-119, January-February 1984.

BUDER, E. H. Acoustic analysis of voice quality: a tabulation of algorithms 1902-1990. In: KENT, R. D.; BALL, M. J. (Orgs.). *Voice quality measurement*. San Diego: Singular/Thomson Learning, 2000. p. 119-244.

BUSBY, P. A.; PLANT, G. L. Formant frequency values of vowels produced by preadolescent boys and girls. *Journal of the Acoustical Society of America*, n. 97, p. 2603-2606, 1995.

BYRD, D. Influences on articulatory timing in consonant sequences. *Journal of Phonetics*, n. 24, p. 209-244, 1996.

______; SALTZMAN, E. Intragestural dynamics of multiple prosodic boundaries. *Journal of Phonetics*, n. 26, p. 173-199, 1998.

BYRNE, D. et al. An international comparison of long-term average speech spectra. *Journal of the Acoustical Society of America*, n. 96, p. 2108-2120, 1994.

CAIRNS, D. A.; HANSEN, J. H. L.; RISKI, J. E. Noninvasive technique for detecting hypernasal speech using an nonlinear operator. *IEEE Transactions on Biomedical Engineering*, n. 43, p. 35-45, 1996.

CAMPBELL, N. Speech synthesis. In: WEBSTER, J. G. (Org.). *Wiley encyclopedia of electrical and electronics engineering*. New York: Wiley, 1999. v. 20, p. 243-260.

CARLSON, R.; FANT, G.; GRANSTROM, B. Two-formant models, pitch and vowel perception. In: FANT, G.; TATHAM, M. A. A. (Orgs.). *Auditory analysis and perception of speech*. London: Academic Press, 1975. p. 55-82.

CASTLEMAN, W. A.; DIEHL, R. L. Effects of fundamental frequency on medial and final [voice] judgments. *Journal of Phonetics*, n. 24, p. 383-398, 1996.

CHEN, M. Vowel length variation as a function of the voicing of the consonant environment. *Phonetica*, n. 22, p. 129-159, 1970.

______. Acoustic correlates of English and French nasalized vowels. *Journal of the Acoustical Society of America*, n. 102, p. 2360-2370, 1997.

CHEVEIGNE, A. de; KAWAHARA, H. Missing-data model of vowel identification. *Journal of the Acoustical Society of America*, n. 105, p. 3497-3508, 1999.

CHIBA, T.; KAJIYAMA, M. *The vowel*: its nature and structure. Tokyo: Phonetic Society of Japan, 1958.

CHILDERS, D. G. et al. Electroglottography and vocal fold physiology. *Journal of Speech and Hearing Research*, n. 33, p. 245-354, 1990.

______; WU, K. Gender recognition from speech. Part II: fine analysis. *Journal of the Acoustical Society of America*, n. 90, p. 1841-1856, 1991.

CHISTOVICH, L. A.; LUBLINSKAJA, V. V. The "centre of gravity" effect in vowel spectra and critical distance between the formants: Psychoacoustical study of the perception of vowel-like stimuli. *Hearing Research*, n. 1, p. 185-195, 1979.

CHISTOVICH, L. A.; SHEIKIN, R. L.; LUBLINSKAJA, V. V. Centres of gravity and spectral peaks as the determinants of vowel quality. In: LINDBLOM, B.; OHMAN, S. (Orgs.). *Frontiers of speech communication research*. London: Academic Press, 1979. p. 143-158.

CHO, T.; LADEFOGED, P. Variation and universals in VOT: evidence from 18 languages. *Journal of Phonetics*, n. 27, p. 207-229, 1999.

CHOMSKY, N.; HALLE, M. *The sound pattern of English*. New York: Harper & Row, 1968.

CLAES, T.; DOLOGLOU, I.; TENBOSCH, L.; VAN COMPERNOLLE, D. A novel feature transformation for vocal tract length normalization in automatic speech recognition. *IEEE Transactions on Speech & Audio Processing*, n. 6, p. 549-557, 1998.

COHEN, A.; COLLIER, R.; T'HART, J. Declination: construct or intrinsic feature of speech pitch? *Phonetica*, n. 39, p. 254-273, 1982.

COKER, C. A model of articulatory dynamics and control. *Proceedings of the Institute of Electrical and Electronic Engineering*, n. 64, p. 452-60, 1976.

COLE, R. A.; SCOTT, B. L. Toward a theory of speech perception. *Psychological Review*, n. 81, p. 348-374, 1974.

COLLIER, R.; BELL-BERTI, F.; RAPHAEL, L. Some acoustic and physiological observations on diphthongs. *Language & Speech*, n. 25, p. 305-323, 1982.

COLTON, R. H.; STEINSCHNEIDER, A. Acoustic relationships of infant cries to the Sudden Infant Death syndrome. In: MUNY, T.; MURRY, J. (Orgs.), *Infant communication*: cry and early speech. Houston, TX: College-Hill, 1980. p. 183-208.

COOPER, F. S. et al. Some experiments on the perception of synthetic speech sounds. *Journal of the Acoustical Society of America*, n. 24, p. 597-606, 1952.

COOPER, W. E.; EADY, S. J. Metrical phonology in speech production. *Journal of Memory and Language*, n. 25, p. 369-384, 1986.

CRAIG, C. H.; KIM, B. W. Effects of time gating and word length on isolated word recognition performance. *Journal of Speech and Hearing Research*, n. 33, p. 808-815, 1990.

CROWTHER, C. S.; MANN, V. Native language factors affecting use of vocalic cues to final consonant voicing in English. *Journal of the Acoustical Society of America*, n. 92, p. 711-722, 1992.

______; ______. Use of vocalic cues to consonant voicing and native language background: the influence of experimental design. *Perception & Psychophysics*, n. 55, p. 513-525, 1994.

CRYSTAL, T. H.; HOUSE, A. S. A note on the durations of fricatives in American English. *Journal of the Acoustical Society of America*, n. 84, p. 1932-1935, 1988.

CUMMINS, F. Some lengthening factors in English combine additively at most rates. *Journal of the Acoustical Society of America*, n. 105, p. 476-480, 1999.

CUTLER, A.; DAHAN, D.; VAN DONSELAAR, W. Prosody in the comprehension of spoken language: a literature review. *Language & Speech*, n. 40, p. 141-201, 1997.

DALBY, J. M. *Phonetic structure of fast speech in American English.* Bloomington, IN: Indiana University Linguistics Club, 1986.

DAMPER, R. I.; GUNN, S. R.; GORE, M. O. Extracting phonetic knowledge from learning systems: perceptrons, support vector machines and linear discriminants. *Applied Intelligence*, n. 12, p. 43-62, 2000.

DANG, J.; HONDA, K. Acoustic characteristics of the piriform fossa in models and humans. *Journal of the Acoustical Society of America*, n. 101, p. 456-465, 1997.

DELATTRE, P.; LIBERMAN, A. M.; COOPER, F. S. Acoustic loci and transitional cues for consonants. *Journal of the Acoustical Society of America*, n. 27, p. 769-774, 1955.

DEMBOWSKI, J. S. *Articulator point variability in the production of oral stop consonants.* Tese (Doutorado) — University of Wisconsin-Madison, 1998.

DEWEY, G. *Relative frequency of speech sounds.* Cambridge, MA: Harvard University Press, 1923.

DIBENEDETTO, M. G. Vowel representation: some observations on temporal and spectral properties of the first formant frequency. *Journal of the Acoustical Society of America*, n. 86, p. 55-66, 1989a.

______. Frequency and time variations of the first formant: properties relevant to the perception of vowel height. *Journal of the Acoustical Society of America*, n. 86, p. 67-78, 1989b.

DIEHL, R. L.; KLUENDER, K. R. On the objects of speech perception. *Ecological Psychology*, n. 1, p. 121-144, 1989.

______; LINDBLOM, L.; HOEMEKE, K. A.; FAHEY, R. P. On explaining certain male-female differences in the phonetic realization of vowel categories. *Journal of Phonetics*, n. 24, p. 187-208, 1996.

______; WALSH, M. A. An auditory basis for rate normalization in stops and glides. *Journal of the Acoustical Society of America*, n. 80, suplemento 1, p. S125, 1986.

DILLEY, L.; SHATTUCK-HUFNAGEL, S.; OSTENDORF, M. Glottalization of word-initial vowels as a function of prosodic structure. *Journal of Phonetics*, n. 24, p. 423-444, 1996.

DISNER, S. F. Evaluation of vowel normalization procedures. *Journal of the Acoustical Society of America*, n. 67, p. 2453-261, 1980.

DORMAN, M. F.; RAPHAEL, L. C.; EISENBERG, D. Acoustic cues for a fricative-affricate contrast in word-final position. *Journal of Phonetics*, n. 8, p. 397-405, 1980.

______; STUDDERT-KENNEDY, M.; RAPHAEL, L. F. Stop consonant recognition: release bursts and formant transitions as functionally equivalent, context-dependent cues. *Perception & Psychophysics*, n. 22, p. 109-122, 1977.

EDWARDS, A. D. N. *Speech synthesis*: technology for disabled people. London: Paul Chapman Publishing, 1991.

EEK, A.; MEISTER, E. Acoustics and perception of Estonian vowel types. *Phonetic Experimental Research, Institute of Linguistics, University of Stockholm (PERILUS),* n. XVIII, p. 55-90, 1994.

EGUCHI, S.; HIRSCH, I. Development of speech sounds in children. *Acta Otolaryngologica*, suplemento 257, 1969.

EL-HALEES, Y. The role of FI in the place of articulation distinction in Arabic. *Journal of Phonetics*, n. 13, p. 287-298, 1985.

ENDRES, W.; BAMBACH, W.; FLOSSER, G. Voice spectrograms as a function of age, voice disguise and voice imitation. *Journal of the Acoustical Society of America*, n. 49, p. 1842-1848, 1971.

ERICKSON, M. L. Simultaneous effects on vowel duration in American English: a covariance structure modeling approach. *Journal of the Acoustical Society of America*, n. 108, p. 2980-2995, 2000.

ESPY-WILSON, C. Y. Acoustic measures for linguistic features distinguishing the semivowels / w j r 1/ in American English. *Journal of the Acoustical Society of America*, n. 92, p. 736-757, 1992.

______ et al. Acoustic modeling of American English /r/. *Journal of the Acoustical Society of America*, n. 108, p. 343-356, 2000.

EVERS, V.; REETZ, H.; LAHIRI, A. Crosslinguistic acoustic categorization of sibilants independent of phonological status. *Journal of Phonetics*, n. 26, p. 345-370, 1998.

FANT, G. *Acoustic theory of speech production*. The Hague: Mouton, 1960.

______. The acoustics of speech. In: PROCEEDINGS OF THE THIRD INTERNATIONAL CONGRESS ON ACOUSTICS, *Proceedings*..., Stuttgart (citado por Hawkes e Miller [1995]), v. 1, p. 188-201, 1961.

______. Formant bandwidth data. Speech transmission laboratory. *Quarterly Progress and Status Reports*, STL/QPSR-1, p. 1-2, 1962.

______. *Speech sounds and features.* Cambridge, MA: MIT Press, 1973.

______. Non-uniform vowel normalization. Speech transmission laboratory. *Quarterly Progress and Status Report*, 2-3, p. 1-9, 1975.

FAMETANI, E. Coarticulation and connected speech processes. In: HARDCASTLE, W. J.; LAVER, J. (Orgs.). *The handbook of phonetic sciences*. Cambridge MA: Blackwell, 1997. p. 371-404.

FEIJOO, S.; FERNANDEZ, S.; BALSA, R. Acoustic and perceptual study of phonetic integration in Spanish voiceless stops. *Speech Communication*, n. 27, p. 1-18, 1999.

FELL, H. J. et al. Automatic babble recognition for early detection of speech related disorders. *Behavior & Information Technology*, n. 18, p. 56-63, 1999.

FISCHER-JORGENSEN, E. Acoustic analysis of stop consonants. *Miscellanea Phonetica*, n. 2, p. 42-49, 1954.

FLANAGAN, J. L. Difference limen for vowel formant frequency. *Journal of the Acoustical Society of America*, n. 27, p. 613-617, 1955.

______. *Speech analysis, synthesis and perception.* New York: Springer-Verlag, 1972.

FLEGE, J. E.; MACKAY, I. R. A.; MEADOR, D. Native Italian speakers' perception and production of English vowels. *Journal of the Acoustical Society of America*, n. 106, p. 2973-2987, 1999.

______; YENI-KOMSHIAN, G. H.; LIU, S. Age constraints on second-language acquisition. *Journal of Memory & Language*, n. 41, 78-104, 1999.

FONAGY, I.; FONAGY, J. Sound pressure level and duration. *Phonetica*, n. 15, p. 14-21, 1966.

FORREST, K. et al. Statistical analysis of word-initial voiceless obstruents: preliminary data. *Journal of the Acoustical Society of America*, n. 84, p. 115-123, 1988.

FORT, A. et al. Parametric and non-parametric estimation of speech formants: application to infant cry. *Medical Engineering & Physics*, n. 18, p. 677-691, 1996.

FOURAKIS, M.; BOTINIS, A.; KATSAITI, M. Acoustic characteristics of Greek vowels. *Phonetica*, n. 56, p. 28-43, 1999.

FOURGERON, C.; KEATING, P. A. Articulatory strengthening at edges of prosodic domains. *Journal of the Acoustical Society of America*, n. 101, p. 3728-3740, 1997.

FRANCE, D. J. et al. Acoustical properties of speech as indicators of depression and suicidal risk. *IEEE Transactions on Biomedical Engineering*, n. 47, p. 829-837, 2000.

FRISCH, U.; ORSZAG, S. A. Turbulence: challenges for theory and experiment. *Physics Today*, p. 24-32, January 1990.

FRUCHTER, D.; SUSSMAN, H. M. The perceptual relevance of locus equations. *Journal of the Acoustical Society of America*, n. 102, p. 2997-3008, 1997.

FRY, D. B. Duration and intensity as physical correlates of linguistic stress. *Journal of the Acoustical Society of America*, n. 27, p. 765-768, 1955.

______ et al. The identification and discrimination of synthetic vowels. *Language & Speech*, n. 5, p. 171-189, 1962.

FUJIMURA, O. Analysis of nasal consonants. *Journal of the Acoustical Society of America*, n. 34, p. 1865-1875, 1962.

______; LINDQVIST, J. Sweeptone measurements of vocal-tract characteristics. *Journal of the Acoustical Society of America*, n. 49, p. 541-558, 1971.

GAROFOLO, J. S. et al. *The DARPA TIMIT acoustic-phonetic continuous speech corpus*, 1993 [CD-ROM, NTIS order number PB91-100354].

GATES, S. Analog to digital converters in the laboratory. *Scientific Computing and Automation*, p. 49-56, February 1989.

GAUVIN, J. L.; LAMEL, L. F.; ESKENAZI, M. Design considerations and text selection for BREF, a large French read-speech corpus. In: PROCEEDINGS OF 1990 INTERNATIONAL CONFERENCE ON SPEECH PROCESSING, *Proceedings…*, 1990.

GAY, T. Effect of speaking rate on diphthong formant movements. *Journal of the Acoustical Society of America*, n. 44, p. 1570-1573, 1968.

GERKEN, L.; McGREGOR, K. An overview of prosody and its role in normal and disordered child language. *American Journal Speech-Language Pathology*, n. 7, p. 38-48, 1998.

GILBERT, H. R.; ROBB, M. P.; CHEN, Y. Formant frequency development 15 to 36 months. *Journal of Voice*, n. 11, p. 260-266, 1997.

GILES, S. B. *A study of articulatory caracteristics of A/allophones in English.* Tese (Doutorado) — University of Iowa, Iowa, 1971.

GLASBERG, B. R.; MOORE, B. C. J. Derivation of auditory filter shapes from notched-noise data. *Hearing Research*, n. 47, p. 103-138, 1990.

GOPAL, H. S. Technical issues and the development and use of a research laboratory. In: SYRDAL, A. R.; GREENSPAN, S. (Orgs.). *Applied technology*. Boca Raton, FL: CRC Press, 1995. p. 315-342.

GREENWOOD, D. D. A cochlear frequency-position function for several species: 29 years later. *Journal of the Acoustical Society of America*, n. 87, p. 2592-2605, 1990.

GUAITELLA, I. Rhythm in speech: what rhythmic organizations reveal about cognitive processes in spontaneous speech production versus reading aloud. *Journal of Pragmatics*, n. 3, p. 509-523, 1999.

HAGGARD, M. Abbreviation of consonants in English pre- and post-vocalic clusters. *Journal of Phonetics*, n. 1, p. 9-24, 1973.

HAGIWARA, R. Acoustic realization of American /R/ as produced by women and men. *Working Papers in Phonetics*, University of California, Los Angeles, n. 90, 1995. (Phonetics Laboratory, University of California.)

______. Dialect variation and formant frequency: the American English vowels revisited. *Journal of the Acoustical Society of America*, n. 102, p. 655-658, 1997.

HALLE, M.; HUGHES, G. W.; RADLEY, J. P. Acoustic properties of stop consonants. *Journal of the Acoustical Society of America*, n. 29, p. 107-116, 1957.

HANDEL, S. Listening: an introduction to the perception of auditory events. Cambridge, MA: MIT Press, 1989.

HANSON, H. M. Glottal characteristics of female speakers-acoustic correlates. *Journal of the Acoustical Society of America*, n. 101, p. 466-81, 1997.

______; CHUANG, E. S. Glottal characteristics of male speakers: acoustic correlates and comparison with female data. *Journal of the Acoustical Society of America*, n. 106, p. 1064-1077, 1999.

HARPER, P. et al. An acoustic model of the vocal tract. *IEEE Transactions on Biomedical Engineering*, n. 48, p. 543-550, 2001.

HARRIS, K. Cues for discrimination of American English fricatives in spoken syllables. *Language & Speech*, n. 1, p. 1-17, 1958.

HARSHMAN, R.; LADEFOGED, P.; GOLDSTEIN, L. Factor analysis of tongue shapes. *Journal of the Acoustical Society of America*, n. 62, p. 693-707, 1977.

HAWKES, J. W. Difference limens for formant patterns of vowel sounds. *Journal of the Acoustical Society of America*, n. 95, p. 1074-1084, 1994.

______; MILLER, J. D. A formant bandwidth estimation procedure for vowel synthesis. *Journal of the Acoustical Society of America*, n. 97, p. 1343-1344, 1995.

HAYES, B. The phonology of rhythm in English. *Linguistic Inquiry*, n. 15, p. 33-74, 1984.

HEDRICK, M. Effect of acoustic cues on labeling fricatives and affricates. *Journal of Speech, Language, and Hearing Research*, n. 40, p. 925-938, 1997.

HEINZ, J. M.; STEVENS, K. N. On the properties of voiceless fricative consonants. *Journal of the Acoustical Society of America*, n. 33, p. 589-596, 1961.

HENTON, C. G.; BLADON, R. A. W. Breathiness in normal female speech: inefficiency versus desirability. *Language & Communication*, n. 5, p. 221-227, 1985.

HERMES, D. J.; VAN GESTEL, J. C. The frequency scale of speech intonation. *Journal of the Acoustical Society of America*, n. 90, p. 97-102, 1991.

HERTEGARD, S.; GAUFFIN, J. Glottal area and vibratory patterns studied with simultaneous stroboscopy, glow glottography, and electroglottography. *Journal of Speech and Hearing Research*, n. 38, p. 85-100, 1995.

HESS, W. J. Algorithms and devices for pitch determination of speech signals. *Phonetica*, n. 39, p. 219-240, 1982.

______. Pitch and voicing determination. In: FURUI, S.; SONDHI, M. M. (Orgs.). *Advances in speech signal processing*. New York: Marcel Dekker, Inc., 1992. p. 3-48.

HILLENBRAND, J.; GAYVERT, R. T. Identification of steady-state vowels synthesized from the Peterson and Barney measurements. *Journal of the Acoustical Society of America*, n. 94, p. 668-674, 1993.

______; HOUDE, R. A. Role of F_0 and amplitude in the perception of intervocalic glottal stops. *Journal of Speech and Hearing Research*, n. 39, p. 1182-1190, 1996.

______;______; CLARK, M. J. Some effects of duration on vowel recognition. *Journal of the Acoustical Society of America*, n. 108, p. 3013-3022, 2000.

______ GETTY, L. A.; CLARK, M. J.; WHEELER, K. Acoustic characteristics of American English vowels. *Journal of the Acoustical Society of America*, n. 97, p. 3099-3111, 1995.

HIRAHARA, T.; KATO, H. The effect of F_0 on vowel identification. In: TOHKURA, Y.; VATIKIOTIS-BATESON E.; SAGISAKA, Y. (Orgs.). *Speech perception, production and linguistic structure*. Amsterdam: IOS Press, 1992. p. 89-112.

HODGE, M. M. *A comparison of spectral-temporal measures across speaker age*: implications for an acoustic characterization of speech maturation. Tese (Doutorado) — University of Wisconsin-Madison, 1989.

HOEQUIST, C. Syllable duration in stress-syllable-and mora-timed languages. *Phonetica*, n. 40, p. 203-237, 1983.

HOGAN, J. T.; ROZSYPAL, A. J. Evaluation of vowel duration as a cue for the voicing distinction in the following word-final consonant. *Journal of the Acoustical Society of America*, n. 67, p. 1764-1771, 1980.

HOLBROOK, A.; FAIRBANKS, G. Diphthong formants and their movements. *Journal of Speech and Hearing Research*, n. 5, p. 38-58, 1962.

HOLLIEN, H.; GREEN, R.; MASSEY, K. Longitudinal research on adolescent voice change in males. *Journal of the Acoustical Society of America*, n. 96, p. 2646-2654, 1994.

HOLMBERG, E. B.; HILLMAN, R. E.; PERKELL, J. S. Glottal air flow and pressure measurements for soft, normal and loud voice by male and female speakers. *Journal of the Acoustical Society of America*, n. 84, p. 511-529, 1988.

HOLMES, J. N. Influence of glottal waveform on the naturalness of speech from a parallel formant synthesizer. *IEEE Transactions on Audio & Electroacoustics*, AU-21, p. 298-305, 1973.

HONDA, K. Relationship between pitch control and vowel articulation. In: BLESS, D. M.; ABBS, J. H. (Orgs.). *Vocal fold physiology*: contemporary research and clinical issues. San Diego: College-Hill, 1983. p. 286-297.

HONIKMAN, B. Articulatory settings. In: ABERCROMBIE, D. (Org.). *In honour of Daniel Jones*. London: Longmans, 1964. p. 73-84.

HOUSE, A. S. Formant band widths and vowel preference. *Journal of Speech and Hearing Research*, n. 3, p. 3-8, 1960.

______. On vowel duration in English. *Journal of the Acoustical Society of America*, n. 33, p. 1174-1178, 1961.

______; FAIRBANKS, G. The influence of consonant environment upon the secondary acoustical characteristics of vowels. *Journal of the Acoustical Society of America*, n. 25, p. 105-113, 1953.

______; STEVENS, K. N. Estimation of formant bandwidths from measurements of the transient response of the vocal tract. *Journal of Speech and Hearing Research*, n. 1, p. 309-315, 1958.

HOWELL, R.; ROSEN, S. Production and perception of rise time in the voiceless affricate/fricative distinction. *Journal of the Acoustical Society of America*, n. 73, p. 976-984, 1983.

HSU, H. C.; FOGEL, A.; COOPER, R. B. Infant vocal development during the first 6 months: speech quality and melodic complexity. *Infant & Child Development*, n. 9, p. 1-16, 2000.

HUBER, J. E. et al. Formants of children, women, and men: the effects of vocal intensity variation. *Journal of the Acoustical Society of America*, n. 106, p. 1532-1542, 1999.

HUGHES, G. W.; HALLE, M. Spectral properties of fricative consonants. *Journal of the Acoustical Society of America*, n. 28, p. 303-310, 1956.

HUSTAD, K.; KENT, R. D.; BEUKELMAN, D. DECtalk and MacinTalk speech synthesizers: intelligibility differences for three listener groups. *Journal of Speech, Language, and Hearing Research*, n. 41, p. 744-752, 1998.

IIVONEN, A. A psychoacoustical explanation for the number of major IPA vowels. *Journal of the International Phonetic Association*, n. 24, p. 73-90, 1994.

______. Explaining the dispersion of the single-vowel occurrences in an F_a/F_2 space. *Phonetica*, n. 52, p. 221-227, 1995.

INGRISANO, D. R.-S.; PERRY, C. K.; JEPSON, K. R. Environmental noise: a threat to automatic voice analysis. *American Journal of Speech-Language Pathology*, n. 7, p. 91-96, 1998.

JASSEM, W. The acoustic parameters of polish voiceless fricatives: an analysis of varaince. *Phonetica*, n. 52, p. 251-258, 1995.

JENKINS, J. A selective history of issues in vowel perception. *Journal of Memory & Language*, n. 26, p. 542-549, 1987.

______; STRANGE, W.; EDMAN, T. R. Identification of vowels in “vowelless” syllables. *Perception & Psychophysics*, n. 34, p. 441-450, 1983.

JOHNS-LEWIS, C. (Org.). *Intonation in discourse.* Beckenham, Kent, UK: Croon Helm, 1986.

JOHNSON, C. J. et al. Effects of interpersonal distance on children's vocal intensity. *Child Development*, n. 52, p. 721-723, 1981.

JOHNSON, K. *Acoustic and auditory phonetics.* Cambridge, England: Blackwell, 1997.

JONG, K. J. de. *The oral articulation of English stress accent.* Tese (Doutorado) — Ohio State University, Columbus, OH, 1991.

JONGMAN, A.; BLUMSTEIN, S. E. Acoustic properties for dental and alveolar stop consonants: a cross-language study. *Journal of Phonetics*, n. 13, p. 235-251, 1985.

______; WAYLAND, R.; WONG, S. Acoustic characteristics of English fricatives. *Journal of the Acoustical Society of America*, n. 108, p. 1252-1263, 2000.

JOOS, M. Acoustic phonetics. *Language Monographs*, n. 23, v. 24, suplemento, 1948.

JUNQUA, J.-C. The Lombard reflex and its role on human listeners and automatic speech recognizers. *Journal of the Acoustical Society of America*, n. 93, p. 510-524, 1993.

KATAOKA, R. et al. Spectral properties and quantitative evaluation of hypemasality in vowels. *Cleft Palate-Craniofacial Journal*, n. 33, p. 43-50, 1996.

KEATING, R A. The window model of coarticulation: articulatory evidence. In: KINGSTON, J.; BECKMAN, M. E. (Orgs.). *Papers in laboratory phonology*: between the grammar and physics of speech. Cambridge, England: Cambridge University Press, 1990. v. I, p. 451-470.

KELLY, M. H.; BOCK, J. K. Stress in time. *Journal of Experimental Psychology: Human perception and performance*, n. 14, p. 389-403, 1988.

KENT, R. D. *The speech sciences.* San Diego: Singular Publishing Group, Inc., 1995.

______. Anatomical and neuromuscular maturation of the speech mechanism: evidence from acoustic studies. *Journal of Speech and Hearing Research*, n. 19, p. 421-447, 1976.

______; ADAMS, S. G.: TURNER, G. Models of speech production. In: LASS, N. J. (Org.). *Principles of experimental phonetics*. St. Louis: Mosby, 1996. p. 3-45.

______; ATAL, B. S.; MILLER, J. L. (Orgs.). *Papers in speech communication*: speech production. Woodbury, NY: Acoustical Society of America, 1991.

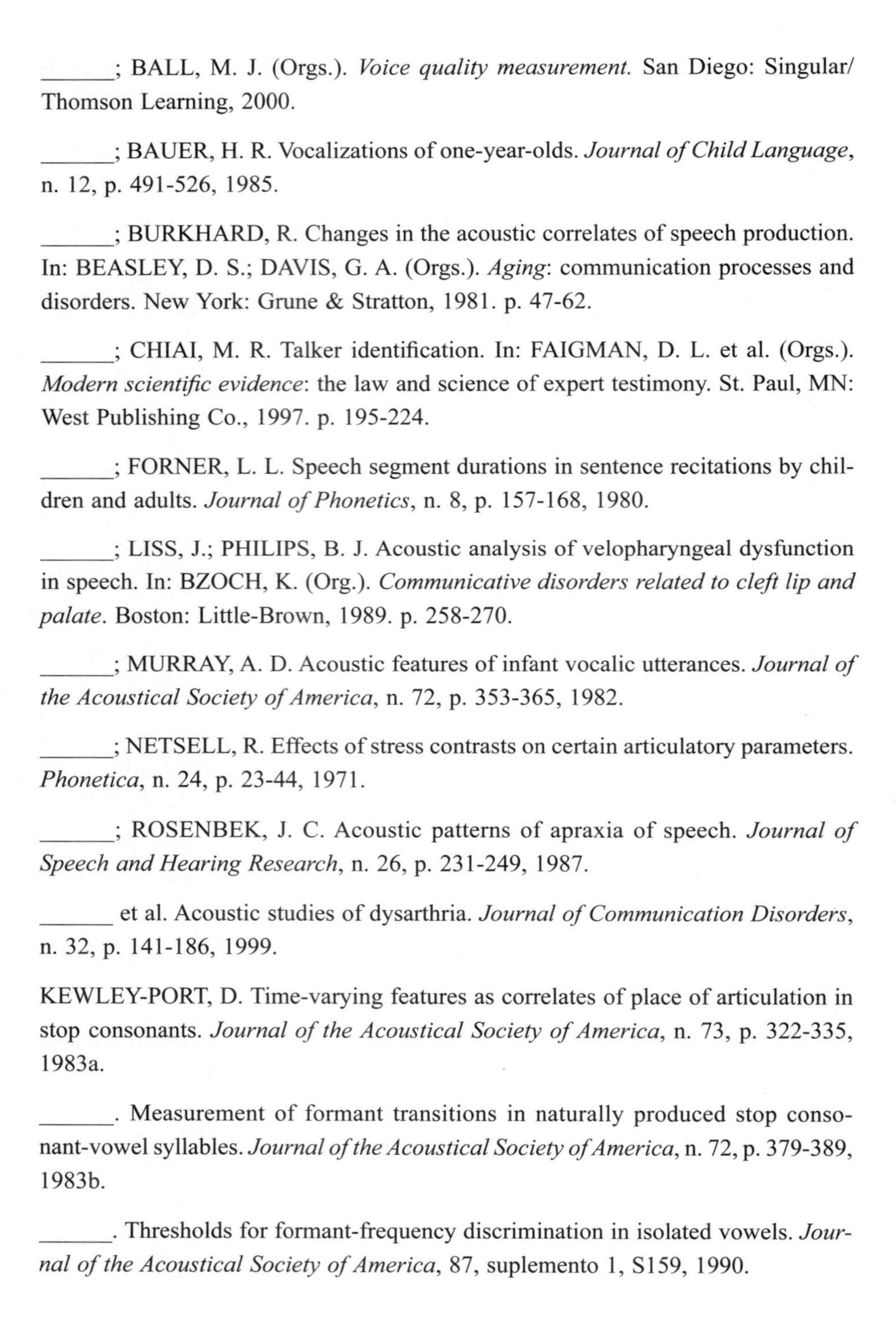

______; BALL, M. J. (Orgs.). *Voice quality measurement.* San Diego: Singular/Thomson Learning, 2000.

______; BAUER, H. R. Vocalizations of one-year-olds. *Journal of Child Language*, n. 12, p. 491-526, 1985.

______; BURKHARD, R. Changes in the acoustic correlates of speech production. In: BEASLEY, D. S.; DAVIS, G. A. (Orgs.). *Aging*: communication processes and disorders. New York: Grune & Stratton, 1981. p. 47-62.

______; CHIAI, M. R. Talker identification. In: FAIGMAN, D. L. et al. (Orgs.). *Modern scientific evidence*: the law and science of expert testimony. St. Paul, MN: West Publishing Co., 1997. p. 195-224.

______; FORNER, L. L. Speech segment durations in sentence recitations by children and adults. *Journal of Phonetics*, n. 8, p. 157-168, 1980.

______; LISS, J.; PHILIPS, B. J. Acoustic analysis of velopharyngeal dysfunction in speech. In: BZOCH, K. (Org.). *Communicative disorders related to cleft lip and palate*. Boston: Little-Brown, 1989. p. 258-270.

______; MURRAY, A. D. Acoustic features of infant vocalic utterances. *Journal of the Acoustical Society of America*, n. 72, p. 353-365, 1982.

______; NETSELL, R. Effects of stress contrasts on certain articulatory parameters. *Phonetica*, n. 24, p. 23-44, 1971.

______; ROSENBEK, J. C. Acoustic patterns of apraxia of speech. *Journal of Speech and Hearing Research*, n. 26, p. 231-249, 1987.

______ et al. Acoustic studies of dysarthria. *Journal of Communication Disorders*, n. 32, p. 141-186, 1999.

KEWLEY-PORT, D. Time-varying features as correlates of place of articulation in stop consonants. *Journal of the Acoustical Society of America*, n. 73, p. 322-335, 1983a.

______. Measurement of formant transitions in naturally produced stop consonant-vowel syllables. *Journal of the Acoustical Society of America*, n. 72, p. 379-389, 1983b.

______. Thresholds for formant-frequency discrimination in isolated vowels. *Journal of the Acoustical Society of America*, 87, suplemento 1, S159, 1990.

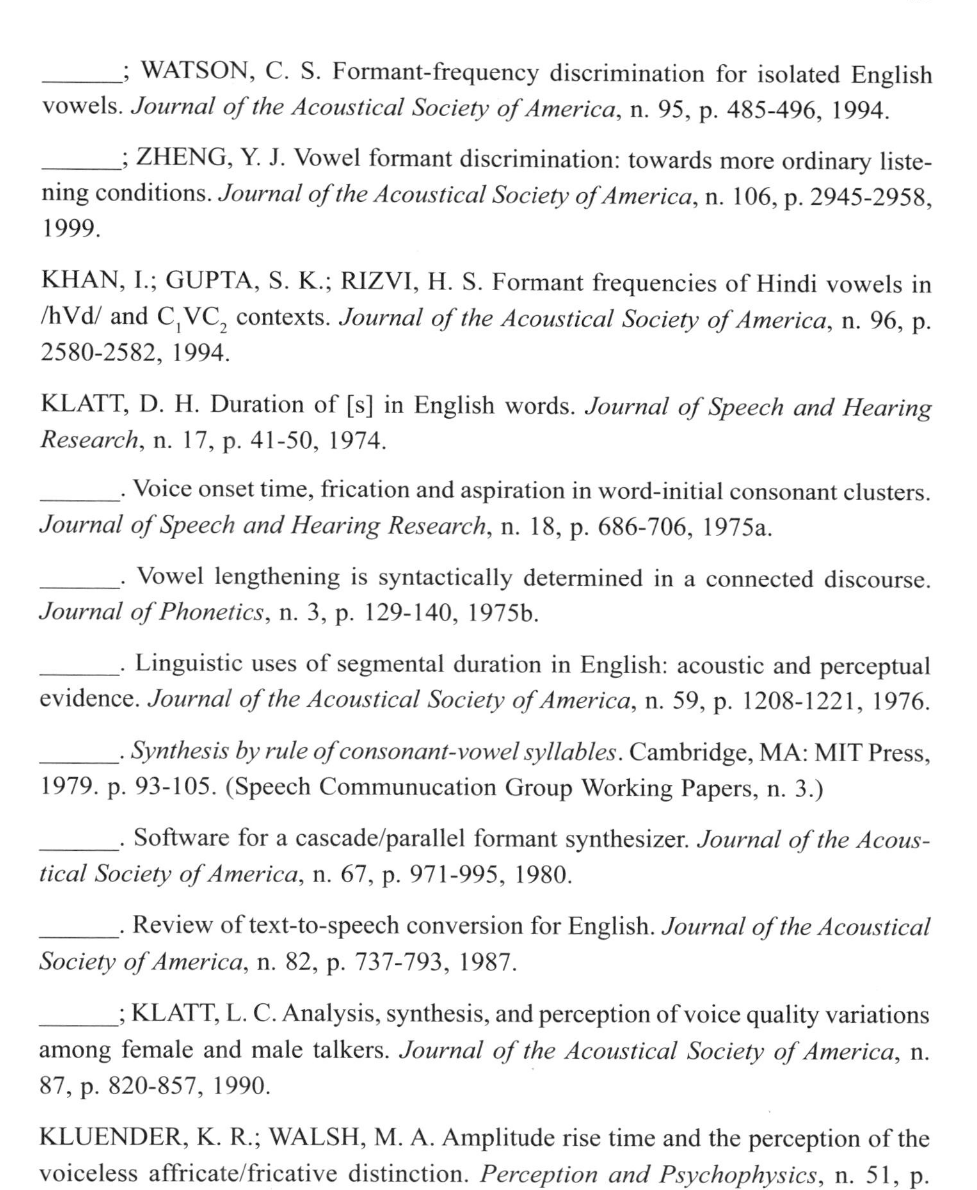

______; WATSON, C. S. Formant-frequency discrimination for isolated English vowels. *Journal of the Acoustical Society of America*, n. 95, p. 485-496, 1994.

______; ZHENG, Y. J. Vowel formant discrimination: towards more ordinary listening conditions. *Journal of the Acoustical Society of America*, n. 106, p. 2945-2958, 1999.

KHAN, I.; GUPTA, S. K.; RIZVI, H. S. Formant frequencies of Hindi vowels in /hVd/ and C_1VC_2 contexts. *Journal of the Acoustical Society of America*, n. 96, p. 2580-2582, 1994.

KLATT, D. H. Duration of [s] in English words. *Journal of Speech and Hearing Research*, n. 17, p. 41-50, 1974.

______. Voice onset time, frication and aspiration in word-initial consonant clusters. *Journal of Speech and Hearing Research*, n. 18, p. 686-706, 1975a.

______. Vowel lengthening is syntactically determined in a connected discourse. *Journal of Phonetics*, n. 3, p. 129-140, 1975b.

______. Linguistic uses of segmental duration in English: acoustic and perceptual evidence. *Journal of the Acoustical Society of America*, n. 59, p. 1208-1221, 1976.

______. *Synthesis by rule of consonant-vowel syllables*. Cambridge, MA: MIT Press, 1979. p. 93-105. (Speech Communucation Group Working Papers, n. 3.)

______. Software for a cascade/parallel formant synthesizer. *Journal of the Acoustical Society of America*, n. 67, p. 971-995, 1980.

______. Review of text-to-speech conversion for English. *Journal of the Acoustical Society of America*, n. 82, p. 737-793, 1987.

______; KLATT, L. C. Analysis, synthesis, and perception of voice quality variations among female and male talkers. *Journal of the Acoustical Society of America*, n. 87, p. 820-857, 1990.

KLUENDER, K. R.; WALSH, M. A. Amplitude rise time and the perception of the voiceless affricate/fricative distinction. *Perception and Psychophysics*, n. 51, p. 328-333, 1992.

KOENIG, W. A new frequency scale for acoustic measurements. *Bell Laboratories Record*, n. 27, p. 299-301, 1949.

______; DUNN, H. K.; LACY, L. Y. The sound spectrograph. *The Journal of the Acoustical Society of America*, n. 17, p. 19-49, 1946. [Reimpresso In: BAKEN, R.

J.; DANILOFF, R. G. (Orgs.). *Readings in clinical spectrography of speech.* San Diego: Singular Publishing Group.]

KRULL, D.; LINDBLOM, B. Comparing vowel formant data cross-linguistically. *Phonetic Experimental Research, Institute of Linguistics, University of Stockholm (PERILUS)*, n. XV, p. 7-15, 1992.

KUHL, P. K.; MELTZOFF, A. N. Infant vocalizations in response to speech: vocal imitation and developmental change. *Journal of the Acoustical Society of America*, n. 100, p. 2425-2438, 1996.

KUIJK, D. VAN; BOVES, L. Acoustic characteristics of lexical stress in continuous telephone speech. *Speech Communication*, n. 27, p. 95-111, 1999.

KUROWSKI, K.; BLUMSTEIN, S. E. Perceptual integration of the murmur and formant transitions for place of articulation in nasal consonants. *Journal of the Acoustical Society of America*, n. 76, p. 383-390, 1984.

LADEFOGED, P. *A course in phonetics.* New York: Harcourt, Brace & Jovanovich, 1975.

______. *A course in phonetics.* New York: Harcourt, Brace & Jovanovich, 1993.

______; MADDIESON, I. Some of the sounds of the world's languages. *Working Papers in Phonetics*, University of California, n. 64, 1986. (Linguistics Department, University of California.)

LAHIRI, A.; GEWIRTH, L.; BLUMSTEIN, S. E. A reconsideration of acoustic invariance for place of articulation in diffuse stop consonants: evidence from a cross-language study. *Journal of the Acoustical Society of America*, n. 76, p. 391-404, 1984.

LANDAHL, K. H. Language-universal aspects of intonation to children's first sentences. *Journal of the Acoustical Society of America*, n. 67, suplemento 1, p. S63, 1980.

LANG, G. F. Bits, bytes, baud, bell and bull. *Sound & Vibration*, n. 21, p. 10-14, 1987.

LA RIVIERE, C.; WINITZ, H.; HERRIMAN, E. The distribution of perceptual cues in English prevocalic fricatives. *Journal of Speech and Hearing Research*, n. 18, p. 613-622, 1975.

LAUFER, A. A programme for synthesizing Hebrew speech. *Phonetica*, n. 32, p. 292-299, 1975.

______; BAER, T. The emphatic and pharyngeal sounds in Hebrew and Arabic. *Language & Speech*, n. 31, p. 181-208, 1988.

LEE, S.; POTAMIANOS, A.; NARAYANAN, S. Acoustics of children's speech: developmental changes of temporal and spectral parameters. *Journal of the Acoustical Society of America*, n. 105, p. 1455-1468, 1999.

LEEK, M. R. Will a good disc last? *CD-ROM Professional*, n. 8, p. 102-110, November 1995.

LEHISTE, I. Acoustical characteristics of selected English consonants. International *Journal of American Linguistics*, v. 30, n. 3, p. 181-223, 1964.

______. *Suprasegmentals.* Cambridge; MA: MIT Press, 1970.

______. The timing of utterances and linguistic boundaries. *Journal of the Acoustical Society of America*, n. 51, p. 2018-2024, 1972.

______; PETERSON, G. E. Transitions, glides, and diphthongs. *Journal of the Acoustical Society of America*, n. 33, p. 268-277, 1961.

LEHMAN, M. E.; SWARTZ, B. Electropalatographic and spectrographic descriptions of allophonic variants of /l/. *Perceptual & Motor Skills*, n. 90, p. 47-61, 2000.

LEINONEN, L. et al. Expression of emotional-motivational connotations with a one-word utterance. *Journal of the Acoustical Society of America*, n. 102, p. 1853-1863, 1997.

LEWIS, D. Vocal ressonance. *Journal of the Acoustical Society of America*, n. 8, p. 91-99, 1936.

LIBERMAN, A. M. et al. Perception of the speech code. *Psychological Review*, n. 74, p. 431-461, 1967.

______; DELATTRE, P. C.; COOPER, F. S. The role of selected stimulus variables in the perception of unvoiced stop consonants. *American Journal of Psychology*, n. 65, p. 497-516, 1952.

______; ______; ______; GERSTMAN, L. J. The role of consonant-vowel transitions in the perception of the stop and nasal consonants. *Psychological Monographs*, n. 68, p. 1-13, 1954.

______; ______; ______;______. Tempo of frequency change as a cue for distinguishing classes of speech sounds. *Journal of Experimental Psychology*, n. 52, p. 127-137, 1956.

LIEBERMAN, P. *Intonation, perception and language.* Cambridge, MA: MIT Press, 1967.

______ et al. Measures of the sentence intonation of read and spontaneous speech in American English. *Journal of the Acoustical Society of America*, n. 77, p. 649-657, 1985.

______; TSENG, C. Y. On the fall of the declination theory: breath-group versus "declination" as the base form for intonation. *Journal of the Acoustical Society of America*, n. 67, suplemento, p. S63, 1981.

LIENARD, J. S.; DIBENEDETTO, M. G. Effect of vocal effort on spectral properties of vowels. *Journal of the Acoustical Society of America*, n. 106, p. 411-22, 1999.

LILJENCRANTS, J. A Fourier series description of the tongue profile. Speech Transmission Laboratory (Stockholm). *Quarterly Progress and Status Reports*, n. 4, p. 9-18, 1971.

LINDBLOM, B. E. F. Spectrographic study of vowel reduction. *Journal of the Acoustical Society of America*, n. 35, p. 1773-1781, 1963.

______. Explaining phonetic variation: a sketch of the H&H theory. In: HARDCASTLE, W. J.; MARCHAI, A. (Orgs.). *Speech production and speech modelling.* Amsterdam: Kluwer, 1990. p. 403-439.

______; SUNDBERG, J. Acoustical consequences of lip, tongue, jaw and larynx movement. *Journal of the Acoustical Society of America*, n. 50, p. 1166-1179, 1971.

______; LUBKER, J.; PAULI, S. An acoustic-perceptual method for the quantitative evaluation of hypernasality. *Journal of Speech and Hearing Research*, n. 20, p. 485-496, 1977.

LINDQVIST, J.; SUNDBERG, J. Acoustic properties of the nasal tract. *Phonetica*, n. 33, p. 161-168, 1972.

LINVILLE, S. E. The sound of senescence. *Journal of Voice*, n. 10, p. 190-200, 1996.

______. The aging voice. In: KENT, R. D.; BALL, M. J. (Orgs.). *Voice quality measurement*. San Diego: Singular Publishing Group, 2000. p. 359-376.

______; FISHER, H. B. Acoustic characteristics of women's voices with advancing age. *Journal of Gerontology*, n. 40, p. 324-330, 1985.

LISKER, L. Minimal cues for separating /w,r,l,j/ in intervocalic position. *Word*, n. 13, p. 257-267, 1957.

______. Rapid vs. rabid: a catalogue of acoustic features that may cue the distinction. *Status Report on Speech Research*. Haskins Laboratories, New Haven, CT, SR-54, p. 127-132, 1978.

______; ABRAMSON, A. S. A cross-language study of voicing in initial stops: acoustical measurements. *Word*, n. 20, p. 384-422, 1961.

______; ______. Distinctive features and laryngeal control. *Language*, n. 47, p. 767-785, 1971.

LOFQVIST, A. Interarticulator phasing, locus equations, and degree of coarticulation. *Journal of the Acoustical Society of America*, n. 106, p. 2022-2030, 1999.

LOGAN, J. S.; GREENE, B. G.; PISONI, D. B. Segmental intelligibility of synthetic speech produced by rule. *Journal of the Acoustical Society of America*, n. 86, p. 566-581, 1989.

LOUTH, S. M. et al. Acoustic distinctions in the speech of male psychopaths. *Journal of Psycholinguistics Research*, n. 27, p. 375-384, 1998.

LUBKER, J. F. Acoustic-perceptual methods for evaluation of defective speech. In: LASS, N. J. (Org.). *Speech and language*: advances in basic research and practice. New York: Academic, 1979. v. 1, p. 49-87.

MADDIESON, I. *Patterns of sounds*. Cambridge studies in speech and communication. Cambridge, England: Cambridge University Press, 1984.

MAEDA, S. A characterization of American English intonation. Cambridge, MA: MIT Press, 1976.

______. Compensatory articulation during speech: evidence from the analysis and synthesis of vocal-tract shapes using an articulatory model. In: HARDCASTLE, W. J.; MARCHAI, A. (Orgs.). *Speech production and speech modelling*. Dordrecht, Netherlands: Kluwer, 1990. p. 131-149.

MAGAN, H. S. The extent of vowel-to-vowel coarticulation in English. *Journal of Phonetics*, n. 25, p. 187-205, 1997.

MAKHOUL, J. Linear prediction: a tutorial review. *Proceedings of the IEEE*, n. 63, p. 561-580, 1975.

MALECOT, A. Acoustic cues for nasal consonants: an experimental study involving a tape-splicing technique. *Language*, n. 32, p. 274-284, 1956.

MANDELBROT, B. B. *The fractal geometry of nature.* San Francisco: W. H. Freeman, 1982.

MANRIQUE, A. M. B. de. Acoustic study of /i, u/ in the Spanish diphthongs. *Phonetica*, n. 36, p. 194-206, 1979.

______; MASSONE, M. I. Acoustic analysis and perception of Spanish fricative consonants. *Journal of the Acoustical Society of America*, n. 69, p. 1145-1153, 1981.

MARKEL, N. N.; PREBOR, L. D.; BRANDT, J. F. Biosocial factors in dyadic communication: sex and speaking intensity. *Journal of Personality and Social Psychology*, n. 23, p. 11-13, 1972.

MATTHEI, E.; ROEPER, T. *Understanding and producing speech.* Bungay, Suffolk, England: Chaucer Press, 1983.

McCASLAND, G. Noise intensity and spectrum cues of spoken fricatives. *Journal of the Acoustical Society of America*, n. 65, suplemento 1, p. S78-S79, 1979.

MENDOZA, E. et al. Differences in voice quality between men and women[rm]use of the long-term average spectrum (LTAS). *Journal of Voice*, n. 10, p. 59-66, 1996.

MERMELSTEIN, P. Articulatory model for the study of speech production. *Journal of the Acoustical Society of America*, n. 53, p. 1070-1082, 1973.

______. Difference limens for formant frequencies of steady-state and consonant--bound vowels. *Journal of the Acoustical Society of America*, n. 63, p. 572-580, 1978.

MICHAEL, D. D.; SIEGEL, G. M.; PICK JR., H. L. Effects of distance on vocal intensity. *Journal of Speech and Hearing Research*, n. 38, p. 1176-1183, 1995.

MICHELSSON, K.; MICHELSSON, O. Phonation in the newborn, infant cry. *International Journal of Pediatric Otorhinolaryngology*, n. 49, p. S297-S301, 1999.

MILLER, J. D. Auditory-perceptual interpretation of the vowel. *Journal of the Acoustical Society of America*, n. 85, p. 2114-2134, 1989.

MILLER, J. L.; BAER, T. Some effects of speaking rate on the production of /b/ and /w/. *Journal of the Acoustical Society*, n. 73, p. 1751-1755, 1983.

______; LIBERMAN, A. M. Some effects of later-occurring information on the perception of stop consonant and semivowel. *Perception & Psychophysics*, n. 25, p. 457-465, 1979.

MINER, R.; DANHAUER, J. L. Relation between formant frequencies and optimal octaves in vowel perception. *Journal of the American Audiology Society*, n. 2, p. 162-168, 1977.

MINES, M.; HANSEN, B.; SHOUP, J. Frequency of occurrence of phonemes in conversational English. *Language & Speech*, n. 21, p. 221-241, 1978.

MIYAZAKI, S. et al. Acoustic analysis of snoring and the site of airway obstruction in sleep related respiratory disorders. *Acta Oto-laryngologica*, n. 537, suplemento, p. 47-51, 1998.

MONSEN, R. B.; ENGEBRETSON, A. M. The accuracy of formant frequency measurements: a comparison of spectrographic analysis and linear prediction. *Journal of Speech and Hearing Research*, n. 26, p. 89-97, 1983.

MOON, S. J.; LINDBLOM, B. Formant undershoot in clear and citation-form speech: a second progress report. *Quarterly Progress and Status Reports*, Speech Transmission Laboratory, n. 1, p. 121-123, 1989.

MOORE, H. C. J.; GLASBERG, H. R. Suggested formulae for calculating auditory-filter bandwidths and excitation patterns. *Journal of the Acoustical Society of America*, n. 74, p. 750-753, 1983.

MUNRO, M. J.; FLEGE, J. E.; MACKAY, I. A. The effects of age of second language learning on the production of English vowels. *Applied Psycholinguistics*, n. 17, p. 313-334, 1996.

MURRAY, I. R.; ARNOTT, J. L. Toward the simulation of emotion in synthetic speech: a review of the literature on human vocal emotion. *Journal of the Acoustical Society of America*, n. 93, p. 1097-1108, 1993.

NAKAGAWA, T.; SAITO, S.; YOSHINO, T. Tonal difference limens for second formant frequencies of synthesized Japanese vowels. *Annual Bulletin Royal Institute of Logopedics and Phoniatrics*, Tokyo, n. 16, p. 81-88, 1982.

NAKATANI, L. H.; O'CONNOR, K. D.; ASTON, C. H. Prosodic aspects of American English speech rhythm. *Phonetica*, n. 38, p. 84-106, 1981.

NARAYANAN, S.; ALWAN, A. A. A nonlinear dynamical systems analysis of fricative consonants. *Journal of the Acoustical Society of America*, n. 97, p. 2511-2524, 1995.

______; ______. Noise source models for fricative consonants. *IEEE Transactions on Speech & Audio Processing*, n. 8, p. 328-344, 2000.

______; ______; HAKER, K. Toward articulatory-acoustic models for liquid approximants based on MRI and EPG data. Part I. The laterals. *Journal of the Acoustical Society of America*, n. 101, p. 1064-1077, 1997.

NARTEY, J. N. A. On fricative phones and phonemes: measuring the phonetic differences within and between languages. *UCLA Working Papers in Phonetics*, n. 55, 1982. (Department of Linguistics, University of California.)

NAWKA, T. et al. The speaker's formant in male voices. *Journal of Voice*, n. 11, p. 422-428, 1997.

NEAREY, T. M. Static, dynamic and relational properties in vowel perception. *Journal of the Acoustical Society of America*, n. 85, p. 2088-2113, 1989.

______. Context effects in a double-weak theory of speech perception. *Language and Speech*, n. 35, p. 153-171, 1992.

NEUHOFF, J. G.; McBEATH, M. K.; WANZIE, W. C. Dynamic frequency change influences loudness perception: a central, analytic process. *Journal of Experimental Psychology*: Human perception & performance, n. 25, p. 1050-1059, 1999.

NITTROUER, S. The emergence of mature gestural patterns is not uniform: evidence from an acoustic study. *Journal of Speech and Hearing Research*, n. 36, p. 959-972, 1993.

______. Children learn separate aspects of speech production at different rates: evidence from spectral moments. *Journal of the Acoustical Society of America*, n. 97, p. 520-530, 1995.

______; STUDDERT-KENNEDY, M. The stop-glide distinction: acoustic analysis and perceptual effect of variation in syllable amplitude envelope for initial /b/ and /w/. *Journal of the Acoustical Society of America*, n. 80, p. 1026-1029, 1986.

______; ______; McGOWEN, R. S. The emergence of phonetic segments: evidence from the spectral structure of fricative-vowel syllables spoken by children and adults. *Journal of Speech and Hearing Research*, n. 32, p. 120-132, 1989.

NOLL, A. M. Cepstrum pitch determination. *Journal of the Acoustical Society of America*, n. 41, p. 293-309, 1967.

NOLAN, F. *The phonetic bases of speaker recognition.* Cambridge, U.K.: Cambridge University Press, 1983.

NOOTEBOOM, S. The prosody of speech: melody and rhythm. In: HARDCASTLE, W. J.; LAVER, J. (Orgs.). *The handbook of phonetic sciences*. Oxford, England: Blackwell, 1997. p. 641-673.

NORD, L.; SVENTELIOUS, E. Analysis and prediction of difference limen data for formant frequencies. *Quarterly Progress Status Report*, Stockholm: Sweden, n. 3-4, p. 60-72, 1979. (Speech Transmission Laboratory.)

NYQUIST, H. Certain topics in telegraph transmission theory. *Transactions in Audio, Industrial & Electrical Engineering*, April 1928.

O'CONNOR, J. D. et al. Acoustic cues for the perception of initial /w, j, r, 1/ in English. *Word*, n. 13, p. 24-43, 1957.

______; TRIM, J. L. M. Vowel, consonant and syllable: a phonological definition. *Word*, n. 9, p. 103-122, 1953.

OHDE, R. N.; SHARF, D. J. Order effect of acoustic segments of VC and CV syllables on stop and vowel identification. *Journal of Speech and Hearing Research*, n. 20, p. 543-554, 1977.

______; STEVENS, K. N. Effect of burst amplitude on the perception of the stop consonant place of articulation. *Journal of the Acoustical Society of America*, n. 74, p. 706-714, 1983.

OILER, D. K. The effect of position in utterance on speech segment duration in English. *Journal of the Acoustical Society of America*, n. 54, p. 1235-1247, 1973.

______. Metaphonology and infant vocalizations. In: LINDBLOM, B.; ZETTERSTROM, R. (Orgs.). *Early precursors of speech*. Basingstoke: Macmillan, 1986. p. 21-35.

______. *The emergence of the speech capacity*. Mahwah, NJ: Lawrence Erlbaum Associates, 2000.

OLSSON, N.; JUSLIN, P.; WINMAN, A. Realism of confidence in earwitneess versus eyewitness identification. *Journal of Experimental Psychology: Applied*, n. 4, p. 101-118, 1998.

OUELLETTE, J. The incredible shrinking microphone. *The Industrial Physicist*, n. 5, p. 7-9, 1999.

PALIWAL, K. K.; LINDSAY, D.; AINSWORTH, W. A. A study of two-formant models for vowel identification. *Speech Communication*, n. 2, p. 295-303, 1983.

PARSA, V.; JAMIESON, D. G. A comparison of high precision F_0 extraction algorithms for sustained vowels. *Journal of Speech, Language, and Hearing Research*, n. 42, p. 112-126, 1999.

PATTERSON, R. D. Auditory filter shapes derived with noise stimuli. *Journal of the Acoustical Society of America*, n. 59, p. 640-654, 1976.

PAUL, D.; BAKER, J. The design for the Wall Street Journal-based CSR corpus. *DARPA Speech and Natural Language Workshop.* New York: Arden House, 1992.

PENZ, A.; GILBERT, H. Comparisons of formants in preadolescent children's vowel productions. In: ANNUAL CONVENTION OF THE AMERICAN SPEECH-LANGUAGE-HEARING ASSOCIATION, 1983.

PETERS, H. F. M.; BOVES, L.; VAN DIELEN, I. C. H. Perceptual judgment of abruptness of voice onset in vowels as a function of the amplitude envelope. *Journal of Speech and Hearing Research*, n. 51, p. 299-308, 1986.

PETERSON, G. E.; BARNEY, H. E. Control methods used in a study of vowels. *Journal of the Acoustical Society of America*, n. 24, p. 175-184, 1952.

______; LEHISTE, I. Duration of syllable nuclei in English. *Journal of the Acoustical Society of America*, n. 32, p. 693-703, 1960.

PETURRSON, M. Peuton interpreter les donnees de la radiocinematographie en function du tube acoustique a section uniforme? *Travaux de I'Institut de Phonetique de Strasbourg*, n. 4, 1972.

PICHENY, M. A.; DURLACH, N. I.; BRAIDA, L. D. Speaking clearly for the hard of hearing I: intelligibility differences between clear and conversational speech. *Journal of Speech and Hearing Research*, n. 28, p. 96-103, 1985.

______; ______; ______. Speaking clearly for the hard of hearing II: acoustic characteristics of clear and conversational speech. *Journal of Speech and Hearing Research*, n. 29, p. 434-446, 1986.

______; ______; ______. Speaking clearly for the hard of hearing III: an attempt to determine the contribution of speaking rate to difference in intelligibility between clear and conversational speech. *Journal of Speech and Hearing Research*, n. 32, p. 600-603, 1989.

PICKETT, J. *Acoustics of speech communication*. Boston: Allyn & Bacon, 1999.

PIIR, H. Acoustics of the Estonian diphthongs. *Estonian Papers in Phonetics*, Tallinn, n. 82-83, p. 5-96, 1983.

PIJPER, J. R. de; SANDERMAN, A. A. On the perceptual strength of prosodic boundaries and its relation to suprasegmental cues. *Journal of the Acoustical Society of America*, n. 96, p. 2037-2047, 1994.

PIRELLO, K.; BLUMSTEIN, S. E.; KUROWSKI, K. The characteristics of voicing in syllable-initial fricatives in American English. *Journal of the Acoustical Society of America*, n. 101, p. 3754-3765, 1997.

PLANTE, F.; BERGER-VACHON, C.; KAUFFMAN, I. Acoustic discrimination of velar impairment in children. *Folia Phoniatrica*, n. 45, p. 112-119, 1993.

POLKA, L.; STRANGE, W. Perceptual equivalence of acoustic cues that differentiate /r/ and /l/. *Journal of the Acoustical Society of America*, n. 78, p. 1187-1206, 1985.

POLS, L. C. W.; TROMP, H. R. C.; PLOMP, R. Frequency analysis of Dutch vowels from 50 male speakers. *Journal of the Acoustical Society of America*, n. 53, p. 1093-1101, 1973.

PORT, R. F.; DALBY, J. Consonant/vowel ratio as a cue for voicing in English. *Perception & Psychophysics*, n. 32, p. 141-152, 1982.

POTTER, R.; KOPP, G.; GREEN, H. *Visible speech*. New York: Van Nostrand Reinhoki Co., 1947. [Reimpresso em 1966, New York: Dover Press.]

PRICE, P. J. Male and female voice source characteristics: inverse filtering results. *Speech Communication*, n. 8, p. 261-278, 1989.

QI, Y.; FOX, R. A. Analysis of nasal consonants using perceptual linear prediction. *Journal of the Acoustical Society of America*, n. 91, p. 1718-1726, 1992.

RAKERD, B.; VERBRUGGE, R. R. Linguistic and acoustic correlates of the perceptual structure found in an individual differences scaling study of vowels. *Journal of the Acoustical Society of America*, n. 77, p. 296-301, 1985.

RAMUS, F.; NESPOR, M.; MEHLER, J. Correlates of linguistic rhythm in the speech signal. *Cognition*, n. 73, p. 265-292, 1999.

RAPHAEL, L. Preceding vowel duration as a cue to the perception of the voicing characteristic of word-final consonants in English. *Journal of the Acoustical Society of America*, n. 51, p. 1296-1303, 1972.

RASTATTER, M.; JACQUES, R. Formant frequency structure of the aging male and female vocal tract. *Folia Phoniatrica*, n. 42, p. 312-319, 1990.

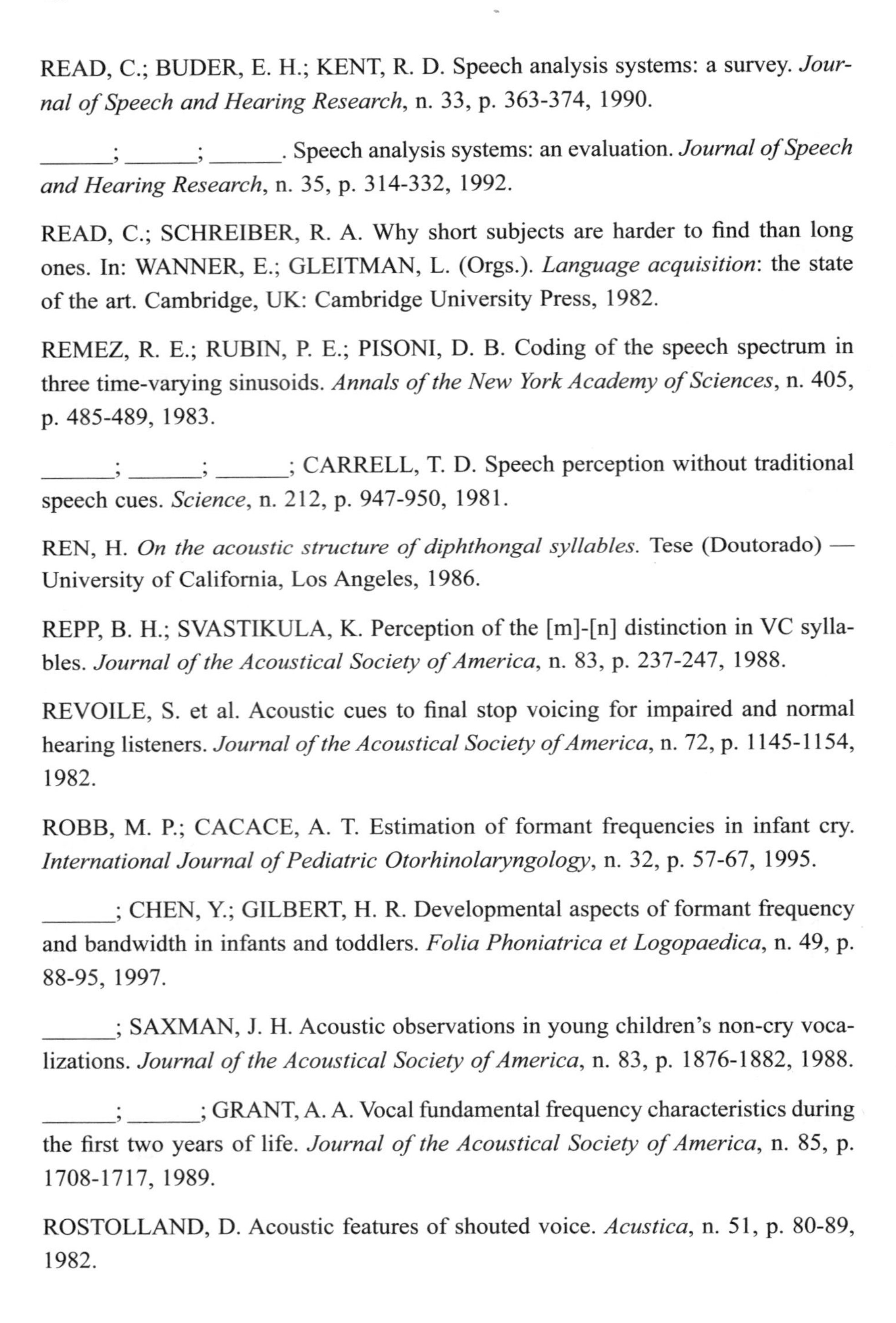

READ, C.; BUDER, E. H.; KENT, R. D. Speech analysis systems: a survey. *Journal of Speech and Hearing Research*, n. 33, p. 363-374, 1990.

______; ______; ______. Speech analysis systems: an evaluation. *Journal of Speech and Hearing Research*, n. 35, p. 314-332, 1992.

READ, C.; SCHREIBER, R. A. Why short subjects are harder to find than long ones. In: WANNER, E.; GLEITMAN, L. (Orgs.). *Language acquisition*: the state of the art. Cambridge, UK: Cambridge University Press, 1982.

REMEZ, R. E.; RUBIN, P. E.; PISONI, D. B. Coding of the speech spectrum in three time-varying sinusoids. *Annals of the New York Academy of Sciences*, n. 405, p. 485-489, 1983.

______; ______; ______; CARRELL, T. D. Speech perception without traditional speech cues. *Science*, n. 212, p. 947-950, 1981.

REN, H. *On the acoustic structure of diphthongal syllables.* Tese (Doutorado) — University of California, Los Angeles, 1986.

REPP, B. H.; SVASTIKULA, K. Perception of the [m]-[n] distinction in VC syllables. *Journal of the Acoustical Society of America*, n. 83, p. 237-247, 1988.

REVOILE, S. et al. Acoustic cues to final stop voicing for impaired and normal hearing listeners. *Journal of the Acoustical Society of America*, n. 72, p. 1145-1154, 1982.

ROBB, M. P.; CACACE, A. T. Estimation of formant frequencies in infant cry. *International Journal of Pediatric Otorhinolaryngology*, n. 32, p. 57-67, 1995.

______; CHEN, Y.; GILBERT, H. R. Developmental aspects of formant frequency and bandwidth in infants and toddlers. *Folia Phoniatrica et Logopaedica*, n. 49, p. 88-95, 1997.

______; SAXMAN, J. H. Acoustic observations in young children's non-cry vocalizations. *Journal of the Acoustical Society of America*, n. 83, p. 1876-1882, 1988.

______; ______; GRANT, A. A. Vocal fundamental frequency characteristics during the first two years of life. *Journal of the Acoustical Society of America*, n. 85, p. 1708-1717, 1989.

ROSTOLLAND, D. Acoustic features of shouted voice. *Acustica*, n. 51, p. 80-89, 1982.

RUBIN, P.; BAER, T.; MERMELSTEIN, P. An articulatory synthesizer for perceptual research. *Journal of the Acoustical Society of America*, n. 70, p. 321-328, 1981.

SABANAL, S.; NAKAGAWA, M. The fractal properties of vocal sounds and their application in the speech recognition model. *Chaos Solutions & Fractals*, n. 7, p. 1825-1843, 1996.

SCHULMAN, R. Articulatory dynamics of loud and normal speech. *Journal of the Acoustical Society of America*, n. 85, p. 295-312, 1989.

SCHWARTZ, J.-L. et al. Major trends in vowel system inventories. *Journal of Phonetics*, n. 25, p. 233-253, 1997.

SCHWARTZ, M. F. Duration of /s/ in /s/- plosive blends. *Journal of the Acoustical Society of America*, n. 47, p. 1143-1144, 1970.

SELKIRK, E. *Phonology and syntax*: the relation between sound and structure. Cambridge, MA: MIT Press, 1984.

SHADLE, C. H. (1990). Articulatory-acoustic relationships in fricative consonants. In: HARDCASTLE, W. J.; MARCHAI, A. (Orgs.). *Speech production and speech modelling*. Dordrecht, Netherlands: Kluwer, 1990. p. 187-209.

SHARF, D. J.; OHDE, R. N. Physiologic, acoustic and perceptual aspects of coarticulation: implications for the remediation of articulatory disorders. In: LASS, N. J. (Org.). *Speech and language*: advances in basic research and practice. New York: Academic Press, 1981. v. 5, p. 153-247.

SHINN, P. A cross-language investigation of the stop, affricate and fricative manner of articulation. Tese (Doutorado) — Brown University, Providence, RI, 1984.

SHINN, P. C.; BLUMSTEIN, S. E. On the role of the amplitude envelope for the perception of [b] and [w]: further support for a theory of acoustic invariance. *Journal of the Acoustical Society of America*, n. 75, p. 1243-1252, 1984.

SHRIBERG, L. D.; KENT, R. D. *Clinical phonetics*. New York: Wiley, 1982.

SLIS, I. H.; COHEN, A. On the complex regulating the voiced-voiceless distinction. I. *Language & Speech*, n. 1, p. 80-102, 1969.

SLUIJTER, A. M. C.; VAN HEUVEN, V. J. Spectral balance as an acoustic correlate of linguistic stress. *Journal of the Acoustical Society of America*, n. 100, p. 2471-2485, 1996.

______; ______; PACILLY, J. J. A. Spectral balance as a cue in the perception of linguistic stress. *Journal of the Acoustical Society of America*, n. 101, p. 503-513, 1997.

SMITH, B. L.; HILLENBRAND, J.; INGRISANO, D. A comparison of temporal measures of speech using spectrograms and digital oscillograms. *Journal of Speech and Hearing Research*, n. 29, p. 270-274, 1986.

SMITS, R.; TEN BOSCH, L.; COLLIER, R. Evaluation of various sets of acoustic cues for the perception of prevocalic stop consonants. I. Perception experiment. *Journal of the Acoustical Society of America*, n. 100, p. 3852-3864, 1996.

SOBIN, C.; ALPERT, M. Emotion in speech: the acoustic attributes of fear, anger, sadness, and joy. *Journal of Psycholinguistic Research*, n. 28, p. 347-365, 1999.

SON, R. J. J. H. Van; POLS, L. C. W. Perisegmental speech improves consonant and vowel identification. *Speech Communication*, n. 29, p. 1-22, 1999.

SONDHI, M. M. Resonances of a bent vocal tract. *Journal of the Acoustical Society of America*, n. 79, p. 1113-1116, 1986.

SORENSEN, J. M.; COOPER, W. E. Syntactic coding of fundamental frequency in speech production. In: COLE, R. A. (Org.). *Perception and production of fluent speech*. Hillsdale, NJ: Lawrence Erlbaum, 1980. p. 399-440.

SPELIOTIS, D. E.; PETER, K. J. Corrosion study of metal particle, metal film, and BA-ferrite tape. *IEEE Transactions on Magnetics*, n. 27, p. 4724-4726, 1991.

STETSON, R. H. *Motor phonetics*. 2. ed. Amsterdam: North-Holland Publishing, 1928 [1951]. [Reimpresso In: KELSO, J. A. S.; MUNHALL, K. G. (Orgs.). *R. H. Stetson's motor phonetics*: a retrospective edition. Boston: Little-Brown, 1988.] (Archives Néerlandaises de Phonetique Experimental, 3.)

STEVENS, K. N. On the quantal nature of speech. *Journal of Phonetics*, n. 17, p. 3-45, 1989.

______. *Acoustic phonetics*. Cambridge, MA: MIT Press, 2000.

_____; BLUMSTEIN, S. E. Quantal aspects of consonant production and perception: a study of retroflex stop consonants. *Journal of Phonetics*, n. 3, p. 215-233, 1975.

______; ______. Invariant cues for the place of articulation in stop consonants. *Journal of the Acoustical Society of America*, n. 64, p. 1358-1368, 1978.

______; ______. The search for invariant acoustic correlates of phonetic features. In: EIMAS, P.; MILLER, J. (Orgs.). *Perspectives in the study of speech*. Hillsdale, NJ: Erlbaum, 1981. p. 1-38.

______; HOUSE, A. S. Development of a quantitative description of vowel articulation. *Journal of the Acoustical Society of America*, n. 27, p. 484-493, 1955.

______; ______. Studies of formant transitions using a vocal tract analog. *Journal of the Acoustical Society of America*, n. 28, p. 578-585, 1956.

______; ______. An acoustical theory of vowel production and some of its implications. *Journal of Speech and Hearing Research*, n. 4, p. 303-320, 1961.

STRANG, G. Wavelets. *American Scientist*, n. 82, p. 250-255, May-June 1994.

STRANGE, W. Evolving theories of vowel perception. *Journal of the Acoustical Society of America*, n. 85, p. 2081-2087, 1987.

STREVENS, P. Spectra of fricative noise in human speech. *Language & Speech*, n. 3, p. 32-49, 1960.

SUMMERS, W. V. FI structure provides information for final-consonant voicing. *Journal of the Acoustical Society of America*, n. 84, p. 485-492, 1988.

SUNDBERG, J. Articulatory interpretation of the singing formants. *Journal of the Acoustical Society of America*, n. 55, p. 838-844, 1974.

______. The acoustics of the singing voice. *Scientific American*, n. 236, p. 81-91, 1977.

______. *The science of the singing voice.* DeKalb, IL: Northern Illinois University Press, 1987.

______. *The science of musical sounds.* New York: Academic Press, 1991.

SUSSMAN, H. M. An investigation of locus equations as a source of relational invariance for the stop place dimension. In: INTERNATIONAL CONGRESS OF PHONETIC SCIENCES, 12., *Proceedings*..., v. 2-5, p. 74-77, 1991.

______; SAPIENZA, C. Articulatory, developmental, and gender effects on measures of fundamental frequency and jitter. *Journal of Voice*, n. 8, p. 145-156, 1994.

______; FRUCHTER, D.; CABLE, A. Locus equations derived from compensatory articulation. *Journal of the Acoustical Society of America*, n. 97, p. 3112-3124, 1995.

______; ______; HILBERT, J.; SIROSH J. Human speech: a tinkerer's delight. *Behavioral and Brain Sciences*, n. 21, p. 287-299, 1998.

______; HOEMEKE, K. A.; AHMED, F. S. A cross-linguistic investigation of locus equations as a phonetic descriptor for place of articulation. *Journal of the Acoustical Society of America*, n. 94, p. 1256-1268, 1993.

______; ______; McCAFFREY, H. A. Locus equations as an index of coarticulation for place of articulation distinctions in children. *Journal of Speech and Hearing Research*, n. 35, p. 769-781, 1992.

______; McCAFFREY, H. A.; MATTHEWS, S. A. An investigation of locus equations as a source of relational invariance for stop place categorization. *Journal of the Acoustical Society of America*, n. 90, p. 1309-1325, 1991.

SYRDAL, A. K.; GOPAL, H. S. A perceptual model of vowel recognition based on the auditory representation of American English vowels. *Journal of the Acoustical Society of America*, n. 79, p. 1086-1100, 1986.

TABAIN, M. Non-sibilant fricatives in English: spectral information above 10 kHz. *Phonetica*, n. 55, p. 107-130, 1997.

TAKAGI, N.; MANN, V. The limits of extended naturalistic exposure on the perceptual mastery of English /r/ and /1/ by adult Japanese learners of English. *Applied Psycholinguistics*, n. 16, p. 379-405, 1995.

TAKAGI, T.; SEIYAMA, N.; MIYASAKA, E. A method for pitch extraction of speech signals using autocorrelation functions through multiple window lengths. *Electronics & Communications in Japan*, Part Hi: Fundamental Electronic Science, n. 83, p. 67-79, 2000.

TARNOCZY, T. Resonance data concerning nasals, laterals and trills. *Word*, n. 4, p. 71-77, 1948.

TEAGER, H. M.; TEAGER, S. M. Evidence for nonlinear sound production mechanisms in the vocal tract. In: HARDCASTLE, W. J.; MARCHAI, A. (Orgs.). *Speech production and speech modelling*. Dordrecht, Netherlands: Kluwer, 1992. p. 241-261.

THORSEN, N. G. Intonation and text in standard Danish. *Journal of the Acoustical Society of America*, n. 77, p. 1205-1216, 1985.

TITZE, I. R. Physiologic and acoustic differences between male and female voices. *Journal of the Acoustical Society of America*, n. 85, 1699-1707, 1989.

______; STORY, B. H. Acoustic interactions of the voice source with the lower vocal tract. *Journal of the Acoustical Society of America*, n. 101, p. 2234-2243, 1997.

______ et al. Comparison between electroglottography and electromagnetic glottography. *Journal of the Acoustical Society of America*, n. 107, p. 581-588, 2000.

TOSI, O. et al. Experiment on voice identification. *Journal of the Acoustical Society of America*, n. 51, p. 2030, 1972.

TRAUNMULLER, H.; ERIKSSON, A. The perceptual evaluation of F_0 excursions in speech as evidenced in liveliness estimations. *Journal of the Acoustical Society of America*, n. 97, p. 1905-1915, 1995.

______; ______; Acoustic effects of variation in vocal effort by men, women, and children. *Journal of the Acoustical Society of America*, n. 107, p. 3438-3451, 2000.

TYLER, A. A.; McOMBER, L. S. Examining phonological-morphological interactions with converging sources of evidence. *Clinical Linguistics & Phonetics*, n. 13, p. 131-156, 1999.

UMEDA, N. Consonant duration in American English. *Journal of the Acoustical Society of America*, n. 61, p. 846-858, 1977.

______. Fundamental frequency decline is situation dependent. *Journal of Phonetics*, n. 10, p. 279-290, 1982.

VAN SON, R. J. J. H.; POLS, L. C. W. An acoustic description of consonant reduction. *Speech Communication*, n. 28, p. 125-140, 1999.

VANDOMMELEN, W. A.; MOXNESS, B. H. Acoustic parameters in speaker height and weight identification: sex-specific behavior. *Language & Speech*, n. 38, p. 267-287, 1995.

VENKATAGIRI, H. S. The quality of digitized and synthesized speech: what clinicians should know. *American Journal of Speech-Language Pathology*, n. 5, p. 31-42, 1996.

VOSS, R. J.; CLARK, J. "1/f noise" in music and speech. *Nature*, n. 258, p. 317-318, 1975.

WALSH, M. A.; DIEHL, R. L. Formant transition and amplitude rise time as cues to the stop/glide distinction. *Quarterly Journal of Experimental Psychology*, n. 43A, p. 603-620, 1991.

WARDRIP-FRUIN, C. On the status of phonetic cues to phonetic categories: preceding vowel duration as a cue to voicing in final stop consonants. *Journal of the Acoustical Society of America*, n. 71, p. 187-195, 1982.

WARREN R. M. *Vocal compensation for change of distance.* In: INTERNATIONAL CONGRESS ON ACOUSTICS, *Proceedings*..., Tokyo, August 1968.

______. Perceptual restoration of missing speech sounds. *Science*, n. 167, p. 392-393, 1970.

______. Auditory illusions and perceptual processes. In: LASS, N. J. (Org.). *Contemporary issues in experimental phonetics*. New York: Academic, 1976. p. 389-417.

WAYLAND, R. Non-native production of Thai: acoustic measurements and accentedness ratings. *Applied Linguistics*, n. 18, p. 345-373, 1997.

WEISMER, G. Sensitivity of voice-onset time (VOT) to certain segmental features in speech production. *Journal of Phonetics*, n. 7, p. 197-204, 1979.

______. Acoustic descriptions of dysarthric speech: perceptual correlates and physiological inferences. In: ROSENBEK, J. D. (Org.). *Current views of dysarthria*: seminars in speech and language, n. 5, p. 293-314, 1984.

______; LISS, J. M. Speech motor control and aging. In: RIPICH, D. (Org.). *Geriatric communication disorders*. Austin, TX: Pro-ed, 1991. p. 205-226.

WESTBURY, J. R.; HASHI, M.; LINDSTROM, M. J. Differences among speakers in lingual articulation of American English /r/. *Speech Communication*, n. 26, p. 203-226, 1999.

WHALEN, D. H.; LEVITT, A. G. The universality of intrinsic F_0 of vowels. *Journal of Phonetics*, n. 23, p. 349-366, 1995.

______ et al. Intrinsic F_0 of vowel in the babbling of 6, 9 and 12 month old French and English learning infants. *Journal of the Acoustical Society of America*, n. 97, p. 2533-2539, 1995.

______ et al. The Haskins Laboratories' pulse code modulation (PCM) system. *Behavior Research Methods, Instruments, and Computers*, n. 22, p. 550-559, 1990.

WHITE, P. Formant frequency analysis of children's spoken and sung vowels using sweeping fundamental frequency production. *Journal of Voice*, n. 13, p. 570-582, 1999.

WHITESIDE, S. P. Identification of a speaker's sex: a fricative study. *Perceptual & Motor Skills*, n. 86, p. 587-591, 1998.

______; HODGSON, C. Speech patterns of children and adults elicited via a picture-naming task: An acoustic study. *Speech Communication*, n. 32, p. 267-285, 2000.

WIGHTMAN, C. W.; SHUTTUCK-HUFNAGEL, S.; OSTENDORF, M.; PRICE, P. J. Segmental durations in the vicinity of prosodic phrase boundaries. *Journal of the Acoustical Society of America*, n. 91, p. 1707-1717, 1992.

WINHOLTZ, W. S.; TITZE, I. R. Miniature head-mounted microphone for voice perturbation analysis. *Journal of Speech, Language and Hearing Research*, n. 40, p. 894-899, 1997.

WINITZ, H.; SCHEIB, M. E.; REEDS, J. A. Identification of stops and vowels for the Burst Portion of /p, t, k/ Isolated from conversational speech. *Journal of the Acoustical Society of America*, n. 51, p. 1309-1317, 1972.

WISE, C. M. Acoustic structure of English diphthongs and semivowels *vis-à-vis* their phonetic symbolization. In: INTERNATIONAL CONGRESS ON PHONETIC SCIENCES, 5., *Proceedings*..., Munster, p. 589-593, 1964.

WOLF, C. G. Voicing cues in English final stops. *Journal of Phonetics*, n. 6, p. 299-309, 1978.

WU, K.; CHILDERS, D. G. Gender recognition from speech. Part I: Coarse analysis. *Journal of the Acoustical Society of America*, n. 90, p. 1828-1840, 1991.

YANG, B. A comparative study of American English and Korean vowels produced by male and female speakers. *Journal of Phonetics*, n. 24, p. 245-261, 1996.

ZAHORIAN, S. A.; JAGHARGHI, A. J. Spectral shape features versus formants as acoustic correlates for vowels. *Journal of the Acoustical Society of America*, n. 94, p. 1966-1982, 1993.

ZIEGLER, W.; HARTMANN, E. Perceptual and acoustic methods in the evaluation of dysarthric speech. In: BALL, M. J.; DUCKWORTH, M. (Orgs.). *Advances in clinical phonetics*. Amsterdam: John Benjamins, 1996. p. 91-114.

ZWICKER, E.; TERHARDT, E. Analytical expressions for critical-band rate and critical bandwidth as a function of frequency. *Journal of the Acoustical Society of America*, n. 29, p. 1523-1525, 1980.

Glossário

A

Acoplamento: interação entre dois ou mais sistemas; por exemplo, um acoplamento oral-nasal se refere ao grau de interação entre duas cavidades de ressonância. Sem acoplamento significa sem interação.

Africada: um som de fala que envolve duas fases — de uma oclusiva (obstrução do trato vocal) e uma fricção prolongada (constrição estreita para produzir ruído de turbulência). Essas duas fases se relacionam aos eventos acústicos de um intervalo de uma oclusiva e um segmento de ruído. As africadas do inglês são as consoantes iniciais das palavras *joke* e *choke*.

Algoritmo de determinação do tom vocal (pitch) (também **extração de tom vocal**): um procedimento usado para extrair a frequência fundamental de um sinal de fala. Embora o termo *tom vocal* estritamente deva ser usado para se referir a um fenômeno perceptual, é frequentemente usado na análise da fala para se referir à frequência fundamental.

Aliasing: o processo no qual informações falsas ou espúrias são criadas em uma análise, especialmente por causa do fracasso de se excluir energia em frequências maiores do que metade da taxa de amostragem de um sistema digital. Um filtro **antialiasing** é usado para prevenir este problema.

Altura da língua: uma descrição articulatória que se refere à posição relativa da língua na dimensão ínfero-superior do trato vocal. Aplicada às vogais, a altura da língua se relaciona principalmente com a frequência relativa e F1; quanto mais alta a vogal, mais baixo o F1 tende a ser. A altura da língua também varia com a posição da mandíbula, de modo que as vogais altas tendem a ter uma posição de mandíbula mais fechada.

Amortecimento: a taxa de absorção da energia sonora; relacionada à largura de banda.

Amplitude: a magnitude de deslocamento para uma onda sonora. A forma de onda de um som é representada em um gráfico bidimensional em que a amplitude é plotada em função do tempo. Em um certo grau, a amplitude do som determina a altura percebida do som.

Análise de banda estreita: uma análise na qual a largura de banda a ser analisada é relativamente estreita (como 45 ou 29 Hz na análise de fala). Uma análise de banda estreita é preferida quando o interesse é aumentar a resolução de frequência, como na análise dos harmônicos para a voz de um homem.

Análise de banda larga: uma análise em que uma largura de banda relativamente ampla de análise é usada (como 300 Hz na análise da fala). Uma análise de banda larga é preferida quando a preocupação principal é revelar padrões formânticos ou aumentar a resolução temporal.

Analógico: um sinal que tem variações contínuas em amplitude em função do tempo.

Antiformante: uma propriedade da função de transferência do trato vocal em que a energia não é passada efetivamente através do sistema, mas é absorvida dentro dele; oposta em efeito a um formante. Antiformantes, ou zeros, surgem devido às passagens divididas ou constrições no trato vocal.

Arredondamento: uma descrição articulatória que se refere ao arredondamento (ou protusão) dos lábios. Aplicado às vogais, o arredondamento é associado com um abaixamento das frequências de todos os formantes.

Autocorrelação: um procedimento analítico em que um sinal é correlacionado com uma versão com mudança de tempo de si mesmo (auto = própria). Se o sinal é periódico, a autocorrelação terá um pico (uma correlação alta) no valor de mudança de tempo que corresponde a um período fundamental.

Avanço da língua: uma descrição articulatória que se refere à posição relativa da língua na dimensão anteroposterior do trato vocal. Aplicado às vogais, o avanço da língua se relaciona principalmente com a frequência relativa de F2, ou a diferença de frequência entre F1 e F2. As vogais anteriores tendem a ter um F2 relativamente alto e um valor relativamente amplo da diferença de F2-F1.

B

Barra de vozeamento: uma banda de energia, tipicamente refletindo o primeiro harmônico da fonte de vozeamento, que aparece em um espectrograma; é um indicativo de vozeamento.

Base de articulação: o conceito que línguas diferentes têm algumas características articulatórias (e acústicas) diferentes, talvez mesmo para sons a que são dados o mesmo símbolo do IPA.

C

Característica de radiação: o termo na teoria fonte-filtro associado com a radiação dos lábios à atmosfera. É normalmente expresso como um aumento de 6 dB por oitava na energia sonora (portanto, um filtro passa-altas). Ele pode ser modelado como um indutor em um circuito elétrico analógico e, às vezes, é chamado de inductância da radiação.

Cepstro: uma transformada de Fourier do espectro de potência de um sinal. A transformada é descrita em termos da **quefrência** (note a transliteração da frequência), que tem propriedades semelhantes a tempo. O cepstro é usado especialmente para determinar a frequência fundamental de um sinal de fala. A fala vozeada tende a ter um forte pico cepstral, no primeiro **rahmônico** (note a transliteração de harmônico).

Coarticulação: o fenômeno na fala em que os atributos de unidades sucessivas de fala se sobrepõem em padrões articulatórios ou acústicos. Ou seja, um traço de uma unidade de fala pode ser antecipado durante a produção de unidade anterior na sequência (coarticulação antecipatória ou progressiva) ou retida durante a produção de uma unidade que vem depois (coarticulação perseveratória ou regressiva).

Codificação preditiva linear (LPC): uma classe de métodos usados para obter um espectro. A codificação preditiva linear usa uma soma linear de pesos de amostras para prever um valor próximo.

Comprimento de onda: a distância que um som periódico viaja em um ciclo completo. Comprimento de onda = velocidade do som/frequência.

Conversão analógico-digital: veja **conversor A/D**.

Conversor A/D: conversor analógico-digital; um dispositivo físico que converte um sinal analógico (A) em uma forma digital (D). A conversão envolve tanto operações de **amostragem** quanto de **quantificação**.

D

Difone: uma unidade de síntese concatenativa definida como o intervalo do meio de um fone ao meio de um fone seguinte; dessa forma, ela contém a informação transicional de um fone para outro.

Digital: um sinal ou mensagem que é representado como valores discretos (uma sequência de números).

Dissílabo: uma unidade de síntese concatenativa definida como o intervalo do meio de uma sílaba ao meio de uma sílaba seguinte; dessa forma, ela contém a informação transicional de uma sílaba para outra.

Ditongo: um som semelhante a vogal que envolve uma mudança gradual de configuração articulatória de uma posição de uma semivogal inicial a uma semivogal final.

E

Escala Bark: uma transformação não linear da frequência que é desenvolvida para corresponder à análise realizada pelo ouvido. A escala Bark é relacionada de perto com o conceito de banda crítica na percepção auditória.

Espectro laríngeo (da fonte): o espectro produzido pela vibração das pregas vocais.

Espectro: um gráfico mostrando a distribuição da energia do sinal em função da frequência; uma plotagem da intensidade pela frequência. Uma análise de Fourier é normalmente representada por um espectro.

Espectrograma: um padrão para a análise sonora contendo informação sobre intensidade, frequência e tempo. O espectrograma típico fornece uma visualização tridimensional do tempo no eixo horizontal, frequência no eixo vertical e intensidade na escala cinza. Um espectrograma pode ser impresso em folhas ou visualizado em um monitor de vídeo.

Estridente: uma fricativa com uma energia de ruído intensa; também chamada de sibilante; /s/ e /ʃ/ são exemplos. As fricativas não estridentes têm menos energia; / θ / é um exemplo.

Explosão: o breve ruído criado durante a soltura de uma consoante oclusiva.

F

Fala clara: fala que é produzida com uma tentativa de aumentar sua clareza ou inteligibilidade, como quando se está em um ambiente ruidoso.

Filtro: um dispositivo físico ou programa de computador que fornece uma transmissão de energia dependente da frequência. Usualmente, um filtro é utilizado para excluir energia em certas frequências, enquanto passa energia em outras frequências. Um filtro passa-baixas passa as frequências abaixo de uma certa frequência de corte; um filtro passa-altas passa as frequências acima de uma certa frequência de corte; e um filtro passa-bandas passa a energia entre frequências de corte baixas e altas.

Fluxo laminar: um tipo de fluxo aéreo em que o ar se move em camadas suavizadas. Contrasta com **turbulência**.

Forma de onda: um gráfico mostrando a função amplitude *versus* tempo para um sinal contínuo como o sinal acústico da fala.

Formante nasal: a ressonância de baixa frequência associada com o trato nasal. Para a fala dos homens, o formante nasal tem uma frequência de menos de 500 Hz.

Formante: uma ressonância do trato vocal. Um formante é especificado por sua frequência central (usualmente chamada de frequência do formante) e largura de banda. Os formantes são denotados por íntegros que aumentam com a posição da frequência relativa dos formantes. F1 é o formante de mais baixa frequência, F2 é o próximo mais alto e assim por diante.

Frequência de formante: veja **formante.**

Frequência fundamental (f_0): a frequência mais baixa (primeiro harmônico) de um sinal periódico. Na fala, a frequência fundamental se refere ao primeiro harmônico da voz. A frequência fundamental é o recíproco do período fundamental, t_0. Idealmente, a frequência fundamental é usada para se referir a uma medida *física* do mais baixo componente periódico da vibração das pregas vocais. O tom vocal (*pitch)* deve ser usado para indicar o fenômeno perceptual no qual estímulos podem ser computados ao longo de um contínuo de baixo a alto. Veja **Algoritmo de determinação do tom vocal**.

Frequência: a taxa de vibração de um evento periódico; por exemplo, um som periódico tem uma frequência medida como o número de ciclos de vibração por segundo (expresso em hertz, Hz).

Fricativa: um som de fala caracterizado por um longo intervalo de ruído de turbulência. As fricativas são frequentemente classificadas como **estridentes** ou **não estridentes,** dependendo do grau de energia de ruído.

G

Glide: um som consonantal que tem uma mudança gradual em articulação refletida por um intervalo relativamente longo de mudança de frequência de formantes. Os *glides* em inglês são os sons iniciais nas palavras *we* e *you*, representados pelos símbolos do IPA /w/ e /j/.

Glote: no sentido estreito, o espaço entre as pregas vocais; no sentido amplo, pertencendo às pregas vocais e suas vibrações.

H

Harmônico: um múltiplo inteiro da frequência fundamental em sons vozeados. Idealmente, a fonte de voz pode ser conceitualizada como um espectro de linha no qual a energia aparece como uma série de harmônicos.

I

Interação fonte-filtro: qualquer interação entre o trato vocal e a fonte laríngea; por exemplo, o efeito de uma configuração específica do trato vocal no padrão de vibração das pregas vocais.

Intervalo da oclusiva: o intervalo acústico correspondente ao fechamento articulatório para uma consoante oclusiva ou africada; é identificado em um espectrograma como um intervalo de energia relativamente baixo, conspicuamente perdendo em padrão ou ruído de formantes.

J

Janela: uma função de peso aplicada a uma forma de onda de modo que sua amplitude é moldada de uma forma específica, frequentemente para minimizar a amplitude nos cantos da janela para que a análise se foque na parte representativa do sinal.

L

Largura de banda do formante: veja **formante.**

Largura de banda: uma medida da banda de frequência de um som, especialmente uma ressonância. Convencionalmente, a largura de banda é determinada nos pontos de média potência ("3 dB para baixo") da curva de resposta de frequência. Ou seja, tanto as frequências mais baixas quanto as mais altas que definem a largura de banda são 3 dB menos intensas do que a energia de pico na banda.

Líquida: um termo usado para cobrir os fonemas /l/ em *law e* /r/ em *raw.*

Locus: um valor típico ou característico, especialmente para o valor de início presumido de uma frequência de formantes; uma pista acústica para o ponto de articulação.

M

Mel: uma unidade auditória para a medição da frequência. Ela segue certas propriedades não lineares da percepção humana da frequência.

Moldura: um conjunto de pontos tomado como uma unidade única de análise, usada, por exemplo, para definir o domínio de uma **análise de curto termo**.

Momento espectral: qualquer um dos quatro momentos estatísticos (média, variância, assimetria, curtose) que podem ser calculados de um espectro de potência.

Murmúrio nasal: o intervalo de uma consoante nasal em que toda a energia sonora passa através da passagem nasal (a passagem oral estando fechada). O murmúrio é associado com uma energia espectral de baixa frequência.

N

Nasal: um som de fala que envolve uma radiação nasal da energia do som, seja com ou sem uma radiação oral acompanhante.

Normalização: uma correção para variância. **Normalização do falante** se refere à correção ou escalamento que reduz a variabilidade em medidas acústicas como as frequências de formantes. **Normalização temporal** se refere à correção ou escalamento que reduz a variabilidade nas durações de sequências sonoras.

Número de Reynold: um número adimensional que serve como um índice do desenvolvimento da turbulência.

O

Oclusiva: um som da fala caracterizado por uma obstrução completa do trato vocal; usualmente seguida por uma soltura abrupta de ar, que produz um ruído de explosão.

Ondaleta: uma forma de onda que pode ser comprimida ou expandida para servir como uma unidade de análise. Uma ondaleta é um exemplo de um fractal.

Operação no domínio da frequência: uma operação que é realizada no domínio da frequência, por exemplo, um espectro de FFT ou LPC.

Operação no domínio temporal: uma operação que é realizada no domínio temporal, por exemplo, cálculos realizados com relação à forma de onda de um som.

P

Padrão formântico: uma combinação específica de formante, como é frequentemente usada para descrever as características acústicas de uma vogal.

Polo: uma ressonância de um sistema. O termo *polo* é usado especialmente na engenharia. Na análise da fala o termo polo é sinônimo de *formante.*

Pré-ênfase: na análise da fala, uma filtragem que amplifica a energia de alta frequência relativa à energia de baixa frequência. Devido ao fato de a fala normalmente conter a energia mais forte nas frequências altas, essas frequências dominariam os resultados da análise se o pré-ênfase não fosse utilizado.

Pré-vozeamento: o início do vozeamento antes do aparecimento de um evento articulatório supraglotal; por exemplo, para oclusivas, pré-vozeamento significa que o vozeamento precede a soltura da oclusiva. Também chamado de guia do vozeamento.

Q

Quantização: o processo na conversão analógico-digital no qual a amplitude continuamente variável de um sinal analógico é convertido para uma série de valores discretos de amplitude; normalmente expresso em bits.

Quefrência: veja **cepstro.**

R

Rahmônico: veja **cepstro.**

Reconhecimento automático da fala: o processo pelo qual a fala natural é reconhecida por uma máquina.

S

Segmentação: o delineamento de segmentos sonoros sucessivos em um sinal de fala. Tipicamente, a segmentação gera unidades como fonemas, alofones ou algum outro segmento fonético.

Síntese concatenativa: veja síntese de cópia.

Síntese de cópia: um método de síntese de fala em que as unidades armazenadas de fala são recuperadas e montadas para formar um padrão de fala desejado. Unidades usadas com frequência são difones e dissílabos.

Síntese de fala: a geração da fala por máquinas, tipicamente um computador digital.

Síntese de formantes: um tipo de síntese de fala baseado no controle de formantes ou ressonâncias modeladas.

Síntese de parâmetros: um método de síntese de fala em que parâmetros acústicos ou articulatórios são manipulados para produzir sons da fala; compare com **síntese de cópia** ou **concatenativa**.

Síntese por regra: uma estratégia de síntese em que regras baseadas em regularidades fonológicas ou fonéticas são usadas para controlar o sintetizador.

Síntese texto-fala: conversão de texto impresso para fala sintetizada.

T

Tempo para o início do vozeamento (VOT): uma medida do tempo entre um evento supraglotal e o início do vozeamento; para as oclusivas, o VOT é o intervalo entre a soltura da oclusiva (normalmente determinada acusticamente como a explosão da oclusiva) e o aparecimento de modulação periódica (vozeamento) para um som seguinte.

Teorema de amostragem de Nyquist: este teorema afirma que uma representação digital requer no mínimo dois pontos de amostragem para cada ciclo periódico no sinal de interesse. Portanto, a taxa de amostragem da digitalização deve ser, no mínimo, duas vezes a frequência mais alta de interesse no sinal a ser analisado. Infelizmente, o termo *Frequência de Nyquist* é usado inconsistentemente. Alguns o usam para indicar a frequência mais alta de interesse em uma análise; outros o usam para se referir a duas vezes a frequência mais alta de interesse, ou seja, a taxa de amostragem necessária para prevenir o *aliasing*. Veja também **Teorema de amostragem**.

Teorema de amostragem: este teorema, desenvolvido por Nyquist, afirma que S amostras por segundo são necessárias para representar uma forma de onda com uma largura de banda de $S/2$ Hz.

Teoria fonte-filtro: uma teoria da produção acústica da fala que afirma que a energia de uma fonte de som é modificada por um filtro ou um conjunto de filtros. Para as vogais, a vibração das cordas vocais normalmente é a fonte de energia sonora e as ressonâncias do trato vocal (formantes) são os filtros.

Transformada de curto termo: uma operação matemática realizada em um intervalo curto de tempo de uma amostra acústica, usualmente longa o bastante para incluir dois ou três períodos glotais. Exemplos incluem a transformada rápida de Fourier, a codificação preditiva linear e a autocorrelação.

Transformada de Fourier: um procedimento matemático que converte uma série de valores no domínio temporal (forma de onda) para um conjunto de valores no domínio frequencial (espectro). O espectro é a transformada de Fourier de uma forma de onda; a forma de onda é a transformada inversa de Fourier do espectro.

Transformada discreta de Fourier (DFT): uma transformada de Fourier que opera em dados digitais (discretos).

Transformada rápida de Fourier (FFT): um algoritmo comumente usado em programas de microcomputador para calcular um espectro de Fourier. O FFT é um tipo especial de DFT (transformada discreta de Fourier) em que o número de pontos transformados é uma potência de 2. O número de pontos expressa a largura de banda de análise; quanto maior o valor, mais estreita a largura de banda.

Transição formântica: uma mudança no padrão formântico, tipicamente associada com a transição de consoante-vogal. As transições formânticas são frequentemente associadas com as fronteiras consoante-vogal ou vogal-consoante.

Transiente: o breve ruído produzido na soltura de um fechamento articulatório, como no caso de uma consoante oclusiva.

Trato vocal: normalmente, as cavidades faríngeas, orais e nasais da produção da fala. O trato vocal é um conceito acústico e se relaciona com as capacidades de formação do som do sistema que se estende das pregas vocais aos lábios ou nariz.

Turbulência: uma condição de fluxo do ar em que vórtices (elementos volumétricos do ar em rotação) são gerados. Essa condição é associada com a energia de ruído (portanto, falamos de *ruído de turbulência*). A turbulência contrasta com o **fluxo laminar**.

Z

Zero: uma antirressonância. O termo *zero* é usado especialmente na engenharia. Na análise da fala, um zero é um antiformante.

Índice

A

B

C

D

G

H

I

J

K

L

M

N

O

P

Q

R

S

T

V

X

Z